U0925620

2016

珠海年鉴

ZHUHAI YEARBOOK

珠海市人民政府 主办

珠海市地方志编纂委员会 编

广东教育出版社

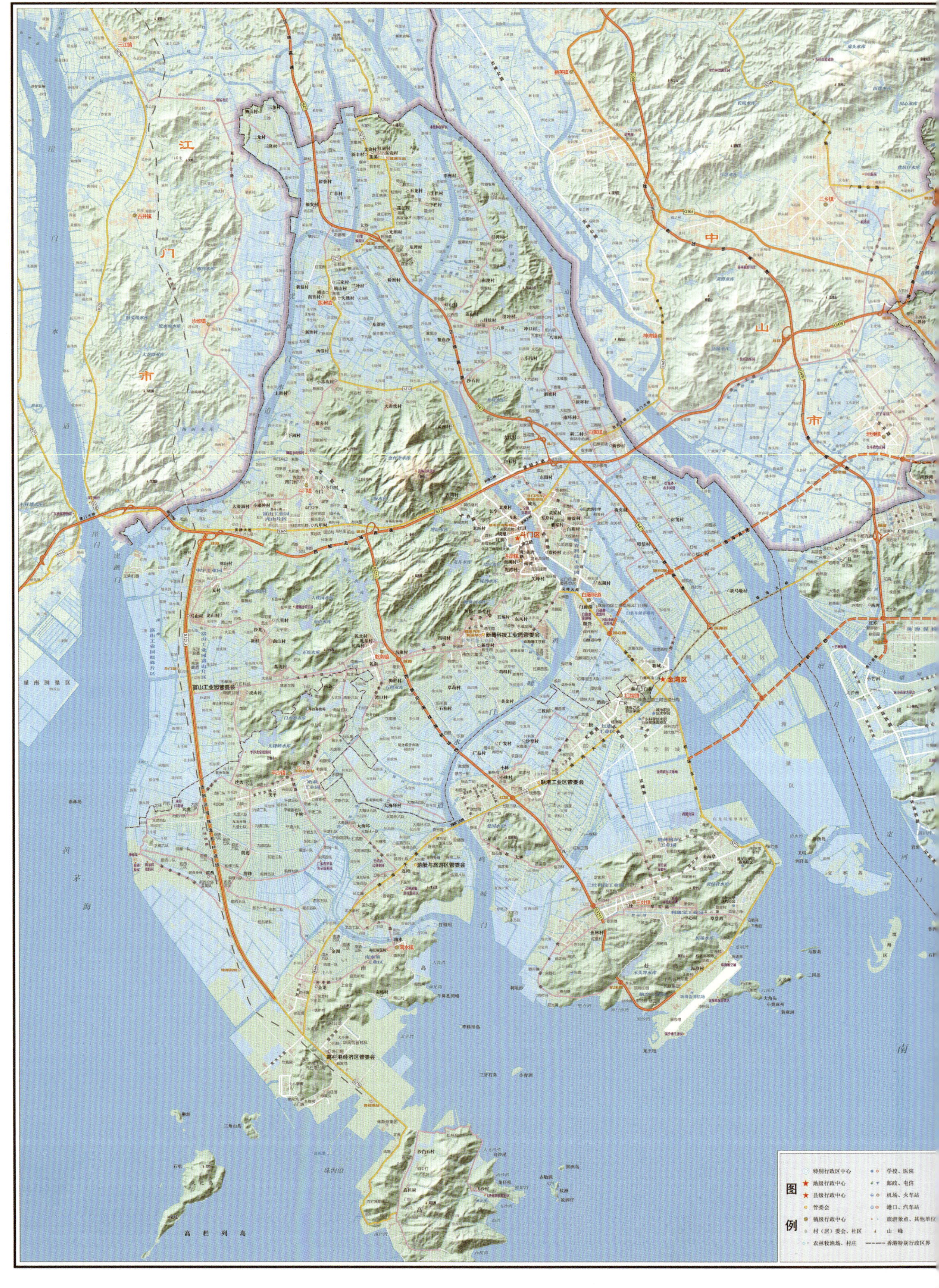
江门市
中山市
斗门区
金湾区
富山工业园管委会
新青科技工业园管委会
联港工业区管委会
高栏港经济区管委会
高栏列岛
图例
特别行政区中心
地级行政中心
县级行政中心
管委会
镇级行政中心
村（居）委会、社区
农林牧渔场、村庄
学校、医院
邮政、电信
机场、火车站
港口、汽车站
旅游景点、其他单位
山峰
香港特别行政区界

珠海市地图

珠海市全图

注：本界线不作为权属争议的依据。

珠海市测绘院 供稿

珠海市中心城区图
珠海市
香洲区
九洲洋
九洲列岛
珠
江
口
澳门
澳门特别行政区
珠澳口岸人工岛
图例
唐家湾中心城区图

珠海市测绘院 供稿

2015 年 5 月 8 日，中共中央政治局委员、广东省委书记胡春华（前排右一）到珠海健帆生物科技股份有限公司调研

赵崇幸 摄

2015 年 11 月 19 日，全国人大常委会副委员长向巴平措（右二）到珠海市第四中学看望西藏班学生　赵崇幸 摄

2015 年 9 月 15 日，全国政协副主席陈元（左四）到珠海横琴产权交易中心考察　　赵崇幸　摄

2015 年 12 月 12 日，全国政协副主席、科技部部长万钢（前排右二）到珠海调研科技创新工作　　赵崇幸　摄

2015 年 11 月 25 日，国务院港澳事务办公室主任王光亚（左四）莅临港珠澳大桥珠海口岸（Ⅲ标段）市政桥梁工程施工现场视察指导工作　　　　赵崇幸 摄

2015 年 8 月 12 日，香港特别行政区行政长官梁振英（左三）到港珠澳大桥珠澳口岸人工岛施工现场考察　　赵崇幸 摄

2015 年 4 月 11 日，住建部部长陈政高（左二）到珠海金湾航空城规划展览馆参观　　赵崇幸　摄

2015 年 5 月 12 ~ 13 日，广东省人大常委会主任黄龙云率队到珠中江片区，现场检查 2014 年以来实施《珠三角规划纲要》、推进“九年大跨越”的新进展、新成果。图为 5 月 12 日黄龙云（前排中）在三一海洋重工珠海产业园考察　　赵崇幸　摄

2015年1月22～23日，中国共产党珠海市第七届委员会第五次全体会议在香洲召开。图为与会代表认真审议《中共珠海市委关于贯彻落实党的十八届四中全会精神建设一流法治环境的工作方案》 赵 梓 摄

2015年2月2日，珠海市第八届人民代表大会第五次会议在珠海大会堂召开。大会由市人大常委会主任、大会主席团常务主席王广泉主持。会议听取和审议市委副书记、代理市长江凌所作的政府工作报告 于燕敏 摄

2015 年 2 月 1 ~ 3 日，中国人民政治协商会议珠海市第八届委员会第四次会议在珠海大会堂召开　　吴长赋 摄

2015 年 9 月 9 日，珠海市召开“三严三实”专题教育工作推进会。会议传达全省“三严三实”专题教育工作座谈会精神，部署下一阶段专题教育工作

市委组织部 供稿

2015年8月22～23日，首届珠江西岸先进装备制造业投资贸易洽谈会（简称“装洽会”）在珠海国际会展中心举办

市会展局 供稿

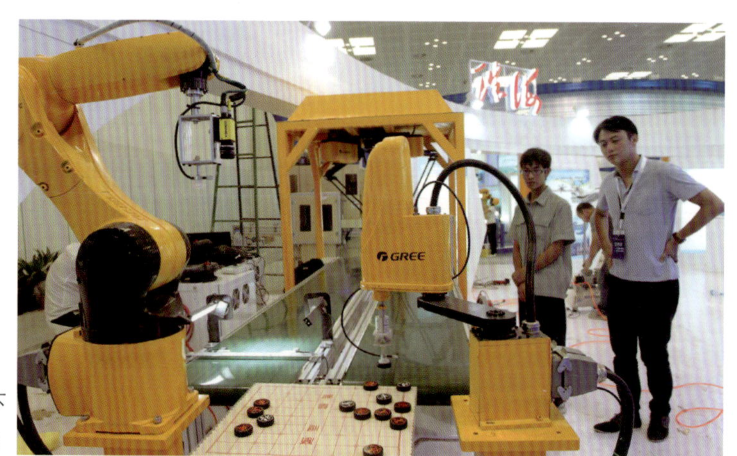

“装洽会”布展现场，格力电器机器人组合在展示下象棋

钟 凡 摄

“装洽会”上展示的智能机器人与嘉宾握手

吴长赋 摄

2015 年 11 月 3 ~ 8 日，珠海 WTA 超级精英赛在横琴国际网球中心举行　　市委宣传部 供稿

2015 年 12 月 3 日，第二届世界广府人恳亲大会在珠海横琴湾酒店会议中心召开　　钟　凡 摄

2015 年 11 月 9 日，三一海洋重工在珠海高栏港务码头举行产品出口发运仪式，造价 1.2 亿元的 3 台岸边集装箱起重机启航运往印尼，这是三一海洋重工在珠海投产以来产品批量最大、涉及金额最高的一宗出口项目　曾　遥 摄

2015 年 5 月，珠海巨涛海洋石油服务有限公司承接国际石油巨头雪佛龙的惠斯顿水下设备建造项目顺利竣工，并将所有设备顺利交付到前来接货的 PALABORA 号船上　张　洲 摄

2015 年 7 月 22 日，珠海云洲智能科技有限公司与测量测绘业界企业合作推出的全自动智能测量无人船全球首发。无人船可搭载单波束、多波束、ADCP 等多种测量测绘设备，应用于水文测量和水底地貌测绘等领域　赵　梓 摄

位于珠海航空产业园区机场核心区内的中航工业通飞珠海产业基地，产品包括水陆两栖飞机、轻型通用飞机、涡桨通用飞机、轻型公务机等　　张　洲　摄

2015 中国（珠海）国际游艇展于 9 月 29 日在珠海国际会展中心及码头开幕，展示游艇 50 余艘，有近 10 个国际知名游艇品牌及国内多个知名品牌参展　　钟　凡　摄

2015 年 6 月 29 日，珠海横琴新建的综合服务中心揭牌启用，并为 9 个企业颁发首批“一照一码”营业执照　　珠海横琴新区 供稿

海关人员在横琴二线通道入岛货车第一道闸查验货物　俞　波 摄

2015 年 12 月 30 日，横琴二桥建成通车。该桥全长 6.8 千米，按时速 100 千米双向 6 车道标准设计，是国内目前跨度最大的公路钢桁拱桥，也是珠海目前投资规模最大、桥梁长度最长的独立特大桥　　阮耀林 摄

建设中的港珠澳大桥东人工岛，最大程度地发挥珠江口海中央的独特地理特性及香港、珠海、澳门三地的人文特色，成为港珠澳大桥里程碑式工程中的精髓

市大桥办 供稿

2015 年 2 月 10 日，随着“天一号”3000 吨运架一体船将港珠澳大桥 CB05 标最后一片组合梁稳稳放在桥墩上，港珠澳大桥 CB05 标率先拉通全标段

市大桥办 供稿

珠海博物馆和城市规划展览馆是珠海市地方性综合馆，所在区域地理位置极佳，是珠海市全力打造“外海内湖、一岛一园、两湾一线”的区域性文化中心

珠海城建集团 供稿

珠海大剧院坐落在野狸岛，成为珠海渔女之外的又一城市地标　　王胜利 摄

2015 年 12 月 18 日，位于珠海十字门中央商务区湾仔片区、高 330 米的珠海中心大厦主体结构正式封顶，在主体结构上刷新珠澳第一高楼纪录　　李建東 摄

前山河是流经珠海市区的唯一淡水河流，珠江支流之一。图为夜色中的前山河　　阮耀林 摄

珠澳跨境区珠海园区实行“保税区＋出口加工区＋ 24 小时专用口岸”三重特殊政策，肩负着促进澳门经济多元发展、深化粤澳合作的重要使命　　文 燕 摄

2015 年 9 月 26 日，经过为期 13 天的角逐，第一届珠海莫扎特国际青少年音乐比赛闭幕式暨获奖者音乐会在珠海华发中演大剧院举行，标志着这一古典音乐盛事圆满落幕

赵　梓　摄

2015 年 11 月 1 日，第二届中国国际马戏节在珠海横琴长隆国际海洋度假区横琴岛剧院开幕。图为开幕式现场

市委宣传部 供稿

2015 年 12 月 3 日，第二届世界广府人恳亲大会在珠海开幕，本届主题是“世界广府人 · 共圆中国梦”。图为主题晚会现场

钟　凡摄

2015 年 12 月 5 日，第三届留学生节暨 2015 海外学人回国创业周在珠海国际会展中心开幕。本届主题为“海归报国 · 圆梦珠海”。开幕式以大型音乐舞蹈诗《百年容闳梦》开场

吴长赋 摄

2015 年 10 月 1 ~ 4 日，首届珠海国际动漫节在珠海国际会展中心举行。展会通过 Cosplay、视频展示、动漫周边销售等方式，为珠三角及港澳地区动漫爱好者们带来一场盛宴

市会展局 供稿

2015 年 6 月 1 日，珠海团市委联合市教育局、市少工委在珠海明珠中英文学校举行“红领巾相约中国梦”主题教育实践活动，近 200 名少先队员代表在庄严的入队仪式和节目表演中欢度节日　钟　凡 摄

2015 年 12 月 19 日，第三十一届珠海市青少年科技创新大赛在市青少年妇女儿童活动中心拉开帷幕。图为参赛选手在展示获得一等奖的“超宽矢量飞行器”　曾　遥 摄

2015 年 1 月 15 日，珠海市疾病预防控制中心新址正式启用

市疾控中心 供稿

2015 环中国国际公路自行车赛收官之战 10 月 18 日在珠海举行，来自美国、荷兰等国家和地区的 129 名自行车手参加角逐，意大利的尼古拉斯·马瑞尼赢得赛段冠军

大飞贼 摄

被誉为“碧海银滩”的东澳岛玲玎海岸，位于珠江口西岸，沙滩面积5000平方米，砂质细腻，是珠海十大景观之一，2015年11月26日入选广东“十大美丽海岸”。图为玲玎海岸沙滩

珠海万山海洋开发区 供稿

东澳岛玲玎海岸的南沙咀酒店外景

珠海万山海洋开发区 供稿

珠海年鉴编辑中心

地址：广东省珠海市香洲区新光里三街23号1栋201/202室

电话：（0756）2110661　传真：（0756）2119331　邮编：519000

编辑说明

一、《珠海年鉴》是珠海市人民政府主办、珠海市地方志编纂委员会编纂的大型综合性、资料性市情工具书，自1986年创办以来，每年出版1卷（1990与1991年合出一卷），国内外公开发行。本卷为第30卷，旨在全面、系统、准确地反映珠海市2015年度自然、政治、经济、文化、社会等方面的基本情况，为读者了解和研究珠海提供基本资料。

二、《珠海年鉴》采取分类编辑法，在篇目下设分目，分目下设条目（内容层级较多的设次分目），条目为年鉴的基本单位。篇目与分目、次分目标题使用不同版式，条目标题一律以黑体字加【 】号。

三、《珠海年鉴·2016》为大16开本，设特载、大事记、概貌、政治、政法与社会治理、地方军事、经济、教育·科学、文化·体育、社会生活、经济功能区、行政区、人物表、社会经济统计资料、法规文件列表、附录等16个篇目，其中概貌至行政区10个篇目细分为64个分目。

四、《珠海年鉴·2016》在保持基本框架相对稳定的前提下，调整、充实、更新了部分内容。“特载”篇增设具有年度特色的内容：“‘三严三实’专题教育”“创建全国文明城市活动”“自贸区建设”“2015年荣誉榜”，“十件民生实事落实情况”改用表格形式体现，以求更直观。精简浓缩“大事记”篇幅。“概貌”篇增设“固定资产投资”分目。“政治”篇“珠海市人民政府”分目中增设“政务服务”次分目。“经济”篇“中小企业与民营经济”易名为“民营经济”；“农业”分目易名为“农业和农村经济”，并增设“新农村建设”次分目；撤销“市政建设”分目，将其内容并入“城乡建设·房地产业”分目中的“城市建设”次分目；“城市行政执法和监督管理”分目易名为“城市管理行政执法”；“商贸流通服务行业”分目中撤销“酒类经营”次分目，增设“供销合作社”次分目。“教育·科学”篇“科学技术”分目中改 “农业科技”次分目为条目，“气象”分目中改“防震减灾”次分目为条目。“法规·文件”篇改为“法规文件列表”，以列表形式收录法规文件目录，不再收录法规文件正文。书后增设主题词索引。

五、本年鉴采用的文稿，均由珠海市各有关单位专人撰写或提供资料，并经主管领导审定。终审稿由珠海市地方志书审查委员会审定。统计数据采用法定计量单位。有些对应指标数据在上年卷刊出后做了调整的，本卷里不再说明；本卷中主要统计数据以珠海市统计局提供的“社会经济统计资料”为准。

六、《珠海年鉴·2016》在编纂过程中，得到全市各级党委、政府和各部门、单位及各界人士的大力支持与热情帮助，在此衷心感谢。本书错漏之处，敬请读者批评指正。

目 录

特 载

大事记

概 貌

政　治

政法和社会治理

地方军事

经　济

教育·科学

文化·体育

社会生活

经济功能区

行政区

人物表

社会经济统计资料

法规文件列表

附　录

Main Contents

特　载

HIGHLIGHTS

特　载

政府工作报告

——2016 年 1 月 18 日在珠海市第八届人民代表大会第六次会议上

珠海市市长　江　凌

各位代表：

我代表市人民政府，向大会报告政府工作，请予审议，并请市政协委员和其他列席人员提出意见。

一、“十二五”时期及 2015 年工作回顾

“十二五”时期，是珠海发展史上开创性的五年。在市委的正确领导下，在市人大、市政协的监督支持下，我们积极应对国际金融危机的持续影响，主动适应经济发展新常态，深入实施《珠江三角洲地区改革发展规划纲要》，统筹推进交通、产业、城市、社会和民生建设，较好地完成了“十二五”确定的目标任务，为“十三五”发展奠定了良好基础。

五年来，我们积极应对经济下行压力，找准稳增长和调结构的平衡点，制定实施了培育大型骨干企业、促进外经贸转型发展、壮大民营经济和总部经济等一系列政策措施，经济发展提速提质。地区生产总值从“十一五”末的 1211 亿元跃升到 2038 亿元，人均地区生产总值约合 2 万美元，迈入世界高收入经济体行列。固定资产投资、一般公共预算收入均比“十一五”末翻了一番，年均增速居珠三角前列。

五年来，我们牢记特区使命，将改革开放作为新常态下加快发展的最大动力，全力破解体制机制障碍，加快构建开放型经济新体制，打造市场化国际化法治化营商环境，经济社会发展活力明显增强。横琴新区开发建设实现五年巨变，步入自贸区时代，以珠港澳合作为重点的对外开放实现新突破。商事制度改革、农村综合改革、信用体系建设、社会治理创新等走在全国前列。

五年来，我们顺应全球产业发展新态势，抢占产业制高点，以创新驱动发展为核心战略，全力建设“三高一特”现代产业体系，产业水平大幅提升。高新技术产品产值占规模以上工业总产值比重提升到 55%，现代服务业增加值占服务业比重提升到 57.6%，均居全省前列。

五年来，我们全力扭转交通末梢地位，交通建设进入投入最多、建设规模最大的时期。港珠澳大桥加快建设，珠海将成为重要的国际门户城市。广珠铁路、广珠城轨通车，结束了珠海无铁路的历史。珠海港被确定为国家综合运输体系的重要枢纽，迈入亿吨大港行列。机场旅客年吞吐量达到 470 万人次，是“十一五”末的 2.6 倍。横琴口岸实现 24 小时通关，拱北口岸和珠澳跨境工业区专用口岸实施延关。

五年来，我们有序铺开国际宜居城市建设。成功创建全国文明城市、国家生态市和国家生态园林城市，连续两年被评为中国宜居城市

第一名。西部生态新区升级为省级发展平台。香洲社区体育公园和横琴新区综合管廊获2015年中国人居环境范例奖。圆满完成“十二五”节能减排任务，环境空气质量在全国74个重点城市中保持前十水平。

五年来，我们坚持把提升市民幸福指数作为最大的价值追求，全市人民得到更多实惠。市、区两级财政累计投入792亿元用于基本民生支出，教育文化、社会保障保持全省领先水平。幸福村居建设实现三年大变，农村常住居民人均可支配收入比“十一五”末增长80.6%，城乡居民的生活质量明显改善。

总之，通过“十二五”的努力，全市的综合实力和发展水平迈上了新的台阶，珠海站在了新的历史起点上。

各位代表，去年初召开的市八届人大五次会议，审议批准了市政府提出的八个方面217项具体工作。根据发展情况的变化，市政府又新安排了28项具体工作。经过一年的努力，上述245项工作中，240项已经完成，1项做了调整，4项进度相对滞后，正在抓紧落实，将在今年内全部完成。初步测算，2015年全市实现地区生产总值2038亿元，比上一年增长10%，增速居全省第一；一般公共预算收入269.9亿元，增长17.2%；规模以上工业增加值980亿元，增长9.7%；全体居民人均可支配收入达到36093元，增长8.6%；城镇登记失业率处于2.26%的较低水平；居民消费价格涨幅为1.7%；十件民生实事基本完成。成功举办了首届“装洽会”、WTA超级精英赛、第二届世界广府人恳亲大会、第二届中国国际马戏节等大型活动。全市呈现经济质效提升、民生持续改善、社会和谐稳定的良好态势，实现了“十二五”的圆满收官。

一年来，我们重点做了六项工作：

（一）努力保持经济持续向好势头

扩大有效投资和消费，稳定外贸增长。完成固定资产投资1305亿元，增长15%，其中112个重点建设项目完成投资423.4亿元。实际吸收外商直接投资21.8亿美元，增长12.8%。培育新型消费模式和消费热点，社会消费品零售总额913.6亿元，增长12%。外贸进口由于原油等大宗商品价格大幅下降而下滑了26.8%，出口在极其困难的环境下增长0.6%。

深入开展扶企强企行动。颁布促进民营经济发展条例，出台支持小微企业上规模政策，新增规模以上企业38家。落实各项税收优惠政策，清理进出口环节收费项目109项，公布政府定价涉企经营服务收费目录清单和政府性基金目录清单，为企业减免税费84亿元。

加快发展以先进装备制造业为重点的高端产业。促成三一海洋重工等18个重点项目投产，新兴重工应急救援装备产业园等13个重大项目开工，福陆海工等28个项目签约落户，完成装备制造业投资128亿元。启动工业企业转型升级和技术改造三年行动计划，完成技改投资89.6亿元，增长超过50%。全市装备制造业增加值达到376亿元，增长15.5%。金融业预计实现增加值135亿元，增长14%，占GDP的6.6%，持牌法人金融企业新增10家，达到58家。

发展面向未来的新产业、新业态。格力国际智能制造基地加快建设，高新区机器人产业园动工，全球机器人领军企业ABB落户高新区。跨境电商通关监管场所和综合服务平台建成启用，阿里巴巴“全球货源”珠海站、聚美优品华南总部等项目落户，全市电子商务交易额超过900亿元。长隆第二主题公园开工，嘉华集团体育休闲度假中心、华彬珠海健康中心、航空大世界等高端消费类项目落户。全年接待过夜游客1330多万人次，旅游总收入增长4%。

（二）全面谋划实施创新驱动发展战略

把创新驱动发展确立为核心战略，系统谋划创新驱动总体布局和路线图，制定了市、区两级三年行动计划，明确了“8个倍增”目标。学习借鉴深圳经验，出台促进科技创新18条核心政策，形成“1+5”创新驱动政策体系。全市新增高新技术企业51家，总量达到397家，入选省高企培育库企业196家。新增上市企业1家、“新三板”挂牌企业37家。

加强公共创新平台建设。新增孵化器建筑面积31万平方米，新增在孵企业200多家。一批众创空间快速兴起，吸引154个创业团队进驻。清华大学珠海创新中心、华南理工大学珠海现代产业研究院等6家新型研发机构挂牌成立，国家船舶及海洋工程装备材料质量监督检验中心投入使用。与中山大学等5所高校及科研院所开展战略合作。新增51家工程中心、企业技术中心，其中省级26家。组织实施省重大科技项目25个、科技型中小企业创新项目51个，全社会研发投入达到55亿元，占GDP比重达2.7%。高新区在全国排位上升10位。

完善金融、人才等服务支撑体系。组建珠海科技创业投资公司，引进股权（创业）投资企业799家，“新三板”华南服务基地落户横琴，科技金融广场成功对接项目349个。全面实施蓝色珠海高层次人才计划，引进国家“千人计划”专家13人、诺贝尔奖得主2人和创新创业团队5个，4人入选省领军人才，居全省地级市首位。设立横琴国际知识产权交易中心、知识产权巡回法庭和知识产权检察工作站，在横琴自贸试验区初步建立起知识产权交易和保护机制。

（三）启动横琴自贸试验区建设

对接高标准国际投资贸易规则。在外商投资管理、商事制度等领域实行118项创新举措，出台全国首个促进自贸试验区建设的政府规章，制定政府部门权力清单、市场主体违法行为提示清单、横琴与港澳差异化市场轻微违法经营行为免罚清单。实行小规模纳税人简并征期，推出“三个零”政府服务。推行立案登记制，建立类似案例辩论制度和第三方法官评鉴制度。珠海国际仲裁院、珠港澳商事争议联合调解中心正式运作。政府智能化监管服务模式入选全国自贸试验区“八大最佳实践案例”，一批改革创新措施在全省推广。

落实对港澳服务业扩大开放措施。编制港澳投资准入负面短清单，粤港澳服务贸易自由化省级示范基地挂牌，1238家港澳投资企业落户横琴。开展“一机一台”通关模式改革，实行澳门小商品通关简化归类。中国—拉美企业家理事会联络办公室落户，113个项目入驻横琴·澳门青年创业谷。

推进金融开放创新。跨境人民币贷款政策落地，企业申请备案的跨境人民币贷款超过53亿元。新增金融类企业1300家，各类要素交易平台发展到11家，全省第二家金融租赁公司华通金融租赁有限公司开业运营。国家食品安全（横琴）创新中心挂牌，国家“互联网+”创新创业基地落户，国家中医药现代化科技产业创新联盟、中国中医科学院中医药国际创新中心在横琴成立。

（四）以深化改革激发发展活力

推进简政放权。向区一级下放182项行政管理事权，赋予各区更多发展自主权。取消和调整行政审批事项45项，清理非行政许可审批事项244项，不再保留非行政审批类别。完成“一照一码”商事登记制度改革，日均新登记注册商事主体超过200户，每千人商事主体数量增加24户，达到144户。

简化投资审批流程。实行“一个窗口”受理审批投资立项制度，试行建设项目快速落地机制，推行网上备案立项制度，建设工程可行性研究报告审批时限压缩至12个工作日以内。实行招标核准负面清单制度，减少90%的招标核准事项。制定政府与社会资本合作三年行动方案，确定了一批PPP模式的建设项目。

切实推动重点改革。启动市、区两级财政零基预算改革。实施不动产统一登记。完成农村集体建设用地和留用地使用权确权登记试点工作。深化基层自治，公布社区行政事务禁入目录。推出公安改革创先“10+1”惠民项目。健全多元化纠纷解决机制，建立社会评议委员会制度，村居警官、法律顾问覆盖全市村居。建立安全生产联合执法机制，各类生产安全事故宗数同比下降4.24%。

（五）深入推进国际宜居城市建设

推进交通工程建设。港珠澳大桥珠海口岸主体工程封顶。横琴二桥建成通车，月环支线延长线建设进入收尾阶段。香海大桥、洪鹤大桥先行段开工建设。洪湾枢纽互通二期、白石桥全面施工。珠海至北京、桂林跨省列车开通。珠海口岸查验机制创新试点获批。洪湾港二期码头项目建成运营，九洲港、香洲港货运码头完成历史性搬迁。高栏港15万吨级主航道、5万吨级石化码头和三一重工配套码头建成运营，川贵粤—南亚物流大通道项目启动。珠海机场对外籍公务机临时开放口岸获批，通用机场项目获批并投入建设。东西部快速公交系统着手建设。建成东部城区慢行系统89千米主廊道。新增314个公共自行车服务站点。建成5座人行立体过街设施。

加快东西城区核心区建设。改造提升核心城区，基本完成情侣路海滨泳场、香炉湾和凤凰湾沙滩修复工作，城市之心一期动工建设，新一轮旧村改造全面启动。签署珠中两市合作治理前山河协议，拱北污水处理厂扩建工程建成运营，前山污水处理厂一期工程顺利封顶，流域第一批28个污水管网工程和23条旧村截污工程全面动工。铺开西部生态新城建设，完成8286亩（552.68公顷）土地清理工作，全面展开起步区市政基础设施建设，建成9条市政道路，启动海绵城市示范区和地下综合管廊建设。

扎实建设幸福村居。农村生活垃圾和污水处理设施基本覆盖所有行政村，146个村居被评为省级卫生村。乡村旅游接待游客超过600万人次，十里莲江乡村旅游风情带入选全国十大乡村游精品线路，南门村、莲江村获评中国乡村旅游模范村。农业部去农庄网华南运营中心、阿里巴巴农村淘宝项目落户斗门。居家养老服务覆盖90%以上的村居，基本养老保险制度覆盖全市农业户籍人口。

加强环境保护和生态修复。强化大气污染防治，空气质量达标率达到90%，提高1.6个百分点，PM2.5、PM10年均浓度分别降至31微克/立方米和51微克/立方米，降幅分别为8.8%和3.8%。划定超过1000平方千米生态控制区，新建成1.19万亩碳汇林、73.3千米生态景观林带，新增绿道80千米，人均公园绿地面积达到19.5平方米。入选中欧低碳生态综合试点城市和国家水生态文明建设试点城市。

（六）提升基本公共服务水平

深化教育综合改革。市直幼儿园和初中全部移交区级政府管理。公办幼儿园学位全部公开摇号派位，高中入学全面取消择校生。组建职业教育集团，出台促进民办教育规范特色发展实施办法，开展校长职级制评审。建成第二批10所镇中心幼儿园、斗门特殊教育学校等教育设施。平安校园达标率达到92.6%。成功创建省推进教育现代化先进市。

推进公立医院、基层医疗卫生机构和办医体制改革。公立医院统一实行药品和医用耗材零差率政策。实行社区卫生服务标准化，推广家庭医生制度。区域医疗一卡通建成。“单独两孩”政策顺利实施。计划生育证明不再作为出生入户的前置条件。市人民医院北区投入使用，省中医院珠海医院、市第二中医院（侨立中医院）住院楼主体完工。启动食品安全城市创建试点工作。实施家禽集中屠宰、冷链配送、生鲜上市，83家农贸市场完成改造升级。通过国家卫生城市复审。

提升公共文化服务水平。建设和改造一批基层文化站、村居文化中心、数字农家书屋、社区体育公园和镇级全民健身广场。成功举办莫扎特国际青少年音乐比赛等一批国际性文体盛事。珠海大剧院、博物馆和规划展览馆主体工程基本完成，成为珠海的文化新地标。

提升基本民生保障水平。城乡居民医疗保险财政补贴标准提高到每人每年400元，困难群众住院自付医疗费用救助比例达到80%以上，重特大疾病最高救助金额达到每人每年20万元。小学、初中公用经费补助标准分别提高到每人每年1150元和1950元。公共卫生服务经费财政补助标准提高到每人每年45元。低保标准提高到每人每月580元。集中供养、分散供养孤儿基本生活标准分别提高到每人每月1300元和870元。免费乘坐公交覆盖非本市户籍老人。城镇新增就业4.8万人。基本建成3986套保障性住房，新开工4439套。圆满完成市内外扶贫开发工作任务。对口帮扶阳江工作在全省考核中排名第一，珠海（阳江）产业园和珠海（阳江万象）产业园均获省考评优秀。

一年来，政府系统大力改革影响效率的工作机制，深入开展“三严三实”专题教育，领导干部更多地深入一线解决问题、推动工作，政府的行政效率和执行力明显提升。市政府更加注重加强和改进政府立法，出台《政府规章立法程序实施办法》《政府立法公众参与办法》，建立政府立法人才库，提请市人大审议地方性法规草案10件，制定政府规章6件。更加注重完善依法决策机制，制定《重大行政决策程序规定》，健全重大行政决策听证指导和监督制度，举行了10场重大行政决策听证会。更加注重党风廉政建设和巡视整改，出台《预防腐败条例实施细则》及30多项配套制度，政府投资工程廉情预警评估电子化信息平台、财政专项资金申报和管理平台投入使用，实现政府投资项目全程监督。更加自觉地接受人大和政协监督，完善人大预算实时在线监督系统，修订人大议案、代表建议和政协提案办理办法，完成577件建议和提案的办理答复工作，主动约见部分市人大代表听取意见，四小联围海堤达标工程议案顺利结案。更加注重利用公共传媒广纳民意，首次向社会公开征集民生实事建议。

各位代表，每一届政府都不可避免地遗留当时历史条件下难以解决的问题。一届负责任的政府，必须积极面对和解决这些问题。过去一年，我们争取了省的政策支持，通过自愿补缴的方式，将被征地农民等群体纳入职工养老保险，政策惠及4.6万人。我们制定了农村集体留用地落地工作方案，首批已落实2300亩（153.41公顷）。我们全面梳理、打通断头路，宝翠桥工程、人民西路与坦洲环洲东南路衔接工程完工，金唐西路复工，兰埔路改造项目进场施工。对烂尾楼和土地开发的历史遗留问题，我们也逐一研究制定了解决方案。

各位代表，需要特别报告的是，梅华路有轨电车1号线没有按预定的时间投入运营，主要是对项目技术的成熟度论证不充分。对此，市政府承担主要责任。我们将以此为鉴，进一步提高重大公共决策的民主化和科学化水平。

各位代表，珠海发展取得的一切成就，都归功于全市人民的共同努力。在这里，我代表市政府，向关心城市发展、为城市进步辛勤工作的市民朋友们，表示崇高的敬意！向给予政府工作大力支持的人大代表和政协委员，向各民主党派、工商联、无党派人士和人民团体，向中央和省驻珠单位，向驻珠部队和武警官兵，向关心支持珠海发展的港澳台同胞、海外侨胞和国际友人，一并表示衷心的感谢！

回顾过去的一年，我们也清醒地看到，政府工作仍然存在值得警醒和需要解决的突出问题。一是营商环境仍然存在不少瓶颈环节，行政审批流程复杂、效率不高的问题突出，办事难依然是企业和群众反映强烈的问题。二是体制机制改革还不到位，市场的活力没有充分释放，基层的积极性没有充分发挥，政府风险防控还存在薄弱环节。三是部分领导干部不愿担责、不敢担当的问题突出，一些重点工作进展滞后，社会关注度高的问题没有及时得到解决。四是对群众反映强烈的民生问题，特别是中心城区交通拥堵、东西部之间交通建设滞后、规范化普惠性幼儿园严重不足等突出问题，政府还没有更加有效的解决措施。对此，我们将高度重视，在新一年工作中制定切实措施逐项解决。

二、“十三五”时期奋斗目标和主要任务

“十三五”时期是全面建成小康社会、实现第一个百年奋斗目标的决胜阶段，也是珠海加快建设生态文明新特区、科学发展示范市的关键五年。虽然国际金融危机的深层次影响还在持续，外部经济下行压力加大，我们自身也面临着创新驱动基础薄弱、东西部发展不平衡、交通基础设施不完善等困难和挑战。但总体而言，我们正处于加快发展的黄金机遇期，特别是横琴自贸试验区和珠三角国家自主创新示范区的设立，港珠澳大桥和深中通道的建设，珠江西岸先进装备制造产业带战略的实施，都为珠海发展带来了叠加利好。经过“十二五”的努力，珠海新的增长动力正在孕育，持续向好的发展态势已经形成，外界也普遍看好珠海的发展。只要我们抓住机遇，强化责任担当，狠抓工作落实，一定能实现更有质量、更高水平的发展。

根据《中共珠海市委关于制定国民经济和社会发展第十三个五年规划的建议》，市政府编制了《珠海市国民经济和社会发展第十三个五年规划纲要（草案）》，并对该纲要的起草情况做了说明，提交本次会议审议。

“十三五”时期全市发展的主要预期目标是：率先在2017年全面建成小康社会，率先向基本实现社会主义现代化阔步迈进。“十三五”期间提前实现地区生产总值和全体居民人均可支配收入比2010年翻一番。地区生产总值年均增长9%，到2020年超过3000亿元，人均达3万美元。

地区生产总值年均增长确定9%的预期目标，主要是考虑新常态下将更加注重发展质量和效益，更加注重结构优化和动力转换，必须适当提高换挡降速的容忍度。同时，我们也通过多种模型进行了测算。结果表明，确定这个增长目标是合理的，也是必要的。

对照国家统计局全面建成小康社会统计监测指标体系，我市小康指数已达到95%左右，已总体上接近小康社会水平。综合考虑发展基础和特区责任，我们认为，2017年率先全面建成小康社会，比全省提前一年，是合理可行的。只要我们在今后两年全力补齐居民人均可支配收入、家庭人均住房面积达标率、居民消费支出占GDP比重等短板指标，就能够实现这一目标。

完成“十三五”各项目标任务，必须崇尚创新、注重协调、倡导绿色、厚植开放、推进共享。需要重点在七个方面下工夫：

一是建设国际化创新型城市。全面实施创新驱动发展的核心战略，实施三年行动计划，完善创新创业政策法规，构建国际化创新体系，充分发挥高新区和横琴自贸试验区在创新中的核心作用。推进科技企业孵化器倍增计划，重点培育一批具有国际竞争力的创新型企业，全市高新技术企业超过800家。推进新型研发机构和公共平台建设，深化与中山大学、吉林大学和省科学院等产学研合作，新增一批国家级创新平台。培育发展创新型金融，推进横琴新区“三链融合”发展示范区和高新区科技金融试点建设。实施高层次人才倍增计划，推进横琴国家人才管理改革试验区建设。深化科技体制改革，建立多元化科技投入机制，完善创新人才和科研成果评价、激励机制，全社会研发投入占 GDP 比重达到 4%。到 2020 年，基本建成国际化创新型城市。

二是全面深化改革开放。高标准建设横琴自贸试验区，对接国际高标准投资贸易规则，深化和完善准入前国民待遇加负面清单管理制度。分类推进国有企业改革，规范有序发展混合所有制经济。完善服务民营经济发展的平台和体制机制，消除各种隐性壁垒。推进简政放权，进一步精简审批事项和审批环节，健全审批后监管制度。全面建设法治政府，用好地方立法权，完善两法衔接。构建全民共建共享的社会治理格局，基本建成社会建设示范市。同时，把握国家“一带一路”战略实施机遇，推进珠港澳深度合作，打造 CEPA 升级版，与澳门联手建设中国和拉美国家经贸合作平台，构建开放型经济新格局。到 2020 年，基本形成市场化国际化法治化发展环境。

三是加快建设“三高一特”现代产业体系。对接中国制造 2025，实施智能化技术改造，建设格力国际智能制造基地和高新区机器人产业园，打造省智能制造示范基地。依托西部先进制造基地，聚焦海洋工程、生物医药、航空航天和绿色智能交通等重点产业，形成 1 ～ 2 个千亿级先进制造产业集群。依托国家自主创新示范区，建设国家高技术产业基地和省战略性新兴产业基地，申报保税区国家级增材制造技术创新中心。依托十字门中央商务区等重点区域，加快发展金融、物流、会展、跨境电商、文化创意等高端服务业，建成对接港澳、辐射珠江西岸的科技创新中心、区域物流中心和总部经济基地。依托海域海岛资源，打造粤港澳游艇消费基地和一批国家级休闲渔业示范基地。到 2020 年，基本建成以智能制造为龙头的“三高一特”现代产业体系。

四是推进国际宜居城市建设。优化城市发展空间格局，推进“五规融合”，着力打造港珠澳国际都会区。创新生态文明建设体制机制，成功创建全国首批生态文明示范市、全国水生态文明城市和国家森林城市，基本形成低碳生态发展模式。加大工业源、尾气排放和扬尘等治理力度，确保空气质量始终保持在全国前列。改进自来水处理工艺，改造老旧供水管网，提升城市供水品质。论证建设直饮水工程的可行性。完成前山河等流域整治与生态修复工程，初步建成淇澳红树林湿地公园、凤凰山森林公园和黄杨山森林公园，建设一批城市林荫道、滨海景观道、绿色生态水道、环山健康步道和乡村风情道，形成较为完善的慢行系统。建设中欧低碳生态综合试点城市，打造前山河绿色建筑、南湾绿色交通等一批示范项目，公交车 100% 使用清洁能源，推进高新区国家级生态工业示范园区和高栏港循环经济试点园区建设。实施“互联网 +”行动计划和大数据发展战略，“政府 WiFi 通”覆盖公共服务场所，推进智慧交通、智慧城管、智慧政务、智慧社会服务等项目建设，成为珠三角智慧城市群的重要一极。到 2020 年，基本接近国际宜居城市。

五是推进交通枢纽城市建设。推动港珠澳大桥建成通车，主动联接深中通道，谋划建设深珠城轨，主动融入珠江口国际湾区。加快推进广佛江珠城际轨道建设，建成金琴快线、兴业快速路等内通外联工程，实现 15 分钟内主要交通节点上高快速路。建成金海大桥、香海大桥、洪鹤大桥及其连接线，力争建成市区至机场城际轨道。加大公交投入，增加运营线路，建成一批综合性公交枢纽站场，公交机动化分担率超过 45%，中心城区交通拥堵问题得到明显改善。建设第三代、第四代国际港口，建成高栏港疏港铁路专用线二期，打造通江达海的珠海港港口枢纽。推动开放珠海机场国际口岸，启动第二跑道建设，打造复合型国际干线机场和货运枢纽机场。到 2020 年，建成以港珠澳大桥为龙头的立体综合交通枢纽城市。

六是构建均衡的发展格局。推进西部生态新区建设，基本形成西部生态新城核心区的框架，完成金湾、斗门和平沙新城起步区的建设。建设更高水平的幸福村居，培育一批水产品养殖业、生态休闲旅游农业和电商农业名优品牌，公交车覆盖全部行政村。实施“东优西拓”的人口发展策略，基本建立以合法稳定住所和职业为户口迁入基本条件、城乡统一的新型户籍管理制度。提升珠江口西岸核心城市的功能和辐射带动作用，在交通、水资源、产业、环保、旅游和民生等领域开展珠中江阳紧密合作。到 2020 年，基本实现东西区协调发展格局。

七是建设和谐幸福珠海。以西

部地区为重点，提高基本公共服务整体水平和均衡化水平。实施更加积极的就业政策，城镇登记失业率控制在3.2%以内，实现居民收入增长和经济发展同步。创建教育现代化示范市，进一步缩小区域、城乡、校际间差距，等级幼儿园达到90%以上，规范化普惠性幼儿园达到80%以上。健全基本养老保险制度，建立城乡一体的医疗保险体系，建设覆盖城乡的多层次养老服务体系。提高城乡居民最低生活保障、农村“五保”供养等底线民生保障水平。健全面向低收入家庭的住房保障制度，扩大住房保障覆盖面。新增医疗卫生资源向西部、海岛和基层倾斜。深化公立医院改革，实行分级诊疗，鼓励发展非营利性民营医院和高端民营医疗机构。全面推进市、区、镇（街）、村（居）四级公共文化体育设施建设，基本建成覆盖城市社区的市民艺术中心。构建社会安全、生产安全、食品药品安全和环境安全的城市管理体系。到2020年，率先实现基本公共服务均等化，教育、文化、医疗等达到较发达水平。

三、2016年工作安排

今年是“十三五”的开局之年，也是珠海实施创新驱动发展战略、加快转型发展的关键之年。综合研判，经济长期上扬的态势和短期下行的压力并存。从大环境看，世界经济复苏乏力，国内经济下行压力持续加大，发展面临的外部环境复杂严峻。从珠海自身情况看，固定资产投资连续几年高位运行后增速放缓，消费新热点不多，外贸受制于国际市场需求疲弱，实体经济新增投资动力不足，稳增长面临的压力和挑战非常大。但同时更要看到，随着全局性改革开放的深化和珠海特有发展要素的有效叠加，我们承接国内外发展资源的机遇前所未有。特别是，随着供给侧结构性改革在全国的铺开，我们的发展优势将更加突显。因此，我们既要增强忧患意识，更要坚定战略自信，把工作做得更扎实一些，努力完成全年目标任务，确保“十三五”开好局、起好步。

今年政府工作的总体要求是：全面贯彻党的十八届三中、四中、五中全会和中央经济工作会议、城市工作会议精神，深入系统学习贯彻习近平总书记系列重要讲话精神，认真落实省委十一届五次、六次全会和市委七届六次、七次全会部署，牢牢把握创新、协调、绿色、开放、共享的发展理念，主动适应新常态，深入实施创新驱动发展战略，扎实推进供给侧结构性改革，努力构建市场化国际化法治化的发展环境，加快交通基础设施建设，统筹推进横琴自贸试验区、自主创新示范区和西部生态新区建设，努力建设国际宜居城市，加快推进基本公共服务均等化，促进经济稳定增长，保持社会和谐稳定。

建议今年经济社会发展的预期目标和约束性指标是：地区生产总值增长8.5%～9%；规模以上工业增加值增长9.5%；社会消费品零售总额增长11%；固定资产投资增长15%；外贸进出口持平，其中出口增长1%；一般公共预算收入增长8%；全体居民人均可支配收入增长8%；居民消费价格涨幅、城镇登记失业率分别控制在3%和3.2%以内；节能减排降碳约束性指标完成省下达目标。

需要说明的是，与往年相比，我们适当调低了今年的经济增长预期，主要是充分考虑了今年经济整体下行的压力，同时也为供给侧结构性改革留出了空间。从全国全省的情况看，在新常态下确立这样的增长预期目标，是积极的，也是切合珠海实际的。GDP增长提出了8.5%～9%的区间目标，是综合考虑了各种不确定的因素，有利于保持经济增长的弹性。

围绕实现今年的预期目标，建议重点安排八项工作：

（一）促进经济稳定增长，实现“十三五”良好开局

扩大基础设施、产业、民生等重点领域的有效投资。安排重点项目337项，年度计划投资494.2亿元。建立制度化的领导干部分类协调、督导重点项目机制，加快推进108项续建项目，力促53个在建项目建成投产，新开工91个项目。建立未来三年的政府投资项目库，提前开展前期工作。开展更有针对性的招商引资，办好第十一届中国国际航空航天博览会、2016中国（珠海）国际海洋高新科技展览会、珠海国际游艇展和珠海国际智能电网展等展会。

培育新消费热点。出台扶持新业态发展的政策。修订促进电子商务发展的措施，建设跨境电商公共平台，推动横琴自贸试验区和保税区开展跨境电子商务进出口业务，推进与阿里巴巴、聚美优品、运易通等电商的合作项目，建成一批农村淘宝村级服务站。推进港珠澳世界级旅游休闲目的地建设，密切珠港澳旅游合作，创新旅游联合推广机制，办好珠中江、珠中澳、广深珠等旅游推介会。加快长隆第二主题公园、海泉湾二期等在建项目建

设，推动航空大世界等新签约项目动工，开展境外旅客购物离境退税政策试点，争取国家支持建设“横琴国际休闲旅游岛”，规划建设一批游客集散中心和咨询服务中心等公共服务配套设施。加快商务信用建设,大力打击假冒伪劣违法行为。

促进外贸稳定增长。修订外贸稳增长调结构扶持政策，启动加工贸易转型升级三年行动计划，组织和发动企业参加国内外重大展会。拓展内外贸航线和多式联运业务，推动珠海港与巴西维多利亚港开通直航航线，继续申报高栏港综合保税区，建设拉美综合保税枢纽仓储物流中心。继续推进跨境工业区转型。发展外贸综合服务、旅游购物出口等新业态。建设服务贸易特色出口基地。建成电子口岸和国际贸易“单一窗口”。

扶持实体经济发展。出台支持现有企业发展的政策。“一企一策”培育大型骨干企业。开展小微企业“幼狮计划”，落实“小升规、个转企”扶持政策，新增43家规模以上工业企业。深入调研影响民营经济发展的问题，加大对民营经济的扶持力度，推动民营中小企业公共服务平台上线运行。

（二）深入实施创新驱动发展战略，建设珠江西岸创新中心

完善创新生态环境。修订出台《珠海经济特区科技创新促进条例》。编制自主创新示范区建设实施方案、发展规划纲要、空间调整规划和政策实施意见。完善科技创新的体制机制，建立市统筹扶持公共平台、区扶持企业和项目的工作机制。引进股权投资基金和创业投资基金。建立科研诚信“黑名单”。成立民商事调解中心和高新知识产权仲裁中心。推进标准化和质量品牌建设，完善质量发展规划，建成全国质量强市示范市。

促进科技金融融合发展。建设众创金融街。依托横琴国际知识产权交易中心，开展知识产权交易和知识产权融资业务。推动珠海产权交易中心开办非上市企业股权托管、融资业务。加快“新三板”华南服务基地建设。启动科技创新券试点。探索创新产品与服务远期约定购买制度，推动科创投公司正式运营。

全面落实高层次人才倍增计划。优化人才政策体系。争取国家、省在珠海率先开展技术移民制度试点。加快横琴人才管理改革试验区建设，推进横琴与港澳执业资格互认，实现港澳专业人士在横琴便利执业。

加强创新载体建设。实施高企培育专项行动，设立高企专项扶持资金，力争高企数量超过500家。推进清华珠海创新中心等新型研发机构建设。开工建设横琴国际科技创新基地。编制孵化器发展规划，建成珠海信息港等项目，新增3家市级创业孵化基地，资助一批优秀创业项目。支持驻珠高校和企业建设创客空间、孵化基地和劳模职工创新工作室。与中山大学、吉林大学共建理工类学院、学科和研究生院，支持暨南大学等院校面向战略性新兴产业提升和新建理工类学院。推进省科学院海洋工程装备、航空航天和生物医药技术等三所研究院建设。依托公共技术服务平台，推动创新成果的标准化转换和应用。

（三）以横琴自贸试验区为龙头，全面深化改革开放

系统推进横琴自贸试验区制度创新。对标国际投资贸易规则，落实市场化国际化法治化营商环境建设的32项工作。优化“三个零”政府服务机制，实现政府服务电子化、清单化、标准化。加快建设横琴“廉洁岛”。开展口岸查验机制创新试点，争取在监管互认、信息共享、执法互助等方面取得实质突破。实施澳门车辆在横琴与澳门间便利进出政策。推进金融开放创新，落实人民银行关于金融支持自由贸易试验区建设的指导意见，扩大人民币跨境使用，深化外汇管理改革，深化以粤港澳为重点的区域金融合作，提升金融服务水平，强化风险监测与管理。推动消费金融公司、与港澳合资的全牌照证券公司等法人金融企业落地。延伸建设十字门中央商务区板块，发挥自贸区的辐射带动作用，推动横琴与各区联动发展。

深入推进经济体制改革。促进商事登记便利化，建成“一照一码”登记全程电子化服务系统，推行商事主体登记注册“同城通办”，完善行政许可协同审批和后续监管协同执法改革。深化投融资体制改革，修订政府投资项目管理条例，推广公共服务领域政府和社会资本合作模式，开展企业投资项目直接落地改革试点。深化国有企业改革，培育改组国有资本投资运营公司，加大企业重组力度，引进战略投资，推进资产证券化和企业市场化机制的建设。完善零基预算，扩大部门预算现场联审试点，细化部门预决算公开。编制中期财政预算规划。

提升行政服务效率。下放第二批市级行政管理事权，科学调整市、区两级编制结构。出台新的政府职

能转移目录，取消一批职业资格行政审批事项，清理规范行政审批中介服务，制定市场主体许可经营项目及经营场所监管清单。编制行政审批事项办事指南，启动“一门式”政务服务改革试点。建立完善市、区两级政务信息资源共享平台，实现四级电子政务网络光纤全覆盖。

完善以民为本的社会治理体制。建设一批镇（街）、社区社会服务中心，对接政府购买服务和社会工作专业服务，探索群众“点单”、社会力量“接单”、政府“买单”的服务模式。开展民警分类管理改革，健全警务辅助人员管理制度，建立以平安指数为核心的社会治安综合治理考评体系和治安情况通报机制，构建扁平化、实战化现代警务运行机制，提高路面见警率。深入推进户籍制度改革，调整户口迁移政策。高度重视反恐防暴工作，加快公共危机预防和应急处置体系建设，编制公共安全与危机应对“十三五”规划。完善安全生产责任体系，推进高栏港区安全发展示范园区建设，加强大型危险化学品管道和储存器的风险管控。

积极参与“一带一路”建设。打造中国和拉美国家经贸合作平台。创建中拉电子商务产业基地。推动川贵粤—南亚物流大通道等项目建设。建立更务实的珠港澳合作工作机制和定期会晤磋商机制，推进粤港澳游艇“便利行”。积极推进珠中江阳一体化重点项目。

（四）扎实推进供给侧结构性改革，增强经济持续增长动力

淘汰落后产能。制定重污染高耗能企业搬迁三年行动计划，推动红塔仁恒等企业搬迁改造。继续推进“三清”工作。支持企业兼并重组。落实工业企业技术改造三年行动计划，支持企业扩产增效、智能化改造、设备更新和公共服务平台建设，全年完成技术改造投资100亿元以上。建设格力国际智能制造基地和高新区机器人产业园，实施“机器人应用”计划。开展两化融合管理体系贯标试点，支持企业申报工信部互联网和工业融合创新试点。

促进房地产市场平稳健康发展。动态监控评估房地产市场情况。放宽住房公积金贷款条件，开展公转商贴息贷款业务，推进公积金异地互认使用。适度增加中心城区土地供应，推动房地产开发重心向新城新区转移。建立房地产开发企业和物业服务企业信用管理系统。新开工2300套保障性住房，推出2500套公共租赁住房。

补齐农业供给短板。发展高品质、高效益、高附加值的特色农业。充分发挥农控集团、台创园作用，提升农业的品种、品质和品牌。建成农产品电子商务展销平台，启动农产品质量安全监测及物流中转中心、水产城等项目建设。规划建设广东（珠海）现代种业发展中心，开工建设展览检测综合试验楼等项目，办好中国（珠海）台创园农业博览会暨农业项目对接会。发展农村金融，推进农户信用信息采集及信用村、信用户评定工作。开展涉农保险创新，推进政策性水产价格指数和风灾指数保险试点工作。

“营改增”全面扩围，扩大小型微利企业减半征收企业所得税范围。继续清理一批行政事业性收费。防范化解金融风险，以加强新兴金融业态监管和防范打击非法集资为重点，出台监管措施，健全工作机制，推动金融行业加强自治自律。

（五）打好交通攻坚战，综合治理核心城区交通拥堵

完善高快速路网和市政路网。全面开工建设香海高速、洪鹤大桥，新开工建设坦洲至香海高速连接线、金海公路大桥、鹤洲至高栏港高速，建成洪湾互通二期主线工程。完成兴业路北延线、港湾大道快速化改造前期工作，建成月环支线南延段，全面开工建设金琴快线。启动园山路、翠海路等升级改造，打通兰埔路、新海燕桥、造贝路等一批断头路。

实施中心城区交通改善三年行动计划。综合运用完善路网、道路挖潜、绿色出行、管理引导四大策略和一系列具体措施，缓解主城区交通拥堵。完善道路停车咪表的规划建设，优化咪表功能设置。完成港珠澳大桥通车后交通组织、通行政策和通关模式的研究。围绕深中通道建设，衔接珠中高快速路网和市政路网。研究小汽车区域限行政策。

加大公共交通发展力度。加快珠机城轨一期建设，开工建设二期工程。争取推动广佛江珠城际轨道年内开工，调整完善有轨电车线路规划，论证实施二期建设工程。增加公交投放，优化公交线网，推行社区、村镇、工业园区、大学园区的小巴服务。推进部分道路公交专用道和一批枢纽站场建设。实施公共交通换乘优惠。改造56千米自行车道，建成二期公共自行车租赁系统。

加强港口、机场、口岸建设。推进黄茅海航道、疏港铁路专用线二期建设。开工建设15万吨级粮食码头和石油码头。推进珠海机场航站楼升级改造，建成通用机场。

加快港珠澳大桥珠海口岸、珠港澳物流合作园首期通关中心建设。开通万山港口岸香港航线。

（六）提升城市功能品质，夯实国际宜居城市基础

构建可持续发展的城市空间格局。完善“五规融合”一张图表编制，建立项目协同审批机制。推进15个海绵城市建设工程项目，新开工建设25千米综合管廊。推进“一河一带两轴两镇三港三心”更新改造，集中推进香洲城区的旧村庄和旧厂区的连片改造，完成主城区100万平方米老旧小区改造任务，基本完成洪湾渔港建设，建成上冲TOD小镇，开工建设拱北口岸商贸中心南区、九洲港货运码头和香洲港等改造项目。开展“建筑质量和安全年”活动，全面执行绿色建筑标准。推进“四极两翼”蝶形电网建设。

巩固和提升珠海的生态优势，加快创建全国首批生态文明示范市。推进中欧低碳生态综合试点城市建设。修编生态文明建设规划。实行最严格的水资源管理制度，开展61条河涌清淤截污。建成前山河流域旧村截污、第一批管网和前山污水厂一期工程，启动第二批管网和大型拦污栅工程。深入实施大气污染防治行动计划，继续淘汰黄标车，开展工地和道路扬尘专项治理。抓好横琴东岸、口岸人工岛、野狸岛生态岸线修复和重点区域山体修复工作。出台生态控制线管理规定，开展生态控制线划桩定界工作。建立海洋生态补偿机制，推动海洋生态保护和环境治理。设立生态文明指数珠海发布中心。制定排污权有偿使用和交易管理办法。建立企业环境信用公开机制。

启动“公园之城”建设。开工建设3个森林公园、2个湿地公园，建成33个乡村绿化美化点，新建香山湖公园，改造提升野狸岛公园、海天公园等都市特色公园，构建四大公园体系。推进城市绿廊和林业生态工程建设，绿化美化一批桥梁和隧道，新建70千米绿道、8660亩碳汇林和16.8千米生态景观林。创建国家森林城市。

提升市容环境卫生水平。启动城乡生活垃圾分类和餐厨垃圾收运处理一体化项目。建成中信生态园首期环保生物质热电工程，启动二期工程。启动东部污泥处置中心搬迁工程，开工建设西部污泥处置中心。编制公共厕所专项规划，新建和改造50座旅游公厕。开展违法建筑专项整治。完成城镇水浸黑点改造。提高环卫工人工资待遇。

整体推进智慧城市建设。编制智慧珠海2016～2018三年行动计划，统筹建设医疗卫生、教育、交通、文化旅游等民生领域的智慧应用项目。建立公共服务平台建设和应用的统筹协调机制。建成智慧珠海云计算中心、新一代公安数据中心、智慧交通信号协调控制系统等项目，整合智慧交通、治安监控和数字城管系统，构建大数字城管平台。升级市民和企业专属网页，实现市民和企业通过一个平台网上办理各类事项。

（七）加快西部地区开发建设，促进区域协调发展

加快先进装备制造产业带建设。建设海洋工程装备国家新型工业化产业示范基地，争取创建国家级增材制造技术创新中心。促成中海油管道制造、太平洋粤新海洋工程船等项目竣工投产，华彬通用航空基地等项目落地建设。

全面铺开西部生态新城起步区建设。理顺西部生态新城建设管理体制。全面开工建设主干路网，启动部分次干道建设。完成富山新城马山园区、三村园区等5个园区服务中心建设，启动西部中心片区和金湾航空新城起步区的公共服务设施建设。

完善西部地区基础设施。升级改造42千米县道，开工建设S272莲洲至井岸段、珠峰大道等改造工程，完成井岸大桥、南水大桥等桥梁加固，启动上横大桥、尖峰大桥加固工程。完成乾务赤坎大联围、小林联围海堤加固达标等水利工程建设任务，开工建设金湾大门口水道引水工程，加快推进白藤大闸重建等8个水利项目前期工作。

推进幸福村居创建工作。继续实施村居“四整治一美化”工程，农村生活污水处理覆盖所有自然村，农村生活垃圾实现100%无公害处理。推进农村土地承包经营权和农村集体建设用地、留用地使用权确权登记、农村集体经济社区型股份合作制等改革，完善以自然村为单位的村民自治机制。分批解决农村集体留用地落地问题。打造斗门、金湾两个省级农村示范片区，率先完成一批市级新农村建设示范片区。

在加快西部地区发展的同时，大力促进海岛地区开发建设。整体谋划开发海岛海域旅游，完善开发规划，全面摸查海岛生态要素。完善海岛供水、供电等基础配套，推进东澳水库二期扩容、桂山海上风电场、万山海岛新能源微电网示范项目。建设东澳岛客货运码头、唐家港陆岛交通补给码头。探索庙湾

岛等无居民海岛旅游开发模式。办好万山群岛海鲜美食节、海岛妈祖旅游文化节等活动。建设海洋现代养殖基地，发展深海养殖。探索建设中国—东盟海产品交易中心。增加市区至海岛的公交班轮密度。

打好市内扶贫攻坚战。开展低收入群体和困难家庭基本情况摸底调查，制定具体帮扶方案。出台医疗救助、就业扶持、教育资助等针对性的帮扶政策和标准。加快改善西部地区及海岛困难群体居住条件。开展扶贫志愿者行动计划，搭建社会扶贫力量与困难群体的对接平台。同时，做好对口帮扶凉山彝族地区、对口支援甘孜藏区、巫山三峡库区、西藏林芝贫困县和精准扶贫阳江、茂名工作，完成对口帮扶阳江三年目标任务。

（八）推进基本公共服务均等化，补齐民生事业短板

提升基础教育整体水平和均衡化水平。设立促进西部地区教育均等化专项资金。理顺高中教育管理体制，全市公办普通高中由市教育局统一管理。推进集团化办学，组建幼儿园一体化发展联盟、义务教育学校联盟和普通高中学校联盟。完成香洲区对海岛学校的整体托管。出台促进融合教育发展实施办法。全面实施中小学校长职级制，启动教师编制和岗位聘用改革，探索建立校长、教师退出机制。选拔一批优秀学校管理干部和教师到农村中小学校任职、支教。推进技工学校、省实验中学珠海金湾学校、白藤东小学等一批教育基础设施建设，建成金湾航空城小学、香洲第十三中学、第二十三小学等学校。

提高医疗卫生服务水平。全面启动卫生强市和健康珠海建设。推动公立医院去行政化，建立法人治理结构，改革人事薪酬制度。设立西部地区及海岛医疗卫生发展专项资金，实行镇卫生院和农村卫生服务中心机构建制一体化，把万山海岛医疗卫生机构成建制整体划入市人民医院。鼓励公立医院医师参与社会办医，建立民营社区卫生服务机构补偿和退出机制。推进基层医疗机构中医药服务标准化建设，开展高血压、糖尿病分级诊疗，实现家庭医生团队全覆盖。出台《引进高层次卫生专业人才管理办法》。完成健康城市基线调查，建设20个达标的健康细胞单元。建立健全重大传染病联防联控机制。加快建设新市妇幼保健院、市慢性病防治中心、市第二中医院（侨立中医院）扩建和平沙医院改扩建等项目，推动省人民医院金湾医院投入运行。实施“全面两孩”政策，加快公立医院妇科、儿科建设。推进控烟立法。

打造“十分钟文体圈”。构建面向社区的基本公共文化服务体系，建设覆盖社区的市民艺术中心。建设珠海市图书馆总分馆。完成数字农家书屋建设任务。分批向社区开放公办学校体育设施。建成珠海大剧院、博物馆和规划展览馆。制定政策，将符合条件的民办文化场馆纳入公共文化服务体系。申办全国帆船锦标赛，办好珠海WTA超级精英赛等城市品牌活动。开展足球、网球进校园活动。制定社会科学普及规划。加强公民道德和精神文明建设，深入实施巩固提升文明城市三年行动计划。出台促进文化创意产业发展的政策。

完善以养老保障为重点的社会保障体系。大力发展社会养老，出台养老设施布局规划和养老服务业发展方案，制定养老服务标准和补贴政策，推动智慧养老服务，继续推动老年大学进社区，探索医养结合养老模式，建设以居家为基础、社区为依托、机构为补充的养老服务体系。把居民养老保险基础养老金标准提高到每人每月360元，低保标准提高到每人每月620元，公共卫生服务经费财政补助标准提高到每人每年50元，基本农田保护补贴标准提高到每亩150元。启动青年大学毕业生住房保障计划。组织大学生就业创业培训1万人次，完成5万人次全民技能提升培训，城镇新增就业4.5万人。制定残疾人“十三五”规划。

全力解决市民关注的热点问题。加强城市供水取水水源的保护和库区的水质管理。开展常规食品检测，为市民提供便捷的食品安全检测服务。新增30所校园食品安全科技工程试点学校。建设城市慢行步道系统，启动环山步道、滨海景观步道、城市林荫道建设。加快燃气管道建设，逐步降低用气价格。

办好十件民生实事。一是实现城乡居民与企业职工医疗保险门诊、住院报销同等待遇，将城乡居民医疗保险财政补贴标准由每人每年400元提高到480元，住院报销比例提高到90%，报销限额由每年40万元提高到62万元。二是推进民生水利工程实施，完成9.5千米斗门区鹤洲北海堤达标加固和36千米白蕉联围堤顶路面加固建设。三是提升社区卫生服务中心的医疗服务能力，每个农村卫生服务中心配备1～2名全科医生，运行经费由每年10万元提高到30万元，实现小病不出社区。四是完善人行过

街等配套设施，动工建设 S272 湖心路段 2 座人行天桥、珠海大道西段 3 座人行天桥和情侣路南段（昌盛路至横琴大桥段）12 座人行地道。五是建成东西部 20.9 千米公交快速化工程（BRT）及前山、湖心路公交换乘枢纽。六是完善基层公共服务综合平台建设，在全市 318 个村（居）公共服务站全部设立综合服务窗口，开展代办服务，实行一站式办理，面向基层的公共服务事项全部进驻网上办事大厅。七是在车站、机场、码头、医院、行政办事大厅、公共文化体育场馆、公园等公共场所为市民提供全覆盖的免费 WIFI 接入服务。八是提升社区文化体育服务水平，完成 15 个市民艺术中心、110 个村居文化中心和 34 个社区体育公园建设。九是实现全市月保教费不超过 1000 元的公办及民办普惠性等级幼儿园比例达到 50% 以上。十是改造提升西部地区农村道路，实现西部地区 50 人以上自然村村村通水泥路，完成 86 千米的机耕路建设。

要完成年度工作任务，必须进一步加强政府自身建设，提高政府的执行力和公信力。我们将大力推进法治政府建设，加强和改进政府立法，建立行政决策专家咨询库，推进综合执法体制改革，健全政府绩效考评机制，将政府工作全面纳入法治轨道。我们将深化“三严三实”专题教育，巩固党的群众路线教育实践活动成果，严格落实“八项规定”，坚持“三个区分”原则，努力营造敢于担当、勇于作为的干事氛围。我们将严格落实党风廉政建设“两个责任”，加强廉政风险防控和审计监督，让群众切实感受到政府作风的变化。我们将更加注重政府的公共关系，构建政府与市民更加便捷的沟通渠道，办好政府门户网站和官方微博、微信，健全常态性的新闻发言人制度，促进信息公开对称，更好地吸纳社会和民间智慧。我们将认真落实市人代会及其常委会的各项决定，定期向市人大常委会报告工作，自觉接受市政协的民主监督，建立政府约见人大代表、政协委员，以及部门对口联系市各民主党派和无党派人士的工作机制，办好人大议案、代表建议和政协提案。

各位代表，珠海正迎来新一轮发展的黄金时期，前景催人奋进。让我们在市委的坚强领导下，坚定信心，迎难而上，扎实工作，圆满完成今年各项目标任务，共同创造珠海更加美好的明天！

链 接

名词解释和有关情况说明

1.“三高一特”现代产业体系：指 2012 年市委提出的，以高科技含量、高附加值、低能耗、低污染的产业群为核心，建立主要包括高端制造业、高新技术产业、高端服务业、特色海洋经济和生态农业的新型现代产业体系。

2. 首届“装洽会”：指首届珠江西岸先进装备制造业投资贸易洽谈会。由国家工信部和广东省人民政府指导，省经济和信息化委和珠海市人民政府主办，佛山、中山、江门、阳江、肇庆市人民政府和顺德区人民政府联办，省商务厅和机械工业信息研究院协办，2015 年 8 月 22 日至 23 日在珠海国际会展中心举行。

3. WTA 超级精英赛：指 WTA 组织（国际女子职业网联）主导的一项全新国际女子网球赛事，2015 年 11 月 3 日至 8 日在珠海横琴国际网球中心举行。总奖金为 215 万美元，冠军积分为 700 分，在 WTA 的赛事体系中，总奖金、冠军积分和影响力将介于超五巡回赛和顶级巡回赛之间，成为中国 WTA 三大顶级赛事之一，级别仅次于北京的中国网球公开赛和武汉网球公开赛。比赛从 2015 年至 2019 年在珠海横琴国际网球中心连续举办 5 年。

4. 持牌法人金融企业：指由“一行三会一局”（人民银行、银监会、证监会、保监会、国家外汇管理局）批准设立具有法人主体资格的金融企业，如银行、证券公司、保险公司、交易所等，以及由省级政府或者主管部门批准设立的具有法人主体资格的金融企业，如交易中心、小额贷款公司、地方金融资产管理公司等。

5.“8个倍增”目标：指珠海市创新驱动发展三年行动计划中提出的目标，分别是研发投入倍增、孵化能力倍增、新型研发机构倍增、企业研发机构覆盖率倍增、高层次人才倍增、科技创新型大型骨干企业倍增、上市企业倍增、股权投资企业倍增。

6.“1+5”创新驱动政策体系：“1”指2015年颁发的《珠海市加快推进科技创新若干政策措施》，共18条核心政策内容；“5”指2015年颁发的《关于推进珠海市新型研发机构发展的实施意见》《珠海市加强科技企业孵化器用地管理的意见》《关于进一步促进创业工作的意见》《关于鼓励天使投资、创业投资发展的资金管理办法》《珠海市新型研发机构和科技创新公共平台资金管理暂行办法》等5个配套政策。

7.“新三板”：指全国中小企业股份转让系统，主要为创新型、创业型、成长型中小微企业服务，境内符合条件的股份公司可通过主办券商申请在该系统挂牌，公开转让股份，进行股权融资、债权融资、资产重组等。珠海市有49家企业在“新三板”挂牌交易。

8.新型研发机构：指2014年广东省提出的，主要从事研发及其相关活动、投资主体多元化、建设模式国际化、运行机制市场化、管理制度现代化、创新创业与孵化育成相结合、产学研紧密结合的独立法人组织。

9.国家“千人计划”：指自2008年以来，中组部围绕国家发展战略目标，启动实施重点支持一批能够突破关键技术、发展高新产业、带动新兴学科的战略科学家和领军人才来华创新创业的计划。现已引进4000余名海外高层次创新创业人才，形成了新中国成立以来最大规模的海外人才归国潮。珠海市有“千人计划”专家30人。

10.小规模纳税人简并征期：指对暂未发生经营、未购买发票的小规模纳税人，将增值税按月申报改为按季申报，在每季度结束后15日内进行申报，以此减轻小规模纳税人纳税负担，降低因未按时申报面临处罚的潜在风险。

11.“三个零”政府服务：指企业到政府办事“零跑动”，行政服务“零收费”，对企业“零罚款”。一是通过发展电子政务，推行网上办事，借助特快速递等手段，实现企业足不出户“零跑动”就能办理各类事项。二是做到除法律法规明文规定外，取消和停止所有行政性收费，实现对企业“零收费”。三是通过事前违法行为提示，事中对轻微违规行为给予警告、不予处罚，事后加强监管，建立诚信体系，营造政府与企业互信环境，最终实现企业“零罚款”。

12.第三方法官评鉴制度：指2015年横琴法院在全国率先推行法官评鉴制度，并提出针对法官的第三方评价方案，解决内外评价不一致、内部监督乏力的问题。综合评鉴由评鉴小组独立负责。评鉴小组由委员五人组成，委员人选由法官会议决定，从法官、律师、法律学者中产生。

13.港澳投资准入负面短清单：指在自贸试验区的外商投资准入特别管理措施（负面清单）的基础上，结合CEPA协议条款，制订的对港澳投资进一步开放的短清单。

14.“一机一台”通关模式：指旅检通道的海关和检验检疫部门工作人员，使用同一台X光机、同一屏幕、同一工作台，对旅客行李物品进行机检、审像，并站在同一检查台前实施协同查验；如查验发现异常，海关、国检将依据自身职责分别在后台进行处理。

15.澳门小商品通关简化归类：指企业在横琴自贸试验片区进出口澳门货物时，如果一次申报商品超过规定项数和金额，在不违反税收管理政策和监管证件管理的前提下，可以自愿将多项商品按照规则合并为一项进行申报。2015年8月31日，拱北海关发布了关于横琴自贸试验片区开展进出口商品简化归类的公告，对经横琴口岸进出口澳门货物实行简化归类申报方式。进出口企业通过适用简化归类便利措施，可以实现快捷申报、减少费用、加速通关，对于促进横琴自贸区发展将起到积极作用。

16.“一照一码”商事登记制度改革：指将原来由工商、质监、税务等部门分别为商事主体核发不同证照，改为由商事登记机关核发一个加载法人和其他组织统一社会信用代码的营业执照，将商事主体相关信息记载于商事登记簿并在珠海市商事主体登记许可及信用信息公示平台予以公示，实现多部门信息推送、信息认领、数据共享的登记制度。

17.招标核准负面清单制度：指为简化建设工程的审批手续、提高行政效能，对须在发改部门办理的招标核准事项实行负面清单管理，将申请不招标、邀请招标和自行招标列入负面清单，清单内事项严格监管，清单外事项不再核准，由招标人依据招标投标相关法律法规执行。

18.PPP（Public-Private-Partnership）模式：指政府与私人组织之间，为合作建设城市基础设施项目，或是为提供某种公共物品和服务，通过签署特许经营权协议，彼此之间形成一种伙伴式的合作关系，并通过签署合同来明确双方的权利和义务，以确保合作的顺利完成，最终使合作各方达到比预期单独行动更为有利的结果。PPP模式将部分政府责任以特许经营权方式转移给社会主体（企业），政府与社会主体建立起“利益共享、风险共担、全程合作”的共同体关系，政府的财政负担减轻，社会主体的投资风险减小。

19.零基预算：指在编制预算时以零为基点，不考虑过去预算项目和收支水平，重新核定每个项目实质及资金需求，依据事情的轻重缓急，统筹安排年度资金预算。

20.社区行政事务禁入目录：指由相关政府职能部门、镇政府、街道办事处依法履行职责，禁止由社区居委会承担或协助的行政事务事项。

21.公安改革创先“10+1”惠民项目：“10”指出入境管理智能化再提升，推进村居警官工程，深化平安指数应用，深化案件办理信息公开平台应用，简化交通违法处罚程序，建设智能交通系统，推动技防管理立法，构建消防三级监管模式、推进网格化动态监管，探索志愿警察机制，推进户籍制度改革。“1”指探索横琴特色警务模式。

22.川贵粤—南亚物流大通道：指四川遂宁—贵州黔南—广东珠海—巴基斯坦瓜达尔的南亚国际物流大通道。它承载国家21世纪海上丝绸之路战略，搭建大西南地区出海通道平台，通过互联互通汇集大西南地区资源，广货北上，北货南下，对接巴基斯坦为核心的南亚市场，带动整个海上丝绸之路沿线的产业发展，实现开辟新的物流大通道，开展商贸物流活动，逐步互相导入产业，带动文化技术交流的发展目标。

23.海绵城市：指新一代城市雨洪管理概念，城市在适应环境变化和应对雨水带来的自然灾害等方面具有良好的“弹性”，也称为水弹性城市，下雨时吸水、蓄水、渗水、净水，需要时将蓄存的水“释放”并加以利用。

24.地下综合管廊：指建于城市地下用于容纳两类及以上城市工程管线的构筑物及附属设施，包括干线综合管廊、支线综合管廊和缆线管廊。

25.农业部去农庄网华南运营中心：去农庄网是农业部独家指定的休闲农庄入驻、服务和休闲农业电子商务交易平台，由北京天时信宇科技有限公司开发运营。其华南区域业务域涵盖广东、广西、海南、福建及云南等省区，华南运营中心由北京天时信宇科技有限公司与珠海九洲绿色生态旅游发展有限公司共同出资成立，珠海九洲绿色生态旅游发展有限公司占51%股权。

26.碳汇林：指通过光合作用将大气中的二氧化碳良好吸收并固定在植被土壤中的林木，以达到减低大气中二氧化碳的浓度、减缓气候变暖的目的。

27. 药品和医用耗材零差率政策：指按照《珠海市公立医院实行药品和医用耗材零差率改革实施方案》的要求，以破除医疗机构“以药补医”机制为切入点，全市公立医院同步实行药品和医用耗材零差率销售，降低群众看病费用。公立医院因取消药品和医用耗材加成减少的收入，80%通过调整10项技术性医疗服务项目价格补偿，10%通过医院加强精细化管理自身消化，10%通过财政进行补助。

28. 区域医疗一卡通：指以健康档案为基础，通过建立医疗卫生数据平台、一卡式身份识别，集远程会诊、医疗服务价格公众监督、药品查询、健康知识传播等功能于一体的健康数据互联互通、资源共享的现代高效医疗卫生信息技术。

29. “三链融合”：指按照习近平总书记提出的“围绕产业链部署创新链、围绕创新链完善资金链”的要求，促进创新链、产业链、资金链融合。

30. 国家“一带一路”战略：指党的十八大后我国对外开放的重要战略，“一带”指丝绸之路经济带；“一路”指21世纪海上丝绸之路。“一带一路”贯穿欧亚大陆，东边连接亚太经济圈，西边进入欧洲经济圈，是中国打造开放新格局的战略构想。

31. “五规融合”：指以城市总体规划为平台，加强主体功能区规划、土地利用总体规划、城乡规划、生态文明建设规划的融合。

32. 分级诊疗：指按照疾病的轻、重、缓、急及治疗的难易程度进行分级，不同级别的医疗机构承担不同疾病的治疗，各有所长，逐步实现专业化。将大医院承担的普通门诊、康复和护理等分流到基层医疗机构，形成“小病在基层、大病到医院、康复回基层”的新格局。

33. 国际贸易“单一窗口”：指参与国际贸易和运输的各方，通过单一的平台提交标准化的信息和单证，以满足相关法律、法规以及管理要求。

34. 小微企业“幼狮计划”：指按照《珠海小微工业企业“幼狮计划”培育工作方案》的要求，遴选一批小微工业企业作为培育对象，引导扶持企业通过技术创新、产学研合作、两化融合、资本运营、人力资本提升等方式创新发展、集约发展、提升发展，形成具有一定竞争力的规模以上企业。

35. “小升规、个转企”：指按照《关于促进小微企业上规模的实施意见》的要求，促进珠海市小微企业加快转型升级为规模以上企业、个体工商户转型升级为企业。

36. 全牌照证券公司：指允许从事证券业所有业务的证券公司，包括证券承销和保荐业务、证券经纪业务、证券自营业务、证券投资咨询业务及证券交易、证券投资活动有关的财务顾问业务、证券资产管理业务、融资融券业务。

37. 商事主体登记注册“同城通办”：指申请人可以通过登录珠海市商事主体“一照一码”商事登记全程电子化服务系统，自主选择珠海市行政区域内（含横琴新区）任一商事登记机关办理商事登记注册业务。

38. 政府职能转移目录：指政府将原由职能部门承担的行规行约制定，行内企业资质认定及等级评定，行业调查、统计、培训、咨询、考核、宣传，社区事务、公益服务，产品检验检测，专业技术职称和执业资格评定等属于行业管理与服务、社会事务管理与服务、专业技术管理和服务等性质的职能交给相关社会组织承担，并将这些职能事项名称、种类、设定依据、转移对象等内容汇编成册。

39. “一门式”政务服务改革：指将原来在不同部门办理的事项，做到在一个部门前台统一受理，内部协同审批，结果统一发送。

40. 平安指数：指珠海市根据每条镇街的交通事故数量、违法犯罪警情数、火灾警情数，以专业计算手法得出的一种反映地方平安状况的指标。

41. “三清”：指2012年以来，为提高土地利用效率，盘活闲置低效土地，市委、市政府在全市范围内部署开展了“清土地、清项目、清政策”的“三清”工作，针对闲置低效土地实际情况予以分类处置，促进产业转型升级和土地节约集约利用。“清土地”指全面清理建设项目用地供给和使用情况，重点核查项目是否已开工和竣工、是否存在闲置情况。“清项目”主要核实项目是否符合所在区域产业发展定位和规划、节能环保、安全生产等要求。“清政策”主要清查在引进项目过程中政府承诺给予企业优惠政策的兑现情况，以及企业承诺的产业发展及相关生产目标的实现情况。

42.“机器人应用”计划：指为贯彻广东省《关于推动新一轮技术改造促进产业转型升级的意见》精神，省级企业转型升级专项资金从2015年开始设立的“机器人应用”专题，通过财政事后奖补方式，支持企业应用机器人进行技术改造，提高产品质量和劳动生产率。

43. 两化融合管理体系贯标试点：为了推动企业建立、实施和改进两化融合管理体系，促使企业稳定获取预期的信息化成效，引领企业打造和提升信息化环境下的核心竞争能力，2014年国家工业和信息化部发布了《信息化和工业化融合管理体系要求（试行）》。国家和省遴选并扶持信息化基础好的企业，开展贯彻国家标准试点工作。

44.“一河一带两轴两镇三港三心”：“一河”指前山河；“一带”指情侣路浪漫风情海岸带；“两轴”指九洲大道动感活力轴、迎宾路绿色景观轴；“两镇”指上冲有轨电车TOD小镇、凤凰山旅游小镇；“三港”指香洲港、九洲港、洪湾港；“三心”指城市之心、拱北商贸中心、九洲商贸中心。

45.TOD：指以公共交通为导向的发展模式。以公交站点为中心、以400～800米（5～10分钟步行路程）为半径，建立集办公、商业、文化、教育、居住等为一体的中心广场或城市中心，使居民在不排斥使用小汽车的同时，能方便使用公交、自行车、步行等多种出行方式。

46.“四极两翼”蝶形电网：指结合珠海城市空间布局，在全市建设4个500kV变电站作为主干电网的四极，实现香洲南部、香洲中北部、斗门和金湾等四个供电大片区既具备独立环网结构，又互联互通，形成珠海东西两翼协调发展、互为支撑的蝶形现代化电网。

47. 村居“四整治一美化”工程：指整治农村生活垃圾、生活污水、畜禽污染、水体污染，美化村居环境。

48.“十分钟文体圈”：是“十分钟公共文化服务圈”和“十分钟健身圈”的合称。指居民从家中出发步行10分钟内，就能在辖区找到合适的文化活动场所和公共体育健身场所（对外开放的学校体育设施等）；从市（区）任意一点出发乘坐公共交通工具10分钟内就能到达区域性综合文化、体育设施，参与、享受文化或体育服务。

49. 城市慢行步道系统：指沿城市道路两侧布置的步行通道，包括人行道、绿化带和设施带，有临街建筑时可包括路侧带外的建筑退线空间。

50. 公交快速化工程（BRT）：指Bus Rapid Transit（快速公交系统）的简称，通过建设公交专用道和新式公交售票站台，运用现代化公交技术，配合智能和运营管理，可达到轻轨服务功能，实现轨道交通模式的运营服务。具有运量大、快捷、安全、舒适等特点，可作为地面骨干公交，同时又具有地铁等轨道交通不具备的建设成本低、周期短、机动灵活等优势。

51. 机耕路：指农机具（拖拉机，收割机等）出入田间地头进行农田操作的通道。

52.“三个区分”原则：指把因缺乏经验先行先试出现的失误和明知故犯行为区分开来；把国家尚无明确规定时的探索性试验与国家明令禁止后的有规不依行为区分开来；把为推动改革的无意过失与为谋取私利的故意行为区分开来。

53.“两个责任”：指党委主体责任和纪委监督责任。

珠海市2015年国民经济和社会发展计划执行情况与2016年计划草案的报告

珠海市发展和改革局局长 武 林

一、2015年国民经济和社会发展计划执行情况

2015年是“十二五”规划的收官之年，在市委、市政府的正确领导下，在市人大、市政协的监督指导下，全市上下积极应对错综复杂的国内外经济形势，紧紧围绕“生态文明新特区、科学发展示范市”的城市定位，坚持稳中求进工作总基调，主动适应经济发展新常态，全面实施创新驱动战略，着力构建“三高一特”现代产业体系，加快建设交通基础设施，努力打造国际宜居城市，积极营造市场化、国际化、法治化发展环境，不断增进民生福祉，取得了明显成效，多项经济指标增速领跑全省，社会事业发展取得了新进展。

（一）预期目标完成情况

——全市地区生产总值完成2038亿元，同比增长10%，与年度预期目标持平；

——规模以上工业增加值完成980亿元，同比增长9.7%，低于年度预期目标1.3个百分点；

——固定资产投资总额完成1305亿元，同比增长15%，与年度预期目标持平；

——社会消费品零售总额完成913.6亿元，同比增长12%，与年度预期目标持平；

——外贸进出口总额完成2961亿元，同比下降12.3%，低于年度预期目标13.3个百分点；

——实际吸收外商直接投资完成21.78亿美元，同比增长12.8%，高于年度预期目标7.8个百分点；

——一般公共预算收入完成269.9亿元，同比增长17.2%，高于年度预期目标5.2个百分点；

——居民消费价格总指数上涨1.7%，低于年度控制目标1.3个百分点；

——城镇登记失业率为2.26%，低于年度控制目标0.94个百分点。

（二）计划执行主要情况

1. 经济运行稳中向好，质量效益同步提高

全市地区生产总值首次突破2000亿元大关，达到2038亿元，同比增长10%。全年经济逐季加速，全市一、二、三产业分别实现增加值46.7亿元、1012.4亿元和978.9亿元，同比增长2.7%、9.9%和10.3%，三次产业比重达2.3 ∶ 49.7 ∶ 48，增长贡献率分别为0.5%、53.3%和46.1%。与经济增长相关联的全社会用电量、货物运输总周转量、金融机构贷款等指标匹配性较强，分别同比增长8%、8.4%和21%，表明经济仍处于一个较为健康的运行区间。全市完成一般公共预算收入269.92亿元，同比增长17.2%。国地税分别完成68.23亿元和158.07亿元，同比增长14.2%和15.9%。

2. 转型升级深入推进，自主创新能力增强

全面实施先进装备制造业、智能制造业、工业转型升级等专项规划和行动计划，成功举办首届珠江西岸先进装备制造业投资贸易洽谈会。完成规模以上工业增加值980亿元，同比增长9.7%，增速位居珠三角前列，高于全国和全省的平均增速。工业技术改造投资保持快速增长，全年完成投资额超过89.6亿元，同比增长超50%。工业继续向高端化方向发展，先进制造业、高技术制造业占规模以上工业的比重分别达48%、26%。魅族科技、海龙生物、英博尔、艾默生等一批创新型企业快速成长。金融业预计实现增加值135亿元，同比增长14%。设立了全省首家省级金融

资产交易平台——广东金融资产交易中心，交易量居全国前列。旅游业加快发展，全市接待过夜游客数超过1330万人次，横琴长隆国际海洋度假区自开业以来共接待游客近2000万人次。现代物流加速发展，珠海港集装箱吞吐量同比增长11%，珠海机场旅客吞吐量同比增长15.6%。特色农业和海洋经济发展有新成效。实现农林牧渔增加值46.7亿元，同比增长2.7%。海洋产业总产值达940亿元，同比增长19.3%。

R&D经费支出占GDP比重达2.7%，居全省前列，其中企业投入占比达85%以上。完善自主创新环境，修订《珠海经济特区科技创新促进条例》。强化企业自主创新主体地位，出台《珠海市创新驱动发展三年行动计划（2015～2017年）》及配套政策。全市有效高新技术企业数量增加51家，总数达到397家。新设立工程中心和企业技术中心51家，规模以上工业企业研发机构覆盖率超过20%。新增新型研发机构和公共技术平台10个，新增企业孵化器面积31万平方米，孵化器内企业数量超过800家。落实企业研发费税前加计扣除政策，减免企业所得税3.8亿元，同比增长37%。加大知识产权工作力度，横琴国际知识产权交易中心纳入全国知识产权运营公共服务平台，获国家5000万元资金支持。全市每百万人发明专利申请量达2100件，每万人发明专利拥有量22件。下达市科技研发专项资金1.5亿元，帮助企业争取上级各项科技专项资金4.8亿元。

3. 投资保持较快增长，重大项目进展顺利

全市固定资产投资完成1305亿元，同比增长15%。其中，外源性经济投资成为拉动投资增长的重要力量。全市外源性经济完成固定资产投资额173亿元，同比超50%。制造业投资高速增长，同比增长超一倍。房地产投资保持快速增长，同比增长超30%。基础设施投资较快增长，同比增长在13.5%左右。其中，交通运输、仓储和邮政业完成投资183.75亿元，同比增长超30%。

实施重点建设项目工程，加快重点产业项目、重大基础设施建设，以项目建设的顺利推进支撑了投资的较快增长。全市重点建设项目完成投资423.4亿元，完成计划的117.6%。其中33个省重点项目完成投资222.9亿元，完成计划的130.4%。基础设施工程项目、现代产业体系工程项目、新型城镇化项目、绿色发展工程项目、社会事业建设工程项目分别完成投资181.4亿元、175.1亿元、34.4亿元、10.8亿元、21.7亿元。中海油精细化工一期项目、三一海洋重工产业园一期项目、瓦锡兰中速机项目、碧辟化工PTA三期项目等项目完工投产。

4. 市场消费逐步回升，外贸形势依然严峻

全市完成社会消费品零售总额913.6亿元，同比增长12%。其中，大宗商品消费总体保持较快增长，限额以上汽车类商品零售额同比增长19%左右。房地产销售保持畅旺。全市新建商品房登记面积328.14万平方米，同比增长34.71%。二手房登记面积273.60万平米，同比增长32.64%。与房地产行业相关的建筑及装潢类销售行情好转，同比增长28%左右。刚性支出商品销售情况良好，限额以上日用品类、食品类、服装类商品零售额分别增长40%、18%、23%。住宿餐饮业较快增长，全市住宿和餐饮业营业额同比分别增长25%和10.6%左右。新兴消费模式逐步升温，全市限额以上批零业网上销售额同比增长超50%，占全市限额以上批零销售额的4.5%左右，同比提升约1.7个百分点。

努力巩固外需市场，落实各项稳外贸政策，着力优化通关服务，深入实施加工贸易转型升级行动计划，外贸进出口结构有所优化。全市完成外贸进出口总额2961亿元，同比下降12.3%。其中，出口额增长0.6%，进口额下降26.8%。

5. 城市建设扎实推进，营商环境不断优化

《珠海市城市总体规划（2001～2020年）》得到国务院批复，基本完成五规融合编制工作。城市更新项目加快推进，全年完成改造用地71.28万平方米，新增实施改造用地125万平方米，实现总投资30.65亿元。横琴新区岛内基础设施初步建成，西部生态新区升级为省重大战略平台，平沙新城和富山新城基础设施进入大面积施工阶段，开发建设框架全面展开。开展林业重点生态工程建设，完成机场高速金台出入口、机场高速乾务互通和井岸二桥沿线景观提升工作。我市国家生态市创建已顺利通过公示阶段，环保责任考核、总量减排考核和大气污染防治考核结果均居全省前列，空气质量在全国74个主要城市中位居前列。

横琴自贸试验片区改革创新加快推进，出台《自由贸易试验区

外商投资准入特别管理措施（负面清单）》，制定对港澳投资准入负面“短清单”，实现监管制度改革的新突破。启动横琴口岸关检合作查验通关模式，通关效率提升30%。成立了珠港澳商事争议联合调解中心，引入港澳台及外籍仲裁员，境外仲裁员占比44%，居全国首位。深化行政审批制度改革，下放行政管理事权182项，建立了并联审批机制，将项目可行性研究报告审批时限压缩至12个工作日以内。在全省率先实施“三证合一”“一照一码”登记制度改革，完善商事制度改革配套措施。加快社会组织培育发展和能力建设，建立了市、区、街道三级联动的社会组织服务平台，全市登记在册社会组织1900多家，每万人拥有社会组织量17家。

6.社会事业全面发展，民生福祉持续改善

新一轮10所镇中心幼儿园全面建成并开园，市四中西藏班、斗门区特殊教育学校、市共乐幼儿园、市一中平沙校区改扩建等项目建设已竣工并投入使用。教育领域综合改革深入推进，获“广东省推进教育现代化先进市”称号。推进城市公立医院改革、深化基层医疗卫生机构综合改革和办医体制改革等三项改革，破除“以药补医”机制，全市16家公立医院统一实行药品和医用耗材零差率政策。继续开展城市品牌活动，圆满举办滨海之声音乐会、环中国国际公路自行车赛（珠海站）、第二届中国国际马戏节、2015珠海WTA超级精英赛、珠海国际沙滩音乐节等重大文化活动。全面推进智慧城市建设，积极推进政府免费WIFI项目建设，新建58个站点，基本覆盖全市主要公共场所；光纤接入用户超过29万，光纤入户率达61.43%，在全国智慧城市评估结果中排名第七。

做好高校毕业生就业工作，开展高校毕业生专场招聘服务活动。全市城镇新增就业人数4.8万人，促进创业2856人，带动就业7692人。城镇登记失业率为2.26%。增强社会保障能力，提高基本养老保险待遇，城乡居民基本养老保险基础养老金提高至350元，城乡居民月人均养老金达476元，职工养老保险单位费率调整为13%，近10万名离退休人员月人均养老金增加238元。提高城乡居民医疗保险财政补贴标准至每人每年400元，居民及未成年人住院平均报销比例达85%。支持公立医院实施药品和医用耗材零差率改革，减少医保参保人员的就医费用负担，医疗保险基金每年增加支出约6000万元。下调工伤、生育保险缴费费率，为企业减负约1.5亿元。失业保险金提高为每人每月1320元，失业保险单位及个人费率分别调低为0.8%和0.2%。开工建设保障性住房、棚户区改造住房4439套，基本建成保障性住房、棚户区改造住房3986套。深入推进创建国家安全发展示范城市工作，安全生产形势总体平稳，生产安全事故宗数、死亡人数、受伤人数分别下降8.68%、4.49%和20.09%。

（三）计划执行的存在问题

2015年，我市主要经济指标增长态势良好，但经济增长基础还不稳固，一些结构性矛盾依然存在。主要反映在以下方面：

1.经济深层次问题没有缓解。具体表现为“三个更加依赖”，一是工业仍然依赖大企业。“两力”仍是珠海市工业产值的主要支柱，格力电器和伟创力集团占全市工业产值的比重在27%左右，工业产值格局没有明显改善。格力电器新布局的智能制造需要一段时间培育，伟创力作为加贸企业增长空间有限，预计“两力”短期内对工业增速拉动不足。二是投资更加依赖房地产。全年房地产开发投资同比增长超30%，对投资增长拉动率超过10个百分点。三是民营经济不够活跃，经济发展依赖国有企业。全年规模以上工业国有及国有控股企业增加值同比增长17%，高于规模以上工业增加值增速7.3个百分点，占规模以上工业增加值的比重约为39%。

2.工业面临较大下行压力。今年我市制造业采购经理人指数（PMI）高于50，在枯荣线以上，但工业经济下行压力仍然很大，生产者物价指数（PPI）持续下跌，与工业密切相关的加工贸易进出口仍然低迷，工业投资出现萎缩，对工业的增长后劲带来不利影响。特别是去年以来多个大型工业项目已竣工投产，加上今年新开工和在建的工业项目有所减少，预计年内完成工业投资有所收窄。

3.外贸进出口降幅较大。2015年，完成外贸进出口2961亿元，同比下降12.3%。进口方面，受原油价格大幅下降影响，下降26.8%。出口方面，受外需持续低迷、企业成本居高不下、竞争力削弱等影响，仅增长0.6%。

二、2016年经济社会发展的总体思路和预期目标

（一）发展环境

从国际环境看，世界经济仍处

在国际金融危机后的深度调整期，呈现出低增长、低物价、低利率、不平衡和震荡加剧的特点。2016年全球经济增速可能会略有回升，但总体复苏疲弱态势难有明显改观。国际货币基金组织（IMF）预测，2016年全球经济增长3.1%，与2015年持平。一是美国经济继续复苏，房地产市场逐步回暖，劳动力市场稳步修复，家庭、企业和银行资产负债表得到改善，但结束量化宽松货币政策、公共财政赤字等因素恐影响其复苏步伐。二是欧元区经济有所好转，家庭、企业支出以及商业投资的增加将支撑经济增长，但地区冲突风险上升、财政政策持续收缩以及结构性改革步伐缓慢等问题将导致经济难以实现快速复苏。三是日本在工资上涨推动消费复苏以及投资与出口有所改善的支持下经济温和增长，但由于结构性改革进展缓慢、工业领域增长疲弱，未来经济增长前景不明朗。四是新兴经济体总体保持增长，但增速连续五年下滑，呈现明显分化态势。俄罗斯等资源型国家受石油和其他大宗商品价格下跌影响，经济发展面临较大压力。东亚等出口导向型的新兴经济体受美元大幅升值影响，经济出现较大回落。总体而言，2016年世界经济将继续温和复苏，我市发展面临的国际环境相对稳定。

从国内环境看，我国经济发展进入"新常态"，仍处于可以大有作为的重要战略机遇期，经济稳定运行大势未变，国内经济有望继续保持中高速发展。一是国家坚持稳中求进的工作总基调，继续实施积极的财政政策和稳健的货币政策，基建投资提振作用逐步显现，消费对经济发展的贡献率趋于提升，经济内生增长动力将不断增强。二是全面深化改革不断释放市场活力和发展动力，全面推进依法治国为改革发展稳定提供坚强保障，特别是经济韧性好、潜力足、回旋空间大，为长期持续健康发展提供了重要支撑。三是城乡区域协调发展，居民收入持续提升，社会保障制度不断健全。四是"一带一路"建设加快推进，构建了全方位、多层次的对外开放新格局，将为我国经济特别是对外贸易创造新的增长空间。但另一方面，我国经济运行仍面临不少困难和挑战，经济下行压力较大，结构性产能过剩比较严重，企业生产经营困难增多，部分领域潜在风险加大。总的来看，2016年我国经济的增长动力仍处于从外需向内需、从外延向内涵的平衡和转换过程，但仍有望保持平稳发展态势。

从珠海自身看，先发机遇与后发优势进一步凸显，但经济长期上扬的态势与短期下行的压力并存。国家设立中国（广东）自由贸易试验区，横琴新区政策创新高地的效应逐步显现，高栏港区一批重点产业项目将陆续释放产能，高新区新兴产业发展正处于上升期，固定资产投资及招商引资近年来保持较快增长，珠海经济发展的后劲逐步增强。但也应看到，经济发展的外部环境还比较复杂，市场有效需求疲软导致企业生产和投资动力不足。国家加强地方政府性债务管理、规范举债融资机制，给新增项目融资带来较大的困难。我市在长期经济发展中积累的结构性矛盾依然存在，影响着经济增长的上行空间，经济提速提质仍面临不少风险和挑战。

（二）总体思路

认真贯彻落实党的十八届三中、四中、五中全会和中央经济工作会议以及省委十一届五次全会精神，按照市委七届六次全会和2016年市政府工作报告的有关部署，全面践行创新、协调、绿色、开放、共享发展理念，坚持稳中求进工作总基调，坚持以提高经济发展质量和效益为中心，围绕建设"生态文明新特区、科学发展示范市"，大力实施创新驱动发展核心战略，推进供给侧结构性改革，扩大对外开放，打造以港珠澳大桥为龙头的立体综合交通枢纽，加快形成"三高一特"现代产业体系，加快建设国际宜居城市，营造市场化、国际化、法治化发展环境，促进我市经济平稳健康发展和社会和谐稳定。

（三）主要预期目标

——地区生产总值增长8.5%～9%；

——人均地区生产总值增长7.5%；

——规模以上工业增加值增长9.5%；

——社会消费品零售总额增长11%；

——固定资产投资总额增长15%；

——外贸出口总额增长1%；

——实际吸收外商直接投资增长3%；

——地方一般公共预算收入增长8%；

——居民消费价格涨幅控制在3%以内；

——全体居民人均可支配收入增长8%；

——城镇登记失业率控制在3.2%以内；

——户籍人口自然增长率控制在11‰以内；

——服务业增加值占生产总值比重达48%；

——现代服务业增加值占服务业比重完成省下达目标；

——先进制造业增加值占规模以上工业比重完成省下达目标；

——高技术制造业增加值占规模以上工业比重完成省下达目标；

——R&D经费支出占GDP比重比例达2.8%；

——节能减排降碳约束性指标完成省下达目标。

三、2016年国民经济和社会发展主要任务措施

（一）深入实施创新驱动核心战略，建设国际化创新型城市

1. 全面提升自主创新能力。大力实施创新驱动发展三年行动计划，以珠三角国家自主创新示范核心区建设为抓手，提高全要素生产率，构建面向全球的综合创新生态体系。推动“大众创业、万众创新”，搭建各类创新平台，新增孵化器建筑面积31万平方米，孵化器内企业数量达到1180家。对接国家重大科技项目重点实验室计划，落实产业资金扶持改革，公共技术平台（含新型研发机构）达55个，新增企业工程中心、技术中心51个。加大培育和引进人才力度，选拔培养高层次人才100名，引进“千人计划”专家13名，新增博士后工作站（分站、创新实践基地）6个，招收培养博士后20名。发挥企业的主体作用，打造科技创新型大型骨干企业6个。强化金融支持创新的功能，启动实施科技创新券试点工作，培育上市企业（含“新三板”）100家、股权投资企业1200家。2016年计划完成研发投入83.3亿元。

2. 加强供给侧结构性改革。注重优化存量、引导增量、主动减量，促进产业兼并重组，扩大有效供给，提高供给结构适应性和灵活性，重点推动企业扩产增效、设备更新、智能化改造。推动粤裕丰、醋酸纤维、红塔仁恒等企业搬迁改造，加快凌达压缩机、光宇电池等企业实施智能化改造，支持格力电器、丽珠医药等企业建设智能工厂。发挥财政资金引导作用，做好与省奖补政策的对接实施，争取我市更多技改项目获得省财政资金支持。推动服务企业开展技改项目网上备案，及时掌握企业技改投资动向。落实工业企业技术改造三年行动计划，促进新型工业化和信息化深度融合，完成工业技术改造投资100亿元以上。

3. 加快发展高端制造业。对接“中国制造2025”行动方案，跟踪落实首届装洽会签约项目，加快建设珠西先进装备产业带。全面落实项目推进机制，服务好福陆海工、华彬水上飞机制造等重大产业项目，推动项目尽快开工建设。推动格力国际智能制造基地和高新区国机机器人产业园建设，加快申报全省智能制造示范基地。建设海洋工程装备国家新型工业化示范基地和全国深海海洋工程装备产业知名品牌创建示范区，支持三一海洋重工、珠江钢管等骨干企业做大做强。力促通用飞机研发生产、航空发动机维修、通用航空运营服务等重点项目落户，完善通用飞机产业链。以中国北车、银隆新能源、泰坦科技、英博尔等核心企业为依托，重点发展100%低地板有轨电车、市政公用工程专用车、纯电动和混合动力客车，加快智能交通装备基地建设。布局发展3D打印等产业，支持保税区申报国家3D制造技术创新中心。落实项目责任制，力促中航三鑫光伏材料、中海油管道制造、赛纳科技二期等项目在年内完工投产。2016年，全市先进装备制造业总产值达到2300亿元，增速达21%。

4. 创新发展高新技术产业。大力打造创新创业中心。以专业园、园中园方式全力打造以ABB机器人、天地融为代表的北围片区智能产业园，以远光、全志为代表的创新海岸软件与集成电路设计产业基地，以魅族科技园、金山科技园为代表的前环片区华南地区设计研发、创意创新梦工场，以云洲科技为代表的唐家港全国首个无人船研发测试基地。继续实施高新技术企业培育专项行动工作方案，新增高新技术企业专项扶持资金，筛选一批优质企业，力争2016年高新技术企业数量超过500家。

5. 全面提升高端服务业发展水平。围绕新业态、“互联网+”以及横琴自贸试验片区政策，大力发展休闲旅游、金融服务、国际会展、健康服务业、文化创意等高端服务业。培育提升旅游休闲景区，年内完成长隆国际海洋度假区动物王国首期建设，海洋王国二期开工建设，力促海泉湾度假区二期年底前投入正常运营。续建横琴新区高端服务业项目，启动横琴丽新星艺文创天地主体结构施工，完成十字门中央商务区二期横琴片区市政基础设施、横琴国际金融中心大厦主体结构施工等重大服务业载体建设。

深化金融领域开放创新，推动跨境人民币业务创新发展，与港澳地区开展双向人民币融资，搭建多层次的金融服务实体经济对接平台。加快人民币跨境双向融资试点等资本项目可兑换政策落地和实施。推进设立民营银行、合资证券公司和公募基金管理公司，以横琴澳门创业谷、香洲金融街、高新区科技金融广场为载体，建设众创金融街。积极引进港澳资银行在横琴设立分支机构或子银行，力促澳门国际银行横琴代表处向合资银行方向发展。发挥十字门会展中心的带动作用，全面提升我市会展业水平，高标准办好中国国际航空航天博览会、中国（珠海）国际打印耗材展、中国（珠海）国际游艇展、中国（珠海）国际海洋高新科技展、亚洲通用航空展等品牌展会。

6. 培育发展特色海洋经济和生态农业。全力推进台湾农民创业园和广东（珠海）现代种业发展中心建设成为现代农业示范区。推动珠海芊卉生物科技有限公司香水莲花、“北纬 22° 绿珍珠”项目建成投产。培育扶持菜篮子基地建设，大力发展“互联网 +”农业工程，推动“惠农信息社”建设，积极扶持十亿人果蔬网等农业电商龙头企业发展。加强与阿里巴巴集团合作，通过互联网将白蕉海鲈、罗氏沼虾、五山青蟹、乡意浓有机米等 42 个有机食品、绿色食品和无公害食品推广到全国。加快现代农业示范区、新港片区科技新城和水产品加工物流项目建设，积极打造珠海国际生态农业试验区、国内甚至国际一流的产城互动农业科技城、全国特色农产品集散中心和休闲健康产业基地。加快石龙村岭南大地、红星村石斛园等项目建设，积极打造专业特色镇、特色品种村、有机农产品基地。积极推进万山岛、庙湾岛等海岛的生态修复和高端旅游工作。

7. 狠抓招商引智。利用第二届装治会、第十一届中国航展等重大招商平台，围绕海洋工程、航空航天、交通运输、智能制造和应急救援等五大产业，引进行业龙头企业和产业链关键配套企业，力争再引进一批先进装备制造业项目。充分利用横琴新区和自贸试验区政策叠加优势，大力引进金融商贸、文化创意、医疗健康、创新创业等现代服务业项目。加强与欧美等发达国家合作，积极引进投资项目、先进技术和新型研发机构，建设“德国巴伐利亚州—广东省合作共建精细化工产业园”。加强驻点招商工作力度，设立拉美地区经贸代表处，扩展欧洲、北美经贸代表处职能，统筹开展招商引资、外经贸、高科技团队机构引进工作。充分利用国家放宽“绿卡”门槛的有利时机，发挥珠海的区位和生态优势，加大引进国内外人才，重点引进创新型团队、领军型人才。2016 年，累计在境外设立招商代表处 3 处，全市境外招商工作体系进一步健全，初步形成全球招商网络。

（二）以横琴自贸试验片区建设为引领，率先营造市场化国际化法治化发展环境

1. 加快横琴自贸试验片区建设。参照世界银行评价体系，对标国际投资贸易规则体系，掌握市场化、国际化、法治化营商环境要素，及时研究出台地方性法规、政府规章和规范性文件。强化国际贸易功能集成，完善市场准入统一平台和国际贸易“单一窗口”建设，全面提升横琴片区投资便利化、贸易自由化水平。优化“三个零”（零跑动、零收费、零罚款）服务机制，深化综合执法改革，完善商事主体电子证照卡功能，实现政府服务电子化、标准化。整合自贸区负面清单与 CEPA 投资便利措施，落实与港澳服务贸易自由化。推动金融创新政策全面落地，力争落实外债宏观审慎管理试点、自由贸易账户体系运行机制等金融创新政策。推动珠海市跨境电子商务公共服务平台建设。加快拓展跨境人民币业务，加强与境外金融机构和资本市场等方面的合作。创新粤澳合作模式，进一步完善对澳门青年创业谷的扶持机制，鼓励社会资金支持创新创业。创新通关模式，实现与澳门旅游资源共享，争取国家支持全面建设“横琴国际休闲旅游岛”。

2. 深化经济体制改革。深化商事制度改革，建立健全后续监管制度，制定市场主体许可经营项目及经营场所监管清单。加快“三证合一、一照一码”登记制度改革，进一步放宽名称登记限制、放宽住所登记条件，大力推进全市登记“同城通办”、简化企业注销程序、登记全程电子化等改革措施，为市民提供便捷企业登记服务。全面推进国企改革，加快国资国企改革工作方案、公司治理改革等配套方案审批和落地。择机扩大试点范围，深入推进重点企业改革、市场化选人用人机制、职工持股、国有资本投资公司、董事会授权管理等改革试点工作。推进市场化选聘市管企业高级管理人员工作，探索建立职业经理人制度，落实国企领导人员任期制、契约化管理，强化考核结果运用。规范发展混合所有制经济，

稳妥推进混合所有制改革，严防国有资产流失。

3. 深化行政体制改革。推进审批制度改革，出台新的政府职能转移目录，继续取消和下放行政审批事项，大力推进向各区下放事权。全面清理规范政府工作部门行政审批中介服务项目及其收费。推进行政审批标准化建设，调整行政许可目录并对子项进行规范统一，编制行政许可事项办事指南和业务手册。继续在企业项目投资领域探索并联审批模式，提升政务服务效能。推行权责清单制度，进一步厘清市、区、镇（街）职权分工。加强权责清单动态管理，研究开发“珠海市权责清单目录管理系统”，全面公开市、区权责事项名称、类型、编码、依据、行使主体、责任事项、监督方式。2016年3月底前，完成区级权力清单的调整。2016年6月底前，完成镇（街）、村（社区）清单编制。深化财税体制改革，深入实施零基预算，全面实施电子化政府采购，深化非税收入收缴管理系统应用范围，建立专项资金整合长效机制，推进财政专项资金绩效考评，努力提高财政资金使用效益。深化事业单位改革。推进事业单位法人治理结构，探索法定机构试点，深化事业单位分类改革，推动条件成熟的公益三类事业单位转企改制。

4. 推进社会治理创新。贯彻落实好《珠海经济特区社会建设条例》，做好配套政策法规和规范性文件的制定和出台。构建多元主体协同治理格局，形成政府、社会组织、基层自治组织、公众等不同主体之间新型合作机制，实现政府治理和社会自我调节、居民自治良性互动。进一步完善基层综合服务平台建设，加强和创新社区服务管理。健全政府向社会购买服务制度，抓好政府向社会购买服务的资金管理、监督检查和绩效评价工作。全面提升社会组织培育监管体系，出台我市加强社会组织联合监管的指导性文件。出台《珠海市社区矫正工作办法》，规范和保障社区矫正工作。建立以平安指数为核心的社会治安综合治理考评体系和治安情况通报机制，探索构建维稳形势量化分析指标体系和维护群众利益制度体系。在横琴新区全面推行“大物业、大综合、大法治”城市治理模式，加快引进各类专业公司，实现横琴新区成为全国“景区式管理模式”的样本。探索“专业志愿者”参与社会治理模式，组建首批专业志愿者团队，力争2016年中集体亮相。推进香洲区“全国社区治理和服务创新实验区”试点工作。加强社会治理创新，全面深化法律顾问进村居工作，提高村居依法自治水平。

（三）扩大对内对外开放，全面构建开放型经济新体系

1. 深度参与“一带一路”战略合作。加强与“一带一路”沿线国家和地区自贸园区合作，加大力度吸引境外跨国公司将区域性总部落地横琴，推动“总部经济”在横琴片区快速集聚发展。发挥好珠海海上丝绸之路的重要节点作用，重点推动与巴基斯坦瓜达尔市的经贸合作，加快建设中国南方商品交易展销中心，支持企业进驻展销中心。探索与东帝汶、文莱等重点区域合作，鼓励企业积极开拓南太平洋地区市场。深化与葡语系、西语系国家合作，积极推动创办中拉经贸博览会，创建中拉电子商务产业基地。积极培育“走出去”主体，支持具有一定规模实力、品牌优势和市场基础的大型企业集团、行业骨干企业、高新技术企业开展国际经济技术合作，在全球范围内进行资源和价值链整合。支持中小企业“抱团出海”，积极构建“走出去”平台，集中资源组织具有影响力的对外投资交流活动，加强与我国驻外使（领）馆、商务机构和中介咨询联系，及时为企业提供信息咨询服务。

2. 推动珠港澳融合发展。进一步扩大对港澳服务业开放。在CEPA协议框架下探索对香港更深度的开放，重点在金融服务、商贸服务、专业服务等领域取得突破。加快推进珠港澳物流合作园首期——珠海（保税）洪湾通关综合服务中心建设，有效利用和发挥港珠澳大桥的连接作用，承接香港产业扩张和辐射，对接“一带一路”经济建设。继续深化与澳门特区政府、商协会的合作，加快推进粤澳中医药科技产业园、澳门青年横琴创业谷等项目建设，协力拓展国内国际新兴产业和业态领域。重点加快粤澳合作产业园建设，继续加强已签约供地项目的服务保障力度，力争粤澳合作产业园的33个项目全部入驻。建立珠澳对接机制，开启粤澳通关新模式，配合澳门开展粤澳新通道项目的规划建设工作。继续联合澳门贸促局，筹划对澳招商推介活动，争取每季度举办一次珠澳两地专题政策宣讲会。完成港珠澳大桥口岸创新通关模式研究，优化港珠澳大桥口岸规划设计调整方案。探索与澳门特区政府合作共建“澳门新街坊”，把澳门的医疗、教育、养老等社会福利延伸到横琴。

加强港澳珠三地机场整体谋划，在珠海机场股权配置、经营管理等方面加强合作，拓展公务机等新业务，共同争取珠海机场开放国际口岸。

3. 推进外贸发展转型升级。制定实施加工贸易转型升级三年行动计划，整合加工贸易转型升级资金扶持政策，提升加工贸易转型公共服务平台能力。重点推动打印耗材、生物医药等外贸转型升级项目建设，争取增加1～2个新项目或公共服务平台。加快培育外贸新业态，加大力度扶持中电公司等外贸综合服务企业，支持有条件的企业申报省外贸综合服务培育对象。促进旅游购物出口做大做强，支持旅游购物出口试点企业尽快做大规模，引进更具实力的企业在我市开展业务。加快服务贸易发展，推进服务外包示范城市建设，重点支持外包综合服务、信息平台和行业协会的建设，力争服务贸易进出口增长15%。继续完善电子口岸基础平台建设，全面推广一般贸易进出口货物申报、码头联网监管系统至全市口岸，基本建成我市国际贸易“单一窗口”。实现跨部门信息共享平台，争取实现部门间互联互通和信息共享，将九洲港口岸关检合作通关新模式推广到我市其他口岸。

4. 积极推动珠中江阳一体化合作。加强区域旅游合作，高起点谋划旅游一体化发展，力争年内出台《珠中江阳旅游一体化规划》和《大广海湾滨海旅游发展总体规划》。多渠道健全区域旅游合作机制，探索建立市级层面的珠中江阳旅游一体化协调委员会，全面落实珠中江阳区域合作重点项目，加强产业园区的深度合作，合力共建珠江西岸先进装备制造产业带。加快基础设施一体化进程，加快建设高速公路骨干网和连接线、市际快速通道、跨界公路，逐步实现珠中江地区跨境公路的高效衔接。完善珠中江城际轨道网，重点推动广佛江珠城际轨道建设。推进港口发展战略合作，强化西江港口联盟机制。合作开展水域保护治理、大气综合防治、生态系统建设，努力推动珠中江城市供水水源同网工程。制定珠中两市前山河流域环境综合提升行动计划目标，建立两地齐防共治共享机制，合力提升前山河流域生态环境质量。

（四）围绕港珠澳大桥和西部生态新区建设，加快构筑区域协调发展新格局

1. 加快形成以港珠澳大桥为龙头的立体综合交通枢纽。围绕港珠澳大桥和深中通道完善城市路网，完善双港口岸功能，综合治理交通拥堵。继续按计划推进港珠澳大桥及其珠海连接线，力争2016年底前完成港珠澳大桥主体工程岛隧工程及桥面铺装工程，完成港珠澳大桥连接线工程全部土建工程，完成港珠澳大桥人工岛口岸交通枢纽上部土建装修及绿化工程。开工建设广佛江珠城际铁路项目和广珠城际延长线（横琴长隆—珠海机场）工程。加快推进香海大桥、洪鹤大桥和鹤洲至高栏港高速公路等主骨干路网建设，完成南湾大道延长线前期工作。加快完善城市内网，打通断头路，推进人行过街设施建设，畅通微循环。推进九洲港货运码头搬迁，提升高栏港集装箱吞吐量，促进集装箱定期班轮、国际航线开通。深化城市交通综合治理。持续开展中心城区交通综合治理工作，通过交叉口渠化改造、增设掉头路口、信号灯等工程措施，进一步提高重要交通节点通行能力。持续开展重要交通干道通行能力的挖潜工作。以九洲大道、迎宾南路、人民东路、凤凰路、吉柠路、三台石路等重要干道为重点，通过道路空间资源的优化分配，提升总体路网的服务水平。完善交通信息综合服务平台和建设城市智能交通信息数据中心，持续推进城市交通拥堵综合治理工作。

2. 全面推进西部生态新区建设。加快中心片区开发建设，全年计划完成投资13.9亿元，启动中央水系两侧园林景观建设，争取年底前完成跨鸡啼门特大桥下部结构，建设双湖路，完成番怡南路等多条市政道路软基处理。推动金湾片区开发建设，全年计划完成投资7.8亿元，启动金湖大道提升工程施工，完成金湾航空城中心河堤岸、中心湖临时景观工程，建设航空城小学、体育公园。加速斗门片区开发建设，全年计划完成投资5.94亿元，启动斗门新体校、白藤东小学建设，完成黄杨河湿地公园景观工程建设。提升富山新城开发建设步伐，全年计划完成投资30亿元，年内启动高栏港高速、七星大道、蠕蛛大道等道路综合管廊建设，完成富山工业园船舶与海洋制造基地吹填工程以及蠕蛛大道、马山南路等道路工程。加快平沙新城开发建设，全年计划完成投资4.25亿元，启动起步区南片区7条市政道路建设，完成起步区铭恩路、傍德路等8条市政道路路面工程。

3. 提升主城区城市更新步伐。紧紧抓住城市更新的战略机遇，坚持把“三旧”改造作为腾空间、优环境、转业态、调结构的重要抓手，

拓宽城区发展空间。加快推进北山、南联等一批城中旧村改造项目，扎实推进世邦国际商贸中心、恒天国际等一批拆建类城市更新项目，稳步推进九洲商贸中心、“城市之心”、拱北口岸地区综合开发建设等一批连片改造更新项目。加快建设喜达屋瑞吉等一批高端酒店和沃尔玛珠海乐世界等一批高端商贸业项目，力促早建成、早投产。

4. 推动幸福村居建设。实施民生改善保障工程，努力打造风格独特的幸福村居，着力实现民生改善有新成就的总体目标，教育、医疗、卫生、文化等公共资源配置更加均衡，基本实现城乡基本公共服务均等化。全面实施珠海市改善人居环境规划，高标准改造县、乡级道路，加快推进农村危桥改造和农村道路建设，力争年底前完成我市50人以上自然村通水泥路。围绕特色产业发展，结合各村资源禀赋和地理条件，大力实施“一村一品”不断壮大集体经济。建成5个国家级、省级精品村居，建设一批水乡特色、田园风光和海岛风格的示范村庄，凸显岭南风貌。打造珠海斗门—莲洲“十里风光”乡村风情带、竹洲国家水利风景区、黄杨河两岸乡村风情带三大乡村旅游片区，整合分散的乡村旅游资源，促进农村产业发展，提升农业第三产业建设水平，力争打造5A级旅游景区。全面推进农村生活污水处理及垃圾分类，实现村居全覆盖，力争覆盖至所有自然村。进一步深化农村改革，加快农村土地承包经营权确权登记，加强“三资”交易平台的管理和使用，健全金融支农制度，多渠道、全方位激发农村改革活力。

（五）坚守绿色发展，打造国际宜居城市

1. 落实主体功能区规划。以主体功能区规划为龙头，推动国民经济和社会发展规划、主体功能区规划、城市总体规划、土地利用规划、生态文明建设规划及各部门专项规划协调融合。切实完善区域布局，制定有针对性的区域发展政策，进一步提高发展的科学性和协调性，推动形成主体功能清晰、发展导向明确、区域间分工合理的发展格局。加大重点区域的科学开发力度，以横琴开发实现高端服务业和口岸经济的突破，以高栏港区的开发实现临港工业和港口物流业的突破，以高新区的开发实现高新技术产业的突破。总结园区整合的经验，加快推进先进制造业和现代服务业集聚发展。推进规划“一张蓝图”平台建设，实现业务协同和动态监管。启动三维现状建模三期工程建设，加快构建“五规融合”服务管理平台，不断拓展系统功能。划定生态保护红线（生态严格控制区）和城市开发边界，完成已批复控规覆盖区域的定桩立界工作，启动永久基本农田划定工作。

2. 推进生态建设和生态修复。努力创建国家生态园林城市，把绿色融入市民生活。推进中欧低碳生态城市合作项目综合试点，交流借鉴欧盟先进的发展理念，引进先进的低碳生态技术，实施《中欧低碳生态城市合作项目珠海综合试点三年行动计划（2015～2017）》，建设“低碳生态样板工具箱”。实施《珠海市海绵城市建设工作三年行动计划（2015～2017年）》，积极开展申报海绵城市建设试点城市。按照《珠海市地下综合管廊建设工作方案》全面推进地下综合管廊建设，根据智慧城市项目统一部署，积极推进全市地下管线普查及信息管理系统项目建设工作。推进“公园之城”建设行动，大力开展社区公园覆盖、老旧公园提升、湿地公园和森林公园建设，发展特色公园，结合绿地低影响专项规划全面推广雨水花园和下凹式绿地建设，完成海天公园、野狸岛公园建设。实施“彩色飘带”建设行动，在全市范围内开展桥梁、隧道挂花美化行动，形成季季有花、缤纷多彩的道路立体绿化景观。推进林业生态重点工程，完成中幼林抚育5.8万亩（3866.67公顷），建设3个森林公园、2个湿地公园、33个乡村绿化美化点。重点抓好横琴东岸、拱北口岸人工岛生态岸线修复和重点区域山体修复工作。大力推进美丽海湾建设，重点推进香炉湾沙滩修复工程。

3. 加强污染治理和环境保护。推进水生态文明城市建设试点工作。落实“河长责任制”，消除城市河道黑臭水体，开展全市61条重点河涌清淤保洁截污综合整治。出台《珠海经济特区减少污染物排放条例》，开展前山河保护立法工作，推进沿河旧村改造、涉水治污项目建设，完成旧村截污、管网普查和老旧小区污水管网改造，努力实现“水清、岸绿、景美”的整治目标。继续实施清洁空气行动计划。强化机动车减排，推进黄标车淘汰工作。加强工地和道路扬尘治理。推动新建、改造道路使用低噪路面材料和安装声屏障，降低对周边噪声敏感目标的影响。促进企业采取消声、吸声、隔声等措施防治工业噪声污染。加强对建筑施工噪声的监督管理，推动对商业网点、娱乐场所、饮食业等社会噪声源的管理。对全市路灯尤其是景观灯系统进行调查研究，制定我市景观灯管理方案和灯光污染防控办法。制定全市土壤污染保护与防治工作方案，开展典型区域土壤污染场地风险评估。启动城乡生活垃圾分类工作，动工建设西坑尾垃圾填埋场新填埋区工程，建成中信生态园首期环保生物质热电工程。完成全市排水管网普查工作，建立排水设施信息化管理系统，建成前山污水厂、三灶污水厂等污水处理设施，动工建设东部污泥处置中心搬迁工程和西部污泥处置中心。细化环卫保洁、市政养护等方面的工作标准，制定可量化、可操作的工作指引，力促城市管理精细化。

4. 促进绿色循环发展。大力发展循环经济，推广清洁生产和超洁净排放先进技术，落实钢铁、建材、化工、石化、冶炼等重点行业清洁生产审核和清洁生产技术改造实施计划。完成重点企业脱硫、脱硝工程。2016 年高新区建成国家生态示范工业园区，高栏港建成广东省绿色升级示范工业园。发展工业固体废弃物资源综合利用、建筑固体废弃物资源综合利用、再生资源循环利用、汽车零部件及机电产品再制造、生物质废弃物循环利用以及海水淡化及综合利用等。开展主城区路灯改造工作，继续推进公共绿色照明二期约 3.7 万盏 LED 路灯改造任务。

（六）提升公共服务均等化水平，共建共享和谐幸福新珠海

1. 推动实现更高质量的就业。实施高校毕业生就业促进计划和大学生创业引领计划，统筹农村转移劳动力、就业困难人员、退役军人就业，大力推进在岗职业技能提升计划，建立经济发展与就业良性互动机制。响应中央“大众创业、万众创新”的号召，完善和落实就业创业扶持政策，加强创业平台建设，出台实施失业保险支持企业稳定岗位实施办法，加强公共就业创业服务能力建设，重点做好离校未就业高校毕业生等重点群体就业创业服务工作，构建面向全体劳动者的终身培训体系，继续实施全民技能提升培训计划和万名大学生学技能计划。2016 年确保城镇新增就业 4.5 万人、就业困难人员实现就业 2000 人、促进创业 3000 人，资助 600 个创业项目，组织创业培训 2000 人。

2. 打造独具魅力的文化强市。加强对古遗址、古建筑、名人故居、古镇、古村落等重点文物的有效保护，重点抓好宝镜湾遗址、拉塔石炮台遗址、香洲商埠古旧建筑、唐家三庙、斗门旧街、南门村等文物保护单位和古村落的保护工程和开发利用工作，支持具备条件的村、镇申报国家级名村、名镇，建立国家级非物质文化遗产项目生态保护区。加强珠海城市整体形象推介，统筹珠海城市品牌规划，继续办好具有珠海特色的国字号城市活动。加快文化与创意融合，推动文化创意和设计服务与制造业、信息产业、旅游业等相关产业融合发展、相互促进，提高附加值，延伸产业链，拓展市场空间和品牌价值。加快文化与金融融合，充分发挥财政资金的杠杆作用，为创意成果转化提供融资服务。以横琴新区开发建设为契机，加强珠港澳文化合作交流，探索建立珠港澳文化合作区，构建“珠港澳文化产业都市圈”。依托粤港澳共同文化市场，共同推动珠中江、广佛肇、深莞惠城市文化交流互动。

3. 构建现代公共文化体系。落实《珠海市构建现代公共文化体系提升基层公共文化服务水平三年行动计划（2016 ～ 2018 年）》，打造十分钟文体圈，更好地满足市民精神文化需求。制定《珠海市基本公共文化服务实施标准》，完善公共文化服务设施。珠海大剧院向市民开放，建设以金湾区为试点的珠海市图书馆总分馆体系，推动各级市民艺术中心和 15 个社区市民艺术中心建设，新建和改造 5 个镇街文化站，完成 110 个村居文化中心建设和硬件提升。全面完成数字农家书屋建设任务。免费开放除文物建筑及遗址类之外的公共博物馆、纪念馆、美术馆和爱国主义教育示范基地。加大非遗传承基地建设。逐步将 184 处历史建筑纳入保护名录。向社会分批开放中小学校体育设施。培训壮大民间文艺团队。办好珠海 WTA 精英赛、全国帆船锦标赛、中国国际公路自行车赛等城市品牌活动。打造市民艺术花会等市级群众文化活动品牌。

4. 促进各类教育协调发展。以未成年人道德养成教育为抓手，把未成年人思想道德建设摆在学校工作的首要位置。提高教育质量，建设现代化高水平教育体系。推动市二中宿舍综合楼、市特殊教育学校职教综合楼、市特殊儿童康复中心的建设，支持中山大学以珠海校区建设世界一流大学，推进广东格力职业学院建设。加强智慧教育建设，新增 30 所“粤教云”应用学校，在 30% 的中小学建设智慧校园管理平台，年内 20% 的公办中

小学校设有公共艺术区。发挥珠海青少年妇女儿童活动中心、科技馆等公益性未成年人校外活动场所的公益性作用，推动未成年人校外活动场所建设。推动中小学校体育设施向社会开放，年底开放比例达到20%。加大对学前教育投入，到2016年底，公办属性幼儿园和普惠性民办幼儿园比例共达到80%以上。办好特殊教育，在全市范围内实施残疾儿童学前三年免费教育，特殊教育教师100%持证上岗。将进城务工人员随迁子女就学纳入当地教育发展规划，纳入财政保障体系。实施中小学校长职级制，完善校长、教师交流及帮扶工作制度，选拔不少于30名教师到农村、海岛学校支教。加快推进中山大学附属中小学校和广东实验中学合作建设金湾一中的相关事项，推动万山区海岛学校整体委托香洲区管理。科学调整中职学校专业设置和布局，建立一个校企紧密合作“前店后校”模式的产教实训基地。按国家和省统一部署，推进中小学教师职称制度改革。认真落实《中共珠海市委珠海市人民政府关于促进高等教育发展的若干意见》，推进市政府与各高校战略合作协议相关项目，做好市优势学科等四个项目的绩效评议和年度考核。支持和规范民办教育发展，鼓励社会力量和民间资本提供多样化教育服务。

5. 加快医疗卫生事业发展。大力推动医疗基础设施建设，推动市妇幼保健院异地新建和市慢性病防治中心建设。落实与省人民医院的合作协议，力促金湾中心医院年内正式运营。加快省中医院珠海医院新楼项目建设，力争年内投入使用。确保美国麻省总医院中国医院项目如期动工。继续推进公立医院改革，年底前完成市属公立医院人事薪酬改革。推动全部社区卫生服务中心与二级以上公立医院建立民办公助紧密型合作关系，提升社区卫生服务水平。全面落实基本公共卫生服务项目，加强免费婚前、孕前及孕产期保健，扎实开展出生缺陷综合防控项目，确保出生人口质量。继续做好艾滋病防治工作。放开对社会办专科诊所和中医类专科门诊部设置的审批，开展民营医疗机构医疗卫生信用评价工作。全面推动全市各类医联体的联动运作。以基层全科医师为核心，以家庭医生团队为载体，以医院专科医师为指导，通过建立区域医疗联合体，逐步实行慢性病管理下沉基层，建立基层医务人员绩效激励机制，实现专科医师、全科医师和护师三师共管。率先开展高血压、糖尿病分级诊疗工作。实现基层医疗卫生机构家庭医生团队的100%覆盖。帮扶海岛医疗卫生发展，将万山海岛医疗卫生机构成建制整体划入市人民医院，实行院办院管。

6. 进一步加大社会保障力度。继续稳步提高我市基本养老保险待遇水平。整合职工和居民医疗保险制度，将城乡居民医疗保险财政补贴标准提高至每人每年480元，提升城乡居民基本医疗保险待遇水平，实行职工和城乡居民待遇统一，实现城乡医保一体化，做好补充医疗保险的招标和相关衔接工作。强化社会保险基金监督，落实《珠海市社会保险反欺诈办法》，推进社保基金风险安全评估试点工作。积极推进全省异地就医结算平台建设，推进地税—社保电子档案信息资源共享工作。进一步提高低保标准，争取不低于每人每月620元。开展养老服务标准化建设工作，制定居家、社区、机构养老服务标准。

7. 加强食品药品管理。加强食品药品监管体制机制建设，建立食品药品安全信用电子档案，实行黑名单制度，加快婴幼儿配方食品、粮食、食用油、酒类等安全追溯体系建设。加强行政执法与刑事司法的有效衔接，形成监管合力。完善企业产品召回、退市、“黑名单”制度，强化源头监管，倒逼企业遵章守法，促进企业质量管理水平提高。加强国家基本药物、易制毒麻药品监管，国家基本药物目录品种抽检覆盖率达到100%。

珠海市 2015 年主要指标完成情况与 2016 年预期目标表

主要指标	2015 年		2016 年	
	完成值	增速（%）	目标值	增速（%）
1. 地区生产总值（GDP）（亿元）	2038	10	—	8.5 ～ 9
2. 人均 GDP（万元）	12.56	8.6	13.6	7.5
3. 服务业增加值占 GDP 比重（%）	48	—	48	—
4. 规模以上工业增加值（亿元）	980	9.7	1084	9.5
5. 一般公共预算收入（亿元）	269.9	17.2	291.9	8
6. 居民消费价格总指数（%）	101.7	1.7	103.0	3
7. 社会消费品零售总额（亿元）	913.6	12	1015	11
8. 固定资产投资总额（亿元）	1305	15	1500	15
9. 外贸出口总额（亿元）	1795	0.6	1813	1
10. 实际吸收外商直接投资（亿美元）	21.78	12.8	22.4	3
11. 现代服务业增加值占服务业比重（%）	57.6	—	待省下达	
12. 先进制造业增加值占规模以上工业比重（%）	48	—	待省下达	
13. 高技术制造业增加值占规模以上工业比重（%）	26	—	待省下达	
14. 全体居民人均可支配收入（元）	36093	8.6	38980	8
15. 年末总人口（万人）	163	1.0	165.5	1.5
16. 户籍人口自然增长率（‰）★	8.43	—	11	—
17. 城镇登记失业率（%）	2.26	—	3.2	—
18. 城镇生活污水处理率（%）	90.5	—	91	—
19. R&D 经费支出占 GDP 比重（%）	2.7	—	2.8	—
20. 城镇人均公园绿地面积（平方米）	19.5	3	19.7	1
21. 每万元 GDP 能耗（吨标准煤）★	0.405	-1.64	待省下达	
22. 亿元 GDP 安全生产事故死亡率★	0.0617	-9.07	待省下达	
23. 二氧化硫排放量（万吨）★	2.31	-6.48	待省下达	
24. 化学需氧量排放量（万吨）★	3.08	-0.65	待省下达	

带★标志的为约束性目标，其余为指导性目标；2015 年数据为初步统计数；地区生产总值、人均 GDP、规模以上工业增加值增长速度按不变价计算，其余指标增长速度均按现价计算；每万元 GDP 能耗等指标的预期目标以省政府最终下达的为准。

“三严三实”专题教育

【概　况】 2015年，珠海市委、市政府认真贯彻中央、省委“三严三实”专题教育会议精神，全市109个副处级以上单位完成“三严三实”专题教育工作，领导班子和领导干部分别查找“不严不实”问题441条、2781条。市委成立“三严三实”专题教育协调小组，召开5次常委会议学习贯彻中央、省委专题教育会议精神。同时，结合“三严三实”专题教育学习研讨活动实际，与群众路线教育实践活动紧密结合，开展岗位职责“明责晒单”，机关作风“清障”行动，窗口单位标准化服务建设，设置媒体曝光台，建立“啄木鸟”民意监督员队伍等一系列便民、利民举措，以“三严三实”推进党风、政风建设。

全面落实省委精神　制定《“三严三实”专题教育主要工作任务细化方案》，做到更具体，更具操作性，并将处级以下党员干部纳入专题学习范围。系统开展专题轮训，编印《珠海市“三严三实”专题教育正反典型选编》读本，开设“三严三实”与作风建设专题网络培训课程。延展深化专题教育　将开展专题教育与落实群众路线教育实践活动整改任务结合，印发《关于在“三严三实”专题教育中深化落实党的群众路线教育实践活动整改任务的通知》，全面梳理排查省委29项专项整治任务、市委22项专项整治任务及市委班子整改台账的落实情况。在《珠海特区报》开设“三严三实专题教育之整改进行时”专栏，每周报道一个区教育实践活动未完成整改任务、专题教育查找问题的整改落实情况，刊登8个区委书记专题学习研讨体会文章。

“三严三实”抓出实效　通过专题教育，市委各项决策部署、各项重点领域改革深入推进，创新发展驱动战略加快实施，横琴自贸区建设、“三高一特”产业发展等取得突破，经济运行稳中向好，扎实推进基层社会治理，加大重点领域矛盾排查化解力度，排查整顿一批软弱涣散基层党组织，领导干部查找整改“不严不实”问题2500余条，解决一批影响群众切身利益的突出问题。

【明责晒单亮家底】 2015年，珠海市继续开展机关作风“清障”行动。全市各级各部门召开征集问题会1118场，收集意见建议4080条。针对尚未清理完毕的“障碍”，协调督促相关责任单位进行“清障”。至年底，各类“障碍”基本清理完毕。

建立“转提”倒查机制。是年，由市委改革办和市编办牵头，全市各级各部门认真研究影响效能建设的深层次问题，完善措施、健全制度，提升行政效能。市委改革办按照《珠海市2015年全面深化改革工作要点》时间进度安排，建立工作台账，并纳入行政执行力电子监察系统，以“绿、黄、红灯”推进机制倒逼专项小组、各有关单位完成改革工作。

开展“明责晒单”。各级各部门结合实际，明晰岗位权重，做到有岗必有责、有责必量化。市编办全面编制权责清单，进一步亮清“权力家底”，规范权力运行，向全社会公开全市39个市直单位10121项行政职权和政务服务事项的详细信息，梳理全市各区22929项权力清单。

【商事登记并联办理】 2015年，市政务局网上办事大厅建立单独的数据管理平台，实现全市各业务部门、8个区的数据交换与共享，为推动并联审批奠定坚实的基础。香洲区协调工商、税务、质检、公安等部门，依托珠海商事登记网上联办系统，设立“商事登记并联窗口”，基本实现“一窗受理、一表填报、同步审批、限时办结、统一发证”，可为企业办理组织机构代码证、国（地）税税务登记证等“四证联办”业务。市口岸局借鉴上海自贸区“单一窗口”试点建设，满足企业申报材料“一次性递交”“跨系统共享”“多部门共用”的国际贸易服务体系要求。

是年，全市各级各部门窗口还持续开展预约服务，基本实现两个100%全覆盖。截至年底，全市39个单位和7个区开设582个党员志愿服务窗口，累计为群众提供志愿服务近17万个小时，为群众办理服务事项近19万项。另外全市41个单位和7个区提供781件可预约办理事项，全年为企业群众办理预约事项约233万宗。

【干部驻村摘掉落后帽子】 2015年初，在珠海市委“整治软弱涣散基层党组织专项行动”中，全市排查整顿33个党组织软弱涣散村居。斗门区以创建幸福村居为抓手，将整顿软弱涣散基层党组织作为区委“书记项目”抓紧抓好，在落实市委创建幸福村居“六员进村”（每个村居要配备镇街领导干部、驻村干部、后备人才、规划师、律师、民警等六类人员）的基础上，统筹安排区直部门、先进村居、社会组织与软弱涣散村(社区)“三对接”，引导人财物向基层下沉，撬动更多社会力量参与幸福村居创建、参与软弱涣散党组织整顿。驻村团队凝聚共识，实施“靶子疗法、一村一策”，着眼于发展基层集体经济，着重于提升“两委”发展能力，着力于增强基层“造血”功能。如莲洲镇红星村地处偏远，集体经济薄弱。驻村团队与村“两委”共同梳理发展思路，发动党员群众，盘活资源，引进广东逸丰生态投资有限公司，建成投资1.5亿元、占地17.34公顷的石斛种植基地，村集体经济大幅增收。红星村“两委”尝到发展的甜头，动力足、干劲大，参与全区2015年幸福村居专项资金竞争并脱颖而出，获得全区最高的500万元扶持资金，成为全区示范幸福村居。此外，斗门区石龙村被评为全国先进基层党组织，南门村获评“中国十大最美乡村”，斗门区整顿软弱涣散党组织“书记项目”受到省委组织部通报表扬。

【群众难题解决】 2015年，珠海市委高度重视整顿干部“走读”问题，开展“整治镇街干部‘走读’问题专项行动”。3月，《珠海市西部地区副处级以上领导干部在工作地居住的管理制度》和《珠海市镇（街道）领导干部在工作地居住的管理制度》相继出台，着力解决联系服务群众“最后一公里”问题，密切党群、干群关系，建设以群众需求为导向的服务型政府。

截至年底，全市6个区（功能区）、15个镇（街道）141名处级干部、203名镇（街道）领导干部按要求落实在工作地居住制度。这些“寄宿”领导干部自觉沉下心来、俯下身子、扎根基层，充分利用晚上时间，深入群众开展民情、社情调研，全面掌握工作地生活物价、教育、医疗、公共交通等民生实际，倾听群众呼声，解决群众难题。斗门区开展“夜学、夜访、夜谈”活动，帮助30多户群众解决低保问题。高栏港区开展“住区镇、走基层、解民忧”活动，组织领导干部在工作地居住期间落实8项任务（坐班接访、联系人才、进村居、联系重点项目、联系重点企业、环保巡查、民生项目巡查、创建幸福村居）。金湾区三灶镇干部参与城管晚间巡查，解决群众反映集中的流动摊贩乱摆卖问题。 （李奕夫）

创建全国文明城市活动

【珠海获“全国文明城市”称号】 2015年2月28日，全国精神文明建设工作表彰暨学雷锋志愿服务大会在北京召开，珠海捧回“全国文明城市”牌匾，正式跻身全国文明城市行列。从2012年开始，珠海再次启动全国文明城市创建工作，围绕廉洁高效的政务环境、民主公正的法治环境、公平诚信的市场环境、健康向上的人文环境、有利于青少年健康成长的社会文化环境、舒适便利的生活环境、安全稳定的社会环境、可持续发展的生态环境等八大领域，认真培育和践行社会主义核心价值观，通过“德行珠海”公民道德行动计划、志愿服务制度化、诚信建设制度化、农贸市场升级改造、老旧小区改造、社区公园建设等一系列创文惠民措施，使文明城市创建过程成为不断提升民生福祉的“幸福工程”“民心工程”。

【社会主义核心价值观】 将社会主义核心价值观融入文明城市创建全过程，广泛开展“德行珠海”各项主题活动，为全国文明城市提供道德支撑。

深入推进核心价值观“十百千万”工程 设立10个培育和践行社会主义核心价值观示范点，开展各具特色、形式多样的主题活动，做好示范引领；开展百场“中华美德故事”宣讲进社区、进机关、进学校、进企业活动，向社会传递爱的正能量；精选千幅从社会征集的优秀家风家训作品，组织书法家书写装裱后派发给市民，引导市民传承传统文化，弘扬时代新风；组织万名师生举办社会主义核心价值观书法大赛，精选出70幅作品在学校巡展，让社会主义核心价值观24个字入眼、入脑、入心。

广泛开展“我们的价值观·德行珠海”主题活动 举办“德行珠海·榜样的力量——正能量电影公益放映”活动200多场；举行“我们的价值观·德行珠海”唱响社区主题文化活动及原创微电影大赛；全面开展“我们的价值观·节俭养德”全民节约行动，以机关、学校食堂、星级酒店、饭店为主体，以不剩菜、不剩饭为主题，倡导“光盘行动”，创建省级餐饮服务食品安全示范单位21家，市级文明餐桌食品安全示范街2条，文明餐桌食品安全示范单位217家，全市餐饮服务单位开展餐饮服务食品安全监督量化分级管理覆盖率95.4%。举办珠海有礼文明礼仪系列培训活动，以全市交通、旅游、餐饮、网络、环卫等行业为重点，近万名从业人员参加培训；开展“德行珠海——家庭美德之星”评选活动，在全市范围内征集典型家庭和人物故事线索，2013～2015年评出各类优秀典型家庭代表和文明家庭1390多户。

持续开展“我们的节日”主题活动 把传统节日、重要纪念日作为涵养核心价值观的重要资源，广泛开展“我们的节日”主题活动和重要纪念日活动。每年春节举办百姓春晚、送春联等活动，为群众送去节日祝福；清明期间举办全市祭奠革命先烈活动，党政领导班子和各届群众400多人参加，引导珠海市干部群众慎终追远、缅怀先辈，增进爱党、爱国、爱社会主义情感；举办抗日战争胜利纪念日、烈士纪念日等活动；策划录制“中华长歌行”珠海篇系列节目，把文明创建理念植入节日活动中。

广泛传播“讲文明树新风”公益广告 发挥传统媒体与新兴媒体优势，《珠海特区报》《珠江晚报》每月刊登公益广告5个整版以上，珠海电台每天至少播出15次，其中黄金时段播放6次，珠海电视台各频道平均每天至少播放83次，其中黄金时段播出27次，珠海新闻网、珠海文明网24小时滚动展播公益广告；利用城市广场、大型墙体、候车亭、路牌灯箱、电子屏、建筑围挡等户外广告资源，以及电影院线、手机短信、电话彩铃、公交车和出租车车身等，全方位、大批量地发布公益广告，全市实际发布公益广告占城市户外广告比例大于60%，实现核心价值观宣传全天候、全区域、全覆盖；珠海13家影院60块银幕，每场电影放映前播放30秒的公益广告；集中资源开展“图说我们的价值观”宣传活动，在广场、车站、码头、公园等公共场所等制作1000多幅宣传画，打造街头正能量；编辑印制《珠海市“图说我们的价值观”公益广告掠影》图册，集中展示珠海公益宣传广告宣传成果。

【公民道德素质教育】 2015年，珠海市持续开展道德模范学习宣传活动，弘扬正能量。组织开展道德模范与身边好人现场交流活动，邀请全国、全省道德模范与珠海市道德模范、身边好人一起，与珠海市干部群众面对面交流。推荐中国好人、广东好人，至2015年底，25人入选“中国好人榜”,16人入选“广东好人榜”。举办明德讲堂、明德大舞台、明德剧场等活动，设立市、区“明德讲堂总堂”，每月开展一次活动。在街道、社区、文明单位广泛设立各类道德讲堂近300个，举办活动近5000场次，入场聆听群众超过50万人次。组织道德模范、身边好人走进机关、学校、企业、社区开展巡讲、巡演活动250余场。建立善行义举榜，全市设立善行义举榜150多个，发布善行义举信息上千条。设立关爱好人基金，帮助困难道德模范和身边好人，募集资金86万元，帮助困难模范20多人次，形成好人有好报的良好氛围。充分利用珠海文化大讲堂这一品牌，围绕社会主义核心价值观这一主题，从历史、文化、政治形势等多角度多方位组织专家进行专题讲座。举办讲座20场，先后邀请中山大学人类学系教授、博士生导师郭立新主讲“中国文明之根”，畅销书《亲爱的孔子老师》作者吴甘霖讲述“青少年自我管理与国学智慧”，广东省文联主席、省美协主席许钦松讲述中国山水画的发展历史及艺术特征，等等。吴甘霖在珠海的景园小学、吉大小学、香洲区十二小学、香洲区十五小学等6所学校举办孔子国学系列讲座，激发一场“孔子国学热”。是年，珠海文化大讲堂直接现场听众6000多人，网站、报纸、电视、电台等媒体间接观众和读者近20万人次。打造幸福“家”年华品牌，推出“家·活力”“家·健康”“家·关爱”“家·温暖”四大系列主题活动。开展寻找“最美家庭”活动，依托全市315个村（社区）妇女之家，择优推荐优秀典型家庭。全市有5户家庭获2015广东百户“最美家庭”荣誉称号。举办“传家风家训家故事 做德行亲善珠海人——图说美丽家故事”巡展，选取珠海市近年来评选出的15户优秀家庭、典型人物故事，通过大幅图片、精练文字形式，深入各区巡展，历时4个多月，观看群众5万多人次。打造“德行珠海·亲子讲堂”，以现场讲座、跟踪报道、线上线下互动等方式，邀请优秀老师、家长走上讲堂，紧扣“德在家庭”这一内容，开展家庭教育公益讲座。亲子讲堂开办至2015年，累计举办讲座200多场，报纸专版100多篇，受益家长群众20万余人次，成为珠海市家庭教育工作的品牌。

【创文惠民工程】 为整治乱摆卖和脏乱差等市容市貌的老问题，成立以街道、社区为主的市容市貌监督员队伍，实行网格化管理，与数字城管相配合，对全市的市容市貌管理监督做到全覆盖。组建若干支夜间巡逻车队，实行夜间对农贸市场周边、大街小巷、城市主干道、商业大街等地占道经营、乱摆卖的执法。采取疏堵结合的方法，规范临时市场，确保公共环境卫生、市容市貌持续改善。加大对老旧小区、背街小巷改造工程的力度和进度。完成香洲城区大部分老旧小区、背街小巷的改造，包括小区路面平整、亮灯、楼道清洁、绿化、社区活动场所建设、物业管理等。加快农贸市场改造步伐，带动农贸市场硬环境和软环境同时上新水平。全市有83家农贸市场完成改造升级，累计投入改造资金超过2亿元，改造市场面积约27万平方米。完善农贸市场长效管理机制，大力整治农贸市场周边脏乱差、乱摆卖、占道经营、出店经营现象，确保农贸市场环境整洁、经营有序。推动文化惠民，提高项目与人民群众精神文化需求的有效对接，以文化人、以文育人，加快群众性公共文化设施建设，市文化馆向市民免费提供五大基本公共文化服务项目，接待市民群众50万人次，开展活动和培训100多场。主城区实现社区活动用房全覆盖，每个社区都配备完善的文化活动室、家长学校、少年之家、社区义工站等功能室，免费对社区居民开放。

【志愿服务】 始终把推进志愿服务工作作为创建文明城市的主要任务来抓，发动群众广泛参与。推进志愿服务制度化。制定并颁布《珠海经济特区志愿服务条例》和《珠海市志愿服务制度化建设实施意见》，建立志愿服务招募注册制度、培训管理制度、服务记录制度、激励制度、嘉许和回馈制度、保险制度、社工带义工制度、党团员带头制度等八个方面的制度。志愿服务达到一定时数可授予特别奖、金奖、银奖、铜奖和服务奖章，可优先享受社区照顾、社区养老、社区互助等公共服务和自助服务，外来人口可以按规定享受积分入户，其子女享受积分入学等政策激励，累计120多名志愿者通过享受积分成功入户。

加强志愿服务队伍建设 成立党员学雷锋志愿服务队200多支，窗口学雷锋志愿服务岗50多个，社区学雷锋志愿服务队100多

志愿先行，珠海文明交通引导员在行动 （创文办供稿）

支，老年互助志愿服务队10支，其他各类志愿服务队300多支；建成“珠海志愿时”综合管理信息注册系统，注册志愿者23万人，占建成区常住人口约20%；主城区122个社区全部建立社区志愿服务站，主要公共场所建立“蓝天小屋”志愿服务站；组建网络文明传播志愿者骨干队伍，通过建立网络文明传播志愿者服务QQ群，引导网络文明传播活动有序推进。

加强志愿服务项目建设　强化志愿服务特色项目，凸显专业化志愿服务水准。出台《新常态化开展公职人员志愿服务活动方案》，践行“每月一大型每周一小型”志愿服务，坚持每月开展1次大型集中志愿服务活动，每周组织公职人员在交通路口、公交站点等开展文明引导志愿活动，社区文明巡视志愿服务每天开展。举办“植树护绿文明共建”“低碳城市、绿色出行”、凤凰山环保行、爱国卫生运动等大型志愿服务活动，参加的公职人员4.6万人次。开展“青春情暖”“学雷锋月”等主题志愿服务活动，累计服务群众超过7万人次。启动“义家益”志愿服务专列进社区活动，联合镇街定期开展电器检修、法律咨询、环保卫士、助残服务等形式多样的志愿服务活动。医疗志愿服务队经常在社区开展义诊活动，为社区贫困居民送医送药，排忧解难；食品安全志愿者给居民宣传讲解各种食品、药品安全和文明餐桌知识；心理健康志愿者在社区为市民带来心灵鸡汤，现场接受心理咨询；文艺志愿者在周末或节假日为社区居民送上精彩的腰鼓、歌舞、曲艺等文艺表演；武术志愿者义务教学太极拳；22家单位243个窗口设立“党员志愿服务岗”，利用中午和周末休息时间，为群众提供服务。

关注服务困难群体　各志愿者组织大力弘扬“奉献、友爱、互助、进步”志愿精神，把对空巢老人、留守儿童、未成年人和妇女、农民工中的困难群体与特殊群体作为帮助重点。社区设立“快乐四点半”课堂，采取社工引领义工方式，为未成年人开展免费义务教育服务，主城区112个社区实现全覆盖。开展关爱异地务工人员子女“朝阳行动”，实现35所异地务工人员子女集中学校结对全覆盖，8万多人次参与活动；依托“社区亲青汇志愿服务站”，推进“社区亲青汇”行动计划，10个青联小组对接10个社区开展志愿服务，上万名在校大学生参与服务。广泛开展社区关爱空巢老人、残疾人、困难职工等志愿服务活动，狮山街道康园中心以购买服务形式，为残疾人提供服务；北堤社区“长者居家照顾日”的义工定期为社区长者开展剪头发、量血压等服务，参与志愿者50多人；点点公益青少年发展服务中心“第二课堂义务教育”活动长达8年，参与志愿者2000多人。

【未成年人思想道德建设工作】　全面推进未成年人思想道德建设，着力构建立德树人成长环境。建立健全三结合教育网络。发挥学校教育龙头作用，开展社会主义核心价值观教育，健全家联会制度，举办“家长学校”“家长开放日”等活动，形成家校联手育人环境。加强学校与社区联系，建立结对共建关系，安排教师进社区开展教育活动。发挥家庭教育的基础作用，打造一支集教育专家和心理专业教师，以及相关社会团体共同参与的专业家教队伍，借助报刊、广播、电视、网络等，营造家庭教育良好氛围。发挥社区教育的平台作用，各社区依托志愿者，组织“四点半课堂”等富有社区特色、丰富多彩的教育实践活动。社区均成立未成年人思想道德建设协调组织，促进学校教育、社区教育、家庭教育三者之间的有效衔接和互动发展。

丰富各项主题活动　开展学习和争做“美德少年”活动，评出珠海市美德少年20人，1人荣登“全国美德少年榜”。举办“童心向党”歌咏活动，每年“七一”前后，组织全市中小学生唱红歌、唱党歌，唱响爱党、爱国、爱社会主义主旋律。开展中华经典诵读活动，以孝敬、友善、节俭、诚信为主要内容，利用春节、元宵、清明、端午、中秋等民族传统节日，坚持经典诵读与学习道德模范、身边好人的先进事迹相结合，传承中华民族优秀传统文化。

加强阵地建设　建成乡村学校少年宫75所，实现乡村学校少年宫建设全覆盖，其中中央彩票专项公益金扶持建成13所，下拨修缮和运转资金350万元。（周声芳）

十件民生实事落实情况

民生事项	工作任务	牵头单位及责任人	落实情况
一、提高民生保障水平	1. 提高城乡居民基本医疗保险财政补助水平	市人社局 责任人：李伟辉	已完成。 城乡居民基本医疗保险和未成年人医疗保险的财政补助统一调整为400元/人/年（含门诊统筹财政补贴25元），由市、区财政按5∶5比例承担。城乡居民基本医疗保险参保人个人缴费标准统一调整为360元/人/年，未成年人个人缴费标准统一调整为130元/人/年，同时相应提高城乡居民基本医疗保险和未成年人医疗保险的住院待遇支付比例。2015年7月1日起正式执行。
	2. 提高孤儿供养标准	市民政局 责任人：罗新安	已完成。 印发《关于做好孤儿供养工作的通知》和《关于提高我市孤儿基本生活供养标准的通知》，集中供养孤儿的基本生活标准提至1300元/人/月；分散供养孤儿的基本生活标准随市低保标准进行调整，现基本生活标准为870元/人/月。
	3. 提高困难群众医疗救助标准，降低救助门槛，开展重特大疾病医疗救助	市民政局 责任人：罗新安	已完成。 印发实施《珠海市困难群众医疗救助实施办法》。通过实施该办法，将进一步提高医疗救助标准、适当降低救助条件，确保政策范围内住院自付医疗费用救助比例达到80%以上，其中特困人员住院个人核准自付费用实行全额救助；增设重特大疾病救助制度，年累计最高救助金额可达20万元。
	4. 出台残疾人医疗保障办法，提高残疾人医疗保障水平；开展残疾儿童康复工作	市残联 责任人：李杰稌 市人社局 责任人：李伟辉	已完成。 印发实施《珠海市残疾人医疗保障及康复救助实施方案（试行）》。推进现有康复机构规范化建设，加大康复救助政策宣传和减轻康复支出负担，举办两期残疾儿童康复实用操作技术培训班。

（续 表）

民生事项	工作任务	牵头单位及责任人	落实情况
二、完善特殊教育基础设施	5. 发展以职业教育为主的残疾人高中阶段教育，提高非义务教育阶段残疾人接受教育的比例	市教育局 责任人：钟以俊	已完成。 市特殊教育学校开设计算机平面设计和家政服务与管理两个专业，2015 年招收 27 人，在校生 58 人。
	6. 加快重度残疾儿童教养学校建设，满足重度残疾儿童少年的养护、康复、教育需求	市教育局 责任人：钟以俊 市残联 责任人：李杰稌	完成年度工作计划。 市特殊儿童康复大楼项目提交项目建议书，待批复。
	7. 斗门区特殊教育学校投入使用	市教育局 责任人：钟以俊	已完成。 斗门区特殊教育学校 2015 年 9 月开学，59 名特殊学生就学。
三、加强医疗卫生服务	8. 人均基本公共卫生服务经费财政补助标准提高到 45 元 / 人	市财政局 责任人：周昌 各区政府（管委会）	已完成。 珠海市 2015 年人均基本公共卫生服务经费补助标准是每人每年 45 元，市区各级财政均落实财政资金。市本级财政拨付基本公共卫生服务项目补助经费 1033.7 万元，拨付率达 92.86%，待绩效评估结果出来后再拨付剩余经费和奖励经费；中央补助珠海市两批经费合计 1034 万元全部下达各区，拨付率 100%。
	9. 推动区域医疗一卡通项目	市卫计局 责任人：李力	已完成。 区域医疗一卡通项目需建设的 34 个子系统均完成建设。
	10. 继续推进农村妇女“两癌”免费检查	市卫计局 市妇联 市财政局 责任人：李力 各区政府（管委会）	已完成。 2015 年农村妇女“两癌”免费检查的 17535 人目标任务全部完成。

（续 表）

民生事项	工作任务	牵头单位及责任人	落实情况
四、扶持就业创业	11. 年内城镇新增就业 4.5 万人，失业人员再就业 1.2 万人，农村劳动力转移就业 2000 人，就业困难人员就业 2000 人	市人社局 责任人：李伟辉	已完成。 全年全市城镇新增就业 47585 人、城镇失业人员再就业 12809 人、农村劳动力转移就业 2184 人、就业困难人员实现就业 2576 人、促进创业 2893 人（带动就业 7766 人），分别完成年度目标任务的 106.7%、109.2%、128.8%、103.3%，城镇登记失业率为 2.26%，比目标任务低 0.94 个百分点。
	12. 新增 3 家市级创业孵化基地，促进创业 2800 人	市人社局 责任人：李伟辉	已完成。 认定吉林大学珠海学院大学生创业孵化基地、左右创意园、北京理工大学珠海学院创业广场为市级创业孵化基地，促进创业 2856 人，完成年度目标任务。
五、促进城市公共交通发展	13. 完成一批市政道路改造工程	市公路局 责任人：顾胜杰	已完成。 “沁园”经济适用房项目周边市政道路、翠福路市政道路已通车使用。环山路市政道路工程完工，并于 8 月 26 日通过预验收。
	14. 60 周岁以上外地户籍老年人享受免费乘坐本市公共汽车待遇	公交集团 责任人：陈玉刚	已完成。 2015 年 1 月 1 日起，全面实施对非本市户籍年满 60 周岁（含 60 周岁）以上老人刷卡免费乘坐公共汽车。
	15. 优化公交线网，提升西部公交覆盖率	市交通运输局 责任人：黄文忠	已完成。 印发《加快珠海西部地区公共交通发展提升公共交通服务水平工作方案》。新开通西部地区公交线路 12 条。延长 701、K8、813、815、705、811、202、Z118、Z107、Z115、Z104 路等 11 条西部地区公交线路服务时间。加密 705、202、Z107、Z104 等 4 条西部地区公交线路班次。完成珠海东西部快速公交工程整体方案设计，相关项目立项工作正在推进。制定东西部高校园区至市区的定制公交线路开通计划，2015 年 9 月 1 日起先期开通东部高校至市区定制公交线路。开通斗门旅游快线。

（续 表）

民生事项	工作任务	牵头单位及责任人	落实情况
五、促进城市公共交通发展	16. 延长公交运营时间	公交集团 责任人：陈玉刚	已完成。 截至2015年8月25日，先后延长75、81、701、813、815、705、K8、K10、152、80、151、Z53（原63路）长隆夜间线等13条公交线服务时间。
	17. 规划建设一批环保电动汽车充电桩	市发改局 责任人：武林	已完成。 完成《珠海市新能源汽车充电基础设施十三五规划》并报市政府审定。建设公交车充电站10座，出租车充电站5座，直流快充桩137个，直流慢充桩39个，交流快充桩34个，交流慢充桩205个。
六、提升公共文化体育服务	18. 组织开展多种形式文化活动	市文化体育旅游局 责任人：王玲萍	已完成。 一、城市品牌活动：举办中国国际马戏节和WTA珠海超级精英赛。二、群众性文化活动：1.11月3～5日，市文化馆组织送戏下乡——道德模范基层巡演，分别在珠海凌达压缩机有限公司、南屏安士佳电子公司、斗门区井岸镇伟创力球场演出。2.11月13日、16日，市文化馆举行高雅艺术进校园——珠海乐团交响音乐会，分别在北师大珠海校区和吉林大学珠海学院演出。3.11月21日、22日，根据省文化厅要求，市文化馆组织“童心向党”珠海市第二十七届青少儿艺术花会原创节目专场比赛。4.11月25日，市文化馆组织珠海市第三十三届滨海之声音乐会暨第二届群众音乐舞蹈花会。5.11月29日，市文化馆组织微喜剧《有电话了》赴广州参加第十届广州大学生戏剧节暨第三届青年非职业戏剧节大赛。
	19. 完善基层文化体育基础设施，按“5+2”标准新建100个村（居）文化中心，完成47个社区文体公园建设	市文化体育旅游局 责任人：王玲萍	基本完成。 一、建设完成100个村（居）文化中心并验收。 二、47个社区文体公园全部开工建设，完工14个，余下33个2016年完成建设。

（续 表）

民生事项	工作任务	牵头单位及责任人	落实情况
七、加大安居工程建设力度	20. 基本完成南屏沁园1556套公租房建设项目	市住规建局 责任人：王朝晖	已完成。 该项目已封顶，开始装修工程。
	21. 新开工1000套公租房项目	市住规建局 责任人：王朝晖	已完成。 南屏水库保障房项目新开工建设1140套公共租赁住房，2015年10月13日取得施工许可证，开始桩基础施工。
	22. 新开工1600套沥溪、福溪旧村改造回迁安置房项目	市住规建局 责任人：王朝晖	已完成。 沥溪、福溪旧村改造回迁项目建设3402套安置房，已于2015年9月开始基础施工。
八、优化城市生态环境	23. 打造一批生态样板工程	市环保局 责任人：张经纬	已完成。 市环保局收集梳理全市生态重点工程42项，于2015年11月13日对生态重点工程开展专项督查，针对各重点工程的年度工作情况提出推进工作建议。打造亮点生态工程14项，并向市人大作专题汇报。
	24. 建设竹洲水乡国家级水利风景区	斗门区 责任人：周海金	已完成。 完成《珠海竹洲水乡水利风景区总体规划研究》和项目核心区鼎元生态农场的总体规划修订稿；竹洲水乡核心区旅游码头和水松林保护区登陆码头工程完成规划设计成果报审稿。开展珠海竹洲水乡水利风景区发展战略规划编制工作和竹洲水乡核心区控制性详细规划编制及土地利用调查研究。完成首期核心区鼎元生态农场建设面积3356平方米，其中，荷塘山居工程12栋主体建筑，面积816平方米；特色木屋面积920平方米，温室育苗大棚1620平方米。完成景区码头至农场段沿线景观带改造等基础设施配套。
	25. 建设水生态文明建设展厅	市海洋农业和水务局 责任人：林粤海	已完成。 完成项目程序审批工作；所有二类费用获市财政局批复，具备支付条件；办理质量安全提前介入手续；截至2015年12月底，项目土建及水电安装工作完成80%，全部设备订购中，整体形象进度完成60%。

（续 表）

民生事项	工作任务	牵头单位及责任人	落实情况
八、优化城市生态环境	26. 建成空气质量预报预警系统，发布生态环境指数	市环保局 责任人：张经纬	已完成。 空气质量预报预警系统于 2015 年 6 月 1 日正式对公众发布珠海市空气质量预报信息，实现珠海市 PM2.5 等项目的浓度水平、空气质量等级的预报；同时，正式启用手机 APP，实现珠海市空气质量实况与预报结果手机一键通。3 月 30 日起，开始每周向公众发布一期生态环境指数，至年底，累计发布 39 期，整体环境质量优良，未出现预警情况。
九、改善村居生活环境	27. 加快农村基础设施建设，农村生活污水处理覆盖到全部行政村	市市政和林业局 责任人：陈家平	基本完成。 全市 209 个行政村（包含社区）参与幸福村居创建，完工 100 个，开工 46 个，完成招标 43 个，余下 20 个 2016 年开工建设。
十、加强公共法律服务	28. 建立区、镇（街）公共法律服务中心，村（居）公共法律服务工作站，为符合条件的困难群众提供法律援助，向城乡居民提供公益、专业、均等、便民、“一站式”的基本公共法律服务	市司法局 责任人：李秉勇	已完成。 全市 3 个区、12 个镇（街）、229 个村（社区）建成公共法律服务中心（站）。市司法局组织举办基层公共法律服务体系建设业务培训。金湾区、斗门区成立“法律维权妇女之家”基本公共法律服务点。

（冯建林）

自贸区建设

【自贸区成立】 2014年12月31日，经国务院批准，中国（广东）自由贸易试验区成立，横琴是其中重要的组成部分。中国（广东）自由贸易试验区珠海横琴新区片区（简称横琴自贸片区）自2015年4月挂牌以来，深入贯彻习近平总书记关于自由贸易试验区建设的重要指示精神和广东省委、省政府，珠海市委、市政府的工作部署，落实《中国（广东）自由贸易试验区总体方案》，紧扣国家战略定位，深化对港澳合作，扩大对外开放，加快推进改革创新发展步伐。

【制度创新】 横琴自贸片区以世界银行发布的《全球营商环境报告》10项评价指标为指南，通过在开办企业、办理施工许可、获得电力、登记财产、获得信贷、保护少数投资者、纳税、跨境贸易、执行合同、办理破产等10个方面的对接比较，寻找差距，坚持问题导向，系统谋划，有计划、分步骤地推进重点领域和关键环节改革突破。截至2015年底，横琴成功推行一系列改革创新举措，其中6项在珠海市全面复制、推广；17项成为广东省27项可复制可推广经验的重要组成部分，6个创新案例入选广东省自贸试验区首批制度创新案例；“政府智能化监管服务新模式”案例获全国自贸试验区“最佳实践案例”。

创新政务服务　重点推进行政审批标准化、信息化建设，建立集中统一的综合行政服务体系，高效便捷满足企业办事要求。一是深化商事登记改革。率先推行“三证合一”“一照一码”。将“大数据管理”“互联网+”理念融入企业登记与服务全流程。全国首发“商事主体电子证照卡”“商事主体电子证照银行卡”。实现商事登记一口受理、同步审批的“一站式”服务。实施商事主体登记窗口与银行营业网点一体化，工商登记注册远程办理、异地办理，突破工商登记服务窗口的时空局限。二是推出“三个零”政府服务。发展电子政务，实现企业足不出户“零跑动”就能办理各类事项。除法律法规规定外，取消和停止其他行政性收费，实现对企业服务“零收费”。初步梳理出100余项企业常见轻微违法行为可免于罚款项目。通过事前违法行为提示，事中对轻微违规行为给予警告，事后加强实际监管，实现对企业“零罚款”。三是出台《珠海经济特区促进中国（广东）自由贸易试验区珠海横琴新区片区建设办法》，是全国率先出台的地方促进自贸片区建设办法，分八章53条，其中列出10项对接港澳的具体举措，涵盖投资贸易、产业发展、金融创新、人才建设等多个领域。

创新监管制度　重点围绕保护少数投资者、纳税、跨境贸易和区域监管等内容，建立宽进严管的市场准入制度，加强事中事后监管，通过最小化干预、最大化服务，实现有效监管与高效服务的有机统一。一是推行清单式管理。制订并发布政府部门权力清单；制订1748项工商行政违法行为提示清单，为企业提供明确的法律指引和行为提示，保障合法经营、放心经营；制定《横琴与香港、澳门差异化市场轻微违法经营行为责任清单》，营造与港澳趋同的营商环境。实行小规模纳税人简并征期，通过改革有效精简纳税人申报次数，依托大数据，探索智能税收征管模式，对A级纳税人主动推送。33家企业被授予A级纳税信用牌匾。二是设立功能最齐全的综合执法机构。形成全国范围内整合机构最多、执法职能最广、执法层级最少、队伍种类最精、资源配置最优的综合行政执法体制。实现一支队伍管执法，集中行使25大类行政处罚权和7类管理职能，8000多项具体执法权限。创新“大物管+大综合+大法管”城市治理模式，融入“互联网+”和“公民治理”理念，推出全国首个城市智能管家——“横琴管家”APP平台，支持公众参与社会治理。三是推进社会诚信体系建设。实施《珠海经济特区横琴新区诚信岛建设促进办法》。建立横琴与澳门消费维权合作机制，开展两地消费维权合作，首批实施“先行赔付”制度的横琴“诚信店”正式授牌。对纳税人实施信用分类管理，落实纳税信用等级评定办法。推动实施企业年报公示，经营异常名录和严重违法行为企业名单制度，对企业失信行为实施联合惩戒，努力实现“一处失信、处处受阻”。

优化法治环境　重点围绕登记财产、执行合同、办理破产等内容，按照统一、公开、公平原则，创新对内对外开放的行政司法体制，构建市场主体公平竞争环境。一是建立具有国际公信力的司法机制。横琴法院在全国率先推行立案登记制。建立区内企业年度诉讼情况跟踪分析制度和商事案件专业化审理机制，以典型案例发布方式，为社会提供可参考信息。全国率先实行“类似案件类似判决”引入法庭辩论制度。建立法官终身责任制和员额制。全国率先推行第三方法官评鉴机制，提高内部监督针对性。实施引入澳门人士担任案件陪审员制度。横琴检察院创建检察官惩戒（监督）委员会制度和主任检察官引导侦查取证新机制，最高人民检察院在全国复制推广。二是建立知识产权保护机制。设立知识产权巡回法庭、横琴国际知识产权交易中心，初步建立起知识产权流动和保护机制。三是创建国际仲裁和商事调解机制。设立广东省珠海市横琴公证处。建设商事争议解决平台，珠海国际仲裁院境外仲裁员占比44%，在全国仲裁机构中比例最高。率先成立珠港澳商事调解合作中心，形成对接港澳的多元化调解机制。

创新廉政体系　以建设“廉洁岛”为目标，健全廉洁从政保障体系。全国率先设立廉政办公室。成为探索领导干部重大事项报告工作试点单位。出台《关于加快建设横琴廉洁岛的工作意见》，贯彻廉政为要、法治为基、诚信为本的核心理念，着力构建广大领导干部不敢腐、不能腐、不想腐的长效工作机制。一是创新廉洁治理体系。创新利益冲突管理制度。建立利益冲突回避制度，礼品、借贷、宴请管理制度，兼职和离职后行为限制制度；开展规范领导干部配偶子女经商办企业试点。探索廉洁激励机制，改革公共资源交易机制。完善和深化政府投资工程廉情和效能预警评估系统；开展工程项目嵌入式同步监督预防；推行土地出让条件、过程、结果“三公开”。完善公共财政预算管理和政府采购制度，加强预算管理、财政审计和采购监督。二是营造廉洁环境体系。推进廉洁共建。坚持以拓展公共关系为载体，开展廉洁性审查；定期举办“廉政开放日”活动，组建横琴“廉政监督志愿者”队伍；成立横琴廉洁岛建设专家顾问组，学习借鉴先进经验。建立市场主体准入前信用承诺制，将廉洁经营、廉洁交易纳入承诺范围；建立行贿犯罪“黑名单”制度和配套的市场禁入、市场退出机制；制定守信激励和失信惩戒机制和具体办法，形成守信受益、失信受损的社会环境。三是构建廉洁评价体系。构建廉洁成效评价系统。依托科技手段，构建符合自贸区规则和发展要求、具有横琴特色的廉洁成效评价体系。发布行业廉洁指数。建立以投资经营和社会公众观感为基础、反映横琴各行业廉洁现状的廉洁指数，形成有效消除腐败现象的倒逼机制。

【对澳合作】　促进粤港澳深度合作，打造推动粤港澳服务贸易自由化示范基地，进一步深化对澳合作、促进融合发展，构建支持澳门经济多元发展新载体。

深化对澳合作　一是与澳门沟通机制进一步健全。与澳门特区政府建立金融、通关、基础设施等多条沟通机制以及推动横琴自贸片区建设珠澳合作机制，邀请澳门中联办、省港澳办参加，下设法律合作、投资贸易、文化旅游、教育卫生、口岸通关、金融创新、跨境工程等7个专项工作组。建立与澳门“两会”代表及工商界社团定期沟通交流机制。与澳门特区政府共同筹划建设集养老、居住、教育、医疗等综合功能于一体的“澳门新街坊”。二是与澳门要素流动更加便利。实现横琴口岸24小时通关。率先在横琴口岸启动“一机一台”改革，创新关检合作和通关模式，提升通关效率30%。实行澳门小商品简化归类，集中申报、分批出境，推动货物贸易便利化。落实《珠海口岸查验机制创新试点方案》，争取对内地、澳门居民探索实施“进境查验，出境监控”的单向检查试点，促进快速通关。在全国率先首发移动通信和上网资费大幅降低的“横琴卡”。

推动产业发展和创业扶持　实施《横琴新区支持澳门经济适度多元发展的十一条措施》，全岛开发，尤其是涉及土地出让、产业建设、资本参与、城市基础设施等资源开发，同等条件下优先支持澳门投资项目，人才公寓等公共资源优先满足澳门企业和从业人员需求。鼓励和帮助澳门年轻人在横琴创业，启动横琴·澳门青年创业谷项目，90

个澳门项目入驻，发展态势良好。开设北京大学创业训练营粤港澳台创客特训班。设立初始规模为100亿元的产业引导扶持基金。加快建设粤澳合作产业园。澳门特区政府推荐入园33个项目中，19个项目签订合作协议。推动粤澳合作中医药科技产业园发展，32家企业进驻商业孵化中心，与广药集团、奇正实业等开展战略合作。扎实推进国家中医药现代化科技产业创新联盟项目。

横琴·澳门青年创业谷　　（横琴新区供稿）

【对外开放】 围绕落实“一带一路”和构建开放型经济新体系，构建中国与拉美、加勒比国家共同体的经贸合作新载体，配合澳门建设“一中心一平台”。制订《建设中国—拉美国家经贸合作重要平台(广东)工作方案》。在横琴成功举办第九届中拉企业家高峰会推介会，组团出席在墨西哥举行的第九届中拉企业家峰会，与哥伦比亚中国商业投资工商会、乌拉圭美洲特区商业科技产业园签署合作协议。在墨西哥、西班牙、香港设立经贸代表处。发挥自贸试验区展示展销功能，与澳门葡语系国家商品集散中心互动，设立巴西、葡萄牙、安哥拉、莫桑比克等葡语国家特色商品直销中心，汇聚3000多种原装进口商品。

【金融创新】 以建设“金融岛”为目标，深化金融领域开放，推动适应粤港澳服务贸易自由化的金融创新，发展特色金融。截至2015年底，横琴自贸片区金融类企业2018家，注册资本1960亿元。各类经监管部门批准设立的金融机构陆续开业运营。10家银行获银监部门批准设立二级分行；全国首个知识产权运营特色试点平台——横琴国际知识产权交易中心正式运营；经中国银监会批准在横琴自贸片区新设的第一家全国性金融机构——横琴华通金融租赁有限公司开业营运。横琴自贸片区正式成为跨境人民币贷款试点地区，2015年末获批贷款金额53.6亿元。广发基金管理有限公司成为首批获准在港销售基金的内地公募基金之一。区内第一家港资银行——东亚银行横琴支行正式开业。横琴莲花大桥穿梭巴士受理金融IC卡项目正式启动，受理闪付支付超60万笔。港澳居民跨境住房按揭业务获得全面发展，跨境按揭业务累计收汇超过3.7亿美元。

【高端产业】 截至2015年底，横琴注册市场主体15728家，引进和在谈世界500强企业52家，国内500强投资项目76家，82个重点项目总投资超过3200亿元。

着力建设四个国际化高端产业发展平台 一是着力对标世界食品安全标准，引进国家食品安全创新工程，与科技部携手建设的国家食品安全创新中心于11月9日正式挂牌。该工程第三方检验检测机构诚信联盟成立，成员单位23家。二是着力推动国际互联网创新创业方向，引进国家网信办规划的国家级“互联网+”创新创业基地正在进行前期规划。星光中国芯物联网工程一期项目验收，开始推进安防监控物联网芯片、系统及其基础核心技术研发体系建设。三是着力构建与世界接轨的中医药标准体系，国家中医药现代化科技产业创新联盟于9月22日正式成立。中国中医科学院在横琴设立中医药国际创新中心，设立起步规模为10亿元的中医药健康产业发展母基金。四是着力建设具有国际竞争力的高科技文化创意项目，香港丽新集团星艺文创天地项目建设进展顺利，拟打造成为包括高科技影视制作、音乐制作及演艺、培训、休闲、会展为主要内容的创意文化产业。

旅游休闲健康产业成为横琴发展的新名片 长隆国际海洋度假区2015年接待游客超过2000万人次。WTA（国际女子网球赛）于2015年11月在横琴国际网球中心举办，拟连续五年在横琴举办。第二届中国国际马戏节11月在横琴举办。（陈晓冬）

2015 年荣誉榜

1 月 7 日 珠海市中级人民法院被评为“第三批全国法院文化建设示范单位”，是广东法院系统唯一获此殊荣的中级法院。

1 月 9 日 全国科技奖励大会在北京召开。珠海格力电器凭借“基于掌握核心科技的自主创新工程体系建设”项目获 2014 年国家科学技术进步奖“企业技术创新工程类”二等奖；珠海方正科技多层电路板有限公司与电子科技大学申报的“高密度互连混合集成印制电路板关键技术及产业化”项目获“2014 年国家科技进步”二等奖；珠海电厂与华中科技大学共同完成的“大型电站锅炉混煤燃烧理论方法及全过程优化技术”项目获“2014 年国家科技进步”二等奖。

1 月 9 日 中国旅游研究院在成都发布 2014 年全年全国游客满意度调查报告。包括北京、上海、广州在内的全国 60 个测评城市中，珠海综合排名全国第十位，为珠海历年游客满意度排名最好水平。

1 月 24 日 全国首部《中国智慧城市惠民发展评价指数报告（2014 版）》发布。珠海在地市级城市智慧城市惠民发展排名中名列第六。

1 月 30 日 广东省通报 2014 年度全省森林资源保护和发展目标责任制考核结果，珠海市首次获全省第一。

2 月 3 日 广东省省情调查研究中心发布 2014 年广东省地方服务型政府建设系列调研——广东省政务窗口服务满意度调研报告。在政务环境满意度评价方面，珠海得分 76.86 分，排名从 2013 年第五位（72.92 分）上升至第一位；在广东公共服务公众满意度方面，珠海位列第三。

2 月 7 日 中国电子进出口珠海有限公司、珠海汉胜科技股份有限公司、珠海市免税企业集团有限公司、珠海市建安集团有限公司、珠海市兴业绿色有限公司、珠海市富绅拍卖有限责任公司、广东大潮建筑装饰工程有限公司、珠海市泰锋电业有限公司、珠海市珠信达建筑工程机械有限公司获国家工商总局 2012 ～ 2013 年度“守合同重信用”企业荣誉称号。

2 月 27 日 广东省委、省政府在深圳召开全省科技创新大会，表彰获“2014 年度广东省科学技术奖”先进单位和个人。珠海获得 2 个一等奖，4 个二等奖，5 个三等奖，获奖数量创下历史新高，奖项等级取得重大突破。

2 月 28 日 全国精神文明建设工作表彰暨学雷锋志愿服务大会在北京举行，珠海获“全国文明城市”称号；珠海市斗门区斗门镇南门村、珠海市斗门区乾务镇夏村获“全国文明村镇”称号；珠海市国家税务局、珠海市香洲区前山街道春晖社区居委会、广东电网公司珠海供电局获选“全国文明单位”；中国人民银行珠海市中心支行、中国银行业监督管理委员会珠海监管分局、中国工商银行广东省珠海市分行分别在各自系统获选全国文明单位。

3 月 1 日 珠海边检总站横琴边检站女子特勤组被授予全国“三八红旗集体”称号。这是全国九个边检总站唯一的殊荣。

3 月 10 日 全国普法办公布第三批“全国法治县（市、区）创建活动先进单位”名单，珠海市金湾区入选。

3 月 22 日 横琴长隆海洋王国领取 TEA 全球主题娱乐协会 2014 年度唯一的“主题公园杰出成就奖”，这是中国主题公园品牌首次获得代表当今主题公园行业最高荣誉的奖项。

3 月 29 日 第三十届广东省青少年科技创新大赛落幕。珠海市获得一等奖6项，二等奖12项，三等奖12项，专项奖6项，全省十佳优秀科技教师奖1项。文园中学的李晨天、夏湾中学的郑佳伟、紫荆中学的奉涵琪三人作品均获得青少年科技创新竞赛项目一等奖。

3月31日 “珠海市香洲社区体育公园建设项目”被授予2014年广东省宜居环境范例奖。

4月22日 《广东省人民政府关于表彰2014年广东省专利奖单位和个人的通报》发布。珠海获3项专利金奖，7项专利优秀奖；格力电器的黄辉获广东发明人奖。

4月28日 珠海航空有限公司（南航珠海公司）获全国民航五一劳动奖状。

5月8日 珠海格力电器股份有限公司排名福布斯2015全球上市公司2000强第三百八十五位，较去年第五百零一位大幅上升；在分类榜单中，格力电器排家用电器类榜单全球第一。

5月8日 珠海以总分99.26分居2014年度全省“两建”（社会信用体系建设和市场监管体系建设工作）考核第三。

5月14日 珠海市《生态文明新特区、科学发展示范市的珠海模式》创新事例获全国生态环境法治保障制度创新最佳事例奖，成为25个最佳事例之一。

5月18日 广东省推进珠三角“九年大跨越”工作会议上，2014年度实施《珠江三角洲地区改革发展规划纲要（2008～2020年）》评估考核结果，珠海市以总分88.82分居第二，获评优秀等次，为历年最好成绩。

5月28日 省政府网站公布2014年度全省产业园建设管理考评结果，珠海（阳江）产业园、珠海（阳江万象）产业园获评优秀。

6月5日 “珠海市社会保障卡应用环境安全管理项目”获“国家金卡工程2015年度金蚂蚁奖”创新应用奖。

6月24日 华南理工大学政府绩效评价中心发布2014年度广东省法治政府绩效满意度报告，在政府总体表现满意度上，珠海位居前三；在社会治安的指标得分上，珠海位列全省第一。

7月13日 《第三批全国特色景观旅游名镇名村示范名单》由住房和城乡建设部、国家旅游局公布，珠海市香洲区万山镇万山村入选。

7月29日 第十七届全国机器人锦标赛暨第六届国际仿人机器人奥林匹克大赛在深圳闭幕。广东科学技术职业学院机械与电子工程学院余正泓、尹海昌老师及梁浩炫、黄蔡展、周家进、李冠成同学组成的代表队获仿人机器人障碍跑项目和举重项目两项亚军。

7月 《中国海关》（第七期）发布“2014年中国外贸百强城市”名单，珠海市以76.5分位列综合竞争力第五名。

8月3日 《2015年中国市级政府财政透明度研究报告》由清华大学公共经济、金融与治理研究中心财政透明度课题组发布。珠海市财政透明度在全国294个地级及以上城市中排名第五。

8月15日 中国社科院城市与竞争力研究中心发布《2014年宜居城市竞争力前200名城市》，珠海排名第一，再度成为全国最宜居城市。

8月17日 2015“书香岭南”全民阅读“双百”颁奖典礼在广州举行，这是广东首次评选出全民阅读100家示范单位和100名模范个人并进行表彰。珠海获奖单位和个人分别为：香洲区文化体育旅游局、新华书店、中共珠海市委党史研究室、何庆惠、黄龙汉、赵玉花。

8月18日 国家旅游局公布首批“中国乡村旅游模范村”名单，斗门镇南门村、莲洲镇莲江村入选。

8月23日 全国第三十届青少年科技创新大赛闭幕。珠海市文园中学初三毕业生李晨天的《普适智能平台——ONRUN平台》获全国一等奖，并获“博通大师奖”和“数码港信息科技耀星奖”两项专项奖。

9月10日 《中国生态城市建设发展报告（2015）》发布。该报告在全国284个地级城市中排列出六类特色发展100强城市，珠海在景观休闲型生态城市中排名第一，在环境友好型城市和资源节约型城市中位列第三，在综合创新型城市中排名第五。

9月23日 珠海市档案局数字档案馆通过国家档案局组织的专家组测试，成为全国第一批、广东省首家“全国示范数字档案馆”。

10月8日 《共青团中央、教育部、全国少工委关于表彰“全国优秀少先队员”“全国优秀少先队辅导员”“全国优秀少先队集体”的决定》发布。香洲区前山小学少先队大队辅导员王溶冰获“全国优秀少先队辅导员”称号；斗门区实验小学五（8）中队获“全国优秀少先队集体”称号。

10月29日 广东省公安厅举办的首届“平安广东杯”粤警创新大赛揭晓，珠海选送的“出入境便民服务智能化系统”“‘平安指数’的发布及应用”两个项目获金牌；珠海市公安局获“平安广东杯”金杯。

11月5日 《关于公布2014～2015年度中国建设工程鲁班奖（国家优质工程）第二批入选工程名单的通知》发布。珠海十字门会展商务组团一期国际展览中心工程，路博润添加剂（珠海）有限公司一期、二期润滑油添加剂项目入选。路博润项目成为珠海第一个获此殊荣的工业项目。

11月6日 珠海淇澳—担杆岛省级自然保护区获首届“广东最美湿地”称号。该评选活动由广东湿地协会主办，称号有效期为四年（2015～2018年）。

11月25日 “珠海发布”获评广东十大最具传播力政务微信公众号，“珠海交警”获评广东十大最具影响力政务微信公众号。

11月26日 中国文化发展指数发布。该指数由国务院发展研究中心东方文化与城市发展研究所等联合发布，研究范围涉及全国31个省市288个地级以上城市，珠海在中国文化城市100强榜单上跻身全国前十。

11月26日 “2015中国智慧城市发展年会”在北京举行，大会由中国社会科学院信息化研究中心与国脉智慧城市研究中心联合主办。珠海获智慧城市建设进步奖，在全国智慧城市评估结果中排名第七。

12月2日 国家知识产权局发布第十七届中国专利奖获奖名单。珠海格力电器股份有限公司的分体式壁挂机壳体专利获“外观设计金奖”；炬芯（珠海）科技有限公司等3家公司的5个项目分获“专利优秀奖”；罗西尼公司的手表（5523-01）获“外观设计优秀奖”。

12月9日 2015中国城市竞争力排行榜系列榜单正式发布。在全国358个地级以上城市（州、地区、盟）综合竞争力分析排名中，珠海排名第四，入选“2015中国最具幸福感城市排行榜”。这是继2007年、2011年、2014年后，珠海第四度上榜“中国最具幸福感城市”。

12月10日 珠海市的丽珠医药集团股份有限公司和珠海天威飞马打印耗材有限公司入选2015年度国家知识产权优势企业名单。

12月17日 国家卫生计生委办公厅发布“2014～2015年度群众满意的乡镇卫生院”名单。珠海市高栏港经济区（南水镇）卫生院入选。

12月23日 2015会展产业展洽会闭幕，珠海获“2015年度中国会展最具办展幸福感城市”奖项。

12月25日 中国社会科学院发布2015年《公共服务蓝皮书》。中国38个主要城市，单项指标排名中，珠海在公共住房满意度方面排名第一；公共安全满意度排第六；基础教育满意度排第五；社保就业满意度排第二；医疗卫生满意度排第四；城市环境满意度排第五；文化体育满意度排第二；公职服务满意度排第四。公共服务满意度综合评价中，珠海以62.26分排名第四。

12月28日 工业和信息化部发布2015年国家级工业设计中心认定及复核结果。珠海格力电器股份有限公司工业设计中心入选2015年认定国家级工业设计中心名单。

12月28日 “中国品牌年度大奖”评选揭晓，罗西尼作为手表行业唯一入选的品牌，获2015年“中国品牌年度大奖NO.1（手表行业）”。

大事记

CHRONICLE OF MAJOR EVENTS

大事记

1月

2014年12月31日至2015年1月2日 2014中国（珠海）国际游艇展在珠海国际会展中心及临时游艇码头举行。法拉帝、御金龙等60艘国内外知名品牌游艇参展，展览总面积1万平方米，3万余人次参观，成交10艘，成交额超1亿元人民币。

1日 珠海全面实施非本市户籍年满60周岁（含60周岁）以上老人刷卡免费乘坐公共汽车。

▲ 珠海市商业用电与普通工业用电同价。

7日 市委副书记、市长何宁卡会见诺贝尔化学奖获得者、珠海诺贝尔国际生物医药研究院特聘科学家阿龙·切哈诺沃，国家“千人计划”专家、珠海诺贝尔国际生物医药研究院项目带头人黄子为，并颁发“珠海市科技顾问”聘书。

8日 港珠澳大桥青州航道桥主塔成功封顶，青州航道桥主体工程转入斜拉桥主梁施工和斜拉索挂索施工的新阶段。

10日 港珠澳大桥东人工岛非通航孔桥主体结构收官。大桥建设抵达“一国两制”分界线，为实现桥隧转换，与香港段对接奠定基础。

11日 何宁卡会见美国麻省总医院院长彼德·斯莱文一行，就美国麻省总医院在横琴新区设立海外医院项目深入交流，达成共识。

12日 “国际宜居城市（珠海）研究中心”成立。

22～23日 中共珠海市委第七届委员会第五次全体会议召开。会议审议并表决通过《中共珠海市委关于贯彻落实党的十八届四中全会精神建设一流法治环境的工作方案》和全会的《决议》，加快建设“生态文明新特区、科学发展示范市”。

27～28日 国务院批准同意《珠海市城市总体规划（2001～2020年）（2015年修订）》。国务院批复指出，珠海是我国经济特区，珠江口西岸核心城市和滨海风景旅游城市，要不断增强城市综合实力和可持续发展能力，完善公共服务设施和城市功能，逐步建设成为经济繁荣、社会和谐、生态良好、特色鲜明的现代化城市。

28日 珠海市道路安全咨询委员会正式成立。

▲ 珠海市国土局出让位于拱北夏湾湾六路南侧、昌盛路北侧的珠国土储2014—43地块，面积为1.59万平方米。龙光地产控股有限公司以1.76万元/平方米楼面单价投得，刷新珠海市区楼面地价纪录。

30日 珠海友城瑞典耶夫勒市市长约根·埃德斯维克率代表团到访珠海，了解珠海市最新发展情况，深化两市的友好交流与合作。

▲ 珠海市委召开全市领导干部大会，省委组织部副部长、省“两新”组织党工委书记刘毅宣布广东省委关于珠海市政府主要领导职务调整的决定：江凌任珠海市委委员、常委、副书记，提名为珠海市市长候选人；免去何宁卡的珠海市委副书记、常委、委员职务，不再担任珠海市市长职务（待履行相关法律程序）。

▲ 中共珠海市第七届纪律检查委员会召开第五次全体会议。

2 月

1 ～ 3 日 中国人民政治协商会议珠海市第八届委员会第四次会议在香洲召开。会议审议通过《中国人民政治协商会议珠海市第八届委员会第四次会议决议》。

2 日 港珠澳大桥九洲航道桥主塔 206 号墩上塔柱 T4 — T9 节段竖转提升到位，完成安装。该节段高 67.94 米，总重 1168 吨，是国内首次采用整体竖转提升方式安装的上塔柱，填补中国在此领域的空白。

2 ～ 5 日 珠海市第八届人民代表大会第五次会议在香洲召开。大会补选江凌为珠海市人民政府市长；表决通过关于珠海市人民政府工作报告的决议草案、关于珠海市 2014 年国民经济和社会发展计划执行情况与 2015 年计划等一系列决议草案。

3 日 珠海驿联新能源汽车有限公司启动新能源汽车智慧充电网建设运营项目。珠海首批 5 个电动私家车充电桩建设完成。

6 日 第七届“省长杯”工业设计大赛珠海分赛区颁奖仪式举行，评出 116 个获奖作品，推荐参加总决选。

7 日 工商行政管理体制调整交接协议签约仪式在珠海市工商局举行。全省工商行政管理体制调整，由省以下垂直管理调整为市县分级管理。

8 日 珠海市本年度首例 H7N9 患者病重死亡。患者本月 5 日确诊。

10 日 《广东省 2015 年重点建设项目计划（草案）》公布，珠海市区至珠海机场城际轨道交通拱北至横琴段、珠海中海油精细化工园项目、珠海横琴国际金融中心大厦等 23 个项目列入省重点建设项目；珠海市区至珠海机场城际横琴至珠海机场段等 6 个项目入选重点建设前期预备项目。

11 日 珠海中航赛斯纳飞机有限公司首架进口加工的 CESSNA 飞机抵达珠海。这是珠海迎来的首架以加工贸易保税方式进口的飞机。

14 日 斗门富山工业园区的玉柴船舶动力股份有限公司与温特图尔发动机有限公司签约，成为世界首家取得 WinGD 二冲程双燃料发动机生产许可的公司。

23 日 港珠澳大桥第一高塔——青州航道桥 56# 墩索塔“中国结”结形撑首个阶段（J3 节段）吊装成功。J3 节段由 2 块长平行四边形组成的八字形，整体长度为 23 米，高 15 米，重 175 吨，底角安装在索塔塔身高 106.65 米处。

25 日 广东省委常委、常务副省长徐少华慰问春节期间坚守在港珠澳大桥沉放驳船施工现场的专家和工人。

3 月

1 日 《珠海经济特区行政执法与刑事司法衔接工作条例》《珠海经济特区相对集中行政处罚权条例》施行。前者是我国首部保障行政执法与刑事司法无缝衔接的地方性法规。

10 日 18 时 05 分，央视七套《美丽中国乡村行》栏目播出“谁不说俺家乡美”，介绍珠海市斗门区白蕉镇南澳村幸福村居建设给当地村民带来的实惠，对珠海市“政府主导、企业参与”的建设模式进行解读。

▲ 世界零售业巨头——沃尔玛在珠海国际会展中心举办为期 3 天的中国区 2015 年新年准备会议。这是珠海首次举办万人规模的“会议 + 展览”综合型活动。

▲ 全国最大干散货保税仓——珠海鑫丰仓储有限公司公用保税仓正式投入运营，首票报税货

物顺利入场仓储。

18日 江凌会见BP集团全球石化业务总裁尼克·阎思礼一行。双方就加快相关项目建设，加强合作等问题深入交流。

▲ 市委、市政府召开创建全国文明城市总结暨深化文明城市建设工作会议。大会通报表扬香洲区等50个先进集体及高德民等99名先进个人。

20日 安哥拉、澳大利亚等22国驻香港总领馆的领事官员在珠海市参观考察横琴自贸试验区，了解广东经济社会发展及广东自贸试验区的建设情况。

23日 江凌会见哈佛大学终身教授胡安·布斯盖茨，并为其颁发珠海城市规划战略顾问聘书，双方就珠海城市建设规划领域的成就与挑战等问题展开交流。

26日 凌晨6时，经过26个小时的连续作业，港珠澳大桥岛隧工程E15管节第三次安装成功，大桥建设者成功攻克世界级回淤难题，完美实现“深海之吻”。2014年11月，第十五节巨型沉管E15第一次安装时遭遇突淤，2015年3月24日第二次安装时遭遇边坡坍塌，皆安装受阻。

27日 横琴新区“Sportland钜星汇”项目正式动工。该项目是落户粤澳合作产业园33个澳方项目中的首个动工项目。

28日 珠海市实施高污染汽车第三阶段限制通行措施，全市所有道路（高速路除外）全天24小时禁止未持有绿色环保检验合格标志的本市、外地号牌汽车通行。

▲ 连接珠海市东西部地区重要通道的南屏大桥正式封闭，仅供非机动车及行人通行；取而代之的双向四车道的钢便桥启用，该桥禁止中型（含）以上货车通行。

29日 零时起，珠海17家公立医院同步取消药品和医用耗材加成，实行药品和医用耗材零差率，并调高10种医疗服务项目价格。此举意味着2009年启动的“新医改”中最艰难的部分——公立医院医改在珠海启动。

30日 珠海市向社会公布各行政区和经济功能区的“生态环境指数”。是全国首个将生态环境状况量化为指数形式并向社会公布的城市。“生态环境指数”由市环境宜居委员会委托环境保护部华南环境科学研究所研究测评并制定的评价指标及计算方法，由环境空气、水环境、公众投诉等6项内容，及“绿、蓝、橙、红”四色预警等指标构成，每周公布一次。

31日 珠海市社会评议委员会正式成立，是全国首家进行社会评议的第三方组织。

▲ 珠海交通信息综合服务平台网页版、APP应用程序正式上线。

是月 《国务院扶贫办情况交流》2015年第三期刊发题为《珠海实施“一主四化”，产业扶贫注重用发展的办法解决贫困问题》的文章，介绍珠海在广东省新一轮扶贫“双到”工作中对口帮扶阳江、茂名两市的思路与做法以及经验与启示。

4月

1日 12时，珠江流域禁渔开始。禁渔河段234千米，涉及禁渔渔船309艘。禁渔至6月1日12时结束。

▲ 珠海市开展工作场所职业病危害排查治理。针对电子制造、电池制造、电镀、运动器材制造、汽车制造、灯具制造、打印耗材制造和危险化学品等八类行业，排查治理4344家纳入“一体系三平台”的工业企业。

▲ 珠海市工商部门4～10月集中开展旅游、银行、电信等行业合同格式条款专项整治工作，依法遏制消费领域不公平合同格式条款违法违规现象。

3日 珠海市首个园区党群一体化活动基地和党群一体化服务中心在斗门区井岸镇新伟社区揭牌。中心面向市民开放，市民可享受心理辅导、法律维权等多项服务。

▲ 珠海市住房公积金贷款首付款比例下调。住房公积金缴存职工家庭使用住房公积金贷款购买首套普通自住住房的，最低首付款比例由原来的30%调整为20%；二套房最低首付款比例则由原来的

60% 降为 30%。

7 日 珠海市教育局公布《珠海市 2015 年普通中小学招生考试工作实施办法》，规定：今年开始，公办普通高中学校（含民办学校公办班）不得招收择校生。

9 日 江凌会见汤加副首相索瓦莱尼率领的汤加政府议会联合考察团一行，双方就两地在旅游和可再生能源利用等方面开展交流合作进行会谈。

9～10 日 全国政协副主席、台盟中央主席林文漪率台盟中央调研组到珠海考察调研，就台湾农民创业园在两岸农业合作与发展中的独特作用进行座谈交流。

▲ 由住房城乡建设部组织召开的全国城市地下综合管廊规划建设培训班在珠海举行。住建部部长陈政高出席并作重要讲话。

10 日 江凌会见英国伯明翰市市长沙菲克・沙率领的代表团一行，双方围绕多领域加强交流合作进行会谈。

▲ 珠海市纪委监察局通报 2014 年度政府投资工程廉情预警评估结果。对 231 个政府投资工程项目进行廉情预警评估，发出预警 126 个，其中程序规范预警 7 个，投资控制类预警 25 个，招标投标类预警 92 个，案件查处预警 2 个。

13 日 横琴新区首批免税设备物资进区，标志着新区免税优惠政策落地实施。

14 日 全国政协常委、全国政协港澳台侨委员会主任杨崇汇率全国政协调研组在珠海市就“十三五”规划纲要编制、内地与港澳地区交流合作的有关情况进行调研。

▲ 珠海市检验检疫局进出口公共技术服务平台首次联合国家 WTO/TBT-SPS 通报咨询中心举办 WTO/TBT（技术性贸易措施，简称 TBT）通报评议会。

14～15 日 全国公安机关改革办主任会议在珠海召开。来自 32 个省、自治区、直辖市的 80 多名相关成员参加会议。

15 日至 5 月 5 日 第一百一十七届广交会在广州举行。珠海市 178 家企业参展，设展位 574 个，其中品牌展位 104 个；出口成交 7.76 亿美元，其中品牌展区出口成交 5.82 亿美元，占总成交额的 75%。

16 日 印度尼西亚占碑市市长沙力夫・法萨率代表团到访珠海，双方就旅游和城市建设等方面的交流合作进行交谈。

17 日 珠海市“双拥在基层”——百家企业进军营活动暨军民共建签约仪式在桂山岛举行，23 家企业与海岛基层连队签订军民共建协议书。这是珠海市首次举办军民共建集体签约仪式。

20 日 在国家主席习近平和巴基斯坦总理纳瓦兹・谢里夫的见证下，珠海市副市长王庆利与巴基斯坦瓜达尔地区政府主席（市长）巴卜・古拉卜在巴基斯坦伊斯兰堡共同签署缔结友好城市关系协议书。瓜达尔位于巴基斯坦西南部俾路支省，南临印度洋，西望阿拉伯海与红海，面积 1.52 万平方千米，人口约 8.5 万，瓜达尔港是巴基斯坦第三大深水港，也是两个重要的军事港口之一。

▲ 横琴发展有限责任公司与澳门科技大学签署《共同在横琴新区打造澳门科技大学青年创新创业基地合作备忘录》，是横琴・澳门青年创业谷的首个澳门方面签约项目。

21 日 中国（广东）自由贸易试验区挂牌仪式在广州南沙举行。广东自贸试验区的实施范围达到 116.2 平方千米，涵盖三个片区，包括广州南沙新区片区，深圳前海蛇口片区以及珠海横琴新区片区。

23 日 中国（广东）自由贸易试验区珠海横琴新区片区挂牌。

24 日 全国政协人口资源环境委员会徐德明率全国政协调研组在珠海市就进一步规范政府土地审批与项目环评行为进行专题调研。

26 日 珠海市首个标准化农村金融服务站在斗门区莲洲镇石龙村揭牌。

28 日 首批 1000 人组成的珠海市廉政监督志愿者队伍正式成立并投入“五一”专项监督行动。

29 日 2015 年珠澳合作会议在澳门举行。会议签署《旅游合作框架协议》《文化合作框架协议》。

▲ 横琴新区管委会制定的《广东横琴自贸试验区商事主体电子证照卡管理试行办法》生效试行。

30 日 珠海市委、市政府召开全市创新驱动发展暨工业转型升级工作会议。会议明确力争用三年时间形成较为完善的创新体系，依靠科技创新支撑和引领产业转型升级，实现创新驱动发展。

5月

1日 珠海市实施新的企业职工最低工资标准，金额从每月1380元调整至1650元，非全日制职工小时最低工资标准调整为15.8元小时。

▲ 珠海法院立案登记制实施细则颁布实施。

▲ 珠海“三溪”人居环境改善工程——福溪、沥溪搬迁安置区正式动工建设。

4日 共青团珠海市委、市青联在拱北口岸广场举办“凝聚青春正能量·携手同圆中国梦”——2015珠港澳三地五四成人礼活动，800余名三地青年参加活动。

7日 拱北海关为珠海德豪润达电气有限公司颁发海关高级认证企业证书。这是自《中华人民共和国海关企业信用管理暂行办法》实施以来，珠海市通过海关高级认证的首家企业，将享有海关最高信用等级通关待遇。

8日 中央政治局委员、广东省委书记胡春华到珠海调研广东自贸区建设以及推进创新驱动发展、“互联网+”行动计划、先进装备制造业发展等工作情况。

9日 第二届港珠合作发展研讨会在香港举行。珠港穗三地的政府官员、专家学者围绕港珠澳大桥时代下的服务贸易合作与旅游开发合作两个议题，进行探讨与交流。

12日 珠海易跨境有限公司152件价值2.3万多元的耳塞等电子产品在珠澳跨境工业区办结通关手续。这是珠海跨境贸易电子商务首票出口货物。

12～13日 广东省人大常委会主任黄龙云率队检查珠海实施珠三角规划纲要、推进“九年大跨越”的新进展、新成果。

13日 珠海市举行2015年珠海（台商）投资环境推介会暨项目签约仪式，19个项目、近10亿美元的“三高一特”产业项目签约落户珠海。

▲ 拱北海关侦破全国最大一宗渔具走私案，摧毁5个走私团伙，涉案总值3.58亿元人民币，偷逃税款9890万元。

▲ 拱北海关将中美海关联合认证的C-TRAT证书颁发给珠海太连运动器材有限公司。该公司是珠海市首家获得C-TRAT认证的企业。

15日 国家级航空标准件集成供应基地第三方检测中心在珠海保税区正式启动建设，中心由中航通飞华南公司与中航国际控股珠海公司共同投资，是中航在华南地区建设的首个检测技术中心。

16日 珠海市气象台于5时发布全市暴雨黄色预警信号；13时50分，斗门、金湾区雷暴预警信号升级为红色，香洲区挂起雷暴橙色信号。截至17时，录得香洲区降雨量72.0毫米，斗门区降雨量132.5毫米，金湾区最大达198.9毫米；海泉湾自动气象站测得珠海市最大降雨量213.6毫米。

22日 国家食品安全（横琴）创新工程取得重大进展，《中国世界食品中心协议》和《中美食品安全联合研究中心协议》在北京签署。

23日 广东省委常委、常务副省长徐少华到珠海督导经济工作。

27日 全国人大常委会办公厅组织澳门特别行政区全国人大代表来珠海就横琴自贸片区建设、扩大粤澳珠澳合作等开展专题调研。澳门特别行政区立法会主席贺一诚，中央政府驻澳门联络办公室副主任陈斯喜参加调研。

▲ 广东省农业厅和以色列驻广州总领事馆主办的“广东—以色列农业企业对接”活动在珠海度假村酒店举行。以色列16家农业科技企业，广东省40多家农业龙头企业及农业方面专家学者，省农业厅副厅长程萍、以色列驻广州总领事安亚杰及珠海市副市长刘嘉文等出席活动。

28日 港珠澳大桥珠海连接线跨越重要工程节点——拱北隧道管幕施工告捷。开挖面积336.8平方米的断面上由36根直径1.62米、长255米的钢管组成，是国内地质情况最复杂、管幕根数最多、世界最长、断面最大的曲线管幕群。

31日 珠海市妇联、团市委、市公安局联合发布的“众寻天使”防儿童走失APP上线。

6 月

1 日 “珠海市空气质量实况与预报发布平台”和“珠海空气质量手机 APP”正式上线，这是市环保局建设的信息发布终端，可发布未来 24 小时和 48 小时的空气质量预报。

2 日 加拿大坎贝尔河市市长安德鲁·亚当斯率代表团到访珠海，双方就两市中学开展教育项目合作进行交流。

3 日 珠海首个社区少工委——“少先队翠香街道青竹社区工作委员会”在香洲区青竹花园挂牌成立，标志着团市委少先队创新试点项目正式启动。

4 日 环保部公布：2014 年全国开展空气质量新标准监测的 161 个城市中，珠海等 16 个城市空气质量年均值达标。

▲ 11 时 19 分，珠海电网总负荷（含对澳供电）及珠海电网本地负荷分别创历史新高，达到 307.8 万千瓦和 236.3 万千瓦。

5 日 珠海市首家、广东省第七家通过 ISO15189 国际标准国家认可的医学实验室在珠海市人民医院正式挂牌。通过此标准后，该院出具的中文和英文检验报告被全球 56 个国家和地区认可。

9 日 “中国通用航空前瞻暨珠海航空产业推介会”在法国图卢兹市举行。来自法国航空航天行业的 20 位代表与珠海市代表团诚挚交流，深化合作，共谋发展。

10 日 广东省政府网站公布《关于进一步扩大基本公共服务均等化综合改革试点的通知》。珠海等三市纳入改革试点。

11 日 珠海市召开生态文明建设工作会议。这是珠海市第一次举行生态文明建设考核评议会，8 个区陈述 2014 年度生态文明建设实绩。

12 日 全国首家内置金融村社联合社——珠海华厦农业专业合作社联合社在斗门揭牌成立，标志着珠海市探索解决制约“三农”现代化问题取得重大突破。

13 日 桂山岛天后诞、大休丝弦古琴斫造工艺、大赤坎明火叉烧烧排骨入选珠海市第八批非物质文化遗产代表作名录，获颁牌匾。前山凤鸡舞、横山鸭扎包获颁广东省第五批非物质文化遗产代表作名录牌。一指禅推拿获颁 2014 年国家级非物质文化遗产代表名录牌。

17 日 海峡两岸关系协会会长、中国外商投资企业协会会长陈德铭在珠海市考察台湾农民创业园、横琴新区环岛数据中心、横琴·澳门青年创业谷，对珠海市大力发展台湾农民创业园的做法表示充分肯定。

18 日 国内首个工业互联网协会——珠海市工业互联网协会在南方软件园正式成立。

22～30 日 巴西圣埃斯皮里托州维多利亚市首席副市长瓦格纳·伊图率联合代表团访问珠海。28 日，江凌会见瓦格纳·伊图一行，并出席珠海市与巴西维多利亚市深化合作意向书及相关协议签署仪式。

23 日 珠海市活禽限售正式启动。即日起实施家禽“集中屠宰、冷链配送、生鲜上市”，包括香洲主城区、斗门井岸主城区、高新区主城区和横琴新区在内的 4 个活禽经营限制区内不再有活禽出售。

24～26 日 珠海市商务局、横琴新区、食药监局、金湾区、对外经济合作协会共同组织珠海市 15 家生物医药企业赴上海参加第十五届世界制药原料（CPhI）中国展。这是珠海市首次组织生物医药交易团参加该展会，也是广东省唯一组织交易团参展的城市。

25 日 首批入驻横琴·澳门青年创业谷的 30 个创业项目正式出炉，其中互联网类 13 个、文化创意类 7 个、高新技术类 6 个、跨境电商类 3 个、培训教育类 1 个。

▲ 珠海高新区纳税人服务大厅正式启用。这是广东省首个国地税一体化办税服务厅，通过国地税业务一厅联办、一窗联办等“七个一”，实现国地税办税空间集中、流程融合和业务联办。此举在全省乃至全国都具有创新意义，并处于领先地位。

▲ 珠海市质监局发布三项市级生态农业地方标准《有机稻谷生产技术规程》《无公害食品金钱鱼苗种繁育技术规范》和《无公害食品四指马鲅苗种繁育技术规范》

正式实施。

29日 中国（广东）自由贸易试验区珠海横琴新区片区专家委员会成立。委员会由国内外27名专家学者组成，全国政协副主席何厚铧、澳门大学校长赵伟出任专家委员会首席顾问。

▲ 横琴自贸片区两大青年创业平台——横琴·澳门青年创业谷启动运营；北京大学创业训练营横琴基地揭牌。

30日 珠海市政府与省人民医院战略合作暨共建金湾中心医院框架协议签约仪式举行。

▲ 珠海2015年“广东扶贫济困日”活动启动仪式举行。今年活动主题为“扶贫济困，共同参与”。

▲ 服务珠港澳三地贸易36年的香洲港外贸码头正式关停。内贸码头4月已停止作业。

7月

1日 至2016年6月30日止，珠海社会保险待遇和征收的缴费标准按2014年“月平均工资”新标准执行。据市统计局提供的有关数据，2014年珠海市在岗职工月平均工资5227元，其中，斗门区（含新青科技工业园、白蕉科技工业园）4389元，金湾区（含高栏港经济区、三灶科技工业园）4697元。

▲ 新修订的《珠海市困难群众医疗救助实施办法》实施。

▲ 珠海市疾控中心复核确认市人民医院送检的血样为登革病毒核酸阳性，珠海市出现今年首例登革热输入性病例，男性患者在越南受感染。

2日 全球最大单系列的PTA生产装置——珠海碧辟化工有限公司PTA三期生产线正式投产。该项目设计年生产能力为125万吨。

3日 14时，港珠澳大桥桥梁工程跨度最大、主塔最高的通航孔桥——青州航道桥塔区钢箱梁大节段（0#块）吊装成功，标志着青州航道桥施工进入上构钢箱梁、斜拉索安装阶段。

▲ 珠海市政府与中山大学在广州签署全面开展新型战略合作协议，双方以“共推创新驱动战略，共建高水平大学”为主题，全面提升中山大学珠海校区办学层次和水平。

7日 第一次中韩1.5轨对话在珠海举行。外交部部长助理刘建超和韩国外交部次官补金烘分别率团出席。外交部部长王毅和韩国外交部部长尹炳世分别致贺信。

▲ 横琴·澳门青年创业谷垂直立体绿化墙完工。珠海市新型模块式立体绿化技术首次应用于楼宇绿化并取得成功。

▲ 珠海市纪委监察局召开干部大会，宣布省委组织部和市委关于市纪委书记职务任免通知。

▲ 中国致公党珠海市委会、珠海电视台在珠海电视台演播大厅举行“纪念抗日战争胜利70周年暨纪录片《三灶1938》公映仪式”。《三灶1938》是珠海首部全面反映日军侵略三灶历史的大型纪录片。

9日 港珠澳旅游合作发展会议在珠海横琴举行。会议主题为“迎接大桥时代，搭建港珠澳旅游合作新平台”，三地旅游主管部门签署《港珠澳三地旅游合作框架协议》。

10日 珠海市政府与国家开发银行广东省分行在广州签署开发性金融合作备忘录。涉及五大行业领域、总投资额844亿元的珠海市20个重点建设项目将获得开发性金融支持。

13日 广东省首批跨境人民币贷款业务成功“落地”横琴自贸片区。

14～15日 江凌率队赴阳江、茂名考察，与阳江市市长丘志勇、茂名市市长李红军深入交流，共谋深化珠海、阳江战略合作，共推茂名扶贫开发“双到”工作，以更大力度促进阳江、茂名振兴发展。

15日 珠海市政府出台的《关于解决我市代耕农问题的指导意见》实施。这是广东省内首个一次性全面解决代耕农户口、住房、社会保障等问题的政策文件。

16日 珠中江阳区域紧密合作第十次党政联席会议暨横琴自贸片区与珠中江阳区域经济发展交流会在珠海召开。

▲ 珠海、中山两地政府签

署《中山珠海两市跨界区域防洪及河涌水污染综合整治合作协议（2015～2020年）》，两地政府将致力改善水环境质量。

▲ 拱北海关与珠海出入境检验检疫局在横琴口岸正式启动旅检“一机一台、联合查验、分别处置”关检合作作业模式。这是关检双方贯彻国务院《落实“三互”推进大通关建设改革方案》精神（三互：信息互换、监管互认、执法互助），在全国自贸区首创的新模式。

17日 位于金湾三灶的中航工业通飞珠海基地内，我国自主研制的“三个大飞机”之一——大型灭火/水上救援水陆两栖飞机（简称AG600）机身对接下线。

21～23日 第十一届“海峡两岸暨港澳地区大学校长联谊活动”在珠澳两地举行。

22日 “粤创粤新”广东创新驱动发展主题大型网络采风团在珠海金山软件、小米科技、云洲智能等企业采访。采风活动由国家互联网信息办公室指导，省委宣传部、省科技厅和省互联网信息办公室联合主办，52家媒体110多人组成。

▲ 2015第十届城市发展与规划大会在广州开幕，珠海作为中欧合作最佳实践案例，副市长潘明在中欧低碳生态城市合作项目城市交流会上做专题演讲，同与会者分享珠海的建设经验。

▲ 珠海市第一批历史建筑名单公布，官塘乡主庙、鹏轩学舍、康济亭、三灶鹤舞传习展示馆等23处建（构）筑物入选。

23日 《珠海建设国际宜居城市指标体系》发布。该体系由经济低碳创新、人文国际多元、服务优质共享、社会平安和谐、出行绿色通畅、生态安全持续、空间紧凑宜人等七大类70个指标构成。

24日 珠海市首个食品安全监察工作站——高栏港经济区食品药品监督管理局执法监察大队平沙工作站挂牌成立。

28日 横琴自贸片区发布《中国（广东）自由贸易试验区珠海横琴片区建设实施方案》《2015年广东自贸试验区珠海横琴片区改革创新发展总体方案》。

▲ 国内最长的玻璃钢游艇“Kingbaby”号由高栏港区平沙镇的先歌游艇制造股份有限公司完工交付。该艇长140英尺（约42米），净重240吨，总价1280万美元。

▲ 香洲区等40个单位被确认为第三批“全国社区治理和服务创新实验区”，实验时间从2015年1月至2017年12月。香洲区是本批次广东省唯一入选区。

28～31日 江凌率珠海市代表团访问日本东京、加拿大温哥华和维多利亚。28～29日，江凌一行分别拜访日本三菱制纸株式会社、日本佳能、日本显示器、日本昭和电工等公司高层，并考察日本东京湾滨海区城市规划和交通设施建设；29日晚，代表团出席在加拿大温哥华举办的“珠海—加西人才交流会”；30日，代表团拜访溢思得瑞国际创新创业集团和PFS Studio设计公司。江凌此行还拜访加拿大维京航空有限公司总裁戴夫·柯蒂斯和华彬集团执行董事兼华彬美洲中心总裁王彦博，三方就加快推进双水獭水上飞机总装和运营项目落户珠海深入交流。

8月

1～5日 江凌率代表团访问美国，其间拜访路博润公司、美德维实伟克公司；与英诺赛科公司等5家企业高层洽谈交流；出席“纽约高端人才座谈会”“珠海·休斯敦海洋工程产业对接会”“珠海·洛杉矶生物医药产业早餐交流会”等会议。

6日 珠海市贯彻落实全国城市环卫保洁工作现场会精神暨农村生活垃圾收运处理工作动员大会召开。农村生活垃圾收运处理工作全面启动。

▲ 珠海市首个扶贫地区产品专卖超市——星园扶贫产品专卖市场开业。

7日 香洲区录得最高气温37.3℃，为十年来最热的一天。

10日 珠海阳江对口帮扶合作共建的首个农光互补光伏发电项目在阳江市阳东区大沟镇并网发电。该项目日发电量达15万～20万度，是全省首个农光互补光伏发电项目。

12日 香港特别行政区行政长官梁振英访问珠海，其间先后考察横琴环岛数据中心、横琴·澳门青年创业谷、北大创业训练营、星艺文创天地、港珠澳大桥局及珠澳口岸人工岛等处。

13日 珠海市纪念中国人民抗日战争暨世界反法西斯战争胜利70周年“勿忘国耻 圆梦中华”主题教育活动在市关工委举行。

▲ 全国中小企业股份转让系统珠海市企业专场挂牌仪式在北京举行。泓利股份、九通水务、全宝科技、和凡医药、希尔传媒、国佳新材6家企业挂牌，创下国内城市同期挂牌纪录。

▲ 《国务院关于公布第二批国家级抗战纪念设施、遗址名录的通知》发布，金湾区三灶镇“三灶岛侵华日军罪行遗迹”入选国家级抗战纪念设施、遗址名录。

15日 《珠海抗战纪实》在市博物馆展出，340多张珍贵历史图片再现珠海艰苦抗战历程。

17日 《容闳》在央视9套纪录频道播出。这是珠海本土原创作品首次登陆央视纪录频道。

18日 珠海市首批“一照一码”营业执照在高新区发放。

19日 珠海市政府与中国农业发展银行广东省分行签署全面战略合作协议。

22日 广东省委书记胡春华、省长朱小丹在珠海考察港珠澳大桥建设情况。

22～23日 首届珠江西岸先进装备制造业投资贸易洽谈会在珠海国际会展中心举行。省委书记胡春华、省长朱小丹出席开幕式。装洽会由工信部和广东省政府指导，省经济和信息化委、珠海市政府主办，佛山、中山、江门、阳江、肇庆市政府和顺德区政府等“六市一区”联办，是全国首个对接《中国制造2025》行动纲要的装备制造专业展会。本届装洽会“六市一区”签约项目205个，总投资额1511.2亿元；珠海市签约项目28个，投资额354.6亿元，位列“六市一区”首位。

25日 “投资拉美暨第九届中国—拉美企业家高峰会推介会”在横琴举行。

26日 珠海市政府与贵州省黔南州政府、广东省物流行业协会签署《共建21世纪海上丝绸之路贵广—南亚国际物流大通道战略合作协议》。

9月

6日 港珠澳大桥CB03标墩台工序完成。至此，港珠澳大桥208座墩台全线完工。

9日 广东省委、省政府在珠海市斗门区召开珠三角地区社会主义新农村建设现场会。

11日 澳大利亚外交贸易部斯蒂文·西奥博议员及代表团一行到访珠海，双方就中澳自贸协定以及广东自贸区建设下两地的合作机遇进行探讨。

14日 珠海对口帮扶阳江指挥部、珠海城市职业技术学院、阳江职业技术学院共同建设的全国首家实行企业化、园区化管理的培训中心——粤德合作阳江职业教育与培训基地开学。

16日 教育部办公厅《关于公布首批全国中小学心理健康教育特色学校名单并启动第二批特色学校争创工作的通知》发布。珠海市第一中学入选。

17～18日 “海外赤子为国服务行动计划暨广东省第七届海外专家南粤行活动”在珠海举行。活动由珠海市政府与人社部、广东省人社厅、省外专局共同主办，以“带项目来珠海创业与合作”为主题，92名专家考察珠海创业环境，洽谈投资项目。

18日 为纪念“九一八”事变84周年，上午11时，珠海市鸣响防空警报，万山群岛中的桂山、大万、外伶仃、东澳4个海岛也首次鸣响防空警报。

19日 19时，央视《新闻联播》播放通讯“生态文明美丽中国”，介绍珠海幸福村居建设。

20日 江凌会见到访的巴基斯坦俾路支省省督穆罕默德·汉·阿查克扎伊一行，双方就加深珠海与俾路支省瓜达尔市友城合作进行交流。

22 日 国家中医药现代化科技产业创新联盟在珠海成立。

25 日 维达集团阳江项目奠基仪式在珠海（阳江）产业转移工业园举行。该项目是珠海对口帮扶阳江引进的重大项目。

26 日 第一届珠海莫扎特国际青少年音乐比赛圆满落幕。

28 ～ 29 日 美国罗德岛州首府普罗维登斯市市长乔治·奥·伊洛扎率代表团到访珠海。双方就经贸、科技、教育等领域开展合作进行交流探讨。

29 日至 10 月 1 日 2015 中国（珠海）国际游艇展举行。展会由中国船舶工业行业协会、广东省游艇行业协会和珠海市会展集团有限公司联合主办，10 多个国家和地区近百家参展商参展，室内展览面积1万平方米，室内外船艇60艘，3.2 万人次参观，其中专业观众 1 万人次，各类项目签约 4.2 亿元。

30 日 《科技部关于批准建设第三批企业国家重点实验室的通知》发布，珠海格力电器股份有限公司的“空调设备及系统运行节能国家重点实验室”获批建设。

10 月

2 ～ 4 日 珠海国际沙滩音乐节在海滨泳场举办，国际著名乐队组合 S·Y·S、张震岳、A-lin 等歌手登台演出。本次音乐节首设“珠海日”，为珠海大学生、本土乐队提供展示原创音乐的平台。

4 日 2015 珠海 ITF 国际女子网球巡回赛闭幕。赛事为期一周。中华台北的张凯贞获得首届珠海 ITF 赛事单打冠军；双打桂冠由徐诗霖和尤晓迪摘得。

11 日 中国旅游改革发展咨询委员会在珠海成立。

▲ 联合国世界旅游联合会秘书长塔利布·里法伊和世界旅游业理事会执行总监大卫·斯克斯尔一行考察珠海横琴长隆国际海洋度假区。

14 日 《国家知识产权局办公室关于公布 2015 年知识产权分析评议服务示范创建机构名单的通知》发布。珠海智专专利商标代理有限公司入选。

15 ～ 17 日 第九届中国（珠海）国际打印耗材展暨第三届亚洲 3D 打印展览会在珠海国际会展中心举行。本届会展以“连动全球网通行业”为主题，海内外 463 家参展商和全球 85 个国家和地区的 1.4 万余名观众参观展览。

15 日至 11 月 4 日 第一百一十八届广交会在广州举行。珠海分团 184 家企业参展，展位总数 575 个，出口成交 7.85 亿美元。出口成交的商品中，机电商品为 6.67 亿美元；家具、玩具商品 4710 万美元；陶瓷，工艺玻璃制品 3140 万美元；纺织服装、箱包、医药、鞋类商品 2355 万美元。欧盟为珠海第一大出口市场，其次为亚洲、美国、非洲和中国香港。

16 日 广东省内首笔个人购房住房公积金贷款转商业贴息贷款在珠海成功发放。

18 日 2015 环中国国际公路自行车赛第二阶段第六赛段珠海城市点对点赛收官。意大利日波—维尼梵蒂尼洲际职业队的尼古拉斯·马瑞尼赢得赛段冠军。

19 日 在北京举办的首届“全国大众创业万众创新活动周”上，珠海市四维时代网络科技有限公司总经理崔岩向中共中央政治局常委、国务院总理李克强展示公司的核心项目——超高精度微观三维数字化技术在文化遗产保护中的应用。

▲ 珠海市政府与烽火通信科技股份有限公司签署战略合作框架协议。烽火通信计划总投资约 20 亿元，在珠海建设华南总部。

20 日 珠海市委、市政府召开西部地区创新驱动发展现场会，要求西部地区深入实施创新驱动发展战略，全力加快先进装备制造为主的创新型产业发展，为珠海打造珠江口西岸区域创新中心做出重要贡献。

21 日 广东省纪委在珠海市召开现场会暨工作动员会，总结和推广珠海市政府投资工程廉情预警评估系统的建设和应用经验。该系统将在广东省第一批 9 个地级以上市进行建设，并逐步在全省推广应用。

22 日 珠海市区最大的国家二类口岸洪湾港正式试运行。

26 日 横琴华通金融租赁有限公司在珠海横琴新区正式开业。华通金租是经中国银监会批准在横琴自贸片区设立的第一家全国性金融机构，也是全国第三十九家、广东省第二家。

27 日 中央电视台《新闻联播》播发“划定生态红线留住生态底色”的报道，并配发评论《绿水青山来自生态定力》。报道珠海市 2014 年优良天数达到 321 天，在全国空气质量达标城市中位居前列，经济增速排在珠三角首位。

28 日 珠海与巴基斯坦瓜达尔市合作项目签约仪式在东莞举行。珠海市港口管理局与瓜达尔市港务局签署友好港口协议；珠海港控集团与中海港控签署合作建设港口协议；珠海华发集团与中海港控签署合作建设中国商品展示交易中心协议。此次签约是珠海参与实施国家“一带一路”战略取得成果的一次集中展示。

30 日 珠海九洲港货运码头正式关停。

11 月

1 ～ 12 日 第二届中国国际马戏节在珠海举行，20 个国家的 30 支团队参赛，马戏节设比赛和惠民表演两部分。土库曼斯坦的《马术》、中国的《中华雄风——蹬人》获得比赛金虎奖；阿塞拜疆的《双人空中技巧》等 3 个节目获得银虎奖；俄罗斯的《波斯维尼小丑》等 4 个节目获得铜虎奖。

2 日 《人民日报》刊登题为《辉煌“十二五” 喜看新成就》的采访报道。九三学社人资环委副主任、珠海远光软件股份有限公司董事长陈利浩以“低碳成为发展热词”为主题，讲述其经历的“十二五”故事。

3 ～ 8 日 2015 华金证券珠海 WTA 超级精英赛在珠海举办。该赛事由 WTA 为珠海量身定制，由世界单打排名 9 ～ 19 位的选手和双打排名 9 ～ 12 位的选手参加，总奖金 215 万美元，冠军积分为 700 分。美国老将大威廉姆斯夺得单打冠军；中国外卡组合王雅繁和梁辰夺得双打冠军。

4 日 国内首家农村内置金融供应链互联网平台——“亿农在线”在珠海上线。

4 ～ 5 日 第十届中国城镇水务发展国际研讨会与新技术设备博览会在珠海举办。大会由中国城市科学研究会、中国城镇供水排水协会、广东省住房和城乡建设厅、珠海市政府联合举办，以“贯彻水十条，修复水生态，推进水文明”为主题。

6 日 珠海航空城集团正式全面接管阳江通用机场管理有限公司及阳江合山机场。

▲ 拱北海关通报：5 日查获“10 · 28”走私奶粉食品系列案，初步估计案值 5.2 亿元，打掉走私团伙 7 个，是近年来全国范围内海关查获的最大宗奶粉走私案。

7 日 九洲港货运码头搬迁至洪湾港，洪湾国码开港仪式在洪湾港举行。

9 日 国家食品安全创新中心、珠海（横琴）食品安全研究院在横琴同时挂牌成立。

▲ 中国社科院法学研究所法治国情珠海调研基地成立。

10 日 珠海金湾区“三灶民歌”被列入第六批省级非物质文化遗产代表性项目名录；三灶竹草编织技艺、斗门赵氏家族祭礼、淇澳端午祈福巡游入选省级非物质文化遗产代表性项目名录扩展项目名录。

12 ～ 14 日 2015 珠海智能电网大会暨中国（珠海）国际智能电网展在珠海国际会展中心举办。展会由中国电力企业联合会及中国国际贸易促进委员会电力行业委员会联手德国科隆国际展览有限公司、珠海市会展集团有限公司共同主办，主题为“网联未来能源时代”，10 多个国家和地区的 100 余家参展商与会。

14 ～ 15 日 “2015 年高等教育国际论坛暨中国高等教育学会学术年会”在珠海召开。年会由中国高等教育学会主办、广东省教育研究院承办，主题为“教学·课程·方法：高等教育现代化”。有多个国家和地区的专家、学者及代表 600

余人出席论坛。

16 日　由广东省佛教协会、珠海市佛教协会主办，珠海普陀寺、珠海金台寺、广州光孝寺承办的中国佛教与海上丝绸之路系列活动在珠海举行。斯里兰卡总统西里塞纳和中国佛教协会分别发来贺信。

17 日　全国人大少数民族代表学习班在珠海举行开班式，学习班由全国人大民族委员会和全国人大常委会办公厅联合举办，为期 5 天。

18 日　珠海首个航空科普类“中小学生综合实践基地”在珠海市航空产业园中航通飞华南公司揭牌成立。

18 ～ 19 日　中华医学会肾脏病学分会 2015 年学术年会在珠海国际会展中心召开。这是珠海首次承接规模逾万人的医学社团会议。

22 日　港珠澳大桥九洲主航道桥主塔斜拉索全部挂设并张拉完成，标志着港珠澳大桥九洲航道桥段（即全桥第 CB05 标段）主体工程完工。

23 日　珠海市委全面深化改革领导小组部署，由市委改革办牵头研究制定的《珠海市重点改革行动方案》出台实施。

24 日　新兴重工珠海应急救援装备产业园项目启动仪式在斗门富山工业园举行。

26 日　中国文化发展指数发布。该指数由国务院发展研究中心东方文化与城市发展研究所等联合发布，研究范围涉及 31 个省 288 个地级以上城市，珠海在中国文化城市 100 强榜单上位列前十。

▲　《广东珠海西部生态新区发展总体规划（2015 ～ 2030）》正式获批。珠海西部生态新区包括金湾区、斗门区、高栏港经济区，规划面积 1173 平方千米，是全省首个以“生态”命名的新区。珠海西部开发上升为广东省级战略。

27 日　珠海市政府与广东粤财投资控股有限公司签署全面战略合作框架协议，横琴新区（自贸片区）管委会与广东粤财投资控股有限公司签署合作协议。

28 日　珠海开通直达北京、桂林高铁列车。这是珠海首次开行跨省列车。

12 月

1 日　珠海市不动产登记局和珠海市不动产登记中心正式挂牌成立并发出第一本不动产权证。

2 日　第二届珠海生态文明建设学术年会召开，年会主题为“生态文明改革创新”。

2 ～ 4 日　第二届世界广府人恳亲大会在珠海举行，大会以“世界广府人·共圆中国梦”为主题，全球 53 个国家和地区的 2500 位广府乡亲参加。大会表彰方伟侠等第二届世界广府人“十大杰出人物”及庄创业等“十大杰出青年”；长隆集团二期、航空大世界等 10 个重点项目现场签约，投资总额达 1060 亿元；大会发出《第二届世广会“一带一路”倡议书》。恳亲大会纪念标志“珠玑流芳广场”在珠海横琴景观工程公园举行揭幕仪式。

▲　第十九届国家中医药发展会议在珠海国际会展中心举行。大会由科技部、国家中医药管理局及广东省政府主办，以国家“十三五”期间中医药领域的科技创新发展为主题，会期 2 天。

5 ～ 6 日　第三届留学生节暨 2015 海外学人回国创业周在珠海国际会展中心举行。活动由市委组织部、团市委、市人力资源和社会保障局、市科技和工业信息化局、市商务局主办，以“海归报国·圆梦珠海”为主题。

7 日　中国（广东）自由贸易试验区珠海横琴新区片区建设珠澳合作机制第一次全体会议在珠海召开。江凌和澳门特别行政区经济财政司司长梁维特主持会议，珠海市人民政府、澳门特别行政区各成员单位代表参加。

▲　《珠海经济特区促进中国（广东）自由贸易试验区珠海横琴新区片区建设办法》对外发布并施行。这是全国首个促进自贸片区建设的法规文件。

7 ～ 11 日　“广东省第十七期市长（书记）城建专题研究班”在珠海开班。研究班由广东省委组织部、省住房和城乡建设厅、省国土资源厅和环境保护厅联合举办，主题为“城市建设改革与发展”。

8日 珠海市首批173家“明码实价店”挂牌。

8～9日 全国休闲农业与美丽乡村建设系列活动在斗门区莲洲镇十里莲江开幕。活动由农业部农村社会事业发展中心、民革中央社会服务部、中国旅游协会休闲农业与乡村旅游分会、珠海市幸福村居办联合举办。珠海市十里莲江休闲农业观光园入选全国休闲农业与乡村旅游星级示范创建企业；珠海生态农业体验游同时获选十大乡村游精品线路。

10日 国家口岸办在珠海市召开《珠海口岸查验机制创新试点任务分工方案》（征求意见稿）、《珠海口岸查验机制创新试点工作实施方案》（征求意见稿）工作推进会，协调落实各项试点改革任务。

15日 中国共产党珠海市第七届委员会第六次全体会议在香洲召开，江凌就《中共珠海市委关于制定国民经济和社会发展第十三个五年规划的建议》（讨论稿）做起草说明；大会审议通过《中共珠海市委关于制定国民经济和社会发展第十三个五年规划的建议》。

16日 国务院常务会议审议通过新的《中华人民共和国澳门特别行政区行政区域图（草案）》，明确澳门水域和陆地界线，澳门特别行政区管理海域从澳门陆地向东、南方向划定，面积为85平方千米；在粤澳陆地界线方面：将关闸澳门边检大楼地段划入澳门特别行政区；鸭涌河段除部分河段以鸭涌河南岸为界外，其余以鸭涌河中心线为界。

▲ 法拉帝游艇（亚太）中心项目在横琴新区开工奠基。

▲ 中国侨联副主席乔卫率来自30多个国家的120余名华侨考察横琴自贸片区。

▲ 江凌会见到访的四川省遂宁市市长赵世勇一行，双方就共建粤贵川物流大通道深入座谈交流。

17日 《中国日报》刊发以“深闺佳人终现真容——珠海独特发展方式引国际媒体高度关注”为主要内容的两个整版报道，深入解读珠海为何越来越引人注目。

18日 2015中国（珠海）现代有轨电车交通系统发展研讨会在珠海召开，会议主题为“安全、绿色、节能的地面供电制式现代有轨电车”。

▲ 横琴自贸片区在全国首发商事主体电子证照银行卡。

19日 《珠海市构建现代公共文化体系提升基层公共文化服务水平三年行动计划（2016～2018年）》公布实施。

▲ 首届中山大学国际青年学者珠海论坛举行。本届论坛以“延揽英才，建业中大珠海”为主题。

20日 广东自贸区创建廉洁示范区推进会在珠海召开。省委常委、省纪委书记黄先耀做重要讲话。

21日 《广东省政府关于复制推广中国（广东）自由贸易试验区首批改革创新经验的通知》发布。广东省首批27项可复制推广经验中，珠海入选17项。

25日 珠海市首批9家劳模创新工作室、职工创新工作室、职工创新示范基地授牌。

26日 海南省在珠海市举行重点投资领域推介会。

27日 广东省食药监局审评认证分中心、市食药（医疗器械）审评认证中心落户金湾区三灶镇康德莱医疗产业园。

28日 江凌首次约请珠海市11名人大代表召开座谈会，听取代表们的意见、建议和批评，市人大常委会主任王广泉参加座谈会。珠海市将正式建立市长（包括副市长、市政府组成人员）与人大代表相互约请座谈的制度。

29日 斗门区白藤街道公共法律服务中心揭牌运作。此举标志着珠海在全省率先完成三级公共法律服务实体平台全覆盖。

30日 横琴二桥正式通车。该桥北起红东互通接南湾大道延伸线，横跨洪湾水道，高架于横琴环岛西路，最终连接横琴中心南路。项目全长6.806千米，桥宽33.5米，按时速100千米双向六车道高速公路标准设计，是珠海市目前为止投资规模最大、桥梁长度最长的独立特大桥工程。

▲ 长隆海洋世界动工仪式在珠海横琴长隆国际海洋度假区举行。

▲ 国内首条民用直升机城际航线开通。航线为珠海横琴湾酒店（横琴自贸片区）——广州越秀金融大厦（珠江新城CBD）——深圳卓越世纪中心1号楼（福田CBD）三城之间对飞，该航线由星雅通用航空公司、越秀地产、深圳卓越集团共同运营。

▲ 横琴新区博士后工作站揭牌。这是全国首个设立在自贸区中的博士后工作站。

概　貌

ABOUT ZHUHAI

概 貌

珠海概况

【地理位置】 珠海市位于广东省珠江口西南部，珠江出海口西岸，“五门”（金星门、磨刀门、鸡啼门、虎跳门、崖门）之水汇流入海处。地处北纬21° 48′ ～22° 27′ 、东经113° 03′ ～114° 19′ 之间。珠海市区东与深圳、中国香港隔海相望，距中国香港36海里，南与中国澳门陆地相连，西临江门新会区、台山市，北与中山市接壤，距广州市140千米。珠海市海陆域总面积7653平方千米，占广东省面积的3.4%，其中陆地面积1732.33平方千米。珠海市南北长77.3千米（从平洲岛到淇澳岛两岛末端止），东西宽123.4千米（从担杆岛到荷包岛两岛末端止）。珠海市是珠江三角洲中海洋面积最大、岛屿最多、海岸线最长的城市。珠海市的海岸线长224.5千米，面积大于500平方米的海岛有147个，有常住居民的岛11个，素有“百岛之市”之称。珠海市是中国重要的口岸城市，设有拱北、九洲港、高栏港、万山港、横琴、斗门港、湾仔港轮渡客运、珠澳跨境工业区等国家一类口岸8个、国家二类口岸6个。其中，高栏港是中国沿海主枢纽港，可建1万～25万吨的泊位100多个，是珠江三角洲地区珠江西岸唯一的深水港。九洲港、香洲港、斗门港每天有30多班快船直达中国香港、深圳。珠海市拱北口岸是中国年出入境人次最多的陆路口岸，珠海九洲口岸是中国第一大海港进出境口岸。

【建置沿革】 从珠海市发掘的文物证明，上溯至五千年前的新石器时代，就有先民在这块土地上繁衍生息。唐代至德二年（757年）设立香山镇，属东莞县管辖。北宋设香山寨，产盐，是个盐场，故又名香山场。南宋绍兴二十二年（1152年）划南海、番禺、新会、东莞四县濒海之地为一体，设香山县，隶属广州府，沿至元、明、清三代。明末在前山筑城池，称“前山寨”，既是军事要塞，又兼管澳门和前山行政、外交事务。辛亥革命以后，香山县隶属广东省。1925年4月15日，为纪念孙中山，香山县易名中山县，隶属第一行政督察专员公署。1930年5月至1934年10月，中山县政府设在唐家。

1949年10月30日，珠海内陆地区解放。1950年8月3日，万山群岛海岛地区解放。1951年1月，从中山县划出鸡头角、涌口山、万山群岛、淇澳岛，从东莞县划出万顷沙、五涌、一涌、龙穴岛，从宝安县划出内伶仃、固戍、蛇口、盐田、外伶仃岛、佳蓬列岛等，组成广东省人民政府海岛管理局珠江分区，后改为珠江专区海岛管理处，隶属珠江专署。为加强沿海边防管理，发展渔农业生产，经中华人民共和国政务院批准，1953年4月7日成立珠海县，将中山县属的中山港乡、东莞县属的万顷沙及珠江口外附近的三灶、大横琴、小横琴、南水、北水、高栏、荷包、淇澳、龙穴、内伶仃、外伶仃、三门列岛、万山群岛、担杆列岛、佳蓬列岛等100多个海岛划入珠海县，县政府设在唐家，隶属粤中行政区管辖，下设一区（唐家）、二区（前山）、三区（三灶）、四区（万顷沙）。1955年，珠海划为边防区，设立上涌、下栅边防检查站并发放边防居民证。1956年底，撤区并大乡，将中山县的翠微、康济、造贝、下栅、官塘、东岸6个小乡划入珠海县。1958年10月，各乡成立人民公社。1959年3月20日，珠海县撤销并入中山县。1961年4月17日，恢复珠海县建制，县政府设在香洲。

1979年3月5日，珠海县改为珠海市，市革命委员会（1980年改为市人民政府）设在香洲。同年11月定为省辖市。1980年8月26日，中华人民共和国第五届全国人民代表大会常务委员会第十五次会议批准，在珠海市内设立经济特区，面积为6.81平方千米。1983年6月29日，国务院批准调整珠海经济特区范围面积为15.16平方千米。1983年5月5日，斗门县划归珠海市管辖。1984年6月，在原珠海县管辖区域设立香洲区，为县一级建制。1988年4月5日，经国务院批准，珠海经济特区面积扩大到121平方千米。2001年4月4日，经国务院批准，成立金湾区，为县一级建制。同年12月29日，斗门撤县建区。2009年6月24日，国务院常务会议审议和原则通过《横琴总体发展规划》。同年11月25日，中央编委同意设立珠海横琴新区管理委员会，属省政府派出机构并委托珠海市政府管理，为副厅级建制。横琴纳入珠海经济特区范围，珠海经济特区总面积扩大至227.46平方千米。2010年8月26日，国务院批复，自2010年10月1日开始，珠海经济特区范围扩大至全市，总面积扩大至7653平方千米，其中陆地面积1724.31平方千米。2015年4月21日，中国（广东）自由贸易试验区挂牌。23日，广东自贸试验区珠海横琴新区片区挂牌；《珠海市人民政府和澳门特别行政区政府关于成立广东自贸试验区横琴片区建设珠澳合作机制的协议》签订。（刘利亚）

【历史文化】 珠海涌现出众多闻名中外的历史名人，有中华民国第一任内阁总理唐绍仪，兴中会第一批会员郑仲；有中共第五次全国代表大会上当选首届中央监察委员会副主席的杨匏安，中华全国总工会第一任委员长林伟民，中共中央第六届政治局常委苏兆征；有清华学校（清华大学前身）第一任校长唐国安，中国第一位在美国取得学士学位的留学生、担任过中国第一任驻美副公使的容闳，中国第一批赴日本留学并取得学士学位的唐宝锷，创办中国第一家水泥厂（唐山细棉土厂）的著名实业家唐廷枢，首创中国保险业的徐润以及大新公司的创建人蔡昌，中国第一位世界冠军——第二十五届世界乒乓球锦标赛男子单打冠军容国团，中国近代集画家、诗人、和尚、文学家、革命家于一身的苏曼殊。

珠海人文古迹丰富，拥有距今3000年左右新石器至青铜器时代的高栏岛宝镜湾摩崖石刻画、光绪皇帝赐清朝政府驻檀香山首任总领事陈芳的梅溪牌坊、中华民国第一任内阁总理唐绍仪在清代宣统元年至民国四年（1909～1915年）建造的唐家共乐园。宝镜湾摩崖石刻和陈芳家宅于1989年成为广东省级文物保护单位。在国务院2006年公布的第六批全国重点文物保护单位名单中，珠海宝镜湾遗址和陈芳家宅名列其中。

珠海市先后获得“国际改善居住环境最佳范例奖”“全国科技进步先进市”“中国优秀旅游城市”“中国十大魅力城市”“国家园林城市”“国家环境保护模范城市”“国家卫生城市”“国家级生态示范区”“全国双拥模范城”“全国精神文明十佳城市”等称号。2015年珠海获“全国文明城市”“全国最宜居城市”“中国最具幸福感城市”等称号，斗门区斗门镇南门村、珠海市斗门区乾务镇夏村获得“全国文明村镇”称号；珠海市国家税务局、珠海市香洲区前山街道春晖社区居委会、广东电网公司珠海供电局获选“全国文明单位”；香洲区万山镇万山村入选第三批全国特色景观旅游名镇名村；斗门镇南门村、莲洲镇莲江村入选中国乡村旅游模范村。

【民俗风情】 珠海主要有两个传统活动，一是龙舟竞渡，俗称“扒龙船”，二是裹粽子。中华人民共和国成立后珠海首届龙舟竞赛1955年在金星门进行。此后，珠海的龙舟竞赛活动成为一年一度的盛事。1961年，县治迁至香洲，龙舟赛在香埠举行，竞赛地点设在野狸岛附近海面。是年，在海隅搭一间大棚放置龙船，由于常遭海浪侵袭，县治集资兴建龙舟亭。每逢端午龙舟赛，124艘渔船云集香洲湾海面，桅墙上挂满各种彩灯、彩条、讯号旗、风兜等。

香洲龙舟赛从农历五月初三至初五，分为初赛、复赛、决赛，冠军队可获一面绣有“赛龙夺锦”的锦旗、一只重60千克的红烧猪和一埕烧酒，第二、第三名可分获重50千克和40千克的红烧猪。时有香港、澳门、香洲、湾仔、桂山、万山、担杆、南水、东澳、庙湾、外伶仃等代表队参加。参赛人数600余人，龙舟12艘，每艘长40米，可乘载50多人。龙舟中间横贯一条用竹竻扎的“龙筋”。龙头衔一束青菜，意谓“采青”。船底抹上一层黄油或鸡蛋清等润滑剂，以提高航速。比赛分6条赛道，均以插竹做标志，越界犯规。

珠海金鼎镇上栅村端午节不划龙舟，端午日人们到海上洗“龙舟水”，在村里游神（当地称“耍菩萨”），把武侯公、华佗、天后娘娘、太保公、文昌帝君、十八奶娘、牛王公等诸神装扮一新，并配上龙椅座，村民们虔诚地立于门口。

珠海端午节粽子品种多，有裹蒸粽、咸肉粽、八宝粽、莲蓉粽、豆沙粽、碱水粽等。珠海地区由于缺乏包粽子的竹叶，人们多用“萝刀叶”包。“萝刀”生长于海边咸碱地带，其叶子如刀而齿边，去掉齿边，可用来包粽子。珠海还流行一种“糯米鸡”的粽子，其特点是以糯米为主料，配以鸡翅膀，或加蛋，包以荷叶，个体大。珠海地区制作碱水粽有其独特的方法，用花生藤晒干后烧成灰，盛于用稻草秆做成的巢状容器，然后用水冲漂之，用所流出的水和稻米做成的粽便是碱水粽。

端午节那一天，各家都在门口燃烧一种特制的粗香和悬挂菖蒲等物，在腰系挂上一个小香包，额头上涂点雄黄。此习俗历史悠久，传说菖蒲挂在门口可驱邪。（珠　鉴）

【气　候】 2015年，珠海市平均气温创历史新高，全年降雨集中于汛期，总量比上年偏少，秋季台风影响严重。

气　温　平均气温23.9℃，比常年偏高1.3℃，是有气象记录以来最高值。全年各月平均气温均较常年偏高，其中6月、11月平均气温分别偏高2.2℃、2.7℃，创历史同期最高纪录。全年高温天气日数13天，仅次于有记录以来的2014年15天和2000年14天，没有出现低温天气。全年最高气温38.4℃，出现在8月9日；全年最低气温9.2℃，出现在1月15日和2月6日。

降　雨　全年降雨量1719.5毫米，比常年偏少17.4%。全年降雨集中在5～10月份，与常年同期相比，降雨日及暴雨日略偏少。

暴　雨　全年暴雨9天（其中大暴雨1天），比常年少1.6天，降雨量647.1毫米，超过年总降雨量的1/3。香洲最大日降雨133.1毫米，出现在10月4日。12月9日，出现罕见的冬季暴雨和冬季雷暴。

热带气旋　全年有3个热带气旋影响珠海市，分别是1508号强热带风暴“鲸鱼”、1510号台风“莲花”和1522号强台风“彩虹”，其中“鲸鱼”和“彩虹”对珠海市造成严重影响。“彩虹”是2015年影响珠海市最严重台风，也是1949年以来10月份登陆广东省最强台风。受“彩虹”影响，10月3日至5日，珠海市陆地风力6～7级，阵风8～10级，海面风力8级，阵风9～10级，其中九洲港录得全市最大阵风28.7米/秒（11级）；10月3日至7日，珠海市出现强降雨，全市平均雨量235毫米。

日　照　全年日照时数为1987.3小时，较常年偏多5.5%，其中1月和4月日照时数较常年偏多50小时以上，6月偏多近90小时，12月偏少83.5小时。（肖明坤）

资源物产

【土地资源】 根据2015年土地利用变更调查成果显示，珠海市陆地总面积为1732.33平方千米，其中农用地932.63平方千米（含耕地面积333.89平方千米），建设用地505.77平方千米，未利用地293.93平方千米。（郎　丹）

【水资源】 珠海市水资源的构成特点是过境客水量多，本地水资源量少；地表水资源量大，地下水资源量小。珠海市多年平均入境水资源量为1412.24亿立方米，而本地水资源量仅为17.57亿立方米，入境水资源量是本地水资源量的80.3倍。境内多年平均地表水资源量17.13亿立方米、地下水资源量2.06亿立方米，地表水资源量是地下水资源量的8.3倍。

2015年，珠海市平均降水量1656.7毫米，比常年偏少18.7%，属平水年；地表水资源量为14.12亿立方米，比常年偏少19.4%；地下水资源量为1.84亿立方米，比常年偏少10.7%；水资源总量为14.6亿立方米，比常年偏少18.9%。全市入境水量1538.8亿立方米，出境水量1540.9亿立方米。年末4座中型水库蓄水量0.53亿立方米，比上年减少98.4万立方米。全年总用水量5.05亿立方米，增长1.33%。其中，居民生活用水增长6%，工业用水增长1%，农业用水降低13%，生态补水增长54%。万元国内生产总值用水量25立方米，比上年下降7%。万元工业增加值用水量16立方米，与上年基本持平。人均综合用水量311立方米，与上年基本持平。全市总售水量3.05亿立方米，比上年增长4.9%，其中居民1.25亿立方米，增长5.3%；工业0.97亿立方米，增长2.8%。年内通过省节水型城市考核，成为广东省节水型城市。

【海洋资源】 珠海是珠三角城市中海洋面积最大、岛屿最多、海岸线最长的城市。领海基线内海域面积6000多平方千米，是陆域面积的3.6倍，其中滩涂面积227平方千米。面积大于500平方米的海岛147个。大陆海岸线长224.5千米。港口航运条件优越，具有建设深水大港的优质港口资源，高栏港区水深10～15米，万山群岛拥有20米等深线；辖区内水道密布，分布有大濠水道、蜘洲水道、桂山水道、青洲航道、磨刀门水道等航道。海洋旅游、海洋生物、海洋可再生能源等资源丰富。

2015年，珠海海域水质状况总体较好，但受陆源污染影响较大的河口和近岸海域水质较差，主要污染物仍为无机氮，其次为活性磷酸盐；沉积物质量总体一般。纳入监测的5个入海排污口全年达标排放次数占监测总次数40%，比上年有所下降，超标污染物是化学需养量、总磷和五日生化需氧量；重点入海排污口邻近海域生态环境质量差。监测的3个增养殖区中，桂山网箱养殖区环境状况较好，能满足增养殖区功能要求，其他2个养殖区在个别时段不能满足功能区环境质量要求。珠海横琴新区国家级海洋生态文明示范区海洋环境状况总体较好，全年发生2起赤潮和2起海洋突发性事件，对滨海旅游、水产养殖和生态环境造成小范围影响。（黎彩丽）

【矿产资源】 珠海市矿产资源主要特点是：矿产资源种类较少，大型矿床极少，金属矿产均为小型规模或为矿点、矿化点，优势矿产为滨海石英砂矿、建筑用花岗岩和地下热水、矿泉水。已发现矿种25种，其中金属矿产15种，非金属矿产7种，能源矿产（地下热水）1种，水汽矿产（地下水和矿泉水）2种。

金属矿产 主要矿种有铁、钨、铋、钼，少量铜、铅、锌、金和银。铁矿：矿点、矿化点11处，矿点规模均为小型，主要分布在井岸、三灶、南水、小林和南屏、湾仔等地，以产于花岗岩中的脉状磁铁矿为主，成脉组或单脉产出，单脉长几十到数百米，脉幅从十厘米到数米；少量为寒武系和泥盆系含铁粉砂岩、砂页岩经风化淋滤形成的褐铁矿。全市铁矿远景储量约83万吨，除南山磁铁矿属小型矿床外其余均为矿点。南山磁铁矿床属岩浆热液型，全铁含量30%～40%，品位低，杂质多，D级储量14.0万吨，规模小，工业意义不大。钨、铋、钼矿：矿点、矿化点9处，矿点规模均为小型，分布较为零星，香洲、金湾、斗门均有分布，全市钨矿远景储量6万吨，以产于花岗岩中裂隙充填黑钨矿石英脉型为主，其中南水钨多金属矿中钨储量规模较大，早期有开采，其余在几百吨到几千吨之间。金、银矿：产地3处，规模均为小型，分布在珠海市北部唐家和淇澳一带，属产于花岗岩中的破碎带蚀变岩型金银矿床，远景储量估计超过500千克，其中大澳山金矿储量规模相对较大，其余两处均为金矿化点，只具找矿意义，工业意义不大。稀有、稀土矿：稀有金属矿产地3处，稀土金属矿产地4处，矿点规模均为小型，分布于香洲柠溪、南屏、唐家和南水等地，稀有金属主要是产于花岗岩中的绿柱石伟晶岩脉，稀土矿主要是花岗岩风化壳离子吸附型稀土矿和第四系冲洪积独居石砂矿。单个矿床储量在几百吨到几千吨之间，品位不高，个别矿床适合小规模开采。金属矿产中，珠海市早期主要开采的矿种有铁矿、钨矿、钾长石和绿柱石等，其中湾仔南山磁铁矿、金湾区红旗镇大林山铁矿、高栏南水多金属矿规模相对较大，开采时间相对较长，其余矿点、矿化点多因规模小、品位低未被开采或仅有小规模的民采。截至2011年底，珠海市所有金属矿山关停。

非金属矿产 主要有钾长石、石英砂矿、建筑用花岗岩、砖瓦用黏土和泥炭等。钾长石：矿产地4处，规模均为小型，位于香洲区东坑、板樟山、柠溪及湾仔等地，矿床类型为花岗岩中的钾长石伟晶岩脉，其中兰埔钾长石矿床规模较大，

矿石质量较好。部分矿点早期有小规模的民采，至2000年前关停。石英砂矿：主要有玻璃用砂和建筑用砂。玻璃用砂有矿产地12处，其中大型规模有1处，中型规模有2处，其余均为小型规模；主要分布在珠海市北面的金鼎、唐家湾和东面沿海一带，均属滨海石英砂矿床，其中下栅、莲塘湾、洋砂、下沙、唐家湾等地玻璃用砂矿床规模较大，单个矿床远景储量在200万吨到800万吨之间。下栅玻璃用砂矿床储量2744万吨（B+C+D级），全区玻璃用砂远景储量达4585万吨，质量较好。下栅玻璃用砂矿床二氧化硅含量平均达97.30%，可以达到平板玻璃砂Ⅰ级品标准，但大部分矿点被压覆。区内建筑用砂矿产地7处，属滨海沉积砂矿，河流冲积砂矿和花岗岩风化矿床，分布在现代海湾古海湾及河流两岸，除花岗岩风化壳砂矿床外，一般规模不大，质量一般，远景储量达355万吨，部分矿点被压覆。建筑用花岗岩：珠海市经地质调查评价的矿产地6处，主要分布在南屏洪湾、平沙、黄杨山及万山海岛区，经评价的资源储量为2860万立方米，全市估计远景储量接近70亿立方米，岩石物理性能较好，抗压强度一般达到80MPa～150MPa，耐酸耐碱性较高。截至2013年底，珠海市在采建筑用花岗岩矿山仅有1家，生产规模为300万立方米/年，2014年关停。砖瓦用黏土：经地质调查工作评价的黏土矿产地8处，主要分布唐家官塘、金鼎会同和阳春埔、香洲山场、南溪以及三灶深井等地，估计全市黏土远景储量接近500万吨，其类型主要为第四系沉积型和花岗岩风化残积型，一般单个矿床储量规模不大。部分矿点早期有小规模的民采，至2000年前关停。泥炭：矿产地4处，主要分布在斗门井岸和白蕉等地，属第四系山间洼地沼泽相沉积，单个矿层规模小，一般在数千吨到数万吨之间，个别泥炭土矿含腐值酸较高，如井岸大金坑泥炭矿腐植酸含量平均可达27.5%。

液体矿产 有矿泉水和地下常温饮用水。矿泉水：矿产地13处，主要分布在市区凤凰山、板樟山、加林山，平沙的孖髻山、斗门大环和桂山岛等地，水量达到中型规模的8处，全市矿泉水总允许开采量1804立方米/天，偏硅酸含量一般在30mg～50mg/L之间，其中湾仔雷公石壁矿泉水和东坑矿泉水储量较大。全市经地质评价的地下水水源地21处，主要分布在香洲和斗门等地，总资源量约4.79万立方米/天。截至2015年底，珠海市在采矿泉水矿山有5家，总生产规模为29.03万立方米/年。地下常温饮用水：珠海地区地下淡水资源包括孔隙水—裂隙水和基岩裂隙水，孔隙水—裂隙水主要分布于丘间谷地、丘陵前缘，基岩裂隙水分布于丘陵台地地段；全市可供开采的地下淡水资源量约20万立方米/天。全市淡水供水量约4.5亿立方米，主要依靠地表水供给，形成“江水为主、库水为辅、江库连动、江水补库、库水调咸”的原水供水模式，占总供水量的99.4%，地下水仅占总供水量的0.6%，年供水量约280万立方米。

能源矿产 仅有地下热水一种。地下热水矿产地有5处，主要分布在斗门下洲、灯笼沙、银村和平沙以及南屏等地，其中平沙和斗门下洲矿点水温较高，达70℃以上，其余为低温地下热水。总允许开采量1.04万立方米/天，开发利用的有平沙地下热水（海泉湾度假城）和斗门下洲地下热水（御温泉度假村），其中平沙地下热水允许开采量3250立方米/天，年开采量86万立方米，水温达76℃～81℃；斗门下洲地下热水允许开采量3749立方米/天，年开采量29.2万立方米，水温达69℃～71.7℃。

矿产资源开发利用 2015年，珠海市有各类矿山企业7个，包括大型企业3个、中小型企业4个，按矿种分，地下热水2个、矿泉水5个。地热水矿山生产规模：港中旅（珠海）海洋温泉有限公司，年产86.0万立方米；珠海御温泉度假村，年产26.4万立方米。矿泉水矿山生产规模：珠海市永隆加林矿泉水厂，年产5.2万立方米；珠海市香洲东坑股份合作公司，年产3.4万立方米；珠海市平沙孖髻山矿泉水厂，年产4.5万立方米；珠海市永隆饮品有限公司，年产11.7万立方米；珠海市斗门区凤山矿泉饮料有限公司，年产4.23万立方米。

（郎　丹）

【环境质量】 *空气环境质量状况* 2015年，珠海市有效监测天数359天，空气质量达标率为90%，比上年提升1.6%。其中，186天空气质量级别为优，占51.8%；137天空气质量级别为良，占38.2%；33天空气质量级别为轻度污染，占9.2%；3天空气质量级别为中度污染，占0.8%。二氧化硫年日均浓度为9微克/立方米，下降18.2%；二氧化氮年日均浓度为29微克/立方米，下降12.1%；可吸入颗粒物年日均浓度为51微克/立方米，下降3.8%；细颗粒物年日均浓度为31微克/立方米，下降8.8%；臭氧日最大8小时平均值第90百分位数浓度为142微克/立方米，上升2.9%；一氧化碳日均值第95百分位数浓度为1.6微克/立方米，上升14.3%；城市降水pH值年平均值为5.56，酸雨发生率为24.1%，下降20.8个百分点。

水环境质量状况　水环境质量状况与上年持平。前山河珠海段水质监测所有监测项目月平均浓度值均符合国家《地表水环境质量标准》（GB3838—2002）Ⅳ类标准。黄杨河尖峰断面水质监测所有监测项目月均值均符合国家《地表水环境质量标准》（GB3838—2002）Ⅲ类标准。跨市边界河流磨刀门水道布洲断面和前山河南沙湾断面水质监测所有监测项目月均值分别符合国家《地表水环境质量标准》（GB3838—2002）Ⅱ类和Ⅳ类标准。大镜山水库、竹仙洞水库、杨寮水库、平岗泵站、广昌泵站、黄杨河泵站、乾务水库、竹银水库和竹洲头泵站九大取水点的饮用水水源水质达标率为100%。近岸海水4个功能区监测点所有监测项目浓度平均值均符合所属海水功能区水质标准（《海水水质标准》（GB3097—1997），11个环境质量监测点位浓度平均值均符合国家《海水水质标准》（GB3097—1997）第二类标准。

声环境质量状况　功能区噪声、区域环境噪声和道路交通噪声昼间平均等效声级与上年持平。1、2、3、4类功能区环境噪声昼间和夜间平均等效声级均符合《声环境质量标准》要求。声源构成以生活噪声源为主。区域环境噪声昼间平均等效声级为53.9分贝，比上年下降0.3分贝，昼间城市区域环境噪声总体水平等级仍为二级，评价结果较好。道路交通噪声昼间平均等效声级为67.2分贝，比上年下降1分贝，道路交通噪声强度等级仍为二级，评价结果较好。（余乐富）

【风景名胜】　珠海是一个花园式的海滨旅游城市，1998年获联合国人居中心颁发“国际改善居住环境最佳范例奖”，成为中国第一个获此殊荣的城市，以整座城市作为景区入选“中国旅游胜地四十佳”。

珠海市旅游景点：石景山、香炉湾（情侣路、珠海渔女）、海滨泳场、珠海市博物馆（九洲城）、圆明新园、梦幻水城、黄杨山、金台寺、御温泉、十里莲江、逸丰生态园、农科奇观、梅溪牌坊、长隆国际海洋度假区、澳门环岛游、海泉湾度假区、罗西尼钟表博物馆。

珠海名胜古迹：苏兆征故居、梅溪牌坊、淇澳岛白石街、后沙湾遗址、愚园、杨氏大宗祠、前山寨城墙、唐绍仪故居、唐家共乐园、宝镜湾摩崖石刻、石溪摩崖石刻群、竹仙洞摩崖石刻群。

珠海离岛风光：桂山岛、荷包岛、外伶仃岛、万山岛、淇澳岛、高栏岛、九洲岛、东澳岛。（边　策）

【人口情况】　2015年末，珠海市户籍人口112.45万人；常住人口163.41万人，其中城镇人口143.92万人。户籍人口总户数30.96万户，比上年增加0.3万户。总户籍人口中，男性57.30万人、女性55.15万人；年内户籍出生人数1.33万人，出生率11.91‰；年内死亡人数2799人，死亡率2.51‰；人口自然增长率9.4‰；年内户籍人口迁入人数1.74万人，迁出人数1.07万人；港澳流动渔民人口9936人。

（夏思红）

民族·宗教

【民　族】　珠海市有51个少数民族，少数民族人口106633人（户籍人口21226人，暂住人口85407人），其中人口较多的有壮族（39550人）、土家族（15383人）、瑶族（10454人）、苗族（9023人）、满族（5476人）。有民族团体1个（珠海市民族团结进步促进会）。

【宗　教】　珠海市有11处宗教活动场所（佛教2处、伊斯兰教1处、天主教1处、基督教7处），信教群众11万余人，宗教团体3个（珠海市佛教协会、珠海市基督教三自爱国会、珠海市基督教协会）。

（市委统战部）

侨乡侨情

【侨　情】　珠海是广东省重点侨乡之一，全市有华侨港澳同胞约40万人（其中港澳同胞约25万人），分布在世界近50个国家和地区，大多旅居美国、加拿大、澳大利亚、马来西亚等国家和地区。有归侨5000多人，侨眷约30万人，主要以越南归侨为主，大部分为1977～1978年越南排华时回国，其他比较集中的有印度尼西亚、马来西亚、美国、加拿大、秘鲁等。

【侨乡的形成】　1840年鸦片战争以后，为开发北美、南美、大洋洲，西方殖民主义者大肆掠夺贩卖中国廉价劳动力。西方殖民者以香港、澳门为基地设立招工馆所（俗称“猪仔馆”），公开招募“契约华工”，不少珠海人为谋求生计被拐卖到海外，成为失去人身自由的苦力，过着非人生活。这种惨无人道的“苦力贸易”遭到中国人民的强烈反对和世界舆论的谴责，到20世纪初才基本结束。

从19世纪60年代开始，中国逐渐形成学习西方热潮，70年代出国留学渐成规模，其流向主要集中于美国。容闳、黄胜、黄宽等3位珠海人是中国最早的出国留学生。1847年初，美国传教士布朗带容闳等3人赴美国留学。1855年，容闳从耶鲁大学毕业后回到中国，主张教育救国，改革旧的教育制度，更主张派留学生出国直接向西方学习，加快人才培养。1870年，时任两江总督曾国藩接受容闳提出的选派留学生的建议，与李鸿章合奏允准，即召容闳赴南京商议选派幼童赴美事宜。1871年，陈兰彬、容闳分别被任命为正副监督，负责管理留学生事宜。随后，容闳到广东及东南沿海各省招收学童。中国最早的公派出国留学生，是清政府于1872～1875年间选派的“留学幼童”。当时清政府在上海开办一所留美预备学堂，选派10～15岁幼童，分4批，每批30人赴美留学，共120人，其中有珠海籍22人。20世纪初，美国国会利用清政府的“庚子赔款”，与清政府议定分批选派庚款留学生，赴美留学人数有所增加。大批华工出国和留学生出洋留学，形成近代中国海外移民高潮。

随着资本主义经济发展及华侨艰苦创业，他们在侨居地的生活逐步好转，不少珠海人通过宗亲梓里关系互相援引，更有不少珠海人以不同方式渠道移居海外。中华人民共和国成立后，珠海出国人数逐步增多。随着国际国内形势的发展变化，许多珠海华侨为谋求长期生存和发展，自愿加入或根据当地法律取得所在国国籍，成为外籍华人。据20世纪80年代估计，已参加所在国国籍的华人约占原华侨总数的百分之八九十。东南亚地区的华侨、华人（多为有产者和有专长的年轻人），为拓展实业或留学后就业等原因，出现再移民现象，主要流向北美、西欧和大洋洲等一些比较发达的资本主义国家。改革开放以后，侨乡人民或由于价值观念的变化，或出于继承财产、亲属团聚、婚姻关系、投资，或出于技术支出、出国留学等原因，移民海外的人数逐年增加。珠海华侨多聚居在北美和大洋洲，尤以美国、加拿大和澳大利亚为多，在东南亚地区的也不少，还有少量散居于欧洲、中南美洲和日本等地。

【华侨社团】 社团是华侨华人开展各种社会活动的枢纽。华侨出国后，往往流向或聚居在同一地区，保持着中华民族的文化传统、生活方式和民间习俗。随着华侨社会的发展，一种以血缘、地缘、业缘关系为基础，以团结互助和举办公益、福利和文教事业为宗旨的华侨社团逐渐发展起来。血缘性宗亲社团是同宗姓氏组织，如美国以刘、关、张、赵四姓组成的宗亲社团龙冈公所，以梁姓乡亲组成的梁氏宗亲会。地缘性会馆最初是以“公司”名义出现的帮会组织，后来逐渐发展成为按祖籍组成的同乡会馆，如美国旧金山阳和总会馆（由原香山、东莞、增城、博罗四县华侨组成）、檀香山黄梁都会馆（由斗门华侨组成）、澳大利亚中山同乡会（由中山、珠海、斗门华侨组成）、马来西亚吉打州中山公会（由斗门华侨组成）等。业缘性组织是同一职业的行业组织，如旧金山阳和总会馆下属的仪英、协善、俊英三个工商总会，以及加州湾区菊花会、华联花会等。此外，还有文教、体育和慈善团体等。第二次世界大战（简称“二战”）后，尤其是在百分之八九十的华侨取得当地国籍情况下，华侨、华人社团从形式到职能都发生变化，社团之间的联系更加广泛和密切。

珠海旅外乡亲较集中地区的主要社团有美国旧金山（三藩市）的喜善堂、集善堂、仪英工商总会、协善工商总会、湾区菊花会、华联花会、斗门之友，檀香山的中山同乡会、黄梁都会馆、毛氏同宗会、恭常都会馆、美国珠海联谊总会，纽约的三灶公房，澳大利亚的中山同乡会、澳洲侨青社（斗门小赤坎黄氏为该会创始人）、澳大利亚珠海联谊总会，马来西亚的吉打中山公会，古巴的中华会馆（斗门乾务人周一飞为创会会长），英国的珠海联谊会，日本的广东同乡会（珠海人郭少东为创会会长），加拿大的温哥华珠海联谊会，新西兰的珠海联谊总会，印度尼西亚的珠海联谊会，哥斯达黎加的珠海联谊会。

在港澳地区，有香港珠海联谊会、香港斗门同乡会、旅港乾务同乡会、南屏旅港同乡会、侨港鱼弄同乡会、香港三灶安澜轩，以及澳门珠海社团联合总会、澳门珠海联谊会、澳门斗门同乡会、澳门三灶同乡会、澳门前山联谊会、澳门乾忠体育会、港澳唐家湾同乡联谊会等。

由于珠海大部分原属香山（中山）县，故历史悠久的旅外香山社团均有珠海人参加。以上这些社团是珠海市旅外乡亲较集中地区的组织，主要负责人多为珠海市旅外乡亲。这些社团在团结旅外乡亲，保持民族传统和家乡观念，促进与家乡交往方面均做出一定贡献。

【华侨的贡献】 19 世纪 60 ～ 70 年代洋务运动初兴时期，随着对外交往增多，清朝政府逐渐改变对华侨资金和人才的偏见，制定对捐款、投资华侨授予官衔、给予奖励章程。华侨与侨乡的联系更方便，汇款赡家、回籍探亲和买田造屋置业的逐渐增多。如夏威夷华侨陈芳等在前山梅溪，美国加州华侨陈康大在斗门南山，特立尼达华侨在唐家湾阳春埔，以及斗门大濠涌、大赤坎、香洲外沙、会同等地的旅外华侨，或汇款或自携资金回乡造屋建楼重修祖屋。清朝政府实行宽松政策，珠海籍华侨纷纷回珠海投资发展实业。民国初年，一批支援辛亥革命、在事业上有建树的华侨，怀着振兴民族工业的爱国热情回国创办实业。华侨生活在西方较发达国家和地区，接受当代资本主义较先进的生产、经营方式和工艺技术，有资金，信息灵，在国内投资，不仅促进民族工业的发展，有的还成为民族工商业的开路先锋。如中国近代著名买办、企业家和洋务运动积极参加者唐廷枢，他一生中自营、合营、入股或受洋人和清政府委托兴办的企业有 47 家；侨商蔡昌创建中国近代四大百货公司之一——大新公司。

民主革命时期，华侨成为辛亥革命重要支柱。孙中山于 1894 年在美国檀香山创立兴中会，成员中华侨占 78%，祖籍十之八九是广东的，其中不乏珠海籍华侨。如南屏乡的郑仲，他第一批参加兴中会，将在檀岛创业的全部财产资助革命。辛亥革命时期的武装起义，每次都有许多华侨参加，成为其中的先锋和骨干，因此孙中山曾誉华侨为“革命之母”。民国建立后，在讨袁斗争和北伐战争时期，在抗日战争和解放战争中，珠海籍华侨在舆论、人力、财力和物力上都给予大力支持。参与中国近代空军建设被载入史册的珠海侨界人士有 20 多人，其中有空军中将陈庆云等一批广东航空事业的领导者、组织者和骨干，有为国捐躯的黄华杰、容兆明等 6 人。

中华人民共和国成立后，许多华侨，尤其是华侨青年，带着报效祖国的赤子之心，放弃国外优越的生活条件，冲破各种阻力，毅然回国参加工作或读书升学，为新中国建设事业做出贡献。在 20 世纪 50 年代，珠海有一位著名归侨，为发展中华民族体育运动事业做出重要贡献，他就是中国第一位世界冠军获得者容国团。他那“人生能有几次搏”的格言，激励着中国体育健儿勇攀世界体育技术高峰，努力为国争光。

【华侨历史名人】 历史上珠海人与境外交往较多，接受先进思想、观念亦较早较快。在中国近现代史上，珠海籍海外华侨、华人和港澳同胞涌现出许多名人志士，对祖国、对家乡做出重大贡献，创造许多“第一”和“之最”。如华南地区第一位系统传播马克思主义的杨匏安，中国全国总工会第一任委员长林伟民，中国第一位留美学生、中国近代留学教育的奠基者容闳，中国旅外华侨第一个百万富翁、获清廷御赐牌坊嘉奖的陈芳，中国最早在日本留学的唐宝锷，民国第一任内阁总理唐绍仪，创造中国“七个第一”的唐廷枢，清华学校（清华大学前身）第一任校长唐国安，中国体育运动史上第一个世界冠军容国团，首位华裔美国国会议员（曾竞选美国总统）邝友良，集报人、作家于一身的美籍著名华文作家黄运基，美国第一位洲一级亚裔大法官陈惠明等。留学生在中国近现代历史发展进程中发挥举足轻重作用，珠海因为拥有容闳和一个庞大的留学生群体而成为中国近现代留学的发源地。当年从珠海出去的留学生，不仅在技术层面“师夷之长技”，而且在政治、经济、文化和社会制度等各个层面向西方学习，在维新变法、辛亥革命、建立民主共和国等各个历史阶段推动中国社会进步中发挥积极作用。（黄远鸿）

侨务工作

【第二届世界广府人恳亲大会】 2015 年 12 月 2 ～ 4 日在横琴召开，由广府人联谊总会、珠海市侨务局、珠海市归国华侨联合会联合主办。来自 53 个国家和地区的 2500 多名

2015年12月2～4日，第二届世界广府人恳亲大会在珠海横琴举办。图为大会现场（容 楠摄）

广府社团领袖、商界精英、社会贤达和乡亲代表参加。原中共中央政治局常委李长春向大会发来贺信。中共中央政治局委员、广东省委书记胡春华，全国政协副主席罗富和、何厚铧等出席大会。大会期间，评选出“十大杰出人物”（方伟侠、何镜堂、李桂平、邵建明、吕志和、郑家纯、胡智荣、蔡惠玲、霍震寰、莫华伦）和“十大杰出青年”（苏炳添、林治平、庄创业、李森、欧阳浩东、邵汉彬、萧嘉敏、张勇、夏俊英、黄铣铭）；举办“珠玑寻根之旅”“祭祀炎黄二帝”活动；举行10个重大合作项目现场签约仪式，投资金额1060亿元。

【华侨农场危房改造和归侨扶贫】 2015年，市侨务局推进华侨农场危房改造项目，完成危房改造1078户；发放省贫困归侨扶贫救助专项补助资金40.8万元，资助255人（低保补助38人，临时救助180人，子女助学37人）；发放专项补助资金30.42万元。

【侨务交流】 2015年，市侨务局将中美学生交流营和澳门少年飞鹰会交流营合并，创新开展“2015年海外华裔青少年夏令营”办营模式和内容。第九年连续举办“两岸四地中华青年民族学习交流营”活动，促进内地和港澳台青年学生中华文化认同感，增进亲情乡谊和人文交流。会同市商务局、市外商投资企业协会等单位，设展参加首届中国（深圳）华人华侨产业交易会。

【“三侨生”证明书和华侨回国定居办理】 2015年，市侨务局按照《关于做好2015年广东省“三侨生”报考普通高校有关工作的通知》要求，核发珠海“三侨生”高考证明书58份、中考证明书62份。按照国家、省出台的华侨回国定居相关工作规定，办理回国定居35份。（市委统战部）

民主党派·社会组织

【简　述】 截至2015年底，珠海市登记注册社会组织2038家，组建社会组织党组织513个（单独组建478个，联合组建35个），有党员4008名（流动党员2159名）。其中，珠海市新社会组织党委直属党组织165个（党委7个，党总支4个，党支部154个），党员1289名（流动党员571名）。张向海被评为省优秀“两新”组织党组织书记，豫德社会工作服务中心党支部、金网国际教育集团党委被评为市级党建示范点，常德商会党委被评为省非公有制经济组织践行社会主义核心价值观党建品牌项目单位。是年，珠海市新社会组织党委先后印发《珠海市新社会组织党委党建指导员挂钩联系基层党组织管理考核制度》《关于建立市新社会组织党委领导干部挂点联系基层党组织制度的意见》，建立健全党委工作制度。

行政区划

【简　述】 2015年，珠海市设有香洲区、金湾区、斗门区三个行政区，下辖15个镇、9个街道，并设立珠海市横琴新区、珠海（国家）高新技术产业开发区、珠海保税区、珠海经济技术开发区（珠海高栏港经济区）、珠海万山海洋开发试验区5个经济功能区。

（何静宜）

2015年珠海市组织机构及负责人

单 位	姓 名	职 务	变动时间
珠海市委	李 嘉	广东省委常委，珠海市委书记，珠海警备区党委第一书记	
	何宁卡	市委副书记，市政府市长、党组书记	2015-02免
	江 凌	市委副书记，市政府市长、党组书记	2015-02任
	王衍诗	市委副书记（正厅级）、市纪委书记	2015-06免
	赵建国	市委副书记，市委宣传部部长	2015-09任副书记
	刘振新	市委常委、市委组织部部长，市委党校校长，市“两新”组织党工委书记	2015-06免
	刘小龙	市委常委，市政府常务副市长、党组副书记	
	陈洪辉	市委常委、市委统战部部长	
	陈 英	市委常委、市委政法委书记	
	刘 佳	市委常委，横琴新区党委书记	
	龚海明	市委常委，市纪委书记	2015-06任
	焦兰生	市委常委，珠海对口帮扶阳江指挥部总指挥，挂任阳江市委常委	
	曾祥华	市委常委，市委组织部部长、市委党校校长、市“两新”组织党工委书记	2015-06任
	刘国文	市委常委、珠海警备区政治委员	
珠海市人大	王广泉	市人大常委会主任、党组书记	
	邓群芳	市人大常委会副主任、党组副书记	2015-01任党组副书记
	霍荣荫	市人大常委会副主任、党组成员	
	张 萍	市人大常委会副主任，市第二中学校长	
	尤镇城	市人大常委会副主任、党组成员，市总工会主席	
	李志和	市人大常委会副主任、党组成员，市依法治市工作领导小组办公室主任、市人大常委会依法治市工委主任	
	黄 锐	市人大常委会副主任、党组成员	2015-02任市人大副主任
	田忠敏	市人大常委会副主任、党组成员，万山海洋开发试验区党委书记	2015-02任市人大副主任，2015-06免万山区党委书记

（续　表）

单　位	姓　名	职　务	变动时间
珠海市政府	何宁卡	市委副书记，市政府市长、党组书记	2015-02 免
	江　凌	市委副书记，市政府市长、党组书记	2015-02 任
	刘小龙	市委常委，市政府常务副市长、党组副书记	
	刘嘉文	市政府副市长、党组副书记	
	王庆利	市政府副市长、党组副书记	
	张　强	市政府副市长、党组成员，市委政法委副书记，市公安局局长、党委书记、督察长，武警珠海市支队第一政委、党委第一书记	
	龙广艳	市政府副市长、党组成员，市红十字会理事会会长	
	潘　明	市政府副市长	
珠海市政协	钱芳莉	市政协主席、党组书记	
	严锦华	市政协副主席、党组副书记	2015-01 免
	金展扬	市政协副主席	
	吕明智	市政协副主席，高栏港经济区管委会副主任	
	熊豪品	市政协副主席	
	刘青华	市政协副主席	
	罗碧坚	市政协副主席，党组副书记	
	陈　杰	市政协副主席，党组成员	
	邓锐明	市政协副主席，党组成员	
	朱权伟	市政协副主席、党组成员	2015-02 任
横琴新区	刘　佳	市委常委，横琴新区党委书记	
	牛　敬	市政府党组成员，横琴新区党委副书记、管委会主任	
香洲区	闫昊波	香洲区委书记、区人大常委会主任	
	陈广俊	香洲区委副书记、区长	2015-09 免
	刘齐英	香洲区委副书记、区长	2015-09 任
金湾区	吴　轼	金湾区委书记、区人大常委会主任，市航空产业园党委书记	
	欧阳德红	金湾区委副书记、区长，市航空产业园党委副书记、管委会主任	2015-10 免
	阳化冰	金湾区委副书记、区长，市航空产业园党委副书记、管委会主任	2015-10 任

（续 表）

单 位	姓 名	职 务	变动时间
斗门区	梁元东	斗门区委书记，区人大常委会主任，斗门生态农业园党委书记，富山工业园党委书记	
	周海金	斗门区委副书记、区长，斗门生态农业园副书记、管委会主任，富山工业园党委副书记、管委会主任	
高新区	张宜生	市政府党组成员，珠海高新技术产业开发区党委书记（副厅级）	
	杨 川	珠海高新技术产业开发区党委副书记、管委会主任	
保税区	姜建平	横琴新区管委会副主任、党委委员，珠海保税区党委书记	
	赵伟媛	珠海保税区党委副书记、管委会主任	
万山区	田忠敏	市人大党组成员，万山海洋开发试验区党委书记	2015-06 免区党委书记
	颜 洪	万山海洋开发试验区党委书记、委员	2015-06 任
	于思浩	万山海洋开发试验区党委副书记、管委会主任	
高栏港区	赵建国	市委常委，珠海经济技术开发区（高栏港经济区）党委书记	2015-10 免区党委书记
	芦晓凤	市政府党组成员，珠海经济技术开发区（高栏港经济区）党委书记、管委会主任（副厅级）	2015-10 任区党委书记
市纪委	王衍诗	市委副书记（正厅级）、市纪委书记	2015-06 免
	龚海明	市委常委，市纪委书记	2015-06 任
市委办公室	颜 洪	市委副秘书长、市委办主任	2015-06 免
	郭才武	市委秘书长、市委办主任	2015-06 任市委办主任
市委组织部	刘振新	市委常委、市委组织部部长，市委党校校长，市“两新”组织党工委书记	2015-06 免
	曾祥华	市委常委、市委组织部部长，市委党校校长，市“两新”组织党工委书记	2015-06 任
市委老干部局	练伟光	市委老干部局局长、市委组织部副部长	2015-09 免老干部局局长
市委宣传部	郭 毅	市委宣传部部长（副厅级）	2015-12 免
	赵建国	市委副书记，市委宣传部部长	2015-12 兼任宣传部部长
市委统战部	陈洪辉	市委常委、市委统战部部长	
市委政法委	陈 英	市委常委、市委政法委书记	

（续 表）

单 位	姓 名	职 务	变动时间
市社会管理工作部	赵彦庆	市委政法委副书记、市委社管部部长	
市委政策研究室	周俊波	市委政策研究室主任，兼任市经济发展研究中心主任	
市机构编制委员会办公室	邓 洪	市机构编制委员会办公室主任、市委组织部副部长	
市委体制改革办公室	戈晓宇	市委体制改革办公室主任	
市委党校（市行政学院、市社会主义学院、市干部培训中心）	刘振新	市委常委、市委组织部部长，市委党校校长，市“两新”组织党工委书记	2015-06 免
	曾祥华	市委常委、市委组织部部长，市委党校校长，市“两新”组织党工委书记	2015-06 任
市委党史研究室	谢岳伟	市委党史研究室主任	
市直机关工作委员会	凤亦凡	市直机关工作委员会书记、市直人民武装部政委	
市教育局（市教育党工委）	钟以俊	市教育党工委书记、市教育局局长	
市卫生和计划生育局	李 力	市卫生和计划生育局局长、党委副书记，兼任市保健办主任	
	陶海林	市卫生和计划生育局党委书记、副局长	
市新经济组织党委	张明明	市“两新”组织党工委副书记、市新经济组织党委书记	
市新社会组织党委	罗新安	市民政局局长、党组书记，市“两新”组织党工委副书记、市新社会组织党委书记	
市政府办公室	张 松	市政府秘书长、党组成员，市政府办公室主任，市实施《珠江三角洲地区改革发展规划纲要》领导小组办公室主任	
市发展和改革局（市粮食局）	黄 锐	市发展和改革局（市粮食局）局长、党组书记	2015-01 免
	武 林	市发展和改革局（市粮食局）局长、党组书记	2015-06 任
市科技和工业信息化局（市知识产权局、市民营经济发展服务局）	周 凯	市科技和工业信息化局局长、党组书记，市知识产权局局长，市民营经济发展服务局局长	
市商务局	刘齐英	市商务局局长、党组书记	2015-09 免
	王瑞森	市商务局局长、党组书记	2015-10 任
市民族宗教事务局	陈 坦	市委统战部副部长、市民族宗教事务局局长	

（续 表）

单 位	姓 名	职 务	变动时间
市公安局	张 强	市政府副市长、党组成员，市委政法委副书记，市公安局局长、党委书记、督察长，武警珠海市支队第一政委、党委第一书记	
市禁毒办	唐壹怀	市公安局党委委员、市禁毒办主任	
市预防腐败局	朱权伟	市政协党组成员，市纪委副书记，市政府党组成员、市监察局局长、市预防腐败局局长	2015-02 免监察局局长、预防腐败局局长
市民政局（市社会工作促进局）	罗新安	市民政局局长、党组书记，市“两新”组织党工委副书记、市新社会组织党委书记	
市司法局	李秉勇	市司法局局长、党组书记，市强制隔离戒毒所第一政委	
市财政局	周 昌	市财政局局长、党组书记	
市人力资源和社会保障局	李伟辉	市人力资源和社会保障局局长、党组书记，市委组织部副部长	
市国土资源局	吴康模	市国土资源局局长、党组书记	
市环保局	毛东信	市环保局局长、党组书记，北京大学生态文明珠海研究院常务副院长	2015-04 免
	张经纬	市环保局局长、党组书记，北京大学生态文明珠海研究院常务副院长	2015-04 任
市住房和城乡规划建设局	王朝晖	市住房和城乡规划建设局局长、党组书记	
市交通运输局（市港口管理局）	黄文忠	市交通运输局局长，市港口管理局局长	
	管恩红	市交通运输局党组书记、副局长	
市公路局	顾胜杰	市公路局局长、党组书记，市交通运输局副局长、党组成员	
市海洋农业和水务局（市委农村工作办公室）	林粤海	市海洋农业和水务局局长、党组书记，市委农村工作办公室主任	
市文化体育旅游局（市版权局）	王玲萍	市文化体育旅游局（市版权局）局长、党组书记	
市审计局	戴伟辉	市审计局局长、党组书记	

（续 表）

单 位	姓 名	职 务	变动时间
市外事局（市港澳事务局）	周建纯	市外事局局长、党组书记	
市国资委	吴爱存	市国资委主任、党委书记	
市统计局	吕红珍	市统计局局长、党组书记	
市市政和林业局	陈家平	市市政和林业局局长、党组书记	
市安全生产监督管理局	张 菠	市安全生产监督管理局局长、党组书记	2015-10 免
	刘治民	市安全生产监督管理局局长、党组书记	2015-10 任
市法制局（市行政执法督察办公室、市政府法律顾问室）	王智斌	市法制局局长、党组书记	
市口岸局	赵适剑	市口岸局局长、党组书记，市海防与打击走私办公室主任	
市城市管理行政执法局	方小勇	市城市管理行政执法局局长、党组书记	2015-10 免
	张志伟	市城市管理行政执法局局长、党组书记	2015-10 任
市食品药品监督管理局	唐本雄	市食品药品监督管理局局长、党组书记	
市金融工作局	董洪山	市金融工作局局长、党组书记	
市政务服务管理局（市公共资源交易管理局）	吴永义	市政务服务管理局（市公共资源交易管理局）局长、党组书记	2015-04 免
	毛东信	市政务服务管理局（市公共资源交易管理局）局长、党组书记	2015-04 任
市档案局	周晓文	市档案局（馆）局长（馆长）、党组书记	
市人防办	鄢赤军	市人民防空办公室主任、党组书记	
市接待办公室	梁 壮	市委副秘书长，市接待办公室主任、党组书记	
市机关事务局	唐成伟	市机关事务管理局局长、党组书记	
市府驻京办	张志伟	市政府驻北京办事处主任、党组书记	2015-04 免
	唐顺铁	市政府驻北京办事处主任、党组书记	2015-07 任
市府驻广州办	张经纬	市政府驻广州办事处主任、党组书记	2015-04 免
	侯广军	市政府驻广州办事处主任、党组书记	2015-12 任

（续 表）

单 位	姓 名	职 务	变动时间
市西部城区开发建设局	陈哈理	市委政策研究室调研员，兼任市西部城区开发建设局局长、党组书记（管理岗位 5 级）	
市人民法院	敖广恩	市委政法委副书记，市中级人民法院党组书记、副院长、代理院长	
市检察院	关英彦	市检察院检察长、党组书记，市委政法委副书记	
市总工会	尤镇城	市人大常委会副主任、党组成员，市总工会主席	
	李奕根	市总工会常务副主席、党组书记	
团市委	王小彬	团市委书记、党组书记	
市妇联	玄 阳	市妇女联合会主席、党组书记	
市科协	肖润新	市科学技术协会主席、党组书记	
市文联	马 融	市文学艺术界联合会主席、党组书记	
市社科联	刘福祥	市社会科学界联合会主席、党组书记	2015–01 免
	蔡新华	市社会科学界联合会主席、党组书记	2015–10 任
市残联	李杰秾	市残疾人联合会理事长、党组书记	
市红十字会	龙广艳	市政府副市长、党组成员，市红十字会理事会会长	
市工商联	姚 亮	省人大代表、市工商联兼职主席、市政协常委，珠海东之尼电子科技有限公司董事长	
	曹少英	市委统战部副部长，市工商联党组书记、第一副主席，市“两新”组织党工委副书记	
市流渔办	周 成	市流渔办主任、党组书记	
市气象局（台）	李叶新	市气象局（台）局（台）长	2015–06 任
市供销合作联社	贾石国	市供销合作联社主任、党组书记	
市住房公积金管理中心	卢仲强	市住房公积金管理中心主任、党组书记	
渔政支队	龚伟东	省渔政总队珠海支队政委	

国民经济和社会发展

【经济运行稳中向好】 2015年，全市地区生产总值2025.41亿元，比上年增长10%。全年经济逐季加速，全市一、二、三产业分别实现增加值45.11亿元、1007.30亿元和973.0亿元，分别增长0.0%、10.3%和10.2%，三次产业比重达2.2 ∶ 49.8 ∶ 48，增长贡献率分别为0.0%、54.7%和45.3%。与经济增长相关联的全社会用电量、货物运输总周转量、金融机构贷款等指标匹配性较强，分别增长8%、8.4%和21%。全市完成一般公共预算收入269.92亿元，增长17.2%。国地税分别完成68.23亿元和158.07亿元，增长14.2%和15.9%。

【重大项目进展顺利】 2015年，全市固定资产投资完成1305亿元，比上年增长15%。其中，外源性经济投资成为拉动投资增长的重要力量。全市外源性经济完成固定资产投资额173亿元，增长超50%。制造业投资增长超一倍。房地产投资增长超30%。基础设施投资增长在13.5%左右。其中，交通运输、仓储和邮政业完成投资183.75亿元，增长超30%。全市重点建设项目完成投资423.4亿元，完成计划的117.6%。其中33个省重点项目完成投资222.9亿元，完成计划的130.4%。基础设施工程项目、现代产业体系工程项目、新型城镇化项目、绿色发展工程项目、社会事业建设工程项目分别完成投资181.4亿元、175.1亿元、34.4亿元、10.8亿元、21.7亿元。中海油精细化工一期项目、三一海洋重工产业园一期项目、瓦锡兰中速机项目、碧辟化工PTA三期项目等完工投产。

【自主创新能力增强】 2015年，全面实施先进装备制造业、智能制造业、工业转型升级等专项规划和行动计划，成功举办首届珠江西岸先进装备制造业投资贸易洽谈会。完成规模以上工业增加值980亿元，同比增长9.7%，增速位居珠三角前列，高于全国和全省的平均增速。

研发经费支出占GDP比重达2.7%，居全省前列，其中企业投入占比达85%以上。从政策上完善自主创新环境、强化企业自主创新主体地位。全市有效高新技术企业新增51家，总数达397家。新设立工程中心和企业技术中心51家，规模以上工业企业研发机构覆盖率超过20%。新增新型研发机构和公共技术平台10个，新增企业孵化器面积31万平方米，孵化器内企业数量超过800家。

【市场消费逐步回升】 2015年，全市完成社会消费品零售总额913.6亿元，比上年增长12%。其中，大宗商品消费总体保持较快增长，限额以上汽车类商品零售额比上年增长19%左右；房地产销售保持畅旺，全市新建商品房登记面积328.14万平方米，增长34.71%。二手房登记面积273.60万平方米，比上年增长32.64%；与房地产行业相关的建筑及装潢类销售行情好转，增长28%左右；刚性支出商品销售情况良好，限额以上日用品类、食品类、服装类商品零售额分别增长40%、18%、23%；住宿餐饮业较快增长，全市住宿和餐饮业营业额分别增长25%和10.6%左右；新兴消费模式逐步升温，全市限额以上批零业网上销售额增长超50%，占全市限额以上批零销售额的4.5%左右，比上年提升约1.7个百分点。

外贸进出口结构有所优化，形势依然严峻。全市完成外贸进出口总额2961亿元，比上年下降12.3%。其中，出口额增长0.6%，进口额下降26.8%。

【城市建设扎实推进】 2015年，《珠海市城市总体规划（2001～2020年）》得到国务院批复，基本完成五规融合编制工作。全年完成改造用地71.28万平方米，新增实施改造用地125万平方米，实现总投资30.65亿元。横琴新区岛内基础设施初步建成，西部生态新区升级为省重大战略平台，平沙新城和富山新城基础设施进入大面积施工阶段，开发建设框架全面展开。开展林业重点生态工程建设，完成机场高速金台出入口、机场高速乾务互通和井岸二桥沿线景观提升工作。

珠海市国家生态市创建顺利通过公示阶段，环保责任考核、总量减排考核和大气污染防治考核结果均居全省前列，空气质量在全国 74 个主要城市中位居前列。

【民生福祉持续改善】 2015 年，新一轮 10 所镇中心幼儿园全面建成并开园，市四中西藏班、斗门区特殊教育学校、市共乐幼儿园、市一中平沙校区改扩建等项目建设竣工并投入使用。深入推进教育领域综合改革，获“广东省推进教育现代化先进市”称号。推进城市公立医院改革、深化基层医疗卫生机构综合改革和办医体制改革等三项改革，破除“以药补医”机制，全市 16 家公立医院统一实行药品和医用耗材零差率政策。继续开展城市品牌活动，举办滨海之声音乐会、环中国国际公路自行车赛（珠海站）、第二届中国国际马戏节、2015 珠海 WTA 超级精英赛、珠海国际沙滩音乐节等重大文化活动。推进政府免费 WIFI 项目建设，新建 58 个站点，基本覆盖全市主要公共场所；光纤接入用户超过 29 万，光纤入户率达 61.43%，在全国智慧城市评估结果中排名第七。

全市城镇新增就业人数 4.8 万人，促进创业 2856 人，带动就业 7692 人。城镇登记失业率为 2.26%。增强社会保障能力，提高基本养老保险待遇、医疗保险财政补贴标准、失业保险金，下调工伤、生育保险缴费费率、失业保险单位及个人费率。开工建设保障性住房、棚户区改造住房 4439 套，基本建成保障性住房、棚户区改造住房 3986 套。

2015 年珠海市国民经济发展情况

指 标	单 位	绝对值	比上年增长（%）
地区生产总值	亿元	2025.41	10.0
第一产业增加值	亿元	46.63	3.0
第二产业增加值	亿元	1006.01	10.2
工业增加值	亿元	893.06	9.3
第三产业增加值	亿元	972.34	10.0
人均地区生产总值	元	124706	8.6
规模以上工业总产值	亿元	4003.04	10.9
农林牧渔业总产值	亿元	88.27	3.5
固定资产投资	亿元	1305.14	15.0
社会消费品零售总额	亿元	913.20	12.0
外贸进口总额	亿元	1167.30	-26.7
外贸出口总额	亿元	1794.90	0.7
实际吸收外商直接外资	亿美元	21.78	12.8
一般公共预算收入	亿元	269.92	17.2
一般公共预算支出	亿元	389.28	39.4
城镇常住居民人均可支配收入	元	38322	8.6
农村常住居民人均可支配收入	元	16046	12.2
中外资金融机构境内住户存款余额	亿元	1322.97	2.3

2014 ～ 2015 年珠海市社会事业情况

指 标	单 位	2014 年	2015 年
普通高校	所	10	10
普通高校在校学生	万人	13.20	13.30
中职和技校	所	9	9
中职和技校在校学生	万人	2.92	2.87
普通中学	所	67	71
普通中学在校学生	万人	9.05	8.76
小 学	所	115	116
小学在校学生	万人	14.06	14.88
医院、卫生院	个	52	54
医院、卫生院床位	张	7993	8558
群众艺术馆、文化馆	个	4	4
公共图书馆	个	3	4
博物馆（纪念馆）	个	6	6

【需继续关注的问题】 2015年，珠海市主要经济指标增长态势良好，但经济增长基础还不稳固，一些结构性矛盾依然存在。主要反映在以下方面：一是经济深层次问题没有缓解，工业仍然依赖大企业，投资更加依赖房地产，经济发展依赖国有企业；二是工业面临较大下行压力，生产者物价指数（PPI）持续下跌，与工业密切相关的加工贸易进出口仍然低迷，工业投资出现萎缩，对工业的增长后劲带来不利影响；三是外贸进出口降幅较大。

（骆一俊）

固定资产投资

【概　况】 2015年，珠海市完成固定资产投资1305.14亿元，比上年增长15%。其中，工业投资258.69亿元，下降6.3%；制造业投资219.6亿元，增长75.2%；房地产开发完成投资524.12亿元，增长35%。

【基础设施投资】 2015年，珠海市完成政府投资项目163.74亿元（含归还融资成本支出），完成年度计划101%。其中，建设项目投资额96.49亿元，完成年度计划101.8%。

交通基础设施项目　完成投资50.23亿元，完成计划的107.9%。港珠澳大桥珠海口岸主体工程完工。有轨电车1号线首期工程完工调试。金港路横琴北段（横琴二桥）、省道S365线中心涌至井岸二桥段工程建成通车。珠海市区至珠海机场城际轨道、翠屏段一期工程、县道X587、洪湾枢纽互通二期工程等项目均超额完成年度投资计划。香海大桥、洪鹤大桥、东西部公交快速化工程等项目动工建设。

公益性设施项目　公共教育完成投资1.38亿元，完成计划的70%。珠海市直属机关幼儿园、珠海市斗门区特殊教育学校项目工程基本完工；珠海城职院受投资方建设资金未及时到位影响，进展偏缓，仅完成年度投资计划的63%；市技工学校基本完成年度投资计划。公共文化体育完成投资3.96亿元，完成计划的110.3%。珠海大剧院总承包范围工程、珠海博物馆和规划展览馆主体工程基本完工。医疗卫生完成投资5400万元，完成计划的101.9%。公共安全完成投资1.51亿元，完成计划的86.7%。其他公共服务完成投资5.1亿元，完成计划的97.1%。

生态环保公用设施项目　完成投资3.85亿元，完成计划的85.6%。沥溪垃圾填埋场封场主体工程基本完工。森林碳汇造林工程、道路天桥、下穿隧道绿化美化工程完成既定目标。

农村基础设施项目　完成投资3.11亿元，完成计划的109.6%。农村水利等基础设施项目基本完成年度任务；农村公路项目超额完成任务；市政基础设施项目完成投资26.81亿元，完成计划的96.3%；市政道路维修美化工程、交通安全隐患整治工程超额完成年度计划；宝翠桥、人民西路与坦洲环洲东南路衔接工程等珠中断头路以及翠福路、逸仙路、外环路等市政道路基本完工，西部生态新城市政基础设施项目进展顺利。（骆一俊）

体制改革

【制度创新】 2015年，珠海市委全面深化改革领导小组第十一次会议制定出台《珠海市贯彻党的十八届三中全会重要改革举措实施规划（2014～2020年）》，对珠海市十六个方面255项改革任务进行统筹平衡，明确各项改革措施的衔接配合和时序安排。是年，制定出台《珠海市全面深化改革2015年工作要点》及其任务分工方案，提出十一个方面75项重点改革任务；制定出台《珠海市重点改革行动方案》，围绕2015～2017年改革目标任务，提出七大领域37项重点改革任务。

【改革方案审议】 2015年，珠海市召开4次市委全面深化改革领导小组会议。审议通过《〈珠海市全面深化改革2015年工作要点〉分工方案》《中国（广东）自由贸易试验区珠海横琴新区片区2015年改革创新工作方案》《关于深化行政审批制度改革提升政务服务效能的意见》《珠海市深化党的建设制度改革实施方案》《珠海市深化医药卫生体制改革总体方案》《珠海市贯彻党的十八届三中全会重要改革举措实施规划（2014～2020年）》《珠海市深化行政体制改革工作方案》《关于全面深化公安改革争创全国先进公安机关的实施意见》《珠海市市本级财政零基预算改革实施方案》《珠海市重点改革任务清单》《珠海市属新闻媒体改革方案及行动计划》《珠海市深化纪律检查体制改革实施方案》等12份改革文件，涉及经济、行政、社会、文化和司法等各个领域。

【改革评估机制建立】 2015年9月，珠海市启动重点改革事项绩效调研评估工作，先后制定全面深化改革任务评估工作方案、重点改革事项绩效评估工作方案和工作安排，委托第三方机构对横琴商事制度改革等6项重点改革项目进行绩效评估。实行改革任务实效评估制度，通过牵头单位自评、专项小组审核、市委改革办会审、提交市领导小组审议等程序，形成一级促一级、层层抓落实工作格局。完善考核评价体系，将重点改革工作纳入各区年度考核评价指标体系。强化督查督办，将年度全面深化改革工作任务和领导小组会议决定事项任务纳入执行力电子监察系统，及时掌握各项重点改革任务进度情况。

【横琴新区改革】 2015年，横琴新区出台《横琴片区2015年改革创新发展总体方案》和《横琴自贸片区落实省委省政府主要领导指示的39项工作措施》，推行改革创新举措40余项，其中6项在珠海市全面复制推广，17项成为广东省可复制可推广经验，6个创新案例入选广东省自贸试验区首批制度创新案例。深化商事登记制度改革，全国首发“商事主体电子证照卡”，将“大数据管理”“互联网+”理念融入企业登记与服务全流程。实施“三单”（港澳投资准入负面“短清单”、权力清单、执法提示清单）管理，制订的对港澳负面短清单比国家标准缩短30%。推行“三个零”政府服务，“政府智能化监管服务新模式”获全国自贸试验区“最佳实践案例”。启动横琴口岸“一机一台”关检合作查验通关模式，通关效率提升30%。启动横琴·澳门青年创业谷项目，入驻澳门企业112家。跨境电商产业园O2O展销体验中心正式试营业，并同步建设线上电商购物平台。成立珠港澳商事调解合作中心，境外仲裁员占比44%，居全国首位。制定《横琴新区诚信岛建设工作方案》，首批实施先行赔付制度的横琴诚信店正式授牌。离岸金融实现8项全国率先，广东金融资产交易中心累计交易量突破4294亿元，横琴稀贵商品交易中心交易量突破240亿元。设立全国首个知识产权运营特色试点平台——横琴国际知识产权交易中心，聚集创新性金融要素交易平台11家，引进金融类企业2018家，注册资本总额1960亿元，管理资产约1.7万亿元。横琴法院在全国率先推行立案登记制，率先实行“类似案件类似判决”引入法庭辩论制度，率先推行第三方法官评鉴机制。横琴检察院率先在全国创建检察官惩戒（监督）委员会制度和主任检察官引导侦查取证新机制。设立知识产权巡回法庭、横琴国际知识产权交易中心，初步建立知识产权流动和保护机制。建立“工程项目管理平台”和“工程项目评估预警电子监察平台”，推进横琴警务体制机制创新改革。创新“大物管+大综合+大法治”城市治理模式。打造全国首个城市智能管家——“横琴管家”平台。建立对接港澳、具有横琴特色的综合执法体系。与澳门特别行政区政府共同筹建集养老、居住、教育、医疗等综合功能于一体的“澳门新街坊”，打造珠澳合作、社会治理“新样板”。

【经济体制改革】 2015年，珠海市制定出台《珠海市开展“三证合一、一照一码”商事登记制度改革工作方案》及七个配套工作规范，探索实行“互联网+信用监管”模式。实施商事制度改革以来新登记商事主体93137户（含自贸区11958户），日均新登记注册商事主体123户，每千人商事主体数量突破135户。指导公交集团、九洲控股集团等市管企业混合所有制改革，引入战略投资者，拓展新业务，发挥国有资本带动作用和放大效应。推进投融资体制改革，出台《关于在公共服务领域推广政府和社会资本合作模式的实施意见》，制定《珠海市推进企业投资项目建设审批改革加快项目落地试点方案》。申报跨境贸易电子商务服务试点城市，与阿里巴巴签约成为发展跨境电商首批合作城市。对接国家政策性融资，研究制定《珠海市口岸投资建设与运营管理改革方案》。启动零基预算改革，出台《珠海市市本级财政零基预算改革实施方案》和《珠海市人民政府关于深化预算管理制度改革的贯彻落实意见》。制定实施《珠海市社会信用体系建设三年（2015～2017）行动计划》，探索扩大信用记录和信用报告使用领域。

【创新驱动体制改革】 2015年，珠海市成立创新驱动发展领导小组，下设5个专责小组，统筹实施创新驱动发展战略。启动修订《珠海市经济特区科技促进条例》，为实施创新驱动战略提供法治保障。制定出台《珠海市创新驱动发展三年行动计划（2015～2017年）》，明确全社会研发投入、科技型企业孵化能力、新型研发机构、高层次人才培育等“8个倍增”目标，推动珠海创新驱动发展。整合出台《珠海市加快推进科技创新若干政策措施》，形成深化科技体制改革创新驱动核心政策。制定出台《关于推进珠海市新型研发机构发展的实施意见》，加速科技成果转化和应用。出台《珠海市加强科技企业孵化器用地管理意见》，吸引社会资本参与孵化器建设。组建珠海市科技创业投资有限公司，推动珠海市创业投资引导基金投向科技型企业子基金。

【民主法制改革】 2015年，珠海市制定出台《中共珠海市委关于贯彻落实党的十八届四中全会精神建设一流法治环境的工作方案》，全面推进依法治市。制定出台《中共珠海市委关于加强和改进人大工作的意见》及其八项配套工作制度，推动人大工作改革创新。探索基层协商民主平台建设，建立界别发言人、召集人制度和界别对应政协专委会交流制度。

【行政体制改革】 2015年，珠海市出台《珠海市深化行政体制改革工作方案》，精简行政审批事项，完成市级244项非行政许可审批事项清理，不再保留“非行政许可审批”类别。将182项市级行政管理事权下放至区，优化市、区事权分工。实行投资立项审批“一个窗口受理、一个窗口审批”制度，推行网上备案立项制度，建设工程项目行政审批时限压缩至12个工作日以内。实行招标核准负面清单制度，减少90%招标核准事项。制定出台《政务服务窗口实行错峰服务的工作方案》及具体实施细则，完善“错峰服务”工作制，提高行政效率。出台《珠海市重大行政决策程序规定》，规范重大行政决策。加强阳光政务建设，开通“珠海政务微博发布厅”，公开市直预算单位“三公”经费预算与部门预算。推进事业单位法人治理结构试点工作，出台《关于支持事业单位法人治理结构试点工作有关政策意见的通知》和《事业单位法人治理结构试点理事会组建操作指引（试行）》，创新事业单位管理模式。

【文化体制改革】 2015年，珠海市推进珠海特区报社、珠海广播电视台集团化改革工作。研究制定珠海市加强和推进新型智库实施意见，加强对新型智库建设的顶层设计、统筹协调和分类指导，推进不同类型、不同性质智库分类改革，科学界定各类智库功能定位。起草珠海市属宣传文化系统国有文化企业国有文化资产监督管理办法，完善国有文化资产监督管理体系。推进古元美术馆理事会制度试点建设，完善事业单位法人治理结构。

【司法体制改革】 2015年，横琴新区推行司法体制改革：法院实施立案登记制，完善“五监督一保障”机制，实行法官员额制；检察院实行人员分类管理，推行主任检察官办案责任制，建立内外结合的检察权运行监督制约机制。（详见P86【公正司法】条目）

【社会体制改革】 2015年，珠海市制定出台《珠海市深化医药卫生体制改革规划纲要（2015～2020年）》《珠海市深化医药卫生体制改革总体方案》及配套实施方案，推动医药卫生体制改革。制定出台《关于深入推进职业教育校企合作的意见》《关于加快发展现代职业教育的实施意见》等政策，深化职业教育产教融合、校企合作。制定《关于进一步加强社会组织联合监管工作的意见》，加强对社会组织有效管理。完善志愿服务激励机制和保障机制，推动志愿服务管理规范化、制度化。建立珠海市大学生创业孵化园和创业孵化基地，形成“一园多基地”创业孵化格局。理顺社会管理协管员体制，加强规范管理。创新城市管理体制机制，打造全市性、综合性数字城管信息化平台，实现“大城管”格局。建立“三级覆盖”公共法律服务平台，深化“法律顾问进村居”，初步形成司法行政机关主导、社会组织参与、政府购买服务、法律志愿者补充的公共法律服务体系。在全国率先发布全市“平安指数”，营造共建共享、全民创安“大平安”局面。开展公共服务政策和项目公众评议，打造以群众满意度为标准的公共服务模式。构建“四位一体”安全隐患排查治理系统，建立完善网络化、精细化安全生产综合监管机制，深化安全生产管理体制。

【生态文明体制改革】 2015年，珠海市首次实施生态文明建设考核，探索建立差别化的生态文明考核机制。制定出台《珠海市创建全国水生态文明城市三年（2015～2017）行动计划》和《珠海市海绵城市建设工作三年行动计划（2015～2017年）》，推动水生态文明城市建设和“海绵城市”建设。出台《珠海市饮用水源保护区扶持激励办法》，激励饮用水源保护区保护生态环境的积极性。出台《珠海市2015年排污权有偿使用和交易试点工作方案》，探索建立排污权有偿使用和交易试点。在全省率先设立环境资源合议庭，归口审理全市资源类和环境类案件。设立不动产登记中心，启动全市不动产统一登记工作，探索自然资源资产产权制度和使用管制制度。在全国率先发布“生态环境指数”，将生态环境状况量化为指数形式向社会公布，并建立相配套的管理办法和考核机制。

【党的建设制度改革】 2015年，珠海市制定出台《珠海市深化党的建设制度改革实施方案》，部署25项改革举措55项改革成果，形成31项改革成果。制定《市管干部选拔任用工作规程》，完善干部选拔任用制度。加强干部管理监督，严格执行提醒通知书、函询通知书、诫勉通知书“三书”预警告诫制度。完成《各区领导班子年度考核实施意见》修订，科学设置考核指标。推进国有企事业单位人事制度改革，规范市属企业负责人薪酬管理。出台《关于严格履行党建工作责任制，全面加强基层党组织建设的意见》《珠海市基层党建工作考核方案》，按照20%权重纳入各区党政领导班子和领导干部实绩考核。制定加强镇村战略后备人才管理工作实施意见、市管党建指导员管理办法，加强基层干部队伍建设。推进人才发展体制机制改革，实施企业家素质提升计划。

【纪律检查体制改革】 2015年，珠海市制定出台《珠海市深化纪律检查体制改革实施方案》，部署六个方面33项改革任务，完成11项。制定出台《关于加快建设横琴廉洁岛的工作意见》，率先建设横琴“廉洁岛”，创建廉洁示范区。出台《横琴新区规范领导干部配偶、子女及其配偶经商办企业行为规定》，对领导干部配偶、子女及其配偶经商办企业行为作出约束。与新加坡国立大学东亚研究所建立战略合作关系，组建专家顾问组，为横琴“廉洁岛”建设提供有力支撑。深化“两报告”（线索处置和执纪审查向同级党委报告的同时必须向上级纪委报告）工作，将“双报告”范围扩大至派驻机构，并延伸到镇（街）纪委。出台区纪委书记、副书记，派驻纪检组长、副组长，市属企业纪委书记、副书记提名和考察实施意见。完善横琴廉政办机构设置，构建纪检、监察、审计、检察、经侦“五位一体”工作新格局。

【农村综合改革】 2015年，珠海市推进农村土地承包经营权确权登记颁证工作和建设中央农办农村改革试验联系点工作。完成试点区土地确权招标，开展农村土地现状数据收集。完善农村集体“三资”（农村集体资金、农村集体资产和农村集体资源）管理平台建设，制定出台《关于进一步推进农村（社区）集体“三资”管理服务平台建设实施方案》。制定出台《关于加强农村金融改革创新改进农村金融服务的实施意见》，设立农村金融服务站42家，成立农业融资有限公司1家。推进农村“内置金融”合作社试点，探索新型农村经济合作模式。

（张 韵）

政治文明建设

【加强和改进党的建设】 2015年，珠海市把“三严三实”专题教育贯穿全年，强化党建主体责任，开展从严治党专项考核，按照20%的权重纳入各区实绩考核。开展区、镇（街）党委书记抓基层党建述职评议，打造一批基层党建“书记项目”和示范点，扩大“两新”基层党组织的有效覆盖。整顿提升43个村（居）软弱涣散党组织，全面落实驻点普遍直接联系群众制度和工作地居住制度。全市驻点联系工作完成走访任务95.8%，收集群众反映问题1.96万件，办结1.84万件。开展基层治理，制定28项基层治理任务清单，清理核实农村集体经济组织“三资”，解决历史留用地等涉及群众切身利益的难点问题。

【领导班子和干部队伍建设】 2015年，珠海市贯彻落实中央八项规定精神，巩固深化“转作风提效能”活动，开展岗位职责“明责晒单”、机关作风“清障”行动，解决机关干部“在岗不尽责、在编不干事”问题。从严选拔管理干部，开展“凡提必核”工作，干部超职数配备问题全部整改完成。制定市管干部选拔任用规程，着力解决干部“不作为、慢作为、不能为”问题，探索建立“能上能下”干部工作机制。

【党风廉政建设】 2015年，珠海市按照省委第五、第八巡视组的要求抓好整改，落实党风廉政建设主体责任，持续保持惩治腐败高压态势，查处违纪案件312件，给予党纪政纪处分302人，群众对党政机关的廉洁感知指数全省排名第二。出台预防腐败条例实施细则及30多项配套制度，优化升级廉情预警评估系统，实现市、区两级政府投资工程全覆盖。推进横琴“廉洁岛”建设，在全省率先出台规范领导干部配偶、子女及其配偶经商办企业行为的规定，创建廉洁示范区。

【行政管理体制改革】 2015年，珠海市推进行政体制改革，继续实施简政放权，完成市、区权力清单编制，将182项市级行政管理事权下放至区。推行“三证合一”（指将企业依次申请的工商营业执照、组织机构代码证和税务登记证三证合为一证）“一照一码”（在“三证合一”基础上，通过“一口受理、并联审批、信息共享、结果互认”，实现由一个部门核发加载统一社会信用代码的营业执照），全国首发“商事主体电子证照卡”。实行投资立项审批“一个窗口受理，一个窗口审批”，建设工程可行性研究审批时限压缩至12个工作日。开展口岸查验机制创新，率先在横琴口岸启动“一机一台”通关（在横琴口岸，海关和检验检疫部门通过整合优化、信息共享、协同执法，减少重复监管，出入境旅客只需接受海关、检验检疫一次联合检查即可通关）改革，效率提升30%。启动市、区两级财政“零基预算”（在编制预算时以零为基点，不考虑过去预算项目和收支水平，重新核定每个项目实际情况及资金需求，依据事情的轻重缓急，统筹安排年度资金预算）改革，深化国资国企改革。深化农村综合体制改革，推进农村土地承包经营权确权登记，分批建成42个农村金融服务站。横琴自贸试验区对标国际高标准投资贸易规则，制定横琴自贸试验区改革创新发展总体方案，出台40多项改革举措，其中6项面向全市复制推广，6项入选广东省自贸试验区首批制度创新案例，“政府智能化监管服务新模式”获全国自贸试验区最佳案例。出台促进自贸试验区建设的政府规章，推行“三个零”政府服务，实施“三单”（投资禁限清单、审批服务清单、职责监管清单）管理，对港澳负面短清单比国家标准缩短30%。推进司法体制机制改革探索，推行立案登记制，建立商事案件专业化审理机制。

【社会治理模式创新】 2015年，珠海市加大信访维稳和社会矛盾排查化解力度，开展“五个专项”整治（整治违规修建楼堂馆所，整治公款出国旅游，整治节庆、论坛、展会活动过多过滥，整治“小金库”、违规使用专项资金，清退会员卡）和“社会矛盾化解年”活动。推进涉农、劳资、环保等重点领域的专项治理，排查重点矛盾纠纷127宗，化解率93.2%。健全依法维权和化解纠纷机制，建立全国首个社会评议委员会。妥善解决代耕农等一批历史遗留问题。推进平安珠海建设，开展涉毒、涉黑、涉盗抢“3+2”整治刑事犯罪专项行动（省公安厅统一部署涉毒、涉黑和“两抢一盗”打击行动，在此基础上结合本地实际，在涉赌、涉食假药、涉非法集资、涉诈骗、涉枪5类犯罪中选取两项本地突出犯罪集中打击），打击“涉诈骗”专项排名全省第一。推进社会治安防控体系建设，建立“平安指数”发布应用机制，社会治安指标得分位列全省第一，全市未发生重大刑事案件和群体性事件。成功审理具有全国影响力的“华藏宗门”案。部署全国公安改革综合试点工作，推出“10+1”改革惠民项目（“10”指出入境管理智能化再提升；推进村居警官工程；深化平安指数应用；深化案件办理信息公开平台应用；简化交通违法处罚程序；建设智能交通系统；推动技防管理立法；构建三级消防监管模式；探索志愿警察机制；推进户籍制度改革。“1”指服务自贸区建设，探索横琴特色警务模式），开展公安民警分类管理改革。加快创建国家安全发展示范市，持续开展“打非治违”（打击非法违法生产经营活动行为）专项行动，加大对危险化学品等重点领域隐患排查和执法检查力度，各类生产安全事故同比下降，全市安全生产形势保持稳定。

【人大、政协依法履行职能】 2015年，珠海市人大常委会审议法规草案10件，通过7件。围绕全市中心工作、法律法规有效实施和群众关心的热点难点问题开展监督，听取和审议专项工作报告9项，开展执法检查2项，组织专题询问2次，开展专题调研18次。组织代表参加各项活动1097人次，其中参加专题调研、视察、执法检查308人次。不断加强同人大代表的联系，密切人大代表与人民群众的联系，发挥代表的主体作用。市政协围绕全市发展大局，在民主协商、民主监督和推动全市重点工作方面发挥重要作用。制定《中共珠海市委关于加强和改进政协工作的意见》，成为党的十八大后全省第一家出台相关文件的地级市。围绕全市“三高一特”产业发展、自贸区建设等重大决策部署，选择发展先进装备制造业、横琴自贸区金融创新等8个协商议题。探索完善协商体系，灵活开展专题协商、界别协商、对口协商、提案办理协商，创新推进常委会议协商、立法协商、走访协商，构建多层面协商民主运行机制。提高提案质量和提案办理实效，全年收到提案444件，立案397件，推动一批行业发展、社会民生等问题妥善解决。继续完善委员参加民主评议、行风评议、考察视察等活动方式，全年有70多名政协委员参与市各相关部门监督活动。

【法治珠海建设】 2015年，珠海市重点推动与创新驱动、民营经济、国际宜居城市相关的立法项目，制定地方性法规7件、政府规章6件，在全国率先制定地下综合管廊管理条例。加快建设法治政府，发挥政府法律顾问作用，实施重大行政决策听证制度，全市12个单位发布重大行政决策听证目录。加快珠海新型智库建设，健全科学民主决策机制。落实新修订的行政诉讼法，24个行政机关单位负责人出庭应诉。深化司法体制改革，实行领导干部干预司法活动、插手具体案件处理的记录、通报和责任追究制度，维护司法权威。在全国率先实施行政执法与刑事司法衔接工作条例。推进社会治理法治化，区、镇（街）、村（居）三级公共法律服务中心（站）实现全覆盖。推进律师、警官和规划师“三支队伍”进村居。完成“六五”普法工作。

【保障人民群众民主权利】 2015年，珠海市加快构建社会建设和管理基础平台，推进政务公开，健全公共政策社会公示制度、公众听证制度、专家论证制度，听取公众意见，保障公众知情权、参与权、表达权、监督权。完善以权力公平、机会公平和规则公平为主要内容的社会公平保障体系，从法律、制度和政策上确保人民群众享有公平发展机遇。依法保障人民群众政治、经济、文化和社会等各项权益。

（市委办）

依法治市

【概　况】 2015年初，珠海市委七届五次全会研究并审议通过《中共珠海市委关于贯彻落实党的十八届四中全会精神建设一流法治环境的工作方案》，确立全面推进依法治市目标任务。市委部署制定《珠海市贯彻实施党的十八届四中全会重要举措实施规划（2015～2020年）》，进一步明确今后五年珠海法治建设任务与实施步骤。召开依法治市工作领导小组第20次会议，审议通过《珠海市贯彻落实党的十八届四中全会决定重要举措2015年工作要点》。完善政绩考核办法，将法治建设绩效纳入各区领导班子年度实绩考核指标体系。调整充实依法治市工作领导小组，率先在全省进行机制创新，在依法治市工作领导小组下设科学民主立法、法治政府建设、公正司法、社会治理、全民普法守法、法治工作队伍建设6个专责小组，明确领导小组和各专责小组工作职责和运行机制。加强协调督办，对重点任务建立任务台账，并多次督办检查，深入各区开展专题调研。协助省、市政协开展“依法治市工作回头看”调研活动。开展党建立法专题调研，提出以健全党内规范性文件促进党建科学化等建议。

【立法工作】 珠海市人大常委会全年审议法规草案10件，通过7件，审议通过法规废止决定1件。其中《珠海经济特区民营经济促进条例》，率先在全省进行民营经济发展的立法探索；《珠海市人大常委会关于城市概念性空间发展规划的决定》，以概念性空间发展规划引领城市可持续发展；《珠海经济特区土地管理条例》《珠海经济特区地下综合管廊管理条例》，用好地上、地下空间资源，提高城市综合承载能力；《珠海经济特区电力设施保护条例》，为全市经济社会发展和公共安全提供制度保障；修改《珠海市授予荣誉市民称号办法》，鼓励和表彰对珠海做出突出贡献的市外热心人士。制定《珠海市人民代表大会常务委员会党组关于立法工作重大事项向市委报告的规定》，明确立法重大事项向市委报告的内容和程序。制定《珠海市地方性法规立项办法》及《珠海市人民代表大会及其常务委员会制定法规规定》，优化立项、起草、审议、表决等立法程序，完善人大发挥立法主导作用体制机制。出台《珠海市政府规章立法程序实施办法》，健全政府立法程序。市人大常委会加强法规立项论证，通过媒体向社会公开征集立法项目建议，30多万人次参与。落实法规公开征求意见制度，严把法规审议程序。建立立法咨询服务基地，选聘立法咨询专家成立咨询专家库，发挥港澳法律顾问服务公司平台作用。成立市人大常委会立法研究中心，加强立法工作队伍建设。推进民主立法，制定《珠海市法规制定公众参与办法》《珠海市政府立法公众参与办法》。确立10个基层立法联系点回应基层立法关切。建立法规规章草案征求政协意见机制。注重法规清理，对现行有效的52部法规进行全面清理，维护国家法制统一性。

【依法行政】 推进政府事权规范化、法制化 全面推行市、区政府及其部门行政权责清单制度，加大行政审批事项“减、放、转、并”力度，动态调整45项行政审批事项，清理244项市级非行政许可审批事项，不再保留“非行政许可审批”类别；向各区下放182项市级行政管理事权，赋予基层更多自主性。完善依法行政考评办法。

健全依法决策机制 出台《珠海市重大行政决策程序规定》，建立依法、科学、民主行政决策机制。实施重大行政决策听证制度，推动全市12个单位发布重大行政决策听证目录，举行重大行政决策听证会10场。强化对行政决策和重大行政措施合法性审查，全年审查政府法律事务600余件。实施政府法律顾问制度，聘请中国社会科学院法学研究所为市政府法律顾问单位，成为省内首个引入国家级专业智库作为政府法律顾问单位的城市。

规范公正文明执法 研究起草行政执法体制改革总体方案。以横琴综合执法试点工作为突破口，规范行政处罚、行政许可等执法行为，对全市26个行政执法主体2014年90多宗行政处罚、行政许可案卷进行评查和通报。开展行政执法人员培训，提升行政执法人员素质。推进《珠海经济特区行政执法与刑事司法衔接工作条例》有效实施，行政执法机关移送案件数比上年增长63.9%，公安机关立案数增长27.84%。

强化行政权力制约和监督 推进“全口径”预算（政府所有收支全部纳入统一管理）监督，对财政预算、公共资金、政府投资、经济责任、国有企业五类性质审计项目编制五年审计规划。强化审计法治建设，推进经济责任审计“统一规划、统一格式、统一内容、统一复核”机制。深化行政复议改革，集中行政复议权，推行复议案件开庭审理，行政复议综合纠错率28.33%。修订《行政机关应诉工作规则》，提高行政诉讼中行政首长出庭应诉率。全面推进政务公开，公开26个政府部门责任白皮书、市本级财政预决算和“三公经费”、财政审计信息、保障性住房信息等重点领域信息。

【公正司法】 推进司法体制改革 2015年，珠海市制定《珠海市落实〈广东省深化司法体制改革主要任务及分工方案〉实施意见》。开展法院、检察院人财物归省统一管理专题调研。横琴新区法院全面取消案件审批制，实施立案登记制；完善司法公开监督、流程监督、审判监督、纪律监督、办案终身负责制监督、廉政保证金制等“五监督一保障”机制；实行法官员额制，主审法官、审判辅助人员、司法行政人员分类管理，不设审判庭，设立法官会议。横琴新区检察院进行综合改革创新，实行检察官、检察辅助人员和检察行政人员分类管理，全面推行主任检察官办案责任制，建立内外结合的检察权运行监督制约机制；设立检察官监督委员会和主任检察官业务工作考评委员会，对检察官履职进行监督评议。

完善阳光司法机制　2015年，珠海市中级人民法院初步建成审判流程公开、裁判文书公开、执行信息公开三大平台，18个审判法庭实现庭审同步录音、录像、录入“三同录”，网上立案、远程庭审、电子送达、视频接访有效推进。检察机关深化检务公开，完善门户网站和官方微博管理，开通官方微信，在互联网公开案件流程等信息。公安机关推进阳光警务建设，在全省率先实现刑事和行政案件办理信息网上公开。

【法治社会建设】　2015年，珠海市制定《关于社会领域制度建设规划的意见》，对全市社会领域法制体系框架和重点项目进行整体统筹设计和规划。开展《珠海经济特区社会建设条例》执法检查，保障社会治理各项措施落到实处。规范公共服务制度体系，推进户籍制度改革，推动城乡之间、区域之间、户籍人口与异地务工人员之间基本公共服务实现均等化。

完善公共法律服务体系　香洲、金湾、斗门3个行政区完成区级公共法律服务实体平台建设，24个镇（街）实现公共法律服务中心挂牌运作，317个村（社区）完成公共法律服务站建设，初步形成司法行政主导、社会组织参与、政府购买服务、法律志愿者补充的公共法律服务体系。年内“法律顾问进村居”实现村居全覆盖，为村居提供服务8763次，服务群众3万多人次。

创新基层治理　实施行政事务社区准入制度，制定第二批《社区行政事务禁入目录》，减轻社区行政负担。完善基层群众自治制度，加强和规范村务监督委员会建设，推动村（居）务公开内容规范化。斗门区创新村民自治、村组织运行、村政村务管理监督，以及农村“三资”（农村集体资产、农村集体资金、农村集体资源）管理机制经验，在珠三角地区社会主义新农村建设现场会上向全省推广。高新区、万山区探索网络化管理模式，实现全天候、无缝对接处理社会治理事务，解决服务群众“最后一千米”问题。

规范社会组织　深化社会组织登记管理体制改革，开展社会组织直接登记。团市委、市总工会、市妇联建设枢纽型社会组织，服务覆盖务工青年、青少年学生和女性群体。完善政府购买社会组织服务制度，搭建省内首个政府购买社会组织项目信息统一公示平台，搭建社会组织承接政府职能转移能力的信息发布平台。出台《关于进一步加强社会组织联合监管工作的意见》，促进社会组织规范发展。

化解基层矛盾　出台《关于解决我市代耕农问题的指导意见》《珠海市关于进一步预防和化解住房公积金劳资纠纷的实施方案》等制度。完善多元化解矛盾纠纷机制，建立人民调解委员会396个、行业性专业性调委会54个、派驻工作室67个，专项人民调解员223人、兼职人民调解员2263人。抓好“涉农、劳资、环保、房地产、金融”五大领域和“涉军、历史遗留问题、信访过程中违法犯罪行为问题”三项治理内容，形成“5+3”专项治理模式。强化预警应急，妥善处置群众性事件。落实《珠海市重大事项社会稳定风险评估工作意见》及实施细则，对洪鹤大桥、鹤洲至高栏港高速公路等5个重大工程项目开展社会稳定风险评估，做到应评尽评。优化法律服务，扩大法律援助覆盖面，对农民工欠薪、工伤赔偿等事宜落实绿色服务通道。出台《珠海市国家司法救助专项资金使用管理办法》，提高救助资金拨付效率。探索社会矛盾化解工作新方法，成立全国首个“社会评议委员会”，对重信重访典型案件和重大社会公共事务进行公开评议，促进矛盾化解。

建设平安珠海　在全国率先以镇街为单位每天发布“平安指数”，实现科学测评、及时预警、督促整改目标。推进立体化社会治安防控体系建设，完善城乡公共安全视频监控系统。开展重点地区和突出领域治安整治，推进“3+2”（涉毒、涉黑恶、涉盗抢和涉非法集资、涉诈骗犯罪）专项打击行动。建立安全生产长效机制，保障公共安全。

【全民普法工作】 2015年，珠海市开展“法律六进”（进机关、进乡村、进社区、进学校、进企业、进单位）活动，加强法治文化建设。完成“六五”普法规划检查和考核各项目标任务。

落实普法主体责任制度 组织开展法治广东宣传教育周暨“12·4”国家宪法日宣传教育系列活动，营造全市学法用法良好氛围。通过网络在线学习方式，开展全市公务员依法行政与法治思维专题培训。落实“谁执法谁普法”主体责任，先后就行政诉讼法、市行政执法与刑事司法衔接条例、养犬条例开展宣传和执法培训活动。在全市非公有制企业开展以“守法诚信”为主题的法律宣传周活动。

利用多种手段开展法治宣传 在《珠海特区报》“深一度”专版对涉及重大民生、决策听证会进行重点报道，开设“香山警务”“基层调解员”“加强预防职务犯罪教育”“法律服务进社区”“依法治市进行时”等专栏，刊发报道40余篇。在《珠江晚报》开设“法治”“法眼”专版，报道法治案例或事件。在珠海广播电视台刊发珠海两级法院、检察院案件类新闻近200条。在珠海电台制作《诚信篇》《道德篇》《执法篇》等公益广告。借助新媒体传播手段，在珠海新闻网、市属媒体官方微博和微信推送“依法治市”新闻和专题节目。

【横琴自贸片区法治建设】 2015年，珠海市人大常委会出台《关于对标世界银行指标体系建设横琴自贸片区国际化法治化营商环境的工作方案》，提出推进开办企业、行政管理创新、知识产权保护等12项重点任务，制订工作方案任务分解表。市政府审议通过《珠海经济特区促进中国（广东）自由贸易试验区珠海横琴新区片区建设办法》，在立法层面为自贸区建设提供保障。

创新市场监管制度 实施《珠海经济特区横琴新区诚信岛建设促进办法》，建设国内首个“诚信岛”，在商品溯源、监管、执法、处罚、先行赔付等方面构筑防火墙，促进横琴新区诚信体系建设。引入澳门特别行政区“诚信店”管理模式，开展“先行赔付”制度，营造与港澳趋同的诚信环境。创新市场执法监管机制，制定《横琴与香港、澳门差异化市场轻微违法经营行为免罚清单》，探索对部分情节显著轻微且无实质影响公共秩序和他人权益的违法行为免予行政罚款。创新海关监管模式，实施与国际通行规则相一致的“先进区、后报关”“第三方检验检测结果采信”等通关监管措施。发布市场主体违法经营行为提示清单，列明国民经济96类行业1748种违法经营行为。

健全商事纠纷非诉讼解决机制 在横琴新区设立珠海国际仲裁院，制定发布与国际接轨的《珠海国际仲裁院仲裁规则》和《珠海国际仲裁院仲裁员名册》。推动创立“珠港澳商事争议联合调解中心”，为当事人提供可供选择的跨境调解服务。设立知识产权巡回法庭、知识产权检察工作站、横琴国际知识产权交易中心，初步建立知识产权流动和保护机制。设立“广东省珠海市横琴公证处”，构建适应自贸试验区需求的公证法律服务。选定专业律师组建“自贸试验区建设法律服务团”，为自贸区建设提供专业法律服务。 （王 律）

依法行政

【制度建设】 2015年，珠海市利用特区立法权，坚持急用先立、勇于创新，深入调研论证，推进科学立法、民主立法。提请市人大常委会审议《珠海经济特区电力设施保护规定》等10部地方性法规草案，出台《珠海经济特区促进中国（广东）自由贸易试验区珠海横琴新区片区建设办法》等6部政府规章。

加强立法专题调研论证 学习深圳等地先进立法经验；对标港澳，加强对横琴自贸片区国际化、法治化营商环境建设研究，形成综合性工作建议；比对香港、新加坡等地国际化、法治化营商环境建设情况，开展立法项目调研；与中国政法大学、中国（香港）法律服务公司、省社科院等智库合作开展调研。

发挥人大代表、政协委员在立法中的作用 在立项论证、立法计划编制、立法审查各环节，听取人大代表和政协委员意见。建立立法协商机制，畅通政协委员参与立法渠道。每部法规草案和重点规章草案，均通过书面发函、座谈会、论证会等方式征求人大代表和政协委员意见。

完善和创新立法工作机制 建立征求意见采纳情况反馈制度，法规规章草案在市法制局门户网站和《珠海特区报》公告征求意见，并公布意见采纳情况。推行多元化法

规起草机制，委托高校、专家学者、律师起草民营经济促进条例、综合管廊条例、电力设施保护规定等项目。完善政府规章立法程序，制定《珠海市政府规章立法程序规定》《珠海市政府立法公众参与办法》，推进科学、民主立法，保障公众立法参与权，促进和规范公众参与立法活动。创新政府立法人才培养机制，建立全市立法骨干人才库和固定联络机制。

【规范性文件管理】 2015年，珠海市颁布政府规范性文件14件、部门规范性文件52件，向省法制办和市人大备案政府规范性文件14件，接受各区备案规范性文件14件。

提升规范性文件质量　规范性文件送审时，均要求起草部门提交送审依据稿；涉及影响公民、法人、其他组织权利义务的文件，均要求起草部门公开征求意见，在送审时附上征求意见情况，并在政府规范性文件公布时开展政策解读；严格执行有效期制度，在审查过程中将有效期规定作为审查必备事项。

加大文件审查纠错力度　实施规范性文件合法性审查，禁止各部门制定带有立法性质的规范性文件，对于增设义务、限制权利的规定一概予以否定。强化规范性文件备案监督，做到“有件必备，有备必审，有错必纠”。

【行政决策】 2015年，市法制局强化对行政决策和重大行政措施合法性审查，办理各类政府法律事务607件。建立健全重大行政决策程序，落实重大行政决策听证制度，提升行政决策法治化水平。制定《珠海市重大行政决策程序规定》，提高行政决策质量，减少决策风险。编印《听证工作手册》等制度规范，推动全市12个单位发布重大行政决策听证目录，全年举行物业维修资金补建、有轨电车二期工程等重大行政决策听证会10场。强化监督落实，将各区各部门实施重大行政决策听证和合法性审查纳入依法行政考评范围。发挥政府法律顾问在解决重大历史遗留问题、重要法律事务、重要合同审查等工作中的法律专业优势，保障政府决策的合法性，全年政府法律顾问出具专业意见40余份，30余人次参加相关法律论证会。

【行政权力运行规范】 2015年，珠海市开展依法行政考评、行政执法案卷评查，加强行政执法人员培训，完善行政执法协调机制，确保权力在法治框架内运行。3月，由市法制局牵头组成考评组，采取自查自评、书面审查、核对材料、查看案卷等方式，对3个行政区和20多个市直单位依法行政情况开展逐项评分，反馈存在的问题，敦促落实整改。5月，省依法行政考核组对珠海市依法行政工作情况进行全面考核，考评等次为“优秀”。针对考评发现的问题，督促各相关单位进行整改。7～8月，市法制局对全市26个行政执法主体2014年制作的90多宗行政处罚、行政许可案卷进行评查，逐一通报，促进执法人员依法行政。对行政执法人员就新立法法、新行政诉讼法等新法和处罚法、许可法等常用法律开展培训，全年培训5次900余人次。完成执法人员“行政执法证”办理和发放工作，监督各单位执法人员持证上岗、亮证执法，保证行政执法规范化。出台政府规章《珠海市行政执法争议协调办法》，明确行政执法争议协调工作责任主体和分工，界定协调范围，细化协调程序。

【矛盾纠纷化解】 2015年，珠海市办理行政复议案件401宗，审结392宗，审结案件中直接纠正行政机关决定29宗，经原行政机关改变原具体行政行为后和解的案件79宗，综合纠错率27.55%。推行复议案件开庭审理。设置专门开庭审理室，对重大复杂疑难案件进行开庭审理并允许旁听，开庭审理程序包括回避制度、质证、调查、辩论等环节，同时将庭审笔录作为审理案件依据，全年开庭审理复议案件24宗。加强行政复议委员会建设。加强学习和培训，提高复议工作人员业务能力和综合素质；配齐人员，探索试行行政复议书记员制度，保障复议办案力量；增加1名行政复议委员会常任委员和5名非常任委员，适度扩大案件通过议决方式审理的范围，发挥委员专业智囊作用，保障案件办理公正、透明。

【行政应诉改进】 2015年，珠海市政府应诉34宗行政诉讼案件，其中复议后诉讼案件27宗，比上年增长238%，因复议维持决定做共同被告的23宗。

培训和宣传新《行政诉讼法》　邀请全国人大常委会法工委专家到珠海授课，指导行政机关全面理解新法立法精神。编印《行政复议和行政应诉工作手册》，规范行政应诉工作，保护行政相对人合法权益，提高行政机关依法行政水平。

推动行政机关负责人出庭应诉　修订出台《珠海市行政机关行政应诉工作规定》，明确行政机关应诉职责分工，改变以前仅委托代理律师出庭做法，行政机关负责人不能出庭应诉由熟悉工作的行政机关工作人员出庭应诉。年内24位行政机关负责人出庭应诉。

加强与法院沟通协调　通过诉前、庭前、诉中和判后等环节，加大与法院沟通力度，力争统一行政执法和行政复议标准，减少行政诉讼案件发生。针对社会热点、难点以及群众关注度高的拆迁、环保等问题，主动向法院咨询，研究合理处理方式。配合法院研究集中管辖行政诉讼案件，破除地方保护主义。

做好行政应诉基础工作　市法制局要求全市行政机关在法律规定期限内向法院提交答辩状、证据材料，向复议机关提交答复书、证据材料，避免出现因超过举证期限致使行政行为被法院撤销的情况。要求行政机关正确对待法院判决、裁定，对一审判决、裁定或决定不服的，在法定期限内提出上诉；主动执行生效判决、裁定或决定；落实并反馈法院提出的司法建议。

（田志漪）

政务公开

【重点领域信息公开】　2015年，珠海市全面推进行政决策、财政资金、公共资源配置、重大建设项目、公共服务、国有企业、环境保护、食品药品安全、社会组织和中介机构等政务信息公开。

行政决策公开　印发《珠海市人民政府办公室关于印发珠海市重大行政决策程序规定的通知》（珠府办〔2015〕22号），规定重大行政决策承办单位应当事先向社会公布重大行政决策事项和决策方案，并广泛征求人大代表、政协委员和社会公众意见。印发《珠海市人民政府关于进一步规范珠海市重大行政决策听证工作的若干意见》（珠府〔2015〕6号），涉及重大公共利益和社会涉及面广、与人民群众密切相关行政决策事项均需进行听证。

行政权力清单公开　26个政府部门在市政府网站发布政府部门责任白皮书，公开部门职责、年度任务、保障措施等。各区（功能区）行政职权和政务服务事项通过区政府网站向社会公开，其中横琴新区公开1457项、香洲区4356项、金湾区5126项、斗门区5112项、高新区2179项、珠海经济技术开发区1691项、万山海洋开发试验区2024项、保税区442项。加强网上办事大厅建设。全年网上办事大厅进驻市级事项825项、区级事项2059项、镇街事项669项、村居事项2701项，所有进驻事项按统一规范公开办事指南信息。

财政资金信息公开　公开市级财政年度预决算、调整预算和预算执行情况报告，并对政府性债务情况进行说明，每月定期公布市财政预算收支简要情况。依法在政府采购监管网上公布采购公告、中标公告、合同公示等采购信息，全年公布约4000单政府集中采购项目信息。市公共资源交易中心对政府投资工程建设项目招标、政府采购、政府特许经营项目招标等各类公共资源交易项目信息统一对外发布，实现交易公告、资格审查、成交信息等全过程信息公开。市财政局开发建设“珠海市财政专项资金申报和管理平台”，整合项目类别83个，涉及产业类专项资金20大类，注册企业2978家，受理申请1582项，立项603个，立项金额9612万元。公开《珠海市2013年度社会保险基金预算执行和决算情况的审计结果公告》《珠海市2014年度市本级预算执行和其他财政收支情况的审计结果》。

公共资源配置信息公开　在广东省住房保障动态监管平台发布沥溪福溪村改造安置房、海湾村旧村改造回迁房、中心城区原地维修加固改造、金域阳光、农业社区原地维修加固改造、白藤农场危房改造等6个珠海市2015年棚户区改造项目信息。在珠海市住房保障管理系统发布2015年住房保障工作信息57条。发布申请公共租赁住房家庭名单信息9批次674户。实施《珠海市建设工程质量治理两年行动实施方案》，通过新闻媒体、网站、微信平台宣传有关房屋质量安全、市政道路、水利交通等质量治理行动信息。发布《珠海市住房公积金2014年年度报告》，公布公积金使用管理情况。公开土地供应计划、出让公告、成交公示、供应结果，实时公开征地政策、征地预公告、征地补偿、征地批准、补偿安置方案公告信息。制定印发《珠海市征收（征用）土地青苗及附着物补偿办法》，公开国有土地上房屋征收补助奖励政策和标准等信息。年内，在市政府网站“珠海市重点领域信息公开”专栏发布更新征地信息和房屋征收补偿信息79条。

重大建设项目信息公开　围绕

珠海交通、城市基础设施、价格目录等涉及公共利益和民生领域政府投资项目，推进审批、核准、备案等项目信息公开。全年发布重点建设项目审批、核准等信息76条，每月公布全市重点建设项目进展情况。

公共服务信息公开　公开2014年度珠海社会保险参保、待遇、收支、结余情况，发布社会保障卡发放和应用情况、社保政策文件和文件解读。印发《关于进一步规范城乡低保三榜公示的通知》（珠民函〔2015〕489号），规范城乡低保三榜公示内容、形式和期限。引导珠海市慈善组织通过自身组织网站、大众媒体、社会组织信息公示平台等渠道公开有关信息。市红十字会出台《珠海市红十字会捐赠款物收支使用情况公开暂行办法》，公开捐赠款物接收使用及第三方审计信息。深化义务教育招生入学办法、异地务工人员随迁子女积分入学办法、阳光均衡分班办法等信息公开，对义务教育符合政策性照顾生名单、积分入学资格名单、市直属民办中学年检结果等进行公示。依照各类国家教育招生考试既定程序，公开考试报考条件、报名时间、报名地点、录取资格、成绩及录取结果查询方式等。加强登革热、埃博拉、手足口病防控，职业病防治，除"四害"等信息发布，公开医疗机构设置及执业注册许可结果及相关信息。指导公立医院公开各种收费项目和标准、医院投诉管理部门联系方式、医疗纠纷处理途径和程序等信息，为住院病人提供日费用清单，公开预约挂号。

国有企业信息公开　加大国有资产保值增值、改革重组、负责人职务变动、招聘等信息公开力度，公开国有企业整体运行情况、业绩考核结果等信息。

环境保护信息公开　公开国家重点监控企业污染源监督性监测和自动监测数据有效性审核情况等信息，加大环境执法检查依据、内容、标准、程序和结果公开力度，公开环境行政处罚案件和突发环境事件信息，公开核与辐射安全信息。

食品药品安全信息公开　公开食品药品重大监管政策、产生重大影响食品药品典型案件、食品安全监督抽检和药品监督抽验等信息，及时发布专项行动信息和保健食品消费警示信息。全年，发布专项行动信息27条、监管执法处罚信息19条、违法广告信息5条、消费警示信息8条、食品安全监督抽检信息9条。市海洋农渔和水务局每月定期发布农产品安全监管信息和供水水质检测信息。

社会组织和中介机构信息公开　对社会组织登记、变更及注销撤销信息及时公示。全年，珠海市各级社会组织登记管理机关通过信息公示平台公示社会组织登记信息1977条、变更信息413条、注销撤销信息106条，其中市民政局公示社会组织登记信息1087条、变更信息262条、注销撤销信息37条。对社会组织基本信息、相关资质与许可信息、信用信息进行公示。建立广东省首个政府购买社会组织项目信息统一公示平台——"政府购买社会组织项目公示"栏目，年内公示政府购买社会组织项目296个，项目预算金额5784.05万元。出台《珠海市社会组织信息公开指引》，指导社会组织信息公开行为；出台《珠海市社会组织信用信息管理实施细则（试行）》（珠民〔2015〕148号），规范社会组织信用信息征集、记录和使用；出台《珠海市社会组织重大事项报告工作指引》（珠民〔2015〕171号），明确实行重大事项报告。

其他领域信息公开　公开生产安全事故调查报告、生产安全事故应对处置及工矿商贸事故预警、安全生产预警和预防、安全生产行政处罚等信息。年内公开5家企业安全生产行政处罚信息。通过珠海市人力资源网等网站发布全市现场招聘、网络招聘、招聘岗位、就业见习岗位等信息，提供就业资讯服务。各区完善创业服务体系，发布创业扶持政策、办事流程、创业信息、服务资源等信息。公开13类44项扶持科技和产业专项资金申报、评审等信息。公开定价目录、价格标准、价格执法信息，以及政府性资金目录和行政事业性收费目录。公开信用信息，印发《珠海市社会信用体系建设三年（2015～2017）行动计划》。

【政府信息公开】　2015年，珠海市全面推进政府信息公开，印发《珠海市人民政府办公室关于印发珠海市贯彻落实国务院办公厅2015年政府信息公开工作要点分工方案的通知》《珠海市人民政府办公室关于加强政府网站信息内容建设的实施意见》（珠府办〔2015〕5号），公开各类政府信息80681条。加大政策解读回应力度，在市政府门户网站和《珠海市人民政府公报》开设政策解读专栏。强化依申请公开管理和服务，依法办理公民依申请公开政府信息。

【政务公开平台和渠道建设】　2015

年，珠海市开展政府网站普查，发现问题及时整改；督促和指导各政府网站及时发布和更新各类政府信息；开展政府网站绩效考核，提升服务水平；加强政务微博、微信建设，充分利用新媒体互动优势；加强政府新闻发言人制度建设，完善新闻发布制度；加强《珠海市人民政府公报》编辑发行工作，发行向基层和农村倾斜。

【政务公开机制建设】 2015年，珠海市加强信息公开年度报告编制和发布，加强信息公开保密审查制度建设，开展政府信息公开工作考核，建立政府信息公开意见箱。印发《珠海市人民政府办公室关于印发珠海市重大行政决策程序规定的通知》（珠府办〔2015〕22号），推进重大行政决策过程公开，完善重大决策听证制度，建立重大舆情处置机制。 （冯建林）

精神文明建设

【社会主义核心价值观建设】 2015年，珠海市完成春晖社区、悦城社区、白石社区、康宁社区、香洲区实验学校、斗门第二中学、大镜山社区公园7个社会主义核心价值观示范点建设。运用文艺形式和民族民间文化样式传播核心价值观。完成歌曲《一起为祖国》《中国梦》、纪录片《三灶1938》、十集历史纪录片《容闳》、电影《青涩日记》、话剧《有电话了》、音乐剧《海孩子·红树林》、儿童音乐剧《梦里水乡》、戏剧小品《一丐一棍半个萝卜》、山东快书《遗产》等多部文艺作品，其中原创话剧《有电话了》赴香港演出，歌曲《一起为祖国》获“中国梦”全国原创歌曲征集活动优秀作品奖，本土原创电影《青涩日记》入围“金鸡奖”提名奖。主城区126个社区设立居民文明公约，将社会主义核心价值观融入日常生活。深入机关、企业、学校，采用海报、横幅、电子屏、工地围挡等形式进行社会主义核心价值观宣传。开展优秀家风家训传承活动，举办“德行珠海·亲子讲堂”170多场，报纸刊文40多篇，受益群众16.5万人次。举办2015年珠海幸福“家”年华活动，推进家庭教育进社区、农村、企业。开展“传家风家训家故事 做德行亲善珠海人——图说美丽家故事巡展”宣传活动，巡展4个多月，观众5万多人次。编印《珠海·最美家故事》，向全市妇女之家、阳光少年书角及各机关单位免费发放。开展廉政谈话、廉政知识考试、“爱与分享风清气正”等活动，推进领导干部廉洁家庭建设。

【公民道德建设】 2015年，珠海市开展“德行珠海”公民道德提升行动。开展道德模范学习宣传活动，在每个社区建立“善行义举榜”，让身边好人好事上榜，形成“人人做好事、好人做好事、好事就上榜、好人有好报”氛围。举办明德讲堂、明德大舞台、明德剧场等活动近百场。开展“我推荐我评议身边好人”活动，推荐好人上广东好人榜、中国好人榜，年内新增“中国好人”4人、“广东好人”3人。推荐评选第五届全国道德模范，在全社会营造向道德模范学习良好氛围。加大“讲文明、树新风”公益广告力度，《珠海特区报》《珠江晚报》每月刊登4个整版，珠海电视台、珠海电台每天播出180条次，珠海新闻网、珠海文明网24小时滚动展播；在城市广场、大型墙体、候车亭、路牌灯箱等场所发布“讲文明、树新风”公益广告，占整个城市户外广告30%以上。开展“图说我们的价值观”宣传活动，在广场、车站、码头、公园等公共场所进行宣传画展示宣传。开通“文明珠海”微信公众平台，与“文明珠海”微博共同传播文明珠海，全年发出微博1860余条，收到评论24153条，微博转发35780次。设置网络文明传播专职负责人，健全网络文明传播志愿者工作制度，优化省级文明单位、市级文明单位网络文明传播志愿者队伍。建立定期培训机制，开展网络文明传播志愿者工作培训班和QQ线上会议4期。开展“好人365”“一封微家书”“感动我的城市细节”“感动我的网络正能量”等重大传播活动，发布原创“我要表扬”人物事迹长微博10余条，其中珠海好兵哥郑嘉林事迹阅读量

3.4 万次。

【志愿服务】 2015 年，“珠海志愿时”系统覆盖全市志愿服务组织，实现志愿者招募、注册、志愿服务项目、新闻发布、志愿服务信息反馈等全信息化。截至 12 月底，志愿者注册人数 30.4 万人、组织 995 个、考勤时数 1909 万小时，志愿服务项目 8730 个，个人服务最高时数 40084 小时。构建全市志愿服务网格化阵地。采取爱心企业冠名方式运作全市 10 座“蓝天小屋”志愿服务站，吸引大批志愿服务组织开展志愿服务活动，每座小屋每周参与志愿服务活动志愿者 200 余人次，服务 20 余万人。推进“社区亲青汇”行动计划，以社会化方式获得资金支持。发动市青联各小组、高校社团、青年组织与社区结对，打造社区志愿服务示范阵地，探索校地互动志愿服务新模式，首批 14 名学生挂职 14 个社区，全年 200 多支高校志愿服务队对接社区、村居。开展关爱异地务工人员子女朝阳行动，组织高校大学生、在职人士等，通过机构 + 社区 + 高校 + 企业联动帮扶模式，为异地务工人员子女提供学业辅导、亲情陪伴、自护教育、感受城市、爱心捐赠等服务。开展关爱残疾人阳光助残志愿服务活动，在重大节庆、纪念日开展助残主题活动，15 个助残志愿服务品牌项目定点开展活动。组织 1200 余名青年志愿者参与多项大型赛会活动，时长 50 余天。制定《志愿者工作手册》及《志愿者领队手册》，完善志愿服务管理体系。

【未成年人思想道德建设】 2015 年，珠海市建成乡村学校少年宫 75所，实现乡村少年宫建设全覆盖。开展中华经典诵读活动，在珠海电视台设立经典诵读栏目，每月播出两期，推动传统文化走进校园。开展“践行价值观・德行珠海”2015 年珠海市青少年演讲比赛，组织优秀选手参加广东省南粤长城杯演讲比赛。举办“德行珠海”红色夏令营活动，增强青少年爱国、强国意识，培养青少年团结协作、拼搏进取精神。完善社区未成年人活动场所，开展“快乐四点半”活动，建立学校、社区、家庭三位一体教育网络。加大对网吧、校园周边环境、社区未成年人活动场所等区域检查力度，净化社会文化环境。

（周声芳）

社会建设

【社会领域制度化建设】 2015 年，珠海市推进省市共建社会建设法制化示范市工作，牵头起草《关于社会领域制度建设规划的意见》，明确珠海社会领域制度建设方向和路径，被评为“首批全国社会治理创新优秀城市”。开展社会体制改革相关制度调研，形成《珠海市完善政府向社会组织购买服务相关制度调研报告》《珠海幸福村居建设之社会治理创新的实践与启示》《珠海市民盼热点调研报告》等研究成果，推动一批规范性文件出台。开展《珠海经济特区社会建设条例》执法检查。

【基本公共服务均等化】 2015 年，珠海市基本实现教育现代化，公共文化场馆全部实现免费开放。城乡居民基本医疗保险和未成年人医疗保险财政补贴由每人每年 340 元提高到 400 元，同时将居民及未成年人住院平均报销比例在原来基础上提高 11%，调整后政策内平均报销比例达 85%。城乡居民基本养老保险基础养老金从每人每月 330 元提高至 350 元，城乡居民月人均养老金达 476 元，居全省第一。修订《珠海市困难群众医疗救助实施办法》，政策范围内困难群众住院个人核准医疗费用救助比例达 80% 以上；提高居民低保、五保供养、医疗救助标准，提高孤儿供养标准，集中、散居孤儿基本生活标准均高于省标准。全年受理异地务工人员积分制入户申请 2022 人，确定入户指标 1800 人；异地务工人员随迁子女就读公办学校 15188 名，占报名总数 66.6%。

【基层社会治理】 2015 年，珠海市建成镇（街）社区政务服务中

2015 年，珠海市公共文化场馆实现全部免费开放　　（市委社管部供稿）

心24个、村（居）公共服务站317个，初步实现“政务服务到家门”目标。推进公共法律服务实体平台建设，实现全市区、镇（街）、村（社区）三级公共法律中心（站）全覆盖。公布《社区行政事务禁入目录（第二批）》，减轻社区行政负担，构建政府依法治理和居民依法自治有效衔接的社区治理机制。完善以村居党组织为核心，村居委会、社会组织、居民共同参与多元共治社区治理格局。香洲区“社区微公益推动民生服务”项目获2015年全国“创新社会治理优秀案例”，金湾区“打造三平台，多元共治促进社会和谐”项目获“首批全国社会治理创新优秀地区”称号；香洲区被民政部确认为第三批“全国治理和服务创新实验区”；香洲区前山街道春晖社区、金湾区三灶镇海澄村被国家司法部、民政部评为第六批“全国民主法治示范村（社区）”。以高新区、万山区为试点，探索基层网络化服务管理模式，推进社会治理精细化。

【社会组织管理】 2015 年，珠海市登记在册社会组织 1916 家，每万人（户籍人口）拥有社会组织 17.38 家。年内，举办第二届社会组织公益伙伴日，80 多家社会组织参展。建成省内首个政府购买社会组织项目信息统一公示平台，公示政府购买社会组织项目 296 个，项目预算金额 5784.05 万元。构建社会组织发布承接政府职能转移购买服务能力信息平台，使政府购买社会组织服务更加公开透明。开展社会组织等级评估，推进社会组织年检网络化，探索建立社会组织联合监管机制，形成《关于进一步加强社会组织联合监管工作的意见（征求意见稿）》。

【社会工作服务】 2015 年，珠海市登记社会工作者 1426 人，城乡社区工作者职业化率 77%，其中城市社区达 98% 以上，1323 人通过国家社会工作者职业水平考试，万人持证率 8.33。年内，建成农村社会工作实践项目点 15 个。6 月 26 日，市委社管部、市教育局、市民政局和团市委联合印发《关于推进学校社会工作的指导意见》，推广社会工作进学校试点工作经验，推动学校社会工作规范化建设。开展社区矫正、社会救助等专业化社会工作服务，香洲区安排专项经费购买社工服务，为吸毒青少年、社区矫正人员提供帮扶、教育和陪护。开展流浪乞讨人员救助项目，提供心理辅导、行为矫治等专业社会工作服务。开展“志愿服务专列进社区”活动，在主城区 122 个社区建立志愿服务站。香洲区以“每月一大型、每周一小型”形式，组织公职人员开展志愿服务活动。

【社会建设精品项目】 2015 年，市委社管部联合《南方日报》开展“2015 珠海市社会治理创新优秀案例培育”活动，聚焦政府治理、社会组织、基层治理三大领域，打造本土社会治理创新品牌，培育出 15 个最佳案例、15 个优秀案例、10 位创新人物。实施幸福村居“社会治理工程”，横琴新区横琴镇等 15 个单位成功申报法律服务中心（站）项目，高新区唐家湾镇等 10 个单位成功申报网络化管理项目，金湾区三灶镇等 8 个单位成功申报社会服务中心（站）项目。国庆期间举办第四届“南粤幸福活动周”，围绕“幸福大礼包、幸福手拉手、幸福我来秀、幸福我健身、幸福大家谈”五个主题，推动公众共建共享幸福成果，增强社区群众获得感和幸福感。在《珠海特区报》开设“民情微察”专栏，推动政府部门重视群众关注问题。启动第三季“金点子·亮珠海”征集活动，收到涵盖经济发展、公共服务、法治建设、城市治理等稿件 242 篇，评选出一等奖 5 篇、二等奖 10 篇、三等奖 15 篇。　（陈海宁）

生态文明建设

【概　况】 2015年，珠海市开展与民生相关的生态示范创建工作，完成一批生态建设工程：投入14.93亿元的富山、白藤等西部污水处理厂配套管网相继建设完成，西部城镇污水处理率得到明显提升；全市行政村基本实现农村生活污水处理设施全覆盖，河涌整治工作纳入生态文明示范市创建实施方案，实施东大排洪渠、南北排河等十几条河涌的综合整治工作；金湾区、斗门区基本实现每镇建成一个垃圾压缩中转站目标，全市行政村基本实现农村生活垃圾处理设施全覆盖，累计建成投入垃圾压缩中转站83座，村、镇、区城镇生活垃圾转运体系初步建成。划定市域生态控制线总面积为1051.08平方千米，占全市陆域总面积58.44%，实行分级管制，推动珠海实现生态—生产—生活空间合理布局和有效管制。10月27日，中央电视台《新闻联播》播发“划定生态红线留住生态底色”，报道珠海生态文明建设成就，配发评论《绿水青山来自生态定力》。2月，珠海市完成国家生态市考核验收整改工作，通过环保部审核；5月，通过创建国家生态市命名公示。是年，珠海市第三中学、珠海市平沙第一中学跻身2015年“广东省绿色学校”之列。南水镇南水社区成功命名为2015年“广东省绿色社区”。珠海市环境保护监测站成为2015年“广东省环境教育基地”。

【生态文明建设战略合作】 2015年，珠海市以生态文明珠海研究院为平台，与北京大学、中国生态文明研究与促进会开展生态文明建设课题研究，形成《2014年珠海市环境宜居年度报告》《珠海市生态文明实绩考核制度研究》《创新驱动——珠海市生态文明建设路径与机制研究课题》等学术成果；开展与北京大学、厦门大学、香港城市大学国家重点实验室科研合作。12月3日，珠海市举办第二届珠海生态文明建设学术年会。年会以“生态文明改革创新”为主题，与会专家学者围绕生态文明体制改革、制度创新等做专题报告，就珠海生态文明建设和北京大学生态文明珠海研究院发展进行探讨。

【环境质量管理】 大气污染防治　2015年，继续实施《珠海市大气污染防治行动方案（2014～2017）》和珠海市大气污染防治联席会议制度，出台实施《珠海市大气污染防治2015年度实施方案》及配套文件；通过实施奖励机制、燃料清洁化、热电联供和集中供热建设等措施，推进高污染燃料锅炉综合治理。2014～2015年，全市淘汰完成燃煤小锅炉20台，提前完成广东省政府下达的2014～2017年燃煤锅炉整治任务；开展工业挥发性有机物专项治理，完成工业挥发性有机物治理任务企业43家，占省政府下达治理任务77%。4月1日起，在全市范围推广使用国V车用柴油，提前实施国家第五阶段排放标准；推进机动车环保标志管理和黄标车淘汰工作，从3月28日起，珠海市管辖区域除高速公路外，所有道路24小时禁止未持有环保检验合格标志和未持有绿色环保检验合格标志汽车通行。全市环保标志核发率达90%以上，超额完成省政府下达黄标车计划淘汰任务，淘汰黄标车1.5万辆，完成计划进度157.3%，其中，淘汰2005年底前注册营运黄标车4769辆，完成计划进度121.9%。

水污染防治　印发实施《珠海市2015年南粤水更清行动实施方案》，市环境保护局对饮用水源保护区内新建建设项目和线性工程进行环评审批，开展饮用水源保护区监管，每月公布全市9个集中式饮用水源地水质监测结果。制定全市11条河涌（排洪渠）整治计划，由所在辖区政府（管委会）推进实施。

土壤污染防治　根据《珠海市土壤环境保护和综合治理工作方案》开展土壤环境保护和综合治理，将9个集中式饮用水源保护区、3个重点规模化养殖场、9个垃圾和工业固废填埋场和处置场所土壤质量监测纳入土壤中重金属、持久性有机污染物及其他污染物监测。开展工业企业场地重新再利用土壤调查，办理工业企业场地土壤调查备案5宗。

工业危险废物处置　产生工业危险废物12.44万吨，类别为废矿物油、表面处理废物、含铜废物等，主要运往深圳、惠州有危险废物处理资质单位进行处置，处置利用率达100%。

医疗废物处置　医疗垃圾产生量1734.7吨，医疗垃圾由珠海市珠城市容环卫综合服务有限公司每天收运，市医疗废物焚烧厂集中进行焚烧处理。

重金属治理　印发实施《珠海市重金属污染综合防治2015年度实施方案》，无重金属新增排放量和削减排放量，珠海市未发生涉重金属突发环境事件和突发公共卫生事件。

【污染减排】　2015年，珠海市完成省政府下达主要污染物总量减排任务。南区水质净化厂二期项目投入试运行，珠海发电厂、金湾发电厂完成全负荷脱硝改造，完成省政府下达重点减排工程项目34个。全市城镇污水集中处理厂总设计处理能力73.73万吨/日，比"十一五"提高19.43万吨/日，城镇生活污水集中处理率95.7%；完成12家规模化畜禽养殖场减排工程建设和养猪场关闭工作，并通过环保部认定；化学需氧量排放量控制在3.08万吨(预估值)，比上年减少0.5%；氨氮排放量控制在416吨（预估值），减少3.5%；二氧化硫排放量控制在2.31万吨（预估值），减少6.5%；氮氧化物排放总量控制在4.29万吨（预估值），减少14.2%。

【环境执法】　2015年，珠海市环保局出动执法人员13516人次，检查企业5938家次，作出行政处罚决定176宗。开展环境保护大检查、"环境法治年"活动、前山河流域综合整治、集中打击违法排污、清查整治无牌无证排污企业等11项专项执法检查行动。与中山市环保局合作开展两次前山河流域跨界污染联合执法检查。综合运用"两法衔接"以及行政拘留、查封扣押等《中华人民共和国环境保护法》（2015年1月施行）赋予的环境监管职权。实施按日连续处罚案件1宗，查封扣押案件5宗，限产停产案件5宗，移送行政拘留案件2宗，涉嫌环境污染犯罪案件3宗。

是年，出台《珠海市未批先建、未验先投建设项目专项整治工作方案》，按照"属地管理、分级管理"原则，根据时间节点、规划等不同情况，分批、分类清理建设项目。出台《珠海市污染源日常环境监管随机抽查制度落实方案》，建立健全随机抽取检查对象、随机选派执法检查人员的"双随机"抽查机制，并规范日常环境监管、事中事后监管行为，推进随机抽查制度化、规范化、精细化。

【环境安全管理】　2015年，珠海市实行企业环境应急预案备案分级管理制度，市一级环保部门负责国省控企业环境应急预案备案，区环保部门负责市控及以下企业备案。举行珠中江三地2015年突发环境事件联合应急演练，完成"神盾—2015"国家核应急联合演习任务。2015年珠海未发生环境突发事件。

【自然生态保护区】　2015年，珠海市自然保护区9个，包括珠江口中华白海豚自然保护区(国家级)和淇澳—担杆岛省级自然保护区等，为中华白海豚、猕猴、红树林、原生森林、水松等物种提供栖息保护。自然保护区面积5.8万公顷，其中海洋类保护区2个，面积4.84万公顷，陆地类7个，面积9526公顷，与上年持平。

【生态文明建设考核】　2015年1月，珠海市启动首次生态文明建设考核，对全市8个区（功能区）、17个相关职能单位进行考核；2～5月，市创建全国生态文明示范市领导小组办公室与市委组织部完成对上述单位公众满意率调查、单位自评和技术专家现场核查；6月11日，举行生态文明建设考核评议会，全市8个区（功能区）主要负责人围绕2014年度生态文明建设情况进行自我评述，市环境宜居委员会专家代表和公众代表进行打分评议，考核结果将应用到干部任免上。

【生态环境指数公布】　2015年3月30日，珠海在全国率先向社会公布7个行政区（功能区）"生态环境指数"。该指数由环境空气指数、水环境指数、公众投诉指数3类6项具体指标构成，将辖区生态环境状况量化为指数形式，分为"绿、蓝、橙、红"四色预警，是对珠海市各辖区生态环境质量状况评价方式。由市环境宜居委员会每周在《珠海特区报》《珠江晚报》、市环保局公众网站、"珠海环保"官方微信及微博发布一期，让公众及时了解生态环境现状，扩大公众监督范围。全年发布44期。

【广东省首个中级法院环境资源合议庭】　2015年4月2日，珠海市成立广东省首个中级法院环境资源合议庭，主要审理涉环境资源的公益诉讼案和一、二审涉及环境资源的民事案件，负责对全市法院环境资源民事案件审判工作进行调研指导，构建覆盖全市环境资源保护司法网络。（余乐富）

政　治

POLITICS

政 治

中共珠海市委员会

【市委七届五次全会】 2015年1月22～23日在香洲召开。全会学习贯彻党的十八大、十八届三中和四中全会、中央经济工作会议和习近平总书记系列重要讲话精神，落实广东省委十一届四次全会精神，总结和部署工作，研究全面推进依法治市工作。审议通过《中共珠海市委关于贯彻落实党的十八届四中全会精神建设一流法治环境的工作方案》。全会强调，要主动适应经济发展新常态，加紧横琴自贸试验区建设，加快创新驱动步伐，加大改革攻坚力度，全面从严治党，着力建设“生态文明新特区、科学发展示范市”。要全面推进依法治市，贯彻落实中央关于建设中国特色社会主义法治体系、建设社会主义法治国家的要求，结合珠海实际，突出科学民主立法、法治政府建设、公正司法、社会治理、全民守法、法治工作队伍建设“六个重点”。坚持党的领导、人民当家做主、依法治国有机统一，加强和改进党对全面推进依法治市的领导。到建党100周年，基本实现科学立法、严格执法、公正司法、全民守法，基本形成现代化治理体系和治理能力。要充分发挥党委在全面推进依法治市工作中的领导核心作用，加强统一领导、统一部署、统筹协调，领导立法、保证执法、支持司法、带头守法，坚持用法治思维和法治方式从严管党治党，着力提高党员干部法治思维和依法办事能力，开展法治宣传教育，强化督促检查，使尊法、信法、守法、用法成为全市人民共同追求和自觉行动。

【市委七届六次全会】 2015年12月15日在香洲召开。全会以邓小平理论、“三个代表”重要思想、科学发展观为指导，学习贯彻习近平总书记系列重要讲话精神，全面贯彻党的十八大，十八届三中、四中和五中全会以及广东省委十一届五次全会精神，回顾总结珠海“十二五”期间经济社会发展工作，研究未来珠海经济社会发展各项工作，审议通过《中共珠海市委关于制定国民经济和社会发展第十三个五年规划的建议》。

全会强调，要以五大理念引领珠海率先发展。发展理念管根本、管方向、管长远，是引领珠海未来发展的基本遵循。创新是引领珠海未来发展的第一动力，开放是珠海抢占发展先机的最大优势，绿色是珠海引以自豪的品牌，协调是珠海必须破解的第一短板，共享是最重要的责任。要高标准建设珠三角国家自主创新示范区，实现科技创新与金融创新“双轮驱动”；发挥好港澳优势和横琴自贸片区金融创新平台作用，推进科技、金融深度融合；提高人才政策的先导地位，吸引和培育高层次人才；塑造良好的创新生态环境。

【传达学习贯彻中央和省重要精神】 2015年1月9日，珠海市委常委会议传达学习李克强总理在广东考察工作时的重要讲话精神，强调全市各级各部门要认真学习领会李克强总理考察广东重要讲话精神，采取具体有效举措，推动学习贯彻落到实处。1月14日，市委常委会议传达学习贯彻习近平总书记广东考察二次回访调研报告和中央领导的批示精神，强调要进一步加强改革创新，深化珠港澳合作，强化土地集约节约利用，推进城乡均衡发展。1月23日，市委常委会议传达学习十八届中央纪委五次全会和省纪委十一届四次全会主要精神，听取《市纪委七届五次全会工作报告》起草情况和主要内容的汇报，强调市纪委要严格落实党风廉政建设责任制，严肃政治纪律和政治规矩，严厉惩治腐败，以严明的纪律要求落实中央八项规定；传达学习全国、全省组织部长会议主要精神，强调要认真学习贯彻落实全国、全省组织部长会议精神，以“三严三实”专题教育为抓手，深入学习贯彻习近平总书记系列重要讲话精神；传达学习全国、全省宣传部长会议主要精神，强调要深入学习贯彻全国、全省宣传部长会议精神，把握正确宣传方向和舆论导向，切实把思想和行动统一到党中央和省委的决策部署上来，坚持围绕中心、服务大局，从主动适应经济发展新常态、横琴获批自贸试验区、落实21世纪海上丝绸之路战略、积极打造先进装备制造产业带等方面，着力宣传珠海加快建设“生态文明新特区、科学发展示范市”工作成效。2月15日，市委常委会议传达学习全国、全省统战部长会议主要精神，强调要按照全国、全省统战部长会议的部署要求，深入学习贯彻习近平总书记系列重要讲话精神，深入贯彻落实《中共中央关于加强社会主义协商民主建设的意见》，积极推进社会主义协商民主建设。3月1日，市委常委会议传达全国精神文明建设工作表彰暨学雷锋志愿服务大会精神，总结全国文明城市创建工作，强调全市各级各单位要把思想和行动统一到习近平总书记关于精神文明建设的重要讲话精神上来，坚定理想信念，坚守精神家园，不断增强道路自信、理论自信、制度自信。传达习近平总书记和刘云山同志在省部级主要领导干部学习贯彻党的十八届四中全会精神全面推进依法治国专题研讨班上讲话精神，强调全市各级各部门要全面贯彻党的十八大和十八届三中、四中全会精神，认真学习领会习近平总书记和刘云山同志讲话精神，努力在依法治市的重点领域和关键环节取得新突破，各级领导干部要充分发挥模范作用，带头尊法、学法、守法、用法，践行社会主义法治理念，履行推进法治建设第一责任人的职责。3月19日，市委常委会议学习贯彻十二届全国人大三次会议、全国政协十二届三次会议精神，强调全市广大干部群众要深入学习贯彻全国“两会”精神，按照“四个全面”的战略部署和要求，紧密结合珠海实际，扎实推动各项工作落实。4月2日，市委常委会议传达学习中共中央、国务院《深化体制机制改革加快实施创新驱动发展战略的若干意见》和全省工业转型升级攻坚战动员大会精神，强调要全面深入学习《若干意见》和全省科技创新大会、全省工业转型升级攻坚战动员大会精神，紧密结合珠海工作实际和先进地区成熟经验，按照创建国家自主创新示范区、办好横琴自贸试验区的要求，加大研究力度，深入贯彻落实。传达学习中央、全省农村工作会议和中共中央、国务院《加大改革创新力度加快农业现代化建设的若干意见》精神，强调要全面贯彻落实中央、全省农村工作会议及“若干意见”精神，以创建幸福村居统揽“三农”工作，继续深化农村综合改革，大力发展现代特色农业，实现“农业强、农民富、农村美”的愿景。4月20日，市委常委会议传达省重点项目建设工作会议精神，强调全市各级各部门要进一步提高认识，强化责任，按照全省重点项目建设工作会议要求，统筹推进珠海市重点项目建设。传达全省深化社会矛盾化解工作部署推进会主要精神，强调要深入学习贯彻全省深化社会矛盾化解工作部署推进会精神，突出五大领域社会矛盾治理重点，推动社会矛盾化解工作常态化、长效化，强化法治引领，坚持问题导向，推进源头治理，建立健全矛盾纠纷调处机制，切实把珠海市《关于深入推进社会矛盾专项治理工作总体方案》工作部署落到实处。5月11日，市委常委会议传达学习贯彻胡春华书记调研珠海重要讲话精神，强调全市各级各部门要认真学习贯彻胡春华书记调研珠海重要讲话精神，切实增强机遇感、使命感和责任感，加快创新驱动发展，推进横琴自贸试验区建设，打造珠江西岸先进装备制造产业基地，推动珠海进入珠三角第二梯队，建成珠江口西岸核心城市。5月29日，市委常委会议传达学习常务副省长徐少华在珠海督导经济工作的讲话精神，听取关于省推进珠三角“九年大跨越”工作现场会精神的汇报，强调要落实创新驱动发展战略，推进“互联网+”行动计划，加快加工贸易转型升级，高标准建设横琴自由贸易试验区，发挥珠江西岸先进装备制造产业带建设龙头作用，切实做好改革发展各项工作。6月30日，市委常委会议传达学习中共中央、国务院《关于加快推进生态文明建设的意见》主要精神，强调要认真学习贯彻中央的部署和要求，完善规划，突出重点，坚定不移地推进生态文明示范市创建工作；传达全省基层工作电视电话会议主要精神，强调要加强对基层治理工作的领导，成立市委基层治理领导小组，明确分工，落实责任；传达全省高水平大学建设工作会议和中共广东省委、广东省人民政府《关于建设高水平大学的意见》主要精神，强调要在2014年全市高校发展工作会议及市委、市政府出台《关于促进高等教育发展的若干意见》基础上，结合省关于建设高水平大学的要求，大力推进珠海市高等院校建设，为构建“三高一特”现代产业体系提供强有力的人才保证、智力支持和科技支撑。7月24日，市委常委会议传达中央统战工作会议和《中国共产党统一战线工作条例》《关于加强人民政协协商民主建设的实施意见》精神，强调要明确工作重点，解决突出问题，加大高层次人才引进力度，加快民营经济培育发展，做好港澳台统战工作。传达全省纪检监察机关2015年上半年工作总结会精神，研究贯彻落实意见，强调要认真贯彻中央关于全面从严治党要求，坚持把纪律规矩挺在前面，坚持抓早抓小，加大反腐倡廉力度，始终保持惩治腐败的高压态势。传达全省进一步促进粤东西北地区振兴发展工作会议精神，强调要结合全省进一步促进粤东西北地区振兴发展工作会议精神，进一步明确珠海对口帮扶工作目标任务，聚焦项目建设，着力帮扶发展，努力再创对口帮扶新业绩，为实现粤东西北地区振兴发展目标作出贡献。8月12日，市委常委会议传达学习《中国制造2025》暨珠江西岸先进装备制造产业带建设工作会议主要精神，强调要认真学习贯彻全省会议精神，舞好先进装备制造产业龙头，用好横琴自贸试验区平台，突出创新驱动发展，打造海洋工程、航空航天装备制造产业基地。传达学习全省中小微企业工作会议精神，强调要把促进中小微企业发展与实施创新驱动发展战略结合起来，大力培育科技型中小微企业，不断激发企业活力和创造力，开创“大众创业、万众创新”新局面，积极营造崇商重企的发展氛围，搭建平台以商引商，出台有针对性的扶持政策，为中小微企业健康成长创造良好生态环境。8月19日，市委常委会议传达习近平总书记、李克强总理重要指示批示和全国、全省安全生产工作会议精神，部署珠海市安全生产工作，强调全市上下要认真学习领会、坚决贯彻落实习近平总书记、李克强总理重要指示批示精神和中央、省关于安全生产工作的决策部署，强化安全生产红线意识，牢固树立安全发展理念，把安全生产各项举措落到实处。传达习近平总书记在会见全国禁毒工作先进集体代表和先进个人时的重要讲话、中央和省关于加强禁毒工作的意见精神，强调各有关单位要认真学习贯彻习近平总书记重要讲话精神，旗帜鲜明、全力以赴开展禁毒工作。9月23日，市委常委会议传达省委统战会议精神，强调全市各级各部门要认真学习贯彻中央和省委统战工作会议精神，充分把握珠海统战工作难得的发展机遇期，广泛凝聚各方力量，为珠海加快发展注入强大动力。11月3日，市委常委会议传达学习党的十八届五中全会精神，强调全市党员干部要深入学习贯彻党的十八届五中全会精神，切实把思想和行动统一到中央的决策部署上来，认真谋划珠海“十三五”发展工作。11月16日，市委常委会议传达习近平总书记在党的十八届五中全会上的报告和讲话、胡春华书记在全省传达学习贯彻党的十八届五中全会精神大会上的讲话精神，强调全市各级各部门要深读精读报告和讲话，结合各自具体工作，切实把习近平总书记重要讲话精神转化为推动工作的理念、方针和举措。11月27日，市委常委会议传达省委十一届五次全会精神，强调各级党委、政府及广大党员干部要把学习贯彻党的十八届五中全会、省委十一届五次全会精神作为当前最重要的一项政治任务，抓紧抓实、学深吃透。要把“创新、协调、绿色、开放、共享”五大发展理念的要求深入贯彻到工作实践中，做到内化于心、外化于行。

【经济建设】 2015年3月19日，珠海市委常委会议研究珠海市先进装备制造业重点在建项目推进情况和珠江西岸先进装备制造业投资贸易洽谈会招商引资工作，强调要按照省委、省政府的总体部署，全力以赴加快发展先进装备制造业，加大招商引资工作力度，推动在谈项目早日签约、落户项目早日动工、在建项目早日投产。要认真做好首届珠江西岸先进装备制造业投资贸易洽谈会的各项筹备工作，全方位开展先进装备制造业投资洽谈、贸易和技术合作交流，推进珠江西岸先进装备制造产业带快速发展。4月28日，市委常委会议研究第一季度经济形势的分析情况，强调全市各级各部门要增强忧患和危机意识，坚定加快发展的信心和决心，采取切实有力的举措，努力实现全年经济社会发展各项预期目标。会议审议《珠海市加快推进科技创新若干政策措施》《珠海市创新驱动发展三年行动计划》和《珠海市工业转型升级攻坚战三年行动计划》。会议强调，要围绕建设创新型城市和创建珠三角国家自主创新示范区的目标要求，建立健全适应珠海市创新驱动发展要求的制度环境和政策体系。7月24日，市委常委会议听取上半年经济形势分析报告、全省科技企业孵化器建设工作现场会精神及珠海市“十三五”规划设想及编制规划方案的汇报，强调全市上下要加快改革创新步伐，狠抓重点项目建设，推动全年经济发展各项目标任务顺利完成。一是各区（经济功能区）要加快转型升级，推进项目落地。二是全面贯彻落实全省科技企业孵化器建设工作现场会精神，推进科技重大专项和科研平台落地。市科技和工业信息化局要制定珠海市创新驱动重点工作方案、“互联网+”行动方案和工业4.0行动方案，每月编制各区创新驱动发展进度表报市领导和各区主要领导。三是狠抓重点项目建设，加大城市更新力度，推进西部生态新城开发，加快推进交通基础设施和重点工业、民生项目建设步伐。市发展和改革局每月要编制重点项目建设进度表报市领导。四是强化领导干部现代金融理念，加大投融资机制改革创新力度，制定融资资金使用计划，利用现代投资模式加快项目建设。五是强化引商引资引才，加大服务企业力度，促进民营经济发展。10月27日，市委常委会议传达全省第三季度经济形势分析会精神，研究全市经济工作，强调各区、各部门要充分认识做好第四季度经济工作的重要性，按照全省第三季度经济形势分析会要求，铆足干劲、真抓实干，确保顺利实现年度目标和“十二五”目标。

【精神文明建设】 2015年3月1日，珠海市委常委会议研究全国文明城市创建总结工作，强调要持之以恒抓好社会主义核心价值观建设，做实做好城市建设和管理工作，大力推进诚信体系建设，弘扬志愿服务精神，创新文明建设体制机制，坚持为民惠民改善民生。要发挥典型示范引领作用，大力宣传珠海市受表彰单位和“创文”经验，进一步提高市民文明素质，提升珠海文明城市形象。4月2日，市委常委会议审议《2015年珠海市精神文明建设工作要点》《珠海市深化全国文明城市建设工作行动计划（2015～2017）》及《2015年深化文明城市建设工作台账》，决定继续深化全国文明城市建设，建立健全统筹协调、督导巡查、社会监督机制，市委、市政府主要领导每年检查一次文明城市建设工作。10月27日，市委常委会议研究珠海市全国文明城市复查迎检工作，强调各级各部门要认真对照新版《全国文明城市测评体系》的要求，以复查迎检为契机，进一步提升珠海城市文明水平。要针对新版测评体系有关指标和负面清单制定工作台账，加强重点领域、重点场所督促整改，做好公共设施建设维护工作，强化农贸市场改造提升管理，积极解决民生重点热点问题。

【生态文明建设】 2015年3月19日，珠海市委常委会议研究创建国家森林城市实施计划工作，强调要大力推进“新一轮绿化广东大行动”和“美丽珠海行动”，切实改善生态环境，加快国家森林城市和全国生态文明示范市创建步伐，促进经济社会全面协调可持续发展。要围绕国家森林城市创建目标，推进生态环境、生态体系、生态文化等方面的重点建设任务，建立责任清晰、分工明确的工作机制。要重点推进城区休闲绿地建设，加强山地植被提升改造和休憩基础设施修建，多种植易生、易长、易管的乡土植物，进一步提升城市森林质量。要强化责任落实，建立健全工作督查机制，对各有关部门的创建工作定期开展督查和考核。会议研究珠海市“三清”（清土地、清政策、清项目）“两违”（违章建筑、违法用地）整治工作，强调要加大“三清”工作力度，进一步清理闲置土地和“空置地”，促进低端企业有序转移和转型升级，积极推进项目履约。要大力推进违章用地和违法建设整治，严格实施违法用地减存量零增长工作计划，落实网格化巡查和每日“零报告”制度。要强化属地责任落实，建立考核评价机制，制定有关配套政策，加大督查工作力度，提高节约集约利用土地水平，维护土地管理秩序和城市发展秩序。11月3日，市委常委会议研究全市“三清”“两违”整治情况，强调要认真学习贯彻党的十八届五中全会精神，进一步强化法治理念，健全工作机制，确保整治工作各项目标任务顺利完成。市国土资源局、市城市管理行政执法局等职能部门要依法依规、尽职尽责，加大城市治理力度，完善低端产业、低效产能退出机制，出台“两违”历史遗留问题处理意见。

【城市建设】 2015年6月30日，珠海市委常委会议研究珠海旅游业发展工作，强调要全面推进港珠澳旅游合作，探索建立三地旅游发展合作机制，加快推进“港珠澳世界级旅游休闲目的地”建设，打造具有全球影响力的世界级旅游品牌。会议研究珠海参与“一带一路”建设及打造广东省与葡语系、西语系国家经贸合作平台工作，审议《珠海市参与丝绸之路经济带和21世纪海上丝绸之路建设实施方案》，强调要充分发挥珠海区位优势、生态优势、开放优势、政策优势，主动对接国家战略，努力构建多层次、多渠道合作格局，争当参与“一带一路”建设的桥头堡和先行市。10月27日，市委常委会议审议《珠海市关于促进智能制造产业发展的实施意见》《珠海市发展智能制造工作方案（2015～2017年）》《珠海市“互联网+”行动方案（2015～2020年）》，强调要大力发展智能制造产业，推动珠海制造业转型升级和跨越发展，加速实现“珠海制造”向“珠海智造”转变。要发展壮大新兴业态，打造新的产业增长点，增强经济发展新动力，加快建设“互联网+”示范城市。11月16日，市委常委会议传达珠三角国家自主创新示范区建设启动会议精神，强调全市各级各部门要抢抓珠三角国家自主创新示范区建设的重大战略机遇，全力以赴把珠海打造成为国家创新型城市和珠三角自主创新特色城市。

【党风廉政建设】 2015年2月15日，珠海市委常委会议审议《2014年珠海市贯彻执行中央“八项规定”情况报告》和《关于对全市各单位贯彻落实中央“八项规定”检查情况的报告》，强调全市各级各部门必须严格落实中央“八项规定”和省委、市委的部署要求，坚持抓常抓细，强化工作落实，不断巩固和扩大整治成果，全力以赴打好作风建设持久战。要尽快建立健全贯彻执行中央“八项规定”考核评价机制，完善公务消费配套管理办法，加强政务服务窗口建设，强化基层干部作风建设教育培训。4月2日，市委常委会议传达中共中央纪委《八起党风廉政建设责任追究典型案件的通报》精神。7月24日，市委常委会议审议《珠海市机关事业单位年终考评结果应用规程》。9月23日，市委常委会议研究推进横琴“廉洁岛”建设情况，强调要用创新的方式和手段、改革的举措和办法，着力构建横琴自贸区国际化、法治化营商环境，营造风清气正的干事创业环境和阳光透明高效的政务环境。要学习借鉴国内外先进经验，成立专家顾问小组，制定横琴“廉洁岛”建设工作意见，加快横琴廉政办建设，力争到2017年建成横琴“廉洁岛”，打造廉洁示范区。10月27日，市委常委会议研究珠海巡视整改工作，强调各级各部门要切实把思想和行动统一到省委要求和市委部署上来，以高度的思想自觉抓好各项整改落实工作。全市各级领导干部要带头杜绝公车私用，按程序做好出入境申报工作，切实管好自己、管好家人、管好身边人。要突出工作重点、完善整改措施、细化进度要求，加快制定农村土地征收和“三资”管理工作规范、超职数配备干部整改方案及工程招投标管理工作规范。会议审议《加快建设横琴“廉洁岛”的工作意见》，强调要严格落实从严治党要求，构建廉洁政务体系，创新廉洁治理机制，构建廉洁评价体系，营造廉洁环境，建设干部清正、政府清廉、政治清明的政治生态。11月3日，市委常委会议传达《中国共产党纪律处分条例》和《中国共产党廉洁自律准则》精神，研究规范领导干部配偶子女经商办企业行为有关工作，强调各级党委（党组）和广大党员要认真学习、深刻领会“准则”和“条例”精神，切实把各项要求内化于心、外化于行。会议强调，市纪委要高度重视规范领导干部配偶子女经商办企业行为试点工作，进一步加强与省纪委的沟通衔接，制定有关方案，确保12月在横琴率先实施。

【作风建设】 2015年3月1日，珠海市委常委会议审议《中共珠海市委关于贯彻〈中国共产党党和国家机关基层组织工作条例〉的实施意见》，强调要全面落实从严治党要求，强化机关党建工作责任，发扬党内民主，加强党内监督，严明政治纪律和政治规矩，严肃党内政治生活，以改革创新精神加强机关党建工作，不断提高党的建设科学化水平。4月2日，市委常委会议传达《2014年贯彻执行中央“八项规定”情况的报告》精神，强调要严格落实中央“八项规定”要求，严守政治纪律和政治规矩，深入开展“转作风提效能”活动，持之以恒狠抓制度规定执行情况检查和整改落实工作。要进一步强化廉政建设主体责任、监督责任“两个责任”意识，严格执行年度党风廉政建设责任制任务分工部署，认真贯彻落实中央、省委和市委关于党风廉政建设和反腐败工作的要求。4月20日，市委常委会议传达《领导干部干预司法活动、插手具体案件处理的记录、通报和责任追究规定》主要精神，强调全市各级领导干部要带头遵守宪法法律，维护司法权威，支持司法机关依法独立公正行使职权。任何领导干部都不得要求司法机关违反法定职责或法定程序处理案件，不得要求司法机关做有碍司法公正的事情。市委政法委要根据中央、省有关规定，建立珠海市司法机关对领导干部干预司法活动、插手具体案件处理的记录制度，对领导干部干预司法活动、插手具体案件的通报制度及有关责任追究制度。5月11日，市委常委会议审议《关于在全市处级以上领导干部中开展“三严三实”专题教育实施方案》，强调要切实提高思想认识，明确目标任务，着力查摆和解决“不严不实”的问题，把作风建设不断引向深入。要坚持以上率下，示范引领，推动专题教育有序有力开展。要坚持统筹兼顾，体现珠海特色，把专题教育与推进改革创新、自贸试验区建设、产业转型升级、幸福村居建设等工作结合起来，不断增强专题教育的实效性。8月19日，市委常委会议研究上半年珠海市贯彻执行中央“八项规定”情况，强调各级党委（党组）要担负起党风廉政建设的主体责任，严守各项纪律，坚决遏制“四风”问题反弹。要切实增强纪律意识和纪律刚性约束，严格执行公务接待、公车使用和办公用房管理规定。要严格机关内部食堂管理，严禁在食堂进行私人宴请、公款吃喝等非公务宴请活动。9月11日，市委常委会议审议《省委第五巡视组反馈意见整改工作方案》，强调要坚决贯彻中央和省委关于反腐倡廉和巡视工作的一系列重要部署，将整改落实省委巡视组反馈意见作为今后一个时期的重要工作，逐条梳理细化，逐一制定整改措施，全力以赴逐项抓好落实。12月11日，市委常委会议传达省委组织部《关于建立干部选拔任用工作纪实制度的实施意见》精神，强调要严格执行《党政领导干部选拔任用工作条例》和《关于建立干部选拔任用工作纪实制度的实施意见》规定，进一步规范干部选拔任用工作，加强选人用人全程监督和倒查追责，坚决防止选人用人不正之风。

【全面深化改革】 2015年3月1日，珠海市委常委会议审议《珠海市全面深化改革2015年工作要点》，强调全市各级各部门要紧紧围绕中央、省委和市委关于全面深化改革总体部署，以横琴自贸试验区建设为龙头，主动作为、攻坚克难、狠抓落实，提升改革内生动力，增创珠海发展新优势。各牵头单位要制定具体工作方案，横琴新区要制定横琴改革细化工作方案，提交3月下旬召开的全市深化改革领导小组会议研究。要进一步加大督促检查工作力度，由市委改革办汇总各有关单位工作方案后制定工作台账，并在每季度全市深化改革领导小组会议上通报有关工作落实情况。8月19日，市委常委会议审议《全面深化公安改革争创全国先进公安机关的实施意见》和《全面深化公安改革争创全国先进公安机关三年行动计划》，强调要全面推进公安改革综合试点，继续实施民本警务，不断提升社会安全感、群众满意度、执法公信力和管理科学化水平。要坚持法治引领，以法治思维和法治方式推进公安改革。要坚持问题导向，着力解决群众反映强烈的突出问题。要坚持科学发展，不断拓展新形势下做好群众工作和社会治安治理的新路子。力争到2017年，将珠海公安打造成为全国先进公安机关，将珠海建设成为全国最安全城市之一。

【人大、政协工作】 2015年5月11日，珠海市委常委会议审议《关于加强和改进政协工作的意见》，强调要强化党对政协工作的领导，不断探索新形势下人民政协工作的新思路、新方法，推进政协协商民主建设，支持政协履行职能，发挥政协委员主体作用，加强人民政协自身建设，实现政治协商有序、民主监督有力、参政议政有为。5月29日，市委常委会议研究加强人大预算信息在线联网监督工作，强调要把实现全口径预算实时在线联网监督作为落实新预算法的重要抓手，优化预算信息在线联网监督平台，补充系统联网部门，覆盖全口径预决算数据，推动珠海市人大预决算审查监督工作走在全省前列。市委常委会议传达全省人大预算支出联网监督工作会议精神。会议强调，要完善预算联网监督系统功能，加强全口径预算监督系统建设。要做好线上线下工作联动，积极开展数据分析应用，推进预算联网监督工作常态化。要加强制度建设，规范互联网监督系统使用管理，不断提高人大预算支出联网监督工作的质量和水平。

【党的建设】 2015年4月30日，珠海市委常委会议审议《珠海市深化党的建设制度改革实施方案》，强调要深化党的组织制度改革，进一步健全党的组织制度体系。要深化干部人事制度改革，建设坚强有力的领导班子和高素质执政骨干队伍。要深化党的基层组织建设制度改革，夯实党执政的组织基础。要深化人才发展体制机制改革，加快建设珠海人才高地。8月19日，市委常委会议审议《严格履行党建工作责任制全面加强基层党组织建设的意见》《建立市委常委和党员副市长基层党建工作联系点制度的实施意见》《珠海市基层党建工作考核方案》，强调要构建基层党建责任体系，完善区域化党建工作格局，建设基层服务型党组织，推进基层党建工作不断创新。要抓好区党代会常任制试点，深入推进镇（街道）领导干部驻点普遍直接联系群众工作，建立市委常委和党员副市长基层党建工作联系点，加大发现和解决问题的力度，建立完善问题工作台账，统筹解决群众反映的实际问题。

【党的群众路线教育实践活动】 2015年2月15日，珠海市委常委会议通报市委常委班子党的群众路线教育实践活动整改落实情况，深入分析研判整改落实工作的进展、效果和存在问题，深入开展全市整改落实工作以及巩固和拓展教育实践活动成果专项检查，定期督促提醒市领导完成个人整改落实任务，每半年向市委常委会汇报整改落实情况。要按照中央和省委的统一部署，组织实施“三严三实”专题教育，进一步加强党性修养，切实改进工作作风。

【工青妇工作】 2015年7月24日，珠海市委常委会议传达中央党的群团工作会议和《中共中央关于加强和改进党的群团工作的意见》精神，强调全市各有关部门要深化认识，切实增强做好群团工作的责任感、使命感和紧迫感。全市各群团组织要结合中央要求，就如何做好新形势下群团工作认真开展调查研究，着眼全市工作大局，推动创新驱动、构建和谐社会、加强基层治理等工作。

【对口帮扶工作】 2015年6月30日，珠海市委常委会议传达胡春华书记调研阳江对口帮扶有关工作精神，强调要认真贯彻落实胡春华书记调研阳江对口帮扶工作讲话精神，发挥两地比较优势，加快推进以项目为重点的园区建设、以扩容提质为重点的城市建设、以交通为重点的基础设施建设，扎实推动对口帮扶工作取得更大成效。要抓住横琴自贸试验区、港珠澳大桥、深茂铁路建设机遇，推进珠海阳江深度对接，开展两地产业合作研究论证，探索建立旅游合作机制。7月24日，市委常委会议传达全省进一步促进粤东西北地区振兴发展工作会议精神，强调要结合会议精神，明确珠海对口帮扶工作目标任务，聚焦项目建设，着力帮扶发展，努力再创对口帮扶新业绩。

（市委办）

组织工作

【组织概况】 至2015年底，珠海市有中国共产党地方委员会4个，基层组织6316个，其中基层党委316个，党总支部352个，党支部5648个。党员总数102530人，比上年增长2.66%。其中，女党员34817人，少数民族党员1643人，35岁以下的党员36353人，大学专科以上学历的党员68654人。

（李奕夫）

【干部队伍建设】 2015年，珠海市委组织部加强领导班子和干部队伍建设：一是推进干部人事制度改革。出台加强干部队伍建设、服务创新驱动发展三年行动计划，制定市管干部选任工作规程，完善调研员晋升资格条件，开展领导干部谈心谈话，停止执行到龄改非政策。对不适应新常态的体制机制进行改革，推动市“两新”组织党工委、市委农办等单位领导班子和机构编制科学设置。注重领导班子分析研判和优化配备，推动干部交流常态化，对珠海高栏港、高新技术开发区、万山海洋开发试验区、市委党校、市交通运输局等10多个市区单位部门“一把手”进行功能性调整交流，对市委办、市府办、市发展和改革局、市公安局等市直单位班子进行培养性交流，对三个行政区党政班子进行结构性优化交流，全年平级交流处级干部62人次。着眼领导班子建设需要和换届准备，开展处级后备干部专项调研。发挥考核指挥棒作用，实行“分区分类”“一区一体系”考核，强化考核结果运用，调整一批“三不为”（不善为、不能为、不作为）干部，推动干部能上能下。突出“解渴管用”原则，围绕建设“三高一特”现代产业体系、创新驱动发展战略等重点，探索小班化、短期化、专题化培训模式，全年举办各类培训班和专题讲座48期。二是严格干部监督管理。贯彻落实四项监督制度，开展选人用人专项检查。推进领导干部个人有关事项报告核实工作，按照10%的比例随机抽查113名处级干部，按照“凡提必核”原则对209名拟提拔重用的市管干部和组工干部进行核查，其中，15名被约谈教育，4名暂缓提拔任用，1名取消拟提拔任用资格。畅通12380信访举报投诉渠道，全年处理各类信访投诉85件。开展领导干部违规办理和持有因私出国(境)证件专项整治，提前两年完成全市各级干部超配整改消化任务。

【基层组织建设】 2015年，珠海市委组织部加强基层组织建设：一是组织全市109个副处级以上单位、1100多名处级以上领导干部开展“三严三实”专题教育。突出问题导向，深入查找“不严不实”问题3100多个，完成整改2800多个；集中开展基层干部不作为、乱作为等损害群众利益问题的专项整治，对查找出的98条突出问题进行整治，解决一批群众反映强烈的突出问题；持续推进群众路线活动整改落实任务，市委22项专项整治行动全部完成。二是以美丽乡村建设为抓手，牢固树立大抓基层导向，推动基层组织全面进步、全面过硬。落实基层党建工作责任制，出台严格履行党建责任制的意见，开展区镇党委书记抓基层党建述职评议工作，推进基层组织建设“书记项目”工作，建立市领导党建工作联系点制度。抓好农村基层党组织带头人队伍建设，邀请浙江美丽乡村建设一线干部进行现场教学，组织镇村干部到台湾、江苏、浙江等地学习培训；建立117名“五强”（党性强、服务本领强、带富能力强、化解矛盾能力强、廉洁履职意识强）书记后备干部队伍，选拔第二批17名镇村战略后备人才，充实到村干部队伍中去；制定村（社区）干部大专学历提升三年计划，组织225名“两委”干部参加学历教育；对驻村干部等“五支队伍”(驻村干部、村居警官、村居法律顾问、村居规划师、镇村战略后备人才）分类培训。加强基层治理，整顿软弱涣散村（社区）党组织43个，开展基层矛盾纠纷大排查行动，找出近900条问题线索，全部纳入基层治理台账，逐项研究解决。落实历史留用地166.75公顷，整治农村土地“三乱”（乱占、乱卖、乱租）问题86宗，被征地农民养老保障滞留资金全部发放，组织完成240个村集体经济“三资”（农村集体资产、农村集体资金、农村集体资源）清理核实。推进落实镇街干部驻点普遍直接联系群众制度，建立西部及海岛地区领导干部在工作地居住制度，市委组织部通过电话抽查、实地检查、定期通报和专题培训等措施，强化制度落实，收集群众反映问题1.9万余件，办结1.8万余件。推进党代表联络工作，实现党代表工作室建设和党代表履职培训全覆盖，全年各级党代表接待党员群众2000多人次，处理问题1500多件。加快构建“六化型”（组织设置区域化、党员管理属地化、服务载体一体化、活动方式社会化、党务队伍专业化、党员教育标准化）园区党建格局，推广“行业协会+会员单位”社会组织党建模式，实现非公有制企业和社会组织党的组织与工作全覆盖。

【人才队伍建设】 2015年，珠海市委组织部全面落实党管人才原则，发挥牵头抓总作用，打造人才拳头品牌和重点项目。以人才重点工作项目化管理和“一把手谈第一资源”活动为载体，强化“一把手”抓人才工作的责任意识，推动各区围绕区域发展和产业布局，出台人才扶持政策，全年市、区两级财政投入人才经费近4亿元，比上年增加40%。推进“蓝色珠海高层次人才计划”，牵头做好创新创业团队、高层次人才评审工作，选出8个团队、69名高层次人才和149名青年优秀人才。组织申报国家和省人才计划，新入选“千人计划”专家2人、省“领军人才”4人，至2015年底，全市有“千人计划”专家30人、省“领军人才”7人，在全省地级市中居首位。加大海外引才力度，组团赴英国、法国和西班牙开展“招才引智”推介洽谈活动，协调举办“留学生节”“海外专家南粤行”等活动，吸引高端人才落户珠海。有序推进人才管理改革试验区建设，统筹推进各类人才队伍建设，会同相关单位起草文艺、卫生人才引进培养办法，完成“三高一特”企业人才发展需求调研和人才发展战略研究报告。

【组织部门自身建设】 2015年，珠海市委组织部开展“落实总书记要求，建设模范部门”活动，以“严”要求和“实”举措加强自身建设。在清华大学、复旦大学、延安干部学院等高校举办专题培训班，实现组工干部培训全覆盖。组织“组工杯”知识竞赛，开展岗位练兵活动。强化实践锻炼，全市安排19名组工干部到上级部门跟班学习、9名到基层挂职锻炼、7名驻村蹲点帮扶。深化“转作风提效能”活动，建立组工干部基层联系点制度，深入横琴新区、高新技术开发区等学习考察。加强组工干部监督管理，组织全市576名组工干部填写个人有关事项报告，完成干部档案审核工作。开展廉政风险排查和防控，防止“灯下黑”。 （张丹丹）

老干部工作

【离退休干部工作】 截至2015年12月底，珠海市有离退休干部14497人，平均年龄67.72岁。是年，珠海市委老干部局组织传达学习和宣讲先进事迹69场次，印发学习资料300册、2800份，6300多名离退休干部参加活动。慰问离退休干部6560人次，送慰问金160万元；走访离退休干部492人次；组织召开座谈会、形势报告会、参观考察、文艺演出和书画摄影展等123场次，参加活动9396人次。办理市直机关事业单位干部退休证352本，组织4600名离退休干部体检，为市直单位164位80岁以上离休干部举办集体祝寿活动。申请专项资金10万元解决特殊困难离休干部贫困问题。开展青少年帮扶帮教工作，到学校、企业和社区讲学31场次，受益青少年6000多人。

开展珠海人讲“特区故事”活动，走访老干部98名，在《珠海特区报》刊载72期，超过50版（约25万字、120多幅照片）。结合纪念抗日战争胜利70周年活动，开展“八个一”（编撰一本抗战题材文集、举行一次抗战主题党日活动、举办一个纪念抗战胜利70周年图片展、走访慰问一批抗战时期参加革命的老同志、举办一个纪念抗日战争胜利70周年书画展、举办一个抗战题材电影专场、开展一次“弘扬抗战精神”主题采访报道、组织一次文艺汇演）活动，在《珠海特区报》《珠江晚报》设置专栏、专刊，在珠海电视台连续推出5期报道。

【老年教育活动】 2015年，珠海市老年大学（珠海市离退休干部活动中心）春季学期开设32个专业、158个教学班，在校学员5313人次，3125人；秋季学期开设36个专业、162个教学班，在校学员5568人次，3223人。全年组织老干部参加全国、省、市各类比赛活动50次，获大小奖项12个，其中金奖2个、一等奖3个。6月，参加省老年大学协会主办的“展示阳光心态、体验美好生活、畅谈发展变化，为党的事业增添正能量”文艺展演活动，获金奖；11月，代表珠海市参加由省委老干部局主办的“筑梦中华魂，我心永青春”广东省老干部群众性歌唱大赛活动，获银奖。

2015年5月28日，珠海特区报社“特区故事”采编组在广州采访首任珠海市委书记吴健民（右三）。图为采访后合影 （许坤远摄）

【老年教育理论研究】 2015年6月10日，珠海市老年教育研究会在市老年大学举行珠海老年教育研讨会暨老年教育理论征文颁奖仪式，并就珠海市老年教育创新发展等问题进行探讨。12月，参加省老年大学协会第二次老年教育理论研讨会，获组织奖，《完成顶层设计，创新老年教育》等3篇论文获二等奖，《兴办社区教学点是老年大学的发展方向》获三等奖。年内，邀请专家、学者组成调研组，到武汉等地开展老年教育理论调研工作。

（范金海）

宣传工作

【理论工作】 2015年，珠海市委宣传部坚持强化理论武装，加强理论学习、理论宣讲、理论研究。

理论学习 举办市委学习中心组习近平总书记系列重要讲话、党的十八届四中和五中全会精神、“四个全面”战略布局、“三严三实”教育等专题辅导讲座、专题研讨会及专题务虚会16场次；全市处级以上单位党委（党组）中心组成员结合“三严三实”专题教育活动为基层上辅导党课680多场次；开展全市各党委（党组）中心组理论学习检查，对全市8个区（功能区）24个镇（街）进行全面检查指导，对市直109个单位中51个单位党委（党组）中心组理论学习进行现场检查指导，与市委组织部联合发文通报各级党委（党组）中心组学习情况。

理论宣讲 推进理论宣讲进机关、企业、学校、农村、社区和新社会组织，开展习近平总书记系列重要讲话、党的十八届四中和五中全会精神、“四个全面”战略布局、“三严三实”教育等八个专题理论宣讲1400多场次。市委宣传部（兼职）讲师团被省委宣传部作为中央宣传部优秀讲师团推荐对象，香洲区“社区网络电视”被评为省委宣传部基层理论创新项目，平沙镇“明德讲堂”被评为省委宣传部基层理论宣讲示范点。创新珠海文化大讲堂“国内专家高端、本地专家务实、部门领导政策解读”三结合宣讲方式，全年开设讲座19场。利用《珠海宣传》扩大理论学习宣传，全年刊印7期。

理论研究 结合宣传文化系统“基层工作加强年”工作部署，开展宣传思想文化工作大调研活动，撰写调研报告26篇；组织学习党的十八届四中全会精神、“四个全面”战略布局、“三严三实”教育等社科理论研讨及征文活动6次，学习调研文章近百篇；撰写《黄槐森与和风书院》《林则徐与〈十无益诗〉》两篇文章入选省委宣传部编纂的《郡县治，天下安——岭南历代基层治理经典故事选编》；完成《珠海新型智库建设研究》《珠海城市形象整体宣传和外宣工作研究》《宣传思想文化工作法治化研究》《加强意识形态阵地建设与管理研究》等主要课题，其中《珠海新型智库建设研究》相关成果被市委采纳；指导市社科联完成市社科规划2015～2016年课题评审工作，确立十大重点调研课题。

【文化事业】 2015年，珠海市委宣传部通过文化基础设施建设、城市文化活动开展、文艺精品创作、历史文化资源保护利用等促进文化事业发展。

文化基础设施建设 珠海大剧院、市博物馆新馆、市城市规划展览馆等城市标志性文化设施建设工程进展顺利。市文化馆公共空间设施场地和基本公共文化服务项目免费向公众提供；完成古元美术馆理事会制度改革；完成全市24个镇级文化站和市图书馆文化信息资源共享平台建设，按照省特级文化站标准完成狮山街道文化站、莲洲镇文化站建设；完成100个村（居）文化中心建设。

城市文化活动 举办莫扎特国际青少年音乐比赛、2015南国书香节珠海分会场、珠海读书月、滨海之声音乐节、第三届文联文艺展示月等大型文化活动；结合中国人民抗日战争暨世界反法西斯战争胜利70周年、珠海经济特区建立35周年等主题，组织开展群众性文化活动；启动首届珠海市全民文化艺术普及活动，以“点菜”形式组织开展文艺名家讲座下基层、优秀舞台艺术作品巡演、画家面对面、粤剧艺术进校园下基层等活动；开展珠港澳中国民族器乐大赛、珠海粤韵濠江情文艺演唱会、珠澳新闻摄影展、粤港澳画家美术作品交流展等活动。

文艺精品创作 完善优秀文艺作品奖励机制、文艺精品宣传推介机制和文艺人才培育机制，组织文艺工作者深入基层开展采风创作活动；在市文艺精品专项资金中设立文艺精品宣传推广经费，首次启动全市文艺精品、文艺名家宣传计划；启动纪录片《中国航展》《跨越——港珠澳大桥建设纪事》等重点题材创作；本土原创电影《青涩日记》入围“金鸡奖”提名奖，微电影《鱼缸碎了、鱼儿活了》获中国（杭州）国际微电影展“金桂花奖”十佳公益微电影，本土原创歌曲《中国梦》在中央电视台音乐频道播出，粤剧《疍家女》、纪录片《浴火三灶》被列入2015年广东省扶持文艺精品项目。

历史文化资源保护利用 推进全国文物保护单位“陈芳家宅”“宝镜湾遗址”，省级文物保护单位“唐家三庙”，珠海市文物保护单位“炮台山海关遗址”以及珠海港澳流动渔民陈列馆保护利用项目修缮工程；编制全国文物保护单位“三灶岛侵华日军罪行遗迹”规划；开展珠海市第一次全国可移动文物普查工作，完成9000多件馆藏品数据采集、录入和上传工作；修改完善《珠海市非物质文化遗产专项经费管理办法》，加大对全市非遗项目扶持力度，三灶民歌、三灶竹草编制技艺、淇澳端午祈祷巡游、斗门赵氏家族祭礼4个非遗项目入选省级保护名录；举办第十次“全国文化遗产日珠海系列活动”，举办珠海非遗图片展进校园、社区等活动。

【新闻宣传】 2015年，珠海市委宣传部强化重大主题活动宣传、舆论引导和舆论监督、新闻工作者队伍建设工作。

重大主题活动宣传 组织开展横琴自贸、深化改革、依法治市、创新驱动、生态文明、国际宜居、幸福村居等15项重大主题宣传活动，在中央、省级媒体推出报道1000余篇，其中新华社刊发374篇，《人民日报》刊发59篇，中央电视台《新闻联播》刊播8条，中央人民广播电台播发550篇，《经济日报》刊发30余篇，《光明日报》刊发26篇，《南方日报》头版刊发21篇、头版头条刊发1篇。党的十八届五中全会期间，中央电视台《新闻联播》对珠海生态文明重点报道时长5分11秒。策划推出“珠西大战略”“特区成立35周年”大型特刊。

2015年11月3～8日，珠海WTA超级精英赛在横琴国际网球中心举行，超过200个国家和地区转播报道赛事。图为美国老将大威廉姆斯（左）与捷克新秀普利斯科娃（右）在单打决赛后合影 （市委宣传部供稿）

舆论引导和舆论监督 根据新闻媒体面临的新挑战、新变化，组织开展马克思主义新闻观教育、“好记者讲好故事”和“记者节”等活动；组织举办各类新闻发布活动190场，其中市级新闻发布会30场，集体采访63场，各区新闻发布会97场。

新闻工作者队伍建设 通过政府购买服务的方式，在市新闻工作者协会下设珠海市新闻中心，组建一支专业新闻专员队伍，协助做好新闻策划和推送，沟通中央、省级层面重点媒体；完成珠海市新闻工作者协会第四届理事会改选，产生新的主席和秘书长；借助“珠海传媒大讲堂”，邀请一流师资对全市新闻工作者队伍进行培训。

【外宣工作】 2015年，珠海市委宣传部强化新闻发布、城市外宣、载体平台建设工作。

新闻发布 全年组织举办各类新闻发布活动190场，举办两期全市新闻发言人培训班，督促指导各单位及时回应和处置30余件重要舆情。

城市外宣 在《华尔街日报》《华盛顿邮报》《每日电讯报》《费加罗报》等欧美媒体推介珠海。依托中央和省平台开展城市外宣。2月，配合国新办三局拍摄高清系列片《中国道路与前景——海外学者看中国》；5月，配合央视科教频道拍摄《海疆万里行之珠海》；5～8月，协助省委外宣办、省政府新闻办开展“中外主流财经媒体看广东自贸区建设”“2015欧洲摄影师看广东”“广东自贸区巡礼”、米兰世博会广东形象宣传片拍摄等系列采访活动。借力港澳媒体做强

外宣舆论。在香港《文汇报》《澳门日报》等推出珠海专题专版；6月，协助香港中联办组织香港资深传媒人士访粤团，配合香港《文汇报》做好"一带一路国际高峰论坛"宣传；7月，协助澳门中联办组织澳门中文媒体珠海参观采访活动。围绕第二届中国国际马戏节、珠海WTA超级精英赛、第二届世界广府人恳亲大会等重大主题活动，邀请媒体现场采访考察。

载体平台建设 制作《蓝色珠海，科学崛起》城市宣传片、珠海先进装备制造业发展主题宣传片、《世界广府人，共圆中国梦》主题宣传片，更新《蓝色珠海》中文画册、制作英文画册，更新《珠海采访指南》，建设珠海英文网站；加强与中山大学传播与设计学院合作，完成重点调研课题"珠海城市外宣工作调研"，形成《珠海国际形象传播效果及对策研究》课题报告。

【网络舆情管理】 2015年，珠海市委宣传部完善互联网管理，加强网络空间治理，策划网络主题宣传，推进网络文化和政务微博微信发展。

互联网管理 出台市委网络安全和信息化领导小组2015年工作要点和任务分工等文件，实现互联网管理工作常态化；联合市科技和工业信息化局、市国家保密局、市通管办等部门开展信息安全保密检查。

网络空间治理 对活跃的微博微信账户进行摸底调查，召集市各网站、微信公众号负责人学习有关互联网新闻信息、即时通信工具公众信息服务等政策法规；与市维稳办等部门联动，依法处置网络有害信息，做到源头预防与末端治理并举；建立"多方联动"舆情处置机制，实现24小时滚动报送舆情，累计报送舆情信息441条。

网络主题宣传 策划"横琴自贸片区开发建设""国际宜居城市""首届珠三角西岸先进装备制造业投资贸易洽谈会""第二届中国国际马戏节""世界广府人恳亲大会"等网络主题宣传活动，各大主题活动网络曝光量均超过1亿人次。

网络文化发展 指导网络文化协会推动行业自律，促进网络文化健康发展；组织珠海新闻网、珠海网、香山网、掌上珠海、珠海微助手等有影响力的网络媒体，策划"打造数字城管，建设智慧珠海""幸福村居"等微推广活动。

政务微博微信 开通"珠海发布"官方微信公众号，联合各级各部门打造珠海政务微信矩阵；人民日报客户端珠海频道、新华网客户端珠海频道、今日头条客户端珠海频道相继上线，与2013年开通的"@珠海发布"官方微博形成"两微一端"互动效应。11月25日，"珠海发布"获评广东十大最具传播力政务微信公众号。 （王彩锋）

统战工作

【多党合作】 2015年，珠海市委统战部围绕制定"十三五"规划和经济社会发展重大问题，先后召开协商会、通报会、座谈会18次。筹备召开2015年度各民主党派、工商联负责人和无党派代表人士暑期座谈会。制定《2015年暑期座谈会课题调研报告推动落实方案》，推进调研课题成果落实转化，党外人士提交调研报告、提案议案30多份。支持各民主党派加强自身建设，推动解决民主党派反映的履行职能等方面遇到的问题。推动各民主党派成立"企业家联谊会""企业创新研究会"等组织，发挥党派独特优势助力民营经济快速发展。支持各民主党派打造社会服务品牌，比如民革打造"三联系、三服务"志愿服务品牌；民盟与社区建立对口联系制度；民建开展"同心·普法助学"品牌活动；民进开展"围棋进校园"活动；农工党开展"合

2015年12月22日，珠海市委召开党外人士情况通报会，通报珠海市委七届六次全会精神 （容 楠摄）

理用药公众联盟”品牌活动；致公党打造“社工＋义工”致公志愿服务进社区社会服务品牌；台盟举办咏春拳暑期公益培训班。

【港澳台海外统战】 2015年，珠海市发挥特殊区位优势，引导港澳台海外社团、企业参与珠海发展。

港澳工作　在省内率先完成港澳乡亲社团转型升级。协助香港珠海社团总会成立香港珠海商会、妇女委员会、青年委员会，建立义工队。发挥海联会桥梁纽带作用，全年“请进来”65批3600多人次，“走出去”48批280多人次。会同横琴法院创新港澳人士参与审理司法案件制度，首批选任10名港澳籍人士为横琴法院人民陪审员，任期五年。举办港澳中青年井冈山国情培训班。是年，《新形势下港澳青年统战工作策略研究》获省统战理论政策研究创新成果一等奖。

对台工作　全年接待台湾来访团组60批1085人次，实施因公赴台交流项目225批1320人次。在全省率先启用对台工作数据库。举办珠台高校“两岸一家亲”大学生文化交流营系列活动，出台《珠台合作及做好台湾青年工作的实施方案》。推动成立市台商协会青年会，搭建珠台青年台商创业平台。推动服务台资企业制度化，全年新增台资企业27家，增资扩产8家，投资额10亿美元。

侨务侨联工作　举办“2015年海外华裔青少年夏令营”、第九届“两岸四地中华青年民族学习交流营”“粤港澳侨界青年嘉年华”等活动，增进海外华裔新生代、港澳台青年中华民族向心力和中华文化认同感。推动新西兰维塔集团落户珠海，协助美国硅谷美中商会到高新区考察。完成1078户华侨农场危房改造。为贫困归侨、侨眷和困难学生发放慰问及助学金73万元。加强基层组织建设，实现珠海市镇（街）以上侨联组织全覆盖，“侨友之家”成为省示范工程。

【民族宗教】 2015年，珠海市加强民族团结进步模范创建，金湾区三灶社区被评为省民族团结进步模范社区。加强民族团结进步宣传，开展“促民族团结，建和谐珠海”知识竞赛和“民族团结身边小故事”专题征文活动。创建平安宗教场所，下拨创建经费20万元。基督教香洲堂、乾务堂和香洲清真寺被省民宗委评为“创建和谐寺观教堂活动达标场所”。金台寺、普陀寺配套设施用地以及基督教城区教堂建设用地审批有序推进。香洲区恢复天主教活动场所。举办“中国佛教与海上丝绸之路系列活动暨珠海普陀寺开放15周年庆典”“2015汉传佛教讲经交流会获奖法师代表巡讲活动”等宗教活动。

2015年8月26日，市委统战部领导率民营企业家代表到珠海高新区考察
（容　楠摄）

【非公经济领域统战】 2015年，珠海市引导非公有制企业转变发展方式，提高民营经济综合实力和科学发展水平。以立法的形式在全省率先出台《珠海经济特区民营经济促进条例》，印发《关于促进小微企业上规模的实施意见》，为民营经济发展营造良好市场环境、政策环境和法治环境。引导民营企业用好扶持政策，为企业家、商会、协会排忧解难30多件。组织会员企业参加第一百一十八届广交会、“广东省21世纪海上丝绸之路国际博览会”等活动。组织“中小企业融资项目对接会”等经贸活动20多次。协调全国药店协会年会、省汽车流通协会年会等商协会在珠海召开。开展非公有制经济领域统战调研，《广东德豪润达电气股份有限公司案例》入选中央统战部2015年民营企业转变发展方式优秀案例。香洲、金湾、斗门三个行政区工商联被省工商联评为“五好”县

级工商联。以“民营企业家与中国梦”为主题，组织民营企业家开展非公有制经济人士理想信念教育实践活动。加强对非公有制经济人士教育培训，举办“珠海市优秀企业家高级研修班”，培训近4600人次。完成社会主义核心价值观示范点专题片拍摄录制。珠海世邦城市商业发展有限公司被评为全国商贸流通服务业先进集体。梅华街道鸿运社区商会成为全省首个社区商会。

【党外代表人士队伍建设】 2015年，珠海市有处级以上党外干部74名（含企事业市管干部），其中厅级党外领导干部6名。年内，举办“珠海市党外领导干部综合能力提升研讨班”；实施“后备人才工程”，建立254人的党外后备干部人才库和55人的民主党派市委会领导班子后备人才库。从2012年开始，每年安排20多名党外干部挂职锻炼，完成“百名党外干部任挂职锻炼工程”规划目标。知联会基层组织初步实现全市覆盖。

【第二届世界广府人恳亲大会等活动】 2015年5月12～15日，全国台企联第三届会员代表大会第三次会议暨成立八周年庆典活动在横琴召开，各地台商协会、台湾岛内商界代表、珠三角地区台商代表314人出席。会议期间，举办2015年珠海（台商）投资环境推介会暨项目签约仪式，签约“三高一特”产业合作项目19个，投资额10亿美元。11月14～16日，全球广东龙川同乡联席会议第五次大会在珠海召开，20多个国家和地区1100多名龙川县商界精英出席，现场签约14个，合同金额49.8亿元。12月2～4日，第二届世界广府人恳亲大会在横琴召开，53个国家和地区2500多位广府社团领袖、商界精英、社会贤达和乡亲代表参加。中共中央政治局原常委李长春向大会发来贺信。中共中央政治局委员、广东省委书记胡春华，全国政协副主席何厚铧等出席开幕式。大会发出《第二届世广会“一带一路”倡议书》，表彰第二届世界广府人“十大杰出人物”和“十大杰出青年”，10个重大合作项目举行现场签约仪式。

（市委统战部）

机构编制

【政府职能转变】 2015年，珠海市继续推进政府职能转变，深化行政审批制度改革，加强事中事后监管，着力解决政府对微观事务干预过多、管得过死，重审批、轻监管等问题，提升经济社会发展活力。

优化市、区事权分工　下放182项市级行政管理事权给有关行政（功能）区和工业园区，涵盖原属发改、人社、国土、环保、住规建、交通、海洋农业和水务、市政和林业、文化体育旅游、卫生和计生等部门，涉及基建工程招标、企业投资、企业登记、用地审批、劳动就业、社会保险、医疗卫生、文化建设、交通运输、城市建设、环境保护等经济社会诸多领域。同时，推动机构编制资源向基层倾斜，加强对承接区培训、指导和监督，督促承接区加强对下放事权后续管理。

精简行政审批事项　编制珠海市第六批行政审批项目事项调整目录，涉及45项行政审批项目，其中，取消15项，下放7项，承接15项，取消备案8项。建立健全后续监管制度体系，如商事登记制度改革实施“先照后证”后，会同有关部门研究制定《商事主体信用信息公示管理办法》等相关监管办法。

全面清理非行政许可审批事项　对市级244项非行政许可审批事项进行清理，其中取消非行政许可审批事项6项，调整为行政许可事项32项，调整为政府内部审批事项目录33项，纳入市级政府部门行政职权和政务服务事项清单管理的其他事项目录173项。清理后，不再保留“非行政许可审批”类别。

健全行政审批服务体系　建立“两级机构、四级网络”政务服务体系。在具有行政审批权的33个市直部门，单独或以加挂牌子形式全部设立行政审批服务科，整合部门内部行政审批职能，集中由行政审批服务科承担，实现部门审批权和监督权相分离。完善各区（功能区）政务服务管理部门，加强各区政务中心和各功能区政务服务平台建设，逐步向镇街、村居延伸。推行网上审批，提高行政审批服务水平。

完善部门权力清单制度　在完成市直单位权力清单编制和公开的基础上，指导各区（功能区）完成相关工作。针对各部门间职能不清、交叉扯皮、管理分散等事项，按照“一个事项由一个部门牵头负责”原则，进一步研究、理顺和规范。

【机构改革创新】 2015年，珠海市编办按照精简统一效能原则，厘清职能、优化设置，着力解决机构职责交叉、运行不顺畅等问题，构建权责明确、监管有力、公平公正的政府治理体系。

加强自贸区组织架构及制度建设　按照“整合资源、统分结合”原则，依托珠海市横琴新区管理委员会，构建适合珠海市实际、精干高效的中国（广东）自由贸易试验区珠海横琴新区片区管理架构，实行一体化运作，调整优化工作机构，强化自贸区政策研究、经济开放、市场监管等职能。加大简政放权力度，推行权责清单、提示清单和负面清单，营造法治化、国际化营商环境，提升对外开放能力。

优化部门内设机构和职能配置　针对市直部门还存在的机构职责不明晰、资源配置不均衡、内部运行不够顺畅等问题，按照“转变职能、提高效率，突出主业、优化设置，控制总量、盘活存量”原则，在保持机构、编制数不增加的前提下，提出市财政局、市审计局等多个部门内设机构调整优化的建议。

推动重点领域管理体制改革　推动行政执法体制改革，落实好省级下放工商、质监工作要求，在区一级整合工商、质监、食药监、知识产权、物价检查等职能，组建综合市场监督管理部门，构建大市场监管格局。深化横琴新区综合行政执法体制改革试点，探索农业和劳动监察综合行政执法体制改革。完成不动产登记职责整合工作，将土地、房屋、林地、海域等不动产登记职责交由一个部门承担。推动纪检监察体制改革，按照十八届中央纪委三次全会提出的“转职能、转方式、转作风”要求，聚焦党风廉政建设和反腐败斗争，突出主业，启动纪检监察体制改革，加强监督和办案力量，强化监督执纪问责。配合推进司法体制改革，完成全市法院、检察院系统人员编制核实及公示工作；加强和创新政法专项编制管理，调整优化司法部门机构编制，减少层级，充实基层、一线和重点领域力量。

创新政府绩效管理　制定政府部门责任白皮书考评方案，将原来碎片化的九大考评项目整合为“效能评价”“社会评价”“民主评价”三大项，新增“分管市领导评价”“牵头单位评价”“配合单位评价”“财政预算支出情况绩效考评”等考评事项，将督办通报、民主评价、效能问责等工作情况纳入考评范围。对市委、市政府下达的各项任务进行审核分工，把责任落实到每个被考评单位，在市政府网站公开各单位政府部门责任白皮书，并定期组织开展对各单位任务落实情况的跟踪督办，倒逼效能提升。

【事业单位分类改革】　2015年，珠海市编办继续推进事业单位管理体制和机制创新，优化事业单位机构编制资源配置，加强科学化、规范化管理，提升事业单位监管水平，促进事业单位回归公益属性。

推进重点领域事业单位改革　推动公立医院综合改革。完善公立医院运行监督管理机制，探索“管办分离”。设立公立医院管理中心，代表政府履行出资人职责，负责对公立医院人、财、物和日常业务监管。推动教育综合改革。出台《珠海市教师编制和岗位聘用管理改革实施意见》，将教职员从原来的“学校人”变成“系统人”，教育主管部门可根据各个学校实际教学需要，按照“抽多补少、抽优补劣”原则，在各学校编制基准数上下浮动20%的范围内自主调配教职员，全面放开各学校岗位和领导职数配置，实现教职员编制、岗位和领导职数无障碍流动。

深化事业单位法人治理结构试点　为落实试点事业单位法人自主权，对疾病预防控制中心、市口腔医院、市青少年妇女儿童活动中心和市测绘院等4家法人治理结构试点单位进行专题调研，了解各试点单位推进工作进度和存在的问题，会同组织、人社、财政等部门研究制定《关于支持事业单位法人治理结构试点工作有关政策的意见》和《关于事业单位法人治理结构试点理事会组建等相关问题的操作指引》，指导开展理事会组建、章程备案等工作，促进法人治理结构试点工作有序开展和事业单位规范运行。

完善事业单位监管体系　审核公开市直268个事业单位年度报告，使公众全面了解事业单位登记、履职、奖惩、接受捐赠、财务变动等重要信息。根据《珠海市事业单位信用体系建设实施方案》，完成事业单位信用信息的记录和整合，将事业单位不良记录列入公开列表，提升事业单位运作的公开性和透明度。

【机构编制管理】　2015年，珠海市编办严把编制入口，创新管理方式，确保财政供养人员只减不增。

组织实施减编控编方案　对用编单位进行从严审核，杜绝超编进人。督促解决事业编制超编问题，核收空编较多、职能弱化单位事业编制。下发《关于落实省编委批复精神严格控编减编工作的通知》，明确各区编制控制数，实行编制使用情况月报制度，区外调人一律进行严格审批。

创新管理方式 加强动态管理。坚持“人随事走”原则，核减任务减少、转移、下放部门的编制，强化基层、民生保障等重要领域人员编制配备，解决机构编制资源合理调配问题。转变管理理念。加强沟通协商，推动有关部门通过加强内部管理、运用技术手段等，解决人浮于事和效率低下问题。构建“养事不养人”机制。建立健全社会管理协管员管理机制，通过政府购买服务的形式，缓解编制紧缺问题，增强工作力量。

加强机构编制督查整改 定期开展机构编制核查。采取在编人员公示、人事数据比对、举报受理等形式，加强实名制管理。围绕超编进人、违规设置机构和领导职数、混用编制、条条干预等机构编制违规事项，组织开展专项督导检查。根据中央、省机构编制管理要求，针对存在的机构编制违规问题，研究解决办法，建立整改台账，明确整改措施和期限。 （成平川）

信访工作

【概 况】 2015年，珠海市各级信访部门贯彻落实广东省委、珠海市委政法工作会议和全省信访工作会议部署，贯彻落实《广东省信访条例》，深化信访工作制度改革，落实信访工作责任，加强矛盾纠纷调处。市信访局全年受理群众来信1528件（含市委书记信箱信访件），比上年增长26.6%；受理群众致市委书记信箱信件544件，增长2.6%；接待群众来访666批5583人次，分别增长1.2%和45.6%。

【信访制度改革】 2015年，珠海市信访局推进涉法涉诉信访工作改革，把涉法涉诉信访纳入法治轨道。建立涉法涉诉信访纳入法治轨道制度和机制，开展推动党委建立涉法涉诉信访事项退出普通信访领域后有效善后衔接机制试点工作，推进通过法定途径分类处理信访诉求请求工作，建立律师参与信访维稳工作制度。

【信访维稳研判】 2015年，珠海市党政领导坚持定期研判信访维稳形势和重大疑难复杂案件，集中研究解决群众反映强烈、影响社会和谐稳定的信访突出问题。市委常委会议先后6次专题听取信访维稳工作情况汇报，认真解决群众合理合法诉求。各区党政主要领导落实“一把手”责任，坚持每月对本地区信访维稳工作存在的突出问题、重点信访维稳案件、重大社会不稳定因素等进行分析研判。各镇（街）切实履行属地责任，开展全面排查，建立重点案件研判工作台账，明确区、镇包案领导和责任人，防止矛盾积累上行。

【领导接访制度】 2015年，珠海市信访局制定印发《2015年市党政领导干部接待群众来访工作方案》，把领导干部接访下访与“三严三实”专题教育、市领导驻党代表工作室、领导干部挂点联系幸福村居结合起来，推进领导干部接访规范化、制度化；制定印发《2015年市党政领导包案处理信访案件工作方案》，梳理重点案件，按照领导干部职责和分工落实包案领导。

【信访信息系统建设】 2015年，珠海市信访局按照国家信访局的统一标准和省信访局的要求，统筹推进全市网上信访信息系统和信访网建设，初步实现对信访形式、工作过程、工作范围全覆盖，初步实现信访事项受理、办理和督办等业务在网上可查询、可跟踪、可督办、可评价，群众信访渠道进一步畅通。香洲、金湾和斗门三个行政区信访部门开通并在系统录入本级信访件。

【市人民来访接待大厅正式运行】 2015年12月上旬，市人民来访接待大厅正式启用。同时，以市委办、市府办名义印发《关于组建珠海市人民来访接待大厅的工作方案》，按照依法合规、注重实效、方便群众的原则，选取市民政局、市人社局、市国土局、市住规建局、市海洋农业和水务局、市总工会等信访问题突出的职能部门派员进驻大厅，开展联合接访，整合资源，形成合力，依法及时有效解决群众信访问题。 （市信访局）

党校工作

【干部培训】 2015年，珠海市委党校把学习贯彻党的十八大和十八届三中、四中、五中全会以及习近平总书记系列讲话精神作为干部培训的重要内容。全年举办各类主体班次18期，培训干部1787人次。承接各类对外培训班60批次4368人。本校专职教师在主体班开设专题课72场次，集体性教学项目11项。兼职教师开设专题课13场次。邀请省内外、市内外专家、教授和领导在主体班授课152人次。本校教师外出宣讲126场次，听众逾万人。

干部培训　优化和完善教学布局，更新教学内容，针对性和实效性进一步增强。探索研究式、案例式、体验式等教学方式方法，注重教与学双向互动，突出学员主体地位，打造各班教学品牌。拓宽异地培训渠道，组织学员赴深圳学习创新驱动发展经验，帮助学员开阔视野，增长见识。加快建设现场教学基地，联合市委组织部围绕党性教育、改革创新、现代产业发展、生态文明建设、社会治理五大主题，建立杨匏安陈列馆、横琴新区、格力电器、淇澳红树林、华发社区等25个具有代表性的现场教学基地，编写《现场教学干部教育培训教学辅导材料》。严格学员管理，强化课堂教学、考勤纪律、班级活动、调研考察等重点环节的监管。

【科研工作】 2015年，珠海市委党校完成2014年度校级课题结项11项，省社会主义学院课题结项3项，省委党校2014年度课题结项3项，珠海市2014年度社科课题结项9项。教师立项课题8项，承担市委统战部委托课题1项，公开发表论文15篇（其中省级7篇），入选研讨会论文9篇（其中国际、国家级4篇，省级3篇，市级1篇）。出版《珠海市委党校市行政学院学报》6期（93篇文章，50余万字）。据2015年10月"中国知网"统计，《学报》机构用户3908个，分布11个国家和地区，个人读者分布8个国家和地区。

（谌敏越）

党史工作

【概　况】 2015年，中共珠海市委党史研究室"转作风　提效能"取得成效。开展"三严三实"专题教育活动，通过组织学习、室领导辅导授课等形式，教育党员干部要严以修身、严以用权、严以律己，做到谋事要实、创业要实、做人要实，增强党员干部宗旨意识和履行党员义务意识。完成普查成果丛书《广东省革命遗址通览·珠海市》出版发行工作。

【史料编纂】 2015年，市委党史研究室根据省委党史研究室对《中共珠海历史（1953～1978）》（约25万字）送审稿审核意见，组织人员先后赴广州、佛山、中山等地收集有关领导、专家的修改意见，召集珠海党史研究方面的专家、学者，核查资料，修改完善。编写《珠海市抗日战争时期人口伤亡和财产损失·B卷》（16万字，14幅图），送省委党史研究室终审。成立编辑出版小组，推动史料成果转化。编写纪念抗日战争胜利70周年专辑《珠海史志资料与研究》（15万字，39幅图）。

【党史宣传与研究】 2015年，市委党史研究室加强党史宣传和研究。加强党员干部教育工作；做好党史的征、研、编工作，完成《广东改革开放实录（珠海部分）》（1984.1～1992.2）三个专题的撰写；根据中央、省委和市委关于加强和改进新形势下党史工作的意见精神，结合珠海地方党史工作实际，编写《珠海市2016～2020年党史工作规划》（讨论稿）；组织人员到阳江、云浮、肇庆等地调研，启动《珠海地方党史》（三卷）工作方案的编制工作；结合党史重大事件纪念日，开展党史专题研究，在

2015年6月30日，市委党史研究室组织全体党员参观斗门革命斗争纪念馆（蔡光曦摄）

省、市级刊物发表论文 15 篇（次）。

【党建工作】 2015 年，市委党史研究室党支部加强基层党组织建设，通过列出领导干部责任清单、制定工作任务清单、推动支部党建工作创新、建立效能倒查机制、对基层业务指导方式创新、制定全市四个整体推进工作方案、实施主体业务承诺制、实施岗位责任当月督查督办制、实施岗位责任与绩效考核机制等 9 项创新措施，提高党支部建设水平。

【信息化建设】 2015 年，市委党史研究室发挥党史"以史鉴今、资政育人"作用。充实市委网站"珠海党史"栏目内容，累计登载珠海党史信息 1042 篇（120 万字，250 余幅图）。珠海地情网站建设日趋完善，设置运作一级栏目 17 个、二级栏目 26 个，发布《珠海市志》等地情书籍 8 部近 400 万字、唐代至 2012 年大事记近 44 万字，各主页栏目信息累计 1222 篇、1900 余幅图，影音视频 1 部。截至 12 月底，珠海地情网站点击率 166 万人次，全省地情网站综合排名前 3 位。

（刘利亚）

政策研究

【以文辅政】 2015 年，珠海市委政策研究室（简称市委政研室）起草完成珠海市委七届五次和六次全会报告、珠海市"十三五"规划建议编制等重大战略决策；完成《珠海市经济社会发展情况》《横琴开发建设五年情况》等汇报材料 12 篇；完成市委书记参加全国、省和市各种工作会议讲话稿 61 篇。

2015 年 5 月，市委政研室与省委政研室联合调研组到海洋石油工程（珠海）有限公司实地调研（市委政研室供稿）

【调研工作】 2015 年，市委政研室以业务科室为单位，形成各种专题调研组，深入各行政区（经济功能区）、市直机关、镇（街）村（居）、企业院校、社会机构等 169 个单位，开展专题调研项目 41 个；完成《关于珠海创新驱动发展的政策建议》《加快推动我市文化创意产业发展的对策建议》等调研报告 39 个，其中《聚焦拉美：打造与葡语系、西语系国家经贸合作平台》《关于加快我市生物医药产业发展的建议》《关于珠海交通发展的若干对策建议》等，以《决策参考》形式上报市领导参阅。

【政策研制】 2015 年，市委政研室牵头起草《中共珠海市委关于制定国民经济和社会发展第十三个五年规划的建议》《珠海新型智库建设的方案》等政策性文件。配合省、市有关部门开展政策研制工作，对 51 篇新出台文件提出修改意见。

【决策服务】 2015 年，市委政研室编发《全球产业趋势参阅信息》《珠研决策关注》《决策参考》《珠三角与港澳动态》等内部刊物 39 期；提供《"十三五"规划建议参阅汇编材料》《珠海市、深圳市经济社会发展主要指标对比》等市领导赴外考察与调研背景材料，以及涉国内外先进地区与重点城市发展情况参考信息汇编。

【课题合作】 2015 年，市委政研室围绕珠海与阳江开展全方位合作、珠海基层社会治理、珠海先进装备制造业发展等内容，与广东省社会科学院、中山大学等联合开展课题研究；围绕横琴自贸区建设、中小企业发展、珠海社区建设、高校创新发展、轨道交通发展、"十三五"时期珠海城市文化建设等内容，分三批面向社会公开招标 10 个重点课题，完成《珠海自贸区开放安排及风险防范研究》《创新社会管理背景下提升珠海社区建设研究》等课题研究。（黄兴航）

市直机关党的工作

【学习贯彻落实习近平总书记系列重要讲话精神】 2015年，珠海市把学习贯彻落实党的十八大和十八届三中、四中、五中全会精神以及习近平总书记系列重要讲话精神，作为机关党建工作重要政治任务，在机关党员干部中开展党性、党纪、法制、作风教育，把严守党的政治纪律和政治规矩放在首要位置。市直机关工委与中央国家机关工委研究室联合开展“联学联研联建”活动，举办“三严三实”系列讲座。6月11～19日，组织市直机关党委书记“三严三实”学习教育培训班42人赴中央国家机关党校学习培训，强化党建责任意识。举办“全面从严治党”系列讲座，邀请中央国家机关支部书记（各司局长）为市机关党员宣讲习近平总书记系列重要讲话精神。7月，中组部党建研究所副所长赵湘江作“三严三实”专题辅导讲座；12月，国家卫计委宣教司原司长张建围绕“机关党支部建设的实践与思考”主题作专题讲座。分层分类轮训机关党员干部，分四批组织市直机关1150余名党支部书记集中轮训。举办2015年入党发展对象培训班，150余名发展对象参加培训。

【机关党建制度创新】 2015年4月2日，市委常委会审议通过《中共珠海市委贯彻〈中国共产党党和国家机关基层组织工作条例〉实施意见》，创新机关党建工作体制机制：市直机关工委实行委员制；市直机关工委与部门党组（党委）建立沟通联系制度；市、区机关工委建立业务指导和挂钩联系制度。首次对设置机关党办、专职副书记和机关党建活动经费进行制度性安排。10月，在13个党员人数超过200人的市直部门设置机关党办和配备专职副书记。

【机关作风建设】 2015年，市直机关工委加强机关工作人员责任意识、创业意识和服务意识，巩固“转作风提效能”活动成果。一是开展“在岗不尽责、在编不办事”专项整治行动。市机关作风办先后开展8次现场调研和3场座谈会，听取社会各方意见和建议，将意见建议反馈给相关部门进行整改。各区、各单位召开座谈会1937场，走访群众41527人次，收集意见建议7267条，列出障碍问题1407个，解决问题1312个。组织《珠海特区报》、珠海电视台等媒体开展专题暗访，设置“在岗不作为”曝光台。全年组织暗访525次，发布宣传信息791条，发现问题61个，处理相关责任人8人。二是完善党员志愿服务岗和窗口预约服务。截至是年底，全市39个单位和7个区开设党员志愿服务窗口582个，累计提供志愿服务16.55万小时，办理服务事项18.72万项；全市41个单位和7个区提供可预约办理事项781件，累计办理预约事项233.11万宗。三是推进“清障行动”和窗口服务标准化建设。针对2014年“清障行动”中尚未清理的障碍，协调督促相关责任单位清理障碍4080个。协调组织各部门出台窗口规范性文件456个，打造标准化服务。四是做好便民服务、效能提升、履职尽责工作。组织各单位开展便民终端进社区活动，385个便民服务终端进入社区，可办理事项3028项；协调市改革办建立倒查机制，推进机制倒逼专项小组、各有关单位完成改革工作；协调市编办编制权责清单，规范权力运行。全年公开39个市直单位10121项行政职权和政务服务事项，以及各区22929项权力清单。修改完善机关事业单位年终考评方案，将党风廉政建设、机关党建工作纳入2015年度年终考评方案。

【机关党的建设】 2015年，珠海市落实全面从严治党要求，推进机关党的建设。一是创建基层服务型党组织示范点。指导市房地产登记中心党委等29个基层党组织开展基层服务型党组织示范点创建工作，49个党建项目纳入市直机关“书记项目”库，5个党建项目申报市级“书记项目”。二是开展机关党建工作述职评议考核。检查通报1064名市直机关副处级以上党员领导干部2014年参加双重组织生活情况，从党组（党委）重视党建工作情况、基层党建工作落实情况、年度重点工作完成情况、书记述职及满意度测评情况和党建工作创新奖励情况五个方面进行量化考核。三是规范党内职务考察。制定《市直机关党内职务考察制度》，严把党组织班子成员“入口关”。年内，考察审批党内任职20人，审批基层党组织换届改选28个，指导6个单位理顺组织关系。四是制定和落实党员发展工作计划，建立发展党员及党员管理工作月报、季报制度。年内，市直机关发展的145名党员手续完备、程序规范。

五是提升服务群众工作水平。是年，在重大节日慰问困难党员、老党员和优秀党员327人，为基层培训党内统计员180余人，上门培训支部书记300余人、培训入党积极分子500余人，发送工作资料400余册，下基层指导工作100余次。六是组织实施“落实总书记要求、建设模范部门”教育实践活动。核查干部人事档案，排查岗位廉政风险，分部门进行岗位练兵及技能竞赛、“学党章、学条例”知识竞赛，组织7个代表队参加市“组工杯”知识竞赛。

【党风廉政建设】 2015年，市直机关工委推进机关单位党务公开、廉政风险排查防控和重大事项报告制度，推动市直机关开展纪律教育学习月活动，扩大信访举报工作宣传面。4月，举办“引以为戒，严守规定”学习教育培训班，推动党风廉政建设主体责任落地生根；8月，举办市直机关纪检监察干部培训班，提高纪检干部实操能力和业务水平。全年受理群众来信来访9件次，立案查处党员干部违纪问题3件3人，审理案件9宗9人，开除党籍4名，留党察看1名，党内严重警告1名，党内警告1名，政纪处理2名，诫勉谈话2名，信访函询1名，完成市直机关38个基层党组织改选、216名候选人纪律审查。

【民兵基层组织建设】 2015年，市直机关工委先后组织珠海交通集团、珠海水务集团、珠海机场等单位200名民兵开展训练，及格率96.6%。组织市直单位企业武装部11名干事参加警备区封闭式业务培训。组织市直60名民兵应急队伍参加警备区专业集训。调整部分民兵组织，在珠海保安公司组建市民兵应急队伍，对珠海邮政公司双25高炮排、市公路局民兵铁（公）路护路分队等分队进行减压、调整。对转业军官、退伍军人与军事专业对口技术人员预备役登记、核对、统计，进行分类管理。按照“三战”（舆论战、心理战、法律战）相关内容开展“三战”社会资源潜力普查，对“三战”人才进行政治审核登记。（黄浩轩）

珠海市人民代表大会

【人大机构概况】 2015年，珠海市各级人大代表1738人，其中全国人大代表6人，省人大代表15人，市人大代表285人，区人大代表557人，镇级人大代表875人。市八届人大常委会组成人员37人，其中主任1人，副主任6人，秘书长1人，委员29人。市八届人大设有法制、财政经济、内务司法、教育科学文化卫生外事华侨宗教、城市建设与环境资源、农村农业委员会。市人大常委会下设办公室、法制工作委员会、内务司法工作委员会、财政经济工作委员会、城市建设与环境资源工作委员会、农村农业工作委员会、教育科学文化卫生外事华侨宗教工作委员会、选举联络人事任免工作委员会、依法治市工作委员会9个工作机构。

【地方立法】 2015年，珠海市人大常委会制定《珠海经济特区土地管理条例》《珠海经济特区民营经济促进条例》《珠海经济特区地下综合管廊管理条例》《珠海市人民代表大会常务委员会关于珠海城市概念性空间发展规划的决定》《珠海经济特区电力设施保护规定》《珠海经济特区户外广告设施和招牌设置管理条例》《珠海经济特区养犬管理条例》，废止《珠海市土地管理条例》。落实法规制定公众参与办法，运用听证会、论证会、问卷调查、基层调研、上门走访等形式，拓宽公众参与立法途径。设立高校立法咨询服务基地，建立立法咨询专家库，发挥港澳法律顾问服务公司平台作用，为立法工作提供智力支持。设立10个镇街基层立法联系点，发挥基层单位贴近群众、了解社情民意的优势，使地方立法更接地气。

【监督工作】 2015年，珠海市人大常委会组织开展执法检查2项，听取和审议专项工作报告9项，开展专题调研23次。一是开展财经监督。听取和审议国民经济和社会发展计划、预算报告，审查和批准政府投资项目调整计划和预算调整方案、决算、预算执行情况的审计等报告。改进监督方式，建立预算审查监督代表库，推选28名预算监督特邀代表列席财经委员会会议，参加预算审查工作；将“互联网+大数据”模式运用于珠海市预算监督工作，实现预算内容全覆盖、实时监控全天候、资金流向全追踪。二是推动国际宜居城市建设。对前山河流域环境综合提升工程开展专项监督，按月和季度对重点项目进展情况进行跟踪；对西坑尾华新垃圾处理厂、富山中信环保产业园以及拱北污水处理厂等工程开展视察；听取和审议珠海市规划实施情况的报告，重点对西部地区规划实施情况进行监督。三是推动保障和改善民生。常委会推动市妇幼保健院异地建设取得实质性进展；推动市政府加大中心城区交通拥堵治理力度；推动市政府解决被征地农民养老保障历史遗留问题，促进城乡养老保险均等化；推动解决农村产业发展以及农村集体经济和农民稳定增收等生产生活中的困难和问题。四是推动经济社会协调发展。要求政府加大知识产权保护力度；深化社会建设领域改革创新，推进基本公共服务均等化；加大海洋生物资源保护力度，打击破坏渔业生产及海洋生态的违法行为。五是推动依法行政和公正司法。要求政府创新和完善行政复议工作机制，加强行政复议机构和队伍建设，促进依法行政；要求政府以城乡全覆盖为目标，实现公共法律服务的信息化和便利化；推动珠海市法院、检察院司法体制改革顺利开展；支持并跟进公安改革创先工作；健全法规实施监督机制，建立法规实施单位向常委会报告法规实施情况制度，对见义勇为人员奖励和保障条例等法规实施情况报告进行审查。

【代表工作】 2015年，珠海市人大常委会组织代表参加各项活动1097人次，其中参加专题调研、视察、执法检查308人次。

2015年9月16日，“珠海市人民代表大会常务委员会立法咨询服务基地”授牌仪式在北京师范大学珠海分校举行　　（市人大供稿）

代表议案办理见新成效 常委会组织代表跟踪督办斗门四小联围海堤达标建设议案，实现圆满结案。督办珠海市职业教育发展议案，推动城市职业技术学院（东院区）建设和技工学校改扩建项目取得明显进展。督办市慢性病防治中心建设议案，确保建设按时间节点推进。

代表建议督办获新进展 常委会督促“一府两院”加强与代表沟通协商。市政府明确市长、副市长领衔办理重点建议的任务，推动176件代表建议办理取得实效，解决或采纳86件，占建议总数的48.9%，代表对办理结果满意率88.6%。其中，关于加快构建全市耕地质量安全检测监督体系的建议，使珠海市食用农产品安全监管力度得到加强。常委会还与市政府开展代表建议办理工作“回头看”，梳理出代表多次提出但仍未解决的8件建议开展督办，推进“老大难”问题的解决。

代表联络平台建设上新台阶 常委会多措并举推进全市人大代表联络室的建立和运行，指导联络室组织代表通过接访、走访、约访、回访、设立便民热线等形式，拓宽代表联系人民群众的方式和渠道，畅通民意表达。至年底，全市设置人大代表联络室96个，组织各级人大代表参加联络室活动1700人次。

代表服务工作有新作为 常委会组织代表参加宪法、预算法、立法法、乡镇人大工作专题培训，增强代表依法履职的意识和能力。围绕市委中心工作，提出前山河流域环境综合提升工程进展情况等25个专题，引导代表小组和专业小组开展调研活动。为保障代表有效行使约见权，制定《珠海市人民代表大会代表闭会期间约见国家机关负责人暂行办法》。

【依法治市工作】 2015年，珠海市人大常委会围绕中央关于全面推进依法治国的总体部署和省委、市委关于全面推进依法治省、依法治市的工作安排，以建设一流法治环境为目标，推进依法治市工作。根据市委要求，起草《珠海市贯彻落实党的十八届四中全会决定重要举措2015年工作要点》及任务分解表，协调督促各牵头单位制定实施方案，并定期跟踪检查。参与起草《珠海市贯彻实施党的十八届四中全会重要举措实施规划》，研究制定2015年各区（功能区）党政领导班子法治建设考核指标。总结法治广东建设五年规划实施成效和经验。推动按法治框架解决基层矛盾试点、法治广东宣传教育周等重点任务的落实。开展党建立法专题调研，提出以健全党内规范性文件促进党建科学化的建议。根据市委关于依法治市工作领导小组下设专责小组的决定，起草领导小组和各专责小组工作职责及运行办法，加大法治建设统筹力度，依法行政、公正司法、法治社会建设等六大重点任务有序推进。加强对基层依法治理工作的指导，及时总结推广法治工作亮点和经验。根据市依法治市领导小组会议要求，对珠海市国土执法工作开展专项检查，促进珠海市国土执法工作有效开展。

【八届人大五次会议】 2015年2月2～5日在香洲召开，与会代表290名。会议听取、审议和通过珠海市人民政府工作报告、市人大常委会工作报告，市中级人民法院、市人民检察院工作报告；审查珠海市2014年国民经济和社会发展计划执行情况与2015年计划草案报告，批准珠海市2015年国民经济和社会发展计划；审查珠海市2014年政府投资项目计划执行情况和2015年政府投资项目计划草案报告，批准珠海市2015年政府投资项目计划；审查珠海市2014年预算执行情况和2015年预算草案报告，批准珠海市2015年市本级预算；法制委员会、财政经济委员会、内务司法委员会、教育科学文化卫生外事华侨宗教委员会、城市建设与环境资源委员会、农村农业委员会也向会议书面报告工作。会议收到代表10人以上联名提出议案40件。与会期间代表提出的137件建议、批评和意见，交市人民政府和有关单位研究办理，按法定程序答复代表，并将办理情况反馈市人大常委会。

会议依法补选黄锐、田忠敏为珠海市第八届人民代表大会常务委员会副主任，依法补选毕敦发、练伟光、雍灵、翟小强为珠海市第八届人民代表大会常务委员会委员。依法通过文华为珠海市第八届人民代表大会法制委员会主任委员，雍灵为珠海市第八届人民代表大会内务司法委员会主任委员。

【市人大常委会会议】 2015年，珠海市第八届人大常委会召开8次常委会会议。

第二十四次会议 2015年1月26～27日召开。会议审议并表决通过《珠海经济特区户外广告设施和招牌设置管理条例（草案表决稿）》《珠海市人民代表大会常务委员会关于废止〈珠海市户外广告设施设置管理条例〉的决定（草案）》《珠海经济特区养犬管理条例（草案表决稿）》。会议原则通过《市人大常委会改革创新八项工作制度（草案）》和《珠海市人民代表大会常务委员会关于批准实施人大工作改革创新八项工作制度的决议（草案）》。审议表决通过：免去史晓捷珠海市人大常委会依法治市工作委员会副主任职务。决定免去黄锐珠海市发展和改革局局长职务；决定免去张梅生珠海市文化体育旅游局局长职务；决定任命王玲萍为珠海市文化体育旅游局局长。免去王和平珠海市人民检察院检察委员会委员、检察员职务；免去古涛涛珠海市人民检察院检察员职务；免去罗秋辉珠海市人民检察院检察员职务。接受杨金华辞去市人大常委会副主任职务；接受霍荣荫辞去市人大常委会副主任职务。

第二十五次会议 2015年1月31日召开。会议审议并表决通过：决定接受何宁卡辞去珠海市人民政府市长职务；决定任命江凌为珠海市人民政府副市长、代理市长。审议调整珠海市第八届人民代表大会第五次会议主席团、秘书长名单（草案）。名单草案中删去何宁卡，增加江凌，主席团成员58人不变，并将该草案提请市八届人大五次会议预备会议表决。会议表决通过《珠海市人大常委会关于许可对市八届人大代表祝利实施强制措施的决定》。

第二十六次会议 2015年3月30日召开。会议审议并表决通过《珠海市人民代表大会常务委员会关于授予王盛宝等20位人士“珠海市荣誉市民”称号的决定》。书面审议关于市八届人大五次会议代表议案（转建议）、代表建议、批评和意见交办情况的报告。会议要求，市人民政府及相关承办单位高度重视，认真研究，细化办理方案，充分沟通协调，切实抓好落实，保证2015年市人大代表建议、批评和意见办理工作取得更好成效。会议审议并表决通过练伟光和翟小强为市人大常委会代表资格审查委员会委员。会议审议并表决通过：任命吴汶泽为珠海市第八届人民代表大会内务司法委员会委员；任命汪卯林为珠海市第八届人民代表大会内务司法委员会委员；任命陈希为珠海市第八届人民代表大会内务司法委员会委员；任命赵灵心为珠海市第八届人民代表大会内务司法委员会委员。

第二十七次会议　2015年5月26～27日召开。会议审议《珠海经济特区电力设施保护规定（草案）》《珠海市人民代表大会常务委员会关于珠海城市概念性空间发展规划的决定（草案）》，决定交由法制委员会做进一步修改完善。听取和审议市人民政府关于珠海市农民养老保险工作情况的报告，表决通过相关审议意见。会议要求市人民政府进一步加大工作力度，保持珠海市养老待遇全省第一、全国前列的水平，重点做好以下几方面工作：一要尽快实施基本养老保险待遇正常调整机制；二要继续加大对农民养老保险的财政倾斜；三要积极探索提高养老保险基金的增值收益。听取和审议市人民政府关于珠海市知识产权工作情况的报告，表决通过相关审议意见。会议要求市人民政府：一要加强知识产权管理工作；二要完善支持知识产权创造和运用的政策手段；三要加大知识产权保护力度；四要加快知识产权服务业发展；五要加强知识产权宣传培训。同时，要就《关于珠海市知识产权工作情况的报告》中提出的有关知识产权工作存在的主要问题制定具体的整改措施和时间表，连同落实相关审议意见的措施，向第二十八次会议书面报告。听取和审议市人民政府关于市妇幼保健院二期项目建设工作相关情况的报告，并开展专题询问。会议要求市人民政府：一要维护决策的严肃性。要信守承诺，坚定异地建设市妇幼保健院的决策不动摇。要切实加强组织领导，搞好统筹协调，全力推进项目建设，确保新院在2017年底建成，2018年投入使用；二要强化工作责任。要明确相关部门和单位在项目建设中的责任分工，制定具体的工作方案和计划，倒排时间进度，确保按时间节点有效推进，保证建设工期。三要科学组织实施。要进一步研究完善医院建设方案，科学做好规划设计及资金保障，严密组织工程施工，确保建设安全。相关部门要同步做好与新院相关的市政、交通，生活配套设施的规划、设计和建设等工作，确保群众在新院看病就医便捷。要提前做好医院人才储备，确保新院建成后能顺利运行。同时，要统筹考虑下一步老院区的改造使用问题，发挥好公共卫生资源的效益。市人民政府要在2015年11月份召开的市人大常委会会议上专题报告建设进展情况。听取和审议市人民政府关于珠海市与巴基斯坦瓜达尔市缔结友好城市关系的报告，表决通过相关审议意见。会议认为，珠海市与瓜达尔市建立友好城市关系既符合中央总体外交的要求，也是珠海市发展的需要。两市缔结友好城市关系，有利于相互学习借鉴，促进两地经济社会发展，也有利于珠海市积极参与瓜达尔港的项目建设，并借助瓜达尔市重要的战略地位，为珠海市与南亚地区的交流合作搭建一个良好的平台，进一步开拓珠海市境外市场，促进珠海市外向型经济的发展。希望两市缔结友好城市关系后，进一步加强在经贸、港口建设、园区合作、教育、文化、渔业等方面的交流与合作，促进共同繁荣发展。会议强调，今后，关于珠海市与其他国家城市缔结友好城市关系的事项，市人民政府应当严格按照程序向市人大常委会报告。审议表决通过：决定免去毛东信珠海市环境保护局局长职务；决定免去朱权伟珠海市监察局局长职务。决定任命张经纬为珠海市环境保护局局长。免去黄健珠海市中级人民法院审判委员会委员、审判员职务。免去符卫阳珠海市人民检察院检察员职务；免去张勇珠海市人民检察院检察员职务。

第二十八次会议　2015年7月29～30日召开。会议审议《珠海经济特区电力设施保护规定（草案修改稿）》《珠海市人民代表大会常务委员会关于珠海城市概念性空间发展规划的决定（草案修改稿）》，决定交由法制委员会做进一步修改完善。审议《珠海经济特区土地管理条例（草案）》，决定根据立法工作计划，将《珠海经济特区土地管理条例（草案）》改为《珠海市土地管理条例（修正草案）》的形式，按程序办理。审议批准2014年珠海市本级财政决算。听取和审议市人民政府关于珠海市2015年上半年国民经济和社会发展计划、政府投资项目计划、财政预算执行情况的报告，表决通过相关审议意见。会议要求市人民政府及各职能部门：一要全力稳定经济增长，狠抓各项发展指标任务的落实，督促相关部门根据年度计划目标制定工作方案，建立计划完成情况定期通报反馈机制，提高计划执行力。二要着力推进经济转型升级，加快各领域改革攻坚工作，实施创新驱动发展战略，打造先进装备制造产业基地，加大对企业技术改造投资的引导和支持力度，增强经济发展基础。三要不断提高民生保障水平，抓好在《政府工作报告》中所承诺的民生实事的落实，加快缩小城乡之间、区域之间的发展差距，在热点民生领域提供更好的服务和保障。四要加快政府投资项目进度，推进新建项目建设，改进建成项目的移交管养工作，提高政府投资项目管理水平。五要切实强化预算收支管理，推进国有土地出让计划执行，按进度完成政府性基金预算收入任务；严格执行各项预算管理制度，加快预算支出进度，盘活存量资金；落实国家有关地方政府性债务管理的要求，减轻财政负担；学习贯彻新预算法，深化预算管理改革，增强政府预算管理能力。审议批准市人民政府《关于进一步加快市慢性病防治中心建设议案办理方案的报告》，会议要求市人民政府要切实加强组织领导，确保于2018年9月建成。审议通过市人大常委会执法检查组关于《珠海经济特区社会建设条例》实施情况的执法检查报告，会议要求，市人民政府及各有关单位要高度重视执法检查发现的问题，采取有力措施落实“条例”，切实将立法优势转化为发展优势，加快珠海市社会建设示范市创建进程。审议通过市人大常委会执法检查组关于《中华人民共和国渔业法》和《广东省渔业管理条例》实施情况的执法检查报告，会议要求，市人民政府要进一步加大对这两项法律和法规的贯彻实施力度，正视实施过程中还存在的薄弱环节：一要明确定位，抓好渔业发展规划的编制和实施；二要立足实际，加快相关地方性法规立法步伐；三要严格执法，维护渔业生产经营的良好秩序；四要关注民生，妥善解决万山海域掠夺式超量采砂的问题；五要明确时限，加快推进香洲渔港功能调整和洪湾新渔港建设；六要增加投入，提高对渔业发展的支持和保障力度；七要科学决策，进一步健全完善渔业管理的机构设置和执法体制。听取和审议市人民政府关于坚持绿色交通导向有效疏解中心城区交通拥堵工作情况的报告，并开展专题询问。会议要求市人民政府：一要科学规划，合理谋划布局。二要重点推进，加快路网建设。三要公交优先，倡导绿色出行。四要全面疏解，整治拥堵黑点。五要加强管理，加大执法力度。六要大力宣传，倡导文明出行。七要制定计划，推进措施落实。根据用三年时间实现治理城市交通拥堵的总体目标，在9月底之前制定详细的三年推进计划和具有可操作性的工作方案，向市人大常委会报告。听取和审议珠海市第八届人民代表大会常务委员会代表资格审查委员会关于个别代表资格审查的报告。会议要求，依程序将此报告印发市八届人大六次会议。审议决定人事任免事项，表决通过：任命王咏霞为珠海市人大常委会依法治市工作委员会副主任。决定任命武林为珠海市发展和改革局局长。任命邝鹏为珠海横琴新区人民法院审判员；任命郑恒为珠海横琴新区人民法院审判员；任命葛阳辉为珠海横琴新区人民法院审判员；任命席锐为珠海横琴新区人民法院审判员。免去庄小京珠海市中级人民法院审判员职务。

第二十九次会议　2015年9月23～25日召开。会议审议并表决通过《珠海经济特区电力设施保护规定（草案表决稿）》《珠海市人民代表大会常务委员会关于珠海城市概念性空间发展规划的决定（草案表决稿）》。审议《珠海经济特区土地管理条例（草案修改稿）》《珠海市人民代表大会及其常务委员会制定法规规定（修正案草案）》《珠海经济特区地下综合管廊管理条例（草案）》《珠海经济特区民营经济促进条例（草案）》，决定交由法制委员会做进一步修改完善。审查和批准珠海市2015年政府投资项目计划调整方案，要求市人民政府及其职能部门要认真组织实施调整后的投资项目计划，保障项目建设资金，加快项目建设进度，保证项目建设质量，严格项目管理责任，强化项目资产后续管理，确保完成年度政府投资项目计划。审查和批准2015年珠海市本级财政预算调整方案，要求市人民政府及其职能部门要认真学习贯彻《中华人民共和国预算法》，强化预算管理的法治意识，严格执行调整后的预算方案，强化预算刚性约束，采取有效措施，加强预算管理和监督，确保财政支出符合法定要求。审议并同意市人民代表大会城市建设与环境资源委员会关于规划实施情况的审查报告，要求市人民政府：一、推动规划融合，完善配套政策制度。理顺规划层级关系，加快出台《珠海经济特区城乡规划条例实施办法》《珠海市城乡规划技术标准与准则》和《珠海市幸福村居建设促进办法》等配套政策，细化山体、水体保护的具体措施。二、启动基础研究，促进规划科学合理。加快"邻避性设施"布局研究、西部地区竖向标高标准研究和养老设施布局研究，适时开展石油化工区等特殊区域的规划研究及调整。三、加快建设进度，确保规划落地见效。加快推进连接东西地区第二、第三通道建设，推动重点项目如期完工；加快公共配套设施建设进度，严格保障设施建设标准；在新开发区域推进邻里中心和地下综合管廊建设。四、完善协调机制，加速规划平台搭建。以"五规融合"综合管理平台为依托，实现各部门之间的数据协同、系统协同和业务协同。尽快出台完善的部门协调机制，深度共享基础信息。加快统一全市空间坐标系工作，为"一张图"管理奠定基础。五、强化宣传培训，推进规划依法实施。加强规划知识培训，提高各方规划专业水平；加强宣传力度，提高公众参与程度，调动社会力量对规划实施进行监督。审议决定人事任免事项，表决通过：决定任命贺业民为珠海市人民政府副市长。任命谢伟东为珠海横琴新区人民法院审判委员会委员。批准免去李红平珠海市香洲区人民检察院检察长职务。免去胡蓉蓉珠海市人民检察院检察委员会委员、检察员职务。

第三十次会议　2015年11月25～27日召开。会议审议并表决通过《珠海经济特区土地管理条例（草案表决稿）》《珠海市人民代表大会常务委员会关于废止〈珠海市土地管理条例〉的决定（草案）》《珠海市人民代表大会常务委员会关于提请审议〈珠海市人民代表大会及其常务委员会制定法规规定修正案（草案）〉的议案（草案）》。审议《珠海经济特区地下综合管廊管理条例（草案修改稿）》《珠海经济特区民营经济促进条例（草案修改稿）》，决定交由法制委员会做进一步修改完善。审议并批准市人民政府关于加快斗门区四小联围海堤达标建设议案办理情况的报告，同意结案。会议认为海河堤围规划与建设必将是一个不断完善的过程，要求市人民政府：一、加快推进四小联围海堤达标工程建设的收尾工作。二、加快推动海堤生态堤防建设。三、加强对四小联围海堤的规范化管理。听取和审议市人民政府关于落实市人大坚持绿色交通导向有效疏解中心城区交通拥堵工作审议意见情况的报告，并进行满意度测评。测评结果为："满意"5票，"基本满意"13票，"不满意"12票。听取和审议市人民政府关于市妇幼保健院异地建设项目进展情况的报告，并进行满意度测评。测评结果为基本满意。听取和审议市人民政府关于进一步增强紧迫感和责任感加快珠海市职业教育发展议案办理情况的报告，并表决通过相关审议意见。会议要求市人民政府：一、要强化组织领导，搞好工作统筹。要排除各种不利因素的影响，坚定议案办理目标任务不动摇，维护政府决策的严肃性。要加强部门间的团结协作，搞好工作衔接，切实形成合力，加快推进各项工作。二、要加强市技工学校吉大校区工程施工期间的安全管理，确保在校师生安全。要利用金湾校区6～10个月的土地沉降期，抓紧做好土建工程开工的各项前期工作，确保地基处理验收合格后，能及时启动工程建设。三、要深入研究"十三五"规划及珠海市构建"三高一特"现代产业体系对技能型人才的需求，准确把握市技工学校一校两区的功能定位，科学规划好相关专业设置，形成各具特色、功能互补的办学格局，更好地服务于珠海市经济社会发展。听取和审议市人民政府关于公共法律服务体系建设情况的报告，并表决通过相关审议意见。会议要求市人民政府：一、加强领导，推动公共法律服务的全方位与全覆盖。二、整合资源，实现公共法律服务的信息化与便利化。三、强化保障，体现公共法律服务的公益性与普惠性。四、供需对接，提高公共法律服务的针对性与实效性。五、建章立制，促进公共法律服务的规范化与常态化。听取和审议市人民政府关于行政复议工作情况的报告，并表决通过相关审议意见。会议要求各复议机关：一、坚持复议为民，畅通复议渠道。二、创新和完善行政复议工作机制，提升行政复议透明度和公信力。三、加强行政复议机构和队伍建设。四、注重从源头上预防和减少行政争议，提升依法行政能力。五、营造依法解决行政争议的良好社会氛围。审议并表决通过《珠海市人民代表大会常务委员会关于许可对市八届人大代表林友明采取刑事强制措施的决定》。审议决定人事任免事项，表决通过：免去刘齐英珠海市商务局局长职务；免去张菠珠海市安全生产监督管理局局长职务；免去方小勇珠海市城市管理行政执法局局长职务；任命王瑞森为珠海市商务局局长；任命刘治民为珠海市安全生产监督管理局局长；任命张志伟为珠海市城市管理行政执法局局长。免去彭小明珠海市人民检察院副检察长、检察委员会委员、检察员职务。

第三十一次会议　2015 年 12 月 23 ～ 25 日召开。会议审议并表决通过《珠海经济特区地下综合管廊管理条例（草案修改二稿）》《珠海经济特区民营经济促进条例（草案修改二稿）》《珠海经济特区授予荣誉市民称号办法修正案（草案）》。审议《珠海经济特区科技创新促进条例（修订草案）》《珠海经济特区前山河流域管理条例（草案）》《珠海经济特区政府投资项目管理条例（修订草案）》，决定交由法制委员会做进一步修改完善。听取和审议市人民政府关于珠海市“十二五”规划纲要执行情况和“十三五”规划纲要编制情况的报告、关于珠海市 2015 年国民经济和社会发展计划执行情况与 2016 年计划草案的报告、珠海市 2015 年政府投资项目计划执行情况与 2016 年计划草案的报告、关于珠海市 2015 年预算执行情况与 2016 年预算草案的报告。审议和批准珠海城市概念性空间发展规划。审议并通过《珠海市人大常委会关于召开珠海市第八届人民代表大会第六次会议的决定（草案）》《珠海市人大常委会关于列席和邀请列席珠海市第八届人民代表大会第六次会议人员的决定（草案）》，决定将《珠海市第八届人民代表大会第六次会议主席团、秘书长名单（草案）》提请市八届人大六次会议预备会议表决。　（张天添）

珠海市人民政府

【市政府常务会议】　2015 年召开 23 次。主要讨论研究以下问题：研究《政府工作报告（讨论稿）》；研究《金湾航空城“三大中心”地块控制性详细规划修改》；研究调整市直宣传文化系统国有文化企业国有资产监管关系事宜；研究修订《进一步提升高栏港区集装箱吞吐量暂行办法》；研究《珠海市机动车清洁能源补给站专项规划》；研究《关于推动我市新型研发机构发展的实施意见》；研究《珠海市征收土地管理办法》；研究《珠海市特色农业发展总体规划》；研究《珠海市西部生态新城近期建设规划（2015 ～ 2017）》；研究《洪湾枢纽互通二期工程可行性研究报告》；研究公共汽车特许经营企业 2013 年补亏问题；研究修订《珠海市市级财政预算资金使用审批暂行办法》；研究 2014 年市本级超收收入安排问题；书面传达全国全省审计工作会议、全国全省边海防工作会议、全省政府系统秘书长和办公室（厅）主任会议精神；审议《珠海市实施〈珠三角规划纲要〉考核办法》；审议《推动珠海市工业企业新一轮技术改造行动计划》；审议《珠海市公立医院实行药品和医用耗材零差率改革实施方案》；研究市政府与新兴重工集团签署项目投资协议有关事宜；审议《珠海市城市更新专项规划（2014 ～ 2020）》；审议珠海西部中心城区基础设施建设项目首期开发区域 A 片区 Ⅰ-2 标段双湖路 A 段、Ⅲ标段涉水项目建议书；研究珠海交通集团企业债券资金专项审计报告及有关事项；审议《珠海市会展集团有限公司组建方案》；审议《珠海市 2015 年重点建设项目计划》；审议《2015 年度市政府系统全市性会议计划表》；审议《2015 年珠海市政府工作要点》《〈政府工作报告〉2015 年工作要点责任分解方案》；研究《珠海市人民政府华南理工大学共建华南理工大学珠海现代产业创新研究院合作备忘录》；研究市人大议案、代表建议和政协提案交办工作；研究《珠海市有轨电车管理办法（草案）》；研究《珠海市2015年政府规章立法计划（建议草案）》；研究全市一季度经济形势，部署全市下一阶段经济工作；研究《珠海市森林城市建设总体规划（2014～2025）》；研究市城乡规划委员会和市土地管理委员会组成、职责及议事规则；研究《珠海市实施〈广东省家禽经营管理办法〉若干措施》《珠海市家禽集中屠宰、冷链配送、生鲜上市实施方案》；书面传达全国全省打击侵权假冒工作电视电话会议和省珠三角规划纲要领导小组会议精神；审议珠海市创新驱动发展和工业转型升级若干政策措施；审议《珠海市2015年市本级经营性用地出让计划》；研究市妇幼保健院异地选址新建设项目；审议《珠海市人民代表大会常务委员会关于珠海城市概念性空间发展规划的决定(草案)》；审议《珠海经济特区电力设施保护规定（草案）》；审议《珠海市人民政府办理市人大代表重点建议办法》；审议《珠海市国资委派出监事会管理办法》；审议《关于解决我市代耕农问题的指导意见》；审议《珠海市2015年市本级经营性用地出让计划》；审议《珠海市人民政府与中山大学全面开展新型战略合作协议》；研究市妇幼保健院异地建设项目投资规模；研究国土部门申请调整2015年部门项目预算指标有关事宜；研究珠海通用机场建设资金等事宜；审议《关于严格规范市属企业负责人履职待遇和业务支出的实施意见》；研究加快国家口岸药检所建设有关事宜；审议《珠海市行政机关行政应诉工作规则（修订稿）》；书面传达全省推进珠三角地区“九年大跨越”工作会议精神；研究市政府常务会议拟听取年度重点工作汇报议题安排；听取“三防”和水利工作情况汇报；研究2015年市人大代表建议和政协委员提案办理工作；审议《珠海市人民政府关于进一步促进民办教育规范特色发展的实施办法》《珠海市中小学校长职级制实施办法》；审议《珠海市市本级财政零基预算改革实施方案》；研究北车珠海基地项目扶持资金问题；听取全市安全生产工作情况汇报，专题研究珠海市安全生产监督管理工作以及高新区（唐家湾镇）省挂牌火患整治工作；审议《横琴新区管委会关于各区（功能区）总部企业迁移横琴新区后有关税收分配管理问题的意见》；审议《珠海市全市污水管网（第二批）项目融资建设方案》；审议《珠海市参与建设21世纪海上丝绸之路实施方案（送审稿）》；审议《珠海市落实全省率先全面建成小康社会短板指标解决方案三年行动计划》；审议《珠海经济特区预防腐败条例实施细则》；审议《珠海市全面推进公务用车制度改革总体方案》《珠海市市直机关公务用车制度改革实施方案》及配套文件；研究划转市农科中心回收地块问题；审议《珠海市人民政府关于进一步加快市慢性病防治中心建设议案办理方案的报告》；研究市人民医院北区项目后续投资经费问题；书面听取2015年政府重点工作任务和十项民生实事上半年落实情况报告；审议《珠海市市本级财政零基预算改革实施方案（审议稿）》；审议《珠海市深化教育综合改革提升基础教育发展水平三年行动计划（审议稿）》；审议《珠海经济特区土地管理条例（草案）》；审议《珠海经济特区民营经济促进条例（草案）》；审议《珠海经济特区法治政府建设条例（草案）》；审议《珠海市政府2014年度珠海市本级预算执行和其他财政收支情况的审计工作报告（审议稿）》；审议《唐家后环片区土地一级开发协议（审议稿）》；审议《珠海大剧院委托经营管理合同（审议稿）》；研究珠海市近期调整机关事业单位工资福利有关工作；研究行政处分事项；听取全市及高栏港经济区安全生产情况汇报；审议《珠海市学前教育第二期三年行动计划(2015～2018年）（审议稿）》；听取珠海市商事登记制度改革情况汇报，审议《珠海市商事登记“一照一码”实施办法（审议稿）》；研究九洲港货运码头搬迁及回购和记黄埔持有的珠海国际货柜码头有限公司股权，以及九洲港片区土地一级开发主体等问题；研究长隆项目开发建设有关问题；审议《珠海市农贸市场管理办法（修订草案）》；研究给予谭海滨行政警告处分事宜；听取全市消防工作情况汇报；审议《珠海建设国际宜居城市三年行动计划（审议稿）》；审议《珠海市再生资源回收经营管理实施意见（审议稿）》；审议《珠海市鼓励总部经济发展实施意见的补充规定（审议稿）》；审议《珠海市综合管廊管理条例(草案）》；书面传达7月31日全国安全生产工作视频会议精神；审议市政府全体会议方案；审议2015年市政府投资项目计划调整方案和市本级财政预算调整方案；听取全市1～8月份重点建设项目情况报告；审议《珠海市城中旧村更新实施细则（审议稿）》；审议《珠海市人民政府关于加快发展养老服务业的实施方案》；研究加快市政府投资项目支出进度有关问题；研究35亿元国企注资资金使用范围及项目问题；审议《珠海科技创业投资有限公司组建方案（审议稿）》；审议《关于加强社会领域制度建设的意见（审议稿）》；研究市慢性病防治中心建设项目调整职能及建设规模问题；审议《关于做好我市物业专项维修资金补建工作的通知（审议稿）》；传达珠三角地区水环境整治与绿色生态水网建设工作现场会精神，审议《珠海市创建全国水生态文明城市三年行动计划（2015～2017年）（审议稿）》；审议《珠海市生态堤防建设三年行动计划（审议稿）》；审议《珠海市人民政府办公室关于促进小微企业上规模的实施意见（审议稿）》；研究珠海市基层公共服务综合平台建设工作；审议《珠海经济特区横琴自贸片区建设促进办法（草案）》；研究珠海市戒毒康复医院建设方案；研究全市前三季度经济形势；研究珠海公交集团陈玉刚关于150台新能源公交车有关问题；审议《珠海市智能制造产业发展实施意见（2015～2025年）》《珠海市智能制造产业发展工作方案（2015～2020）》《珠海市"互联网+"行动计划》《珠海市人民政府与中国工程院合作框架协议》《珠海市人民政府与中国科学院深圳先进技术研究院战略合作协议》等文件草案；研究市政府领导班子成员分工调整有关问题；传达省政府第四季度防范重特大生产安全事故暨全省冬春火灾防控工作电视电话会议精神，研究部署全市安全生产工作；审议《珠海经济特区政府投资项目管理条例（修订草案）》《关于进一步加强市本级政府投资项目投资控制的实施意见（审议稿）》；审议《珠海市重大行政决策程序规定》《珠海市授予荣誉市民称号办法修正案（草案）》；审议《珠海报业传媒集团组建总体方案（审议稿）》《珠海广播影视传媒集团组建总体方案（审议稿）》；审议《研究珠海情侣南路主线工程项目资金解决方案》；研究监察处分事项；审议《珠海市基本公共服务均等化综合改革实施方案（2016～2018年）（审议稿）》《珠海市推进基层公共服务综合平台建设工作方案（审议稿）》《珠海市构建现代公共文化体系提升基层公共文化服务水平三年行动计划（2016～2018）（审议稿）》《珠海市医疗卫生"强基层促均等提水平"三年行动计划（2016～2018）（审议稿）》；研究三一集团珠海项目扶持事宜；研究全市旅游购物市场违法经营问题专项打击工作；研究珠海（横琴）食品安全研究院建设资金问题；研究2016～2018年斗门区水利基础设施建设补助问题；审议《珠海经济特区科技创新促进条例（修订草案）》；审议《珠海经济特区前山河流域管理条例（草案）》；听取关于制定珠海市工业排放更严标准推动珠海市绿色发展的情况报告；研究金琴快线设计单位招标问题；听取市人大常委会对市政府提请审议事项的审议结果情况汇报；审议2016年《政府工作报告》及其附件和2016年十件民生实事；审议《2015年珠海市国民经济和社会发展计划执行情况和2016年计划草案》《2015年珠海市政府投资项目计划执行情况和2016年计划草案》《2015年珠海市本级预算执行情况和2016年预算草案》；研究高新区后环片区开发方案；审议《珠海市2015年度国有建设用地使用权基准地价》《珠海市地价管理规定》；审议《珠海城市概念性空间发展规划》；听取2015年珠海市依法行政工作的情况汇报，审议《珠海市2016年地方性法规立法计划（建议草案）》；研究西部快速公交项目配套公交车辆采购问题；审议《珠海市食品安全城市创建试点工作实施方案（审议稿）》；研究市级产业扶持资金转移支付到各区事项；传达全省安全生产工作紧急电视电话会议精神，审议《落实安全生产监督管理职责暂行规定》；审议《珠海市社会保险反欺诈办法（修订草案）》；研究推进珠海市城乡医保一体化工作；审议《关于构建和谐劳动关系的实施意见（审议稿）》；审议珠海市2016年省、市重点建设项目计划草案；审议公务用车制度改革后市直机关留车方案和市领导公务用车保障方案；研究2016年市政府十项民生实事的征集情况；研究加大市财政投入扶持西部地区公共教育、医疗卫生发展工作；审议《珠海市管道天然气定价机制方案

（草案）》；审议《珠海市物业服务收费管理办法（草案）》《珠海市住宅物业服务收费政府指导价和物业服务收费参考标准（试行）》；审议《珠海市推进企业投资项目建设审批改革加快项目落地试点方案（草案）》；审议《珠海市消火栓管理办法（审议稿）》；研究清理涉企行政事业性收费问题；审议《珠海市国民经济和社会发展第十三个五年规划纲要（草案）》，研究"十三五"重点专项规划编制目录及工作分工调整；研究市政府投资项目调整计划资金支出、珠海科技创业投资有限公司注资和市第一中学平沙校区建设补助资金问题；学习传达中央经济工作会议、中央城市工作会议精神和广东"互联网+"众创金融示范区建设现场会暨"互联网+信用三农"众筹项目启动会会议精神。

【市政府工作会议】 2015年召开47次。分别是：全市幸福村居建设现场会；横琴新区开发建设现场会；珠海、阳江两地座谈交流会；珠海市加快民营经济发展工作领导小组会议；全市军政座谈会；全市口岸联检单位座谈会；西部中心城区工作会；市政府全体会议；市领导专题学习讨论会；珠澳合作领导小组会议；珠江西岸先进装备制造业投资洽谈会组委会第一次会议；全市创新驱动工作会议；珠海市（台商）投资推介会；巡视工作动员大会；全市"三严三实"专题教育工作会议；斗门、高栏现场会；市级事权下放会议；珠海公安改革创先专家论证会；高栏港现场会；高新区现场会；香洲区现场会；珠海市创建生态文明示范市会议；赴深圳学习考察总结会；珠中江（阳）第十次党政联席会议；全市上半年经济分析会；上半年经济分析通报会；全市基层工作会议；特区成立35周年座谈会；全市基础教育工作会议；学习深圳创新驱动总结会；建设国际宜居城市工作会议；横琴自贸区第三次领导小组会议；珠三角新农村建设现场会；交通会议；规划工作会议；市政府全体会议；全市统战工作会议；西区创新驱动发展现场会；重点项目建设工作会议；全市贯彻落实《中国制造2025》暨加快推进智能制造发展工作会议；"三严三实"专题学习会；广府人联谊会第二次联席会议；召开审计整改工作会议；横琴自贸区领导小组会议；各区党委书记抓基层党建工作述职评议会；幸福村居现场会；市政府党组"三严三实"专题民主生活会。 （冯建林）

港澳事务

【珠澳合作机制完善】 2015年4月29日，珠澳合作会议在澳门举行，市长江凌和澳门经济财政司司长梁维特分别率两地政府代表团参加会议。双方代表就广东自贸试验区横琴片区建设、珠澳跨境工业区转型升级、珠澳城市规划与跨境交通研究、珠澳口岸通关合作、珠澳环境保护合作和珠澳旅游合作进行讨论。签署《旅游合作框架协议》和《文化合作框架协议》，加强珠澳两地旅游和文化合作。建立横琴自贸试验区珠澳合作机制，增设珠澳旅游、文化合作工作小组。

【横琴开发合作】 2015年，澳门特区政府推荐33个项目进入横琴粤澳合作产业园，18个项目正式签约落地，12个项目取得项目用地。粤澳中医药科技产业园30家企业通过商业孵化中心进驻横琴，10个投资项目与园区签署土地租赁协议。粤澳中医药科技产业园与澳门大学确立以合作框架协议形式开展合作。10月6日，横琴自贸区招商中心驻港联络处成立。启动横琴·澳门青年创业谷建设，设立澳门青年创业投资基金（20亿元人民币）。成立横琴国际仲裁院和珠港澳商事调解合作中心。

【第二届珠港合作发展研讨会】 2015年5月9日在香港举办。来自广州、珠海、香港、澳门的知名专家、学者、政府工作人员和企业代表200多人出席，围绕港珠澳大桥时代下服务贸易合作与旅游开发合作等议题进行探讨与交流。

【第五届珠澳合作发展论坛】 2015年12月5日在珠海举办。来自香港、澳门、广州、珠海的专家、学者以及政府部门、研究机构和大专院校代表100多人参加，澳门中联办、澳门特区政府、广东省港澳办代表出席。市港澳事务局发布"2015年度珠澳市民共同关注的十大热点问题"，与会专家、学者围绕珠澳合作发展遇到的问题与障碍等热点问题进行交流。

【跨境基础设施建设】 2015年，港珠澳大桥主体工程220座墩台全线完工，珠海口岸主体工程旅检大楼、交通中心封顶，岛隧工程完成

2015 年 12 月 5 日，“第五届珠澳合作发展论坛”在珠海度假村星光会议中心举行
（市外事局供稿）

“保九争十”沉管安装，海底隧道向海底延伸至 4185 米，超过总长 73%。

【珠港澳口岸通关】 2015 年，经珠海口岸出入境人数 1.3 亿人次，比上年增加 11.2%。推动粤澳新通道建设，完善鸭涌河综合整治工程设计方案。珠澳跨境工业区提高通关效率，实施“先进区，后报关”海关监管模式，通关时间缩减到 3 ～ 5 分钟。5 月，总面积约 4.7 万平方米的珠澳跨境电商通关中心和保税监管仓落成并通过验收，珠澳跨境工业区珠海园区跨境电商出口业务启动。

【社会民生合作】 2015 年，珠海市第一中等职业学校与澳门旅游学院、澳门创新中学合作，10 所珠澳中小学校缔结姊妹学校。7 月 9 日，港珠澳三地在珠海联合召开港珠澳旅游合作发展会议，签署《港珠澳三地旅游合作框架协议》，在建立联合工作机制、加强旅游宣传推广合作、联合举办国际性旅游活动等方面达成共识。完善两地在医疗、卫生、环保等领域信息通报、联防联控、应急合作、互通协查机制，提高共同应对突发事件能力。

（曾示男）

台湾事务

【珠台交流交往】 2015 年，经珠海口岸入出境台胞 89.8 万人次，旅行社接待台湾游客 73.17 万人次，组织赴台旅游 1.57 万人次。全年审核上报因公赴台交流项目 225 个 1320 人次，团组数比上年增加 29%，人次数增加 21%，其中教育交流团 79 批 715 人次，经贸农业等领域交流团组 26 批 301 人次，企业赴台 120 批 304 人次。珠海高校累计与台湾 42 家高校签订合作交流协议。接待台湾来访团组 60 批 1085 人次，其中南部基层民众交流团 21 个 396 人次，青年学生交流团 5 个 156 人次。珠海籍赴台就读学位学生 19 人，历年累计 79 人。市仲裁委引进台湾仲裁员 13 人，北京师范大学珠海分校、北京理工大学珠海学院、吉林大学珠海学院等高校引进台湾优秀青年人才（博士生）15 人。

【对台宣传和调研】 2015 年，珠海市加强与台湾旺报电子报、新闻大联盟、台湾导报等网络媒体合作，在台湾网络媒体刊登珠海宣传稿件 60 多篇。5 月，组织两岸媒体对全国台企联会员大会进行宣传报道和重要嘉宾专访，在粤台视窗开设活动专栏，十几家台湾及本地媒体对活动集中报道。完成台湾中南部媒体在珠海的参访活动，《联合报》《世界日报》《自由时报》、东森电视台、中天电视台、三立电视台等 8 家台湾媒体 21 名记者参加活动。全年上报信息和专报 90 篇，编写调研文章 2 篇。在省内率先建立并启用对台工作数据库。

【台胞台商服务】 2015 年，珠海市受理台胞台商投诉和求助案件 126 宗，办结 121 宗，办结率 96%。为台胞台商加急办理台胞证签注 14 件，办理台胞台商子女上学证明 48 件。市台办建立与台资企业挂点联系等服务台商制度 5 项，举办政策宣讲会、座谈会 10 余场，走访台资企业近 100 家。成立以市委常委为组长的“横琴台商营运总部大厦领导小组”，协助市台商协会注册成立“横琴台商国际发展有限公司”。协助市台商协会参与斗门区莲洲镇东湴村幸福村居建设。

【全国台企联会员大会】 2015年5月14日，全国台企联第三届会员代表大会第三次会议暨成立8周年庆典活动在横琴召开。全国各地台商协会会长、珠三角及台湾岛内台商代表314人参加活动。会议期间，举办"2015年珠海（台商）投资环境推介会暨项目签约仪式"，19个"三高一特"产业合作项目签约，投资总额近10亿美元。

【珠台高校文化交流营系列活动】 2015年7～11月，"两岸一家亲"文化交流营系列活动在珠海举行，活动围绕两岸青年关注的创业就业和中华文化传承主题展开，来自珠台两地25所高校123名师生参加活动，其中80%以上台湾学生首次访问大陆。

【台湾青年工作】 2015年，珠海市委、市政府重视对台湾青年人才的引进，批准《珠海市推动珠台合作及做好台湾青年工作的实施方案》，推动成立市台商协会青年会，搭建珠台青年台商创业平台。指导市台商协会青年会举办"创业创新，携手同行"青年台商珠海行活动，江门、中山、佛山青年台商和珠海青联会员40余人参加。

（市委统战部）

外 事

【概 况】 2015年，珠海市外事局接待外国重要团组67批746人次，审核审批党政干部因公出访团组78批226人次，办理APEC商务旅行卡54张，颁发因公护照336本，办理领事认证1899份，审发外国人来华《邀请确认函》659批882人次，协助处理涉外案（事）件158宗。

2015年12月12～14日，"格鲁吉亚梦想"联盟政治委员会成员、伙伴基金主席萨加涅利泽（左六）率领"格鲁吉亚梦想"联盟干部考察团一行莅珠访问。图为市委副书记赵建国（左五）会见考察团一行 （市外事局供稿）

【中巴经济走廊和21世纪海上丝绸之路建设】 2015年4月20日，珠海市与巴基斯坦瓜达尔地区签署《中华人民共和国珠海市和巴基斯坦伊斯兰共和国瓜达尔地区建立友好城市关系协议书》，缔结友好城市关系。7月，马来西亚总理对华特使黄家定率团访问珠海。

【与拉美国家经贸合作平台建设】 2015年6月，巴西友城维多利亚市代表团与珠海市签署《中华人民共和国珠海市与巴西联邦共和国维多利亚市关于深化合作的意向书》，深化港口建设、跨境电子商务、仓储、物流等领域合作；珠海市代表团访问墨西哥蒂华纳市，推动两市经贸、旅游、医疗、航空、文化艺术等领域交流与合作。8月，珠海市与秘鲁卡亚俄市签署《关于开展友好交流与合作的备忘录》，促进两市经贸、教育、文化、旅游等领域交流与合作。

【与欧洲项目合作】 2015年，市外事局促进珠海市与意大利博洛尼亚大学、西班牙萨拉戈萨大学、法国尼斯大学、法国尼斯旅游和酒店管理学院开展教育、人才等领域合作；推动珠海市与法国索菲亚科技园、生态谷等机构开展园区规划和技术人才培养等合作；促进珠海市与赫尔辛基、博洛尼亚市、尼斯等欧洲宜居名城开展城市规划建设合作，推动珠海市"中欧低碳生态综合试点城市"及国际宜居城市建设。

【与北美交流合作】 2015年，珠海市与美国罗德岛州州府普罗维登斯市签订《关于开展友好交流合作备忘录》，双方同意在经贸、科技、教育、艺术等领域开展深层次多角度合作。加强与加拿大新斯科舍省合作。

【友城交流合作】2015年，珠海市与巴基斯坦瓜达尔地区缔结为国际友好城市，与美国普罗维登斯市、秘鲁共和国卡亚俄市建立友好交流城市关系。截至年底，珠海市已缔结的国际友好城市达12座，出访友城、友好交流城市及地区代表团15批次，接待友好城市代表团26批次。

【领事证件工作】 2015年，珠海市完成“领事认证综合管理系统”建设，实现与外交部领事司系统联网。细化和加强因公护照颁发、收缴、管理工作。获外交部领事司授予“领事认证信息化建设优秀奖”和“因公护照工作服务奖”。

（曾示男）

应急管理

【应急预案】 2015年，珠海市应急委员会各成员单位修订完善各类应急预案。香洲区各镇街修订完善总体应急预案和专项应急预案，编制更新各类应急预案操作简本；高栏港经济区修订《安全生产事故应急预案》以及全区安全生产、应急管理和消防中远期（2014～2020）规划编制工作；市交通局修订《珠海市道路运输管理处道路货物运输保障应急预案》《珠海市水路运输行业突发事件应急反应预案》；市卫计局修订《珠海市救护车管理规定（试行）》；市市政和林业局修订《珠海市森林火灾应急预案》；市质监局修订《危险化学品生产加工企业产品质量安全突发事件应急预案》《2015珠海市液化石油气库较大燃气泄漏事故应急救援演练方案》。推进企业安全生产应急预案备案工作，全市安监系统对属地生产经营单位进行全面核查，截至12月底，珠海市安全生产应急预案应备案企业901家。

【应急宣教】 2015年，珠海市应急办加强应急宣教工作。市公安局、民政局、环保局、国土局等单位结合“5·12”防灾减灾日、安全生产月等主题活动，开展应急安全知识宣教活动250场次。5月12日，在市、区机关大院举行应急知识技能宣教暨地震应急疏散演练。利用全市各场所350多块电子显示屏以及珠海市创建文明城市和平安珠海建设活动，宣传应急知识，普及应急常识，发布预警信息和提示，全年发布应急预警和应急知识宣传信息14万条次。

【应急培训演练】 2015年，珠海市应急办以危险化学品、建筑施工、消防、特种设备等行业领域为重点，举办各类应急管理人员培训9期，培训3500余人；举办全市应急管理法律法规培训1期，培训180人；举办海上搜救知识培训1期，培训110人；举办地质灾害巡查员业务培训1期，培训331人；开展医疗卫生专业人员培训8次，培训277人；开展非医疗卫生专业人员培训6次，培训386人；组织企业安全管理人员进行安全生产应急预案管理培训7次，培训1968人次；组织专业扑火队伍扑火知识和技能培训3期，培训700多人；对高新区、保税区、斗门区、金湾区、横琴新区、香洲区、高栏港经济区开展“双盲”应急演练（指不事先通知时间地点和内容的演练）；1233家企业开展安全生产应急演

2015年10月22日，珠海市在斗门区举行危险化学品车辆发生交通事故“双盲”应急演练

（市应急办供稿）

练 1091 场次，12.23 万人次参加；举办珠海市第四届基层综合应急救援队伍应急技能竞赛活动，14 支队伍 490 人参赛。

【风险隐患排查整改】 2015 年，珠海市应急办加强对“三小场所”隐患排查，发现一起，落实整改一起。香洲区在汛期雨季来临之前对 G105 国道两旁及其周边居民区加以整治，做到未雨绸缪。各区（功能区）和相关部门对易发地质灾害的地段进行全面排查，发现问题及时整治；对辖区消防安全重点单位进行排查，开展火灾隐患排查整治。市交警部门对全市道路交通安全隐患进行排查，查出隐患 15 处，督促各责任单位整治。市安监局对各区危险化学品监管工作进行督查，聘请专家对危险化学品重点企业进行检查。珠海高栏港经济区对全区范围内穿越公共区域的危险化学品输送管道进行专项排查整治，确保油气输送管道安全生产。坚持“谁主管、谁负责”原则，实行边查边改。香洲区南屏镇落实属地责任，会同有关部门对辖区内突发事件风险隐患进行全面排查，查出消防隐患 562 起，全部落实整改。5～6 月底，市气象局对 364 家企业（学校）进行防雷安全隐患排查，对不达标企业（学校）发出意见书限期整改。

【应急区域合作】 2015 年，珠海市通过不定期举办珠澳海事联席工作会议和定期海上应急联合演习，交流研讨环澳门水域水上交通安全问题，开展高速客船遇险处置课题研究，强化双边信息通报和技术交流，及时处置环澳门水域水上突发险情，保障该水域水上交通环境。11 月 26 日，珠海、中山、江门三市环保局在珠海联合开展突发环境事件应急演练。在应对禽流感、埃博拉出血热、中东呼吸综合征等疫情期间，珠海市建立健全有关联防联控工作机制，加强政府各职能部门联防联控工作，印发《珠海市重大传染病疫情联防联控工作方案》。6 月，市气象局与市教育局、市人力资源和社会保障局建立《珠海市教育系统应对台风暴雨停课安排工作机制》，制定《珠海市台风暴雨极端天气学校（幼儿园）停课安排指引》。（赵朝晖）

政务服务

【四级政务服务体系建设】 2015 年，珠海市建成 1 个市级政务服务大厅、8 个区级政务服务大厅、24 个镇（街）政务服务中心和 317 个村（居）公共服务站。各区向镇（街）、村（居）投入政务服务自助终端 227 台，为市民提供办事指南、进度查询以及各民生事项查询和收费缴纳等服务。

【网上办事大厅建设】 2015 年，珠海市网上办事大厅建成 1 个市级分厅、8 个区级分厅、22 个镇（街）办事站和 317 个村（居）办事点，政务办事网络延伸至基层。在省内率先开通企业专属网页和市民个人网页、开发网上办事大厅手机版并投入使用、接入省统一身份认证平台。全年进驻网上办事大厅市级事项 831 项、区级事项 2342 项、镇(街）事项 606 项、村（居）事项 2609 项。市行政审批事项网上全流程办理率 99.5%，办结率 97.9%，99.3% 网上申办事项到现场办理次数不超过 1 次。在 2015 年全省网上办事大厅考核中珠海市名列第二。

【市政务服务大厅建设】 2015 年，市政务服务大厅进驻部门 30 个，

2015 年 6 月 8 日，“珠海市市级行政事业单位出租公共物业资产租金评估机构库”成立。图为成立大会现场（佘诗颖摄）

各窗口实行《市政务服务大厅窗口服务考核实施细则》，加强窗口标准化服务管理，推出预约服务、延时服务、邮递送件服务等便民项目，通过亮流程、亮身份、亮职责、亮承诺，提高窗口文明程度。实施窗口效能评估和监督，推行窗口服务即时评议和短信评议。各窗口全年受理各类行政审批和服务事项23367项，办结23049项，办结率98.64%，服务满意率99.84%。

【公共资源交易】 2015年，珠海市完成公共资源交易项目4936宗，比上年增加1.96%；交易额615亿元，成交额612.31亿元，为市财政节支27.78亿元，下降7.34%；增收25.1亿元，增加56.26%。推行公共资源交易业务一窗综合受理，通过公共服务平台分转各业务系统办理，实现综合服务和统一数据管理。推进互联网＋公共资源交易，建成“统一项目受理、统一信息发布、统一场地安排、统一专家抽取、统一保证金管理、统一交易过程见证”公共资源交易一体化服务平台。9月，市公共资源交易中心成为全国公共资源交易协会首批会员，获“今日采购舆情”微信公共平台票选为2015年度全国十佳最具公信力公共资源交易机构。市政府法律服务协议采购获2015年度全国政府采购精品项目奖。

【市民热线服务】 2015年，12345市民服务热线整合25个政府部门30条热线作为全市消费维权申诉、经济违法举报、政策咨询、民生服务和效能投诉综合服务统一平台，实行“一号对外、集中受理、分类处置、统一协调、限时办理、定期回访”工作机制。全年呼入话务量158.58万个，比上年增长3.56倍。4月，独立第三方调查机构——零点研究咨询集团开展全国首次城市12345热线服务排名，在333个城市中珠海综合评分位列第一。 （莫晓婷）

政协珠海市委员会

【协商民主建设】 2015年，珠海市政协提出、制定和实施《市政协2015年度重点协商计划》，选择发展先进装备制造业、横琴自贸区金融创新等8个协商议题，全年开展“基本公共服务均等化”“健康养老养生服务业发展”等8场重大协商活动。5～6月，市政协组织开展港澳政协委员“专题议政日”活动，邀请横琴新区、市发改局、市科工信局、市商务局等相关部门负责人赴香港、澳门，向港澳委员通报珠海市重大项目、重点工程、重要民生情况以及发展目标和政策，听取港澳委员意见建议，协调解决港澳委员在珠海发展遇到的困难和问题。8～10月，市政协邀请市相关职能部门向政协委员通报“十三五”规划编制情况，组织政协委员专题讨论《珠海市国民经济和社会发展“十三五”规划纲要（征求意见稿）》，32名委员提出建设性意见建议。同年，研究制定《中共珠海市委关于加强和改进政协工作的意见》；探索完善协商体系，灵活开展专题协商、界别协商、对口协商、提案办理协商；首次建立双月协商座谈会制度，探索推进常委会议协商、立法协商、走访协商。

【民主监督】 2015年，珠海市政协围绕创新驱动和国际宜居城市建设组织政协委员赴24个重大项目建设现场和35家企业开展视察督查，并在全市重大项目推进工作会上介绍督查情况，提出意见和建议。组织50多名政协委员参加全市22个重大项目、重点工程、重要民生听证会、论证会，拓宽沟通与知情渠道。继续完善委员参加民主评议、行风评议、考察视察等活动方式，全年有77名政协委员参与市各相关职能部门的监督活动。

【提案工作】 2015年，珠海市政协八届四次会议收到市政协委员、各民主党派、工商联、人民团体以及政协各专门委员会提交提案444件，审查立案397件，转意见处理40件，不立案7件，立案率89.41%。其中，有关城市建设提案85件、科教文卫体提案97件、社会法制建设提案101件、经济建设提案35件、劳动人事统侨提案25件、其他方面提案54件。建立健全提案立案机制、督办机制，在提案交办、办理、答复过程中加强与党政工作有效衔接，将内容相近提案“打包”督办，至11月，397件提案全部办复，其中122件落实，占30.73%。《关于将广珠城际轨道并入全国高铁网络、开通珠海直达全国各地高铁》《关于推进珠海一卡通支付体系建设的建议》等提案，推动解决一批制约行业发展、影响百姓生活的问题。

【专题调研】 2015年，珠海市政协开展“发展健康养老养生服务业”“发展先进装备制造业”“打造21世纪海上丝绸之路文化桥头堡”等8个重点课题调研，其中“推进横琴开展人民币离岸金融业务”专题调研为横琴推进金融创新服务提供重要参考，横琴新区出台配套实施方案；连续三年的健康养老养生服务业发展调研推动出台《关于加快发展养老服务业的实施方案》。全年组织29批200多名市政协委员围绕公共服务均等化、宜居城市建设、港珠澳大桥建设、青年创业等开展专项视察。

【政协队伍建设】 2015年，八届市政协有委员297名，常务委员67名。截至12月底，八届市政协聘请特聘委员277名。组织开展政协常务委员香港学习培训班和政协委员北大（深圳）学习培训班，围绕创新驱动、智慧城市建设等开展集中培训。加强界别建设，建立界别发言人制度和召集人制度，完善界别工作机制，创新界别联组活动，全年组织开展界别活动24场。创新“访委员、建平台、促发展”品牌活动，使委员在社会建设中知情明政、积极作为，市政协领导班子成员分别到委员所在单位听取委员意见建议，开展走访活动50多场次。

2015年10月28日，市政协组织委员就国际宜居城市建设开展专题督查（周月波摄）

【联谊工作】 2015年，珠海市政协接访香港沙田区义工领袖珠海考察交流团、台湾中国国民党嘉义市议会党团参访团等14个港澳台各界人士团体。9月，组织港澳委员开展国情考察，到延安接受革命传统教育，捐款20多万元人民币慰问老红军、老八路。推动与台湾党团和各界的交流与联系。同年，在美国三藩市和加拿大温哥华市先后成立珠海国际交流协会，拓展对外交流、联络、推介等功能；完成改革开放“全国第一”和“改革开放广东一千个率先”的史料征编工作，获省政协《敢为人先——改革开放广东一千个率先》征编出版工作优秀组织奖。

【社会服务】 2015年，珠海市政协坚持履职为民理念，开展幸福村居挂点帮扶活动，帮助村居解决发展规划、资金、行政审批和招商等困难，为挂点村居募集帮扶资金200多万元。创新和拓宽群众表达诉求渠道，市政协党组成员32次赴党代表工作室接访基层党员和群众，将群众关心的问题反馈给相关部门并跟进协调解决；市政协正副主席先后到46家企业了解基层和企业发展中遇到的困难，推动问题解决，提高人才联系服务效果。邀请市民代表旁听政协会议，吸纳行业代表参加协商议政、视察调研，各界群众50多人通过政协平台建言献策。进一步完善委员联系服务群众方式方法，推动委员走进社区、走进企业、走进村居，与群众建立面对面联系的紧密关系。（周月波）

中共珠海市纪律检查委员会、市监察局、市预防腐败局

【中共珠海市第七届纪律检查委员会第五次全体会议】 2015年1月30日在香洲举行。全会传达学习习近平总书记在十八届中央纪委五次全会上的重要讲话和十八届中央纪委五次全会精神、胡春华在省纪委十一届四次全会上的讲话和省纪委十一届四次全会精神；审议并通过王衔诗代表市纪委常委会做的《聚焦监督执纪问责主业，将党风廉政建设和反腐败工作推向深入》工作报告。

全会指出，2015年珠海市党风廉政建设和反腐败工作主要抓好八个方面的工作：加大教育宣传培训力度，使广大党员干部切实掌握新形势新要求；推动落实党风廉政建设主体责任，认真履行纪委监督责任；坚持从严执规执纪，严惩腐败行为；抓早抓细抓深抓实，巩固作风建设新常态；严守办案工作规范，确保依纪依法安全文明办案；坚决查处蓄意诬告行为，支持保护干部干事创业；完善廉情预警评估系统，继续探索行之有效的预防办法；严防“灯下黑”，用铁的纪律打造忠诚、干净、担当的纪检监察干部队伍。

【纪律审查】 2015年，珠海市纪检监察机关以遏制腐败蔓延势头为目标，加大纪律审查力度，坚持零容忍、无禁区、全覆盖，惩治腐败力度不断加大。全年受理信访举报735件，处置问题线索555条；立案312件312人，比上年增长22.8%；给予党纪政纪处分302人，增长29.1%，其中处级干部18件18人，增长157.1%。为国家和集体挽回经济损失7000多万元。发挥反腐败协调小组作用，推动纪律审查工作高效协同开展。坚持抓早抓小，动辄则咎。全年全市纪检监察机关函询、批评教育、诫勉谈话230人（次）。对信访举报比较集中、群众反映问题比较突出的3个单位开展专项巡察，发现问题线索21条，立案查处10人。严格执行省纪委案件质量评价标准，编印《市纪检监察纪律审查工作指南》。在惩治腐败的同时，为20名受到诬告、错告的干部澄清问题。

【“八项规定”“四风”治理】 2015年，珠海市纪检监察机关针对收送“红包”礼金、“会所歪风”、违规打高尔夫、公车私用、办公用房超标等问题集中开展专项治理，立案查处违反中央“八项规定”精神案件16件39人，给予党纪政纪处分36人。开展市、区、镇（街）落实中央“八项规定”精神情况大检查，整改解决基层反映问题27个。坚持暗访、查处、追责、通报“四管齐下”，发挥廉政监督志愿者监督作用，开展明查暗访525次，发现整改问题61个，处理相关责任人8名。启动不作为、慢作为、乱作为问题专项整治，问责为官不为公职人员37名。开展农村基层党员、干部违纪违法线索集中排查，着力解决发生在群众身边的不正之风和腐败问题，立案查处194件，给予党纪政纪处分196人。

【廉政制度构建】 2015年，珠海市纪检监察机关出台《珠海经济特区预防腐败条例实施细则》，督促相关部门围绕“条例”制定重大决策听证、国有企业资产公开交易、行贿犯罪记录查询与运用等36项配套制度。以案件暴露出来的问题为导向，开展以案治本，对全市8个发案和廉政风险较高的单位进行制度补强。升级廉情预警评估系统，对总投资约77亿元的66个政府投资重大项目开展廉情评估，发出预警130个，提供问题线索20条。

【廉政宣传教育】 2015年，珠海市纪检监察机关开展纪律教育学习月活动，举办领导干部党纪政纪法纪培训班，市委主要领导做专题辅导报告。举办千名领导干部贯彻落实中央“八项规定”精神专题教育培训班。抓好重要节日教育，把教育贯穿全年每一个节点，“逢节必教”成为全省知名品牌。以问题为导向开展专题培训，先后举办企

业负责人廉洁从业、基层一线执法人员廉洁用权、财会人员廉洁守纪、领导干部家属廉洁持家等10个专题教育培训班，教育培训3800多人。组织开展党章知识竞赛，编印发放“准则”“条例”口袋书，组织全市党员干部闭卷考试，促进党员干部明党纪、守规矩。打造廉洁教育新平台，开通“廉洁珠海”微信客户端，及时发布党纪法规、纪律要求、廉政动态等信息，微信关注人数2.1万人次。

【纪检监察干部队伍建设】 2015年，珠海市纪检监察机关成立由“两代表一委员”、新闻媒体代表等参与的市纪检监察机关内务监督委员会，引入外部力量加强监督，坚决防止“灯下黑”。加强对干部教育培训，先后举办深化“三转”（转职能、转方式、转作风）、纪律审查、信访业务、审查安全、纪检干部传统教育等15个培训班。

（王　旭）

民主党派和工商联

民主党派

【中国国民党革命委员会珠海市委员会】 1988年6月成立民革珠海市小组，1989年7月成立民革珠海市支部，1991年9月成立民革珠海市委员会。历任主要负责人有夏静梅、黎绵、程萍、潘明。主要成员和所联系的对象是与原中国国民党有关系人士、与民革有历史和社会联系人士、与台湾各界有联系人士和其他中上层人士，以及社会和法制专业人员中的代表性人士。至2015年底，全市有3个行政区（香洲、金湾、斗门）基层委员会、1个经济区总支部（下辖高新区支部、高栏港支部、横琴支部和万山支部）、7个行业支部（教育、医卫、法制、科技、经济、城建、社建）和3个综合支部（由退休人员组成），20个支部，365名党员，全年新发展党员24人。

思想建设　2015年，民革珠海市委会在《团结报》等媒体刊发文章74篇次，参加各类征文13篇。在《珠海民革》开辟专栏宣传抗战胜利70周年和“三联系三服务”暨志愿服务活动。对参与特区建设、见证特区发展的部分老党员进行专访，挖掘珠海特质和珠海精神。组织“观故居——走多党合作之路”活动，赴广西南宁、梧州等地交流学习。组织新党员考察广州、佛山等民革前辈故居。民革珠海市委会被民革中央评为“民革全国宣传思想理论工作先进集体”，被省委会授予“民革前辈与抗日战争”征文活动集体鼓励奖。

参政议政　全年收集提案113件，精选26件作为市委会集体提案，32件作为政协委员个人提案提交市政协，均得到落实，两篇提案获市政协优秀提案。在市政协大

2015年12月20日，民革珠海市委员会主委潘明（中）、原主委黎绵（左二）出席珠海民革企业家联谊会“助力云浮发展、帮扶卫生事业”慈善义卖活动

（民革珠海市委供稿）

会做《深化改革完善机制促进我市志愿服务健康有序发展》发言。协助省委会撰写《推动粤港澳融合发展，助力建设“特区中的特区”》调研报告，获民革全国参政议政成果一等奖。协助省委会人资环委、上海民革、佛山民革、中山民革等开展参政议政调研。市委会与各基层支部走访调研了解民情，报送社情民意信息 22 篇，其中 17 篇被省、市统战部和民革省委会采纳。民革珠海市委会被省委会评为“2014 ～ 2015 年度参政议政工作先进集体一等奖”。

组织建设　构建合理组织架构，换届调整行业支部，成立综合性的教育支部；对香洲、金湾基层委和经济区总支进行届中调整，新成立万山支部、综合三支部。香洲区一支部等 6 个支部被省委会评为“2014 年度全省组织工作先进支部”。选派班子成员、骨干党员 79 人次参加各级培训班学习，提高党员综合素质。推荐一批优秀党员到各级相关部门任职、挂职。协助举办民革中南六省（区）工作经验交流会，与粤、桂、湘、豫、琼、鄂六省区近 100 名代表进行交流。与来访的上海、中山、河源、佛山、潮州、江津等地民革组织交流学习。

社会服务　开展“三联系三服务”暨志愿服务活动，在市社会福利中心、第二看守所、金湾区沙脊村、斗门区北车集团珠海项目基地、香洲区海湾社区、万山区桂山小学设立 6 个志愿服务基地，在香洲区南香社区、海湾社区建立 2 个法律援助站，120 多位党员参加志愿服务培训，80% 党员注册成为志愿者。牵手民革退休老党员和抗战老兵，关心下一代健康成长，创新居家养老模式，帮助企业解决困难。

（李　琳）

【中国民主同盟珠海市委员会】 1985 年 12 月成立民盟珠海市小组，1987 年夏成立民盟市委筹委会，1989 年 5 月 6 日成立民盟珠海市委员会并召开第一次盟员大会。历任主要负责人有何必男、陈洪岫、张萍。主要成员和所联系的对象是文化教育和科学技术界具有高、中级职称知识分子。2010 年 7 月，民盟珠海市委员会完成换届，换届后有 13 位市委委员，主委张萍，副主委曹乃斌、彭洪、龙珊娓（专职副主委）。至 2015 年底，全市有 8 个专门委员会、20 个基层支部、516 名盟员，全年发展新盟员 23 人。

参政议政　2015 年，民盟珠海市委会在“两会”期间提交提案 49 件（集体提案 20 件，个人提案 29 件），其中城市建设类 23 件，经济建设类 2 件，社会法制类 8 件，科教文卫体类 14 件，其他 2 件。《关于推进珠海一卡通支付体系建设的建议》获时任市长江凌亲自督办。在 2015 年各民主党派、工商联负责人和无党派代表人士暑期座谈会上做《以建设广东自贸区为契机，加快珠海现代航运服务业的发展》发言。向民盟广东省委申报立项《关于推进民办高等教育发展的建议》《广东独立学院的发展现状问题与对策建议》《加快广东省电子商务发展的建议》3 个调研课题。配合民盟广东省委完成《关于广东制定“十三五”规划的建议》《关于促进广东创新驱动发展战略实施的建议》《21 世纪海上丝绸之路建设》课题调研。全年组织参政议政调研活动 37 次，参加人数 200 人，完成课题调研、理论研究、社情民意信息 31 篇。

组织建设　强化后备干部培养，推荐 5 名优秀盟员到镇（街）挂职锻炼。在珠海高校成立“盟员之家”，规范组织生活，增进沟通

2015 年 12 月 26 日，民盟珠海市委员会高教支部成立首个“盟员之家”

（民盟珠海市委供稿）

交流，提升履职成果。

思想宣传　深入基层举办近百场论坛、讲座和报告会，宣传学习实践活动先进经验，5000多人次参加。组织基层支部开展盟史、盟章、珠海民盟发展史等宣传教育活动。通过信息网络工作会议、调研活动、座谈以及寄送学习资料等形式，对全市各级盟组织和盟员进行培训。

社会服务　建立基层支部对口联系社区制度，20个民盟基层支部分别对口联系一个社区（或居委会），开展走访慰问、义诊咨询、公益服务等活动。成立公益讲师团，在12个社区举办20多场儿童教育理念与知识讲座，听众1000多人。对省定点帮扶的清远市近百名中学教师进行培训。组织两次大型义诊，接诊130人，慰问患病盟员20人。

（李　萌）

【中国民主建国会珠海市委员会】

1990年4月成立民建珠海市支部，1994年2月成立民建珠海市委员会。历任主要负责人有陈韵昭、苏云驰、郭开华、金展扬。主要成员和所联系的对象是经济界人士以及有关专家学者。至2015年底，全市有1个基层委员会、15个支部（6个直属支部，5个行政区支部，4个功能区支部）、363名会员，全年新发展会员16人。

参政议政　2015年，在市政协八届四次会议上提交提案42件，并做《关于珠海发展智慧旅游的建议》发言。《关于在珠海大力推广绿色建筑的建议》《关于信访维稳工作购买法律服务的建议》《为慈善立法，助推慈善公益事业发展》《关于建立规范市场环境，鼓励民间资本参与公用事业建设的建议》等提案获市政协八届四次会议优秀提案。

组织建设　完成各基层支部换届，成立第一个基层委员会——香洲区基层委员会。出版《民建珠海市委会规章制度汇编》。

2015年4月27日，民建珠海市委员会赴阳江刘屋寨小学和夏山小学开展“助力阳江”助学捐赠活动　（民建珠海市委供稿）

社会服务打造“同心·普法助学”品牌，为民办和偏远地区中小学师生提供捐赠帮扶和公益性法律讲座。开展普法助学活动，对斗门区桅夹小学、八围小学、新徽实验学校，珠海启明学校，金湾区景山实验学校等5所学校近万名师生开展法制教育讲座并捐赠10万元。开展“助力阳江”活动，分别向阳江市阳春刘屋寨村小学、夏山村小学捐赠价值4万多元教学设备。组织企业家赴浙江温州、云南玉溪等地考察，学习当地民营企业发展模式。

（唐　纯）

【中国民主促进会珠海市委员会】

1985年5月成立小组，1987年1月成立民进珠海支部，1994年1月17日成立民进珠海市委员会。历任主要负责人有吴树辉、梁培浩、赵芝生、鲁修禄、茹晴。主要成员和所联系的对象是从事教育、文化、科技、出版及其他工作的知识分子。至2015年底，市委会下设7个总支（香洲总支、金湾总支、斗门总支、高新总支、万山总支、横琴总支、高栏总支），24个支部，会员332人。市委会成立珠海民进开明画院、珠海民进企联会、珠海民进开明棋院、珠海民进开明书院（下设珠海民进本土文化研究会、微信方阵）和珠海民进开明艺术团5个二级机构。市委会设办公室，行政编制3名。

参政议政　2015年，在市政协八届四次大会上，提交集体提案42件，并做《抓住广东自贸区设立契机，在一带一路大格局中开创珠澳平等互利合作共赢新局面》发言，《争取珠海纳入国家和广东

2015年10月15日，民进珠海市委员会组织新会员到民进广东省委机关参观学习 （民进珠海市委供稿）

省“十三五”3D打印产业应用示范基地规划》获市政协2015年优秀提案。在2015年各民主党派、工商联负责人和无党派代表人士暑期座谈会上做《建议在珠海举办国际行进管乐节》发言。向民进广东省委和民进中央提交提案《建设与创新发展相适应的职业教育支撑体系，向创新大省转型》。全年撰写提案、信息等476篇（件）。

组织建设 出台《珠海民进组织工作条例》，规范民进组织三级架构工作细则。在现有微信方阵基础上，扩容搭建“八纵五横”（八纵指市委会及七个总支各设一个微信公众号，共八个微信公众号；五横指开明画院、开明棋院、开明书院、开明看点、开明乐苑五个微信公众号）立交平台，为会员表达政见提供平台，全年推送原创文章241篇。各总支组织生活日趋常态化、规范化、特色化。横琴总支被民进中央评为“民进全国先进集体（基层组织）”，任康被民进中央评为“民进全国先进个人”。

社会服务 建立开明棋院同心实践基地，开展“围棋进校园”活动，全年给7所小学2876名学生提供围棋授课服务。市委会被民进中央评为“民进全国社会服务工作先进集体”。开明画院举办“刘国玉焦墨山水画展”，承办“广东开明画院2015年院展”。参加民进中央“书香彩虹”对口贵州省毕节市金沙县捐书活动，捐赠图书2958册。 （朱俊名）

【中国农工民主党珠海市委员会】 1986年3月成立农工党珠海小组，同年12月成立农工党珠海支部，1989年4月成立农工党珠海市委员会。历届主要负责人有李阐道、蔡越秀。主要成员和所联系的对象是医药卫生、人口资源和生态环境领域高、中级知识分子。至2015年底，全市有12个支部、283名党员。

参政议政 2015年“两会”期间，农工党珠海市委员会围绕卫生、经济、教育、民生、市政建设等议题，提交集体提案28件，个人提案20余件。在市政协八届四次会议上做《以生态法治推动生态文明建设》发言。在2015年各民主党派、工商联负责人和无党派代表人士暑期座谈会上做《发挥PPP模式优势助推我市地方经济转型升

2015年4月11日，农工党珠海市委员会邀请著名学者李汉秋在珠海文化大讲堂做讲座 （农工党珠海市委供稿）

级》发言。《关于基础设施建设PPP模式存在的问题及建议》被农工党中央《信息专报》采用并上报全国政协。在八届三次会议上提交的集体提案《关于解决因缺少行人过街设施造成车辆交通拥挤及安全隐患的建议》获市政协优秀提案。香洲、斗门、金湾三个区直属支部及区人大代表、政协委员在各区级“两会”提交提案20余件。各条战线监督员参与各种民主协商会、座谈会和调研、视察活动40余次。

组织建设　香洲一支部与农工党广州市委会越秀基层委员会及教育总支、香洲二支部与华南理工大学总支分别结对建立共建关系，在思想建设、科考调研、社会服务等方面开展研讨交流。斗门支部被农工党中央评为“先进支部”，香洲一支部被农工党中央评为“2013～2014年度社会服务先进支部”。

社会服务　推进“合理用药公众教育活动”，开展环境与健康宣传周、国际科学与和平周以及中华母亲节等活动。全年开展“合理用药、健康生活”科普讲座9场，受益群众1600人，发放宣传资料3000份，义诊3次，为社区居民、患者提供咨询服务6000人次。4月11日，邀请农工党中央宣传部原部长、中国著名人文科学学者李汉秋在珠海文化大讲堂做《传统节日的奥妙》讲座。10～12月，3次赴广州开展法律进社区公益活动，举办《夫妻共同财产与个人财产的认定》《民间借贷》《继承法》等法律知识讲座。金湾支部与致公党支部联合考察日军三灶侵华历史遗迹和物证，参与制作纪录片《三灶1938》，该片在全国70个电视台播放并获评中国（广州）国际纪录片节“金红棉奖”南派纪录片评奖单元二等奖。（付　恒）

【中国致公党珠海市委员会】　1988年1月成立筹备领导小组，1989年5月成立致公党珠海市委员会。历届主要负责人有吴寿桃、邝兆明、黄柏亮、刘青华。主要成员和所联系的对象是归侨、侨眷中上层人士。至2015年底，全市有1个区级委员会、13个基层支部、314名党员，全年发展新党员17人。

2015年11月7日，致公党珠海市委员会在市博物馆举办“纪念中国致公党成立90周年历史图片展”。图为开展仪式　（致公党珠海市委供稿）

参政议政　2015年，致公党珠海市委员会在市政协八届四次会议上提交提案47件，其中集体提案15件。《关于顺应市民诉求，采取积极措施，实现竹仙洞风景区正常开放的建议》被定为市政协主席重点督办提案。《关于采取相应措施，关注解决失独家庭问题的建议》《关于过期药品统一回收销毁的建议》等得到新闻媒体广泛关注，产生较大社会影响。《关于强化管网建设保障供水安全的建议》《关于用高科技技术打造城管应急指挥中心，建设智慧城管的建议》获市政协八届三次会议优秀提案。向省委会申报课题11项，其中8项获得立项。

社会服务　以社区为平台，打造“社工＋义工”致公志愿服务进社区社会服务品牌。市委会与香洲区拱北街道北岭社区共建珠海致公北岭社区志愿服务基地，2015年1月30日举行揭牌仪式。多名党员书法家在春节前夕为社区居民现场书写春联150多副、“福”字100多张；在世界助残日举办“燃情五月，缘定北岭”社区探访活动，探访残疾人家庭20户；在北岭社区举办5期“致公党志愿服务进社区——童星主持培训班”。

发掘历史　参与拍摄大型历史纪录片《三灶1938》。中国广播电视协会将该片纳入纪念抗战胜利70周年大型系列纪录片《血铸河山》；11月19日，该片参加国家广电总局举办的国家重大理论文献影视片评审会；12月8日，该片入围2015中国（广州）国际纪录片节“金红棉奖”复赛并获评“纪念反法西斯战争胜利70周年优秀作品”。在斗门博物馆举办“中国致公党中央党部旧址（广州）历史图片展”；在市博物馆举办“中国致公党中央党部旧址（广州）历史图片展”“珠海致公二十六年图片展”，3万余人次参观；与市档案局共同组织翻译出版抗战档案《三灶岛特报》；与市作家协会联合出版《三灶1938》剧本；向中国人民抗日战争胜利受降纪念馆、珠海市博物馆、珠海市档案馆和金湾区档案馆捐赠档案资料和侵华日军遗留实物；在中国人民抗日战争胜利受降纪念馆建立“致公党珠海市委会爱国主义教育基地”。

海外联谊 5月，参加致公党汕尾市委会联谊交流活动；7月，参加“庆祝中国致公党成立90周年、纪念反法西斯抗战胜利70周年、澳门特别行政区成立16周年‘向胜利致敬’书画联展”；接待中国台湾原致公党主席王瑞升一行；接待古巴洪门自治党副主席周卓明一行。（伍文卓）

【九三学社珠海市委员会】 1992年9月18日成立九三学社珠海市委员会。历任主要负责人有胡承志、朱婉琳、熊豪品。主要成员和所联系的对象是科学技术界高、中级知识分子。至2015年底，有社员463人，其中女社员214人。社员平均年龄47岁，高级职称214人。2015年发展新社员28人，组织关系转入2人。

纪念活动 2015年，社市委围绕纪念抗战胜利70周年暨九三学社成立70周年开展活动。编印九三学社建社70周年暨社市委发展历程回顾专刊《拾浪集》；以“继承优良传统，加强参政党自身建设”为主题，举办纪念建社70周年文化沙龙；举办征文活动，回顾学社发展历程，缅怀先辈，展望未来；8月30日，召开纪念九三学社建社70周年暨抗日战争胜利70周年大会，邀请社中央坚持和发展中国特色社会主义学习实践活动宣讲团成员陈利浩、童丽做主题报告；社员熊豪品、毕昌胜、汪卯林被九三学社中央评为“九三学社创建70周年全国优秀社员”，陈滨被九三学社中央评为“九三学社创建70周年全国优秀社务工作者”。

参政议政 在2015年市政协大会上做《改善前山河生态环境，打造水生态文明城市》发言，提交书面发言《凝识聚力大力发展我市老龄服务事业与产业》《关于促进我市社会组织发展，进一步发挥社会组织积极作用的建议》。“两会”期间提交提案与建议案36件。在2015年各民主党派、工商联负责人和无党派代表人士暑期座谈会上，做《深化珠澳合作，加快粤澳中医药科技产业园建设》发言。落实珠海市委对口联系制度，与市国土资源局、市住房和城乡规划建设局、市统计局建立对口联系。

组织建设 参与省、市政协“推进协商民主广泛多层制度化发展”课题研讨，提交论文《民主党派在中国协商民主中的作用》《从十六字方针谈民主党派的参政议政》。全年上报通讯报道75篇，社中央采用30篇，省委统战部采用6篇，其中《建议关注临界妇女精神生活》《建议广州市中小学金融证券知识教育试点工作不宜在

2015年8月30日，九三学社珠海市委员会召开“纪念九三学社建社70周年暨抗日战争胜利70周年大会”。图为社中央宣讲团成员陈利浩做主题报告（吴莹莹摄）

全国推广》获省领导批示。11月14～15日，联合深圳、江门、东莞、中山四地市社委会在广东省社会主义学院举办2015年度新社员培训班，130余名学员参加培训。至年底，香洲、金湾、斗门三个行政区全部建立基层委员会，横琴成立支社 。在省政协十一届三次会议上陈利浩被选为省政协常委。参政议政委员会组织调研小组赴福州、泉州等地进行社务工作交流。组织宣传骨干赴佛山学习。推荐11名社员参加党外干部挂职锻炼。是年，市社委获省社委信息工作二等奖。

社会服务　举办九三专家讲坛。10月18日，邀请市妇幼保健院、中山大学附属第五医院专家在吉大青年创业园讲授健康生活、预防疾病知识。10月23日，邀请市妇幼保健院专家为珠海公交集团女员工讲授女性保健及调养知识。9月16日，举办“九三百分关爱基金”助学活动，组织社员30余人为斗门区莲洲镇三角小学捐建读书角，辅助开展特色教育课程。与香洲区红十字会联合开展社会服务，参加两期慢性病康复患者入户调查活动。

（吴莹莹）

【台湾民主自治同盟珠海市支部委员会】　2003年11月5日成立台盟珠海市支部委员会，2006年增补1名副主委及1名委员，2011年10月举行第二次全体盟员大会。现任主委林良倩，副主委林旭谊、容楠。主要成员和所联系的对象是居住在祖国大陆的台湾省人士。至2015年底，全市有盟员30人。

参政议政　2015年，台盟珠海市支部委员会在“两会”期间提交提案17件，其中《创建珠台两地职业教育交流平台促进珠海职业教育加速发展建议》在市政协大会发言。在2015年各民主党派、工商联负责人和无党派代表人士暑期座谈会上做《把准定位让台创园真正成为吸引台湾农民和台企创业投资的热土》发言。《珠海促进澳门长期繁荣稳定的发展研究》《华侨华人在广东实施“走出去”战略中作用的研究》分获2015年广东省统战理论政策研究创新成果一等奖和三等奖。全年向台盟中央提交提案4件。

2015年4月10日，台盟中央主席林文漪（中）率调研组参观珠海台湾农民创业园，并与台湾农民企业家蔡肇鑫（右一）合影留念（台盟珠海市支部供稿）

组织建设　7月4日，组织盟员、台胞和顾问30余人学习习近平主席有关中央统战工作会议精神。7月7～11日，组织盟员近20人赴辽宁抗日教育基地进行爱国主义教育活动。参加由台盟中央、台盟省委、市人大、市委统战部及市委组织部在福建漳州、浙江大学、北京大学等地举办的培训班，提高盟员政治素质。

对台工作　4月9～10日，受中共中央委托，由全国政协副主席、台盟中央主席林文漪率队，完成对珠海台湾农民创业园发展情况的调研。组织台商考察市台创园、金嘉、乐士、平沙镇沉香园等产业园，为台商来珠投资牵线搭桥。帮助台创园香水莲花种植户蔡肇鑫解决开发使用规划用地难题。帮助青年台农吴佳恩开发育成鱼苗新产品，延伸育苗基地产业链。组织暨南大学台湾学生参观珠海民营盛宝博物馆、高栏港太阳鸟游艇企业。参加省台盟组织的粤台两地农业交流参观考察活动。

社会服务　7月，联合中山武术研究会、香洲第二十一小学、唐国安纪念学校、市梅华街道办、仁恒社区居委会，针对5～12岁少年儿童，举办咏春拳暑期公益培训班，60多人参加。10月，组织盟员向四川阿坝州金川县二嘎里乡藏民捐防寒冬衣600余件。（邹佳平）

工商联

【珠海市工商业联合会】 2015年，珠海市工商业联合会有直属社团59个，新组建珠海市广西商会、珠海市河北商会等社团9个，另有5个社团在筹建中。市工商联指导香洲、斗门和金湾三个行政区工商联和各直属社团发展壮大，现有会员8777个。三个区工商联通过省级验收，被评为广东省“五好”县级工商联。

参政议政 在全市非公经济人士中开展以“诚信经营”为主题，以“信仰、信任、信心、信誉”为主要内容的理想信念教育实践活动，增强民营企业家实现“中国梦”的信心。协助担任人大代表、政协委员的非公经济人士开展社会热点难点调研，撰写议案、提案，提出意见和建议。牵头起草《珠海经济特区促进民营经济发展条例》（简称《条例》）。12月25日，市人大常委会第三十一次会议审议通过《条例》，自2016年3月1日起施行。组织各区工商联、直属商协会、会员代表800人，对全市67个机关事业单位进行满意度测评。结合“三严三实”专题教育活动和非公经济人士理想信念教育实践活动，深入基层和会员企业开展调查研究，了解企业存在的困难和问题，向党委、政府建言献策，与相关职能部门进行沟通协调，解决实际问题。在市政协大会做《关于培育龙头民营企业壮大民营经济的建议》发言，在市委暑期座谈会上做《“一带一路”战略，推动珠海民企加快“走出去”》发言，发挥参谋助手作用，提高非公经济人士参政议政水平。全年到基层、商会、协会调研150多次，组织座谈会11次，为企业家、商会、协会排忧解难30多件。

教育培训 5月，在西安交通大学举办“优秀民营企业家高级研修班”，100多人参加，其中80多人是新生代企业家。11月，组织30多位企业家赴台湾大学、高雄中山大学学习，提升企业转型升级及创新能力，为企业转型升级提供指导。举办创新驱动、“一带一路”政策、互联网+、金融及企业管理方面培训达20次，培训人数4580多人次。

社会服务 广泛宣传非公有制经济人士在创业创新、转型升级、和谐企业创建、参与社会公益事业、幸福村居创建、对口扶贫等先进事迹，扩大影响，构建和谐社会。加强与国内外、世界各地客商合作，为民间资本“请进来”“走出去”创造更多机会。组织会员企业参加中国药店联盟年会、世界广府人恳亲大会、澳门“国际环保合作发展论坛”“第二十届澳门国际贸易投资展览会”“广东省21世纪海上丝绸之路国际博览会”“中小企业融资项目对接会”等系列经贸活动20多次，参加企业300多家次。

帮扶慰问 推进对口茂名化州市播扬镇文龙村帮扶工作，累计投入帮扶资金1103万元。组织非公经济人士扶贫济困，回馈社会。旭日陶瓷有限公司向斗门侨立医院捐建造价2000多万元住院楼，改善当地医疗环境。结对帮扶水拥社区，对困难老党员进行慰问，帮助解决社区文体活动设施。（黄纾洁）

2015年12月31日，市工商联牵头起草的《珠海经济特区促进民营经济发展条例》新闻发布会现场

（市工商联供稿）

人民团体

珠海市总工会

【工会维权服务】 2015年，珠海市总工会贯彻工会律师团接访值班制度和免费法律援助服务制度。市职工服务中心全年受理职工信访1449件，涉及职工2531人，金额1723.63万元；办理法律援助案件145件，涉及职工579人，金额3198.08万元。举办8场《广东省企业集体合同条例》宣讲会，402家企业的900多名工会干部参加；举办"条例"有奖知识竞赛，200多家企业的6000多名职工参与。举办全市女职工权益保护有奖知识竞赛，300多家企业的3万多名职工参与；编印《劳动争议最新典型案例汇编》，举办8场法律知识培训班、3场大型现场法律宣传咨询活动，引导职工学法知法、守法用法。发挥市、区两级工会劳资纠纷应急处置分队作用，在调处秦海制衣公司因老板失联引发的欠薪劳资纠纷事件中，启动欠薪应急保障机制，为167名欠薪职工支付41.3万元应急周转金，及时化解劳资纠纷。全年参与处置劳资纠纷126件，涉及人数7378人，其中30人以上群体性事件43件，涉及职工6556人。

【农民工集中入会】 2015年，珠海市总工会贯彻落实省总工会"农民工入会集中行动"工作部署，召开全市"农民工入会集中行动"工作会议，印发《珠海市"农民工入会集中行动"实施方案》，将重点工程、建筑行业、家庭服务业、快递行业、物流行业、劳务派遣公司、民办学校和医院列为重点，利用各类媒体宣传报道，在市总工会网站、微博、微信公众订阅号等平台进行重点宣传。攻克"珠海市家庭服务业工会联合会"和"珠海市建筑业工会联合会"组建难关，全年新增入会农民工8.5万人。

【工会组建】 2015年，珠海市总工会推进民主建会工作，拍摄《佳能珠海有限公司工会换届纪实》专题片，编印《基层工会民主建会文件汇编》，为基层工会推进民主建会提供教材，指导基层工会选举，在筹备组、候选人、选举办法、选举大会等关键环节把好关。全年新组建独立基层工会185家，民主换届85家。加强基层工会干部培训。全年举办工会干部培训班15期，培训干部2000多人。做好工会专干管理制度化。5月，印发《珠海市工会专干管理办法》；7月，举办全市工会专干专题培训班，先后两次对75名工会专干进行业务考核。

【劳模服务】 2015年，珠海市总工会评选全国劳模（先进工作者）3名，广东省劳模（先进工作者）11名，广东省先进集体2个。撰写《关于我市环卫一线职工劳动权益情况的报告》《关于万山区海岛公共服务建设情况的调研报告》和《关于珠海市2015年全国、省劳动模范有关问题及意见建议的报告》。组织全国、省劳模22批120人到宁夏、惠州巽寮湾等地疗休养，组织184名劳模体检，购买"住院二次医保"，为27名困难劳模发放帮扶金31.02万元。开展创建"劳模创新工作室"试点工作，组织市、区工会干部到深圳、广州、江门、佛山等地参观学习，第一批9家试点单位通过验收并命名。

【劳动竞赛和劳动保护】 2015年，珠海市总工会制定《2015年珠海市劳动竞赛活动方案》，开展横琴新区促进区域发展全国示范性劳动竞赛，首次举办自动扶梯、大客车司机、火焰钎焊、家政服务等技能大赛，全年完成10个行业、17个竞赛项目赛事，120多家企事业单位、15万多职工参与。宣传贯彻新《安全生产法》，制定《珠海市工会2015年"安全生产月"活动方案》，举办职工"安全生产你我他"演讲比赛，组织安全生产咨询日和宣传月活动；到重点工程、高温作业企业开展"送清凉"活动，督促企业购买防暑降温用品和设备，严格执行《广东省高温天气劳动保护办法》，改善作业环境，发放高温津贴，全市各级工会"送清凉"活动投入资金100多万元，惠及职工

10余万人。组织企事业单位开展“安康杯”竞赛活动，1200多家企业、20余万职工报名参赛，参赛企业比上年增加一倍多。

【工会文体活动】 2015年，珠海市总工会弘扬社会主义核心价值观，举办“多彩文化节多情蓝色梦”珠海市职工文化节。在各区设8个主战场，活动项目30个，职工风采秀、职工才艺秀、职工达人秀、职工外文歌曲擂台赛、职工歌唱比赛、全健排舞比赛等系列活动，参演职工近1000人，表演节目300多个，吸引职工超过5万人。在元旦、春节、五一、国庆等节日开展“情系职工”和“中国梦·劳动美”慰问演出。“工友大家乐”舞台在各区（功能区）向基层一线深入，吸引近千个“草根演员和团队”加盟，举办演出60多场，惠及职工4万余人。连续三年举办职工登山比赛，164支队伍，1600多名职工参加活动，为近年来规模最大；举办职工拔河、乒乓球、拖拉机扑克牌等比赛活动。推进职工素质工程建设，按照全总职工书屋示范点要求，从抓质量入手推进企业职工书屋建设，评出20家市级职工书屋示范点和3家全国职工书屋示范点，与市公安、交通等部门联合开展外来务工人员交通安全宣传活动，发放有奖竞答问卷5万份，举办专题讲座10多期、文艺演出3场，惠及20余万外来工。

【困难职工帮扶】 2015年，珠海市总工会构建完备的帮扶服务体系，简化帮扶手续，实施精准帮扶，加大对一线困难职工的帮扶力度，提高帮扶标准，开展1～4级工伤职工春节慰问、困难职工子女关爱、环卫工人帮扶、困难职工子女大学助学等帮扶活动，帮扶436人，帮扶资金101.4万元。开展春节送温暖活动，走访困难职工1899户，发放慰问金245万元。全年帮扶困难职工3644人次，发放帮扶资金近500万元。

【工会招聘会】 2015年，珠海市总工会举办“五一”工会大型招聘会，吸引中航通飞、华发等283家知名企业进驻，为求职者提供就业岗位6743个，吸引求职者8000人，1149人与企业达成就业意向，解决求职者就业问题，缓解企业招工难题。

【工友驿站】 2015年7月，珠海市总工会投入近80万元在工会大厦一楼建成“工友驿站”康宁路站，建筑面积273.26平方米，设置工伤探视、心理疏导、单身联谊活动等8个服务项目，与工会原有服务窗口——市总工会职工服务中心连为一体，并开设职工互助保障和优惠景点门票代售窗口，将工会所有对外服务项目全部整合到3个服务窗口，打造工会“直通车”窗口，提供“一条龙”服务：一是服务对象打破区域局限，直通全市所有职工（包括农民工）。二是服务项目打破传统，增设全新公益特色项目，直通职工需求。三是服务时间打破行政化，每天至晚上9点，全年365天对外服务。7～12月，“工友驿站”康宁路站开展各类活动近50场，其中单身青年联谊活动5场、职工英语角11期、心理和摄影讲座20期、电影欣赏8场。“工友驿站”成为珠海工会服务职工的新阵地和新品牌，吸引20多家省内外工会考察团前来参观学习。

【工会财务经审】 2015年，珠海市总工会落实广东省总工会任务，推进财务、经审“两个大检查”工作，推进珠海市工会财务会计规范化建设，重点抽查604家企业，发挥经审的审计监督作用；对基层工会财务、经审人员培训，加强对《工会法》《工会会计制度》等相

2015年7月14日，市总工会举行“工友驿站”康宁路站揭牌仪式（盛 锋摄）

关法律法规的认识，全年举办培训班12期，培训2000多人；同时组织部分规模较大的企业工会主席、经审、财务人员50人赴南京审计学院培训，提高基层工会财务人员业务水平和工作能力。

【女职工工作】 2015年，珠海市总工会开展珠海市工业园区工会女职工组织建设和工作情况调研，推进女工组织组建工作。开展“单独两孩”政策与女职工权益保障情况调研，采取发放调查问卷和个别走访的形式，选取31家不同性质、不同规模的企业，形成专题调研报告报送省总工会。举办女工卫生保健知识巡回讲座33场，5000余人听课。开展女职工免费“两癌”普查活动，受惠企业一线女职工7000多人，为历年最多。建成35家“爱心妈妈小屋”示范点，帮助女职工度过特殊生理期。（盛　锋）

中国共产主义青年团珠海市委员会

【共青团组织概况】 中国共产主义青年团珠海市委员会（简称团市委）是珠海市委领导下负责青年工作的群众团体。2015年，有直属行政区团委3个，功能区团委（团工委）5个，其他直属及垂直管理单位联系团（工）委143个，高校团（工）委10个；专职团干部41人，全市团员人数20.25万人；全国五四红旗团委1个、团支部1个，广东省五四红旗团委8个、团支部6个。

【青少年思想引领】 2015年，团市委通过“线上”“线下”互动结合的教育引导方式，构筑青少年思想引导的全方位、多层次、立体化工作格局。一是广泛开展“线下”宣传教育活动。在清明、“五四”“七一”、抗日战争胜利纪念日、“十一”、南京大屠杀死难者国家公祭日等重要时间节点开展主题团日活动，累计覆盖人数超过10万人次。举办第九届珠海大学生文化艺术节、“与信仰对话·飞Young中国梦——大咖公开课”“激扬的青春”诗歌比赛暨东方诗会、“我为核心价值观代言”等上百场主题活动，以青少年喜闻乐见的方式强化“中国梦”和社会主义核心价值观教育，覆盖青少年超过30万人次。在基层一线，创新举办“香洲·青年说”“金湾青年讲习堂”等主题活动，组建“青年核心价值观宣讲团”，开展基层宣讲活动16场，覆盖青少年超过10万人。北京理工大学珠海学院外国语学院团总支入选全国践行社会主义核心价值观“示范团支部”。二是创新打造“线上”教育引导平台。推进“十百千万计划”，即培养10名网络大V、100名网络达人、1000名网络骨干、1万名青年网络文明志愿者，构建清朗网络空间。与市委宣传部联合制定《关于组建珠海青年网络文明志愿者队伍、深入推进珠海青年网络文明志愿行动的方案》，组建超过3万人的网络文明志愿者队伍。开展“点赞四个全面”“读懂群团工作新要求、新提法”“特区35周年生日快乐”“属于你我的十三五蓝图”等网络宣教主题活动，线上线下参与人数超过35万人次。开发“SOYOUNG”青年互动智能APP、“亲青汇”网络媒体系统和“珠海市团员信息管理系统”，构建实体团组织与新媒体管理系统合二为一的综合体系。成立珠海青年新媒体工作室，建设微博、微信、QQ群等市级网上互动平台上百个，拓展各方联动的微信集群建设，打造“珠海青年”“香洲青年”“金湾共青团”“珠海斗门青年”等微信公众号，构筑“全媒体”宣教体系。

【青年就业创业服务】 2015年，团市委推进“展翅计划”珠海大学生就业创业能力提升行动，开发实习岗位2411个，举办78场岗前培训和座谈交流活动。依托192家青年就业创业见习基地，为高校毕业生提供2401个见习岗位，协助578名高校毕业生实现见习、就业岗位对接。推进“启航计划”珠海青年创业圆梦行动，依托珠海青年创业学院，发动75名企业界精英组建就业创业梦想导师团，举办农村青年党员创业致富“领头雁”培训班、青年创新创业培训班、“项目门诊日”“导师入校园”、创业高峰论坛等创业培训72场，培训创业青年5442人，线上线下创业宣传覆盖6.4万人次；首批38个优秀项目实现投资对接，协助129名青年申请创业小额贷款，涉及金额1513万元，带动就业540人，打通青年创业“最后一公里”。联合北京大学校友会，在珠海横琴共建北京大学粤港澳台青年创业训练营珠海青年创业基地，面向四地青年创业企业，打造权威全公益实战创业教育与扶持平台。经团市委推荐，珠海市云洲智能科技有限公司董事长、市海归青年交流促进会副会长张云飞获第八届“中国青年创业奖”，是广东省唯一获奖者，并获评中国首届“最美青年科技工作者”、入选国家“千人计划”专家和广东省“双创之星”。林伟波等4人获评“全国农业青年致富带头人”。

【青少年权益保护】 2015年，团市委围绕队伍专业化、服务常态化、机制长效化、资源社会化“四化建设”目标，推动青少年群体违法犯罪预防和权益工作创新取得阶段性成效。通过财政和社会筹集资金450余万元购买社会服务，培育凝聚26家社工机构，引进社工106人，建设“青春护航站”“阳光之家”等47个实体化服务门店，创建32个市级青少年维权岗，覆盖青少年12万人，年服务60万人次。开发启用重点青少年管理系统，全市统筹、上下联动，建立社会化、信息化的青少年违法犯罪预防挽救机制，摸排帮扶重点青少年1271人，提供心理疏导、法律援助、成长指导等服务超过5万人次，成功挽救失足青少年92人，帮助异地务工青年化解矛盾纠纷177宗。以“两会”召开为契机，遴选24名青少年代表列席市、区“两会”，通过代表、委员将32条涉及青少年成长发展的提案、建议带上“两会”，开拓青少年群体有序参与政治新渠道。“12355青少年综合服务平台”年受理青少年求助个案上千宗，入选“全国首批青少年事务社会工作示范项目”；“青春护航计划”获评“2015年珠海市社会治理创新”优秀案例。

【基层团建和少先队工作】 2015年，团市委投入50万元专项经费推进区域化团建工作。全市9个街道均建立共建委员会，建立直属团组织128家，依托“亲青家园”、街道社区服务中心等打造工作阵地498个。开展“区域化团建优品汇”示范创建活动，推选公益志愿、培训学习、婚恋交友等特色项目70余项。推进乡镇大团委建设，新增乡镇直属团组织82家，联系青年32145人，开展涉农技能培训、就业指导、法律咨询等联建共建活动80余场。开展高校精英行动，组织来自全省21所高校的85名团学干部，进驻18个镇街开展非公团建活动，联系1400家企业和组织，实地走访850家单位，发放调查问卷2000份，完成调研报告2篇，建立非公企业团组织104家，规模以上非公企业建团率达95%。成立共青团珠海市互联网行业工作委员会，互联网相关行业、产业单位建团数达248家，实现符合建团条件的互联网行业100%建团。强化少先队建设，起草并推动出台《中共珠海市委关于进一步加强少年儿童和少先队工作的实施意见》（珠字〔2015〕5号）；联合市教育局开展少先队创新试点工作，试点成立2个社区少工委、10个少先队特色社团、15个“红领巾教育基地”。是年，蔡斌等25人获评“广东省优秀共青团员”。

【共青团干部队伍建设】 2015年，团市委巩固和拓展党的群众路线教育实践活动成果，推进“三严三实”专题教育和“转作风 提效能”系列活动。团市委班子成员主讲9场“三严三实”专题党课，发挥带学促学作用；结合“三严三实”专题，开展党员干部座谈交流会、“青年夜校”远程知识讲座等教育活动40场。举办各类团干部培训班40场，覆盖青年团干4500人次。开展“万名团干讲团课”活动，组织全市优秀团干代表为基层群众开讲各类团课320场，惠及青年群众近7万人。组织开展团干部挂点联系基层工作，团市委机关干部参与“两进三同”（全团各级领导机关干部“走进基层，走进青年”、与青年“同劳动、同学习、同生活”）70余人次，团市委班子成员率队先后130余次赴学校、社区和“亲青家园”“蓝天小屋”“青春护航站”、基层团组织、对口扶贫基地等开展调研，直接联系一线青年840多人次。是年，杨送平等3人获评“广东省百佳团支部书记”，于国潞等15人获评“广东省优秀共青团干部”。

【参与社会治理创新】 2015年，团市委直接联系青年社会组织49个，推动青年社会组织参与本级政府购买服务，全年购买服务总额超过500万元。联合市委社管部等单位出台《关于推进学校社会工作的指导意见》（珠社管〔2015〕8号）。强化青少年事务社工队伍建设，举办社会工作者职业水平考试千人培训班、青少年事务社工专业技能提升班，培训上千人次。开展珠海市青少年事务社工征选培育活动，发掘品牌项目和特色活动92个、典型案例79个、优秀社工29人。推动全市20家“亲青家园”开展证件代办、就业帮扶、普法宣传等常规服务超过200项，组织婚恋交友、节庆联谊、志愿服务等主题活动800余次，直接服务异地务工青年25万人次。通过法律维权、心理调解等多种方式，建立对话协调窗口，畅通诉求表达渠道，引导合法维权，化解矛盾纠纷近百起，其中涉及维权案例80余起，为异地务工青年挽回经济损失超过800万元。组织各“亲青家园”联合开展异地务工青年欢乐嘉年华系列活动，直接参与人数超过2万人次。“新豫亲青家园”被国务院农民工工作领导小组授予“全国农民工工作先进集体”称号。

【志愿服务】 2015年，珠海市有“志愿时·珠海”系统注册志愿者30.53万人，志愿者组织1009个，志愿服务项目9124个，服务总时长1912.73万小时，年人均服务时数62.79小时。动员组织青年志愿者参与首届珠江西岸先进装备制造业投资贸易洽谈会、第一届珠海莫扎特国际青少年音乐比赛、珠海ITF国际女子网球巡回赛、2015环中国国际公路自行车赛、珠海WTA超级精英赛、第二届中国国际马戏节、第十届中国城镇水务发展国际研讨会与新技术设备博览会、第二届世界广府人恳亲大会、第三届留学生节暨2015海外学人回国创业周等9项大型高端赛会活动，参与志愿者1800人，服务时长153.33万小时。推动珠海公益学院建设，完善专业化、系统化、标准化培训体系，重点培养7452名志愿者骨干，学员分组设计的18个志愿服务创新项目吸引爱心企业6.7万元资金对接，5个优秀项目落地实施，组建公益学院救护员志愿服务队。开展“朝阳行动”系列活动1984场，筹集善款76.7万元，专项服务异地务工人员子女2.81万人；依托38个助残志愿服务阵地，常态化开展“阳光助残”活动，志愿者与注册登记的残疾青少年结对率83.3%；“暖冬行动——平安回家”“邻里计划”志愿服务进社区、珠海全城志愿缤纷Show等特色项目广受欢迎。市青年志愿者协会入选全国优秀志愿服务组织建设案例，是全市唯一获此殊荣的组织；“邻里计划”入选“广东省志愿服务项目大赛重点培育项目”，并获评“2015年珠海市社会治理创新”最佳案例。

2015年8月22日，首届珠江西岸先进装备制造业投资贸易洽谈会在珠海举行，120余名志愿者为大会提供志愿服务 （团市委供稿）

【第三届留学生节暨2015海外学人回国创业周】 2015年12月4～6日在珠海举行，由市委组织部、团市委、市人力资源和社会保障局、市科技和工业信息化局、市商务局联合主办。第三届留学生节以“海归报国·圆梦珠海”为主题，先后开展海归圆梦座谈会、“海菁汇”——人才交流与项目合作会、“海谈”——2015海外学人创新驱动主题对话等11项特色活动，吸引上千名留学生、国家“千人计划”专家、“广东省领军人才”代表、海外专家、风投机构代表、港澳台及国外嘉宾参加，194个创业项目到珠洽谈，32个项目初步达成合作协议并有意落户珠海。团中央、欧美同学会·中国留学人员联谊会在珠海横琴·澳门青年创业谷建立“中国青年留学人员创业基地”与“留学报国珠海基地”。

第三届留学生节在全媒体曝光率2000万次，《光明日报》《中国青年报》《南方日报》《加拿大商报》等海内外媒体持续关注并大篇幅报道。连续三届成功举办的留学生节初步成为统战、招商、纳才、合作的综合性平台。

【珠港澳青少年交流活动】 2015年，团市委以社团为载体，搭建珠

2015 年 5 月 4 日，团市委、市青联在拱北口岸广场启动“凝聚青春正能量，携手同圆中国梦——2015 珠港澳三地五四成人礼” （团市委供稿）

澳青年交流合作平台。与粤港青年交流促进会、珠港青年交流促进会、香港青年学生动力协会、澳门中华学生联合总会、澳门工会联合总会青年委员会交流团、第九届中华青年民族学习交流营、台湾“两岸一家亲”学生文化交流营、法国展望与创新基金会青年代表团等近百个港澳台及国际青少年交流团 3000 多人进行交流互动，交流频率和次数创历年新高，交流内容涉及创新创业、文化、商贸、主题夏令营等，均与对方建立良好沟通关系。通过参与举办第二届世界广府人恳亲大会“十大杰出人物”“十大杰出青年”评选活动，联系一大批港澳台和海外优秀青年。与港澳青年社团联合举办珠港澳三地青年“五四成人礼”，800 多名青年代表面向国旗庄严宣誓，共庆“成人”。贯彻落实珠澳两地学联合作框架协议，合作举办珠澳大学生领袖交流营、珠澳两地学联联席会议等活动，覆盖两地学生上千人次。开展“青年同心圆”系列活动，直接参与青年近千人，覆盖青年近万人。联合粤港青年交流促进会、珠港青年交流促进会、港隽动力青年协会等港澳地区青年组织，举办 2015“同心杯”珠港澳青少年足球赛、羽毛球赛 12 场，珠港澳三地直接参与人数 500 多人。在“青年同心圆·珠港澳制服团体大会操”活动中，来自珠港澳三地 10 个制服团体 400 余名青年参与汇演，以乐会友，增进友谊。组织 300 余名珠澳青年网友参与广东青少年“不做低头族”主题活动暨珠澳青年爱心徒步活动，共倡“不做低头族，争当好网民”，并启动 @i 动——珠澳青年徒步众筹项目。 （蔡秋园）

珠海市妇女联合会

【概　况】 2015 年，珠海市妇女联合会（简称市妇联）贯彻落实中央党的群团工作会议精神，以“妇女之家”为综合服务阵地，在南屏科技工业园建立全省首个园区妇联，完成香洲区前山街道福石社区等 30 个村（社区）妇代会改妇联工作；创新维权新机制，维权站成为省妇女维权与信息服务站首个工作实训基地。加强对种养女能手技能培训，促进妇女创就业。加大家庭文明建设力度，打造“德行珠海，亲子讲堂”、幸福“家”年华、寻找“最美家庭”等家庭教育工作品牌；组织市妇儿工委各成员单位，完成省妇女儿童规划中期评

2015 年 6 月 9 日，广东省妇女维权与信息服务站（珠海站）开展“倾听妇女心声　关护妇女权益”活动。图为活动现场 （吕宪慧摄）

估工作。

【妇女维权新机制】 2015年，市妇联探索建立维权新机制。6月17日，在香洲区人民法院、金湾区司法局、斗门区司法局建立首批3个法律维权妇女之家，为权益受侵害的妇女儿童提供法律援助和司法救济。成立“家庭驿站”帮助求助者处理家庭关系，成功调解家庭案例16起。妇女维权站全年接待来访来电来信网询2086宗，其中办理个案30宗，完成法援案件8宗；开展小组活动27次，445人次；开展外展服务376场，服务群众3.06万人次，发放各类宣传品10万份。

【促进妇女创就业】 2015年，市妇联继续推动巾帼创业小额贴息贷款工作，解决农村妇女创业资金难题，为230名农村妇女发放贷款2906万元，支持带动2000余名妇女创就业。继续扶持培育巾帼农业示范基地和女农民合作社，评选省巾帼示范基地1个、市巾帼创业示范基地5个，扶持农村女性专业合作社5个。建立农业营销新模式，以“互联网+农业知识”等主题举办培训30场，参训妇女1000余名。

【惠民行动】 2015年，市妇联深化康乃馨单亲特困母亲温暖行动，为全市834户登记在册的单亲特困母亲家庭发放生活补助和助学金101.2万元。开展芙莲母亲汇、节日慰问、心灵成长、关爱健康等各类活动40多场，服务800多人次。将“两癌”（乳腺癌、宫颈癌）免费检查项目纳入年度政府民生实事，投入资金287万元，1.82万名农村妇女获免费检查。开展“妇女之家百场公益服务行”活动，服务内容涉及家庭教育、法律宣传、营养健康、心理健康等领域。年内在金湾、斗门农村地区举办活动63场，市区范围举办活动37场，受益妇女6378人次。

2015年10月17日，幸福“家”年华系列活动启动仪式暨首场“家活力”亲子寻宝科技活动在梅华城市花园举行。图为活动现场 （文伟松摄）

【家庭文明建设】 2015年，市妇联继续打造“德行珠海，亲子讲堂”家庭教育工作品牌，围绕“德在家庭”主题，邀请高校老师、优秀家长、幼儿园园长，每周定期开展家庭教育讲座，全年累计举办讲座49场，受益万余人次。建设家庭美德，推出“家活力”“家健康”“家关爱”“家温暖”四大系列主题的幸福“家”年华活动，首次引入“互联网+”宣传推广报名模式，吸引600多户家庭、1567名群众参与其中。发动全市315个村（社区）妇女之家，开展寻找“最美家庭”活动，拱北海关关员高琪、斗门区山河印刷厂董事陈梅珍、斗门区白蕉镇昭信村妇女主任梁美容、高栏港经济区平沙镇第二中学教师潘锦江和阮刚等5户家庭入选全省百户“最美家庭”。

【妇联组织建设】 2015年9月6日，香洲区前山街道福石社区作为首个村（社区）妇代会改妇联正式挂牌。9月7日，省首个园区妇联在南屏科技工业园挂牌成立。是年，香洲区前山街道福石社区、万山海洋开发试验区担杆镇伶仃村等30个单位作为首批村（社区）妇代会改妇联试点单位完成改建工作。成立村（社区）妇联，解决以往工作队伍薄弱、工作资源缺乏、工作覆盖面狭窄等问题，通过汇聚更多社会资源，满足日益多元化的妇女需求。

【干部培训】 2015年，市妇联实施“创新与创造”妇女工作者成长计划，完成对市、区、镇（街）妇联干部，315名村（社区）“妇女之家”负责人和17个妇女儿童类社会组织负责人轮训。11月4～6日、12月2～4日，与市委组织部合作，在北京大学深圳研究院举办市妇联八届执委候选人预备人选

"创新驱动"专题研修班。

【对外交流】 2015年，市妇联加强与香港、澳门和台湾各界社团的沟通往来。10月29日，成立香港珠海妇女联合总会。11月29日，澳门街坊会联合总会妇女代表团前往前山街道福石社区、翠香街道康宁社区"妇女之家"参观交流。全年接待港、澳、台妇女代表团200余人次。 （翟丹丹）

珠海市科学技术协会

【概 况】 珠海市科学技术协会（简称市科协）成立于1978年11月，是市委领导下的人民团体。下辖行政区科协3个、功能区科协3个、团体会员（市级学会）36个、企业科协8个、高校科协1个。机关在编13人，设办公室、科普部、学会部3个部（室）。2015年，市科协探索建立以团体会员制为核心的学会管理模式，吸收市观鸟协会、市数理化学会、市经济促进会3个团体会员。是年，市科协调查站点被中国科协评为先进调查站点，香洲区梅华街道仁恒社区被评为全国科普示范社区，中航通用飞机有限责任公司张继超被评为第六届"全国优秀科技工作者"，斗门区莲洲镇粉洲村黄基文被评为全国"基层科普行动计划"农村科普带头人。

【学会业务指导】 2015年4月29日，市科协召开学会工作会议，对新形势下学会改革与发展进行探讨和部署。指导市公路工程学会、市针灸学会、市特种设备协会等完成换届工作。举办团体会员（科技类社团）等级评估业务培训班，就社会组织等级评估相关要求、指标体系、评估程序等方面内容进行讲解，各团体会员负责人50多人参加培训。指导16个学会承接政府转移职能，承接事项50多项。推动8个学会建立"会会合作"。

【技术创新方法培训班】 2015年，市科协投入资金40多万元，在香洲区、金湾区、高新区举办10期技术创新方法培训班，为格力电器、德豪润达等100多家企业近千名核心研发人员进行免费培训。12月11～13日，第九期技术创新方法（TRIZ）培训班在北理工珠海学院开班，该学院工科院系教师及学生创新创业团队成员80多人参加培训。12月19～24日，在高新区南方软件园举办首期技术创新方法高级培训班，市科技企业及高校科研单位技术骨干40多人参加培训。

2015年11月6日，市科协举办"2015珠海科技人创融桥对接会"，为路演优秀项目颁发证书 （市科协供稿）

【科技人创融桥对接会】 2015年11月6日，市科协举办"2015珠海科技人创融桥对接会"，推动科技创新与金融资本深度融合，多家国内知名风投机构与科技创新型企业、科技人员、创业团队参加。100多家珠海企业参加对接会，14家企业进行项目展示和路演。

【科技人创想梦主题活动】 2015年，市科协举办3期"珠海科技人创想梦"主题活动。6月6日，"装备制造与工业4.0"主题报告会在珠海广播电视大学举行，装备制造业代表及相关高校师生120人参加活动；7月18日，"智慧医疗"主题活动在市委党校举行，国家卫生信息中心、中科院大学、科技部信息所等相关行业代表160多人参加活动；9月25日，"珠海青年大学生科技创新创业"主题活动在暨南大学珠海校区举行，珠海高校青年大学生及创新创业青年代表200多人参加活动。

【科技人创新大会】 2015年11月19日，市科协举办"2015珠海科技人创新大会"。市人社局、市科工信局做最新科技创新政策与人才政策解读，台湾创业导师做"创新与整合"主题演讲，珠海云洲智能、全志科技、佳和通信、派诺科技等本土创业明星谈创业经验，250多名科技人员参会。

【科技惠民志愿服务行动】 2015

年5月28日，“2015年度科技惠民志愿服务行动”项目启动仪式在珠海电视大学举行。市科协投入资金30万元，资助所属科技团体和基层科协开展12个科技惠民志愿服务项目，内容涵盖技术培训、义诊咨询、心理教育、药品鉴别、营养教育、电力科普等。如市抗癌协会开展“珠海市癌谱特征调查与基层医院癌症防治培训工程”，市科技创新促进会开展“电子商务助力小微企业转型发展公益行动”，市药学会开展“安全合理用药进社区”等，受益群众3万多人次。

【第十三届珠海市科协学术活动月】 2015年11月，市科协围绕“创新驱动、转型升级”主题，开展第十三届珠海市科协学术活动月活动，组织团体会员、基层科协以及部分高校举办学术活动125场，2万余名科技工作者参加。

【学会科技服务站建设】 2015年，市科协推进学会科技服务站建设，市老科技工作者协会建立高新区淇澳水产养殖场科技服务站，市营养学会建立嘉宝华健康药房连锁股份有限公司科技服务站，市抗癌协会建立珠海市第二人民医院科技服务站和遵义医学院第五医院（斗门区医院）科技服务站。截至12月底，建立省、市级学会科技服务站9个。

【建言献策】 2015年8～12月，市老科技工作者协会开展科技工作者创新创业情况调查研究，形成《珠海市科技工作者创新创业情况调查报告》。2月1～3日，在政协珠海市八届四次会议上做《关于扶持我市科技类社会组织发展的建议》发言。《关于举办中国（珠海）国际航空模型和无人机博览会的建议》被评为2014年度优秀提案。

【重点人群科学素质行动】 2015年，市科协推进重点人群科普工作。青少年科普方面：组队参加第三十届全国青少年科技创新大赛，获一等奖2项、二等奖1项、三等奖1项、专项奖2项；组织举办第三十一届珠海市青少年科技创新大赛，近百所学校1000多名学生参与；举办“大手拉小手——科普报告希望行”活动，邀请中科院8位专家做科普报告53场，3万多人次参与；在横琴长隆海洋王国举行“我探索、我快乐、我成长”科普教育基地研学团活动，100名儿童和家长参与；与市营养学会等单位联合举办“朗京杯”珠海公共营养师职业技能竞赛；开展科普大篷车进学校、进社区活动近30场，3万多人次参与。农村科普方面：举办各类农村实用技术培训班20多次。社区科普方面：推进“科普示范社区”创建活动，仁恒社区被评为“2015年全国科普示范社区”。“八一”建军节期间，组织市医学会、市预防医学会、市心理学会等8个科技团体，走进驻珠部队基层连队开展科普进军营活动。

2015年9月12日，市科协在香洲仁恒社区举办2015年全国科普日系列活动启动仪式暨“科普进社区、惠民促发展”公众科普活动，向中小学校赠送科普图书（市科协供稿）

【主题科普活动】 2015年，市科协组织开展科技进步月活动和全国科普日活动。科技进步月活动：与市青少年妇女儿童活动中心联合举办露天科普电影播放月活动，精选16部优秀科普电影，逢周五、周六晚上在青少年妇女儿童活动中心广场免费播放；组织珠海市5所高校天文社团举办路边天文科普活动，通过现场游戏、知识问答、主题展示、现场观星等形式向市民普及天文知识，5000多人次参与。全国科普日活动：在香洲仁恒社区举办“科普进社区、惠民促发展”活动；组织市医学会、市针灸学会临床医学专家开展“健康连着你我他——公益社区健康咨询活动”，为社区居民提供一对一免费咨询服务；举办“科普知识小‘答’人”活动；举办身边的科学科普图片展览；开展千名航空爱好者飞行体验活动等科普活动近30项。

【科普能力建设】 2015年5月24日，市科协举办珠海科普讲堂启动仪式，资助市营养学会、市药学会举办科普讲堂项目10个，内容包括膳食营养、养生保健、各种常见病多发病预防与诊治、气象防灾减灾知识等，全年举办近100场次，近8000人次参加。12月，开展优秀科普作品征集活动，经评审择优资助《100首经方方证要点》等3部科普作品。 （王志学）

珠海市社会科学界联合会

【概　况】 2015年，珠海市社会科学界联合会（简称市社科联）在推动珠海社科规划课题研究、社科知识普及、社科成果转化、社科基地建设、《珠海潮》杂志编辑、基层社科工作等方面取得新进展。年内，修订和完善《珠海市哲学社会科学规划项目管理办法》，社科规划新增决策咨政类选题，社科成果转化数量增加；社科普及首次推出“菜单式”讲座，以微信平台开展社科知识竞赛；设立第二批社科研究基地；《珠海潮》杂志新增社科规划课题选登栏目；香洲区、金湾区社科联社科普及活动贴近百姓生活，参与人数6万多人次。

【社科规划】 2015年，市社科联修订《珠海市哲学社会科学规划项目管理办法》，强化对课题针对性和时效性的要求，对围绕市委、市政府中心工作的重大问题和决策研究，要求在3～6个月以内完成；启动规划课题申报及立项工作，收到申报课题249项，经评审，对143项申报课题予以立项；社科规划新增决策咨政类选题，本着围绕中心、服务大局、破解难题、利于转化的原则，遴选出10个决策咨政类选题作为重点课题予以资助，并要求半年内结项。

【学术活动】 2015年，市社科联协助市委宣传部组织落实“珠海市智库建设座谈会”“全市社科理论界学习党的十八届五中全会精神座谈会”，协助省社科联举办“省哲学社会科学基层骨干培训班”和“2015年粤港澳学术研讨会筹备工作会议”。

【理论研究】 2015年，市社科联参与市政协重点课题《扩大人文交流打造文化品牌积极参与21世纪海上丝绸之路建设》；在《珠海特区报》等报刊发表《以“四个全面”为遵循大力加强文明城市建设》《践行“三严三实”应做到“八戒”》一系列理论文章；在结项的2014年规划课题中，发表论文59篇，提供给相关职能部门6篇，其中《唐家湾镇历史文化资源的保护开发与珠海城市人文空间的构建》课题成果转至高新区、市住规建局；《珠海潮》杂志先后以港珠澳大桥与区域经济、横琴研究、纪念抗日战争胜利70周年、珠海幸福村居建设等专题，邀约专家学者撰写文章17篇，围绕专题内容从不同角度分析和探讨，提出合理化建议。

【社科普及】 2015年10月15日～11月15日，由珠海市委宣传部、珠海市社科联主办的“第十一届珠海市社科普及月活动”，以“创新驱动先行助推法治珠海建设”为主题，含开幕式暨首场学术报告会、学术讲座、广场咨询、研讨会、知

2015年11月15日，“话说我的家规、家训”故事征文颁奖暨教育专家王韦华国学讲座在市图书馆举行 （陈利峰摄）

识竞赛和社科知识进基层等六大板块57项活动。活动呈现四大亮点：一是紧贴时事，发挥优势，策划“珠海如何迎接‘大桥时代’”“‘一带一路’与中国智慧”“从严从实从细从小践行社会主义核心价值观”等系列讲座。二是多层联动，形成合力。采取市社科联、区社科联、学校、社科类社会组织、社科研究基地五位一体的联动模式，推进社科知识进社区、进企业、进农村、进校园、进军营的“五进”活动。三是形式多样，内容丰富。活动期间，组织全市近千名社科工作者，通过义务讲座、义务咨询、义务培训、社科知识竞赛等形式，深入基层送理论、送政策、送知识；组织社科类社会组织及相关部门捐书、赠书，送社科普及读物到基层，支持农家书屋、社区图书室建设。四是创新平台，扩大影响。首次推出“菜单式”讲座，组织珠海市社科工作者开列系列候选讲座，由承办单位自主选择、自主点课，并开通微信平台开展社科知识竞赛活动。

【基层组织管理】 2015年，市社科联组织各基层社科联、高校社科联、重点社团领导等社科骨干，赴深圳学习创新驱动发展战略和深圳社科工作先进经验。按照“突出重点、兼顾一般、择优扶持”原则，向11个社团资助10万元培训扶持经费，向9个社科研究基地资助9万元扶持经费。新设立第二批四家社科研究基地（珠海城市规划发展研究基地、珠海文化旅游研究基地、珠海钟表文化研究基地、珠海全媒体文化传播研究基地），方向涉及城市规划、钟表文化、文化旅游、文化传播。香洲区文化馆、南屏甄贤学社等20个单位被评为第二批“香洲区人文社科普及基地”。

（李　曼）

珠海市文学艺术界联合会

【概　况】 2015年，珠海市文学艺术界联合会（简称市文联）打造“蓝色珠海”文联文艺展示月及各文艺家协会品牌活动，开展文艺惠民志愿服务活动、文艺采风创作活动，推动文艺“出精品、出人才”。落实《中共中央关于繁荣发展社会主义文艺的意见》精神，邀请中国文联文艺理论研究室主任庞井君，省作协主席蒋述卓、副主席谢有顺为珠海市文艺家开展系列讲座。组织各文艺家协会、各区文联、行业产业文联领导以及文联全体机关工作人员开展专题学习座谈会。

【文艺精品与人才】 2015年，珠海市举办第二届“唐涤生杯”戏剧曲艺评奖演出、第二届“鲍俊杯”书法大赛、第六届珠海摄影大赛、第二届珠海音乐“晨星奖”评奖等一系列鼓励本土创作的文艺评奖活动，并向省和全国推荐。年内，珠海市文艺家获省级以上奖项200余件，其中市作家协会会员在《人民文学》《诗刊》《十月》《小说选刊》《小说月报》等权威文学刊物发表作品100多篇，谢小灵、唐不遇获广东省首届诗歌奖；市戏剧曲艺家协会在广东省第八届中青年戏剧演艺大赛获二金二银四铜奖项；唐跃的水粉画《夏日之潜者》获首届全国水粉画大展优秀奖；周新尤创作的舞蹈作品《古典与爵士》《欢乐的笑声》获第二十届香港世界青少年“金紫荆花奖”舞蹈类金紫荆花奖和金紫荆花编导奖；市影视艺术家协会拍摄的微电影《鱼缸碎了鱼儿活了》获第三届中国（杭州）国际微电影展十佳公益微电影“金桂花奖”；市民间文艺家协会吴志伟、王喜果、吴晨先的作品在2015中国（广东）民间工艺博览会上获两个金奖、一个银奖、两个铜奖。

2015年11月8日，广东省第八届中青年戏剧演艺大赛获奖作品展演在香洲柠溪文化广场举行。图为开场曲《荔枝颂》剧照（高爱华摄）

【文联文艺展示月】 2015年9月底至11月中旬，市文联动员全市文联系统9个协会、14个团体会员，举办第三届“蓝色珠海”珠海文联文艺展示月，参与创作、演出的文艺工作者近万人次。其间，在各镇村、海岛、社区深入企业、学校和军营举办各类文艺活动176场，其中文艺演出40场、文艺展览20场、创作采风和作品研讨10场、文艺讲座和培训106场，惠及10万人次。

【文艺志愿服务活动】 2015年，珠海市文艺志愿者总队围绕“文艺惠民、文艺为民、文艺乐民”主题，开展“文明共建、文化共享”结对帮扶文艺志愿服务活动，在珠海市街道、社区和学校建立文艺志愿服务基地12个。组织以宣传“中国梦”与培育践行社会主义核心价值观为主题的文艺大篷车巡回演出广场化活动30场，直接受益群众1万多人次。举办“艺术点亮人生”文艺名家下基层培训讲座活动100场，培训近万人次。元旦、春节期间，开展“100名文艺工作者在基层”主题实践活动，组织摄影家、书法家、影视家和民间文艺家免费为村民照相、送春联、送电影和送民间工艺品等活动30余项，参与志愿服务的文艺工作者近千人次，直接受益群众近万人次。在第二个中国文艺志愿者服务日期间，组织开展23项文艺志愿者服务活动，参与志愿服务文艺家近400人次，直接受益群众8000人次。

【文艺网建设】 2015年，市文联利用“珠海文艺网”资源，开通“珠海文艺”微信公众号、微信群、QQ群、微博等新媒体平台，发布珠海市文艺动态信息和文艺原创作品，推介本土文艺家和本土原创作品。“珠海文艺”微信公众号发布文艺信息81条，最高阅读量967人次。第三届文艺展示月期间，“珠海文艺网”在“广东文艺网”首页开辟专栏，发布重点活动信息36条；利用“OK珠海”微信号联动推广头条动态2篇，次条动态30篇；在“香洲饭米粒网”开设专栏，发布文艺信息32篇；联合“珠海香洲”微信号推广发布文艺信息28篇。

2015年10月23日，市书法家协会采风交流团赴阳春市进行采风交流活动（高爱华摄）

【文艺采风交流活动】 2015年，市文联组织全市文艺家深入基层，到农村、海岛、企业、军营和学校，重点围绕本土文艺精品创作和文艺交流，开展本市、本省文艺采风活动10余次，500余名文艺家参与活动。与市作家协会、美术家协会、书法家协会和摄影家协会组成百余人联合采风团，赴“海上丝路”重要关节、国家级经济开发区高栏港开展“文艺走进高栏”创作采风活动，创作一批文学、美术、书法和摄影作品举办展览并结集出版；组织市作家协会、书法家协会采风交流团分赴梅州市和阳春市交流采风，深入珠海扶贫帮扶点和帮扶项目了解情况，开展座谈，举办笔会，交流心得；市戏剧曲艺家协会和市舞蹈家协会以小分队的形式深入农村、社区采风，直接和群众面对面，收集第一手创作素材；市摄影家协会和市音乐家协会将采风创作与文艺志愿服务相结合，在赴海岛采风的同时为海岛居民免费拍照、表演节目。 （陈 菲）

珠海市残疾人联合会

【概 况】 2015年，珠海市残疾人各项工作齐头并进。户籍持第二代残疾人证15627人。全年向15537名残疾人发放生活津贴3178.7万元，向8176名重度残疾人发放护理补贴1462.25万元，接受62名重度残疾人到集中机构托养，向450名重度精神、智力、肢体残疾人发放居家安养服务补贴13.5万元，向116人发放康复补助32.37万元。

【农村残疾人工作】 2015年，珠海市残疾人联合会（简称市残联）投入资金130万元，为10户住房困难残疾人家庭进行住房维修或改建，为近160户困难残疾人家庭配置电视机、冰箱、家具等基本生活用品用具，残疾人居住生活条件得到改善。实施促进农村残疾人就业专项行动，对全市2938名18～50岁农村残疾人进行就业状况和需求专项调查，建立就业帮扶台账，实施“一对一”精准帮扶，组织各类用工单位125家，为农村残疾人定向提供就业岗位300多个，农村残疾人上岗就业700人，辅助就业297人。

【残疾人康复服务】 2015年，珠海市政府十大民生实事之一《珠海市残疾人医疗保障及康复救助实施方案》制定出台，残疾人免费参加城乡居民医保比例从56%提高到62%，学龄前残疾儿童康复训练补贴由每年1.2万元提高到2.4万元，康复救助对象范围扩大到未办证0～6周岁户籍残疾儿童，放宽康复救助经济困难限制。全年新增3家定点民办康复机构，投入运营康园中心25个，镇街实现残疾人康园中心全覆盖，近600名精神、智力和重度肢体残疾人会员接受服务，近2万人次残疾人就近就便享受到康复服务；组织开展白内障筛查进社区活动18次，筛查对象2633人，完成复明手术1145例，其中免费手术810例；为贫困精神残疾人提供免费服药1411例；开展聋儿和肢体、智力、孤独症儿童康复训练368人，培训儿童家长168人次，完成国家“七彩梦行动计划”人工耳蜗救助任务9例；开展盲人定向行走训练113人；肢体残疾人社区康复训练3696人，居家康复训练182人；制定《珠海市残疾人辅助器具管理办法》，规范辅具适配工作流程，开展辅具适配“进居入户”活动，提供适配指导750余次，适配辅具1912件。

【残疾人就业服务】 2015年，珠海市制定《珠海市残疾人就业年审工作管理规范》，安置残疾人就业4320人。拓展就业服务内容，为企业提供就业跟踪服务62次、上门政策咨询和招聘指导10次，举办在岗残疾人拓展训练7次、雇主培训班1期。新开残疾人电子商务、面包制作、编织钩针等新类型培训班3期，帮助11名残疾人成功创办网店，全市有就业能力和就业愿望的残疾人就业率87%以上。建立残疾人就业和职业培训数据统计系统，以及市、区两级管理员队伍和季度、年度通报制度，市辖区内就业年龄段残疾人就业状况数据实现“应录尽录”。

【残疾人文体活动】 2015年，市残联举办广东残疾人文化节珠海系列活动，扶持组建残疾人剧社，以残疾人演员为主开展残疾人文艺下乡、文艺进社区慰问演出等文化活动，举办文艺演出10场。推进省政府十大民生实事之一“广东省全民助残健身工程示范点”建设，在香洲、金湾和斗门三个区，依托残疾人康园中心、区级文体活动中心，配置专业健身指导员，为残疾人打造适合的体育健身场所并提供个性化的体育健身指导。参加省第七届残疾人运动会，取得总分全省排名11和金牌全省排名12的成绩，比上届运动会分别进步4名和3名。

【心理援助和家属支援服务】 2015

2015年5月17日，“关注孤独症儿童，走向美好未来”第25个助残日文艺晚会在华发商都中庭举行 （鲁 莎摄）

年，依托市残联“心灵驿站”开通24小时心理援助热线，开展“走进康园中心”“走进西区”心理咨询服务系列活动，接受咨询303人次，团体培训23场1247人次。铭爱家属资源中心为残疾人及家属提供多方支持服务，开展亲子活动18期、团体心理辅导20期、分享会和经验交流会2次，912人次参与。

【宣传和志愿服务】 2015年，市残联开通新浪微博、腾讯微博和微信公众号；在珠海电台开设24期“与爱同行”残疾人专题栏目，在《珠海特区报》等报刊发表新闻稿件131篇，在珠海电视台播出节目93次。“12385”残疾人服务热线启动建设。志愿服务得到较大发展。北京师范大学珠海校区大学生志愿助残服务团“快乐成长计划”服务项目成为珠海市品牌志愿服务项目。珠海长隆海洋王国成立助残志愿者服务队，并为首批30多名残疾人提供志愿游园服务。成立首个残疾人组成的志愿服务团“天健义工团”。

【基层组织建设】 2015年，金湾区通过公开招考录用24名残疾人专职委员（大专及以上文化程度17人），纳入该区社会管理协管员队伍管理，区、镇、社区（村）专职委员实现同工同酬；高栏港区配齐区、镇残疾人专职委员，待遇适用该区编外二类人员工资标准。完成残疾人基本服务状况和需求专项调查，668名调查员进村入户采集13183名持证残疾人及未持证残疾儿童的服务状况和需求数据，为残疾人工作开展提供有效数据支撑。（陈玉娇）

珠海市归国华侨联合会

【侨界扶贫济困活动】 2015年，珠海市归国华侨联合会（简称市侨联）开展“新春送温暖”慰问活动，向311户贫困归侨侨眷发放慰问金（慰问品）20.6万元。开展“中秋重阳”敬老活动，慰问重大疾病和80岁以上归侨侨眷614户。开展“侨心工程”助学活动，向165名贫困归侨侨眷家庭学生发放助学金38.2万元。组织侨界人士前往扶贫开发“双到”对口帮扶村——茂名信宜马辣村，向贫困家庭学生和特困村民发放慰问金8万余元。

【海外联谊】 2015年5月31日～6月9日，市侨联领导率侨联代表团访问哥斯达黎加、巴拿马、委内瑞拉，深入华人华侨社区开展侨情调研活动，拓展与西语系国家华人华侨交往空间和领域。10月3～10日，市委统战部领导率珠海代表团访问澳大利亚、新西兰，拜访国际友好城市黄金海岸市，举行跨境电子商务宣讲会，实地调研珠海侨资企业适应海外新兴市场发展等问题。协办全球龙川同乡联席会议第五次大会。

【以侨引资引智】 2015年，市归侨联促成新西兰维塔集团到珠海实地考察，促成美国休斯敦中国旅美专家协会与珠海智库机构签订战略合作协议，促进珠海“三高一特”产业发展、人才交流和项目合作等。协助美国硅谷美中商会副会长龚谷端到高新区考察，搭建硅谷高层次人才与珠海合作桥梁。

【侨联基层组织建设】 2015年，市侨联加强基层侨联组织建设，实现镇（街）以上侨联组织全覆盖。香洲区侨联实现独立设置，增设1名侨联专职副主席，成立狮山、梅华、香湾、湾仔4个街道侨联；高新区成立侨联组织。营造“社区为侨服务好、侨为社区做贡献”氛围，授予拱北将军山社区“香洲区侨爱和谐社区”称号。增加基层侨友会活力。协助市印尼侨友会及青年委员会举办“庆祝中印建交65周年”“粤港澳侨界青年嘉年华”“2015泛珠三角兴侨嘉年华暨第十三届兴隆侨友联谊会”等活动，推动珠海与印尼民间公共外交向更广领域、更深层次发展。协助市辛亥革命志士后裔联谊会举行“‘铭记历史情系中华’——中国远征军抗战爱国将士容兆珍抗战遗物捐赠仪式”。（市委统战部）

珠海市青年联合会

【青联组织概况】 珠海市青年联合会（简称市青联）成立于1981年4月，是在中共珠海市委领导下的珠海市基本的人民团体之一，是以共青团为核心力量的各青年团体的联合组织，是珠海各族各界青年广泛的爱国统一战线组织。现有青联委员409名，来自共青团、学联、科技、教育、文化、卫生、政法、部队、企业、公务员和港澳地区特邀委员等界别，也有少数民族、民主党派、异地务工人员和会员团体的代表。全体委员分为11个小组

2015年3月7日，市青联委员走进斗门南门村，开展“走进幸福村居·感受自然生活”活动 （市青联供稿）

开展活动，团体会员主要有：共青团珠海市委员会、珠海市志愿者联合会、珠海市青年志愿者协会、珠海市青年企业家协会、珠海市海归青年交流促进会、珠海市青年发展现代农业促进会、珠海市学生联合会。

【公益活动】 2015年，市青联组织各小组围绕重大节庆和社区民众需求，开展20余场“社区亲青汇”活动，近2万名社区居民参与，覆盖人群近15万人次。开展“青春情暖”系列活动，帮扶困难和特殊青少年群体。组织开展“汉藏一家亲”慰问市四中西藏班活动；走进社区，帮扶社区留守儿童。开展“爱心同乐会”困难青少年关爱活动，委员们筹集善款10万余元，结对帮扶100余名困难青少年。开展以“走进幸福村居·感受自然生活”为主题的幸福村居幸福行、“乡村追梦”微电影大赛、“情定最美乡村”集体婚礼、“快乐成人筑梦想”乡村成人礼等十余场活动，惠及村居88个，服务居民5.4万人次。募集资金128.8万元开展乡村旅游宣传推广、贫困助学、植树护绿、重阳敬老、社区服务等活动。5名优秀青年委员受邀走进中山大学珠海校区、北京师范大学珠海分校等多个高校主讲“大咖公开课”，并邀请大学生代表走进所在企业和单位参观调研，助力青年创新创业。活动“线上＋线下”覆盖大学生近2万人次。

【对外交流活动】 2015年，市青联联合粤港青年交流促进会、珠港青年交流促进会、港隽动力青年协会等港澳青年组织，举办2015“同心杯”珠港澳青少年足球赛、羽毛球赛12场，珠港澳三地直接参与人数超过500人。与粤港青年交流促进会、珠港青年交流促进会等近百个港澳台及国际青少年交流团3000多人进行交流互动100次，创历年新高，交流内容涉及创新创业、文化、商贸、主题夏令营等。开展珠港澳青年“十八而志”成人礼、珠港澳三地青年制服团体大会操、珠港澳三地青年“不做低头族”网络文明线下活动等7项主题活动，覆盖三地青少年5000多人次。举办第二届世界广府人恳亲大会“十大杰出人物”“十大杰出青年”评选活动，收到报名资料78份，其中港澳台及海外报名资料38份，庄创业、欧阳浩东、邵汉彬、夏俊英等优秀港澳青年当选“十大杰出青年”。贯彻落实《珠澳两地学联合作框架协议》，联合市学联、澳门学联合作举办珠澳大学生领袖交流营、第九届珠海大学生文化艺术节、珠澳两地学联联席会议等活动，覆盖两地青年学生近千人次。

以服务青年成才为目标，开展青年专业交流合作活动。协助举办第三届留学生节，通过“海菁汇”留学文化馆、“东学西读”汉语文化大赛、“感受特区”、音乐舞蹈诗《百年容闳梦》等多项活动和载体，凝聚港澳台青少年情感认同，帮助他们到内地就业、创业和发展。争取团中央、欧美同学会·中国留学人员联谊会支持，在横琴·澳门青年创业谷挂牌“中国青年留学人员创业基地”和“留学报国珠海基地”，引导、服务港澳台青年在珠海创业。截至12月底，有350多个项目申请入驻创业谷，112个项目正式入驻，其中澳门项目占80%。 （王诗雨）

政法和社会治理

POLITICS, LAW & SOCIAL GOVERNANCE

政法和社会治理

综　述

【维护社会和谐稳定】 2015年，珠海市政法机关成功办理具有全国性影响的“华藏宗门”案，有效打击和震慑邪教组织，为全省乃至全国打击处置类似邪教组织提供参考和借鉴。全市各级政法维稳部门发挥牵头抓总职能，组织开展“社会矛盾化解年”活动，化解一批涉农、涉土地等突出矛盾，重点矛盾纠纷化解率达95.5%。完善信访维稳四级分析研判机制，出台《关于解决我市代耕农问题的指导意见》《珠海市征收土地管理办法》《关于加强我市农村留用地管理的指导意见》《关于解决我市被征地农民养老保障历史遗留问题的通知》等政策制度，政策性批量解决一批历史遗留问题。全年没有发生重大案事件和重特大群体性事件。

【平安建设】 2015年，珠海市印发《珠海市“平安指数”工作机制（试行）》，建立动员、研判、预警、督导、责任、考核“六位一体”工作机制。完善立体化社会治安防控体系，推进“治安视频＋村联防队”和“住宅单元智能门禁＋视频”建设，全市“技防村居”和“三联村居”建设实现全覆盖。开展治安重点地区和重点行业专项治理，挂牌整治南屏镇、前山街道和白藤街道，专项治理旅游欺诈、高校周边黑车等治安问题，进一步改善治安环境。建立平安指数发布及应用机制，率先在全国以镇街为单位每天发布平安状况量化指标，获全省“粤警创新”大赛金牌。推进平安项目建设，寄递物流行业安全监管、严重精神障碍患者服务管理、禁毒等14个重点平安项目建设取得成效。中国社科院发布《公共服务蓝皮书》，珠海公共安全满意度全国排名第六。

【法治建设】 2015年，珠海市委政法委和市财政局联合印发《珠海市国家司法救助资金使用管理办法》，扩大救助范围，提高救助标准。制定《珠海市营造创新驱动发展良好法治环境三年行动计划》。牵头推进“两法衔接”（行政执法与刑事司法衔接）工作，组织举办6期专题培训班，对市、区两级近20个行政执法单位1400名行政执法人员进行专题培训。“两法衔接”工作被列入全市首批重点改革绩效评估项目，并被评为“2015年珠海社会治理创新优秀案例培育行动”最佳案例。推进司法体制改革。落实领导干部干预司法记录、通报和责任追究制度，保障司法机关排除干扰、严格依法办事。横琴新区法院检察院推出第三方法官评鉴机制、主任检察官引导侦查取证机制等改革举措。市检察院开展以审判为中心的诉讼制度改革和香洲区人民法院开展的人民陪审员制度改革试点和家事审判改革经验得到推广。

【政法队伍建设】 2015年，珠海市委政法委起草《关于进一步加强和改善党对政法工作领导的实施意见》，对新形势下加强和改进政法工作领导作出具体规定。开展“三严三实”专题教育活动和“转作风提效能”活动，加强队伍思想政治和纪律作风教育，举办4期学习贯彻十八届四中全会精神报告会和营造创新驱动法治环境专题研修班，举办全市领导干部提高依法行政能力培训班，提升法治部门领导干部的履职能力。市委防范办获“全国防范和处理邪教先进集体”称号。

（张华东）

链　接

珠海出台全国首个行政执法与刑事司法衔接工作条例

2015年2月11日，珠海市人大召开新闻发布会，宣布《珠海经济特区行政执法与刑事司法衔接工作条例》和《珠海经济特区相对集中行政处罚权条例》两项条例将于3月1日起施行。《珠海经济特区行政执法与刑事司法衔接工作条例》首次明确规定公安机关对不需要追究刑事责任但需要追究行政责任的违法行为，将案件移交行政执法机关处理，而行政执法机关对司法机关建议给予当事人行政处罚的案件，应当依法处理，这两项“反向”移送机制，体现“两法衔接”是一种双向衔接。此外，行政执法和刑事司法部门将通过信息共享平台进行信息共享，条例还对行政执法机关、公安机关、检察机关、审判机关信息录入的内容、时限、要求均作明确具体规定。各部门围绕信息共享平台开展相互协作、相互监督。

社会治安综合治理

【概　况】 2015年，珠海市没有发生重大影响群体性事件、刑事案件和安全事故，违法犯罪警情持续下降，社会治安大局稳定。

健全“平安指数”工作机制　成为全国首个以镇（街）为单位每天发布综合平安状况量化指标的地级市。市平安办制定印发《珠海市“平安指数”工作机制（试行）》和《平安指数镇（街）、村（居）研判例会规范（试行）》，建立动员、研判、预警、督导、责任、考核“六位一体”工作机制，建立镇（街）、村（居）“平安指数”工作体系和长效机制。全市平安状况呈现“一升三降”（指数平均分稳步提升，三类指标警情数持续下降）良好态势，全市违法犯罪警情比上年下降16.37%，消防火灾宗数下降16.69%，交通事故数下降8.6%。

完善综治创平安考核体系　根据2014年“平安指数”量化排名情况，依照相关程序，将南屏、前山、白藤等3个镇（街）列为2015年市社会治安挂牌整治重点地区，并将“平安指数”纳入年度综治平安考核指标，以此在压减违法犯罪警情、杜绝重特大案事件、重点地区

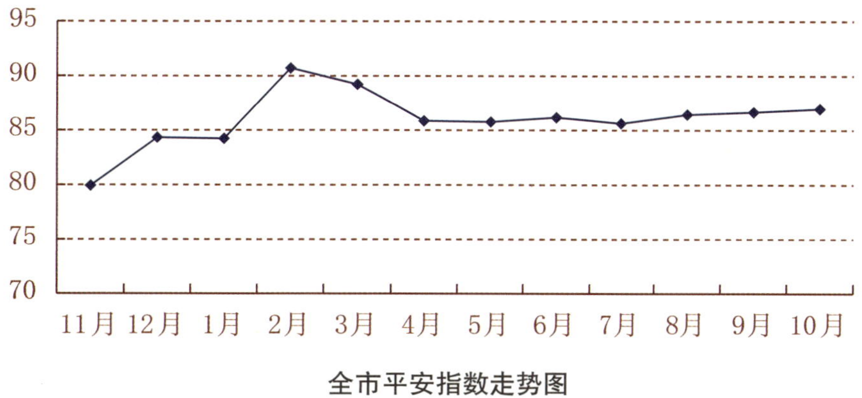

全市平安指数走势图

自2014年11月1日珠海“平安指数”正式发布，至2015年10月31日，珠海呈现出治安、消防、交通等多方面治理转好局面

珠海市各区2015年平安指数平均分值表

区　域	2015年平均分	2014年11月平均分	升幅（%）
香洲区	78.61	67.02	17.3
金湾区	88.38	77.5	14.1
斗门区	92.53	89.86	3
高新区	85.82	70	22.6
高栏港区	93.99	89	5.61
横琴区	85	79.33	7.15
万山区	98.37	97.77	0.6

整治、综治政策工具使用上探索出一条科学化、标准化路子。

综治(平安)项目建设 将“平安指数”发布中所显示群众关切的源头性问题进行项目化建设，下发《关于进一步开展平安项目创建和推进2015年全市重点项目建设的通知》,确定14个市一级重点项目，涉及“平安指数”体系、公共安全立法、社会治安防控、实有人口服务管理、重点地区挂牌整治等各方面。各项目牵头单位制定创建方案、考核验收标准，明确项目责任人、工作目标、进度，组织推进工作。市、区将职能部门平安项目建设作为核心指标，纳入年度综治考核，确保“以项目带动社会治理创新、带动平安细胞建设、带动督导考核、带动社会动员”。

【社会矛盾化解】 2015年，珠海市各级政法综治维稳部门发挥牵头抓总职能，全市各级各部门创新社会矛盾预防化解机制，从源头上预防影响社会和谐稳定问题，全年矛盾纠纷化解率93.16%。制定《关于深入推进矛盾纠纷专项治理工作总体方案》，加强劳资、房地产、环保、涉众型金融、农村基层等领域专项治理工作，建立企业欠薪应急周转金制度，构建源头防范、动态监管、应急处置三位一体的劳资纠纷长效治理机制，全年劳资纠纷事件、人数下降22.02%、19.76%。

设立全省首家法律服务中心 年底，横琴新区（横琴镇）综治信访维稳中心更名为“横琴新区法律服务中心”，建立专业人才队伍，融合人民调解、劳动调解、司法行政、法律咨询、法律援助、法制宣传、人民信访、社区矫正、安置帮教和对接港澳司法保障服务等职能，集中受理和解决群众法律问题及矛盾纠纷事项，提供法制宣传、法律咨询和公益律师进村（居）等服务，集中调处各类矛盾纠纷，化解率100%，没有发生到省进京上访现象。

社区矫正规范化建设 制定《关于完善社区矫正工作机制的意见》，推进《珠海市社区矫正工作办法（试行）》审核颁布，为社区矫正工作依法规范发展提供法律依据和制度保障。推进信息化管理平台和阵地建设，建成7个功能较完备的社区矫正工作站，4个心理咨询室，187个社区服务基地。强化心理干预矫治职能，优化技能培训质量，全年培训580人。市强制隔离戒毒所被广东省司法厅命名为“现代化文明强制隔离戒毒所”，成为全省3家获此殊荣的戒毒所之一，香洲区被中央综治办和国家禁毒办列为“全国推进戒毒人员网格化服务管理”首批试点单位。

【治安防控】 **加大违法犯罪打击力度** 2015年，珠海市推进“3+2”专项打击整治行动（涉毒、涉黑恶、涉盗抢、涉非法集资、涉诈骗），专项行动总体成效被广东省公安厅评为优秀等级，其中打击“涉诈骗”

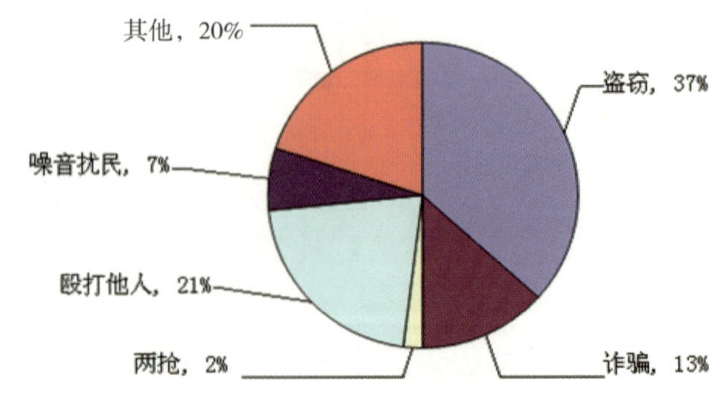

2015年1～10月份违法犯罪警情类别构成

排名全省第一。成功破获“2015-699”网络贩毒案、陈某明等人特大非法经营地下钱庄案等大要案件。运用大数据思维，打击跨境电信诈骗新机制，先后在印度尼西亚及福建、珠海等地捣毁多个电信诈骗窝点，并在全国首创包机赴境外将多名电信诈骗犯罪嫌疑人押解回国接受审查处理。是年，全市110接报违法犯罪警情下降11.41%，其中伤害、抢劫、抢夺、盗窃、寻衅滋事等严重影响群众安全感的警情分别下降13.83%、32.79%、25.56%、30.06%和92.02%。珠海市被华南理工大学政府绩效评价中心誉为广东省最具安全感的城市。

2015年12月11日，狮山街道办在通大百货开展平安创建宣传活动
（市委政法委供稿）

推进老旧小区技防改造 在农村重点开展“治安视频+村联防队”建设，在城市重点开展“住宅单元智能门禁+视频”工程建设，要求每个镇（街）按《关于做好2015年社会治安立体化防控体系建设财政预算的通知》要求和《珠海市视频门禁系统建设指导意见》精神，每年投入专项资金，做好中低档小区“住宅单元智能门禁+视频”建设，从治安最乱小区做起，逐年累积，逐年优化。全市“技防村居”和“三联村居”建设覆盖率分别达到79.7%和76%。

“数字”网格化综合服务管理 加大投入，在高新区整合现有应急救援指挥中心、“数字城管”指挥中心和综治信访维稳中心等机构，成立“数字高新”指挥中心，组建网格化社会治理队伍，建立基础数据信息库，实现信息共享，利用辖区一、二类视频监控点和部分社区视频监控点，以及无人机，实现辖区实时监控、实时上报、实时处理、实施监督、实时指挥。整合各社区社工、合同聘用人员（含计生指导员、社区综治队员、劳动协管员、安监员、森林防火员）为网格服务员，“一格多员、一员多能”用数据进行绩效考评，促进事项处理及时、充实基层社会服务管理力量。

2015年6月27日，高新区综治办会同珠海车站派出所深入金鼎一小开展“平安铁路线，大家来创建”主题宣传教育活动 （市委政法委供稿）

【全民创安工作】 2015年，珠海市加大《珠海市见义勇为保障和奖励条例》宣传力度，引导、激励群众参与社会治安工作。新招募一批志愿警察，推动见义勇为实体化运作，与镇（街）司法所、社区警务室配合，探索以微博、微信等现代技术与专项奖励、系统管理相结合办法，开展分类宣传发动和治安

信息收集，提升群众知晓率和参与度。制定《“平安指数”宣传月工作方案》，制作《平安指数故事片》《平安指数宣传片》《平安指数MV》，运用传统媒体和新型媒体，做好平安指数宣传进村入户、进企事业单位、进学校、进流动人口聚居区域和进繁华商业区等“五进”工作。全年举办宣传文艺晚会3场，开展宣传咨询30多场次，制作悬挂宣传横幅标语1000多条，运用政府各类电子公告屏，电影院、书店、码头、酒店、娱乐场所、电梯等区域电子公告屏等播出平安指数公益宣传片和标语口号近20万次，设立宣传栏300多个，制作户外墙体广告150多幅，粘贴平安指数海报10万多张，在500多台公交车发布宣传标语，发送手机宣传短信100多万条，营造“全民创安、共建共享”社会氛围。

【法治城市宣传工作】 2015年，珠海市以创建法治城市为抓手，组织全市“六五”普法终期自查考评及迎接全省考核验收工作，邀请专业院校组织珠海市“六五”普法第三方评估，倡导珠海大学生普法志愿者开展社会普法服务，试点开展结对中小学校“法治大课堂”，借助民间热门传媒网站开展创建全国法治城市宣传，加强法治宣传实体平台建设，建立完善市妇女儿童活动中心、康宁社区、市强制隔离戒毒所、金湾区法治文化主题公园等针对不同类型、不同层次对象的法治宣传教育基地。是年，珠海市被评为“六五”普法中期全国先进城市，金湾区获评全国“法治县区”，金湾区海澄村、香洲区春晖社区获评国家级民主法治示范村(居)。“法律顾问进村居”工作在全省领先，村（居）法律顾问为村（社区）提供服务6674件，服务对象13608人次。6月11日，全省“一村（社区）一法律顾问”工作现场推进会在珠海市召开。（张华东）

审 判

【概 况】 2015年，全市法院受理各类案件44836件，比上年上升18.8%，办结36768件。其中，市中院受理各类案件5807件，上升5.2%，办结5097件。法定审限内结案率99.6%。一线办案法官人均结案192件。法定审限内结案率、结案数、调解率上升，一审判决案件改判发回重审率、再审启动率、信访投诉率下降。严格落实廉政纪律和法官职业道德、法官行为规范。全年获得省级以上表彰集体8个、个人20名。市级以上表彰集体14个、个人39名。

2015年12月8日，市中院举行工人工资现场兑付会，市法院领导为申请执行珠海金峰航电源科技有限公司、珠海恒瑞新能源科技有限公司等系列案件执行款的张振云等26名工人发放工资217.98万元（李凌岩摄）

【刑事审判】 2015年，全市法院审结各类刑事案件5820件，判处罪犯7602人。依法审结杀人、抢劫、盗窃等危害社会治安犯罪案件1440件。审结走私、非法集资、金融诈骗等破坏市场经济秩序犯罪案件388件。审结贪污、贿赂、渎职等职务犯罪案件40件。依法惩处涉“3+2”专项犯罪“3”即打击涉毒、涉黑恶、涉两抢一盗犯罪专项行动，“2”即打击涉非法集资、涉诈骗等违法犯罪专项行动），审结涉毒、涉黑、涉盗抢、涉非法集资、涉诈骗犯罪案件2918件。依法审理山东、深圳中石油系统腐败系列案，涉港澳系列案等一批大案要案。判处5年以上有期徒刑334人。判处缓刑、管制等非监禁刑1327人。

【民商事审判】 2015年，全市法院受理审结各类民事案件21242件，解决诉讼标的146亿元。审结公司、证券、保险、票据、企业破产等纠纷案件357件，依法促进实体经济转型升级。鑫光集团破产案重整计划成功实施。审结买卖、借贷、担保等合同纠纷案7755件，成功调解6宗标的上亿元金融纠纷，完善社会信用体系和市场规则。审结物权确认、土地承包、相邻关系等权属案件615件，审结交通事故、医疗、工伤等人身损害赔偿案件1671件。审结婚姻家庭和继承案件1568件、劳动争议案件2009件。

【行政审判】 2015年，全市法院受理审结各类行政诉讼案件441件。行政诉讼案件上升17.4%。集中管辖后行政机关负责人出庭应诉率33%。首次适用行政调解书形式审结环保系列案。依法审查非诉行政案件538件。为行政机关进行执法培训7场2000多人次，提出司法建议55条。

【案件执行】 2015年，全市法院受理执行案件9102件，执结标的18亿元。曝光失信被执行人2029人、限制出境81人、限制高消费450人。分别上升475%、76%、210%。对被执行人采取拘留措施79人、罚款4人、移送公安机关追究刑事责任15人。依法召开拖欠农民工工资集中发放大会，执行到位1201人次3634万元。其中，中院对农民工工资执行到位率100%。

【司法改革】 2015年，全市法院实施审判权运行机制改革和人民法庭审判权运行机制改革。

审判责任制改革　明确审判权力清单和审判责任清单。院庭领导审批权限保留12项，精减率达83%。制定《珠海市法院错案责任追究暂行办法》和《过问案件登记管理和责任追究规定》，实现“让审理者裁判，由裁判者负责”，推进办案责任终身负责制。

横琴法院第二轮改革　建立类似案例辩论制度，提升裁判公正性、准确性。选任港澳籍人民陪审员，参与涉港澳案件审理。吸收澳门大学生担任志愿者。设立广东自贸试验区横琴片区知识产权巡回法庭，与自贸区同时挂牌并有效开展工作。在全国率先推行法官评鉴机制，引入第三方评价。成立全国司法专家咨询组，强化执法办案、司法改革科学论证。

营造审判品牌　发挥全国首家中院知识产权派出法庭作用。在全省率先设立环境资源合议庭，维护珠海特区良好的自然生态。深化涉澳民商事纠纷化解联动机制，邀请珠海海外联谊会、澳门珠海社团联合总会等参与涉澳案件调解。横琴新区法院集中管辖一审涉外民商事案件。受理涉澳民商事案件355件，占全省涉澳民商事案件60%。完善推广香洲区人民法院全国家事审判试点改革、全国首批人民陪审员制度试点改革成果。全市法院完成“倍增计划”，人民陪审员与法官比例达到2∶1。

2015年4月2日，珠海法院行政案件集中管辖启动仪式在位于金湾区三灶镇金海岸大道522号的金湾法院行政庭新址举行。全市法院行政诉讼案件集中管辖正式启动　　（苏　华摄）

增强全国司法公开示范法院效应 加快建设人民法院信息化“互联网+”法院3.0版（即具备全面覆盖、移动互联、跨界融合、深度应用、透明便民、安全可控“六大特征”的人民法院信息化系统）。成立信息化办公室，调配充实信息技术人才，制定《信息化工作运行管理办法》等6项管理制度。完善司法公开三大平台。审判流程管理信息和执行信息公开率达100%，生效裁判文书上网率88%，公开庭审直播150场。中院审判法庭全部建成科技法庭，实现庭审同步录音、录像、录入“三同录”。短信告知、移动办公、微博微信等信息平台取得良好法律及社会效果。中院建成信息集中监控平台，建立及使用执行单兵指挥系统。打造执行指挥中心智能化系统、诉讼服务中心两个全国法院示范品牌。

【司法为民】 2015年5月，全市法院实施立案登记制改革，坚持有案必立、有诉必理。完善诉讼服务中心职能，开通12368热线。网上立案、远程庭审、电子送达、视频接访有效推进。金湾法院立案“通存通兑”举措推广到各基层法院，最大限度降低司法成本。推进案件繁简分流，加强巡回审判，减少当事人诉累。一审民商事案件简易程序适用率80%。加大司法救助力度，依法为经济困难当事人缓减免诉讼费131万元，为94名刑事被害人、申请执行人发放司法救助金263万元。坚持息诉息访、案结事了、群众满意“三项硬要求”，坚持调解优先、调判结合原则。调解和经调解撤诉的民商事案件5907件，民事一审服判息诉率82%。完善诉前联调机制，成功联调950件。严厉制裁滥用诉权行为，开出全国首例100万元顶格罚单。推进涉法涉诉信访改革，落实诉访分离。全市法院均设立公安机关驻法院警务室。加强信访联动。强化领导接访包案责任。全市法院来信来访475件，化解417件。配合参与珠海特区立法，对10余项法规、规章草案提出建议。贯彻法治先行理念，制定服务横琴自贸区司法指导意见和司法保障办法。参与幸福村居工程和挂点扶贫工作。深化市委党校法治教育现场教学基地、驻村法官、社区法官、法制副校长、主流媒体法制专栏等法制宣传平台。进入党政机关、社区、农村、校园、企业、军营等巡回开庭、开展普法。强化国家宪法日、知识产权保护日、消费者权益日、国际禁毒日等专题宣传。

（李凌岩）

检 察

【概　况】 至2015年底，珠海市有市级检察院1个，下辖香洲、斗门、金湾3个区基层检察院以及珠海市横琴新区人民检察院、高新区知识产权检察室、高栏港经济区检察室3个派出机构；设政治处、反贪污贿赂局、反渎职侵权局和22个内设机构、2个派驻机构、1个直属机构和1个事业单位。

刑事犯罪 是年，全市检察机关受理侦查机关提请批准逮捕案件4238件6239人，受理移送审查起诉案件5600件8418人；经审查，批准逮捕3705件5228人，提起公诉4877件7251人。与市公安、法院配合，参与“3+2”专项打击整治行动，重点打击涉毒、涉黑恶、涉盗抢、涉非法集资和涉诈骗犯罪活动，依法打击邪教组织犯罪活动，成功办理具有全国性影响的“华藏宗门”邪教案，该案犯罪嫌疑人23人，案卷135卷，庭审时间长达20个工作日。承办案件的检察官完成审查逮捕、审查起诉、出庭公诉任务，该案成为通过司法认定打击邪教的典型案例。此外，市检察院还完成上级交办的中石油系统腐败案等重大案件出庭公诉工作。

职务犯罪查办 年内受理职务犯罪举报线索317件。经审查，对举报失实的，予以澄清；对违法违纪的，移交相关部门处理；对涉嫌犯罪的，立案查处。全年立案侦查职务犯罪案件100件105人，其中，大案要案88件。重点查处发生在社保、医疗、教育等民生领域的职务犯罪案件。如依法查办张某某等人在药店医疗保险定点资格审查等过程中受贿、渎职系列案件 14 件 14 人。集中力量查办涉农领域职务犯罪，立案查处此类案件 28 件 28 人。加大惩治行贿犯罪力度，立案查处行贿犯罪案件 39 件 44 人。参与上级机关组织的专案办理工作，有 44 人次被省检察院抽调，参与办理大案要案 18 件。开展职务犯罪追逃追赃专项行动，追回境内外在逃职务犯罪嫌疑人 6 人。

2015 年 11 月 27 日，市检察院举行“检察开放日”活动，120 余名社会各界人士走进检察机关，听取本年度检察工作情况通报，并开展参观、交流活动（关夏莲摄）

职务犯罪预防　开展预防宣传教育，市、区两级检察院组织廉政教育宣讲团，深入机关、基层企事业单位开展预防咨询 136 次，预防警示教育 183 次，受教育人数 1.2 万人。结合办案开展调研，对近年来珠海市医疗卫生系统职务犯罪案件进行剖析，提出有针对性的预防对策建议，被纳入公立医院改革制度设计。开展涉农职务犯罪专项预防工作，建立健全与相关职能部门的情况通报、线索移送等工作机制，保障涉农专项资金安全。开展行贿犯罪档案查询，提供查询服务 13197 次，56 家有行贿犯罪记录企业被取消投标资格或限制参与招投标。承担社会责任，与市团委、教育部门合作，通过举行检察官进校园、“检察开放日”学生专场等活动，在青少年群体中开展法制宣传教育。

侦查活动监督　年内督促侦查机关立案 6 件、撤销案件 6 件，如针对某工程公司的恶意欠薪行为，监督侦查机关予以刑事立案，维护工人合法权益。加强侦查活动监督，对超期拘留等违反办案程序行为，发出《纠正违法通知书》予以监督纠正；对法律文书制作不规范、未及时履行告知手续等问题，召开联席会议督促纠正。加强刑事审判监督，对认为确有错误的刑事判决和裁定提出抗诉 7 件。

民事行政诉讼监督　年内受理民事行政申诉案件 130 件，办结 112 件。经审查，对于法院裁判正确的案件，做好当事人服判息诉工作，维护审判权威；对认为确有错误的裁判，提出或提请抗诉 8 件，发出再审检察建议 3 件。坚持实体与程序并重，加强对审判程序的监督，针对案件审理超期、执行行为不规范等问题，及时督促纠正。加大对虚假诉讼、恶意诉讼的监督力度，如在审查两宗房屋买卖合同纠纷案件过程中，发现存在伪造主要证据情形，涉嫌虚假诉讼，向法院发出再审检察建议，法院依法予以改判。

刑罚执行和监管活动监督　年内办理在押人员控告申诉案件 79 件，维护在押人员合法权益。加强刑罚执行监督，督促法院将 18 名被判实刑的未羁押罪犯及时收监执行或变更执行。对全市社区服刑人员逐人建立台账，监督司法行政机关认真履行社区矫正职责，防止出现脱管、漏管。

控告申诉检察　是年，检察机关推进涉法涉诉信访机制改革，按照“诉访分离”原则，对属于检察机关管辖的涉法涉诉信访案件，及时导入司法程序；对普通信访事项，及时转送主管机关，并配合做好工作。全年受理控告申诉案件 297 件，接待来访群众 1156 批 1679 人次，其中两级院检察长接访 82 批 136 人次。加强与公安机关配合，在全省检察机关率先设立接访大厅警务室，保障信访人合法权益。贯彻宽严相济刑事政策，对社会危害性小的轻微刑事案件依法从宽处理，决定不批准逮捕 256 人，不起诉165人。做好未成年人犯罪检察工作，坚持少捕、慎诉原则，对53名未成年犯罪嫌疑人作出不批捕决定，对18人作出不起诉决定，同时结合办案加强帮教，强化对未成年人的司法保护。

技术检察　运用信息网络技术，实现办案、决策、管理、监督信息化，为高效履职提供保障。依托全国检察机关统一业务应用系统，实现案件信息网上录入、案件流程网上管理、案件活动网上监督，促进严格规范司法。依托人民检察院案件信息公开网，公开法律文书1771份，案件流程信息10229条，重大案件信息63条，以公开促规范、促公正。依托全省侦查活动监督平台，对呈捕案件质量和执法办案行为开展全过程、全方位监督，促进提升办案质量。推进电子物证实验室和侦查情报信息系统建设，提升职务犯罪侦查能力。最高人民检察院批准市检察院司法鉴定中心增设电子证据司法鉴定业务，并授予金湾区检察院“全国检察机关科技强检示范院”称号。

【保护知识产权和生态环境】 2015年，全市检察机关实行知识产权刑事案件统一管辖，办理侵犯知识产权刑事犯罪案件22件36人。市检察院办理的马某某、孙某某假冒注册商标案，入选全国检察机关保护知识产权十大典型案例。强化对生态环境资源司法保护，服务生态文明建设。加强与公安机关配合，批准逮捕破坏生态环境资源刑事犯罪嫌疑人7人，提起公诉36人；立案查处生态环境资源保护领域职务犯罪案件12件12人；探索通过支持民事诉讼维护生态环境公共利益，如针对南水镇发生不法分子毁林取土情况，检察机关支持村集体提起民事诉讼，促使被告赔偿经济损失，并承担林地复绿责任。

2015年4月16日，珠海市行政执法人员“两法衔接”专题培训班在市检察院开班，近300名来自全市工商、质监、食药监局等行政执法单位执法人员参加培训 （关夏莲摄）

【两法衔接工作】 2015年3月，珠海市出台全国首部“两法衔接”地方性法规正式实施，为推动该项法规的落实执行，经市委同意，市检察院组织全市各行政执法单位1400余名行政执法人员分期分批开展“两法衔接”专题培训，并为市直单位领导班子做“两法衔接”专题讲座，促进提升行政执法人员的整体执法水平和领导干部依法行政能力。依托“两法衔接”信息共享平台，督促行政执法机关移送案件159件，比上年上升63.9%；监督公安机关立案5件，发出纠正违法通知书2份；发现并立案查处职务犯罪案件8件8人。

【检察改革】 2015年，珠海市检察机关作为全省第二批检察体制改革试点单位，开展调研论证、检察官职务套改、资产盘点、政策解释以及干部队伍思想政治工作，成立专职机构，全面铺开改革试点工作。作为全省检察机关以审判为中心的诉讼制度改革唯一试点单位，市检察院严格把控审前和出庭公诉两个关键环节，加强对侦查取证的监督和引导，严格对侦查程序以及事实证据审查。改革经验在全省检察机关推广。

横琴新区检察院在全面推行主任检察官办案责任制、检察人员分类管理基础上，推进综合改革创新。完善主任检察官惩戒（监督）委员会和业务工作考评委员会工作机制；建立检察官执法档案，开展案件评查，严格规范司法；在公安机关设立主任检察官联络办公室，加强对侦查取证活动的监督引导，提升办案质量和效率；设立自贸区知识产权检察工作站，服务自贸区创新发展；对自贸区重点建设项目进行跟踪监督，推动横琴“廉洁岛”建设。

【接受监督】 2015年，珠海市检察机关接受人大监督并向人大负责，主动向市人大及其常委会汇报工作，配合开展专题调研，邀请人大代表参加观摩公诉出庭等活动，对人大代表提出的意见建议逐条落实并及时反馈。落实人民监督员制度，组织人民监督员对职务犯罪案件进行监督评议9件次，参与接待来访群众52人次。主动接受政协和社会各界监督，通过举办“检察开放日”活动等形式，邀请社会各界人士走进检察机关，让人民群众了解检察工作。强化律师执业权利保障，确保律师在检察环节的各项执业权利得到落实，并以此促进检察权依法正确行使。（关夏莲）

公　安

【概　况】 2015年是珠海市公安局深化改革创新、推进民本警务战略的“深化建设年”。该局全面提升维护平安稳定、促进公平正义、服务人民群众、深化警务改革的能力和水平，被公安部确定为全国公安改革综合试点地区以及人民警察分类管理改革试点城市，在中国社科院发布的《公共服务蓝皮书》中，珠海市公共安全满意度排名全国第六。

公安改革创先　成立珠海市公安改革创先领导小组，在全国率先以市委、市政府名义出台全面深化公安改革争创全国先进公安机关的实施意见和3年行动计划，向社会公开推出“10+1”改革惠民项目，人民警察分类管理改革、公安数据标准化等十多项公安部、省公安厅改革任务落地珠海。在全省公安机关“粤警创新”大赛中，市公安局“出入境便民服务智能化系统”和“平安指数发布及应用机制”两个项目获得金牌，并以全省最佳成绩夺得金杯。

维护国家安全　出台《进一步加强全市公安机关反恐怖工作意见》，全面强化以“主动发现”为核心的侦查实战能力建设，在全国首创“全链条”打击恐怖活动工作机制，完成抗日战争胜利70周年纪念活动等安保任务，全年全市未发生严重影响社会稳定的政治事件和群体性事件。

创新社会治理　推动建立以平安指数为核心指标的平安创建考核体系，珠海市成为全国首个以镇街为单位每天发布综合平安状况量化指标的地级市。推进“村居警官”工程，实现公安民警进驻村（居）全覆盖，形成警政、警民“共建、共治、共享”新格局，中央电视台对此进行专题采访。推动见义勇为实体化运作，评定见义勇为97人。培育扶持行业协会等社会组织，“志愿警察”服务品牌深入人心，社会治安治理社会化成效初显。

公安队伍建设　明确“以党的建设推动公安队伍建设，拉动公安业务建设，实现公安工作全面科学发展”工作思路，构建“党建统领、改革驱动、文化铸魂、能力提升、职业保障”五大平台，加强队伍正规化建设。制定《以党建带动全面科学发展行动计划》。推进党风廉政建设和“三严三实”专题教育活动。成立市局巡察工作领导小组，正式启动对全局各分局及直属部门党内巡察工作，成为全市首个开展内部巡察工作的市直属部门。在全国公安机关党务干部培训班上，专题介绍党建工作做法和成效，中央《紫光阁》杂志专题刊载市公安局课题组《构建从严治党新常态》的调研文章。

打击违法犯罪　坚持“打防并举、以打开路”，推动以市委、市政府名义召开全市动员部署会议，推进“3+2”（“3”为全省统一打击涉毒、涉黑恶、涉盗抢专项行动，“2”为珠海市自选的涉非法集资、涉电信诈骗专项行动）专项打击整治行动，珠海市“3+2”专项行动总体成效被广东省公安厅评为优秀等级，其中打击“涉诈骗”专项排名全省第一。成功破获公安部督办“2015-699”网络贩毒案、陈某明等人特大非法经营地下钱庄

案等一系列大要案件。运用大数据思维，创新打击跨境电信诈骗新机制，在公安部、省公安厅指挥下，组成联合专案组，先后在印度尼西亚以及福建、珠海等地捣毁电信诈骗窝点9个，抓获犯罪嫌疑人90名，涉案3000余宗，涉案金额人民币2000余万元，并在全国首创包机赴境外将39名电信诈骗犯罪嫌疑人押解回国接受审查处理。

社会面防控　推进“街面巡逻防控网”建设，屯警街面，科学用警，构建每日街面巡逻警力近1000人的常态化巡逻防控格局，落实快速响应机制，全力打造以1分钟核心区处置控制圈、3分钟中心区处置控制圈、5分钟一般区域处置控制圈和7分钟环市区封控处置控制圈为特征的“1357”反恐防暴快速反应机制。推进“社区村庄防控网”建设，完成“三联村居”试点建设工作目标和技防村居年度工作既定任务。推进“行业场所防控网”建设，旅馆业门禁提醒功能和前台校验子功能基本实现全覆盖。推进“技术视频防控网”建设，布建摄像探头8765台，公安联网报警系统2638户，建成三级视频监控中心，实现监控系统与路面警力全天候24小时联动，有效强化全市社会面监控力度和密度。年内，全市110接报违法犯罪警情数比上年下降17.18%，其中，伤害、抢劫、抢夺、盗窃、寻衅滋事等严重影响群众安全感的主要警情分别下降13.39%、26.86%、33.45%、37.44%和91.5%。

是年，黄巍获全国第二届警务实战教官技能比武专项个人一等功，孙国晓被评为2014年度全国毒品案件信息管理先进个人；苏凯波等7人获广东省公安厅授予的个人一等功。

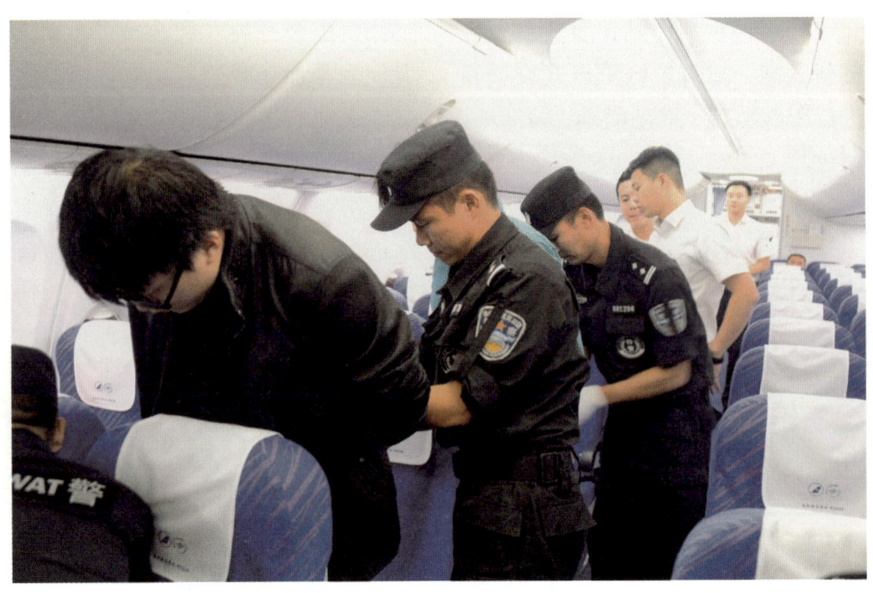

2015年，珠海市公安局在公安部、广东省公安厅统一部署下，成功侦破“8·12”跨境电信诈骗专案并顺利完成赴印度尼西亚押解任务　（胡　瑜摄）

【法治公安建设】　2015年，珠海市公安局出台推进法治公安建设意见和工作规划，与清华大学法学院签署战略合作框架协议。首创派出所办案全程视频监控智能化系统，在全国率先出台《珠海市公安监管场所被监管人员合法权益保障办法》，探索推进“入所培训—出所就业”戒毒康复新模式，保障被监管人员合法权益。推进案件办理信息公开平台二期建设，完善主办侦查员责任制、办案质量终身负责制和错案责任倒查问责制等执法权力运行机制，公安机关执法公信力进一步提升，在市政府举办的全市23个单位依法行政考评中，市公安局排名第二，获评优秀等次。

【公共安全监管】　2015年，珠海市严格大型群众性活动安全许可和报备制度，落实安全主体责任，做好安全风险评估，开展安全监管和指导，完成第二届中国国际马戏节等重大活动安保工作任务。推进枪爆物品大清查，开展“缉枪治爆”“枪爆物品清查收缴”等专项行动，查没收缴枪支177支、子弹15773发、仿真枪31支、管制刀具153把，整改危爆物品安全隐患69起。将重点地区火灾隐患整治纳入各级党委政府重点工作，督促整改火灾隐患11.1万处，三级监管工作机制和网格化动态监管模式在全省推广。全年全市火灾起数、死亡人数分别下降16.89%和50%。推进主城区交通拥堵缓解工程，常态化推进“双禁”（摩托车、电动自行车）整治行动，全市道路交通事故宗数、死亡人数、受伤人数分别下降1.86%、11.43%和10.37%，连续八年保持全国城市道路畅通工程一等管理水平。

【行政服务管理】　2015年，珠

海市在全国首创出入境“一证办”便民措施和自助办证一体机，并在全省推广。推行户政业务“一证通”、居民身份证异地受理和跨地域户口迁移信息网上流转。市公安局119项业务进驻市政府网上办事大厅，网办率达98%。开通“网上交通综合服务平台”，提供驾考预约、办牌办证等十大类130多项服务。市公安局交警支队车管所获全国“行政服务大厅典型案例百优”称号。建立市公安局证明“正面清单”机制，取消、附条件取消群众到公安机关办事需提供证明74种，简化办事环节161个；保留、附条件保留公安机关对外出具证明27项。

【构建和谐警民关系】 2015年，珠海市公安局组织举办2015警察公共关系论坛，中国人民公安大学在珠海设立警察公共关系创新工作站，《人民公安报》广东记者站珠海采编室、《中国警察网》珠海公安专栏编辑部正式挂牌。年内，在中央、省、市及境外各类媒体报道7322条，增长37%。完善舆情应对机制和应急处置预案，成功应对、妥善处置各类涉警舆情29起。珠海公安微博人数达290余万，珠海公安微信关注人数达10万。根据市公安局民警爱民模范事迹制作的微电影《鱼缸碎了　鱼儿活了》获第三届中国（杭州）国际微电影节“金桂花奖”十佳公益微电影。常态化推进“110接处警宣传日”、警营体验日等警民公关活动。

（胡　瑜）

司法行政

【概　况】 2015年，珠海市司法行政机关公务员45名。全市律师机构85家，其中律师事务所77家，公职律师事务所4家，法律援助处4家。全市有律师1069人，其中社会律师989人，公职律师55人，法律援助律师23人，公司律师2人。司法鉴定机构7个，司法鉴定人51名。各类人民调解委员会398个，人民调解员2423名。

强制隔离戒毒　是年，珠海市戒毒所强制隔离戒毒在册1103人，在所959人。应对强制隔离戒毒人员中病患多、吸食合成毒品多、精神异常多、两次以上强制隔离戒毒人员多等新情况，全市戒毒所完善安防长效机制，坚持以场所安全管理为重点，强化执法规范，严格落实各项安全制度，加大隐患排查整治力度，实现全年安全“六无”（无毒品流入、无戒毒人员脱逃、无非正常死亡、无所内案件、无生产安全事故、无重大疫情）目标。经广东省戒毒局考核，市戒毒所警戒护卫建设达到部一级所标准。是年，市戒毒所被广东省司法厅命名为“现代化文明强制隔离戒毒所”。推动强制隔离戒毒工作转型，全面实施“三三六”（三期：生理脱毒期、脱瘾训练期、戒治巩固期；三分：分型编队、分类戒治、分级处遇；六法：生理脱毒法、毒害认识法、意会强化法、行为训练法、情景模拟法、技能培训法）戒毒模式。强化戒毒心理矫治，进行个体心理辅导19人次，个案心理危机干预13人次。职业技能培训270人，获证255人，推荐就业130多人。继续做好劳教制度废止后的机构、场所更名等工作，全市劳教场所全部转型为强制隔离戒毒所。

律师服务　是年，珠海市司法局完成专案有关律师重点人管控服务工作，起草《珠海经济特区律师条例》，开展律师队伍依法治国教育和执业纪律、职业道德教育，完成国家司法考试各项考务任务，司法鉴定工作有序发展。村（社区）法律顾问解答群众法律咨询6204人次，审查合同413份，出具法律意见书62份，代书160次，参与谈判签约10次，直接参与调处矛盾纠纷520多件，参与重大案件处理34件，举办法制讲座751场次，听众30264人。提供其他类型法律服务433次。拓展粤港澳律师业交流合作。全市粤港澳律师事务所发展至2家。选派1名志愿律师赴海南文昌贫困地区参与“1+1”中国法律援助志愿者行动。全年办理律

师和律师事务所行政许可审批业务329件，其中新批准律师执业证79人，新设律师事务所10家。加强对律师执业考核监督，收到相关投诉18件，立案处理11件，其中对2名律师给予行业处分。全市律师办理各类诉讼事务2758件，办理非诉讼事务1213件。

公证服务　是年，全市公证机构增至5家，公证员增至39名。分三期对39名公证员进行业务培训，处理对公证处和公证员投诉5件。全市公证处办理公证案件58602件，比上年增长12%。成立横琴公证处，配合横琴自贸区创新发展，为全市公证体制改革探路先行，率先推出“微信+公证”服务新模式。

司法鉴定　是年，珠海市司法局加强司法鉴定行政管理和行业管理体制建设，完成司法鉴定2093件。

法制宣传　是年，珠海市司法局联合市工商联在全市非公有制企业开展以“守法诚信”为主题法律宣传周活动，把知识产权法律知识作为“送法进企业”重要内容，组织广东大成律师事务所进行法律知识讲座，指导非公有制企业有效防范和化解法律风险。

法律援助　是年，珠海市有法律援助机构6个，法律援助律师23人。建成3个行政区、24个镇（街）、317个村（社区）公共法律服务中心（站），在全省率先实现三级公共法律服务实体平台全覆盖。高栏港区平沙镇按照省规范化标准建设相对独立的镇（街道）公共法律服务中心。斗门区、金湾区下拨专项经费用于村（居）公共法律服务站建设，为全区各个村（居）服务站统一配备电脑、档案柜、法制宣传栏、上墙制度等硬件设备。开展法律援助案件质量评估，法律援助审批权直接下放镇街公共法律服务中心；扩大援助覆盖面，在公安看守所、珠海警备区设立法律援助工作站，将公安英模及其家属纳入法律援助免经济审查范围。全年受理法律援助案件3884件，受援人数4078人，其中刑事法律援助案件614件、民事法律援助案件、行政法律援助案件共3270件，提供法律援助咨询11523人次。

人民调解　是年，全市建立人民调解委员会396个（另有调解工作室86个），有专兼职调解员2523名，全年调解纠纷11624件，调解成功11527件，调解成功率99.17%，调解纠纷总数上升5.9%。其中调解劳动争议纠纷3218件，损害赔偿纠纷3009件，邻里纠纷1110件，合同纠纷874件，道路交通事故纠纷509件，婚姻家庭纠纷293件，物业纠纷279件，生产经营纠纷164件，房屋宅基地纠纷123件，山林土地纠纷6件，环境污染纠纷4件，征地拆迁纠纷3件，其他纠纷1949件，涉及当事人25209人，协议涉及金额2199万元。珠海市医疗纠纷人民调解委员会全年调解医疗纠纷83件，调解成功率92.77%，涉及金额632.4万元。全市基层司法行政机关和各类人民调解委员会开展排查纠纷462次，防止群众性上访107次。

社区矫正　是年，全市接收社区矫正人员1023名，在册社区矫正人员1251人，其中管制4人、缓刑1192人、假释18人，暂予监外执行37人。累计接受社区矫正人员3646人，再犯罪率1%。

刑满释放人员安置帮教　是年，全市刑满释放人员信息管理系统基本信息核查率93.8%，衔接刑满释放人员2643人，帮教率99%，安置91.2%；重新犯罪率0。

基层法律服务　是年，珠海市斗门区、金湾区下拨专项经费用于村（居）公共法律服务站建设，为全区各个村（居）服务站统一配备电脑、档案柜、法制宣传栏、上墙制度等硬件设备。在香洲区南屏镇V12文化创意园建立“大众创业万众创新V12法律服务站”，为园区小微创意企业提供免费法律服务。村（社区）法律顾问为群众和村（居）委会提供服务8763次，服务群众累计30264人次。

村居合同审核把关和规范管理　是年，珠海市司法机关加强对重点村（社区）的村（居）法律顾问选派工作。修订村居法律顾问工作管理办法，制定村居律师入户走访调研、开展调解工作等制度及村居律师反馈问题解决机制，完善招投标制度，组织开展“第三方”评估。全省一村（社区）一法律顾问工作现场推进会在珠海召开。万山区做好“法律顾问进村居”工作，举行三方签约大会，理清各级责任，明确工作目标。

【法治创建活动】　2015年，珠海市成立法治国情珠海调研基地，借力国家级智库助推法治珠海建设进程。开展“六五”普法成效第三方评估，实现珠海市“六五”普法规划各项目标任务。香洲区前山街道春晖社区、金湾区三灶镇海澄村被评为第六批“全国民主法治示范村（社区）”。斗门区以创新开展“每日一句话普法”活动为抓手，提高全民普法的强度与频率，使群众“天天见法，人人学法，家家知法，全民守法”。

【司法行政系统自身建设】 2015年，珠海市司法机关加强干部监督机制建设，选举产生新一届局机关纪委，调整设立局“监察科”。出台《珠海市司法局重大行政决策程序规定》，将合法性审查和集体决策作为重大行政决策过程的必经环节，严格规范性文件管理，科学界定行政执法权限，完善规范行政执法工作制度和程序流程，建立依法、科学、民主的行政决策机制。按照珠海市委决策部署，走访横琴新区，了解新区法律服务需求，在全市司法行政系统及珠海市政府组成部门中率先出台服务自贸试验区建设八项措施。2014年度依法行政工作考评位列全市第一。金湾区三灶司法所、香洲区翠香司法所分获全国模范和全国先进司法所称号，香洲区吉大司法所所长陈思明获评全国模范司法所长。（刘立波）

仲　裁

【概　况】 2015年，珠海仲裁委员会受理案件269宗，其中调解和解案件28宗，经庭前调解撤销申请64宗；国内案件241宗，涉外案件28宗，受案标的额27.06亿元。全年无被法院裁定撤销和不予执行案件。

【仲裁建设】 2015年，珠海仲裁委制定并实施《珠海国际仲裁院仲裁规则》(中、英、葡文3个版本)、《珠海国际仲裁院仲裁员名册》。名册有仲裁员70人，其中境外人士31人，占总数44%，满足涉港澳及国际仲裁案件办理需求。规则开启国内依据《仲裁法》重新组建的仲裁机构制定专门国际仲裁规则的先河，是横琴营造国际化法治化营商环境重要内容、法制创新重要成果，中央电视台自贸区系列做专题报道。是年，通过该规则和名册办理仲裁案件28宗，标的3.4亿元。

【案件管理】 2015年，珠海仲裁委开展“2015案件质量建设年”活动。以强化案件质量为重点，科学设立全年案件质量评价体系，明确全年办案工作方向。围绕办案需求，加快对现有办案制度全面清理、修订和完善。加强与仲裁司法监督机构沟通协调，共同促进仲裁司法监督工作高效规范。加速建设案件信息化管理系统，完善各类基础数据，组织办案秘书参加法律知识讲座等培训活动。优化仲裁庭组成结构，开展重大疑难案件专题研判。全年没有被法院裁定撤销和不予执行仲裁裁决案件。

【国际仲裁】 2015年4月23日，

2015年6月11日，珠海仲裁委与暨南大学珠海校区的部分师生举办“珠海仲裁发展动态与务实”学术沙龙（张家豪摄）

珠海仲裁委联合香港联合调解专线办事处、香港仲裁司学会、澳门世界贸易中心仲裁中心、香港博信法律专业调解中心、香港 g2g5 家调解机构，共同组建珠港澳商事争议联合调解中心，在珠海横琴自贸片区挂牌同日授牌。此举建立跨法域商事调解机制，推动自贸片区争议解决方式国际化和多元化。

【机制创新】 2015 年，珠海仲裁委配合横琴“诚信岛”建设，创新小额消费争议快速仲裁制度，建立“诚信承诺 + 仲裁代理 + 免费仲裁 + 先行赔付”小额消费纠纷仲裁机制，可快捷、有效、免费处理消费争议纠纷。11 月 29 日，《横琴新区小额消费争议仲裁规则（试行）》在第五届珠海仲裁委员会第一次会议审议通过，将于 2016 年 1 月 1 日正式施行。

【对外交流】 2015 年，珠海仲裁委开展国际国内学术交流，探索仲裁理论与实务研究成果转化路径。4 月，参加第一届中国自贸区仲裁论坛暨中国自贸区仲裁合作联盟成立大会；5 月，仲裁委负责人应邀出席第六届大中华仲裁论坛（GCAF），并以“珠海仲裁委国际化发展的实践”为题做发言；7 月，与横琴新区管委会在珠海国际会展中心共同举办“自由贸易背景下商事仲裁国际化”主题讲座；9 月，与横琴新区管委会、香港联合调解专线办事处共同举办“自贸区多元化纠纷解决机制与珠港澳商事调解实务”研讨会，探讨多元化纠纷解决机制和商事调解实务；同月，参加中国互联网仲裁联盟成立大会；12 月，与暨南大学合作举办首届“珠海国仲杯国际商事模拟仲裁全英辩论赛”，为国际商事仲裁作好人才储备。

【机构改革】 2015 年，珠海仲裁委制定《推进法定机构改革实施方案》，逐项落实财务、人事等具体改革措施。草拟《珠海仲裁委员会管理条例》，推动地方立法；配合独立第三方完成改革绩效评估；实行绩效管理，开发《绩效管理信息系统》并运行。

【人员管理】 2015 年，珠海仲裁委研究制定仲裁委绩效考核管理办法，研发绩效考核信息系统并投入使用；公开招聘公执人员 3 人；结合年度考核，组织全委公执人员开展述职述廉及民主测评；组织办案秘书参加法律知识培训、民诉法司法解释学习，进行外出考察学习，组织开展仲裁员培训；通过增补、改选等方式吸收一批专业人员加入仲裁员队伍，组织开展优秀办案秘书和优秀仲裁员评优工作，评选出优秀办案秘书 3 人，优秀仲裁员 15 人。

【仲裁换届】 2015 年 12 月 2 日，珠海仲裁委员会完成换届工作，第四届累计受理案件 880 宗，案件标的 56.73 亿元。新一届委员会仲裁员 436 人，相较上届 199 人有大幅提升。

【宣传工作】 2015 年，珠海仲裁委深入全市 30 余家律师事务所、30 余家重点国有企业和民营企业走访，宣传仲裁法律制度；参加由市依法治市办、市司法局共同主办的全市 2015 年“法治广东宣传教育周”暨“12・4”全国法制宣传日宣传教育活动，在香洲柠溪文化广场进行集中宣传咨询活动，向群众派发仲裁宣传资料，解答群众咨询。

【理论研究】 2015 年，珠海仲裁委以“在广东自贸区横琴新区片区开展国际仲裁业务的研究”为题，申报市法学会重点课题，该课题以国际知名仲裁机构为例，解析国际化仲裁机构外在环境和内部构成要素，提出发展路径设想。该课题报送市法学会并顺利结题。

（梁淑廉）

地方军事
LOCAL MILITARY

地方军事

珠海警备区

【思想政治建设】 2015年，珠海警备区党委中心组带领机关开展专题理论学习，邀请中科院科学家做辅导报告，观看《复兴之路》等纪录片，编印理论知识题库，开展专题学习讨论。编印《十八大以来部分落马官员忏悔录》。开展“学习践行强军目标，做新一代革命军人”主题教育，配合开展军人样子大讨论、强军故事创讲活动、“唱响抗战歌、激发强军志”歌咏比赛、微电影创作比赛、“四有”（有灵魂、有本事、有血性、有品德）军人评选等活动。编列警备区《干部工作大检查项目表》进行对表查纠。开展政治部（处）科股挂钩帮带营连政治主官活动，调整使用正营以上干部56人，安排转业28人。

廉洁工作　开展《严格军队党员领导干部纪律约束的若干规定》《廉洁自律准则》等学习，加强领导干部组织生活管理，对全区团以上干部参加组织生活情况进行清查。加强对工程招投标、干部任用、士官选改、入党考学、新兵征集等监督。对涉郭伯雄、徐才厚相关内容进行清查，召开肃清“郭徐案件”影响专题民主生活会，清除流毒，统一思想。与地方有关部门协调，对军队人员参加社团组织情况进行清查清理，确保部队纯洁巩固。

2015年8月12日，珠海中小学生到珠海警备区船运大队开展红色夏令营活动（吴　俊摄）

基层工作　制定《人武部政治工作手册》，出台《规范完善军队人员有关福利待遇若干规定》，投入近60万元慰问基层连艇（连队、船艇）和生活困难官兵。协调地方做好干部转业、家属随军、子女入学等工作，配合开展“百家企业进军营”、科技进军营、电工厨师技能和书法摄影培训、文艺慰问演出等双拥共建活动，落实军人免费乘坐公交车等优待政策，协调开展“三互”（互学、互帮、互促）活动，为基层解决近200万元物资器材。船运大队两栖侦察队和郑嘉霖典型事迹宣传在相关新闻网络媒体发稿百余篇，网络点击量10万次。

【军事工作】 2015年，珠海警备区改造完善战备库室，补充配置帐篷、指挥作业箱等战训物资器材，接受广东省军区预先检验评估成绩名列前茅。船运大队参加上级联合演习，出色完成任务；海防团参加上级实弹战术演习总评优秀；特战任务分队接受省军区特战化连队评比性考核，分获第一、第二、第四名。组织教学法、战训法训练，开展船艇专业15个重难点课目“专攻精练”；严抓新兵训练，为每名新兵建立训练档案，省军区军事课目抽考合格率100%。投入350余万元完善训练设施场地。坚持国防动员建设，组织专武干部集训、民兵心理战骨干集训、民兵应急连专业技术训练，完成珠海市5万余名学生军训和年度新兵征集任务，大学生士兵占比60%，连续两年居全省第一。

【部队管理】 2015年，珠海警备区组织开展“创建法治军营，争当守法军人”活动，制定八类28条具体措施，规范营院秩序管理，健全机关检查督查基层制度，严格车船使用审批管理制度，抓好油库、弹药库等危险品仓库清理整治，完善携枪带弹岗哨和重要目标安防设施，为海防连队制作安装道路防护栏，定期组织涉密信息大清理，与珠海网监协调，随时掌握处置辖区网上涉军舆论信息。编印重难点安全问题和安全常识《防范手册》。定期组织部队和民兵进行重要目标防卫、消防灭火行动演练，提高部队安全防范能力。

【后装保障】 2015年，珠海警备区开展财务清查整治，落实物资集中采购，对工程建设项目和房地产资源管理进行整治，查找问题五类72个并进行整改。基础设施建设顺利推进，完成军械仓库、弹药库房调整整治，船运大队营区综合整治工程、综合仓库库区改造等项目按计划推进。完成通用装备保养整治与送修任务；为培养船艇机电专业人才，组织为期40天的机电维修骨干集训。 （吴 俊 刘 谦）

武警珠海市支队

【思想政治建设】 2015年，武警珠海市支队开展“学习践行强军目标，做新一代革命军人”主题教育活动，推进强军实践。组织“新一代革命军人样子”大讨论和反恐特战队员事迹报告会；肃清“郭伯雄、徐才厚案件”影响专题教育，确保官兵政治坚定、思想纯洁；举办由基层官兵自编自导自演“放飞青春梦想，献身强军实践”主题晚会、“走进强军梦”文艺汇演、“唱响抗战歌，激发强军志”歌咏比赛等活动。宣传报道文章在《人民武警报》头版头条刊载2篇，内部报刊刊载19篇，广东电视台播出电视新闻2条。开展“优秀士官人才奖”“十大标兵士官”和“百名优秀士官”评选表彰活动。给37名困难干部战士发放救济金，解决子女入学问题，经验做法被总队转发。举办第二届军人家属委员会成立暨“十大军人好妻子”表彰大会，公布《珠海支队家属委员会章程》，表彰10位军人好妻子，颁发家属委员会委员聘书。

廉洁工作 严格贯彻民主集中制，规范议事决策范围和程序，加强经费使用、干部调整、技术学兵选送、士官选改等监督；开展干部大检查、财务大清查和基层风气整治活动，边清理边规范；修订干部管理、经费管理、工程建设、物资采购、改进作风等制度。年终考评民主测评，党委班子建设10项指标好票率100%。在报刊发表言论文章12篇。被总队表彰为“先进支队”。

基层建设 修订《按纲指导计划》《挂钩帮建计划》和《夺红旗实施细则》，对基层主官进行“放心度排查”，调整选拔优秀干部到主官岗位。开展“难题会诊”“集体攻关”，提高建队能力，被总队评为“十佳政治教员”1名。落实《支队挂钩帮建计划》，每月组织党委机关工作组下基层蹲点帮建，4个基层单位被总队表彰为先进单位。制作《党委机关征求意见表》、下发官兵连心卡、建立心理网站、主官网上信箱等听取群众意见。开展“学法规、用法规、守法规、保安

2015 年 7 月 1 日，武警珠海市支队组织预备党员在苏兆征雕像前宣誓
（张洪全摄）

全”“安全大检查”“百日安全竞赛”“枪弹大清查”“车辆管理秩序整顿”“密切内部关系教育”“正风气、严纪律、强素质、树形象”“防松治散教育整顿”八个群众性创安活动，下发《推进落实安全工作“八个规范”实施方案》，确保部队内部安全稳定。

【突发事件处置】 2015 年，武警珠海市支队成功处置各类突发事件 10 起。7 月 10 日，斗门区白蕉镇丰洲村发生劫持人质事件，支队出动兵力协助公安机关将犯罪嫌疑人制服，成功解救人质。10 月 9 ～ 11 日，珠海市高栏港区平沙镇 50 名村民因对松田电工公司污染排放问题不满，发生打砸行为，现场围观群众 280 余人，支队派出兵力协助公安民警平息事态。8 月 27 ～ 28 日，支队出动兵力协助公安机关完成“板樟山 10 号”集中清查整治行动任务，破获贩毒案件 1 宗，缴获海洛因 2.9 千克。10 月 2 ～ 3 日，支队完成第十二届珠海国际沙滩音乐节现场备勤任务。是年，支队抢险救灾和处置突发事件准备的两个经验做法在总队做交流；总队比武竞赛中获得突击专业综合第一名和两个单项第一名，1 名干部被评为“优秀教练员”，1 名战士立二等功。

【后勤保障】 2015 年，武警珠海市支队修订后勤保障方案，完善战备物资器材，抓好训练演练，开展“伙食管理规范年”和“学法规制度、建法制后勤”活动，协调办理、激活军人保障卡，开展农副业生产、卫生防病工作和官兵及家属体检等工作。投入 170 多万元改善基层基础设施。完善《经费管理实施细则》《机关、基层营产营具管理实施细则》《物资采购实施细则》和《车辆管理实施细则》等条例。卫生队被总队评为“先进卫生队”。

（张洪全）

广东省边防总队第五支队

【边境维稳】 2015 年，广东省边防总队第五支队完成部分信息化改造，建成可视化实时指挥前进指挥所和无线监控点，与珠海联通、移动公司签订合作协议，提升三级主干网带宽至千兆。在边境地段挂设三语警示牌（中文、英语、越南语）。完成边防普法宣传教育 10 余次，查获非法出入境案件 150 多起、近 300 人，完成春节、“两会”边防安保、春季反偷渡专项行动、粤港反偷渡专项行动和抗日战争胜利 70 周年纪念活动边防安保等任务，与澳门海关双向联勤查获偷渡案件 10 多起，赴揭阳协助当地警方捣毁制毒窝点多个、抓获涉毒违法犯罪嫌疑人近 30 人、查获毒品 10 余千克。官兵初、中级执法资格等级考试通过率分别为 100% 和 40%。编发《执法执勤工作手册》和《哨兵执勤 50 问》。派出机动警力参加珠海市公安局公安武警联合“武装巡逻、动中备勤”行动，协助处理案件 50 多起，抓获违法犯罪嫌疑人 100 多人。横琴边防警戒区建成“错层高差”巡逻道，称为“横琴模式”。

【从严治警】 2015年，省边防五支队完成保密技防试点任务，建立专职督察队伍，形成支队常委、分管领导、业务科室、专职督察“四位一体”督导机制，督察40多次，整改多条各类问题。组织多期干部轮训班、业务研讨和讲评通报、网上练兵等活动。邀请全国知名刑辩律师开设“法律大讲堂”。模拟实战环境整体改造靶场，在基层单位建设风雨训练棚，开展实地拉动和视频演练。举办先行班军事会操，组织军事业务考核10多次。参加特战骨干比武集训，2人在总队特战骨干比武手枪快速射击、5千米武装越野项目中名列第一。

2015年5月4日上午，“2015珠港澳青年五四成人礼”活动在珠海拱北口岸广场举行，来自珠港澳三地1000名各界青年共同宣誓成人 （彭 刚摄）

【政治建警】 2015年，省边防五支队在部局和总队站页发表政工调研文章13篇；政工岗位练兵考试成绩两次在全省边防一类单位排名第一；支队干部参加总队初级晋升培训、政工干部培训，2人被评为“优秀学员”。举办学习贯彻四级政治工作会议精神专题轮训、“学习践行强军目标，做新一代革命军人”主题教育、十八届五中全会精神专题教育活动，推出“红连讲堂”和“政工干部讲堂”。支队篮球队夺得珠海市“格力海岸杯”篮球赛冠军、“双拥杯”球赛亚军。开展“学习雷锋精神、弘扬文明新风”千人献血、“五四成人礼”升旗仪式、珠港澳青年交流团、留守儿童进军营实践等活动。珠海市数字图书馆在支队开通两个分馆共享电子图书10多万册。投入近千万元为基层办10件实事，实现“无线固话、直饮水、空调、警营广播”进班排。建设大队级单位心理服务中心，启动心理健康进警营活动，成立维护军人合法权益工作领导小组、法律咨询委员会，出台《应急援助及困难补助制度》，为官兵发放应急援助金近20万元、困难补助金近10万元。慰问老干部、伤病官兵、烈士亲属50多人次，举办家属、转业干部座谈会。

【后勤建设】 2015年，省边防五支队住房建设及历史遗留问题通过珠海市城乡规划委员会会议研究审核。开展财务清查工作，清查各类凭证数千笔、发票600多张、集中采购项目多个。开展固定资产清查活动，盘亏资产2000多件，盘盈资产100多件。实施集中采购100余项。与广东省中医院珠海医院签订优先医疗协议。实行被装直供模式，投入40万元购买官兵被装。开展报账员、驾驶员、炊事员、卫生员、军械员业务培训12期200多人次，组织综合应急演练，举办炊事技能和驾驶员比武，代表总队参加部局军需卫生比武获南方片区第一名。完成国家边海防委下达的执勤房建设任务。投入资金改造营房、建设应急物资储备库、建设南溪临时靶场、升级营区改造、更新营产营具；建成篮球场、风雨训练棚和停车场。

【双拥工作】 2015年，省边防五支队对口帮扶斗门区二龙村创建爱民固边模范村品牌工程，二龙村向五支队赠送“扶贫‘双到’情系农村”牌匾。协助驻地学校3000多名学生开展军训，粤港澳青年、地方企事业单位、驻地群众1000多人次到五支队接受国防教育；发挥“国旗护卫队”“威风锣鼓队”“警营醒狮队”特色文化品牌作用，支持地方创建文明城市、“净畅宁美”、双拥模范城（区）活动，承担拱北口岸国旗升降任务。市文化体育旅游局投入400多万元在支队拉塔石古炮台建设边海防爱国主义教育基地。 （彭 刚）

珠海市公安边防支队

【概　况】 2015年，珠海市公安边防支队规划建设摩托艇执勤基地，加强海上反恐、应急处突和海域常态管理。跟进横琴大开发、港珠澳大桥建设等战略项目，与市职能部门推出联勤机制。调整二线勤务部署，发挥过滤屏障作用。整改辖区治安突出问题、重大隐患和薄弱环节，排除各类安全隐患54个，出台服务管理措施12项，妥善化解矛盾纠纷32起，爱民固边战略纳入市海防建设整体规划，“创建平安边防”活动得到市综治委等11个部门联合参与。5个边防派出所重新行使海上执法权。获评总队“反走私先进单位”“爱民固边先进单位”“反偷渡先进单位”。

【思想政治建设】 2015年，市边防支队各级班子党性坚强，党风纯洁，政治处被广东边防总队评为先进政治机关。每季度开展文体活动、思想动态滚动摸排、权利清单等政治工作新机制。部队无违法违纪，无案件事故，获评总队“网络和信息安全管理先进单位”。支队军政主官获评总队优秀主官，3人获评总队优秀团职干部，总队评定支队党委为先进党委，9个单位为基层建设先进单位。

【缉私工作】 2015年，市边防支队完成专项安保任务10次，查破偷渡案件82宗393人，打掉偷渡团伙10个，查获人数居全省第一；查获“三无”（无船名船号、无船舶证书、无船籍港的船舶）船只122艘；查获走私案件184宗，数量居全省第一，案值2765.64万元；审查澳遣人员283批1768人，查获“网逃”人员45名。与市公安局建立警务合成作战机制。执法办案场所建设纳入公安机关统一规划。在三灶边防派出所成功打造“四项建设”（基础信息化建设、警务实战化建设、执法规范化建设、队伍正规化建设）试点。全年查破5宗毒品案件，缴获毒品265.84千克（冰毒265.59千克、氯胺酮0.25千克），其中查破“9·19”特大运输毒品案和“11·13”贩卖毒品案，缴获冰毒30.24千克。

珠海市公安边防支队官兵常年巡逻在珠澳边境水域，忠诚守护着边境和谐安宁
（周　捷摄）

【后勤保障】 2015年，市边防支队获批经费6462.92万元、各类装备价值350万元、营房6处、土地1.17万平方米。公安业务经费2396.57万元拨付到账。横琴区委政府批准以“交钥匙工程”方式代建横琴大队下属3个派出所营房，面积各1688平方米。全年投入1570.8万元用于解决基层营房装备建设。 （李雨林）

人民防空

【概　况】 2015年，珠海市人民防空办公室学习贯彻《中共中央、国务院、中央军委关于深入推进人民防空改革发展若干问题的决定》（中发〔2014〕15号）精神，落实全年省、市人防工作要点，推进人防改革创新，形成信息化条件下新质防护力量，提高“战时防空、平时服务、应急支援”能力。完成历年来人防办发布规范性文件的清理工作，并通过文件进行通告；根据中发〔2014〕15号文件精神，对已报珠海市法制局《珠海市城市地下空间开发利用管理办法》中涉及人防维护管理的相关条款进行修改、完善，落实人防工程维护管理经费从平战结合收入中解决的要求。

人防行政执法　与珠海市数字城管中心联合，依托数字城管技术手段和人员优势，开展人防行政执法。收到数字城管中心报告涉及人防案件41件，均及时调查处理。

人防疏散基地建设　重点推进“珠海市梅溪农科中心人防疏散基地”“莲洲镇莲江村人防疏散基地”“莲洲镇上栏村人防疏散安置示范村”和“平沙农创园人防疏散基地”配套项目建设工作，修建部分疏散道路、指挥中心、多媒体警报器、医疗室、战备物资库、人防知识宣教室、各种标志导引牌等配套设施，初步形成专业与兼用相结合、人口疏散与应急避难相统一、休闲娱乐与宣传教育相融合区域防护格局。结合绿道建人防疏散基地8个，占地面积26.2平方千米，战时可疏散人口10.5万人。

人防工程审批　完成OA系统功能增加、调试等工作，实现市本级、区级窗口易地建设和设计要点网上审批，提高办事效率、方便群众办事，加强监管，节省报建单位和基层人防办审批时间；分别为清华科技园、横琴口岸联建楼、珠海航展馆、珠海大剧院等大型重点项目提供事前咨询、事中指导服务；现场考察华发艺术馆、会同村大学生活区等项目情况；先后5次到伟民广场项目参加预验收、验收、复验等工作；参与横琴长隆、港珠澳大桥人工岛等大型项目人防方案咨询、评审工作；全年全市人防系统完成各项行政服务736项，其中报建人防工程是上年的3倍。

人防信息化建设　完善人防工程GIS系统建设。实现人防指挥信息管理系统、人防工程报建管理系统、人防地理信息系统等内部数据互联互通，为建立数据互联共享机制奠定基础。完善指挥平台建设。在“三位一体”（基本指挥所、地面指挥中心、机动指挥所）指挥平台基础上，完成人防北斗导航定位系统建设和人防数字集群通信系统建设任务；根据防空警报控制频率更改后要求，制定分期改造计划，制定警报器更新换代方案。年内新设和更换防空警报设施18套，并对万山海岛警报系统建设进行专题调研，落实建设方案，结束万山海岛没有人防报警器的历史。

【人防规划建设】 2015年，珠海市修订《珠海市人民防空方案》，强化人防力量综合编组和重要经济目标防护措施，有效指导珠海市平时人防建设和战时人防行动。方案通过专家评审和市政府、珠海警备区审核，报送广东省政府、省军区和省人防办审核批准；11月，由市人防办编制的《珠海市近期重点地区地下空间开发利用概念规划》和《珠海市地下空间近期建设规划》获市政府批准执行；编制《珠海市地下空间开发利用技术标准与准则》，为地下空间概念规划和近期规划落实奠定技术支持；制定《珠海市医疗救护工程平战转换技术要求（暂行）》，填补医疗救护工程技术指导空白。

【人防训练与演练】 2015年，市人防办组织市人防综合救援队抢险抢修分队及民安救援分队37名队员开展综合救援训练；组织市人防心理防护专业队及市人防办、信息保障中心人员55人开展“战时民众心理防护与创伤干预策略”、人民防空基本知识训练；组织28人参加珠、中、江三市人防办第三协作区人防指挥通信协同训练，

2015年4月29日，珠海市人防办指挥通信科组织市人防办机关秘书科、指挥通信科、香洲区人防办、高新区人防办及市人防指挥信息保障中心开展第一期机动指挥所市、区两级联合训练（梁竞晖摄）

动用装备车辆8台24车次；组织“2015年度全市人防系统组织指挥理论培训”，邀请3名人防专家教授，对《重要经济目标防护建设和组织实施》《人防战备数据工程建设与应用》和《新形势下人民防空训练问题研究》3个课题进行理论辅导，全市人防系统126人次参加培训。

【防护建设与管理】 2015年，市人防办编印《人防地下室施工技术要点与常见问题防治》手册，指导斗门区、金湾区开展人防工程设计、施工技术交底和隐蔽验收工作，确保人防工程建设质量；协同市民防协会，联合市质检站和专业人防监理人员对珠海市在建60个人防工程项目分4组开展现场大检查，发出责令停工通知书1份，整改通知书30份；经请示市政府同意，将原由人防办直接管理的两个公共人防工程（景山路人防工程和紫荆路南坑人防工程）移交市公共资源经营管理公司管理（金湾区伟民广场地下人防工程采取同样方式，交由区属国有公司经营管理），实现公共人防工程经营权和所有权分离，即公共人防工程所有权仍然在人防办，经营权交由国资公司管理，并与其签订权、责、利对等相关协议，确保人防设施完好性、人防国有资产保值增值和应上缴收益的实现，保障战时转换需要；推进人防工程维护管理改革，建立落实责任单位、落实管理要求、落实维护资金、落实监管责任、公示经费收支情况“四落实一公示”管理制度，从12月1日起在全市推行；启动人防设备安装企业市场准入改革，全面放开人防工程设备安装建设市场，让市场机制在资源配置中起决定作用，人防办推进人防设备安装企业市场准入备案制改为市场进入登记制的相关准备工作，为保障人防设备安装质量、加强事中事后监管进行制度设计。珠海市本地人防设备生产安装企业由1家增至3家，备案企业增至10家。

【人防宣传教育】 2015年，市人防办与市教育局联合组织人防师资培训，推进人防宣传教育队伍专业化建设，形成由人防主管部门管理人员、中小学校人防教育师资、大专院校与行业协会外援等组成人防宣传教育队伍，实现宣传阵地多元化，并分别在3个人防疏散基地建设人防知识教育展厅；在全市150多个社区设置人防宣传栏；在报刊、广播电视定期宣传人防知识，举办“头条播报”、有奖竞答、人防系列报道等活动；编辑出版《珠海人防》杂志；开通人防公众微信和政务微博；筹划人防主题社区公园建设，展开选址、项目概算和经费申请等相关工作；编印《人防法律法规汇编》《防空防灾知识手册》；通过购买服务方式，聘请珠海市民安救援中心专家到学校、社区开展人防专题讲座和应急救援培训；全年通过人防科普教育基地培训中学生1.7万人，通过党校培训各级机关干部300人。“9·18”警报试鸣日参加疏散演练的学生、居民和工厂员工1.8万人；通过下发志愿者队伍组建的指导性意见，指导各区（功能区）开展社区人防志愿者队伍组建，做到统一部署、统一标准、统一标志服装、统一培训。各区都组建50人以上人防志愿者队伍，全市人防志愿者有500多人。

（刘　俊）

经济
ECONOMY

经 济

综合经济管理

经济体制改革

【科技体制改革】 2015年，珠海市每百万人年发明专利申请2738件，每万人发明专利拥有量22.72件，以上核心指标均排名全省第二位；高企数量净增长64家，总数410家，比上年增长18.5%，占规模以上工业企业总数40%以上，占比排名全省第三；新型研发机构16家，新增各级企业工程中心、技术中心51个，规模以上工业企业研发机构覆盖率22%，排名全省第一；新增孵化器建筑面积31万平方米，新增在孵企业245家，孵化器面积88.05万平方米，在孵企业832家，建成6个创业苗圃（众创空间），154个创业团队进驻。

建立统筹协调机制 确立创新驱动作为珠海发展的核心战略，推动成立以市委书记任组长、市长任常务副组长的珠海市创新驱动发展领导小组，下设科技创新、科技金融、高层次人才、高水平教育和体制机制创新5个专责小组，统筹协调推进全市创新驱动发展工作。制定《珠海市创新驱动发展三年行动计划（2015～2017年）》，提出研发投入、科技企业孵化、新型研发机构建设等“8个倍增”目标计划，作为推动创新驱动发展的总抓手。

完善政策法规体系 启动修订《珠海经济特区科技创新条例》，重点增加支持新型研发机构建设、促进科技成果转化实施、大幅提高科研人员成果转化收益比例、实行更具竞争力的人才吸引制度。全面梳理各项现行科技创新政策，整合研发投入、人才引进、科技金融、孵化器用地等方面核心政策内容，形成《珠海市加快推进科技创新若干政策措施》及相关配套文件。

创建重大创新载体 高新区纳入珠三角国家自主创新示范区建设，推动成立以市长任组长的珠海市建设珠三角国家自主创新示范区领导小组，统筹指导全市自主创新示范区建设工作，把以高新区为主平台的自主创新示范区建设作为重要抓手，全力实施创新驱动发展核心战略。

创新平台建设机制 出台《关于推进珠海市新型研发机构发展的实施意见》，修订《珠海市新型研发机构和科技创新公共平台资金管理暂行办法》等政策文件，加速科技成果转化和应用，促进产业发展。出台珠海市加强科技企业孵化器用地管理意见，允许符合条件的科技企业孵化器可分割转让，吸引社会资本参与孵化器建设。

培育发展高新技术企业 实施高新技术企业培育计划，强化企业自主创新主体地位。加大财政支持力度，落实各项鼓励企业创新税收优惠政策，帮助企业争取上级各项科技专项资金。加强宣传培训和靶向辅导，召开高企培育专题宣讲会，根据上年度企业研发投入情况建立培育目录清单，加强市区联动、部门协同，进行一对一培育辅导。打造有利于高新技术企业落户、成长和集聚发展的平台载体，为高企

培育提供更好的金融、人才服务。

健全科技金融服务体系 组建珠海市科技创业投资有限公司，推动珠海市创业投资引导基金发起设立投向科技型企业子基金，推动科技、金融、人才对接，协同发展。推动成立广东省科技金融综合服务中心珠海分中心，围绕抓好高企倍增计划要求，促进与金融服务机构合作开拓服务业务。

【工业转型升级】 2015年，全市完成规模以上工业总产值4003.04亿元，增长10.9%；规模以上工业增加值980.76亿元，增长9.6%，领先全省2.4个百分点；高新技术产品产值占规模以上工业总产值55%，居全省第三；装备制造业增加值379.26亿元，增长17.3%；装备制造业固定资产投资128.2亿元，增长86.6%，均超额完成年度目标；企业技改项目备案数260个，完成技术改造投资89.6亿元，增速53.7%；单位GDP能耗下降率2.8%，超额完成年度目标和“十二五”期间下降18%的五年总目标。

打造先进装备制造产业基地 全面实施先进装备制造业十年规划和三年行动计划，制定《珠海市促进智能制造产业发展实施意见》和《珠海市“互联网+”行动计划（2015～2020）》等加快珠海智能制造产业发展政策，推动成立智能制造专家咨询委员会，推进重大平台和重点项目建设。制定珠海市先进装备重点项目建设推进工作方案，帮助企业对接省先进装备制造业扶持政策，高新区国机机器人产业园正式动工建设。

举办首届装洽会 组建筹备机构，成立组委会，下设秘书、项目、展务、宣传、接待、安保等6个工作组开展具体工作，市科工信局牵头制定筹备工作方案，建立“六市一区”（珠海、佛山、中山、江门、阳江、肇庆市和顺德区）之间和市本级各部门之间“一对一”沟通协调，建立倒计时工作台账，逐项落实143项具体细化工作。首届装洽会有参展单位205家，1.5万人观展，其中客商和专业观众3000余人；“六市一区”签约项目205个，总投资1511.2亿元。

工业技改投资快速增长 出台《珠海市工业转型升级三年行动计划》和《珠海市工业企业技术改造三年行动计划》。简化技术改造投资管理立项程序，市属权限内的企业技术改造投资项目立项一律调整为备案制，实现全程网上办理。在不增加污染排放量的前提下，减少环评审批前置条件和简化环评手续。帮助企业争取省级技改扶持资金1.34亿元，下达市级财政技改资金对125个完工技改项目设备投资给予事后补贴。加大宣传动员力度，组织384家有意向规模以上工业企业进行专题辅导。

发展绿色工业 落实节能目标考核责任制，开展电机能效提升工作，下达四批电机能效提升补贴资金，完成29.8万千瓦电机改造任务，超额完成省下达电机改造任务。高栏港区获得省级园区循环化改造项目支持，富山工业园被认定为循环化改造试点园区。有10家企业通过自愿性清洁生产审核验收，获得“广东省清洁生产企业”称号。

【民营和中小企业创新】 2015年，全市民营企业单位数19.15万户，其中私营企业5.8万家，增长14.2%；实现民营经济增加值685.2亿元，占全市GDP的33.8%，较上年末提高1.6个百分点；民营经济从业人数59.83万人，占全市从业人数58%，增长0.7%；民营经济贡献税收137.13亿元，增长19.4%；现有省级民营企业创新产业化示范基地15家，市级民营企业创新产业化示范基地79家。

优化环境制定新政 贯彻落实国务院和省关于扶持小微企业健康发展的工作部署，出台《珠海市人民政府办公室关于促进小微企业上规模的实施意见》，从加大财政支持、加强融资服务、减轻税费负担和强化公共服务等方面提出26条具体措施。配合市工商联制定《珠海经济特区民营经济促进条例》。

打造公共服务平台 启动建设“珠海市民营中小企业公共服务平台”，为民营中小企业提供信息发布、诉求办理、融资增信、科技成果转化、市场对接及大数据等综合服务。平台经系统内部测验具备上线条件，平台物理空间整修完毕，将正式上线运行。

扶持重点民企 落实“三高一特”重点企业相关优惠政策，通过扶优扶强贴息等方式支持企业发展。推荐宝莱特、远光等企业的8个项目入选2015年省科技重大专项，组织民营骨干企业高层管理人员赴上海、成都等地大学学习，提升管理能力。组织开展珠海市十强民营企业、珠海市纳税20强民营企业和珠海“创新小巨人”企业认定工作。

创新缓解融资困难渠道 通过创新，联合人行珠海市中心支行拟推出支小贷、助保贷、转贷和融资增信四大平台，多渠道、多层次缓解中小微企业融资难融资贵问题，资金管理办法研究中。

【民营中小企业创新存在问题】 产业规模总体偏小，集聚度低，影响人才、资金、创新平台等创新要素的引进和配置；创新主体不够多，全市市场主体只有20万户，规模以上工业企业986家，高新技术企业397家，与创新活跃地区相比数量偏小；创新公共服务体系不够完善，科技企业孵化器和新型研发机构的数量、服务能力等需要提升。

【投融资体制改革】 2015年，珠海市发改局完成《珠海经济特区政府投资项目管理条例（修订送审稿）》和《珠海市关于进一步加强市本级政府投资项目投资控制的实施意见（送审稿）》制定，报市人大、市政府审议。

简化、优化项目审批手续　是年，珠海市率先在广东省内将市属权限内企业投资项目核准制调整为备案制，并全面下放市级投资管理权限，推动项目就近备案，节能评估不再作为前置条件；建立重点投资项目绿色通道制度，简化手续，推动项目加快建设；率先在国内实施招投标负面清单管理制度，减少招标核准事项90%以上。政府投资项目立项审批仅保留土地、规划和重大项目环评前置条件，取消10多项前置条件。

企业投资体制改革　组织实施《广东省企业投资项目实行清单管理的意见》（粤府[2015]26号）和做好过渡期工作。按“非禁止即可为”原则，珠海市不再扩大企业投资“准入负面清单”，放宽市场准入；引导和鼓励民间投资常态化，印发《珠海市鼓励民间投资产业导向目录》（正面清单和负面清单，2015年）。推动“先建后验”改革，制定《珠海市推进企业投资项目建设审批改革加快项目落地试点方案（送审稿）》，报市政府。

投融资体制机制建设　出台促进珠海市投融资工作政策及意见，包括汇编国务院、国家发改委及省发改委对融资工作的相关政策。出台《关于利用国家开发银行政策推动项目建设操作指南》和《关于利用中国农业发展银行政策推动项目建设操作指南》。起草《关于在公共服务领域推广政府和社会资本合作模式的实施意见》。

加强与开发性、政策性金融机构对接　制定《珠海市与国家开发银行金融合作三年行动计划（2015～2017年）》，推进具体合作，探索采用政府购买服务方式建设非经营性项目，上报部分项目方案。

推广政府和社会资本合作模式　出台《关于在公共服务领域推广政府和社会资本合作模式的实施意见》，起草《珠海市推进政府和社会资本合作（PPP）工作方案（2015～2017年）》，推进政府和社会资本合作，探索采取PPP模式建设洪鹤大桥、鹤洲至高栏港高速、香海大桥等珠海市重点建设项目。

【国有企业改革】 2015年，珠海市制定完善改革配套方案，全面推进国资国企改革创新。制定《珠海市全面深化国资国企改革工作方案》，并经市政府经济体制改革领导小组、市委改革领导小组研究审议通过。完成《关于深化珠海市属企业负责人薪酬改革的实施方案》《关于推进珠海市市直行政事业单位可经营性国有资产统一监管改革工作的实施方案》制定和上报工作。

是年，根据珠海市委、市政府决策部署，市发改局推进市直经营性国有资产全覆盖工作，配合做好文化国资监管改革工作，指导企业做好粮食企业、国有酒店、口岸资产、新港检测公司等资产交接工作。市粮食局下属11家粮食企业及市接待办、市驻京办、市驻省办等4家市属酒店接收工作正在办理。

建立健全国企现代企业制度　开展市管企业公司治理指引咨询项目工作，制定《珠海市管企业公司治理指引》和《市管企业公司章程范本》，完成《董事会议事规则范本》初稿，健全市管企业法人治理结构。

建立选人用人新机制　制定《关于推进市场化选聘市管企业高级管理人员工作的指导意见（试行）》，建立市场化选人用人机制，明确选人用人标准，规范管理办法，完善配套政策，增强国资监管有效性。加强对董事会市场化选聘经理层工作指导，在2013年试点金控集团市场化选聘副总经理的基础上，2015年又市场化选聘华发集团副总经理、珠海控股总经理等多位高级管理人员。

理顺优化国资监管体制机制　按照企业战略规划、行业特点和主业方向，市国资委起草《珠海市市属国有企业功能界定与分类管理实施意见》，提请市政府印发；起草《珠海市市属国有企业领导班子和领导人员综合考核评价暂行办法》和《珠海市市属国有企业经营业绩考核实施办法》，提请市政府印发；制定《深化珠海市属企业负责人薪酬改革的实施方案》；起草提交市政府出台《关于严格规范市属企业负责人履职待遇和业务支出的实施意见》。

加快资源整合 加快推进国资系统内部股权无偿划转工作，推动优势资源向高效领域和优势企业集中。如指导金控集团推进海融资产管理有限公司股权协议转让，指导格力置业将下属格力海岛股权协议转让给格力集团，完成市场集团及广东省珠海粮油进出口有限公司无偿划转至珠海市农业投资控股集团有限公司工作，指导农控集团理顺原免税集团对市场集团和珠海粮油食品进出口有限公司的债权转股权工作，完成珠海公交柏宁出租车有限公司牌照产权无偿划转工作等。整合外部优势资源，引进战略投资者，促进企业转型升级。珠海港集团下属公司与战略投资者共同出资设立“珠海知能环保科技有限公司”，拓展珠海餐饮业油烟排放在线监测业务。公交集团下属公司携手战略投资者设立“广东南粤通客运联网中心有限公司”，开展全省客运联网售票工作。城建集团下属公司与战略投资者设立“珠海驿联新能源汽车运营服务有限公司”，开展新能源汽车充电设施规划、设计、投资建设、工程服务及运营服务等业务。围绕“三高一特”产业发展，组建新兴产业集团（公司）。组建珠海市会展集团，在做强做优中国航展的基础上，拓展其他展览、会议和大型活动，开展会展服务、咨询策划、展馆租赁等业务。指导华发集团组建珠海科技创业投资有限公司，作为贯彻落实珠海市创新驱动发展战略的核心平台，为创新企业提供从摇篮期到成长期全方位科技金融支持，助推珠海产业转型升级。指导城建集团组建广东城智科技有限公司，推进珠海市智慧城市项目建设。

混合所有制经济发展有成效 市国资委以增量思维指导企业推进混合所有制改革。指导公交集团、九洲控股集团和水务集团等市管企业下属公司通过增资扩股等方式引入战略投资者；指导城建集团与战略投资者成立新能源汽车运营服务公司，开展新能源汽车充电设施规划、设计、投资建设、工程服务及运营服务等业务；推进珠海港集团引进战略投资者合资成立环保科技公司，拓展珠海餐饮业油烟排放在线监测业务；推进珠海港信息技术股份有限公司员工持股试点工作和混合所有制改革，并在2015年6月挂牌新三板；推进公交集团携手战略投资者成立南粤通客运联网中心，开展全省客运联网售票工作；指导保安集团下属拱北保安公司通过增资扩股方式开拓发展新兴安全风险评估业务。

产融结合工作初见成效 是年，珠海金融投资控股有限公司与战略投资者共同搭建各类交易平台，广东金融资产交易所、横琴煤炭交易中心、南屏村镇银行相继成立，横琴国际知识产权交易中心、横琴华通金融租赁公司、横琴国际商品交易中心、横琴稀贵商品交易中心等四大平台与广东自贸区同步挂牌，申请筹建久隆财产保险、南方有色金属交易中心、熔铧金融租赁有限公司等。市金控集团与中国通用、领先动力、江苏新扬子造船、省粤科科技等企业合作，筹建成立创业投资、产业投资、基础设施建设投资等多个基金，管理基金及资产规模超过350亿元。九洲控股集团与广州市城发投资基金管理有限公司共同组建“珠海城市发展建设投资基金”，首期资金规模100亿元。市金控集团与民企商会共同出资成立基金管理公司，支持珠海市重点项目建设和具有良好成长性的“三高一特”企业发展，同时打造服务于中小微企业的金融综合服务集群，包括华金证券、各类投资基金、珠海南屏村镇银行、粤科金控小贷公司、华金担保公司等，并与市政府联合设立创业引导基金引导带动珠海创业投资发展。市金控集团投资80多个股权项目，投资规模近20亿元。拓展多渠道融资。除银行贷款外，市管企业拓展融资渠道，降低融资成本，改善公司融资结构。华发集团及其控股公司完成60亿元超短期融资券、70亿元永续中票、88亿元公司债、43亿元定向增发工作。九洲控股集团完成6亿元中期票据和20亿元人民币公司债券发行工作。格力地产非公开发行股票拟募集资金总额不超过30亿元，发行债券拟募资30亿元工作在上报审核中，其下属格力房产发行公司债券募集7亿元。市水务集团完成10亿元短期融资券注册，首期发行4亿元。

完善国资监管制度体系 建立重大投资决策事前风险评估机制、事后考核后评价机制和责任追究机制。出台《珠海市市属国有企

业投资项目后评价工作指引（试行）》，2010年以后市属企业投资的项目将逐步组织实施后评价。严格执行投资监督管理办法，对企业投资领域、投资权限、投资程序、投资监管等投资行为予以规范。重点指导企业加强可研分析以及预沟通工作，提高可行性论证的严谨性。加强风险防控。开展华发集团等重点企业重点领域内控审计及调查，关注创新业务领域风控关键点，推进内控体系建设，切实防范集团业务快速扩张下出现的经营风险、决策风险、资金风险等各项风险。强化财务监管。修改完善《财务总监联签制度实施细则》，强化财务监管手段，优化联签程序，扩大联签范围，强化企业负责人审批责任及责任追究机制，探索对混合所有制企业实行联签，加强混合所有制企业的股权管理和重大财务事项管控。起草《珠海市国有资产监督管理委员会审计结果管理办法》，建立健全企业内审机构、国资委审计部门、纪检部门、人事部门的审计联动机制与整改责任机制，强化审计整改和责任追究，完善国资监管制度体系。指导企业内部审计工作，强化企业财务管控流程。

【电子商务改革】 完成跨境电子商务服务试点申报 2015年，珠海市商务局聘请东方物通公司作为咨询服务单位，编制完成《珠海跨境贸易电子商务服务试点项目工作方案》。方案立足珠海市经济发展和产业布局，提出珠海市开展试点的原则和思路、业务流程体系设计、项目建设计划等措施。5月，经市政府同意，正式向海关总署递交相关报告。10月，该局根据广东省商务厅关于开展国家跨境电子商务综合试验区申报工作的通知要求，编制《珠海市申报国家跨境电子商务综合试验区实施方案》，由市政府上报广东省商务厅。

建成跨境电商综合服务平台 是年，珠海市将横琴新区、跨境珠海园区作为跨境电商项目载体，加快相关配套项目建设。先期在珠澳跨境区开展跨境电商，5月，珠澳跨境区跨境电子商务通关监管中心建成启用，海关、检验检疫部门入驻现场办公。珠海市采取直接购买方式，采购东方物通公司开发的跨境电商综合服务平台系统，实现电商企业、物流企业与海关、检验检疫等监管部门的系统对接和监管流程优化，同时，珠海市检验检疫监管平台开发完毕，与公共服务平台对接，实现数据交换。

启动跨境电商进出口业务 5月，珠海市在跨境珠海园区启动跨境电商零售出口业务，货物通过跨境电子商务模式通关，由快件渠道发送至中国澳门，标志着珠海市跨境电商零售出口业务正式运作。继启动首票出口业务后，珠海市在跨境珠海园区启动跨境电商零售进口业务。7月，横琴自贸片区（聚美优品）启动跨境电商业务。至12月，跨境区完成跨境电商业务1.29万票。横琴自贸片区完成跨境电商业务32245票。

进口商品直销体验中心 4月30日，广东自贸试验区珠海横琴新区片区"昊远跨境电商产业园O2O展销体验中心"试营业，并同步建设线上电商购物平台。7月6日，珠海保税区"珠澳跨境进口商品直销体验中心"（四海易购）正式开张，该项目位于珠澳跨境工业区珠海园区，总建筑面积6000多平方米。

与阿里巴巴合作 5月18日，珠海市作为阿里巴巴发展跨境电商的首批（4个）合作城市之一，与阿里巴巴正式签约合作开展进口商品B2B业务。此项目由市政府授权珠海保税区落地执行，按照协议，珠海市和阿里巴巴发挥各自优势，共同打通进口贸易全链路的通道，为国内进口商品采购商提供有信誉保证的购销渠道，首批50家进口企业和商品陆续上线。

引进知名电商项目 是年，市商务局接洽和落实阿里巴巴、聚美优品、中国外运长航集团、南光集团宇通物流等一批知名电商企业项目，并在珠海开展跨境电子商务达成共识。除落实阿里巴巴"全球货源"平台合作项目外，聚美优品在横琴投资建设"华南总部"，跨境电商业务于7月正式启动；敦煌网与中国电子进出口珠海公司签订战略合作协议，启动跨境电商B2B出口业务；大龙网与珠海港控股集团、大横琴口岸公司等合作，建设综合保税仓和跨境电子商务产业园。

开展农村社区电商服务 是年，市商务局先后组织市农控集团、得一超市、市场协会等企业考察清远等地农村电商。组织涉农企业参加省商务厅举办的农村电子商务洽谈会等专业展会。支持珠海市企业涉农电商项目，走访斗门"珠海渔都"电子商务平台、斗门生态农业园、珠海十亿人社区农业电商。支持十亿人社区农业电商等项目申报省、市政策资金。协助苏宁云商、农控集团开展区域性、专业性农村电子商务服务建设。斗门农业科技园与阿里巴巴合作开展“村淘”项目，建设斗门区农村淘宝第一批25个站点。

存在问题 业务仍属于探索阶段，由于珠海是非试点城市，在实际招商工作中，相关政策不明朗，也对珠海市引进更多电商、物流企业形成制约。9月，海关总署下发《加贸司关于加强跨境电子商务网购保税进口监管工作的函》，要求非跨境电商服务试点城市不得开展网购保税进口业务，制约珠海市跨境电商业务开展。

【金融改革】 2015年，珠海市以横琴为核心平台，推进金融开放创新。截至12月末，横琴自贸试验区金融类企业2018家，注册资本1960亿元人民币。

金融政策先行先试 全国首发银联标准多币种卡。在全国率先开展本外币兑换特许机构刷卡兑换、跨境车辆保险业务。成为全国第一批开展外商投资企业资本金意愿结汇试点。率先推行直接投资项下外汇登记、变更登记改革。开展区内企业境外放款额度上浮业务创新。大横琴投资有限公司成功发行15亿元离岸人民币债券，是内地首个获准赴香港发行的地方城投类企业债券。

粤港澳金融合作 继澳门国际银行进驻横琴新区后，横琴首家香港地区银行——东亚银行于9月正式进驻横琴。加快横澳支付同城化进程，横琴莲花大桥穿梭巴士受理金融IC卡项目正式启动。横琴成为跨境人民币贷款业务试点，截至12月末，横琴跨境人民币贷款获批额度53.6亿元。珠海十字门控股公司、大横琴、横琴金投等企业从港澳银行机构借入跨境人民币贷款金额合计8.3亿元。横琴新区港澳居民跨境住房按揭业务获得全面发展，澳门居民跨境购房按揭贷款业务累计超过3.7亿美元。设立澳门青年创业投资基金，总规模100亿元人民币，通过参股基金、跟进投资和直接投资等方式运作，解决澳门青年创业资金难题。

推动金融机构集聚和发展 全国首个知识产权运营特色试点平台——横琴国际知识产权交易中心正式落户横琴。华南地区首家金融资产交易中心——广东金融资产交易中心2015年交易量累计4000多亿元，位列全国同行业22家金融交易平台第二位。自全国公募基金规模排名前十的易方达基金管理有限公司、广发基金管理有限公司落户横琴后，横琴第三家公募基金——中科沃土基金管理有限公司于9月正式注册成立。中国装备制造行业首家专业性财产保险公司——久隆财产保险有限公司获批设立，广东首家民营资本发起设立的横琴华通金融租赁有限公司于10月正式运营。

落实“互联网+金融”战略 横琴出台《横琴自贸试验片区产业培育和扶持暂行办法》《横琴新区精英人才住房保障暂行办法》等扶持政策，对互联网金融企业和人才落户横琴发展给予财政支持，为互联网金融人才提供住房保障，推动互联网金融企业和人才在横琴聚集。举办“互联网+商品+金融”等各类论坛，派员参加相关地区、协会或大型金融机构举办的活动，吸引各界共同推动互联网金融发展。跟踪项目进展，提供细致服务，简化办事程序，为互联网金融企业和人才办理相关手续开辟绿色通道，全程提供咨询、注册服务。加快成立珠海市互联网金融行业协会，由珠海千百亿等9家企业发起设立的珠海市互联网金融行业协会通过核名及初审。加强对互联网金融企业信息收集，对全市互联网金融企业进行风险排查，重点防控非法集资、集资诈骗等情况，促进互联网金融企业依法运营和规范发展，稳步推进监管和风险防控工作。

截至12月，全市有互联网金融企业近60家，其中落户横琴58家。落户横琴的互联网金融类企业中，第三方支付类公司2家，众筹类公司7家，依托互联网的金融交易平台11家，P2P等其他咨询服务类企业38家。广东金融资产交易中心全年累计交易量3800多亿元人民币，居全国金融资产交易中心第二位。全省第一家互联网融资担保公司——中国民营企业投资公司旗下民商网络融资担保公司于2月设立。此外，华金众筹有限公司、互联网金融交易中心等一系列新兴互联网金融企业正在筹建中。

科技金融改革 首家科技小贷公司——粤科金控小额贷款公司设立以来，累计为59家企业提供1.07亿元授信额度，为48家企业或个人发放贷款8579万元，贷款余额5564万元。珠海农商银行在高新区设立科技支行，浦发银行、兴业银行设立科技支行工作有序推进。珠海创业引导基金有限公司成

立以来，设立子基金3只，基金总规模11亿元，其中天使投资基金1亿元，完成20多个科技项目投资。发展股权（创业）投资。截至12月末，全市有股权（创业）投资企业1207家，比年初增加799家，增长1.96倍，其中横琴新区注册股权（创业）投资企业1163家，比年初增加778家。全市股权（创业）投资企业注册资金1356.82亿元，比年初增加372.9亿元。

科技金融服务 截至12月末，高新区科技金融广场进驻金融机构、中介服务机构64家，举办各类科技与金融对接及交流活动14场次，现场对接企业280家次。科技金融广场线上对接平台对接项目349个，实现融资28亿元。

是年，珠海市新增全志科技股份有限公司在创业板上市。推动31家科技型中小企业（国家高新技术企业）在“新三板”挂牌，并对每家挂牌企业给予240万元资金奖励。截至12月末，珠海市有境内外上市公司33家，“新三板”挂牌公司49家，珠海中小企业股权综合服务平台挂牌企业160家。成功与全国中小企业股份转让系统有限责任公司签订战略合作协议，共同建设“新三板”华南基地，为中小企业特别是科技型中小企业在“新三板”挂牌提供便利，基本完成运营实体设立，室内设计及进场施工工作加紧推进中。

农村金融改革 出台《关于加强农村金融改革创新改进农村金融服务实施意见》《农户信用信息采集及信用户、信用村评定管理办法》。加快建设农村金融服务站，首批11个行政村的金融服务站投入运营，完成第二批29家农村金融服务站选址工作，协调银行机构完善服务站运营机制。推动相关银行在南门、新环等6个试点村采集近300家农户信用信息。珠海农业融资担保有限公司获准设立，成为珠海市第一家农业专门化融资担保机构。

小贷公司、融资担保公司评级 研究草拟《关于加快珠海市融资担保行业健康发展的工作方案》，支持辖内融资性担保公司依规开展诉讼保全担保业务，相关业务在保余额8亿元，比年初增加3亿元。是年，有7家公司参评。

发展现代保险服务业 出台《关于加快发展现代保险服务业的实施意见》。逐步拓宽已开展的能繁母猪保险、水稻种植保险、农房保险、农村小额人身保险、农户小额贷款保证保险覆盖面，研究推动水产养殖保险、水产品运输保险、科技保险、环境污染责任保险和安全生产责任保险等试点工作。

【商事制度改革】 自2013年商事制度改革以来，珠海市在全国率先颁布《珠海经济特区商事登记条例》《珠海经济特区商事登记条例实施办法》及八个商事制度改革配套制度，形成较为完整的“一条例一办法八制度”地方性法律法规体系。八个制度涵盖市场准入、后续监管、信用公示等内容，在准入方面，有《珠海市商事主体“一照一码”登记实施办法》《珠海市换领商事主体营业执照实施办法》；在后续监管方面，有《珠海市商事主体经营异常名录管理办法》《珠海市商事主体先照后证监管信息认领办法》；在商事主体责任方面，有《珠海市商事主体年度报告制度实施办法》《珠海市商事主体公司秘书管理办法》；在信用公示方面，有《珠海市商事主体信用信息公示管理办法》《珠海市商事主体公示信息抽查办法》。

建立权责清单制度 2014年12月31日，全市市级政府部门权力清单编制完成，10121项，并在政府网站对外公布。2015年3月31日，将各区（功能区）行政职权和政务服务事项通过区政府网站平台向全社会公布，其中香洲区公布4356项，金湾区公布5126项，斗门区公布5112项，高新区公布2179项，高栏港区公布1691项，万山区公布2024项，保税区公布442项，横琴新区于9月30日公布1457项。

推行“互联网+信用监管”机制 截至2015年底，商事主体登记许可及信用信息公示平台公示商事主体登记信息183592条，许可类信息39130条，信用类信息665条，其中登记类信息、许可类信息、信用类信息分别占公示信息总量的82.2%、17.5%、0.3%；商事主体自主公示13518条，商事主体年度报告公示信息164933条（含自贸区8915条），内资企业年报率77.80%，外资企业年报率86.6%，个体工商户年报率53.91%。公示商事主体拟载入经营异常名录2994条，载入经营异常名录258条，其中不按期提交年度报告230家，通过住所（经营场所）无法联系28家。8月20日，上线启用抽查管理模块，在公示平台公示第一个抽查计划，拟抽查商事主体数1039家，按照计划进行业务培训并依法组织实施抽查。

推进商事登记便利化 按照“准入条件适当、准入程序简便、准入成本低廉”标准推进商事登记便利化。通过特区立法建立工商登记注册与经营许可审批相分离、住所与经营场所相分离和有限责任公司注册资本认缴三项制度。再造商事主体准入流程。工商登记事项由原来11项减少到6项，营业执照由18种减少到1种（“一照一码”营业执照），文书表格由140种合并为1种；实行“零收费”和“1+3”受理登记，最短1个工作日、最长不超3个工作日即可领取营业执照；在全市工商系统登记窗口设立商事登记导办员岗位，推进“互联网+登记服务”新模式。截至年底，全市实有市场主体总量217021户（含自贸区14585户），日均新登记注册商事主体201户；每千人商事主体数量突破144户。

“一照一码”商事登记制度改革 8月31日，珠海市正式实施“一照一码”商事登记制度，主要有6大特点：一是8月14日《珠海市商事主体“一照一码”登记实施办法》经市政府常务会议研究审议通过，并由市府办印发执行，为“一照一码”商事登记制度改革提供法律依据。二是创新性实施商事主体市场准入环节由多个职能部门的证照登记制度简化为由商事登记机关核发“一照一码”营业执照的登记模式改革，同时以商事登记簿形式对商事主体相关信息进行记载和公示，通过将多部门信息汇集于一簿并面向全社会进行公示方式实现全面信用监管目的。三是突破国内其他省市广泛采用的“并联式审批”或“串联式审批”做法，推行“一表受理、一窗发照”模式，仅由商事登记机关一个部门受理登记，彻底简化商事主体市场准入流程，严格按照《珠海经济特区商事登记条例》规定的“1+3”法定办理时限执行，最快1日便可办结。四是引入全程电子化手段，在公示平台的基础上，搭建“珠海市一照一码登记业务协作系统”，实现商事主体申报、商事登记机关登记、社会公众查阅监督到数据共享、信息公示的商事登记全流程电子化操作。五是运用“互联网+”服务手段将登记申请服务延伸到社区、园区甚至每一个互联网终端。相关软件正在研发之中。六是鼓励支持志愿者、义工及各类社会公益组织和团体参与志愿活动，为商事登记提供咨询、导办等便利化服务。截至年底，为4883户新设立的商事主体发放“一照一码”营业执照，为5132户办理变更、换照业务的商事主体更换“一照一码”营业执照。

【商事制度改革中存在问题】 工作主动性不够强，表现在推动法律法规修改力度不够，部门协调工作推进、主动衔接不足，对改革中出现的新问题研究不够，改革红利未能完全释放，改革难以形成综合效果。

事中事后监管机制需完善 商事主体自治、行业自律、社会监督、政府监管市场监管理念还不深入，有些部门监管机制和方式创新不够、办法不多；综合监管与行业监管之间职责尚未厘清，监管有效衔接机制还不完善，社会上对“证”“照”之间的关系还存在模糊理解，在“先照后证”改革中容易产生一些监管空白点，出现一些违法经营问题。

便利化工作遇到的问题 一是关于商事主体登记同城通办管理模式改革。该项改革既涉及商事制度改革任务，又涉及自身管理体制改革，属地化管理、部门整合和人员调整等，推行遇到困难。二是关于全程电子化工作。因全程电子化涉及部门很广，多部门间数据融合存在技术难点。

公示平台建设需加强 一方面，平台公示的信息存在不对称、不均衡问题，工商登记类信息为主，许可类信息和信用类信息较少。另一方面，平台信息收集、整理、查询不科学、不统一、不规范，部门间信息平台不能有效对接、资源不能共享、信息不能互通，无法全部实现实时、全面的横向关联查询、交换和利用，未能达到各部门信息高度共享、协同监管要求。

社会监督参与度需提升 因正面宣传引导力度不够、配套制度欠缺、参与空间有限等原因，商事主体责任意识不强，自我管理、自我约束机制不健全。公众缺乏参与社会监督的主动性，社会组织促进行业自律作用没有得到充分发挥，市场监管社会化水平不高，在引导企业诚信经营、培育行业自律管理、开拓更多渠道引入社会监督方面有待深化。

【信用体系建设】 2015年6月19日，珠海市根据国家和省、市规划纲要，由市信用办起草《珠海市社会信用体系建设三年

（2015～2017）行动计划》正式印发实施。根据广东省奖惩意见，市信用办起草《关于企业和社会组织守信激励和失信惩戒办法》，报市政府适时印发实施。在市级政府投资项目工程施工招投标的基础上，扩大使用信用记录和信用报告范围至市政府投资项目工程咨询、勘察、设计、造价、施工、监理、招标代理机构等招投标领域，凡参加的企业均须提供以上信用记录或信用报告，作为资格审查、评标的重要依据之一。是年，为462家企业免费打印1458份信用记录；人民银行珠海市中心支行为企业打印信用报告2048份。探索在市财政申请领域使用信用记录或信用报告制度，起草《关于在申请市级财政专项资金中使用信用记录或信用报告的通知》，并于8月征求相关单位意见，报市政府适时印发实施。

发展计划管理

【发展规划编制】 2015年，珠海市编制《珠海市国民经济和社会发展第十三个五年规划纲要（草案）》，以及"十三五"人口发展、粮食发展与安全保障、能源发展、新能源汽车充电站（桩）等专项规划；制定《珠海市率先全面建成小康社会短板指标解决方案》《珠海市促进健康服务业发展实施方案》《珠海市市级储备粮包干轮换实施方案》，研究户籍制度改革和全面放开二胎政策对全市未来人口总数的影响，研究珠海市应对经济新常态的对策等。

【年度计划】 2015年，珠海市制定国民经济和社会发展计划、政府投资项目计划；健全经济运行监测分析联席会议制度，强化对主要指标运行情况预警研究；实行国民经济和社会发展主要经济指标任务分解和考核。

【投资管理】 2015年，全市固定资产投资完成1305亿元，比上年增长15%。市政府投资项目完成投资额162.85亿元，完成计划的100.5%；编制市、区两级政府投资项目3年滚动计划；在全国率先实施建设工程招标核准负面清单制度，减少90%以上的招标核准事项；对接全省企业投资管理体制改革工作，引导和鼓励民间投资常态化，印发《珠海市鼓励民间投资产业导向目录》；出台《关于在公共服务领域推广政府和社会资本合作模式的实施意见》，以及相配套的3年行动计划；开展修订《珠海经济特区政府投资项目管理条例》。

【重大项目建设】 2015年，珠海市与国家开发银行、中国农业发展银行签订全面战略合作协议，合计授信1400亿元，为重大项目建设筹措资金。全市重点建设项目完成投资423.4亿元，完成计划的117.6%。其中33个省重点项目预计完成投资222.9亿元，完成计划130.4%。2015年省重点项目计划中珠海市牵头的6个新开工项目全部开工，分别是：横琴新区深井二线口岸综合体项目工程（一期）、万华化学特种聚氨酯项目、长隆国际海洋度假区（二期）、富山产业新城先进装备制造业基地、富山产业新城电子信息装备制造业基地等，计划投资21亿元，实际完成投资40.3亿元，完成计划192%。是年计划投产项目有2个，分别是珠海中海油精细化工园项目和珠海三一重工港口机械项目，全部按期投产，计划投资5亿元，实际完成投资11亿元，完成计划219.1%。另外，高栏港区15万吨级主航道工程项目10月份提前完工，完成投资5.7亿元，完成计划114.8%。横琴新区国际网球中心项目（一期）完工，完成投资4.5亿元，完成计划302%。是年续建项目21个，计划投资143.4亿元，实际完成投资168.7亿元，完成计划117.7%。高栏港10万吨集装箱码头项目、海泉湾二期项目、高新区珠海信息港项目、横琴新区长隆度假区项目、斗门富山产业新城先进装备制造业基地项目等进展较快，超过200%。

编制实施珠海市"三高一特"现代产业体系规划以及系列配套政策；出台《珠海市新能源汽车推广应用实施方案（2014～2015年）》《珠海市新能源汽车推广应用补助资金管理实施细则（2014～2015年）》，一批热电联产项目、分布式能源站、集中供热锅炉被列入《广东省工业园区和产业集聚区集中供热实施方案（2014～2017年）》；推动《珠海低碳规划研究》《珠海东澳岛低碳发展规划（2012～2020）》《横琴新区低碳发展规划（2012～2020）》等一系列低碳规划落地。

【物价调控监管】 2015年，珠海市清理已退出定价目录、放开实行市场调节价的商品和服务价格文件85件；实行公立医院药品和医用耗材零差率改革；完善物业服务收费管理办法和收费标准方案；实施居民生活用气阶梯价格制度及购销价格联动机制；免征或减半收取的行政事业性收费超30项，核准公共汽车票价、调整管道液化石油气价格、认定电动汽车经营性集中式充换电设施及电价、制定珠海市再生水指导价格、调整老旧小区加建户内管道燃气设施收费。

【粮食仓储设施建设】 2015年，中央财政支持珠海市粮食仓储设施建设及维修补助资金2699万元全部落实到位；珠海中心粮库一期工程3.2万吨粮库年底签订施工合同，中央财政补助资金1000万元落实划拨到施工企业，安监部门出具施工许可审查意见，施工队伍和施工机械设备进场开始平整土地，基本实现年底开工建设的计划目标。斗门区两个维修改造项目年底开工，计划2016年夏季竣工。其中六乡粮库改建工程中央财政补助资金1295万元，施工企业进场开始移库、拆除原建筑物等工作；乾务粮库二期工程中央财政补助资金404万元，年底完成施工招标投标，开标公示后签订施工合同随即进入施工阶段。完成军粮保障工作。

（骆一俊）

国有资产监督管理

【概　况】 2015年底，珠海市管企业资产总额4578.97亿元，比年初增长16.91%；国有权益总额745.32亿元，比年初增长16.14%。珠海市国有资产监督管理委员会（简称珠海市国资委）监管的15户市管企业实现营业收入1382.69亿元，比上年下降19.33%，营业收入下降原因是空调行业增速放缓，格力电器营收下滑。归属国有净利润46.16亿元，增长19.06%。

【市属国企改革】 2015年，珠海市国资委出台《珠海市全面深化国资国企改革工作方案》《关于推进珠海市市直行政事业单位可经营性国有资产统一监管改革工作的实施方案》《珠海市加强国有企业公司治理建设的若干指导意见》《珠海市市属国有企业投资项目后评价工作指引》《关于推进市场化选聘市管企业高级管理人员工作的指导意见》《关于严格规范市属企业负责人履职待遇和业务支出的实施意见》《珠海市国有资产监督管理委员会审计结果管理办法》《珠海市国资委派驻市管企业财务总监联签制度实施细则》等方案，初步形成珠海市国企改革“1+N”系列配套文件。牵头起草《关于深化珠海市属企业负责人薪酬改革的实施方案》，经省深化国有企业负责人薪酬制度改革工作领导小组审核同意印发。是年8月，珠海市国资委着手制定国有资本“十三五”发展规划。市属国企“十三五”发展规划编制工作同步启动。

混合所有制改革稳妥推进 珠海港控股集团有限公司（简称珠海港集团）引入知本科技公司设立珠海知能环保公司，成为香洲区油烟浓度在线监测平台独家运营商。珠海九洲控股集团有限公司（简称九洲控股集团）、珠海水务集团有限公司（简称水务集团）通过增资扩股发展混合所有制经济。珠海公共交通运输集团有限公司（简称公交集团）引入战略投资者设立南粤通客运联网中心和区域性汽车租赁公司，发展跨区互联网＋汽车租赁业务。珠海城市建设集团有限公司（简称城建集团）引入泰坦能源集团设立驿联新能源汽车运营公司，开展新能源汽车示范推广和商业模式运作。珠海华发集团有限公司（简称华发集团）引入中国冶金科工股份公司设立合资公司推动综合管廊项目开发建设及运营。珠海保安集团有限公司（简称保安集团）通过增资扩股开拓发展新兴的安全风险评估业务。

【市属国企发展】 2015年，珠海市国资委加大国有资源整合和战略重组力度。组建珠海市会展集团有限公司（简称会展集团）、广东城智科技有限公司（简称城智科技），助推珠海市会展服务业发展和智慧城市建设。组建珠海科技创业投资有限公司（简称科技创业投资公司），为创新企业发展提供物理空间及金融服务等全方位支持，带动珠海创新产业升级发展。组建珠海市农业投资控股集团有限公司（简称农控集团），探索建立与珠海市建设生态文明新特区相适应的特色海洋、生态农业与农村经济发展模式。将格力地产股份有限公司（简称格力地产）和格力人工岛口岸公司的股权无偿划转至珠海投资控股有限公司（简称海投公司）名下。完成珠海金控投资控股集团有限公司（简称金控集团）对海融公司股权协议收购、城建集团与华发集团对海川地产股权的协议转让、珠海格力集团有限公司对格力海岛股权协议转让，珠海市市场经营集团有限公司、珠海粮油食品进出口有限公司和公交柏宁出租车牌照产权股权划转，华发集团下属十字门国际金融中心大厦土地、容闳学校、珠海铧创、广科电子技术有限公司企业内部的股权无偿划转，红旗投资有限公司无偿划转至红旗镇政府、振平投资有限公司股权无偿划转至平沙镇政府；完成华发集团高华市政公司公开转让，水务集团珠津公司增资扩股引进战略投资者。华发集团对华金证券、华发财务公司的增资扩股工作。

重大项目战略并购　珠海港集团完成秦发港务公司60%股权、九洲国码和高栏国码一期及二期公司50%股权收购，实现对珠海港现有大型码头的绝对控股。金控集团完成普罗九仙股权、英飞尼迪开曼公司49%股权、庄臣公司46%股权收购，拓展股权投资业务和房地产物业管理产业链。

国资金融业增量发展　金控集团引入战略投资者，共同搭建各类交易平台。广东金融资产交易所、横琴煤炭交易中心、南屏村镇银行相继成立；横琴国际知识产权交易中心、横琴华通金融租赁公司、横琴国际商品交易中心等平台搭建完成；久隆财产保险、南方有色金属交易中心、熔铧金融租赁等平台申请筹建。

产业模式转型升级　金控集团与多家知名企业合作成立创业投资、产业投资、基础设施建设投资等多个基金，管理基金及资产规模超过200亿元。九洲控股集团与广州城发投资基金管理公司共同组建珠海城发建投基金，首期资金规模100亿元。金控集团与民企商会出资成立基金管理公司，支持市重点项目建设和高端产业发展，设立创业引导基金带动珠海创业投资发展。珠海港集团、农控集团支持高新区发展与领先动力等公司合作设立创业基金，在珠海市投资5个项目。

企业发展融资　香港华发投资25亿元人民币离岸债券完成首次15亿元发行工作。华发综合发展完成70亿元人民币长期含权中期票据、60亿元人民币超短期融资券注册，并将择机发行。珠海华发股份完成非公开发行股票工作募集资金总额43.12亿元，发行债券募集资金30亿元。九洲控股集团完成6亿元中期票据和20亿元人民币公司债券发行工作。格力地产非公开发行股票拟募集资金总额不超过30亿元，发行债券拟募资30亿元工作正上报审核中，其下属格力房产发行公司债券募集7亿元。水务集团完成10亿元短期融资券注册，首期发行4亿元。航空城集团通过实施通用机场公司公开增资扩股股权融资2.7亿元；城建集团通过增资扩股进行融资1000万元支持技工学校建设工作。

资本运作实现新突破　珠海港信挂牌新三板，并获批新三板扶持资金。珠海港昇新能源完成挂牌新三板前的首轮融资。珠海港信完成员工持股试点、混合所有制改制及股份制改革。

企业自主创新工作　格力电器新产品开发项目“U尊2”外观获得中国专利金奖；空调设备及系统运行节能国家重点实验室获批建设。公交集团开通“珠海公交”微信，实现线路查询、IC卡余额查询等功能；与滴滴出行科技有限公司合作开展互联网+汽车租赁业务。珠海港集团打造平台助力“智慧港口”。以洪湾国码为试点，推动跨境电子商务通关服务平台、国际贸易“单一窗口”项目建设。城建集团珠海有轨电车1号线采用“无辫”地面供电系统技术为世界范围首次投入商用；城智科技利用“互联网+”向社会提供优质绿植产品和养护服务。农控集团参与国家食品安全(横琴)创新工程。华发集团推出新一代“优+生活”人居战略，成为房产开发板块实施转型升级战略代表性成果。

【国有资产监管】 2015年，珠海市国资委修改完善《财务总监联签制度实施细则》，以财务总监联签工作为切入点，加强企业日常财务管理。建立面向出资人的专项财务报告制度，编制《2014年度专职监管人员监管工作报告汇编》《2015年上半年度专职监管人员监管工作报告汇编》。收集监管事项报告69份、财务总监专业监管意见78份。起草《珠海市国有资产监督管理委员会审计结果管理办法》，建立健全企业内部审计机构、国资委审计部门、纪检部门、人事部门审计联动机制与整改责任机制，完成年度审计项目14项。加强投资管理评估。制定完成《珠海市市管企业投资项目后评价工作指引（试行）》，强化可研论证，建立健全投资项目后评价及问责机制。起草《关于推进市属国有企业相关经济行为进场操作的指导意见》，对市管企业重大采购、资产租赁、经营权出让及境外国资转让等经济行为制定科学、严密的管理制度及实施细则。规范产权登记工作。是年，完成企业产权登记158笔，其中占有76笔，变动80笔，注销2笔。修订《珠海市国有资产评估管理工作指引》，指导企业全面提高资产评估工作水平，完成核准、备案资产评估报告23份，评估资产总计66.39亿元。构建信息监管平台。开发国有资产出租管理软件，建立电子数据库，对国有资产种类、数量、租赁状态等实施动态监控。发挥产权交易中心跨境交易专业平台优势，填补境外国有资产交易空白，构筑跨境产权交易服务链。

董事会建设全面深化 珠海市国资委出台《珠海市加强国有企业公司治理建设的若干指导意见》，全面推进现代企业建设，增强企业核心竞争力。完善企业董事会、监事会架构。对派驻企业的财务总监和挂点科长进行轮岗交流，推进企业董事调整工作。针对部分企业外部董事未过半、董事会和监事会架构不完备等问题，逐步增派外部董事，委派监事会主席。对新脱钩划转监管的保安公司推进公司制改制，搭建完成外部董事过半的董事会、监事会。结合董事会试点工作经验和市商事登记条例的要求，制定《市管企业公司章程（范本）》和《董事会议事规则（范本）》初稿。对市管企业的公司章程进行修改完善。探索监事会工作纵向延伸至二级企业，在集团层面建立起监事会垂直管理体制。

经营分类管理和经营业绩考核制度 是年，珠海市国资委根据国务院国资委、财政部、国家发改委联合发布的《关于国有企业功能界定与分类的指导意见》精神，将珠海市国有企业按照主营业务和核心业务范围划分为商业类和公益类，在推进改革、促进发展、实施监管、定责考核四个方面分类施策。对照中央对国企高管薪酬的改革精神，制定出台《关于深化珠海市市属企业负责人薪酬制度改革的实施方案》，建立与企业功能性质相适应的差异化薪酬制度，规范企业收入分配秩序，对不合理偏高、过高收入进行调整，实现薪酬水平适当、结构合理、管理规范、监督有效。

建立选人用人新机制 制定《关于推进市场化选聘市管企业高级管理人员工作的指导意见》，建立市场化选人用人机制。加强指导董事会市场化选聘经理层工作，市场化选聘华发集团副总经理、珠海控股总经理等多位高级管理人员。

国有资产统一监管 是年，11家市属国有粮食企业整体划转至农控集团；市接待办、市驻京办、市驻省办4家市属国有酒店整合注入九洲控股集团。

【重大项目建设】 截至2015年12月底，市管企业累计承担珠海市76项重点投资建设项目，涉及投资额1441亿元，其中完工项目26项，在建项目40项，拟建项目10项，到位资金630亿元，投放资金520亿元。海投公司下属口岸公司完成港珠澳大桥珠海口岸建设的海域验收工作；香炉湾沙滩修复工程完成。华发集团十字门—华金区域重点项目快速推进，横琴国际网球中心建成投入使用，横琴金融产业发展基地一期建设完成；珠海首个国际五星级酒店喜来登酒店正式开门营业；珠海中心主体结构封顶。富山产业新城建设全面进入快车道；港口工业园临港污水处理厂等阳江帮扶项目取得重大进展。城建集团有轨电车1号线首期工程项目、珠海大剧院工程项目、海韵广场工程、白石桥项目等取得有效进展。珠海交通集团有限公司有序推进平沙新城起步区建设工作，横琴二桥主桥主拱和桥面合龙；省道S365线中心涌至井岸二桥工程实现主线通车。香海大桥、洪鹤大桥、鹤洲至高栏港高速公路、金海大桥等项目前期工作按计划推进；完成广珠铁路配套设施建设工作。珠海港集团港口扩能工程按计划推进，高栏港区15万吨级主航道工程完成，洪湾国码建设完成；九洲港货运码头搬迁至洪湾港；西江物流重要节点梧州大利口码头完成开港前测试；国内航运巨头中海船公司开通高栏—越南胡志明航线；珠海市主城区天然气输配系统气源点南屏门站试运行。公交集团推进南水客运枢纽站工程、湖心路口公交换乘站、纯电动出租车充电站建设。珠海航空城发展集团有限公司正式启动珠海机场升级改造项目，推进珠海机场综合交通枢纽项目、阳江合山机场改扩建项目，完善珠海通航飞行服务站建设运营；推动航空产业园基础设施建设、珠海航空物流基地建设。九洲控股集团落实“高端产业”特色海洋经济发展战略，推动万山群岛游、珠海航海文化中心、斗门乡村风情带建设、桂山岛幸福渔村改造、新度假村酒店开发、南油海棠楼改造、珠海国际赛车场升级改造等项目落地。水务集团加快供水设施建设，完成乾务水厂扩建工程、机场东路供水干管工程、拱北水质净化厂扩建工程、南水水质净化厂提标改造工程，推动全市污水管网建设工程，落实医疗废物焚烧厂大修工作，安全运营固废处理设施和项目。农控集团配合富力凤凰谷足球世界旅游小镇项目、唐家气库搬迁工作、海岛旧房屋更新改造及洪湾渔港项目。珠海会展集团推进新主展馆建设，以国际化、专业化形象迎接第十一届中国航展。珠海免税集团配合推进“城市之心”前期工程，参与港珠澳大桥人工岛、横琴新区免税及有税商业项目规划设计工作。

【服务社会民生事业】 2015年，珠海市国资委监管的市属国有企业做好重大会展赛事举办，提高城市品位，提升供排水、污水、垃圾处理、公交运输、公园管理、农贸市场等公用事业领域服务水平。会展集团先后举办2015中国（珠海）国际游艇展和2015珠海智能电网大会暨中国（珠海）国际智能电网展，同时承接首届珠江西岸先进装备制造业投资贸易洽谈会的展务工作，统筹协调“六市一区”完成综合展区和专业展示交易区（3万平方米）招展布展。华发集团举办珠海莫扎特国际青少年音乐比赛、珠海ITF国际女子网球巡回赛、珠海WTA超级精英赛三大国际赛事，成为珠海打造国际宜居城市新亮点。农控集团扩展和改造菜篮子基地与供应渠道，整合建立第三方农副产品安全检测平台；完成活禽摊档改造工作；多措并举推动中心粮库项目进度，采取内置金融的模式，参与珠海市幸福村居建设。保安集团派出保安员参与横琴马戏节、斗门龙舟赛等大型活动安保工作，为维护社会治安提供服务与保障。公交集团推进公交线网优化和换乘优惠体系研究项目，新开公交线路17条，优化调整线路走向及站点93条次，优化调整运行时刻表120条次。水务集团实现珠澳两地安全优质供水，完成生活垃圾、医疗废弃物、渗滤液处理任务。九洲控股集团属下企业圆明新园投资近5000万元改造中心剧场，成为珠海城市标志性文化艺术大舞台；投资3800万元的市文化馆开辟“百姓舞台”，免费演出260余场次。

节能减排 城建集团自行车一期项目建有195个站点，投放公共自行车5000辆，累计租车量2416.4万人次；推进全市公共绿色照明LED路灯节能改造，每年为珠海市节约路灯照明用电2493万千瓦时。公交集团推进350辆租赁纯电动公交车项目和400辆纯电动出租车项目，完善150辆新能源公交车实施方案。

解决历史遗留问题 珠海市联晟资产托管有限公司制定电子集团、超大公司历史债务清偿方案，完成军需所楼盘房产确权办证。珠光集团理顺企业与政府长达20多年的债权债务关系，解除21项物业查封，解决国际大厦续建项目报建审批难题，盘活拱北国际大厦、世界电子公司项目、南屏酒店用地功能调整项目、吉大联通大厦用地项目。 （刘亚群）

审　计

【概　况】 2015年，珠海市审计机关完成审计（调查）项目103个，查出主要问题金额26.37亿元，其中违规金额4832万元、损失浪费金额2532万元、管理不规范金额25.63亿元；损益（收支）不实1.27亿元；审计处理处罚19.37亿元，其中应上缴财政3357万元、应减少财政拨款或补贴3214万元、应归还原渠道资金506万元、应调账处理金额18.67亿元；审计发现非金额计量问题486个；审计期间整改金额9918万元；审计促进整改落实有关问题资金16.35亿元；审计后挽回（避免）损失3533万元，核减投资额3402万元。移送纪检监察机关和有关部门处理事项13件；移送处理人员1人；出具审计报告和专项审计调查报告157篇，被批示、采用1篇；提出审计建议350条，提交审计专题、综合性报告和信息简报69篇、被批示、被采用22篇。向社会公告审计结果2篇。

【财政（预算）审计】 2015年，珠海市审计机关财政审计观念从收支规范向科学理财转变，通过专线和实时在线监控系统，对财政业务数据实时查询比对和公共财政资金监督，确保审计监督时效性、全面性。通过审计查出主要问题金额21.26亿元。

【经济责任审计】 2015年，珠海市审计机关经济责任审计重点从遵纪守法向权力运行转变。通过统筹制定珠海市经济责任审计规划、镇街党委书记、镇长（主任）异地同步审计中长期工作规划等改革措施，审计监督已覆盖到审计管辖权内的区级党政、市直、国企和部分街镇“一把手”；将权力运行、经济决策、偿债能力、资源利用、环境保护和贯彻落实中央“八项规定”等廉政纪律列入审计评价范畴；对设有二级以下核算单位的市直部门、市管企业的审计，下属单位延伸审计覆盖面70%。全年完成全市党政部门和国有及国有控股企业领导干部经济责任审计项目52个，查出主要问题金额4.2亿元，其中违规金额 1811 万元，损失浪费金额 1986 万元，管理不规范金额 3.8 亿元。

【固定资产投资审计】 2015 年，珠海市审计机关政府投资审计切入点从造价审核向全面审计转变。投资项目审计额、审计力量、审计深度均实行逐年增强。全年审计额 25.7 亿元，占全市投资计划 165 亿元的 15.6%；提前介入多个工程设计和论证环节，强化建设单位精细化管理意识，提前挤掉多余“水分”；审计中注重指出目前政府投资工程中节约意识不强、部门监督及沟通不足、中介机构约束机制不健全等制度性漏洞，促进政府投资工程规范建设行为，完善监督机制。全年政府投资审计 19 个单位，项目投资 31.77 亿元，完成投资 2.44 亿元，核减投资 3305 万元，查出主要问题金额 7142 万元。

【社会保障审计】 2015 年，珠海市审计机关开展社会保险基金监督预算执行和决算情况的审计，查出主要问题金额 1160 万元。

【企业审计】 2015 年，珠海市审计机关对 9 个企业单位开展审计，同时延伸 13 个单位，并向纪检监察部门移交有关案件线索，查出主要问题金额 2.54 亿元。

【专项资金审计（调查）】 2015 年，珠海市审计机关开展专项资金审计，关注资金投入后产生的效益性和合理性。如对城镇保障性安居工程、幸福村居、民生工程、社保资金、政府专营收益等资金的审计中，揭示资金筹集、征缴、使用、分配和管理过程中的体制机制性问题，分析有关资金投入后是否达到立项时所预期的工作目标，向有关部门提出合理化的改进建议。通过对市直单位租用、出租办公用房情况的分析，指出一部分单位使用财政资金租用办公用房、另一部分单位存在大量房屋空置或低价出租的不合理现象。查出主要问题金额 1.75 亿元。

【审计信息化建设】 2015 年，珠海市审计机关继续开展“珠海市审计平台（第一期）”建设，实现计算机审计方式从单机操作向大数据分析转变，对财政部门数据进行汇总分析、探索国有企业财务数据穿透查询和结合统管思路升级审计资料库系统。

【内部审计】 2015 年，珠海市内部审计 4023 个项目，审计金额 1493.83 亿元，增收节支 1.54 亿元，建议给予行政处分 14 人，实际给予行政处分 13 人，向司法机关移送案件 2 件，向司法机关移送 2 人，提出建议意见被采纳 2582 条。

（黄健梅）

市场价格监管

【价格监督】 2015 年，珠海市价格监督检查与反垄断所开展春运客运票价、教育收费、医疗服务价格、节假日市场价格、涉企行政事业性收费和中介服务收费等专项检查，对发现的价格违法行为依法进行立案查处，办结行政处罚案件 3 宗，没收违法所得 20.71 万元，罚款 50.48 万元，罚没入库款项 71.18 万元。办理价格咨询、投诉和举报 1263 件，办结率 100%，满意率 95%，收到投诉人书面表扬 5 次，投诉人赠送锦旗 2 面。更新价格执法信息，搭建“珠海价格”微信平台，发布价格信息 8 期 22 篇。创新市场监管方式，召开反价格垄断和停车场价格行为提醒告诫会；倡导推行“明码实价店”工作。

【价格认定】 2015 年，珠海市价格监督检查与反垄断所（加挂珠海市价格认证中心）受理行政执法机关和司法机关委托，办理价格鉴定 1417 宗，鉴定金额 2.14 亿元。其中受理行政执法机关委托，办理涉案财产价格鉴定 1150 宗，鉴定金额 3286 万元。完成《自行车及电动两轮车价格认定》课题研究，通过国家价格认证中心评审验收。

【价格监测】 2015 年，珠海市价格监督检查与反垄断所制定价格异动应急方案、价格异动应急联席会议制度和价格监测数据报送制度，开展市场价格巡视。全年向省价格监测中心上报常规价格数据信息 2010 次，分析材料 54 篇，春节和国庆节假日期间向市委办报送价格数据 8 次和价格动态分析 8 篇。

【成本监审】 2015 年，珠海市价格监督检查与反垄断所为规范天然气价格，对珠海市管道燃气有限公司、珠海港泰管道燃气有限公司 2013 ～ 2014 年度、2015 年 1 ～ 9 月份购气成本、输配成本和期间费用实施成本监审。

【“三项建设”和价格调节基金管理】 2015 年，珠海市价格监督检查与反垄断所完成 2015 年度价格调节基金扶持“三项建设”（蔬菜大棚、冷藏设施、平价商店）项目补贴资金分配与拨付，组织发放平价商店补贴资金117万元，发放低收入群体价格补贴214万元。

（骆一俊）

统计管理

【预警监测】 2015年，珠海市统计部门加强统计数据资源整合共享，发挥统计监测作用，着重加强全市以及各区经济运行情况的研究分析，加强对珠三角规划纲要、建设小康社会等考核指标体系的监测预警，及时找出短板指标，提出对策建议；围绕珠海经济运行形势、经济社会发展重点领域和热点问题开展专题统计分析和研究。全年全市统计系统完成各类统计分析202篇。通过定期召开部门经济数据联审分析会，及早研判全市经济运行走势。

【企业入库】 2015年，珠海市加强对全市规模以上工业企业、资质等级建筑业企业、限额以上批零住餐企业、规模以上服务业企业进入“一套表”企业名录库的排查工作，建立统计与国税、地税、工商、质监等部门数据交流工作机制，通过数据比对提高企业入库单位准确率，做到不重不漏，应统尽统。全年新入库企业324家。

【统计数据管理】 2015年，珠海市、区、镇（街）统计部门三级联动，通过统计联网直报平台加强统计数据审核：全年完成审核、验收和汇总，全市规模以上工业企业、资质等级建筑业企业、限额以上批零住餐企业、规模以上服务业企业3330家企业上报的月度、年度统计数据，确保各项统计数据真实、可靠。

【全国1%人口抽样调查】 2015年，国务院统一部署全国1%人口抽样调查。珠海市抽取408个调查小区，调查对象为小区内全部人口（不包括港澳台居民和外国人）约10万人，主要调查人口和住户基本情况。全市统计部门按照国家、省统计局的部署和安排，按照“区不漏房、房不漏户、户不漏人”的工作要求开展入户走访调查，顺利完成各项工作任务。

【统计基层基础建设】 2015年，珠海市推进统计基层基础建设，出台《关于深化基层统计工作基础建设实施方案》等文件；在全省率先建立全市镇街统计员信息库和企业统计人员信息库，开展持证上岗清查工作，以《法律告知书》敦促企业无证统计人员参加从业资格考试，全年全市取得统计从业资格证人数800多人；8月、11月，市统计部门与中山大学合办两期全市统计业务培训班，培训对象覆盖市、区、镇三级统计工作人员。

【统计法治建设】 2015年，珠海市制定、修订《统计执法检查制度》《行政处罚裁量权细化标准》等制度，为全市统计执法检查提供制度性保障；加大统计执法力度，严肃查处统计活动中违法违纪行为。全市统计部门现场检查各类企业320家，立案查处统计违法案件10宗，给予警告处罚，责令整改73宗；广泛开展统计法制宣传。利用统计联网直报平台、手机短信、宣传折页等载体，向企业宣传《统计法》《统计从业资格认定办法》等统计法律法规；以全国法制宣传日、《统计法》颁布纪念日为契机开展法制宣传活动，扩大公众接受度和社会影响力。 （陈仕杰）

国土资源管理

【改革创新】 2015年，珠海市出台《珠海经济特区土地管理条例》，将较大市立法上升为特区立法，并对部分条款进行修订，将于2016年3月1日实施。

土地征收制度改革 开展青苗及地上附着物补偿标准修订工作，建立动态补偿机制，出台《珠海市征收（征用）土地青苗及地上附着物补偿办法》。为规范征收土地程序，维护被征地农民的知情权、参与权、监督权和申诉权，完善征地补偿争议协调裁决机制，研究制定《珠海市征收土地管理办法》，前期工作全部完成。

宅基地管理制度改革 起草《珠海市农村宅基地管理办法（试行）》，明确农村宅基地安排与使用应遵循规划先行、一户一宅、标准控制、依法审批原则；鼓励和支持有条件地区村集体建设公寓式住宅，促进宅基地节约集约利用，节约出来的宅基地作为集体经营性用地流转利用，流转收益全部归农村集体分配（收益主要用于腾出宅基地的农民分配），切实保障农民权益；鼓励农民腾退一户多宅的宅基地并在符合土地利用总体规划、城市规划和保障农户权益的前提下，遵循依法、自愿、有偿、平等、公开的原则开展宅基地使用权流转。

集体建设用地使用权流转　为推进农村集体建设用地入市，促进集体经济可持续发展，提升农民生活水平，市国土资源局起草并报市政府出台《珠海市集体建设用地使用权流转实施办法（试行）》和试点工作方案，允许集体建设用地通过出让、租赁、作价出资、转让、出租等方式依法进行流转。斗门区在斗门镇南门村、莲洲镇光明村，金湾区在三灶镇鱼月村、海澄村开展试点工作。斗门区在区农村集体资产资源管理交易平台中建立斗门区集体建设用地流转信息公开平台，相关交易流程在该平台实行信息共享，确保农民知情权。是年4月15日，市国土资源局印发《集体建设用地使用权出让合同（范本）》和《集体建设用地使用权租赁合同（范本）》供各区参照使用。

出台新兴产业用地政策　加强地价宏观调控，出台城市更新项目地价计收办法，完成地价动态监测和基准地价更新，标定地价试点成果通过省国土资源厅技术评审，创新性建立由“1+3”评估机构组成评估市场价格更新机制，每半年形成制度化常态化更新成果，建立健全包含基准地价、评估市场价、标定地价有机统一的地价体系。出台《关于重点文化项目及文化产业园区用地管理的意见》，明确重点文化项目及文化产业园区用地项目发展及投资规模要求，实施促进文化产业发展的地价政策。出台《关于加强科技企业孵化器用地管理的意见》，为珠海市科技企业孵化器规范健康发展提供政策依据。

【土地规划】　2015年，市国土资源局报请市政府建立土地利用总体规划调整完善和永久基本农田划定工作部门间联席会议制度，完成市级土地利用总体规划评估实施报告，初步拟定调整完善方案。指导和配合各区推进区级土地利用总体规划调整完善工作，. 金湾区、斗门区、高新区、高栏港区初步完成调整完善成果方案。

【土地利用】　加快项目征地拆迁工作　2015年，市国土资源局牵头指导协调各区（经济功能区）和项目业主单位共同推进港珠澳大桥珠海连接线、洪湾渔港、市民文化广场、金鼎至横琴高速、通用机场等30多个项目征地拆迁（用地清理整合）工作，涉及征拆面积1226.67万平方米，支付补偿金额7.8亿元（其中西部城区征拆面积595.74万平方米，支付补偿金额2亿元）；协调解决各类纠纷260多宗1800多人次。

用地预审和报批　完善重大项目用地报批“绿色通道”，提高用地审批效率。全年完成用地预审41宗，涉及用地面积716万平方米；获批用地报批项目110宗，用地规模982万平方米，新增建设用地924万平方米。根据省发改委和市发改局提供的重点项目清单，珠海市2015年省重点项目33个（需办理用地报批手续重点项目25个）、市重点项目112个（需办理用地报批手续重点项目60个）。省重点项目用地报批办结率80%（已办理20个）；市重点项目用地报批办结率79%（已办理47个）。保障重大项目合法落地，香海大桥、洪湾渔港、港珠澳大桥、西部沿海高速等项目经与国土资源部、省国土资源厅和相关市沟通协调得以解决。

项目供地　加快重大项目供地工作，坚持有保有压有控和“有限指标保重点”原则，实施差别化供地政策，优先保障重大项目用地需求。全年供地169宗，用地面积609万平方米（出让87宗372万平方米，划拨82宗237万平方米）。其中存量建设用地316万平方米，新增建设用地293万平方米，全力保障包括远光软件股份有限公司、泰坦科技股份有限公司、国机（珠海）机器人科技园有限公司、中电投珠海横琴热电有限公司、横琴新区市政基础设施BT项目等用地。

【节约集约用地】　2015年，市国土资源局实施《珠海市人民政府关于进一步加强节约集约用地工作的意见》，加强节约集约用地考核，建立科学的节约集约用地评价考核体系，落实节约集约用地共同责任，挖掘土地使用效率和利用潜力。是年，珠海市单位建设用地第二、第三产业增加值为3.93亿元/平方千米。清理土地11916宗，面积2.35亿平方米；清理项目2694个，完成项目清理376个；清理政策171宗，实现“清土地”“清项目”“清政策”工作统筹协调推进。清理出闲置土地31宗，面积83.94万平方米。收回土地102宗，面积524万平方米。

【耕地保护】　落实耕地保护责任　2015年，市国土资源局强化耕地保护考核，对各区年度耕地保护目标责任履行情况进行考核。珠海市耕地保有量3.36亿平方米（50.35万亩），实际划定基本农田面积2.58亿平方米（38.66万亩），均超过广东省下达珠海市耕地保有量2.76亿平方米（41.43万亩）和基本农田保护面积2.44亿平方米（36.61万亩）任务，通过广东省耕地保护目标责任履行情况考核。

基本农田建设 广东省下达珠海市“十二五”期间高标准基本农田建设任务6886.7万平方米（10.33万亩），完成2012年度、2013年度高标准基本农田建设任务3980万平方米（5.97万亩），任务完成情况连续两年在全省排名前五名。2014年度高标准基本农田建设完成施工和区级验收。

【土地执法监察】 2015年，市国土资源局加强督查督导，集中开展重点项目防控、违法用地专项整治、高尔夫球场清理、土地变更调查等专项督查督导行动。

在线巡查法 是年，珠海市在线巡查系统平均上线率位列全省第二，上线时间14685小时，巡查距离23.04万千米，上报案件113宗，涉及占用土地面积11.27万平方米（169.09亩），其中耕地面积1.91万平方米（28.59亩）。整改到位95宗，面积8.93万平方米（133.95亩），其中耕地1.89万平方米（28.24亩）。

“两违”整治 3月1日，珠海市委召开常委会，决定实施巩固提升文明城市建设三年行动计划。4月15日，市政府印发《关于印发珠海市整治违法用地专项行动三年计划实施方案的通知》（珠府函〔2015〕94号），决定实施“整治违法用地专项行动三年计划”。实现市委、市政府提出的违法用地“减存量”工作目标，清理整治存量违法用地687宗，面积224.47万平方米（3367亩）；整治新增违法用地385宗，面积66.24万平方米（993.56亩），做到“早发现、早制止、早报告、早处置”。

卫片执法检查 开展2014年度土地卫片执法检查工作。经核查，珠海市2014年度实际占用新增建设用地648.85万平方米（9732.8亩），耕地112.25万平方米（1683.8亩）。其中，合法用地337宗，面积515.79万平方米（7736.9亩），耕地99.13万平方米（1487亩）；历史批文用地112宗，面积44.66万平方米（669.9亩），耕地8.83万平方米（132.5亩）；违法用地146宗，面积88.41万平方米（1326.2亩），耕地4.35万平方米（65.3亩）。违法用地（不含历史批文用地）占用耕地面积占新增建设用地占用耕地面积比例为4.2%，是全省违法比例最低城市之一，通过省政府验收。在全省土地执法监察考核中，2013年度、2014年度卫片执法受省政府通报表扬；金湾区获得2013年度考核二等奖，斗门区获得2014年度考核二等奖，各奖励新增建设用地指标20万平方米（300亩）。

【土地市场】 2015年度，珠海市挂牌出让经营性用地41宗，出让总面积178.73万平方米（其中市本级10宗，面积52.3万平方米；金湾区2宗，面积9.33万平方米；斗门区2宗，面积13.4万平方米；高新区1宗，面积3.3万平方米；保税区1宗，面积54万平方米；高栏港区3宗，面积8.55万平方米；横琴新区22宗，面积91.3万平方米）。开展全市国有空闲地调查工作。清理出单宗面积在3000平方米以上且具有利用价值的国有空闲地面积1.48亿平方米，其中符合现行土地利用总体规划的空闲地面积1.02亿平方米（经营性用地2614.73万平方米、工业用地3549.65万平方米，其他用地4052.09万平方米）。可供出让存量经营性用地及工业用地6164.38万平方米，均为政府储备用地。

【矿产管理】 2015年，市国土资源局完成2014年度矿产资源开发利用年检工作；办理41宗建设用地压覆矿产资源初审意见，办理1宗采矿证开发利用方案审查备案，注销3家采矿许可证。督促各区加快对《珠海市矿产资源总体规划（2008～2015年）》的组织实施工作。

【地灾防治】 2015年，市国土资源局加强地质灾害防治工作，开展地质灾害隐患巡查排查及重点地段定时监测；加强24小时值班值守工作，做好突发地质灾害应急抢险各项准备。全市需整治复绿74处裸露山体中，有60处完成整治复绿，完成率81%。是年初，全市在册地质灾害隐患点195处，治理地质灾害隐患点34处，超额完成广东省国土资源厅下达给珠海市消减15%考核任务。是年，香洲区在全省率先创建国家地质灾害防治高标准“十有县”（有制度、有机构、有经费、有监测、有预警、有评估、有避让、有宣传、有演练、有效果），通过省国土资源厅和国土资源部验收。

【测绘管理】 2015年，市国土资源局按时优质完成4867项测绘任务，其中《珠海高精度三维陆海统一测绘基准建立及其理论与技术研究》项目获2015国家地理信息科技进步一等奖，填补珠海市测绘地理信息行业科技创新荣誉空白。建设全国首个陆海一体北斗卫星连续运行导航与位置服务系统（ZHBDCORS），构建珠海市现代测绘基准高精度框架，实现实时、高精度、快速、多坐标系获取三维定位坐标目标，可对各行业提供不间断精密导航等定位服务。有序推进地理国情普查，拓展公共平台推广应用，推进数字县（区）建设，数字横琴基本建设完成，香洲区、金湾区、斗门区数字县（区）建设工作有效推进。

【专项审计和土地例行督察】 2015年，市国土资源局配合国家审计署对珠海市耕地保护和土地出让金收支开展审计，涉及202项问题，完成整改事项162项，占问题总数80.2%。配合开展节约集约用地专项督察、2015年土地例行督察。对2015年土地利用例行督察10大项29小项718个具体问题，整改到位712个，整改到位率99%，经国家土地督察广州局核查认定达到整改标准。出台《关于进一步规范我市经营性用地出让工作的通知》《关于加强我市设施农用地管理的指导意见》《关于进一步加强耕地质量建设工作的通知》等文件，建立健全土地管理制度，构建依法管地批地用地长效机制。

【不动产统一登记】 按照上级国土部门和珠海市委、市政府部署要求，2015年，市国土资源局将不动产统一登记列为重点工作。7月28日，珠海市编委发出《关于整合不动产登记职责的通知》，决定整合珠海市土地登记、房屋登记、林地登记、海域登记等不动产登记职责，在珠海市国土资源局设置不动产登记局，加挂地籍管理科牌子，将“珠海市房地产登记中心”更名为“珠海市不动产登记中心”，隶属珠海市国土资源局管理。12月1日，珠海市不动产登记局和珠海市不动产登记中心揭牌并颁发珠海市第一本不动产权证，标志着珠海市不动产统一登记发证工作正式启动。珠海市成为继中山市、深圳市、广州市、顺德区后，全省第5个颁发不动产权证的市、县（区）。

【解决历史遗留问题】 2015年，市国土资源局组织全系统干部深入200多个基层村（居），开展“大调研大排查大整改”；组织三级领导开展“大接访”活动，畅通群众诉求反映渠道，着力化解涉土信访难题。开展窗口延时和预约服务。全年受理群众来信来访245批次404人次，其中接待群众来访80批次239人（个人访54批次89人，集体访26批次150人）；来信140件；网上信访25件；受理12336（珠海12345市民服务热线）转办件373件。多措并举，解决一批长期集体上访的信访积案。

预统征地历史遗留问题　珠海市符合土地利用总体规划但尚未确认为建设用地9900万平方米（14.85万亩）预统征地取得国土资源部政策支持，纳入“批而未用”建设用地范围。

复杂用地问题　开展现场服务240多场次，解决300多个农村集体土地所有权纠纷问题，以及海城渔委会、福溪村、南溪村、北山村、官塘村、斗门榕益村等30多个村长期集体上访信访积案。历时20多年未解决的国际赛车场综合发展用地问题、2007年开始启动的醋酸纤维项目搬迁用地置换问题，平沙糖厂用地收回、金湾高尔夫配套用地、台湾农民创业园、十亿人果蔬公司等用地问题都得到解决。

村民建房遗留问题　出台《关于“两违”整治中村民（被征地农民）建房若干问题的处理意见》，为全市5000多宗村民建房历史遗留问题解决提供政策保障。

留用地欠账问题　根据省、市安排，珠海市2015～2017年3年内应兑现未落实留用地480万平方米（7200亩），其中斗门区446.67万平方米（6700亩），金湾区33.33万平方米（500亩）。2015年，省下达珠海市应完成任务146.67万平方米（2200亩），其中斗门区136.73万平方米（2050.94亩）、金湾区10.03万平方米（150.43亩）。截至年底，落实153.33万平方米（2300亩），超额完成省下达的年度工作任务。

涉农群众权益问题　出台《关于解决我市代耕农问题的指导意见》，这是全省首个一次性全面解决代耕农问题的政策文件，为近万名代耕农问题解决提供政策保障。横琴新区、香洲区、金湾区、斗门区、高新区和高栏港区结合各区实际情况，制定具体实施方案或细则。按照指导意见，经初步审查，申请入户珠海市的代耕农4429户11052人，除红旗农场、平沙农场需要参照代耕农政策申请入户有关人员因情况复杂，尚未审查完成外，其余代耕农审查工作基本完成。按照珠海市委、市政府要求，推进农村外迁户、外嫁女、入赘男等有关政策制定，分类处理相关涉农群众切身权益问题。

农村集体建设用地确权　是年，全市138个经济联社、82个经济社958宗地、面积4.23亿平方米（63.49万亩）集体土地所有权确权工作全部完成。根据《广东省国土资源厅〈关于加快推进广东省农村地籍调查工作实施方案〉的通知》精神，全省将用5年时间完成农村集体建设用地地籍调查和确权工作（包括农村集体建设用地的地籍调查、地上房屋产权状况）。在省下发通知前，市国土资源局已完成农村集体建设用地使用权、宅基地确权试点，并协调斗门区、金湾区、高栏港区全面铺开该项工作。

清理历史债权债务　清理解决澳娱公司1亿元港币借款及利息问题、新世界信息科技公司3亿元港币借款问题、国源公司“泓景案”问题等10多年历史遗留债务问题，涉及债权债务11亿元港币，为珠海市政府减少支出4.33亿元港币。

（郎　丹）

工商行政管理

【商事制度改革】　2015年，珠海市全面完成“一照一码”商事登记制度改革任务。8月31日，在全市范围内整合市公安、人社、工商、质监、税务等市场准入各环节业务，实现营业执照、组织机构代码证、税务登记证（国税、地税）、社保登记证、公章刻制等“六证合一”。申请人申请进入市场，仅需向商事登记机关提出申请，由商事登记机关核发加载统一社会信用代码的营业执照，不再核发组织机构代码证、税务登记证、社保登记证，不再单独办理公章刻制审批。在斗门工商分局启动商事主体注销程序，在金湾工商分局启动商事主体住所改革试点工作；探索商事主体全程电子化登记，落实商事登记制度便利化各项措施取得实质性突破。截至年底，珠海市实有商事主体总量221286户（含横琴自贸片区14585户）。全市新增商事主体39225户（含横琴自贸片区7528户），比上年增长16.6%，其中新设立“一照一码”商事主体17331户（含横琴自贸片区2975户），日均新登记注册商事主体200户，每千人商事主体数量突破146户。

【实施商标和帮扶企业广告战略】　2015年，珠海市工商行政管理局（简称市工商局）引导珠海特产打造手信品牌，指导生物医药产业创建集体商标，注册集体商标5件，实现零突破；全年新增有效注册商标6598件。截至12月底，珠海市有效注册商标3万件，拥有中国驰名商标11件。加强商标保护，核查处理广珠城轨珠海站内涉赌广告；扶持广告业发展，推荐珠海华发文化传播有限公司珠海国际沙滩音乐节广告等4个项目为工商总局、财政部“扶持广告业发展推荐项目库”入库项目。

【市场监管】　2015年，市工商局统筹协调推进全市“两建”（社会信用体系建设和市场监管体系建设）工作，建立信用约束机制，实现珠海市委提出的“五年任务三年完成”目标。强化商事制度改革后续协同监管，转变职能、清理行政职权和编制权责清单，梳理行政职权。按照“谁审批、谁监管、谁主管、谁负责”原则，与有关部门联合出台惩戒措施。强化信息化建设，建立和完善商事登记自助服务系统年度报告功能模块，建立具备数据征集、汇总、分类等功能的市场主体信息管理平台，实现登记监管和许可监管信息“双告知”，推进部

2015年8月31日，珠海市举行“一照一码”营业执照颁发仪式。图为珠海市实施“一照一码”改革后发出的首批营业执照　（张述桐摄）

门信息互通共享。在珠海市商事主体登记许可及信用信息公示平台公示商事主体登记信息 179529 条、许可类信息 39298 条、信用类信息 711 条；自主公示 12803 条、年度报告公示信息 14622 条、拟载入经营异常名录 2401 条、载入经营异常名录 149 条，完成抽查商事主体 1058 户。

【合同监管】 2015 年，市工商局根据国家工商总局和省工商局统一部署，在全市开展旅游、银行、电信等行业合同格式条款专项整治工作。收集消费者反映集中的旅游合同格式条款，严厉查处旅游经营者利用合同格式条款免除自身义务、加重消费者责任、排除消费者主要权益等违法行为，维护旅游消费者合法权益，集中查办一批社会反映强烈的银行企业和电信企业利用合同格式条款侵权案件，指导经营者、消费者提高法律意识。是年，出动 946 人次，检查经营单位 676 家，检查经营合同 716 份，发放行政指导意见书 27 份，发放责令整改通知书 16 份，立案查处格式合同案件 57 宗。

【农贸市场监管】 2015 年，市工商局完成市政府交办《珠海市农贸市场管理办法（修订）》草案起草送审工作，该办法（珠海市人民政府令第 105 号）自 2015 年 10 月 28 日起正式施行。配合国家卫生城市复审，做好农贸市场整治工作，农贸市场高分数通过国家卫生城市复审。全年新增 4 个省级诚信示范市场，柠溪市场被评为国家级“诚信示范市场”，市工商局被国家工商总局评为 2014 ～ 2015 年度“诚信市场创建工作突出单位”。按照省局和市防控感染 H7N9 疫情工作领导小组部署和要求，严格落实“1110”制度和家禽限售区家禽“集中屠宰、冷链配送、生鲜上市”等工作。

【市场监管执法】 2015 年，市工商局加大反不正当竞争和商标、广告、网络、农资市场执法力度，开展打击走私贩私、“扫黄打非”“禁毒”“红盾网剑”等专项行动，打击传销，规范直销，加强安全生产监管。查办经济违法案件 784 宗，罚没 570 余万元。突出重点打假治劣，强化日常监管，明确监管目标，细化监管措施。重点检查经营者主体资格、商品进货渠道、商品质量证明文件等，严厉打击在售商品掺杂掺假、以假充真、以不合格商品冒充合格商品违法行为；严厉打击销售失效、变质商品，国家明令淘汰并停止销售商品；严厉打击伪造产地、伪造或者冒用他人厂名厂址、篡改生产日期商品，伪造或冒用认证标志等质量标志以及侵权仿冒商品等违法行为。加大拱北口岸及周边地区打假执法力度，坚持专项整治与日常监管相结合，保持严管态势；宣传教育与行政指导相结合，强化诚信经营理念；与相关部门联动，形成齐抓共管工作格局。开展农村市场商品质量专项整治行动，检查经营主体 2300 多户次，查办案件 25 宗。针对旅游购物投诉较多实际（是年该局办理相关投诉 652 宗），加强旅游购物场所日常监管，着重打击假冒侵权、以次充好、消费欺诈等违法行为；协同文体旅游部门开展旅游购物场所专项整治，遏制和打击旅游购物场所消费欺诈行为。组织开展箱包皮具、数码产品、通讯器材、家用电器、汽车零配件、装饰装修材料等商品专项打假工作。组织公开销毁假冒伪劣商品行动，销毁假冒伪劣商品包括汽车配件、箱包皮具、服装、手机配件、食品等，货值 320 万元。开展集中整治空气和饮用水净化类生活用品专项行动；对互联网服务、汽车销售维修、家具建材及装修装饰等领域和行业不正当竞争行为、具有市场优势地位行业限制竞争行为集中整治；加大反不正当竞

2015 年 2 月 5 日，市工商局执法人员春节前到市场检查 （张述桐摄）

争执法办案力度，重点查处侵权仿冒、市场混淆、商业贿赂、虚假宣传等违法经营行为。全年查处侵犯知识产权和制售假冒伪劣商品案件188宗，案值183.56万元，罚没金额174.4万元；移送司法机关1宗，案值617万元。组织广告执法专项整治行动11次，办结违法广告案件142宗，罚没款112.15万元。监测辖区大众传播媒介广告78424条次，其中涉嫌违法广告106条次，违法率0.14%。

【消费维权】 2015年，市工商局开展商品质量监测6次，抽查人造板、内衣、童车、轮胎、运动鞋、成品油等商品110批次；查办相关案件52宗。完善服装鞋类、家用电器等18大类33种重点商品质量定点监管网络，涉及经营户1242户，落实以“退市不合格商品”为核心的流通领域商品质量监管新体系。按照市政府关于全面推进“质量强市”的工作部署和要求，监督商贸企业提升商品质量管理水平，为消费者提供安全的商品和放心的购物环境。创新维权工作模式，切实维护消费者权益。开展商品比较试验，引导理性消费。制定《规范经营行为（保障消费者权益）指导意见》，对经营者如何建立“双档双查”（商场开办者和经营者分别建立信用档案、主体资格查验和品牌信用查验）制度、落实首问责任制度、推行赔偿先付制度、不合格商品后续处理制度等作出工作指引。推动消费维权诉调对接机制落实，以家用电子电器、服装鞋帽等五大类商品和服务为重点，查办消费维权案件，受理12345中心转办的消费投诉咨询7116件，为消费者挽回经济损失1080多万元。

【行政执法体制改革】 2015年，市工商局落实工商体制调整工作、省政府《广东省工商行政管理体制调整实施方案》。2月7日，完成向珠海市政府移交市工商部门人财物工作。探索行政执法体制改革，在香洲区、斗门区、金湾区实行工商、质监“二合一”，在高新区、高栏港经济区、万山区实行工商、质监、食药监、物价“四合一”。按上级要求，市工商局按时完成公车改革和县以下机关建立公务员职务与职级并行制度工作。通过电子监察、视频监控、电话抽查、现场检查、定点督办、交叉暗访、开设“庸懒散奢”曝光台等方式，对全系统作风建设进行全方位监管。健全信访投诉处理机制，通过局长信箱、纠风在线、官方微博、廉政之声等建立“民声通道”。落实“双月重点工作”通报督办制度，强化落实整改情况督办和结果运用，提高工作执行力。 （张述桐）

质量技术监督

【质量强市】 2015年，“建设质量强市”被纳入珠海市政府工作报告并被列为重点督办项目，市强市办（设在质监局）牵头市质监、商务、住规建局，协调34个成员单位，按照《珠海市创建全国质量强市示范城市工作规划》分解的108项工作任务，逐项推进。成立综合协调、资料验收、宣传材料、示范点建设、市民座谈会5个验收专责小组。完成108项工作任务，并向广东省质量强省工作领导小组提出预验收申请。牵头全市相关单位完成省政府对地级以上市政府的质量工作考核，获评最佳A级，也是全省唯一获此荣誉的地级市。

【品牌建设】 2015年，珠海市质监局广泛征集城市质量精神及口号，评出“蓝色珠海　质善质美”为珠海城市质量精神；牵头全市14个单位开展质量月活动，在横琴举办专题质量讲座。加强品牌培育。凌达压缩机获2015年度广东省政府质量奖，珠海市成为全省地级市中唯一连续四届都有企业上榜的地级市。优特电力和御温泉两家企业获评珠海市2015年度市长质量奖获奖组织，全市25个产品获广东省名牌产品称号，比上年增加56.25%。协助高栏港经济区申报创建全国深海海洋工程装备产业知名品牌示范区获批，推进香洲区申报全国打印耗材知名品牌示范区。在大型骨干企业推行首席质量官制度，举办QC小组成果发布会等提升企业质量管理水平。打造质量教育平台，罗西尼表业、青岛啤酒获广东省中小学质量教育社会实践基地授牌。

【标准化战略】 2015年，珠海市质监局实施标准化战略。编制《珠海市实施标准化战略“十三五”规划》。围绕服务“三高一特”产业发展，修订《珠海市实施标准化战略专项资金管理办法》，2015年度，有42家单位137个标准化项目获市技术标准战略专项资金600万元资助（2008年以来累计资助4410万元），14家单位获广东省实施技术标准战略专项资金157万元资助。鼓励和支持企业采用国际标准或国外先进标准124项，指导企业将专利、科技成果转化为企业先进标准22项，组织企业参与国际标准制修订4项、国家标准制修订30项、行业标准制修订35项、省地方标准制修订13项。组织御温泉度假村、广东省打印耗材行业协会开展标准联盟试点创建，规范和提升行业发展水平。督促指导国家级有机稻米和省级盈泰生态养殖、苹果型甜瓜农业标准化示范区创建工作，发布市级农业地方标准5项，促进发展现代农业。推动《城市客运与交通信息服务》《出入境人员预防接种综合标准化》两项国家级社会管理和公共服务标准化试点。通过WTO-TBT预警平台发布贸易技术措施信息3178条。

【技术能力建设】 2015年，珠海市质监局围绕珠海先进装备制造业发展需求，加强以两个国检中心为龙头、5个省站为基础的公共检测服务平台建设。国检中心、省站作为公共技术平台纳入《珠海市创新驱动发展三年行动计划（2015～2017年）》。占地25亩（1.67公顷）、投资1.5亿元的国家船舶及海洋工程装备材料质检中心顺利通过国家质检总局现场考核验收，与中海油、SGS等行业龙头企业和国际检验机构开展战略合作，引入广东省科学院海工研究所和中大创投，牵头开展国家船舶及海工材料质检中心向海工整体装备产品质检中心拓展调研。国检中心建设纳入《中共珠海市委关于制定珠海市国民经济和社会发展第十三个五年规划的建议》，获市政府新增25亩（1.67公顷）建设用地支持。加大科技研发力度，承担国家质检总局科研项目4项，省科技厅项目1项，省标准化项目6项。起草广东省地方标准《碳纤维增强塑料拉伸性能试验方法》，填补国内碳纤维增强塑料在力学性能测试上的空白。成立广东省船舶及海洋工程装备材料标准化技术委员会，筹建打印设备省站和油气产品省站，服务产业转型升级。完善粤澳贵金属及珠宝玉石公共检测服务平台建设，全年检定澳门珠宝玉石2万多批次。

【重点工业产品及食品相关产品质量监管】 2015年，珠海市质监局对全市80家获证工业产品生产企业和94家纳入监管范围的食品相关产品生产企业（发证75家）实行动态分级监管，通过全面建档、日常巡查、监督抽查等方式督促企业落实质量安全主体责任。以问题为导向，以“不合格产品发现率”倒逼监督抽查机制改革，提高监督抽查发现问题的有效性。全年开展重点工业产品质量监督抽查463批次，不合格产品发现率4.1%，后处理到位率100%。对校服、童装、玩具、文具等九类重点消费品和高风险产品开展风险监测，抽检252批次产品，发现不合格产品27批次，及时向社会发布风险预警信息和消费指引23条。开展食品相关产品风险监测，抽检101批次产品全部检验合格。对全市18家获得工业产品生产许可证的危险化学品及其包装物、容器生产企业开展全覆盖巡查检查，督促企业持续保持获证条件。

【特种设备安全监管】 2015年，珠海市质监局按照珠海市创建国家安全生产示范市方案要求，围绕珠海市创平安工作及保障中国国际马戏节等重大节日活动及重要会议安全，开展自动扶梯及人行道、危化品储罐、气瓶“两站”、起重机械、游乐设施等专项整治行动，全年出动3362人次，及时发现并消除安全隐患2498例，特种设备实时定检率达98%，全年未发生特种设备事故。吸取“8·12”天津港特大火灾爆炸事故教训，开展工贸行业涉可燃爆粉尘作业场所在用特种设备、民用燃气安全等多项专项安全检查；以荆州等地电梯安全事故为警醒，开展自动扶梯人行道、电梯制动器等专项整治，有效排除安全隐患。与市安委办等多部门建立联合检查工作机制，共同加强对本市重点工程项目特种设备的安全监管。建立电梯故障三级应急救援体系，在全国率先出台实施《曳引式驱动乘客电梯维护保养服务规范》和《曳引式客梯维护保养评价准则》，创新性以联盟标准形式规范维保服务质量。加强系统性风险防范。市财政划拨专款350万元开展电梯监督抽查和整梯安全风险评估，为全市老旧电梯的更新、改造和维修提供数据支持。开展电梯安全教育“进企业、进社区、进学校、进乡村”活动1700家次，在珠海电视台、电台以及人群密集场所全年滚动播放电梯安全指引公益广告片，提高全社会安全乘梯意识。探索气瓶安全监管改革。指导帮扶珠海市嘉鑫特种设备检测有限公司和珠海市钢瓶检验有限公司分别取得民用液化石油气气瓶检验资质和出租车车载气瓶检验资质，解决珠海气瓶检验能力不足问题，提高气瓶质量安全保障水平。开展“推广二维码提升瓶装燃气质量安全”调研，探索气瓶监管改革。

【计量工作】 2015年，珠海市质监局贯彻实施《珠海市人民政府办公室关于实施计量发展规划（2013～2020年）的意见》，全面加强法制计量、安全计量、能源计量、民生计量工作。对37家获计量认证实验室开展监督检查，确保量值传递准确；督促7家机动车安检机构13条检测线贯彻新检规，履行机动车安全技术检测主体责任；督促重点用能单位配备符合要求的能源计量器具，完成节能考核任务。以加油站、出租车、地磅、超市商场等为重点开展民生计量监督检查，严厉打击短斤缺两违法行为。开展计量惠民生行动，免费检定基层医疗卫生单位强检计量器具3069台；结合全市农贸市场改造升级，免费检定全市集贸市场贸易结算计量器具8207台。

【执法打假】 2015年，珠海市质监局制定并印发《珠海市质监局行政处罚自由裁量权细化标准实施办法》，规范执法行为，提高依法行政水平。出台全市打假工作方案，牵头开展日用消费品等联合打假行动5次，立案19宗。开展“质监利剑行动”，重点围绕特种设备、重点工业产品、民生计量等开展执法打假，全年立案88宗，涉案货值1.87亿元，同比增长13%。优化职业举报和群众投诉联合处理机制，妥善处理、及时回复各类举报投诉650宗。

【政务服务管理】 2015年，珠海市质监局编制并公布“权力清单”509项，做到法无授权不可为，法定职权必须为。先行先试，开展行政审批标准化工作，编制《珠海市质监局行政审批及政务服务标准体系》，包括办事指南、业务手册和管理标准168项，覆盖37项行政许可事项和45项社会服务事项。推进网上办事大厅建设，实现所有行政许可事项可全流程网上办理。配合全市商事登记制度改革，编制《珠海市统一社会信用代码编制规则》，支持全市实行“一照一码”制度。

【质监系统分级管理】 2015年，珠海市质监局推进质监行政管理体制改革，保障过渡期间质监履职到位。贯彻省、市关于质监管理体制调整的部署要求，配合推进各项工作。2月6日，广东省质监局与珠海市政府签订《质监行政管理体制调整交接协议书》，市编办、市府办先后印发《珠海市工商质监行政管理体制改革实施方案》《珠海市质量技术监督局主要职责内设机构和人员编制规定的通知》，明确市、区质监机构改革、编制使用、人员配置等。 （李　苑）

食品药品监督管理

【概　况】 2015年，珠海市抽检食品、药品、化妆品、医疗器械5983批次，处理食品药品投诉举报1582宗，查处案件346宗，办结346宗，查处案件数比上年增长339.2%，罚没款310.89万元。移送公安机关食品案件18宗。全年未发生重大食品药品安全事件，食品药品安全形势稳中趋好。

食品药品监管 推行新版GMP（药品生产质量管理规范）、GSP（药品经营质量管理规定）质量认证管理和跟踪检查，推进网格化监管、电子监管、量化分级管理、企业诚信分类管理、农村家宴安全管理和质量受权人制度，推进家禽集中屠宰、冷链配送、生鲜上市工作，实施“广东省婴幼儿配方乳粉追溯系统”，开展“智慧食药监”建设和重大活动餐饮服务食品安全保障工作。建立企业三级质量管理机制，推行隐患和事故约谈机制。严格落实基本药物、特殊药品以及高风险药品、医疗器械产品生产检查机制，严格对委托加工、中药饮片生产和医院制剂的监督，强化集体食堂、学校周边、旅游景区周边、城乡接合部等重点环节食品安全的监管。

食品药品专项治理 围绕公众反映的突出问题、热点问题和食品安全时间节点，开展节前、高考、重大活动期间等专项食品安全检查，开展水货交易、肉制品、食用油、酒类、罂粟壳、婴幼儿配方乳粉、火锅底料、米面制品、沙县小吃店、农村食品、儿童食品、银杏叶提取物保健食品、白酒小作坊和散装白酒生产经营、学校及周边食品安全专项整治；开展体外诊断试剂、虫草类保健食品、中药制剂和饮片专项检查，开展保健食品“打四非”（非法生产、非法经营、非法添加和非法宣传）、化妆品“四打一规范”（打击非法生产、非法

添加、非法标签标识、生产销售未经注册的化妆品，规范国产非特殊用途化妆品备案秩序）专项行动。

食品药品稽查打假　加大市场巡查稽查力度，严格执行执法案卷评查和重大行政处罚案件讨论制度，抓好重大案件法制审查工作，规范执法文书制作。加大行政执法与刑事司法衔接，与市打私办、市公安部门联合开展执法行动。除广东省食品药品监督管理局指定稽查任务外，着力开展春季“春雷”、夏季“烈火”、秋季“夜隼”、冬季“猎狐”四大食品药品打假行动。捣毁食品加工制作窝点2个、取缔违法经营进口食品窝点4个，吊销《餐饮服务许可证》1份；移送边防部门进口食品案件2宗、市盐务局案件2宗、市公安机关刑事案件18宗及涉嫌犯罪线索12条。

食品药品安全风险监控　开展药品、医疗器械不良反应和事件培训及统计工作，开展化妆品不良反应监测试点工作，按照“四定”（定范围、定目标、定品种、定项目）原则，开展针对性抽样检验，实施食品安全重点产品监测和食源性疾病（症状）监测。发布食品药品安全预警信息，对监测不合格产品实行召回、查封、销毁或采取行政处罚措施。开展过期药品定点回收管理，开展食品、药品、化妆品、医疗器械监督性、评价性抽样检验。开展流通环节、农贸市场的产品快检快筛工作。

【食品安全城市创建】　2015年8月，珠海市被确定为全省食品安全城市创建试点城市，为此召开全市动员大会，制定创建工作实施方案，明确各区、各部门工作任务。全年创建食品安全示范街9条、示范店98家；创建省级化妆品市场安全治理示范街1条、市级化妆品市场安全治理示范街2条。完成14所学校（30个食堂、5个食品经营店）校园食品安全科技试点工程。化妆品示范区建设在广东省考评中获评第一。

【食品药品安全宣传】　2015年，珠海市食品药品监督管理局（简称珠海市食药监局）召开新闻发布会，解读《珠海市实施〈广东省家禽经营管理办法〉若干措施》。召开专家访谈会，开展一系列食品药品安全宣传活动，包括媒体现场采访、“集中屠宰、冷链配送、生鲜上市”宣传、食品安全宣传活动周、“六五”普法、体外诊断试剂质量万里行、科技知识下乡、食品药品科普大讲堂、小展板社区行等。制作宣传展板、海报、资料册、电子资料，利用两报两台、政府网站、微信微博、灯箱广告、社区LED屏、食品药品安全科普宣传站、社区食品展示柜、“3·15”消费者权益保护日等媒介及活动，开展食品药品安全及《食品安全法》《广东省食品生产加工小作坊和食品摊贩管理条例》宣传。

【食品药品行政许可】　2015年，珠海市食药监局核发《餐饮服务许可证》1776张，《食品生产许可证》新发38张、换证41张、变更39张；《医疗器械经营许可证》新办医疗器械经营企业36家次、延续42家次、变更64家次，一类医疗器械产品备案67个；药品批发、连锁企业72家全部通过新版GSP认证（药品经营管理规范），药品零售连锁门店、单体药店新版GSP认证分别通过352家、609家；化妆品生产企业国产非特殊用途化妆品备案初审7671款，现场检查7789款产品。开出进口药品通关单614份，进口药品1960批次2.2亿美元。细化行政审批事项62项。

【服务食品医药产业发展】　2015年，珠海市食药监局严格落实《2011～2020年珠海市生物医药产业发展规划》《实施生物医药产业发展规划的工作方案》，促成与中国药科大学、国药集团、修正药业签署框架合作协议。促进和巩固校企、院企、银企合作交流。以建立“一城三园两基地”为目标，推进粤澳合作横琴中医药科技产业园（横琴中医药科技岛）、金湾生物医药产业园（金湾生物医药谷），富山生物医药产业园（富山滨海医药港）、唐家湾医疗器械研发生产基地（唐家湾医疗器械创制海岸）、万山海洋药物培育基地建设，推进要素集聚、产业集中，园区化生产格局形成。　（贺卫国）

安全生产监督管理

【安全生产概况】　2015年，珠海市发生各类生产安全事故632宗，死亡119人，受伤444人，直接经济损失2995.9万元。事故四项指标“三降一升”，事故宗数、死亡人数、受伤人数比上年分别下降4.24%、4.8%、7.88%，直接经济损失上升7.85%。其中，工矿商贸企业事故死亡18人，道路交通

2015年3月27日，珠海市召开全市安全生产工作会议 （梁伟俊摄）

事故死亡99人，生产经营性火灾事故死亡1人，水上交通事故死亡1人，分别占全年各类事故死亡人数15.13%、83.19%、0.84%和0.84%。

【安全生产责任制落实】 2015年，珠海市安全生产监督管理局（简称珠海市安监局）提请市委召开6次常委会议、市政府召开5次常务会议及4次季度防范重特大生产安全事故工作会议，研究部署安全生产工作，切实解决安全发展重大问题。提请市委、市政府印发《关于完善安全生产责任体系的通知》，完善珠海市安全生产责任体系，落实安全生产责任。组织开展安全生产综合督查、专项督查、季度飞行突查等12次专项督查，促进各级各部门认真履职、落实安全监管责任。

【安全生产“一体系三平台”隐患排查治理】 2015年，珠海市安监局升级完善、推广应用“一体系三平台”隐患排查治理信息系统（通过建立企业基础信息平台、安全隐患排查治理平台和安全生产责任制量化绩效考核平台，运用网络化动态监管手段，实现全面准确掌握全市安全生产态势，落实企业主体责任，充分发挥安全生产综合监管、属地管理和行业监管作用，体现社会管理精细化的安全监管新模式），加强对系统新业务功能应用培训，运用信息系统开展全市企业职业卫生基础数据普查工作。全年全市8个行政区（经济功能区）和24个行业监管部门登录信息系统130819次，上报安全监管工作情况记录120489条，排查上报隐患42017处；有9412家企业（单位）登录系统246236次，排查上报100218处隐患。

【重点行业领域安全生产整治】 2015年，珠海市安监局组织对高新区唐家湾镇（消防）、珠海市高栏港经济区（危险化学品）、香洲区（建筑施工、水上交通）、珠海港（交通运输）开展安全生产攻坚工作。高新区投资1820余万元建设唐家消防站一期工程，投入227万元补建消火栓，投入160万元建成消防主题公园、消防文化示范街和消防体验馆。高栏港区完成化工园区安全风险评价、化工园区化工安全发展规划，推进“危险品运输车辆电子准行证”系统建设，危险化学品重点企业实现液位、压力、温度、流量、可燃气体泄漏等重要参数自动监测、自动报警和连续记录监控，完成自动切断系统改造。

【安全生产专项整治】 2015年，珠海市安监局吸取天津港“8·12”特别重大火灾爆炸事故教训，制定《全市危险化学品和易燃易爆物品安全专项大检查方案》，组织各级各有关部门开展危险化学品和易燃易爆物品安全生产隐患大排查行动，打击非法违法生产经营行为，督促企业排查治理事故隐患。全市各区（经济功能区）及21个监管部门检查危险化学品及易燃易爆企业（场所）3028家（次），排查隐患2343处，发出责令整改指令书506份，对14家企业进行停产停业或行政处罚。加大隐患整改督促力度，提请市委办、市府办印发20份督办通知，要求各区（经济功能区）及各相关部门督促企业按时落实隐患问题整改。开展涉氨制冷企业督查检查51家次，排查整治隐患110处。开展涉可燃爆粉尘安全检查，检查企业614家次，排查整治隐患582处。

【安全生产专项执法】 2015年，珠海市安监局组织开展危险化学品专项执法检查行动、烟花爆竹专项执法检查行动、职业卫生专项执法检查行动等3个专项行动，督促企业落实安全生产主体责任。3个专项行动检查督查企业194家次，排查整治安全问题107处，下达责令限期整改指令书17份，现场处理措施决定书6份，下达整改复查意见书23份，实施行政处罚14宗，罚款人民币48万元，没收烟花爆竹1931千克。

【安全生产“打非治违”】 2015年，珠海市安监局印发《珠海市安全生产委员会关于印发〈珠海市全面开展安全生产大检查深化“打非治违”和专项整治工作实施方案〉的通知》，成立珠海市全面开展安全生产大检查深化“打非治违”和专项整治工作领导小组，负责协调领导全市专项行动。组织检查企业37310家，排查整治一般隐患19156处，打击非法违法行为13934起，整治违章违规行为5108起，责令停产整顿175家，暂扣吊销证照549个，关闭取缔9家，罚款1276.23万元。

【工作场所职业卫生监管】 2015年，珠海市安监局对4344家工业企业进行全面排查整治，确认存在职业病危害因素企业3219家。与市公安、环保、统计等部门建立联络机制，实现建设项目审批、剧毒及放射性物品管理等方面信息共享。加强职业卫生宣传教育，印制2.8万张职业病防治法知识宣传海报和1.25万本宣传册，培训主要负责人和管理人员15232人次。组织开展电子制造、电池制造、电镀、运动器材制造、汽车制造、灯具制造、打印耗材制造和危险化学品等八类重点行业职业病危害专项治理工作，督促、指导八类重点行业企业严格按照职业卫生法律法规和标准的要求，依法落实职业病危害防控各项措施。

【安全生产宣传教育】 2015年，珠海市安监局利用“两报两台”等传媒渠道，开展安全生产宣传报道248条。制作“打非治违”专项行动、烟花爆竹安全、职业卫生防护等主题公益广告25则，在珠海电视台、珠海电台播放2667次；在新浪微博发布安全生产宣传知识信息824条。在吉大免税商场举行珠海市2015年安全生产咨询日暨安全生产宣传志愿者活动。参加“第八届广东安全知识竞赛暨粤港澳安全知识竞赛选拔赛”获亚军。

【安全生产应急管理】 2015年，珠海市安监局督促915家企业落实安全生产应急预案备案工作，督促指导有关单位开展应急演练51场次，1741家企业开展安全生产应急演练或联合演练1606场次。举办1期全市安全生产应急救援业务培训班，加强应急管理人员业务素质。为珠海高栏港经济区消防特勤大队、珠海碧辟化工有限公司应急队伍、中化珠海石化储运有限公司警消队等3家省级危化品骨干应急救援队伍申请省级专项资金150万元，加强应急救援队伍装备建设。

【安全生产管理体制改革】 2015年，珠海市安监局编制安全生产权责清单257项，在市政府门户网站上公示。印发《珠海市安全生产督查检查办法》，明确安全生产督查检查分类、内容、频次，以及方式、方法、整改与督办等事项，规范安全生产督查检查。印发《珠海市安全生产行政执法监察联合行动工作规则》和《珠海市安全生产行政执法监察联合行动考评细则》，牵头组织开展6次联合执法工作，形成监管执法合力，促进安全生产齐抓共管。 （吴佐帅）

2015年1月5日，市领导带队到企业开展安全生产检查 （梁伟俊摄）

财政·税务

财　政

【概　况】 2015年，珠海市一般公共预算收入完成270亿元，比上年增长17.2%，收入增幅位居全省第三。税收收入完成210.7亿元，增长15.7%。全市一般公共预算支出完成388.8亿元，增长39.2%。九项民生支出225.1亿元，增长26.9%，占一般公共预算支出比重57.9%。从2015年1月开始，全市企业职工基本养老金每人每月2744元，全市9万企业离退休人员受惠。城乡居民基本养老保险待遇从每人每月330元提高至350元。城乡低保标准由每人每月520元提高到580元，全市5767户8802名低保对象受惠。福利机构集中供养孤儿基本生活费从每人每月1200元提到1300元。向11765名低保、优抚对象发放临时价格补贴170万元。城乡居民医疗保险财政补助标准从每人每年340元提高到400元。为600户城镇低收入住房困难家庭发放廉租住房租赁补贴143.2万元。幸福村居建设支出2.12亿元，对幸福村居“六大工程”专项资金实施竞争性分配。市本级对区转移支付58.5亿元，增长78.9%。

【财政资金政策】 2015年，珠海市本级拨付资金54.71亿元，推进373个政府投资项目建设。鼓励企业出口拓展国际市场，外贸稳增长专项资金支出9967万元。培育消费新形态，商贸流通、电子商务及创名牌专项资金支出1430万元，会展业专项资金支出1000万元。支持新能源汽车、生物医药、高端新型电子信息等战略性新兴产业发展，支持企业技术改造、科技创新、科技和金融融合、协同创新与平台环境建设，市本级产业发展专项资金支出17亿元。是年，“营改增”为全市纳税人减税10.58亿元；落实小微企业、创新型企业税收优惠、减免政策，落实国家制定的高新技术企业减税政策；严格执行国家和省政府出台关于减轻社会负担、促进企业发展的行政事业性收费减免政策，建立政府性基金和行政事业性收费项目目录常态化公示制度，在珠海市政府网站和财政网公布相关目录清单。

【财政改革】 2015年，珠海市财政部门贯彻落实新预算法，邀请专家讲课，深入各区组织实施新预算法培训。出台《关于深化预算管理制度改革的贯彻落实意见》，明确六个方面38项改革任务，构建全面规范、公开透明现代预算制度。健全政府预算体系，建立一般公共预算、政府性基金预算、国有资本经营预算、社会保险基金预算四大政府账本。推进零基预算改革，印发《珠海市本级财政零基预算改革实施方案》，选取5个试点单位进行部门预算现场联审，预算编制由“结果公开”向“过程公开”转变。推进中期财政规划管理，印发《珠海市人民政府关于实行中期财政规划管理的贯彻落实意见》《珠海市本级预算稳定调节基金管理暂行办法》，提升中长期财政收支稳定性，改进预算管理和控制。

【财政管理】 2015年，珠海市财政部门盘活财政存量资金，对结转两年以上的存量资金收回统筹使用，对政府性基金结转规模超过30%部分调入一般公共预算，用于补充预算稳定调节基金，对收回的存量资金统筹安排用于重点项目建设。推进财政专户存量资金清理统筹及财政专户撤并工作。全年全市盘活存量资金164.1亿元，盘活率94.2%。完善专项资金管理，“珠海市财政专项资金申报和管理平台”上线试运行，实现项目编制、网上申请、项目评审、项目跟踪、结题验收“一站式管理”。加强国库管理，完善市级财政资金保值增值竞争存放管理办法和预算执行动态监控机制，优化市级财政资金拨付流程，加强资金拨付审核。开展财政投资审核，全年审核财政投资预算、结算及竣工财务决算项目296个，送审金额100.93亿元，核减金额5.33亿元，核减率5.28%。印发《关于印发〈珠海市政府向社会力量购买服务指导目录〉的通知》，完善政府向社会力量购买服务指导目录。参加2016年项目库预算绩效目标申报和评审项目307个，申报总金额24.44亿元，核减项目192个，核减金额4.95亿元，核减率20.23%。印发《关于我市党政机关办公用房使用和职工食堂装修情况自查核实工作的通知》，全市纳入办公用房建筑超标应整改面积2.94万平方米，全部整改到位。

（彭高旺）

国家税务

【概　况】 2015年，珠海市实现国税税收364.96亿元，比上年增长10.3%，增收34.14亿元。剔除海关代征后，珠海国税部门组织税收收入289.96亿元，增长13.3%，增收34.02亿元，增速在珠三角国税系统（不含深圳）列第二位，在全省国税系统列第四位。完成广东省国税局计划考核口径税收103.8%。年内办理各类减免税36.04亿元，增长23%。符合小型微利企业所得税优惠条件盈利企业优惠受益面100%，减免税款4381.94万元。符合增值税免税条件小微企业70935户，减税1.1亿元，小微企业增值税优惠覆盖面92.18%。办理出口退税（不含免抵调退税）71.35亿元，增长22.39%。是年，珠海市国税系统获得“全国文明单位”“第一批全国学雷锋活动示范点”“全国巾帼文明岗”“全国青年文明号”称号，入选全国政务大厅典型案例展示活动百优名单。各项税收工作成效和创新成果被中央、省、市主流媒体宣传报道153次，获上级肯定和批示28次。在2015年度广东国税系统绩效管理考评中取得第二名。

【依法治税】 2015年，珠海市国税局规范税收执法行为，清理71项非行政许可审批事项，保留6项行政许可。高新区国税局获评“省级法治税务示范基地”。推行法律顾问制度，探索说理式执法，严格税收规范性文件管理。全市国税稽查部门检查企业313户，查补入库税款4.02亿元，增长3.39%。查处“6·26”特大虚开增值税专用发票案等一批重大涉税违法案件。搭建税务稽查辅助管理平台，加强对稽查案件查处全程跟踪监督、质量评价。

【税收征管】 2015年，珠海市国税局落实《全国税收征管规范（1.0版）》，下发《2015年市级税源风险管理目标规划》。完成纳税评估1974户，入库及调增税额3.52亿元，增长14.22%。承办全省海关缴款书监控分析工作，涉嫌利用伪造海关缴款书违法抵扣进项税额10.4亿元。查获全省首例应用升级版数据发现的“套打”阴阳发票虚开案件。2014年度企业所得税汇算清缴税款54.7亿元，增长21.5%，优惠面54.83%，增长67.62%。组织入库非居民企业税收收入8.08亿元，增幅52.69%。非居民享受协定待遇落实到位，减免税额5.56亿元。落实《退税规范》《出口退（免）税企业分类管理办法》，开发建立出口退税风险管理系统。

【纳税服务】 2015年，珠海市国税局开展“便民办税春风”行动，推进网上办税、自助办税、移动办税。优化纳税服务平台（一期）11项功能，二期建设开发拓展非居民业务、信用等级电子证书、回单柜业务等52项新业务功能。加强12366服务热线、微博、微信、纳税人网络学堂和实体学校建设。对外公开144项纳税服务承诺，将8类51项业务办理从后台前移至办税厅，推行3类27项业务“免填单”服务，8类21项办税事项全市通办。制定扶持实体经济发展15条服务举措，联合珠海市金融局为全市92户上市后备企业举办政策辅导会。

【廉政建设】 2015年，珠海市国税局以任务书形式落实党组、班子主体责任，以工作纪律、人事纪律、财经纪律、制度落实和执法等方面监督检查落实监督责任。首次联合地税部门开展全省税务系统执法执纪监督检查。开发纪检监察系统“爱廉驿站”管理平台，实现“学、考、管、奖”一体廉政文化建设目标。编发《纪检监察一周看点》电子刊物，全年编发51期，受众10余万人次。

【税收创新】 2015年，珠海市国税局推广网络、电子发票，在高新区建设全省首个国地税一体化办税厅，解决纳税人“多头跑、来回找”问题。率先在横琴实施出口退税无纸化、非居民税收业务网上办理、发票邮递、新办纳税人“有税申报”，利用自有资金为横琴自贸区企业提供CA证书服务。

（王瑞华）

地方税务

【概　况】 2015年，珠海市地税局组织各项税费收入478.37亿元，比上年增收86.15亿元，增长22%。其中，组织税收收入326.52亿元，增收58亿元，增长21.6%；社保费收入125.95亿元，增收25.99亿元，增长26%；其他收入（含教育费附加、工会经费、残保金等）25.9亿元，增收2.15亿元，增长9.1%。税收增速（21.6%）高于全省平均（16.1%）5.5个百分点、珠三角九市平均（17.5%）4.1个百分点，排名珠三角第二、全省第三，次于深圳（32.9%）、梅州（25.3%）。组织全市公共财政预算收入158.04亿元，完成预算目标（152.53亿元）103.6%，可比增收21.61亿元，增长15.8%。其中，市本级公共财政预算收入70.93亿元，完成预算目标（69.75亿元）101.7%，可比增收7.82亿元，增长12.4%。中央级在所得税较快增长拉动下，增长（27.6%）分别高于总税收（21.6%）6个百分点、省级（23.7%）3.9个百分点、市区级（16.8%）10.8个百分点。营业税、企业所得税、个人所得税三大主体税种收入232.72亿元，占总税收比重71.3%，上升1.5个百分点；增长24.3%，快于（21.6%）总税收2.7个百分点；增收45.53亿元，对总税收贡献率为78.5%，上升11.3个百分点。其中，营业税收入80.65亿元，增收12.25亿元，增长17.9%。企业所得税收入100.68亿元，增收16.87亿元，增长20.1%。个人所得税收入51.39亿元，增收16.41亿元，增长46.9%。财产行为税收入93.8亿元，增收12.48亿元，增长15.3%。土地增值税、城市维护建设税、房产税、车船税分别增长32.4%、9.1%、13.5%、11.4%；契税收入21.01亿元，下降16.9%，减收4.27亿元；补征耕地占用税7.82亿元。第二产业实现税收收入122.36亿元，占总税收比重37.5%，增收23.52亿元，增长23.8%。第三产业实现税收收入204.06亿元，占总税收比重62.5%，增收35亿元，增长20.7%。制造业收入86.79亿元，增长27.4%。房地产业收入93.43亿元，增长28.9%。金融业受证券业、保险业快速增长及横琴新区新增税源拉动，收入31.82亿元，增收9.75亿元，增长44.1%。批发零售业、住宿餐饮业分别增长14.3%、6.8%；商业服务业、交通运输业受上年高基数（分别增长250.6%、56.3%）影响分别下降17.6%、3.6%。纳税十强企业税收收入83.72亿元，比上年十强（62.67亿元）增加21.05亿元，占总税收25.6%，增长75.5%。纳税百强企业税收收入172.25亿元，占总税收52.7%，较上年百强上升2.8个百分点，增收60.26亿元，增长56.6%。

【税源分析】 2015年，珠海市房地产和资本市场活跃是税收增长主因。全市商品房销售面积增长24.3%，二手房交易面积增长51.9%，拉动房地产业税收增长28.9%，带动总税收增长7.8%。金融业税收增速创金融危机以来新高。信贷环境整体宽松和上半年证券市场交易火爆，横琴新区金融创新拉动金融业税收增长44.2%（其中资本市场服务业税收增长115.6%）。全市百家“三高一特”重点企业税收收入66.9亿元，占总税收比重20.5%，增长19%，拉动总税收增长4个百分点。其中高端制造业规模及增幅占主导地位，占“三高一特”百家企业比重84.2%，增长48%，高于总税收增幅26.4个百分点；特色海洋经济和特色农业增长15.7%；高端服务业受横琴重点企业减收影响降幅

2015年12月22日，珠海市地税局申报的“社保费三方协作平台”获珠海社会治理创新“最佳案例”。图为平台上线启动仪式 （吴性坚摄）

较大。横琴新区、高新区、高栏港区“三大引擎”转型升级较早，创新驱动拉动税收较快增长，三区税收收入98.94亿元，占总税收比重30.3%，较上年提升3.1个百分点；增长32.7%，拉动总税收增长9.1个百分点；增收24.36亿元，对全市总税收增长贡献率为42%。落实省、市审计整改意见，补征以前年度耕地占用税7.82亿元，属纯增收，占市区级税收增量37.9%。格力电器税收增长53.1%，对全市总税收增长贡献率30.6%，拉动总税收增长6.6个百分点。格力电器税收规模占全市制造业比重为59%，对制造业税收增长贡献率95.1%，拉动制造业税收增长26.1个百分点。

【依法治税】 2015年，珠海市地税局严厉打击涉税违法行为。全年受理各类举报案件59宗，立案查处各类案件55宗，增长162%，查补税款2300万元。开展税收专项检查、区域税收秩序整治及打击发票违法犯罪活动，重点检查资本交易（股权转让）、跨境税收行为、房地产建安业、高收入者个人所得税等项目。落实税收“黑名单”制度，加大违法案件曝光力度。推进税务行政审批制度改革，以规范性文件形式制发首批税务行政处罚权力清单3类8项，编制行政审批（许可）事项办事指南和业务手册，强化税务机关责任和纳税人权益。

【地税征管】 2015年，珠海市地税局加强企业所得税汇算清缴和后续管理，汇缴企业1.88万户，补缴企业所得税48.05亿元，增长22.36%；做好年收入12万元以上个税自行申报工作，受理申报2.79万人，增长20%。制定契税减免税和土地增值税预征管理操作指引，对房地产开发项目从立项开始开展动态监控。推进土增税清算，实现税收22.11亿元，增长48.9%。联合国土资源、财政、不动产登记部门，启动“以地控税、以税节地”试点工作。落实耕地占用税审计对照整改工作，建立“地税牵头、部门配合、先税后证”源泉控管机制，全年追征入库税款约3亿元。入库全市首笔资源税3.83万元。规范非贸易项下外汇汇出业务，实现非居民税收收入4.36亿元，增长75%。利用第三方信息重点加强房产税、土地使用税和耕地占用税管理，全年获取第三方涉税信息265万条，通过数据分析应用增加税收8.4亿元。开展税收风险数据排查应对，实施纳税评估及税收辅导，全年实现评估收入5.98亿元。

【信息化建设】 珠海市地税局将2015年确立为“信息化建设年”，在全省率先上线缴税TIPS系统和社保费广东省ETS系统，具有刷卡直解一体机功能、税款银行端查询缴款功能。上线电子退税业务，全年全系统电子退税1672笔，占总退税笔数76.1%。代扣代缴手续费支付系统11月底试运行上线。7月实现全部办税厅WIFI全覆盖。率先在全省稽查系统中建成稽查数据分析监控指挥中心。在全省率先开发应用“房地产交易涉税事项网上预约管理系统”。上线广东地税办税服务综合管理系统，实现办税厅排队叫号、数据监控、音视频监控、服务评价、信息发布等功能。

【纳税服务】 2015年，珠海市地税局配合珠海市商事登记改革办公室等部门自9月1日起实施的“三证合一”（工商营业执照、组织机构代码证和税务登记证三证合为一证）、“一照一码”（营业执照、社会信用代码）登记制度改革，办

2015年12月30日，珠海市地税局领导到金湾区重点企业中航通飞调研，就税收优惠政策落实听取企业意见和建议，并为该企业落实研发费加计扣除等相关税收优惠300余万元 （卜 颖摄）

理“一照一码”登记纳税户7700户。制定房地产交易涉税事项网上预约办理业务指引，简化流程和资料申请，实现业务分流，为房地产交易业务减负。新增纳税核定等20多项免填单业务，对存量房交易和国地税联合办税业务全面推行免填单。8月，在全省率先推出“可视12366”系统，实现办税服务厅纳税人与12366呼叫中心视频互动。以高新区全省首个国地税联合一体化办税厅建设为模板，推广国地税联合办税。（吴性坚）

金融·金融监督管理

金　融

【概　况】 2015年，珠海市地区生产总值（GDP）2024.98亿元，比上年增长10%，增速居全省首位。一般公共财政预算收入269.92亿元，增长17.2%，增速居珠三角第二位，全省第三位。是年，珠海市各项存款余额5383.73亿元，比年初增长9.85%，增量居全省第四位，余额居全省第五位；各项贷款余额2969.7亿元，增长22.35%，增量居全省第三位，余额居全省第五位。证券经营机构股票、基金、权证、债券成交总额25220.16亿元，同比增长173.41%；保险业实现保费收入78.61亿元，增长8.27%，赔给付支出25.01亿元，增长24.39%。办理跨境人民币结算业务1462.58亿元，增长36.5%。金融业实现增加值135.32亿元，增长13.2%，占珠海GDP比例6.68%，比上年同期上升0.24个百分点。2015年末，全市银行、证券、保险三大类金融机构总资产6551.74亿元，同比增长9.41%，其中银行业总资产6220.38亿元，增长8.37%。

【货币信贷】 2015年，珠海市推广信贷资产质押再贷款，发放全国首批信贷资产质押再贷款4000万元；建立支小再贷款与珠海市“四位一体”融资平台结合的小微企业融资扶持模式；突出再贴现工具定向调控作用，办理再贴现业务777笔，金额11.16亿元，增长10.93%；试点开展“互联网+货币政策工具”项目，促进中小企业创业、创新项目融资对接；推动法人金融机构参与金融创新；完善创业小额贷款办法助力全民创业。

【跨境人民币结算】 2015年，珠海市跨境人民币结算业务总量1462.58亿元，增长36.5%；实现跨境人民币结算境外交易的国家和地区93个，办理结算企业1431家；办理跨境人民币贷款备案金额40.6亿元，汇入贷款资金8.54亿元；为7家跨国企业集团办理跨境双向人民币资金池业务，全年汇出人民币105.07亿元，汇入44.94亿元。

【银行卡业务管理】 2015年末，珠海市发卡及联网机构24个，银行ATM机2700台，特约商户35498家，布放POS机具54663台，借记卡发卡量16756633张，信用卡2517239张。是年，为贯彻落实《中国人民银行 工业和信息化部 公安部 工商总局 银监会 国家互联网信息办公室关于开展联合整治银行卡网上非法买卖专项行动的通知》（银发〔2014〕394号）要求，中国人民银行珠海市中心支行（简称中行珠海市支行）联合市公安局、市工商局、珠海银监分局、中国移动珠海分公司、中国电信珠海分公司、中国联通珠海分公司在全市银行业金融机构中组织开展整治银行卡网上非法买卖专项行动。

【货币发行及反假货币】 2015年，中行珠海市支行在省内率先推出人民银行发行库回笼券钱捆封签、袋签“二维码”管理试点工作。创新反假货币培训方式，在全省率先开展“反假货币知识大讲堂”培训活动。完成新版人民币发行培训、宣传、机具升级工作。落实打击假币犯罪专项行动工作，建立假币动态监测点，反假货币“关口前移”。

【支付清算】 2015年，中行珠海市支行执行支付系统运行情况和异常紧急情况报告制度，督促辖区银行机构做好各类支付清算系统业务管理工作。严格执行支付系统准入审核，完善空头支票行政处罚工作，继续推广普及电子商业汇票业务。6月26日，莲花大桥穿梭巴士正式受理金融IC卡支付乘车费用。8月26日，基本存款账户开户受理纳入珠海金湾“一站联办”综合服务平台。12月18日，全国首张商事主体电子证照银行卡在横琴新区发行。

【征信管理】 2015年，珠海市建成43个农村金融服务站。3月23日，中行珠海市支行在中行横琴分行率先开设珠海首台个人信用报告自助查询机，全年全市安装自助查询机5台。应收账款融资服务平台在辖区完成成交金额40.33亿元。印发《珠海市开展小额贷款公司和融资性担保公司信用评级工作实施方案》，有6家机构完成信用评级工作。参加广东省“我与征信”演讲比赛，获总决赛三等奖。对民生银行珠海分行、农业银行珠海分行、平安银行珠海分行执行《征信业管理条例》及有关征信管理规定情况进行现场检查，促进机构合规开展征信业务。

【国库工作】 2015年，国家金库珠海市中心支库办理各类国库业务252万笔；收纳各级预算收入1312.34亿元，增长0.74%。其中，中央预算收入244.32亿元，省级预算收入117.3亿元，地方预算收入950.72亿元；办理地方公共财政支出1063.24亿元；办理出口产品退税412.35亿元。

【反洗钱监管】 2015年，中行珠海市支行在打击利用离岸公司和地下钱庄转移赃款专项行动中破获案件7宗，扣押、冻结涉案款项折合人民币2204万元，核实涉案金额141亿元；在打击网上非法买卖银行卡专项行动中，配合公安部门查获涉嫌网上购买居民身份证冒名开户2起，识破堵截冒名开户及冒名激活银行卡3起；在打击非法集资专项行动中，配合公安部门冻结涉案资金6亿元。整合辖区洗钱线索，创建重点可疑黑名单库，发挥大数据优势。创新培训方式，通过举办金融机构反洗钱工作先进经验交流会，提升辖区反洗钱工作水平。

【金融消费权益保护】 2015年，中行珠海市支行推进辖区银行业金融机构消费者权益保护，完成辖区34家银行业金融机构上线金融消费权益保护系统工作。在珠海市金融业诚信与社会责任促进会会员单位、珠海市仲裁委、消协及相关政府部门中选拔一批优秀专业人员组成珠海市金融纠纷调处专家库。参加广东省金融消费权益保护工作技能竞赛，获得比较好的名次。

【国际收支】 2015年，全市金融机构外汇各项存款余额36.62亿美元，比年初减少2.98亿美元，降幅7.5%。外汇各项贷款余额16.84亿美元，增加1.61亿美元，增幅10.6%。是年，珠海市跨境资金流动总额560.16亿美元，增长5.13%，其中流入292.45亿美元，增长1.3%，流出267.71亿美元，增长9.66%，顺差24.74亿美元，减少44.01%。

【经常项目】 2015年，珠海市货物贸易名录登记企业5042家，外贸进出口总额476.6亿美元，下降13.3%，其中出口288.4亿美元，下降0.7%；进口188.2亿美元，下降27.5%。货物贸易外汇收支总额362.3亿美元，下降11.2%，其中跨境收入203亿美元，下降8.3%；跨境支出159.3亿美元，下降14.8%。

【资本项目】 2015年，珠海市办理外商投资企业存量权益登记2194家，企业参检率72.2%。办理直接投资项下外汇新登记174笔，变更及注销登记173笔，FDI（外商直接投资）入账登记231笔，境外投资登记16笔；外债项下新登记82笔，外债登记变更145笔，外债登记注销74笔；企业对外担保12笔，外债余额28.06亿美元，担保责任余额5.43亿美元。新登记外商投资企业投资总额31.71亿美元，注册资本24.79亿美元，其中外方注册资本21.73亿美元。境内投资主体新登记境外直接投资总额22.62亿美元。复制上海自贸区经验，在横琴实施直接投资项下外汇登记下放区内外汇指定银行办理及扩大企业境外放款规模两项创新政策；跨境按揭试点业务成为澳门居民前往横琴置业首选付款方式，跨境按揭试点业务结汇2.62亿美元。珠海跨国公司外汇资金集中收付汇196.25亿美元，增长50.94%。其中集中收汇97.58亿美元，增长48.79%；集中付汇98.67

亿美元，增长53.12%。伟创力集团先进的资金集中运营管理模式获欧洲金融“陶朱奖”和国际权威杂志《CT》“最佳流动性战略管理”奖。

【银行业】 2015年末，珠海市有银行业金融机构36家（汇丰银行3家同级支行计为1家），营业网点555个，银行从业人员11997人。辖区银行业金融机构资产总额6220.38亿元，比年初增加480.69亿元，增长8.4%；存款余额5383.73亿元，增加489.1亿元，增长10%；各项贷款余额2969.7亿元，比年初增长542.54亿元，增幅22.4%;存贷比55.16%，比年初上升2.08个百分点；不良贷款余额40.1亿元，增加17.72亿元；不良贷款率1.35%，上升0.43个百分点。实现税后利润69.85亿元，比上年下降7.6%。（王惟希）

工商银行珠海分行 在珠海辖内有网点50个，员工1212人。资产总额631.2亿元，比年初减少12.45亿元；负债总额620.5亿元，比年初减少13.18亿元。各项存款余额592.88亿元；各项贷款余额457.23亿元。是年实现净利润14.65亿元。

农业银行珠海分行 在珠海辖内有网点48个，员工1062人。资产总额532.99亿元，比年初增加76.3亿元；负债总额523.18亿元，比年初增加82.87亿元。各项存款余额490.43亿元；各项贷款余额394.3亿元。是年实现净利润9.81亿元。

中国银行珠海分行 在珠海辖内有营业网点44家（含横琴分行），员工1030人。资产总额486.09亿元，比年初减少184.37亿元；负债总额472.38亿元，比年初减少183.79亿元。各项存款余额440.12亿元；各项贷款余额223.65亿元。是年实现净利润5.7亿元。

建设银行珠海分行 在珠海辖内有营业网点53家，员工1207人。资产总额501.76亿元，比年初减少23.31亿元；负债总额507.52亿元，比年初增加24.51亿元。各项存款余额490.27亿元；各项贷款余额315.48亿元。是年实现净利润11.61亿元。

交通银行珠海分行 在珠海辖内有营业网点27家，员工621人。资产总额412.33亿元，比年初增加34.48亿元；负债总额407.34亿元，比年初增加36.63亿元。各项存款余额391.75亿元；各项贷款余额287.51亿元。是年实现净利润4.99亿元。

珠海华润银行 有86个营业网点（其中异地分支机构36个），员工2464人（含异地分支机构）。总资产1158.23亿元，比年初增加87.06亿元，增幅8.13%；总负债1071亿元，比年初增加85.52亿元，增幅8.68%；各项存款余额757.7亿元，比年初增加99.4亿元，增幅15.1%；各项贷款余额546.69亿元，比年初增加77.82亿元，增幅16.60%。是年实现净利润6800万元，比上年减少5.95亿元，减幅89.73%。截至年末，该行小微企业贷款余额198.76亿元，占全部贷款的36.36%，比年初增加2.91个百分点；贷款增速26.72%，高于各项贷款增速10.12个百分点；企业申贷获得率86.04%，比年初增加0.57个百分点；因该行主动收缩微贷信用贷款，小微贷款户数1979户，比年初减少1196户。是年，该行加强机构网点建设。惠州、广州分行分别于3月、12月获批开业，横琴支行于9月升格为广东自贸试验区横琴分行，有4家传统支行和20家社区支行获批开业，2家传统支行和9家社区支行获批筹建。

珠海农商银行 本部及下属支行有107个营业网点，比年初增加5个。员工1360人，比年初增加66人。年末资产总额411.29亿元，比年初增加47.01亿元，增幅12.9%；负债总额368.82亿元，比年初增加42.44亿元，增幅13%。各项存款余额317.07亿元，比年初增加40.56亿元，增幅14.67%；各项贷款余额202.12亿元，比年初增加17.66亿元，增幅9.57%。其中涉农贷款余额10.19亿元，比年初增加9200万元，增幅9.92%，高于各项贷款增幅。年末，珠海农商银行有58个网点分布在农村地区、占网点总数54.21%；135台自助金融设备设置在农村地区，占全部自助金融设备35%，实现金融服务网点、自助金融设备农村全覆盖。全市122个行政村及87个农村性质的社区全部在珠海农商银行开户结算。（黄淑茵）

【证券期货业】 2015年末，珠海市有证券营业部40家。在珠海市设有证券营业部的证券公司24家、设有分公司的证券公司2家；设有期货营业部的期货公司3家。证券期货从业人员808人（不包含基金管理公司）。是年，证券经营机构股票、基金、权证、债券成交总额25220.16亿元，增长173.41%。其中，股票成交总额21615.43亿元，增加15361.72亿元，增幅245.64%。

全年期货累计成交额3870.14亿元，增加681.79亿元，增幅21.38%。证券期货行业实现上缴地方税收1.45亿元，增加9912.3万元，增幅217.11%。

【保险业】 2015年，珠海市有保险机构88家，其中产险机构23家，比年初增加2家，寿险机构24家，与年初持平，保险专业代理公司39家，比年初增加3家，保险经纪公司2家；保险从业人员15615人（不含保险代理公司），比年初增加5038人。12月末，保险总资产225.83亿元，增长26.25%；全年保费收入78.61亿元，增长8.27%，其中产险保费收入25.23亿元，增长6.78%；寿险保费收入53.38亿元，增长8.98%。产寿险赔（给）付金额25.01亿元，增加24.39%，其中产险机构赔款13.46亿元，增长26.06%，寿险机构赔（给）付金额11.55亿元，增长22.49%。是年，保险机构亏损9.97亿元。 （王惟希）

银行业监督管理

【概　况】 2015年末，珠海市有银行业金融机构12类47家（其中法人机构8家），营业网点522个，比年初增加32个；银行从业人员11164人，比年初增加197人。辖内银行业金融机构资产总额6220亿元，负债总额5934亿元；各项贷款余额2964亿元，比年初增加534.65亿元，增长22.01%，增幅居全省首位；各项存款余额4936亿元，比年初增加565.47亿元，增长12.94%，增幅居全省第十一位、珠三角第三位。全年辖内银行业实现税后利润70.21亿元，比上年下降4.72%。

【服务实体经济】 2015年，珠海银行业对珠海“三高一特”企业贷款比年初增长46.81%，对循环经济贷款比年初增长84.01%；对个人贷款（含个人经营性贷款）比年初增长28.11%；对水利等民生领域贷款比年初增长50.74%。

【小微企业金融服务】 2015年，珠海银监分局通过监测、通报、监管约谈和召开督导会，督促辖内银行业全面实现“三个不低于”（即小微企业贷款增速不低于各项贷款平均增速，小微企业贷款户数不低于上年同期户数，小微企业申贷获得率不低于上年同期水平）。其中，全辖小微企业贷款增速26.06%，高于贷款平均增速4.06个百分点；户数21312户，比上年增加4759户，增长28.75%；申贷获得率92.33%，比上年提升4.41个百分点。

【农村普惠金融服务】 2015年，珠海辖内农村中小金融机构、邮储银行机构优化金融服务，在已实现基础金融服务“村村通”基础上下沉网点服务，建设或与政府合作建设39家农村金融服务站。珠海农村商业银行在外伶仃岛新设海岛网点1个，填补外伶仃岛银行网点空白。

【社区金融服务】 2015年末，珠海辖内开设社区支行16家、小微支行3家，各社区支行通过错峰、延时、跨界等差异化经营方式开展社区便民金融服务。

【金融消费者权益保护】 2015年，珠海银监分局开展银行不规范服务收费清理检查和暗访督查，督促辖内银行业服务收费项目减少130项，降低收费标准项目22项，减费让利4000万元。督促辖内机构提前完成理财和代销产品销售录音录像工作。改善软硬件设施，建设广东省内首家银行业消费者权益保护服务区，优化金融知识宣传和信访处理能力。提升信访投诉处理效率，全年到期信访办结率100%。

【金融知识宣传】 2015年，珠海银监分局组织辖内银行业金融机构开展“金融知识进万家”宣传服务月、“防范和打击非法集资宣传教育月”“处置非法集资工作巡展”等宣传活动，增强消费者风险防范意识和能力。辖内各银行业金融机构出动宣传人员3680人，开展活动972场，发放宣传材料18.12万份，接受消费者咨询10.42万人次，发送宣传短信23.46万条，在媒体投放宣传片43条，各类媒体报道14次。

【横琴金融创新】 2015年，珠海银监分局推动广东省内第二家金融租赁公司——横琴华通金融租赁公司开业，配合上级批准6家中资银行支行升格为分行及新设2家中资银行分行、1家外资银行异地支行。是年末，在横琴批设各类银行业金融机构19家，其中法人机构3家、二级分行10家。辖内银行业金融机构以“内外联动”开展境内外合作委托付款、跨境人民币贷款、跨境住房按揭等创新业务，企业申请备案跨境人民币贷款超过53亿元；浦发银行、平安银行横琴分行利用自身牌照优势，推动离岸业务取得突破。

【银行从业人员培训】 2015年6月，珠海银监分局联合市公安局、市银行业协会共同举办“强化合规意识维护金融稳定”银行基层从业人员行为管理专题培训。11月，联合珠海市纪委、市银行业协会举办“把握新形势新要求坚守廉洁自律底线”专题辅导。辖内全部银行业金融机构各级高管人员和银行从业人员1200人参加上述两项培训。

【法人流动性风险防范】 2015年，珠海银监分局对3家农村中小金融机构（珠海农村商业银行、珠海横琴村镇银行、珠海南屏村镇银行）开展系统性风险排查，逐月监测主要监管指标达标情况，要求两家村镇银行与主发起行签署流动性支持协议。通过监管会谈、走访、联合人民银行珠海中心支行召开存款保险制度政策解读会等形式，督促辖内各法人机构做好流动性压力测试，提前制定应急预案和做好演练。是年，辖内各法人银行业金融机构主要流动性指标均符合监管要求。

【案件风险防控】 2015年，珠海银监分局组织开展业务库安全检查、自助设备专项检查、银行机构风险排查、银行从业人员处罚信息系统管理等现场检查项目，配合广东银监局、广东省公安厅开展银行机构安全评估。针对柜面和代销业务风险，督促辖内机构开展风险排查和“两监控一回访”工作（即营业场所监控、大额资金监控、重要客户回访），银行机构成功截堵、破获9起风险事件（柜员机案件4起、电信诈骗1起、网络诈骗1起、非法集资案件1起、员工异常行为事件2起）。

【打击非法集资】 2015年，珠海银监分局配合地方政府加强非法集资专项整治工作，开展防范打击非法集资宣传教育、广告资讯信息排查清理及处置非法集资工作巡展等活动，为公安经侦部门出具协查证明6份，指导农业银行珠海分行排查发现“珠海掌上品国际贸易有限公司”涉嫌非法集资案件，冻结涉案资金5.43亿元。 （黄淑茵）

区域合作·扶贫开发

珠港澳台经贸合作

【港澳投资推介活动】 2015年5月8日，珠海市商务局在澳门举办“深化珠澳合作，共建横琴自贸区”座谈会。5月9日，协助港澳事务局在香港举办第二届港珠合作发展研讨会。举办广东自由贸易试验区珠海横琴新区片区推介会，听取100多位港资企业家代表对珠海市经济发展的建议。10月，参加在澳门举行的第二十届国际贸易展览会（MIF），期间举办“高端商贸物流及跨境电商”专题对接会，邀请澳门及葡语国家重要商会成员和企业参加，向澳门企业推介建设珠港澳物流合作园，在横琴新区建立区域总部和运营、结算中心，建设珠海机场航空物流基地、珠海港口物流以及跨境贸易电子商务试点等项目。11月，参加在香港举行的亚洲物流及航运会议，举办“港珠澳大桥时代的珠海——商贸物流及跨境电商”专题论坛，推动香港及全球物流企业参与“大桥经济”。12月，在珠海举办“第二届世界广府人恳亲大会”，开展系列投资促进活动，大会期间举行重点项目签约仪式，签约项目投资总额1060亿元。 （张羽凌）

【珠港澳台贸易】 2015年，珠海与香港进出口总额53.01亿美元，占全市进出口比重11.12%。其中，对香港出口51.79亿美元，比上年下降13.02%；自香港进口1.23亿美元，下降31.97%。珠海与澳门进出口总额7.09亿美元，占全市进出口比重1.49%。其中，对澳门出口6.98亿美元，下降27.47%；自澳门进口1065万美元，下降29.09%。珠海与台湾进出口总额16.97亿美元，占全市进出口比重3.56%。其中，对台湾出口2.04亿

美元，下降18.75%；自台湾进口14.93亿美元，增长6.82%。（张永幸）

【珠港澳投资】 2015年，全市新设港澳投资企业567家，合同外资金额25.72亿美元，占全市合同外资总额71.2%；实际吸收港澳资本16.13亿美元，占全市实际吸收外资总额74.1%。全市实有港澳投资企业2717家，注册资本140.83亿美元。其中，港资企业1303家，注册资本113.16亿美元；澳资企业1414家，注册资本27.67亿美元。港澳企业实际吸收外资79.35亿美元，占全市实际吸收外资总额65.8%。（刘少仰）

【珠台经贸合作】 2015年，珠海市新增台资企业27家，增资扩产8家，投资总额1.33亿美元，比上年增长59.76%。珠台进出口贸易额近16.97亿美元，比上年增长3%。珠海历年批准台商投资企业1039家，投资总额35.38亿美元，现存台商投资企业551家。台商在珠海投资领域涉及电子、机械制造、医疗设备、化工、软件、制衣、制鞋、五金加工、工艺饰品、食品加工、农业、旅游、酒店、餐饮、娱乐、房地产、生物科技、仓储物流、咨询服务等20多个行业。

【珠台农业合作深化】 2015年，珠海市邀请台湾岛内农业专家组团考察台创园，发动台商参与台创园建设。全年，签约台资农业项目5个，在谈项目3个，投资总额1.27亿美元，实际投入1000万美元，其中台湾芊卉国际园艺股份有限公司兰花项目动工建设，香水莲花观光基地完成项目建设并投产。

（市委统战部）

区域合作

【概　况】 2015年7月，珠海、中山、江门、阳江四市在珠海召开第十次党政联席会议暨横琴自贸片区与珠中江阳区域经济发展交流会，阳江首次参加珠中江联席会议，扩展为珠中江阳区域合作。开展交通共建、产业协作、环保共行和民生社会事务对接，把区域一体化向纵深推进。是年，珠中江三市新签订区域合作协议2项：《中山珠海两市跨界区域防洪及河涌水污染综合整治合作协议（2015～2020年）》和《“珠中江＋阳江”四地社会工作行业发展框架合作协议》，签订协议67项。

【区域跨界道路建设】 2015年，珠海市加快宝翠桥、珠海人民西路接中山坦洲环洲东南路建设；完成广中江高速投资17.7亿元，中开高速前期工作基本完成，项目先行工程动工，香海大桥完成初步设计。加快广珠城际轨道拱北至横琴段建设，开展深茂铁路江门至深圳段前期工作，广佛江珠城际轨道交通工程完成立项，进入工程可行性研究报告编制阶段。进一步深化西江联盟战略，在贵州黔南州主办“对接一路一带，振兴贵广经济”西江港口联盟年会，新开通珠海高栏—阳江集装箱驳船航线，开通19条航线，初步形成江海联运体系。珠海、江门共同推进黄茅海与崖门出海航道连接工程，启动5万吨级黄茅海航道前期工作。“六市一区”（珠海、佛山、中山、江门、阳江、肇庆市和顺德区）在首届珠江西岸先进装备制造业投资贸易洽谈会上签约项目205个，总投资1511.2亿元。举办第六届珠中江进出口商品展销会，383家企业参展。新增第三批珠中江阳共性技术和服务平台3家。制订珠江西岸先进装备制造业发展布局和项目规划，出台一系列政策和措施。珠海、中山建立16个PM2.5监测点，并在网络平台发布实时信息。淘汰黄标车5.4万台（辆）。“超洁净排放”改造完成年度目标。实现珠海、中山省立绿道1号线和4号线对接。珠海、江门开展森林防火联防联动工作交流。举办四地中学生环保微视频作品展示会等系列活动。珠中江阳实现联网即时结算定点医院7家，二级以上44家医疗机构正式互认医学检验检查结果。举办医疗卫生联防联控应急演练，开展珠中江阳临床学术交流和联合教研活动。召开珠中江阳公共法律服务合作第四次联席会议，探索协作办案机制建设。举办珠中江警务合作联席会议和珠中江阳四地技术串并案件联席会议，加强110警情交流，协同侦破制恐、盗窃、毒品、逃犯等多起案件。珠海、阳江率先开展教育卫生系统专业技术人才双向交流培养工程，两地400多名医务人员到对方机构交流学习，50名骨干到阳江支教，20多名优秀教师到阳江开展巡讲。

（张焕聪）

国内经济协作

【内资引进】 2015年，珠海市在全国台企联大会、首届装洽会、第二届世界广府人恳亲大会上签约56个项目，签约额1479.6亿元。

其中首届装洽会签约项目28个，投资额354.6亿元，签约金额居“六市一区”首位。全年签约项目涉及智能制造、海洋工程、节能环保、新能源汽车、航空制造、游艇制造、3D打印、医疗设备等先进装备制造业。长隆二期、中航大世界等高端服务业项目和现代农业项目，对“十三五”期间发展先进装备制造业、高新技术产业、高端服务业起到引领和示范作用。

【国内投资推介活动】 2015年，珠海市委、市政府主要领导和分管领导带队拜访活动27批次，推动在谈项目落户、已落户项目动工建设。市领导带队赴北京、上海、深圳、沈阳、哈尔滨等城市拜访30余家重点企业、国家部委和相关高校，介绍珠海市经济发展情况和投资环境，增进相关企业和机构对珠海的了解，推动美国福陆公司、新兴重工、清华大学发动机等一批重大项目洽谈和落户。 （母丹峰）

扶贫开发

【对口帮扶四川省凉山州】 2015年，珠海市落实帮扶凉山州资金2026万元，实施道路桥梁、安全饮水、医疗卫生、文化教育、社会事业、产业帮扶等项目26个，初步改善6.5万贫困群众生产生活条件。派分管副市长率领市代表团访问考察凉山州，先后有2区、8个市直单位派出10批次125人赴凉山州开展考察交流活动；落实结对帮扶责任，高栏港、万山两区投入600万元分别帮扶结对的盐源、喜德两县；加大民生帮扶力度，市财政投入1416万元修建吊桥、饮水工程和卫生院；帮扶做强做大职业教育，开展彝族传统工艺人才培训和帮扶凉山农校搞好机电实训室建设；珠海技师学院与凉山农校联合开设“凉山班”，同时支持凉山农校建立彝族传统工艺人才培训中心，培训各类专业人才2300多名；市扶贫办、电视台、摄影家协会联手举办“山海缘——走进大凉山”大型摄影展、凉山歌舞团来珠海交流演出等活动。

【对口支援四川甘孜州】 2015年，广东省明确珠海市对口支援甘孜州稻城、理塘两个藏区县。珠海市委、市政府研究部署对口支援工作，提出“三扶持、三促进、三落实”（三扶持：扶持农牧业发展、扶持教育卫生事业的发展、扶持公共设施；三促进：促进农牧民增收、促进旅游市场开发、促进素质技能开发；三落实：抓好落实对口支援工作、完善工作机制，加强职能部门间沟通便于工作开展、加强检查督促工作，确保资金落实到位）工作要求，全年落实对口支援资金3350万元，其中省统筹安排两县项目8个，资金3030万元，相关项目实施中；4月，市扶贫办调研组赴稻城、理塘两县开展调研；5月，甘孜州党政代表团率稻城、理塘两县相关领导莅珠对接对口支援工作，并出席甘孜州企业进驻星园扶贫市场签约仪式；8月，珠海市党政代表团赴甘孜州调研对接工作；10月，市红十字会发动珠海市丰利广场向甘孜州稻城、理塘两县捐赠9.4万元，帮助藏族贫困大学生47名，旅游、教育等职能部门对口支援工作有序开展；星园扶贫市场为稻城、理塘两县特优农产品进入珠海乃至珠三角、港澳市场搭建平台，有3家企业进驻星园扶贫市场。

【对口支援三峡库县】 2015年，珠海市落实对口支援重庆市巫山县任务，落实资金388万元，实施道路桥梁、安全饮水、教育卫生、敬老助残、劳动力转移、招商引资等支援项目8个。市扶贫领导小组会议专题研究对口支援巫山三峡库县工作；市分管领导率领市代表团访问巫山。推进乡镇结对工作，香洲区南屏镇与巫山县巫峡镇建立结对友好乡镇开展对口支援工作。

【对口阳江、茂名扶贫开发“双到”工作】 至2015年底，珠海市对口帮扶阳江、茂名两市80个贫困村，三年累计落实帮扶资金8.25亿元（其中珠海市投入3.5亿元），平均每个村1032万元（其中珠海市投入435万元），累计建设各类扶贫开发“双到”（规划到户、责任到人）项目55599个，贫困村集体经济收入平均每个村10.33万元，是帮扶前的14倍，村民人均纯收入、有劳动能力贫困户人均纯收入分别为12864元和9900元，是帮扶前的2.7倍和3.8倍。完成危房改造5527户，村道硬底化821千米，建成村办公楼、学校、卫生室、文化中心等民生项目1304个。在阳江、茂名两市帮扶建成36个农业产业基地，带动农户36699户（其中贫困户4817户）参与基地生产，年人均增收2700多元，并逐步培育成珠海菜篮子基地。在珠海建立扶贫地区特优农产品流通平台，在批发市场、农贸市场和大型超市设立5个扶贫地区特优农产品销售专区和1个对口帮扶地区特优农产品专业市场，扶持贫困地区特优农产品进入珠海等珠三角市场和港澳市场，带动贫困村、贫困户脱贫致富。贫困村生产生活条件显著改善，发展基础和社会保障有较大提高，村领导班子带领群众致富奔康能力明显提升。粤府信息、省扶贫工作信息、《南方日报》内参、《南方日报》及国务院扶贫办工作动态等全面宣传报道珠海市产业扶贫经验，珠海经验先后在全省、全国宣传推广。中央电视台记者深入珠海扶贫产业基地、星园扶贫市场采访、拍摄，宣传推广珠海市产业扶贫经验。珠海市先后在全省“双到”工作座谈会和现场会上介绍产业扶贫经验。

珠海市安监局对口帮扶高州市沙田镇六联村大棚蔬菜基地（市扶贫办供稿）

【欠发达村帮扶】 2015年，珠海市加快推进市内29个欠发达村帮扶工作，全年全市落实帮扶资金7167.24万元，平均每个村247万元。全年全市有劳动能力贫困户人均纯收入12509元，是帮扶前的2.3倍，全部实现脱贫；农民人均纯收入15515元，是帮扶前的1.78倍；启动发展帮扶项目345个，29个欠发达村村集体经济收入3307.49万元，平均每个村114.05万元，是帮扶前的1.37倍。贫困户城乡居民社会养老保险参保率100%，贫困户医疗保险参保率100%，贫困户子女入学率100%。（骆小丹）

民营经济

综 述

【概 况】 2015年，全市民营经济单位数19.15万户，比上年增长11.27%。其中私营企业5.85万家，增长14.2%；实现民营经济增加值685.2亿元，增长7.8%，民营经济增加值占全市GDP比重为33.8%。民营经济固定资产投资额481.55亿元，增长22%。民营经济从业人数59.83万人，增长0.7%，占全市从业人数54.93%；民营经济贡献税收137.13亿元，增长19.4%，占全市税收收入19.8%。

【民营经济创新】 2015年，全市民营企业拥有国家级和省级工程中心、企业技术中心132家，占全市比重92.9%；省级民营企业创新产业化示范基地15家，市级民营企业创新产业化示范基地59家；全市高科技民营企业253家，占全市比重63.7%，全市民营科技企业115家；全市上市民营企业27家，占全市比重81.8%。

【融资服务】 2015年，珠海市科工信局联合人行珠海市中心支行推出支小贷、助保贷、转贷和融资增信四大融资平台。搭建珠海市企业融资增信平台，整合工商、税务、海关等多类非银行信用信息。改革“四位一体”（由政府、银行、担保机构和企业共同组成）融资模式，利用广东省中小企业局3000万元风险补偿基金、人民银行支小再贷款政策，拓宽“四位一体”融资模式，建立以支持科技型企业为主担保融资平台、解决中小企业借新还旧转贷引导融资平台。设立转贷引导基金和助保贷补偿基金，帮助民营企业缓解资金周转问题和降低融资成本。

【公共服务体系】 2015年，全市建立和完善珠海市民营中小企业公共服务平台，首期完成民营企业诉求办理、政策发布和融资增信等建设内容。建立以中小企业服务中心为核心、社会组织和市场中介服务机构为两翼的社会化综合服务体系，培育一批公信力强、服务水平高的行业协会和市场中介服务机构，为民营中小企业提供公共软件、企业管理、财务咨询、市场营销、人力资源、法律顾问、知识产权、现代物流等第三方专业服务。吉林大学珠海学院建成产学研一体化公共服务平台，成立“生物医药公共服务平台”和“化学工程与材料公共服务平台”，为医药化工企业提供质量检测、技术支持、产品研发、人才培训、设备共享等公共技术服务。全年举办两期研修班。

【政策法规】 2015年，珠海市发布广东省首部民营经济发展条例——《珠海经济特区民营经济促进条例》，起草《珠海市人民政府办公室关于促进小微企业上规模的实施意见》，从加大财政支持、加强融资服务、减轻税费负担和强化公共服务等方面提出措施。

【扶持民营企业】 2015年，珠海市安排财政资金4999.4万元贴息贷款68家企业，争取到省级中小企业发展专项资金522万元。全志科技等“三高一特”民营企业申报2015年省科技重大专项，宝莱特科技、远光软件等8个项目入选2014年度省科技重大专项公示名单。组织开展2013～2014年珠海市十强民营企业、2014年珠海市纳税20强民营企业和珠海“创新小巨人”企业认定工作。新认定市民营科技企业37家，累计民营科技企业115家。组织民营骨干企业高层管理人员赴上海财经大学、成都电子科技大学学习，提升管理能力。 （邓　宇）

个体私营经济

【概　况】 2015年，珠海市有个体工商户133002户，比上年增长9.98%；资金数额45.09亿元人民币，增长24.93%。私营企业58505户，注册资金2374.41亿元人民币，分别增长14.25%和26.42%。农民专业合作社243户，出资总额3.11亿元人民币，分别增长20.90%和34.64%。

【传统行业】 2015年，珠海市新登记各类市场主体中占前三位的行业分别是：批发和零售业，新增13532户，占比44.28%；住宿和餐饮业，新增4381户，占比14.34%；租赁和商务服务业，新增3208户，占比10.50%。其中，占比较大的是私营企业和个体工商户。私营企业新登记户数前三位的分别是：批发和零售业2441户，租赁和商务服务业2007户，建筑业666户。个体工商户新登记户数前三位的分别是：批发和零售业10831户，住宿和餐饮业4116户，居民服务、修理和其他服务业2440户。

【新登记各类市场主体产业】 2015年，珠海市新登记各类市场主体30555户，第一产业新登记174户，占新登记户数0.57%；第二产业新登记1555户，占新登记户数5.01%；第三产业新登记28826户，占新登记户数94.42%。如下图。

【私营企业】 2015年，珠海市新登记私营企业8467户，下降6.08%，占新登记企业户数87.20%；私营企业新登记注册资金498.96亿元人民币，其中注册资本（金）贡献最大的前三位行业分别是：建筑业注册资金155.77亿元人民币、租赁和商务服务业注册资金150.2万元

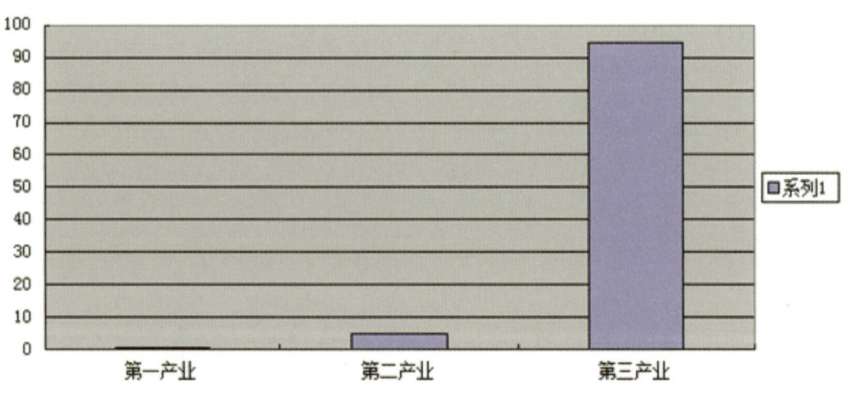

2015年珠海市新登记各类市场主体产业图轴

人民币、批发零售业注册资金49.4亿元人民币。实有私营企业58505户，注册资金2374.41亿元人民币，分别增长14.25%和26.42%。

【农民专业合作社】 2015年，珠海市有农民专业合作社243户，出资总额3.11亿元人民币，分别增长20.90%和34.64%。按业务范围分：从事农业生产资料购买131户、种植业95户、养殖业86户、农产品销售123户。按出资总额分：100万元～500万元81户、500万元~1000万元10户、1000万元～1亿元6户，1亿元以上0户。珠海市农民专业合作社主要从事业务范围是种植业、养殖业及农产品销售、农业生产资料购买，逐渐延伸到储运、加工、销售等各个环节。 （张述桐）

农业和农村经济

综 述

【概 况】 2015年，珠海市完成农林牧渔业总产值87.98亿元，比上年增长2.2%。其中农业产值14.14亿元，增长11.2%；林业产值2000万元，增长3.1%；牧业产值11.69亿元，下降13.4%；渔业产值53.83亿元，增长3.6%；农林牧渔服务业产值8.12亿元，增长4%。第一产业增加值46.63亿元，增长3%，对GDP增长贡献率为0.6%；三次产业比例为2.3 ∶ 49.7 ∶ 48.0。全年农村常住居民人均可支配收入20510.2元，增长11.5%；扣除价格因素，实际增长9.6%。人口城镇比88.07%。

畜牧业

【概 况】 2015年，珠海市肉类总产量4.7万吨，下降11.6%。其中猪肉产量3.97万吨，下降12.5%；禽肉产量7300吨，增长0.5%。生猪饲养量88.89万头，下降14.3%。其中生猪存栏37.45万头，下降9.5%，生猪出栏51.44万头，下降17.5%。

【畜牧业生态建设】 2015年，珠海市发挥财政资金引导作用，在蛋鸡养殖场推广畜禽标准化健康养殖示范。通过畜禽品种改良、改善生产设施条件、加强质量安全监管、推广健康养殖技术和粪污无害化处理，发展标准化健康养殖，提高规模化养殖比重，提升产品质量。建设沼气池9900立方米，其中政府补助经费144万元，完成农业源污染减排任务。

【饲料生产】 2015年，珠海市23家饲料和饲料添加剂生产企业产品总量91.8万吨，增长15.6%，其中配合饲料89.3万吨，浓缩饲料2500吨，预混料1.4万吨，饲料添加剂9000吨。全年饲料和饲料添加剂工业总产值56.5亿元，增长17.6%。

种植业

【概 况】 2015年，珠海市农作物播种面积1.77万公顷，增加1606.67公顷。其中，粮食作物播种面积7040公顷，减少106.67公顷；甘蔗种植面积73.33公顷，调减15.4公顷；油料种植面积306.67公顷，减少17.4公顷；蔬菜种植面积7626.67公顷，减少11.33公顷。全年粮食总产量4.16万吨，减产2.3%；甘蔗产量5700吨，减产23.6%；油料产量1200吨，增产32.4%；蔬菜产量15.79吨，减产3.4%；水果产量7.84万吨，增产7.4%。

【种粮补贴惠农政策】 2015年，珠海市全面提高水稻、玉米、番薯、马铃薯补贴标准，全年发放各级种粮补贴1875.26万元。在全省率先实施农民种植水稻保险免交保费政策，全年水稻种植保费126.23万元由各级财政承担。

【农作物绿色防控】 2015年，珠海市财政预算安排100万元专项资金，落实蔬菜基地等重点防控，开展和推广农用遥控飞行器在水稻生产植保“统防统治”作业示范，农用飞行器植保作业面积1667公顷，节约20%农药用量，减少农业面源污染。

渔 业

【概 况】 2015年，珠海市渔业产值53.83亿元，增长3.6%。水产养殖面积2.73万公顷，增加633.33公顷。全年水产品产量29.16万吨，增长3.6%。其中海洋捕捞1.09万吨，与上年持平；海水养殖6.07万吨，增长89.5%；淡水捕捞1800吨，增长1.1%；淡水养殖21.81万吨，下降7.9%。

【香洲渔港功能调整和洪湾渔港建设】 2015年，珠海市完成北堤货运码头搬迁和北堤临时渔用码头建设，组织召开北堤临时渔用码头临时航道设计方案评审会。北堤临时渔用码头进入运营阶段，香洲渔政大队、边防派出所等部门办公点以及部分渔船搬迁至北堤。香洲区推进洪湾渔港项目用地清场工作，用地清场进度满足洪湾渔港核心区水泥搅拌桩和钢板桩全线施工条件。珠海市海洋农业和水务局确定洪湾渔港项目安全及质量监督委托单位，开展工程安全隐患排查和质量检查。

【现代渔业发展】 2015年6月，《珠海万山游钓休闲渔业区建设规划（2014～2020）》印发实施。万山区制定实施《万山区游钓渔业快艇管理办法》，规范万山区渔业快艇的监督和管理。珠海市推进网箱养殖基地建设，通过政策扶持，开展传统网箱升级改造，推进深水网箱养殖产业化、集群化发展。鼓励本市企业申报省级深水网箱养殖专项资金，是年，争取到省级财政资金980万元，建设深水网箱28组112箱。扶持远洋渔业和外海捕捞业发展，制定《珠海市扶持远洋渔业和外海捕捞业发展工作方案》，支持珠海市企业申报远洋渔业项目。

【政策性渔业保险】 2015年12月14日，珠海市海洋农业和水务局联合市财政局、市金融局印发《珠海市政策性水产价格指数和风灾指数保险试点实施方案》，以斗门东滘村、昭信村和平沙罗非鱼养殖基地罗非鱼和鲈鱼作为价格指数保险的试点投保范围，以万山区深水网箱养鱼作为风力指数保险的试点投保范围，推进珠海市水产价格指数和风灾指数保险试点工作。

【渔业补助发放】 2015年，珠海市海洋农业和水务局组织开展休禁渔渔民生活补助申请审核，争取市、区财政安排专项资金，全年发放休禁渔补助127万元。市政府按照珠海市2014年度渔业柴油补助发放方案，将渔业柴油补助资金划拨至各区发放。

【路桥费减免审核】 2015年，根据珠海市政府工作会议纪要2011年第56号《关于鲜活水产品运输车路桥费减免协调会议纪要》要求，市海洋农业和水务局对斗门农产品流通协会报送《关于申报2015年鲜活水产品运输车办理减征优惠的请示》等资料进行审核，按有关政策规定为1000多辆水产流通车办理申报路桥费减免报批手续。

【渔业安全生产监管】 2015年，珠海市渔政支队完善《珠海市渔业安全生产宣传手册》《渔业安全事故警示录》《渔船安全生产责任告知书》《给渔船船东、船长的一封信》和《给渔业船员家属的一封信》等宣传资料，利用渔船年审签证、船舶检验和日常执法巡查等时机派发签领，派发1.5万份，确保珠海市籍渔船安全生产宣传全覆盖。协助各区举办安全管理员及船东船长培训班，通过对镇、村安全管理员上岗培训和对船东船长安全知识教育，落实安全生产属地管理责任和渔船主体责任。全年各区培训安全管理员和船东船长150多人。加强渔业安全生产巡查，渔政部门落实重点渔港水域一天两次检查、每周一次抽查、每月一次联检的日常巡查制度，建立安全生产检查工作台账，督促抓好安全隐患整改。每季度召开全市渔业安全生产联席会议，研究和部署全市渔业安全生产工作。是年，全市没有发生大的渔港渔船安全事故。

【休渔期间渔港渔船管理】 2015年，珠海市渔政部门和各区海洋渔业部门严格执行休渔制度，落实休渔管理各项措施。5月19～20日，市渔政支队联合省渔政总队直属二支队、香洲区海洋农业和水务局、市边防海上派出所、市流渔办及香洲渔会、香湾街道办、香洲渔业协会等多部门开展香洲渔港休渔初期联合整治行动，排除安全隐患船舶23艘，查扣涉嫌违规船舶17艘。

海洋产业

【海洋经济规模】 “十二五”期

间，珠海市海洋生产总值年均增长率为19.7%。2015年，全市主要海洋产业产值956.9亿元，比上年增长15%。其中，海洋渔业25.4亿元，海洋油气业156.3亿元，海洋化工业235.4亿元，海洋电力业105.4亿元，海洋船舶工业14.9亿元，海洋工程建筑业37.2亿元，海洋交通运输业15.2亿元，滨海旅游业277.3亿元，海洋工程装备制造业44.9亿元，海洋生物医药业44.9亿元。

【海洋装备工程产业】 2015年，珠海海洋工程装备产业基地被评为广东省战略性新兴产业基地，其产业聚集程度、创新能力、低碳经济指标等均处于全省前列，成为广东省乃至华南地区最具影响力的海洋工程装备产业基地。是年，引进中海油深水海洋工程装备制造、三一海洋重工、珠江钢管、珠海太平洋粤新海洋工程、珠海玉柴船舶动力、珠海巨涛、海重钢管、中铁武桥等项目。

【游艇产业】 2015年，珠海平沙游艇产业区成为国内技术密集度最高、产品档次最高的游艇制造基地，引进来自美国、澳大利亚、意大利、加拿大、台湾、香港等国家和地区的游艇制造企业40多家，其中有美国宾士域游艇公司、太阳鸟、杰腾、铎洋、三洋、先歌云辉等代表性企业。

【临港石油化工产业】 2015年，高栏港国家级石油化工基地作为广东省六大化工园区之一、广东省化工产业集群升级示范区、省级循环经济示范区，初步形成以PTA、合成树脂、润滑油等为主线的上下游延伸石化产业集群。现有碧辟PTA、壳牌润滑油、路博润润滑油添加剂、宝塔石化、成城沥青、华润聚酯、长兴化工、联成化学、晓星氨纶、烟台万华、中冠安泰、广东珠江化工、飞扬化工等中下游石化项目及精细化工项目落户。

【临海航空产业】 2015年，珠海航空产业园填补全省航空产业发展空白，成为中国南方通用航空产业类别最齐全、运营企业最集中的区域。在通用飞机制造领域，中航通用飞机公司已落户；在通用航空运营服务领域，建成国内首家私人飞机FBO（固定运营基地）——珠海商用航空中心，引进世界最大的公务机运营商——利捷航空（Netjets）设立亚太区总部和运营中心，设立珠海中航飞行学校，并有爱飞客航空俱乐部、中信海洋直升机公司、珠海中航通用公司、珠海龙翔航空俱乐部等10多家通航运营企业落户发展；在航空配套加工领域，有珠海银通航空器材公司、珠海羽人飞行器公司等无人机制造企业落户；在农用无人机领域，引进广东西工精密机械公司、珠海黎明云路新能源等航空配套制造企业。

【滨海旅游业】 2015年，珠海市建成滨海景区（景点）40多处，形成休闲度假、主题公园、温泉养生、海岛运动、商务会展等旅游产品体系，开发长隆海洋王国、海泉湾、御温泉等品牌项目，玲玎海岸一期、静云山庄投入使用，开辟海岛旅游新模式。

【港口设施】 “十二五”期间，珠海港累计完成固定资产投资139亿元，比“十一五”增加68.7%；建成生产性泊位33个，其中万吨级以上生产性泊位11个；客运及陆岛交通泊位3个，年吞吐旅客能力19万人次；完成15万吨主航道投资10.8亿元。高栏港区成为全国最大的油气化学品仓储区之一和华南地区主要油、气和液体化工品集散中心。

【海洋客货运输】 “十二五”期间，珠海市旅客吞吐量年均增长率8.3%，货物吞吐量年均增长率21.6%，港口集装箱年均增长率22.5%。2015年，西江流域驳船支线完成吞吐量2328万吨，增长18.5%。

【科技合作】 2015年，珠海市与国家海洋局海洋三所、国家海洋局天津海水淡化所、国家海洋技术中心、中科院南海海洋研究所、中科院广州能源研究所、中山大学、暨南大学、广东海洋大学等多家高等院校和科研机构开展科技合作，促进珠海市海洋科技开发。

【海洋环境监测】 2015年，珠海市海洋与渔业环境监测中心完成珠江口及邻近海域海洋环境趋势性监测、陆源污染入海排污口及其邻近海域监测、海水浴场监测、海水养殖区环境监测、海洋自然保护区监测及横琴新区国家级海洋生态文明建设示范区监测。市海洋农业和水务局完成《2014年珠海市海洋环境状况公报》并向社会发布；完善海域环境实时在线监测系统建设，加强对赤潮、溢油等海洋灾害的跟踪监视监测。

【渔业资源增殖放流】 2015年，珠海市海洋农业和水务局组织渔业资源增殖放流，放流鲷科鱼苗105万尾，斑节对虾3427万尾。

【海洋生态文明示范区建设】 2015年，珠海市推进海洋生态文明示范区建设，横琴湿地公园二期2.94千米生态海堤水利部分和绿化种植全部完成，累计完成投资7000万元。横琴新区海岸带综合整治修复试点项目前期工作正在开展中。

水 利

【海堤加固达标工程建设】 2015年，珠海市斗门区北部上横联围、斗门区北部大沙联围、斗门区鹤洲北海堤达标加固工程、横琴海堤工程4宗工程全部开工，其中上横联围、大沙联围、横琴海堤3宗项目基本完工，鹤洲北海堤12月底进场施工。截至2015年底，建设资金全部到位，4宗工程累计完成投资10.54亿元，占总投资84.3%；累计完成建设海堤73千米，占建设海堤总长87%。

【市人大议案项目结案】 2015年，珠海市七届人大六次会议议案《关于加快斗门区四小联围海堤达标建设的议案》结案。四小联围工程包括竹银联围、大沙联围、上横联围和三沙联围，加固堤防总长66千米，新建、改建水闸33宗，工程总投资4.49亿元。截至2015年底，工程基本完工，完成工程验收合格率100%。

【民生水利工程建设】 截至2015年底，全市民生水利工程开工项目11宗，处于前期工作项目12宗，其中基本完成项目5宗，累计完成投资16亿元，占总投资28.5%。

【水利工程质量安全管理】 2015年，珠海市海洋农业和水务局委托市水务工程质量监督站对市管水利工程进行质量安全监督，加强在管水利工程质量安全监督检查。通过举办安全生产培训班、工程质量现场观摩会等活动，提高参建各方安全质量意识。全年全市水利工程未发生质量安全生产责任事故，实现全市水利行业质量安全生产"零事故"工作目标。

【水生态文明城市建设试点】 2015年，《珠海市水生态文明城市建设试点实施方案》获批通过。珠海市人民政府办公室印发实施《珠海市创建全国水生态文明城市三年（2015～2017）行动计划》。截至年底，基本完成斗门四小联围加固达标工程、横琴滨海湿地公园一期工程、拱北水质净化厂四期扩建工程、前山北部1号雨水湖工程、斗门区风流河综合整治工程、留诗山排洪渠（东岸片区段）截污整治工程、鸡山排洪渠截污整治工程和福安旧闸恢复工程等8个项目；美丽海湾项目、水生态文明展厅、前山北部2号雨水湖工程、横琴滨海湿地公园二期工程、横琴海堤加固达标工程、横琴天沐河防洪及景观工程、前山水质净化厂、农村生活污水处理设施建设工程、前山河流域社区截污整治工程、污水管网建设工程、珠海竹洲水乡水利风景区、鹤州北海堤加固达标工程等12个项目开工；高新区淇澳红树林海堤加固达标工程完成施工招标工作；大门口水道引水工程、乾务海堤加固达标工程、黄杨河东堤整治达标工程、小林联围涝区整治工程、斗

2015年11月30日，广东省与澳门在珠海召开粤澳供水会议，共同谋划布局粤澳供水合作建设大计。会上，粤澳双方签署第四条对澳供水管道工程及平岗－广昌原水供应保障工程粤澳合作协议及建设对澳供水原水水质在线监测系统合作协议 （方 胜摄）

门区白蕉联围易涝区整治工程、高栏港南水片区水浸黑点整治工程、井岸城区水浸整治Ⅱ期工程等7个项目开展项目前期工作。

【前山河流域环境综合提升工程】 2015年，中山、珠海两地市政府签署《中山珠海两市跨界区域防洪及河涌水污染综合整治合作协议（2015～2020年）》，每年汛前、汛中、讯后两地组织召开联席会议，实现两地跨界区域防洪及河涌水环境的共治共管。《前山河“一河两涌”整治与修复建设规划》于3月和6月分别就规划内容和项目投资计划获珠海市政府批准，项目内容包括源头清污、岸线整治及沿河道路建设、生态净水、初期雨水治理、排洪渠综合整治、清淤保洁和防洪排涝7大工程。市前山河办年初制定实施《前山河流域环境综合提升工程2015年攻坚行动计划》和《6月份现场督查会重点迎检项目倒逼计划表》，下半年制定《攻坚克难、再掀前山河综合整治行动新高潮工作方案》，重新梳理7大行动42项任务实施计划分解表。市海洋农业和水务局连续3次组织对“一河三涌”（主河道、洪湾涌、广昌涌和沙心涌）水浮莲进行拦截和生物消杀，成效显著；开展《珠海经济特区前山河流域管理条例》立法调研、拟草、意见征求和送审稿修改；制定《前山河流域水污染事件联动处理工作方案》，借助数字城管指挥中心、政务服务中心资源平台，会同市、区两级水务、市政、环保、城管部门，建立前山河流域水环境动态巡查和快速响应合作机制，实时处理近岸街区8大网格入河排污事件；完成《珠海市前山河“一河两涌”水系岸线建设及景观配套工程项目建议书（可研）委托编制工作任务书》编制、意见征求和修订工作，获市政府批准；开展广昌水闸调水试验工作，为下一步珠海、中山七闸联调改善前山河水动力和水质进行探索。

【节水型城市创建】 2015年，全市55家企业和单位、16个居民小区获评广东省节水型企业、单位和社区。6月，珠海市通过广东省住房和城乡建设厅和广东省发展和改革委组织的省级节水型城市考核验收，获得广东省节水型城市命名。

【供水安全】 2015年11月30日，广东省人民政府与澳门特别行政区政府正式签署合作协议，共同投资建设第四条对澳供水管道工程和平岗至广昌原水供应保障工程，保障珠澳两地供水安全。珠海市海洋农业和水务局协调江门市发展和改革局、中山市水务局、中山市建设局，共同商讨推进珠中江供水一体化工作。

【水土监督检查】 2015年，珠海市海洋农业和水务局制定实施《2015年珠海市开展水土保持法贯彻实施情况专项检查工作方案》。市、区两级水行政主管部门对86个生产建设项目进行专项检查活动，有效遏制水土流失情况。

【水政执法】 2015年，珠海市水政部门厘清职权边界，规范执法行为，加强联合执法。开展水政日常巡查88次，组织专项行动11次，处理水事违法违规行为15宗，立案查处2宗；检查、督促各区处理水事违法违规行为56宗，立案查处2宗；向各区转办举报投诉线索3宗，协助各区开展清拆行动9次。加强相邻市之间联合执法，会同中山水政部门在磨刀门、前山河两市交界水域开展联合检查行动，共同维护边界水事秩序稳定。

农业现代化建设

【国家农业科技园建设】 2015年，珠海市高端谋划完成概念性总体规划并获市政府批复。土地平整回收、基础设施建设等工作进展顺利。园区成为国家食品安全（横琴）创新工程重要原材料生产供应基地。新注册、引进一批园区企业和项目，总投资近100亿元。农业电商高起点发展，斗门区与阿里巴巴签署农村淘宝项目合作协议，首批25个淘宝村级服务站于12月1日开业运营。本地农业电商成绩喜人，十亿人电商全年网络平台销售营业额突破1000万元，成为珠海市农业电商标杆性企业。

【台湾农民创业园建设】 2015年，珠海台湾农民创业园建设实现新突破，获省部级资金总额5200万元，广东（珠海）现代种业发展中心落户园区；核心区一期主入口景观提升工程全部完工，热带兰花（国际）研发中心首期项目（6000平方米智能温室）完工并投入使用；落实核心区二期“北纬22° 绿珍珠”项目开发建设主体，该商标获国家工商总局商标局受理注册，完成“珠海台湾农民创业园视觉识别系统”；

举办广东·以色列农业企业对接活动、粤台农业合作园区建设现场会和珠海市第三届台湾新优蔬菜良种展示会，被授予“2015年全国青少年农业科普示范基地”称号，入选2015年全国休闲农业与乡村旅游示范点。

【菜篮子基地】 2015年，珠海市海洋农业和水务局开展菜篮子基地认定和建设工作，指导炽达猪场等6个省级菜篮子基地复审，推荐珠海市之山水产发展有限公司申报省级菜篮子基地，扶持绿手指农业科技有限公司平沙基地和十亿人新马墩村火龙果基地等菜篮子基地建设。

【农产品安全监管】 2015年，珠海市所有农业镇建立农产品质量安全快速检测室，完成市、区、镇三级农产品质量安全检测体系建设。抓好农产品质量标准体系建设、无公害农产品基地建设、农产品质量认证等工作，实现主要农产品有标可循，产前、产中、产后生产标准化。全市有无公害产地39个，面积2229.95公顷，无公害产品33个，创建农业标准化示范区24个。加强农产品质量安全监管执法。农产品监督抽查抽取蔬菜、水果、家禽、水产品样品1364份，合格数量1353份，合格率99.2%，全年未发生本地农产品安全事故；开展农产品专项整治行动17次，出动执法人员159人，处罚投诉21宗，行政立案12宗，收缴罚款14.65万元；严厉打击私宰生猪行为，出动行政执法人员195人次，打掉私宰窝点18个。

农业产业化经营

【农业品牌】 2015年，珠海市海洋农业和水务局指导9个产品开展省级名牌产品（农业类）复审，指导7个产品申报省级名牌（农业类）产品，推选11个农产品参与广东省名优特新农产品评选推介活动，并在市农科奇观举办珠海市名特优新农产品现场推介展示会，提高珠海农业名牌影响力和市场竞争力。

【休闲农业】 2015年，珠海市多家特色农业休闲企业形成规模化发展。高栏港绿手指农园推行都市农业模式，为全市50个社区、5000多会员提供绿色安全食品。斗门区十亿人果蔬农庄全年接待国内外农业部门专家、游客4万多人次。莲洲镇十里莲江农业观光园是珠海市唯一一家全国休闲农业与乡村旅游五星企业，多次承办农业部、省市级大型农业专题活动。逸丰生态园通过合作社带动，解决村民就业岗位100多个。金湾区乐诗农业利用珠海丰富的水网河道资源，发展水上休闲、皮划艇及自行车健康运动，成为金湾片区一个特色休闲农业品牌。

农业机械化

【概　况】 2015年，珠海市拥有农业机械10万多台（套），农机总动力26.54万千瓦。实现水稻综合机械化水平86.47%，水稻田机耕率达97%以上、机收率95%、机插率61.6%，水产养殖使用机械率达95%以上。

【农机补贴】 2015年，珠海市使用中央、市、区农机购置补贴资金402万元，补贴699户农民购买6274台（套）农业机械及机具。分别对水稻机械化插秧和农用遥控飞行器植保进行作业补贴，其中水

2015年7月7日，珠海市开展2015年度农机事故应急处置演练

（市海洋农业和水务局供稿）

稻机械化插秧作业补贴 40819 亩，市财政按 60 元 / 亩补贴资金 244.9 万元；补贴农用无人机作业面积 2.5 万亩次，市财政按 20 元 / 亩补贴资金 50 万元。

【农机安全监理】 2015 年，全市拖拉机保有量 1283 台，其中大中型拖拉机 78 台，小型拖拉机 1205 台，联合收割机 79 台。拖拉机注册登记达 1149 台，占拖拉机总量 85.2%；年度检验 901 台，年检率 78.4%。全市农机驾驶操作持证人员累计 1101 人，占农机驾驶人员总数 95.8%。 （黎彩丽）

港澳流动渔民

【概 况】 2015 年，珠海市有港澳流动渔船 1350 艘，总马力 45 万千瓦，港澳流动渔民 9936 人。在内地销售水产品 5.1 万吨。组织与港澳社团交流、研讨会等活动 36 场次，1200 多人次。接待港澳社团和渔民委员代表到访 15 批次，4000 多人次。全年审批办理港澳流动渔船入户、转户 324 宗，换发户口簿 605 宗，办理渔工入户手续 2644 人次、过港作业证 1564 本，办理及换发港澳流动渔民证 2685 张，换发渔业捕捞许可证 559 本。

【港澳流动渔民宣传教育】 2015 年，珠海市港澳流动渔民工作办公室（简称市港澳流渔办）两次在全市统战工作会议上介绍经验，围绕国情教育、安全生产、休渔、反走私、雇主责任险实名制等进行经常性宣传教育。加强与高校科研院所联系，与中国海洋大学水产学院、中山大学海洋学院等建立战略合作关系，成立港澳流动渔民培训研究中心，开展产学研合作，联合举办 3 期相关培训班进行经营体制改革、渔业转产转型、渔业安全生产、爱国主义教育等专题学习，200 多名港澳流动渔民委员、代表、连心工程联络员参加培训。配合渔政部门发放休渔宣传资料，组织 790 多艘港澳流动渔船按时进港休渔。进行安全生产宣传教育，与渔业管理部门协调职务船员证考证问题，30 多名港澳流动渔民参加培训和考证。鼓励港澳流动渔民安装北斗终端导航系统，协助承办广东省港澳流动渔船安全监管监察示范活动现场会。进行反走私宣传教育，配合职能部门执法，海关、边防查获移交涉嫌走私港澳流动渔船 15 艘，上报取消会籍港澳流动渔船 1 艘。

【港澳流动渔民服务管理】 2015 年，市港澳流渔办召开总结表彰大会，对 2014 年开展渔民连心工程以来表现突出的 5 个基层办事处和 19 名优秀联系员进行表彰，渔民连心工程被市直机关党工委定为党建示范项目，该项工作课题研究被中国社科院马列所定为年度课题。开展创建“基层服务型党组织示范点”，提出“情系珠港澳，服务无边界”服务理念，加强对港澳流动渔民服务。精简办事程序，提高办事效率。协调解决港澳流动渔船安全生产检查、“四小证”（熟悉和基本安全培训合格证、精通救生艇筏和救助艇培训合格证、高级消防培训合格证、精通急救培训合格证）培训、职务船员证考证、换发捕捞许可证时间长等问题。完善管理制度。组织渔民委员和基层办事处参与《港澳流动渔船管理规定》和《粤港澳流动渔民雇佣境内渔工管理办法》修订。加强港澳流动渔船档案管理，进行“一船一档”档案整理。启动帮扶政策，加大扶持力度。修改完善受灾、困难渔民补助办法，建立健全慰问制度，建立港澳流动渔民子女助学金制度，制定港澳流动渔船安装北斗导航终端补助办法。落实惠渔政策，促进渔业生产。全年审批落实 927 艘符合条件的港澳流动渔船（总功率 39.78 万千瓦，用油总量 9.16 万吨）燃油补贴资金 3.1 亿元。配合渔政部门完成 105 艘港澳流动渔船安全生产检查。做好渔业互保工作，全年办理渔工雇主责任险业务 3721 宗、港澳流动渔船财产险 1109 宗、港澳流动渔船第三者责任险 474 宗，投保 858 万元。协助处理渔工伤亡事故 84 宗、港澳流动渔船财产险 2 宗，理赔金额 464.2 万元。

【会务交流】 2015 年，市港澳流渔办组织与港澳社团交流、研讨会等活动 36 场次，1200 多人次。接待港澳社团和渔民委员代表到访 15 批次，4000 多人次。1 月 29 日，市港澳流渔协会召开第七届四次全体会议，审议通过《珠海市港澳流渔协会关于鼓励港澳流动渔民子女考入大学奖励暂行办法》和《珠海市港澳流渔协会关于港澳流动渔民受灾及困难补助的办法》。3 月 20 日，与中山大学海洋学院战略合作签约暨珠海市港澳流动渔民研究中心揭牌仪式在中山大学珠海校区举行。5 月 22 日，召开 2015 年港澳流动渔民连心工程总结表彰大会，

5个基层办事处和19名优秀联系员受到表彰。6月12日，市港澳流渔办领导出席香港渔民团体联会举办的香港渔民庆祝香港回归祖国18周年暨香港渔民团体联会成立17周年庆典活动。8月21日，市港澳流渔办与中国海洋大学水产学院举行港澳流动渔民培训研究中心揭牌仪式。（甘松华）

林　业

【概　况】 2015年，全市林业用地面积4.85万公顷，有林地面积3.21万公顷，生态公益林面积3.58万公顷；森林覆盖率35.96%（扣除湿地面积），林木绿化率30.88%，活立木蓄积量321.7万立方米。

林业重点生态工程建设　营造生态景观林带73.3千米，碳汇造林793.33公顷，新增（提升）森林公园5个、湿地公园6个，创建完成森林家园14个，打造乡村绿化美化点31个。

林业生态县创建工作　根据《珠海市人民政府办公室关于印发珠海市创建广东省林业生态区工作方案的通知》，横琴新区管委会、各区人民政府（管委会）积极行动，落实任务。是年4月18日，省政府授予香洲区、斗门区、金湾区"广东省林业生态县"称号。

森林资源保护和管理　落实森林资源保护和发展目标责任，抓好林地、林木及野生动物资源保护和行政执法，加强林业有害生物疫情监测与防控。组织各区开展新一轮森林资源二类调查，办理征占用林地项目11宗，审核率100%，未发生越权审批使用林地项目的行为。

有害生物防治　制定《珠海市林业有害生物普查工作实施方案》。建立突发性和新发现森林病虫种类信息必报和零报告制度，及时上报松材线虫病、薇甘菊、刺桐姬小蜂、湿地松粉蚧、松突圆蚧等林业有害生物发生防治数据报表，设置固定监测点，对重点地段进行监测，按照"早发现、早报告、早隔离、早扑灭"要求及时处理。全面完成薇甘菊除治，全年没有发生松材线虫病疫情，林业有害生物成灾率为0，无公害防治率100%。

林业生态调查规划　开展森林资源二类调查、林业生态红线划定暨林地变更情况调查，推动《珠海市金鼎乡土林森林公园总体规划》《珠海市林业发展和城市园林绿化建设"十三五"规划》，完成《大横琴（脑背山）森林公园总体规划》。

【林业执法检查】 2015年，珠海市市政园林和林业局组织市野生动植物保护管理处、市公安局森林分局及各区（功能区）林业主管部门强化林业执法工作，加强野生动植物保护。全年侦破涉林刑事案件16宗、查结涉林行政案件41宗、查获省重点及"三有"保护野生动物631只，拆除捕鸟网1620米。

【野生动物接收与救护】 2015年，珠海市野生动植物保护管理处加强与110联络机制，强化与新闻媒体等相关部门合作。接警40次，处理突发事件150宗，救护野生动物44头（只），其中国家级重点保护动物9只，省级35只。

【野生动物保护宣传】 2015年3月，珠海市野生动植物保护管理处与市观鸟协会、北京师范大学珠海分校环保协会、中山大学珠海校区学生党员先锋营等机构200多人在海滨公园开展爱鸟周宣传，参观市民2000余人次，派发保护野生动物相关法律小册、《珠海市常见鸟类》等宣传图册5000多册。

【湿地资源管护】 2015年，珠海市加强湿地公园监管，注重湿地保护与修复。开展斗门竹洲头水松林自然保护区、黄杨河华发水郡省级湿地公园日常管护工作，推进横琴滨海湿地公园建设。完成淇澳红树林保护区内行道树修剪与航道清理工作，拆除旧报刊亭和旧值班室，增设导览牌2个、指示牌1个、警示牌4个，更新科普长廊宣传牌8个、宣传标牌11个，设计树种标识牌30个，维修湿地绿道木栈道。打击破坏淇澳红树林资源行为。收缴销毁鱼笼、鱼网40条950多米，驱逐意图在保护区范围内捕鱼的外来船只多艘。

是年11月，广东珠海淇澳—担杆岛省级自然保护区被广东省湿地保护协会授予首届"广东最美湿地"称号。该保护区参与国家级科技项目《红树林快速恢复和重建技术研究》获广东省科学技术一等奖。由该保护区承担的珠海市科技计划项目《利用红树林植物更替措施防控互花米草的研究》通过由珠海市科技和工业信息化局组织的验收和科技成果鉴定。（杨才开）

新农村建设

【概 况】 2015年，全市改造农村公路危桥37座，建成镇中心幼儿园10所，村居文化广场覆盖率100%，硬底化道路全通达，公交线路村村通，斗门区新增绿化面积18.9万平方米，行政村居生活污水处理设施100%覆盖。自然村一级污水处理设施覆盖率超过50%，高于珠三角地区8.9%平均水平。80%自然村开展环境整治工程，高于全省30%、珠三角地区41.3%平均水平。完成四小联围海堤建设和防洪加固工程等一批农村水利设施建设。有155个村居收入超过100万元，通过农村“三资”（资源、资金、资产）监管平台交易4936宗，交易合同金额9.53亿元，成交价高出底价10%以上。广东（珠海）现代种业发展中心落户珠海台湾农民创业园。斗门区南门村、夏村被评为全国文明村镇，斗门区南门村、莲江村获“中国乡村旅游模范村”，十里莲江乡村旅游风情带入选全国休闲农业与乡村旅游十大精品线路。有全国休闲农业与乡村旅游示范点1个，全国休闲农业与乡村旅游五星企业1家，中国乡村旅游金牌农家乐12家，广东省休闲农业与乡村旅游示范镇、示范点6个。

【特色产业】 2015年，珠海市建成台湾农民创业园科技创新基地和2.8万平方米兰花温室大棚，广东（珠海）现代种业发展中心、台湾特色农产品加工及生态观光旅游中心、珠海芊卉生物科技有限公司、珠海绿海二期水产品加工等一批企业和项目落户园区。国家农业科技园成为国家食品安全（横琴）创新工程重要原材料生产供应基地。斗门区与阿里巴巴签署农村淘宝项目合作协议，12月1日，首批25个淘宝村级服务站开业运营，“本地农业电商十亿人”电商网络平台全年销售营业额突破1000万元。

【民生保障建设】 2015年，珠海市镇街政务服务中心、村居公共服务站、村民网上办事服务终端覆盖率100%，有农村社区居家养老服务机构130个，居家养老服务全覆盖。推行村民电子健康档案建立，并在全省推广。出台《关于解决我市被征地农民养老保障历史遗留问题的通知》，全市4.7万被征地农民可参加职工基本养老保险。

【农村基层自治建设】 2015年，珠海市90%以上行政村建立村务监督委员会，村居警官、律师覆盖209个村居，全年化解基层矛盾1751宗，排查各类治安、集体上访事件隐患188宗。组织基层干部赴贵州、四川、湖南以及博罗等地学习，转变思想观念，提高工作水平。

【农村综合改革】 2015年，珠海市斗门区有69个村启动土地承包经营权确权登记颁证工作，完成测量农村集体农用地面积3267公顷，占全市需确权面积15.01%，石龙村发放第一批农村土地承包经营权证书。出台《珠海市关于加强农村金融改革创新改进农村金融服务的实施意见》《珠海市农户信用信息采集及信用户、信用村评定管理办法（试行）》，从农村金融服务体系建设、农村信用体系建设、涉农融资支持、农村金融产品和服务、涉农保险五个方面推进农村金融改革创新。43个村建成金融服务站，全国首家内置金融村社联合社在斗门区挂牌成立，全市有内置金融合作社5家。 （李玉婷）

2015年，珠海市加大幸福村居建设宣传，在各镇街主要路口均设有大型宣传牌。图为斗门区莲洲镇高速出口处的宣传牌 （曾爱平摄）

工　业

综　述

【概　况】 2015年，全市有规模以上工业企业1023家，实现规模以上工业总产值3966.02亿元，比上年增长10.9%；工业增加值916.94亿元，增长9.6%；规模以上工业企业实现利润总额272.84亿元，下降1.1%；工业增加值占GDP比重48.43%。

【珠江西岸先进装备制造业投资贸易洽谈会】 2015年，首届珠江西岸先进装备制造业投资贸易洽谈会在珠海召开，参展单位205家，1.5万人观展，其中客商和专业观众3000余人；“六市一区”（珠海、佛山、中山、江门、阳江、肇庆和顺德区）签约项目205个，总投资1511.2亿元；组织8场推介会，参会客商1190人；举办两个专业交流会，参会人数270余人；金融人才洽谈区发出各种招聘信息1500余条，洽谈咨询300余人，签约国家“千人计划”总部基地项目落户横琴；中央、省、“六市一区”及港澳台媒体50余家约200名记者到会采访，新媒体网络推送曝光量超过1亿次；出动警力840余人次，承办单位投入安保力量400余人次。（黄元阔）

交通装备产业

【概　况】 2015年，珠海交通运输设备制造业实现规模以上工业增加值21.53亿元。其中，汽车制造业实现工业增加值16.88亿元，增长9.5%；铁路、船舶、航空航天和其他运输设备制造业实现工业增加值4.65亿元，增长7.3%。

【年度行业发展状况】 2015年，珠海有轨电车1号线正线轨道、车站工程、车辆段等土建、装修及设备安装完成，进入联调联试和试运行阶段。珠海大道首期BRT起点设在前山枢纽站，终点为湖心路口枢纽站，全程20.9千米。7月2日，中航通用飞机有限责任公司与法国飞鲸控股公司在法国图卢兹签署战略合作协议，拟共同投资成立合资公司，面向全球交通运输市场，开展重载飞艇的研发、生产、销售及服务等工作。12月18日，中国（珠海）现代有轨电车交通系统发展研讨会在珠海召开。北车（珠海）装备工程有限公司珠海基地一期工程项目投产，实现“珠海制造”。中航通飞西锐公司研发的单发涡扇喷气飞机SF50C0架机，正式获得美国联邦航空航天管理局（FAA）颁发的TIA（型号检验核准书），这是SF50飞机取证工作中一个重大里程碑，标志着这款新飞机进入TC（型号设计许可）试飞验证阶段。该款飞机最高巡航时速达555千米，经济巡航速度390千米，满油条件下最大航程可达2200千米。2月14日，玉柴船舶动力股份有限公司（玉柴船动）与温特图尔发动机有限公司（WinGD）签约，成为全球首家二冲程双燃料发动机生产商。6月，世界首台投入商业运营5RT–flex50DF船用双燃料低速发动机在玉柴船动交验。珠海银隆新能源成功研发出第四代钛酸锂快充电池，比第三代电池成本低，能量密度增加三成。10月，银隆电器研发中心成功开发出基于整车CAN总线具有自学习、自诊断功能远程监控平台。该平台能够实时监控电动巴士内部所有电池、电机、气泵、空调系统等部件信息，并通过云盒子将大数据发送至后台服务器。11月，经过来自国内各大院校及北京公交集团上百名专家为期27天评审，珠海银隆新能源击败全国15家竞争对手，获得北京480台纯电动双层巴士订单。

石油化工产业

【概　况】 2015年，珠海市石化产业实现规模以上工业总产值417.11亿元、增加值62.45亿元，分别比上年增长3.6%和2.8%。其中，化学原料及化学制品制造业完成增加值26.9亿元，下降2.8%；橡胶和塑料制品业实现增加值11.94亿元，下降2.8%；化学纤维制造业实现增加值10.21亿元，增长3.1%。

【年度行业发展状况】 2015年

7月2日，珠海碧辟公司化工三期项目投产，该项目设计年生产能力125万吨，进一步扩大在中国PTA市场份额。珠海碧辟三期装置在全球首次使用BP集团最先进PTA技术，节约能耗40%，同时降低65%温室气体排放、减少95%固体废物和75%废水排放，所产生余热能满足3500户家庭用电需求。中海油精细化工园一期项目投产，总投资150亿元，其中首期建设投资13.85亿元，主要包括新建60万吨/年凝析油分离装置和22万吨/年芳烃抽提装置及配套的储运、公用工程和辅助设施。11月4日，珠海精润石化有限公司在高栏港区生产基地举行投产仪式，标志着该公司投资1.75亿元、历时两年新建的废润滑油综合利用及产品深加工工程项目正式投产，基础油及润滑油年产量2万吨。该项目在国内率先利用加氢技术，联合使用溶剂萃取精制、减压蒸馏等先进组合技术（ORT）加工处理废矿物油，能够比传统炼油工艺降低30%以上能耗。公司将生产高质量基础油及应用于汽车及工业领域的优质润滑油，主要产品基础油的质量达到API Ⅱ类基础油标准，产品面向珠三角和长三角地区各大城市。路博润添加剂（珠海）有限公司一期、二期润滑油添加剂项目工程获国家级优质工程鲁班奖，为珠海首个获此殊荣工业项目。（曹振飞）

电力能源产业

【概　况】 2015年，全市全社会用电量145.37亿千瓦时，增长8.23%。其中，工业用电量88.28亿千瓦时，增长4.87%，全市最高用电负荷252万千瓦，增长7.83%。第一产业用电量6.88亿千瓦时，占全社会用电量4.73%，增长7.48%；第二产业用电量91.92亿千瓦时，占全社会用电量63.23%，增长5.9%；第三产业用电量26.35亿千瓦时，占全社会用电量18.12%，增长23.28%；居民生活用电量20.23亿千瓦时，占全社会用电量13.91%，增长2.38%。是年，向澳门输送电量40.54亿千瓦时，下降1.08%。

【网电、地方电供购】 2015年，珠海市供购电量145.37亿千瓦时。其中，省网电供电量140.49亿千瓦时，增长5.89%；购地方电量4.88亿千瓦时，增长196.36%。珠海发电厂、珠海金湾发电厂、珠海深能洪湾电厂、珠海横琴风电厂、珠海高栏风电厂、西坑尾沼气发电厂、珠海垃圾发电厂、中电投望洋电厂、中海油依海电厂9家电厂发电量195.9亿千瓦时，增长36.6%，发电设备年平均利用小时8097.01小时，增长5.83%。

【电网建设】 2015年，全市电网工程完成投资10.8亿元，完成年初计划投资125.54%，完成年中调整计划投资101.5%。建成投产500千伏加林输变电工程、220千伏临港新增电源线路工程、220千伏琴韵—澳门CT220（莲花）站第三回电缆线路工程等一批项目，投运110千伏及以上线路116.91千米，投产110千伏及以上变电容量210万千伏安，超额完成年度投资任务。（王元芳）

游艇工业

【概　况】 2015年，全市游艇产业工业总产值40亿元。游艇制造行业总体向好，有太阳鸟、杰腾、显利、佳航等游艇生产企业25家，玉柴船舶、南国集团等配套企业及商贸公司32家，其中铎洋、杰腾、玉柴等增长较快，全年实现产值基本与上年持平。游艇服务产业雏形初现，万洋、法拉帝、格力海岸等在建或规划建设游艇会7家，游艇租赁、旅游、会展等配套服务业呈现加速增长。

【年度行业发展状况】 2015年9月29日至10月1日，2015中国（珠海）国际游艇展在珠海举办，展览总面积1万平方米，有60艘各类游艇参展，包括法拉帝、亚卡迪亚、公主、阿兹慕、巴伐利亚、赛莎、卡帝尔等10多个国际知名品牌，以及太阳鸟、江龙、海星、杰腾、绅斯威、琛龙等国内知名品牌。3天展期成交船艇22艘，成交额超1.2亿元。珠海本土游艇企业绅斯威开幕当天成交2艘游艇，成交额1200万元。展会期间，召开粤港澳游艇产业合作交流研讨会，国内外游艇厂商、银行、风险投资机构、专业买家汇聚一堂。国家船舶及海洋工程装备材料质量监督检验中心在平沙镇建设，填补船舶及海洋工程装备材料国家质检中心空白，覆盖船舶及海洋工程装备用金属和非金属材料及其制品常规力学、物理和化学性能检测，拟建实验室面积2万平方米，总投资1亿元，占地1.33公顷。12月初，珠海市政府与广东海事局签订《推进粤港澳游艇自由行》合作框架协议，双方将共同争取粤港澳游艇在横琴自贸试验区先行先试自由行。12月16日，总投资30亿元人民币的法拉帝游艇（亚太）中心项目在横琴新区正式开工奠基。9月29日，江龙船艇科技股份有限公司发布其最新产品——“珠江水晶”号，该游船建造结构采用船舶行业里极少使用的钢管桁架形式，首次实现将成熟电力推进技术、全回转舵桨装置船舶控制技术集成应用于高端游船，是国内城市景观水系最大尺度电力推进游船，具有显著节能减排、减振降噪效果，体现低碳环保示范作用。太阳鸟游艇先后收购宝达、先歌等游艇企业，产值明显提升。博胜游艇制造项目投产，太阳鸟游艇连湾项目中普兰帝游艇制造项目进入试产阶段。（曹振飞）

生物医药产业

【概　况】 2015年，珠海市生物医药产业规模以上工业企业总产值161.82亿元，增长21.4%；规模以上工业增加值为50.52亿元，增长15.7%。生物医药工业增加值占全市工业增加值比重5.2%。生物医药产业有48家国家高新技术企业，占全市12.1%；有丽珠集团、联邦制药、亿胜生物、天年生物、汤臣倍健、宝莱特、和佳医疗、溢多利等8家上市企业，占全市上市企业25.8%，是珠海上市企业最多行业之一。有8家生物医药企业挂牌新三板。

【政策规划】 2015年，珠海实施《珠海市进一步扶持生物医药产业发展的若干政策》，建设金湾生物医药产业园，打造唐家湾医疗器械研发生产基地，建设粤澳合作横琴中医药科技产业园，新引进修正药业，建设斗门区富山生物医药产业园。落实《关于珠海市生物医药新产品研发补助资金申报有关事项的通知》，开展生物医药新产品研发补助项目工作，全年受理5家企业6个生物医药产品补助申请，下达补助资金300万元。对丽珠集团、联邦制药、健帆医疗、和佳生物、宝莱特、金鸿药业、汤臣倍健等生物医药、医疗器械重点企业进行跟踪服务，对实施市级战略性新兴产业项目委托事务所进行专项检查，督促承担市级战略性新兴产业项目实施并开展验收工作。推荐重点企业科技项目申报国家、省重大科技项目。

【行业动态】 2015年，全市生物医药领域建设各级工程中心、企业技术中心65个，其中国家级工程中心、企业技术中心3个。有市重点实验室、市公共实验室、公共技术服务平台和新型研发机构等5个。润都制药、联邦制药、溢多利生物、丽珠集团、联邦制药、健帆生物、和佳医疗、宝莱特等生物医药、医疗器械重点企业重视创新和研发持续投入，不断培育新产品、延伸产品链。3月，国家发展和改革委员会批复同意丽珠医药集团股份有限公司建设“长效微球技术国家地方联合工程研究中心”。丽珠医药集团股份有限公司“原创新药艾普拉唑的研发与产业化”项目获2015年度国家科技进步二等奖；广东宝莱特医用科技股份有限公司血透产品销售实现大幅增长；珠海金鸿药业股份有限公司获得4个软胶囊生产批件，3个品种4个规格头孢类产品进入妇儿专科用药目录；珠海市银科医学工程股份有限公司获得4个体外诊断试剂产品准产注册证，开发4个医疗器械产品，在新三板挂牌上市。（罗玉宏）

电子信息产业

【概　况】 2015年，全市电子信息产业产值998.58亿元，比上年增长30%，占全市工业总产值25%，增加值184亿元，增长20.5%。其中软件企业主营业务收入519.40亿元，连续多年保持17%以上增速。集成电路设计收入24.08亿元，位列广东省第二位。其中，规模较大企业有伟创力集团、魅族科技、东信和平、全志科技、金山软件、远光软件等。

【技术创新】 2015年，全市一批关键核心技术实现产业化，企业加快向物联网、互联网+、大数据领域转型。实施“机器换人”，加快互联网与工业控制自动化系统深度融合。格力电器、赛纳科技、凯邦电机等企业运用智能传感器、移动互联网、物联网、人工智能等新技术，推动生产设备互联、设备与产品互联，提升制造过程智能化水平。天威耗材通过互联网技术应用和研究，以及生产技术革新、工艺改进，使企业清洁生产能力得到不断提升，成为全国首批通过两化融合管理体系评定企业。

【产业公共技术服务平台】 2015

年，珠海市加快构建云服务平台，提供检测、开发异地服务。电子信息公共技术服务平台提供软件测试、网络安全测试、数字电影后期制作、IC设计服务等多种公共技术服务和相关技术咨询，推广相关共性关键技术研究成果应用。

（崔玉霞）

珠海航空产业园

【概　况】 2016年，珠海航空产业园制定《理顺航空产业园管委会工作机制方案》，由产业园管委会独立统筹推进园区开发建设各项工作。全年有15个投资总额超过75亿元项目签约落户，包括中航·航空大世界、华彬通用航空总部基地和清华大学航空发动机等3个重点项目，以及飞机零部件制造、航空配套加工、航天技术应用、芯片式卫星、无人机研发制造等领域产业项目。

【园区规划建设】 2015年，珠海航空产业园完成《珠海机场核心区规划修编》《飞行程序设计和飞机性能分析报告》《航空产业园白龙河尾滨水区城市设计》《航空产业园白龙河尾滨水区控制性详细规划》等专项规划。基础设施建设投资6.25亿元。金湾区政府与航空城集团正式签署《珠海航空产业园基础设施开发建设框架协议》，航空城集团将融资70亿元，确保航空产业园3～5年项目资金投入。

【重点项目进展】 2015年，珠海中航通飞公司研发的水陆两栖飞机——AG600开始总装。水陆两用飞机是中国自主研制“三个大飞机”之一，是当今世界在研最大一款水陆两栖飞机，国家应急救援体系建设急需重大航空装备，集海上救援和森林灭火于一体综合救援飞机。清华大学研发的自主知识产权无人直升机完成首次场外试飞。7月，XV-2无人机在珠海完成飞控系统ACAH（Attitude Command Attitude Hold）控制模式程序调试，在厂房内飞行验证并开展试飞，7月19日完成首次场外试飞，在ACAH控制模式下单次飞行时间大于8分钟，飞行高度15米，最大前飞速度15米/秒（54千米/小时）。

（潘禹超）

城乡建设·房地产业

城乡建设

【重点工程建设】 2015年，珠海市政府投资项目建设监督管理中心（市建设工程造价管理站）承担代建项目19项，总投资46.46亿元，建筑面积78.03万平方米。其中，4个在建项目完工，包括珠海市人民医院北区建设工程、市第四中学西藏班改造项目、市委党校山体边坡安全治理应急项目、口岸医学隔离室项目建设工程（抢险），完成项目投资3.19亿元，竣工建筑面积5.49万平方米。6个项目处于施工阶段，包括航展中心新建主展馆项目、珠海市委党校停车场及教学楼工程、南屏水库保障房项目、市技工学校一期项目（吉大校区）建设、市第三看守所项目、珠海市第二中学学生宿舍楼工程，总投资15.37亿元，总建筑面积31.54万平方米。处于前期阶段的项目有市妇幼保健院异地新建项目、特殊教育学校扩建职业康复楼工程、市慢性病防治中心项目、市卫生学校校安工程及体育馆工程、珠海市技工学校新校址二期工程（金湾校区）、珠海市城建档案馆新馆工程、船底山广播电视发射机房改装和设备更新项目、市体校校园围墙建设工程项目、市府大院1号、3号、5号办公楼消防整改项目等9项，总投资27.9亿元，建筑面积41万平方米。

是年，市建管中心负责代建的重点工程有珠海市人民医院北区建设工程（完工）、航展中心新建主展馆项目（在建）、南屏水库保障房项目（在建）、市技工学校一期项目（吉大校区）（在建）、市妇幼保健院异地新建项目（前期）、市慢性病防治中心（前期）、珠海市技工学校新校址二期工程（金湾校区）（前期）7项工程。

珠海市人民医院北区建设工程　工程总投资2.87亿元，总用地面积4.79万平方米，其中地上建筑面积3.11万平方米，地下建筑面积1.68万平方米。该项目获市安全生产、文明施工双优样板工地。2月3日通过竣工验收。

航展中心新建主展馆项目　总投资5.66亿元，建筑面积7.53万平方米，主要建设内容为：对航展中心旧有场馆进行拆除，并新建钢结构展馆。3月24日调整项目建设方案，6月1日项目正式开工。其中第一标段（桩基础工程施工）8月15日完成；第二标段（主体工程施工）8月26日开工，12月20日空调暖通工程进场施工；智能化、变配电标底在审核当中。现场施工进展顺利。

南屏水库保障房项目　市重点民生工程之一。总投资约3亿元，总建筑面积7.51万平方米。该项目7月移交市建管中心建设，桩基础工程于9月底开标，10月开工，桩基础工程施工进展顺利，阶段性完成项目部署。

市技工学校一期项目（吉大校区）　市重点项目。建筑面积7.99万平方米，其中新建7.17万平方米，加固建筑8204平方米，总投资2.84亿元。第一标段施工招标于10月28日开标，施工临时设施安排到位，围墙完成围闭；师生进出安全通道、钢梯完成；正在进行基坑支护和土方开挖，项目转入施工阶段。

市妇幼保健院异地新建项目　市重点民生工程之一。该项目总投资10亿元，用地面积5万平方米，建成后总建筑面积12.47万平方米。异地建设新选址已确定，建议书完成批复。通过邀请投标形式引进国际概念设计方案，中标单位为法国AIA设计院；正在进行环评、可研、节能评估等前期工作。

市慢性病防治中心项目　市重点民生工程之一。总投资7.53亿元，总建筑面积8.8万平方米，设计住院病床总数800张。项目建议书完成批复。用地需要调整，正在办理用地规划许可证。监理单位通过招标确定。由于使用单位调整建设规模，已重新开展设计招标，12月28日开标，勘察、测量单位招标工作重新启动，12月30日开标。

珠海市技工学校新校址二期工程（金湾校区）　市重点项目。用地面积14.67万平方米，建筑面积9.59万平方米，总投资7.07亿元。由市西部城区开发建设局负责的金湾校区填土工程完成60万立方米土方量，填土标高达到设计标高2.4米，部分标高5.7米，堆载预压土方填筑40万立方米，完成插塑排水板工程。金湾校区可研报告（不含办公用房）和节能评估报告获市发改局批复，12月10日向金湾区国土局申请《建设用地批准书》。

城乡规划

【概　况】 2015年，珠海市开展148项规划及规划研究项目，其中市住房和城乡规划建设局开展121项，包括城乡规划项目48项、环境宜居项目46项、幸福村居规划项目27项。

【城市规划】 2015年，珠海市以市人大常委会决议形式，确定《珠海城市概念性空间发展规划》法定地位。《珠海市城市总体规划（2001～2020年）（2015年修订）》获国务院批准。完成市城乡规划委员会届中调整及对《珠海市城乡规划委员会章程》修订，明确市规委会是市政府城乡规划工作的审议和决策机构，下设发展策略咨询委员会、控制性详细规划与城市设计委员会、建筑设计与环境艺术委员会、市政与交通规划委员会等4个专业委员会。完成《珠海市“五规融合”规划》《珠海市“五规融合”服务管理平台》工作。推进《珠海市“十三五”近期建设规划》编制工作和全市层面专项规划及课题研究，完成修订《珠海市城市规划技术标准与准则》。完成2014年开展《珠海市农业主体功能区规划》编制工作；组织开展《珠海市教育发展与教育设施规划（2015～2020年）》《珠海市TOD新镇和服务中心规划设计》《珠海市密度分区规划》《珠海市民生服务设施整合试点规划》4项规划编制工作，以及《珠海市专项规划管理办法研究》规范性文件编写工作；协助推进相关责任单位开展《珠海市养老设施布局规划（2015～2020年）》《珠海市消防规划（2001～2020年）》《珠海市旅游厕所专项规划》《珠海市医疗设施用地布局规划（2015～2020）》《珠海市游艇港口岸线专项规划》《珠海市农贸市场专项规划（2009～2020）》《珠海市城乡生活垃圾收运处理设施专项规划（2012～2020）》《未成年人校外活动场所专项规划》《珠海市蓝线规划（2012～2020年）》9项规划编制工作。

【城市规划交流】 2015年，珠海市邀请新加坡宜居城市中心在珠海举办“新加坡宜居城市中心城市治理领袖课程——珠海2015”培训班，推动珠海市国际宜居城市建设。与加拿大PFSStudio设计事务所、株式会社日建设计、汉诺威水有限公司、新加坡城市交通国际有限公司、TOTEMSHoldingB.V.等机构建立长期联络关系，在城市规划和宜居建设方面开展交流与合作。聘请9位国际宜居城市建设顾问，为建设宜居城市出谋划策。举办“珠海市建设国际宜居城市工作会议”，围绕“四个一”（《中共珠海市委 珠海市人民政府关于实施新型城镇化战略建设国际宜居城市的决定》《珠海市新型城镇化规划（2014～2020）》《珠海建设国际宜居城市三年行动计划》《珠海建设国际宜居城市指标体系》）总体战略部署，以中欧低碳生态综合试点城市为契机，以环境宜居和创新驱动发展为重点，加快推动“六个珠海”（“国际珠海”“活力珠海”“生态珠海”“美丽珠海”“智慧珠海”“幸福珠海”）建设。

【规划宣传】 2015年，珠海市举办城乡规划知识竞赛。市住房和城乡规划建设局委托《南方日报》《珠海特区报》对《珠海市城市总体规划（2001～2020年）（2015年修订）》的亮点、规划立法、海绵城市、城市更新、珠海市“五规融合”（是指从规划内容、信息平台、协调机制和行政管理等方面理顺国民经济和社会发展规划、主体功能区规划、城市总体规划、土地利用总体规划、生态文明建设规划等5项规划关系，实现用地边界一致、功能衔接、政策协调、专业规划求同存异）专项工作进行解说。编印《中欧低碳生态城市合作项目和新型城镇化规划》等国际宜居城市系列技术杂志2期。以国际宜居城市七大指标体系为展示内容，完成珠海国际宜居展示馆，于2015年8月22日对公众开放。围绕中欧低碳综合试点城市建设概况、前山河绿建、南湾绿色交通、北山旧村更新、西坑尾生态环保园、上冲TOD小镇、西部中心城区海绵城市建设、华发艺术馆及绿道等主题，在《南方日报》《珠海特区报》对珠海中欧低碳综合试点工作进行专题系列宣传报道。

【规划执法】 2015年，珠海市规划执法监察工作建立规划统筹、部门协作、上下联动、分职负责的全程无缝监督管理体系。重点抓好规章制定与贯彻落实，《珠海市城乡规划监督检查办法》（珠海市人民政府令第102号）于2015年2月21日颁布施行。该办法对建设工程批后监管部门及职责、程序和内容进行统一和规范。推进规划检验制度和规划检查制度落实，开展规划检验1376宗，其中186宗与规划许可不相符；组织开展规划检查97个项目，其中发现24个建设项目与规划许可不一致。所有发现问题都得到及时纠正和处理。依法查处违法建设案件，完成行政处罚案件8宗，处罚金额1600余万元。启动《珠海市城乡规划动态监督信息技术的研究与应用》课题可行性研究。是年，规划信息共享与部门联动机制得到全面落实，基本建立环环相扣、无缝链接监管机制。 （陈文辉）

城市建设

【道桥设施修护】 2015年7月14日，珠海市第三期横街小巷整治工程（园林路、景园路、景乐路、银香路、夏美路和金富路）竣工验收合格并正式投入使用。是年，全市整治道路设计总长3.13千米，项目总投资2430万元。建设内容为消除道路病害、机动车道摊铺沥青混凝土、更换路缘石、更换人行道砖、砌筑树池、改造电缆沟盖板、完善交通标志、完善治安监控视频系统、修缮道路雨水及污水井蓖等。检测维修香洲区5座D级城市桥梁工程，包括检测前山立交桥第三层、为农桥、海虹桥、测绘桥及上冲总站一号桥。维修加固前山立交桥第三层、为农桥、海虹桥3座，拆除重建测绘桥1座，概算批复总投资2255万元。

【绿化美化工程】 2015年，珠海市为下穿隧道及栏杆等进行立体绿化美化，主要绿化工程为前山立交、迎宾北下穿隧道、九洲大道交迎宾南路立交、拱北口岸下穿隧道、珠海大道交南湾大道立交等5处。总绿化长度7700米，总投资1582万元，于9月17日完成竣工验收。在前山滨河公园内增铺环保砖园路165.22平方米，并恢复其他部分绿地，为市民游园提供方便。

【绿道建设】 2015年，珠海市结合城市慢行系统建设改造以及“幸福村居”建设等，推进绿道网

立体绿化下穿隧道及栏杆 （市市政林业局供稿）

建设，全年建设绿道169千米（含城市慢行系统改造），全市绿道网总里程896千米；结合城市公园、社区公园建设改造，打造绿道网“兴奋点”（公共目的地）27个。推进省立1号绿道珠海段建设，完成省立绿道47千米，实现广东1号绿道珠海延长段全线贯通；推进城市绿道建设，逐步实现全市绿道串连成网，建成珠海大道绿道、斗门乾务绿道、南门村绿道等特色绿道。

【第十届中国（武汉）国际园林博览会“珠海园”项目】 2015年2月13日，该项目采用公开招标方式，由珠海御园景观工程有限公司中标。3月10日动工，9月15日完工。“珠海园”位于武汉园博园北片城市展园区内，占地2055平方米，围绕本届“生态园博、绿色生活”主题设计。总投资300万元，建安工程费250万元。

城市立体绿化建设，图为横琴环岛东路一角 （市市政林业局供稿）

【援助湛江清障工作】 2015年10月4日，台风“彩虹”登陆湛江，珠海市市政和林业局协调香洲区、斗门区和高新区，组建23人的救援抢险队，于10月6日晚赶赴湛江参加救援抢险。至10月12日，完成143车次1300吨垃圾清运、南国公园和赤坎区倾倒树木修剪，挖坑扶正补种树木300余棵。

【湿地保护宣传活动】 2015月2月1～2日，珠海市在海滨公园开展湿地保护宣传活动。活动设置宣传展板和市民签名板，收集市民签名500多个，发放宣传画册及宣传小礼品800多份。

【自行车专用道】 2015年上半年，珠海市完成第一阶段东部城区主廊道18条89千米自行车道建设，初步形成东部城区自行车道骨干网络系统。是年底，开展珠海市东部城区自行车专用道第二阶段工程前期

华灯初上 （乔 璐摄）

工作，计划建设银桦路、红山路、文园路、香华路和海燕路等22条道路总长约54千米自行车专用道。

【公共自行车租赁系统建设】 2015年，珠海市进行公共自行车租赁系统二期项目建设。计划建设400个服务站点，投放8000辆自行车，总投资8000万元，覆盖香洲、上冲、前山片区等。服务站点要求基本覆盖全市并与有轨电车站点无缝衔接。是年完成一阶段314个站点建设，剩余站点在建。

【城市照明】 2015年，珠海市加快推进二期LED路灯改造项目。二期项目计划改造灯具数量3.7万盏，改造道路424条（部分支路归纳为一个区域），具体包括珠海市直属所、香洲区路灯所、斗门区路灯所、高新区、高栏港区（南水镇、平沙镇）、万山区、市路桥管理处、市城建集团及交通集团负责的区域道路照明，项目预算动态总投资1.43亿元。基本完成高栏港片区及市区主要道路路灯改造工作，完成部分景观灯和庭院灯改造，改造LED路灯2.5万套。 （杨才开）

【珠海城市建设集团有限公司】（简称城建集团）拥有106亿净资产，职工773人，下设13家全资子公司、7家参股或控股公司。2015年，城建集团承担珠海智慧城市建设任务，组建广东城智科技公司；启动组建智慧能源公司；开展互联网+业务，拓展互联网元素业务，花卉销售实施“智慧阳台”线上线下花卉超市；项目投资建设与安全生产管理开发“项目通”管控平台；公共自行车、路内停车等项目实施智能化升级等。

融资业务 是年，为推进珠海大剧院配套商业广场项目——海韵广场工程建设，城建集团与珠海农商银行签订3亿元贷款合同。

在建工程 珠海大剧院项目，于2011年8月动工，占地面积5.77万平方米，建筑面积5.9万平方米，概算总投资13.07亿元。截至2015年底，项目幕墙工程基本完成，室内精装修完成69.2%，室外照明进行安装和调试；室外配套工程主体结构全部完成；项目累计完成投资10.19亿元，完成总投资78%。珠海博物馆和规划展览馆项目，占地面积5.03万平方米，总建筑面积5.58万平方米（其中博物馆3.36万平方米，规划展览馆2.22万平方米），项目概算总投资7.62亿元。截至年底，主体、幕墙、土建和高压配电工程分别完成超过90%，市政和机电安装工程完成超过80%；智能化系统和精装修工程正在进行中；项目累计完成投资4.3亿元，完成总投资56%。珠海现代有轨电车1号线首期工程，项目于2013年9月开工建设，2015年进入试运行阶段。首期工程线路全长8.877千米，沿线设车站14座，概算总投资23.8亿元，包括市政配套改造工程和有轨电车两部分。有轨电车线路起点为梅华东路、情侣路口的海天公园站，终点位于上冲车辆段东侧TOD生态小镇上冲站。全线设车辆基地1处，位于翠屏路西侧上冲车辆段。车辆采用100%低地板钢轮钢轨现代有轨电车，初期配属电车12辆。市政配套工程（梅华路改造）西起明珠路，东止于情侣路。道路改造长度8.433千米，双向6车道，现状路幅宽度36米～45米，道路等级为城市主干道。首期工程市政配套部分（即梅华路改造工程）于2014年10月完成并通车；轨道工程在2015年4月铺设完成基础上进行二次精调；车站工程于12月完工并进行预验收；车辆基地及调度大厅于9月完工，并形成生产和维修能力。珠海城建现代交通有限公司于9月底搬入车辆基地，开始试运营各项筹备及评审工作。是年，1号线首期工程完成年度投资3.27亿元，累计

完成项目总投资98.3%。当年新投入6列有轨电车，工程项目进入试运行阶段。

公园与市政综合养护　是年，珠海市粤华园林绿化建设管理有限公司与珠海市晟华园林建设管理有限公司完成市属各公园绿化卫生、设施维护、物业经营等养护业务。举办2015年春节海滨公园金鱼草花展、友好城市瑞典耶夫勒市羊展出、植树节义务植树等活动。各重大节日期间完成景点布置工作。完成对白莲洞、海滨公园、景山公园等公园和市环保局路段、吉柠路重点环境整治。完成前山滨河公园主题花区打造工程，为各公园290个品种2200多株植物挂上二维码，为开启智慧园林业务提供便利和条件。投入资金86.5万元对公园老旧设施进行改造翻新。

工程监理　是年，珠海市工程监理有限公司完成招标代理项目132项，招标代理费收入198万元。新签监理合同37份，新签监理合同累计监理费3300万元。年内，获珠海市房屋建筑优质工程奖、珠海市市政优良样板工程奖等24个奖项。

公共自行车服务　截至2015年12月底，珠海城建公共自行车有限公司办理公共自行车租赁卡用户119092人，日均租车量2.46万人次，月均租车量73.8万人次，最高月租量达到80.33万人次，累计租车量达到2587.77万人次，自行车使用频率每日7.77次/辆。

（杨锦眉）

城市生活垃圾处理

【环境卫生】　2015年，全市环卫清扫保洁道路1259条，清扫面积2806.72万平方米，海边清洁水域45.6千米。全市垃圾压缩中转站投入运行83座，新建、改建25座；环保垃圾屋579座，新建、改建402座；配备各类环卫作业车辆470台，更新120多台；全市公厕1308座，其中市政公厕368座，新建、改建64座。

【生活垃圾处理】　2015年，珠海市产生并无害化处理生活垃圾95.89万吨，城乡生活垃圾无害化处理率100%。根据珠海市人口、地域布局情况，统筹城乡、分步实施，集约化建设东部华新生态园和西部中信生态园。建成运营生活垃圾无害化处理设施3座，分别是东部华新生态园的西坑尾垃圾填埋场（填埋量1200吨/日）、市垃圾焚烧发电厂（焚烧量700吨/日）、华新生活垃圾生态处理厂（设计规模1000吨/日，现处理量800吨/日）；在建处理设施1座，是西部中信生态园首期中信环保生物质热电工程（设计规模1200吨/日），正在开展主体施工和设备安装。

【医疗垃圾处理】　2015年，珠海市医疗废物收运、处置等监管由市环保局、市卫计局负责，医废厂建设管理由市政和林业局负责。是年，全市医疗废物焚烧厂安全处置医疗废物1725.82吨。

【建筑垃圾处理】　2015年，珠海市建成运营沥溪和唐家淇澳桥头建筑垃圾临时受纳场。年内受纳建筑垃圾、淤泥、渣土200多万立方米，房地产开发、建设工地回填回收建筑垃圾120多万立方米。

【西坑尾生态环保产业园】　2015年，珠海市西坑尾垃圾填埋场生态修复及水泥窑技术提升项目纳入珠海中欧低碳生态城市综合试点，以垃圾资源化、减量化、无害化为目标，以英国伦敦奥林匹克公园项目为参考样本建设。该产业园占地90公顷，原址位于西坑尾垃圾填埋处置场，场内拥有西坑尾垃圾填埋处置场、垃圾发电厂、沥溪填埋场、医疗废物焚烧厂、华新环保生态工厂等设施，目前承担全市垃圾处置、环保产业发展等功能。珠海市华新生活垃圾生态处理工厂位于西坑尾垃圾填埋场内，采用BOO模式建设，总投资1.5亿元，规划占地面积4公顷，处理规模1000吨/日。该项目采用水泥窑协同处理技术，将生活垃圾经过破碎、生物干化、分选等工艺得到RDF（垃圾衍生燃料）后，运输至华新水泥（恩平）有限公司水泥窑作为替代燃料，实现生活垃圾无害化、资源化和减量化处理，年内进入正常运营阶段。

【山溪生态公园】　原址位于上冲片区西坑尾垃圾填埋处置场，总体愿景规划包括西坑尾垃圾填埋场区域周边功能协调、环境综合整治，以及根据该区域实际情况提出的规划概念和生态修复建议。规划范围南至G105，北至西坑尾填埋场预留区，东至渗滤液处理站，西至沥溪填埋场一期，总面积268公顷。定位为集环保产业、运动休闲、花卉种植等为一体的综合性城市公园。该公园一期规划内容确定为“两园一中心”，具体包括沥溪垃圾填埋场一、二期封场后的生态修复和公园化设计、105国道旁高压走廊区域的公园化设计以及生态公园展示中心设计。生态修复具体包括西坑尾垃圾填埋场 A、B 区的资源化利用、C 区的绿色化、华新环保工厂的绿色化以及垃圾发电厂关闭后的再利用。

2015 年 7 月 9 日，市市政和林业局向市城建集团下达建设任务书，一期“两园一中心”计划投资规模 6000 万元，市城建集团将二类费报送至市财审中心审查。

【远期垃圾处理规划】 华新生态园选址香洲前山，以控制园区垃圾填埋量、提升生活垃圾环保处理水平和能力，并建设集教育、宣传、示范为一体的生态公园为主要目标。在华新工厂一期基础上，启动华新工厂二期建设，满足东部固废处理需求。东、西部园区垃圾处理设施建成后，将关闭旧有垃圾发电厂，垃圾填埋场仅做应急和保底处理，并建设园区生态公园。

【《珠海市城乡生活垃圾收运处理设施专项规划（2012 ～ 2020）》编制完成】 该规划于 2013 年 1 月 6 日经招标与编制单位——珠海市规划设计研究院签订合同，合同价 89.9 万元。根据规划编制进度安排，2015 年 10 月 21 日，经珠海市城乡规划委员会 2015 年第四次会议审核通过，至是年 12 月 23 日经市政府批复实施。《规划》范围为珠海市域行政管理辖区内的陆域范围和近海岛屿，包括香洲区、金湾区、斗门区、珠海高新技术产业开发区、珠海保税区、高栏港经济区、横琴经济开发区、万山海洋开发试验区等，总面积 7827 平方千米，其中陆域面积 1724 平方千米，海域面积 6103 平方千米。

城市生活污水处理

【概　况】 至 2015 年底，珠海市建成污水处理厂 14 座（东部城区 6 座，西部 7 座，桂山海岛 1 座），总设计规模 73.4 万吨 / 日，包括吉大污水处理厂（4.8 万吨 / 日）、南区污水处理厂一期工程（5 万吨 / 日）、南区污水处理厂二期工程（4 万吨 / 日，正在进水调试）、香洲污水处理厂（8 万吨 / 日）、拱北污水处理厂（20.5 万吨 / 日）、北区污水处理厂（5 万吨 / 日）、井岸生活污水处理厂（3.5 万吨 / 日）、南水水质净化厂（5 万吨 / 日）、三灶水质净化厂（3 万吨 / 日）、平沙水质净化厂（3 万吨 / 日）、新青水质净化厂（3.5 万吨 / 日）、白藤水质净化厂（4 万吨 / 日）、富山水质净化厂（4 万吨 / 日）、桂山污水厂（1000 吨 / 日）；建污水管网总长 855 千米。完成北区污泥处置中心技改扩容工程，处理规模从 150 吨 / 日提升到 250 吨 / 日，主城区污水处理厂污泥基本得到无害化处置。全年全市污水处理总量 2.29 亿吨，城市污水集中处理率 95.7%。

【城市水环境建设】 2015 年，珠海市完成 67 个重点城镇水浸点整治（含临时整治措施）。污水管网建设工程（香洲区）第一批工程完成总体进度 35%。污水管网建设工程（保税区）第一批工程完工。污水管网建设斗门区第一批工程（白藤、新青污水处理厂污水管网完善工程）完成总体进度 42%。对建成区黑臭水体进行排查，制定《珠海市黑臭水体整治实施方案》并经市政府批准印发。全市建成区黑臭水体 5 条，上报住建部黑臭水体监管平台。全市 209 个行政村开展生活污水治理工作，截至年底，141 个行政村生活污水治理工作完工，46 个开工建设，22 个完成招标。（杨才开）

村镇建设

【村居规划】 2015 年，珠海市围绕“幸福村居创建六大工程”，完成《珠海经济特区幸福村居建设促进办法》编写工作，通过政府规章形式固化幸福村居建设优秀做法，破解存在问题，明确政府有关部门管理职责，规范和统筹推进珠海市幸福村居建设各项工作；总结与推广幸福村居创建经验，完成《珠海市幸福村居规划编制管理与实践》书稿编撰工作；推动特色村居建设，完成《“十里风光”幸福村居风情带规划设计》《珠海市幸福村居交通提升规划》等专项规划编制工作；评估规划实施情况指导幸福村居建设，完成《珠海市幸福村居城乡（空间）统筹发展总体规划实施评估及对策研究》《第一批幸福村居建设规划实施评估及规划对策（48 个村居）》；推进农村人居环境改善，完成《珠海市改善幸福村居人居环境发展规划》编制工作；指导各区镇开展镇总体规划编制工作，完成《莲洲镇总体规划》，白蕉镇、斗门镇、乾务镇、红旗镇、三灶镇等 5 个镇总体规划进入编制阶段；指导各区镇开展传统村落保护发展规划的编制工作，完成南门村、网山村、排山村、荔山村、虎山村、会同村和淇澳村等 7 个传统村落保护发展规划编制；因地制宜助力幸福村居建设，出台《珠海市村居建设规划管理技术规定》；实施《珠海市农村危房改造实施工作方案》，完成全市21户农村危房改造任务。

【规划师下乡】 2015年，珠海市实施“规划师下乡”制度，完成《珠海市幸福村居规划师管理办法》编写工作，规范村镇规划师的管理和考核，从制度上保障村镇规划师的权益，以基层规划部门、村镇规划师为抓手，监督和指导幸福村居建设规划的落实以及具体创建项目的实施。开展村镇规划师培训工作，分别在1月、4月、12月组织村镇规划师进行集中培训，邀请华南理工大学和浙江大学规划设计研究院为新招聘的规划师进行专业培训，邀请省住建厅派驻珠海的规划师志愿者为村镇规划师和规划师志愿者代表进行专题培训。

城市更新

【概　况】 2015年，珠海城市更新工作坚持统筹谋划、分类指导、协同推进原则，全年完成城市更新项目改造72.54万平方米，新增实施改造27.74万平方米，实现总投资30.84亿元。

城中旧村更新　市“三旧”改造城市更新领导小组办公室协调推进海湾村更新项目（总建筑面积36万平方米）建设；确保福溪沥溪、广生、洪湾、江村等4个旧村更新项目安置区（总用地面积50.31万平方米）按计划动工；指导香洲区联安村等8个城中旧村（总用地面积164.67万平方米）引入中信集团等企业开展前期合作；探索采取政府购买服务模式推进广昌村更新项目（总用地面积约106万平方米）实施。

旧厂房更新　市“三旧”改造城市更新领导小组办公室协调推进中立信大厦等5个旧厂房拆建项目（总建筑面积41.48万平方米）建成封顶；促成中航技公司旧厂房等4个旧厂房拆建项目（总用地面积9.5万平方米）开工建设；指导推进威尔科技园等16个旧厂房更新单元规划（总用地面积49.88万平方米）的审批。

旧城镇更新　全力推进城市之心一期A3片区（吉大公交枢纽总站，总用地面积约12万平方米）按时开工；协调香洲区推进莲花山等3个老旧小区综合整治试点项目（总用地面积16.54万平方米）基本竣工；指导推进前山汇益百货及周边地区2个老旧小区拆建更新单元规划（总用地面积6.03万平方米）申报审批。

烂尾楼盘活　指导编制拱北口岸莲花万景城、夏湾豪骏农贸市场、香湾三海大厦、斗门皇家花园、金湾新金都大厦等5个规划更新方案（总用地面积约11万平方米）。

【城市更新政策研究】 2015年，珠海市出台《珠海市城中旧村更新实施细则》《珠海市城中旧村更新区域内房屋合法性面积认定工作指引》《珠海市香洲区城中旧村更新招标工作细则》等城中旧村更新配套指引文件。基本完成《珠海市城市更新管理办法》修订和《珠海市老旧小区更新实施办法》《关于加快珠海市“烂尾楼”整治处理的实施意见》起草研究，按程序申报审批。

建筑业

【概　况】 2015年，珠海市新开工建设房屋建筑和市政工程483项，造价386.79亿元，比上年增长12.97%，面积1507.08万平方米，增长14.35%。全市通过市建设工程交易平台招标的建设工程1433项，招标金额426.42亿元，成交金额393.64亿元，节约资金32.78亿元，平均中标降幅7.69%。

【建筑市场监管】 2015年，珠海市取消对外来施工、监理、工程造价咨询、勘察设计等企业年度和单项备案工作。取消对外地建筑企业进入珠海市业绩、人员和办公场所要求，建筑市场完全开放，外地建筑企业进入承接工程没有任何门槛。在开放市场简化前置管理的同时，市住规建局强化事中事后监管，建立和完善建筑业诚信评价体系，制定《珠海市建筑监理企业信用评价实施细则》《珠海市建筑施工企业信用评价实施细则》《珠海市建设工程勘察、设计企业信用评价实施细则》和《珠海市工程造价咨询企业信用评价实施细则》，构建建筑业信用管理信息化平台，建立企业、人员和项目三大基本数据库和信用评价系统，实现全市建筑业信用管理平台共享共用，健全信用信息发布、查询制度，建立全面、动态信用档案，构建依法守信市场信用环境。在资质管理、质量安全管理、日常监管、专项督察等环节实施信用差别化管理，实现建筑市场监督管理相关职能机构的上下联动，推动建筑行业信用评价结果运用到招投标环节，逐步建立“守信激励，失信惩戒”的建筑市场信用环境，促进建筑企业健康良性发展。落实建筑从业人员实名制管理和工资保证金、预储金制度，全市有397个项目近4万建筑工人进行信息登记和办理工资卡，逐步实现通过银行系统将工人工资直接发送到工人工资卡上，保证工人工资正常发放。开展严厉打击建筑施工转包分包违法行为，对本地区建筑工程项目每四个月组织一次全面排查，检查项目数1214项次、建设单位1139项次、施工单位1175项次。深化和完善建筑工程质量通病防治措施，牵头市交通、水务部门开展创建全国质量强市示范城市工程质量创建工作，全面推行建筑工程质量样板引路，开展“拒绝海砂”“建材打假”“两年质量行动治理”等专项行动，制定《珠海市地下工程施工周边环境调研管理办法》，强化工程质量管理，从源头上减少质量投诉。是年，珠海十字门国际展览中心等2项房建工程获国家鲁班奖，金湾互通立交工程等6项市政工程获国家金杯奖，获得省优工程27项。

【建筑安全监管】 2015年，珠海市组织开展安全生产文明施工大检查及各类专项检查8次。配合全国卫生城市复审各项工作，加强建筑工地文明施工管理，集中整治建筑工地、安全网、安全带使用情况，在全市临街和主干道旁工地围墙均设置公益宣传广告，做好工地登革热防控。制定《珠海市建设工程施工现场带班制度实施细则》，落实安全生产主体责任，开展建筑起重机械等专项整治及检查，及时排查并整治各类安全隐患及不文明施工现象，加强建筑起重机械专业化管理，督促施工企业落实安全生产责任及防范各类生产安全事故的措施，预防各类事故的发生。加快建筑施工安全生产信息化建设，对安全监督业务受监登记、网上审批、竣工评价、现场监督管理、监理周报进行网上信息化管理。

建筑节能与建设科技

【绿色建筑工作机制及考核体系】 2015年，珠海市全面推进绿色建筑发展，初步建立推广绿色建筑工作机制和考核体系，完成《珠海市绿色建筑发展专项规划》专家评审，修改完成《珠海市绿色建筑管理办法》草案，颁布《关于新建民用建筑全面实施绿色建筑标准的通知》《珠海市绿色建筑施工图设计文件编制与审查要点（试行）》。对设计、施工图审查以及建设和监理单位的技术人员进行绿色建筑专项培训。制定激励办法，以点带面，开展绿色建筑项目示范，珠海横琴总部大厦（一期）等7个项目被列为市级绿色建筑示范工程，建筑面积83.13万平方米。全年，港珠澳大桥珠海连接线安置房项目等18个项目167.93万多平方米获国家或省级绿色建筑标志，超额完成省厅下达的指标任务（86万平方米）。全年完成新增绿色建筑面积超过300万平方米。开展绿色建筑评价标志管理。组建珠海市绿色建筑专家库，入库专家111名。获省住建厅批复，同意珠海市享有一星级绿建筑标志评审资格。制定《珠海市绿色建筑标志评审工作细则》，建立绿色建筑标志评价体系，稳步推进绿色建筑标志评审工作。

【建设工程可再生能源规模化应用】 2015年，贯彻《珠海市分布式光伏发电实施方案》，通过《珠海市绿色建筑发展专项规划》编制，落实珠海市分布式光伏发电专项规划。编制《珠海市光伏屋顶光伏发电系统推广手册》（拟发布实施）。加大光伏示范工程的力度，建成威士茂光伏发电系统（10兆瓦）、德豪润达厂房光伏系统(2.2兆瓦)。年内完成“斗门渔光互补（20兆瓦）”“泰锋电器厂房光伏发电系统（0.7兆瓦）”“平沙拾比佰光伏系统（1.4兆瓦）”等项目。至年底，全市备案光伏系发电系统总量136.05兆瓦，装机总量位列国家前列。

【建筑节能设计】 2015年，珠海市通过贯彻实施《民用建筑初步设计建筑节能专篇》范本，统一全市节能设计内容格式，规范审查深度，对涉及违反节能强制性条文和相关规定的设计文件不予通过，把好设计文件质量关。通过开展施工图节能审查质量检查，提高节能设计质量，落实国家标准要求，全市新建民用建筑全部符合冬暖夏热地区节能设计现阶段节能50%的设计标准。

【建筑节能监管】 2015年，珠海市加强施工过程中对建筑节能项目监管，加大对工程建设各责任主体和节能施工重点环节检查力度，加强对节能工程检验检测工作，严格按要求实行节能验收，对不符合验收规范强制性条文规定，或建筑节能部分验收不合格的工程，不予验收、备案及交付使用。为严格落实建筑节能工程施工和验收标准，要求各在建工地对屋面隔热、墙体保温、门窗做法等节能施工重点环节，在工地现场制作施工质量样板示范指导建筑施工，并以样板标准进行工程验收，“样板引路”成功做法，使全市新建建筑施工阶段节能监管执行率达100%。

【建筑能耗监测统计】 2015年，珠海市按照广东省住建厅要求，开展国家机关办公建筑和大型公共建筑能耗统计、能源审计、能效公示和监测平台建设。全年开展100栋建筑能耗信息统计，并对其中12栋建筑进行能源审计，对5栋建筑进行实时监测，有20栋建筑实时上传能耗信息至珠海市建筑节能示范项目能源监测管理和服务平台。加强珠海市建筑能耗监测平台建设。市级建筑能耗监测平台委托广东城智集团建设，该项目获省厅专项补助资金150万元，完成平台建设设计、招标工作。

【新型墙体材料应用】 2015年，珠海市推进泡沫混凝土墙板、蒸压加气混凝土墙板、高筋蒸压加气混凝土砌块等新型墙体材料的应用，在横琴新区和高新区建立一批新墙材应用示范项目。

【预拌混凝土、砂浆应用】 2015年，结合《珠海市预拌混凝土、预拌砂浆行业发展规划（2013～2020）》要求，规范全市搅拌站合法生产，取缔无资质生产企业2家，约谈部分混凝土使用项目。根据混凝土生产新资质标准要求，督促各生产单位升级换代，建设绿色搅拌站。调查研究预拌砂浆生产、使用途径，理顺预拌砂浆发展思路，拟定干湿并举发展策略，从生产和使用两个环节着力，推进预拌砂浆发展工作。

房地产业

【概 况】 2015年，珠海市房地产市场总体保持稳定态势，完成房地产开发投资524.12亿元，比上年增加35%。房地产项目规划报建面积1188.10万平方米，增加26.67%；施工报建1065.11万平方米，增加159.06%；竣工面积457.14万平方米，增加18.45%。预售许可面积474.46万平方米，增加71.28%。新建商品房屋登记38519宗，增加37.81%；面积336.38万平方米，增加39.08%；金额446.86亿元，增加64.94%。其中住宅29162宗，增加39.22%；面积309.37万平方米，增加41.38%；金额398.73亿元，增加68.36%。（陈文辉）

不动产权登记管理

【概 况】 2015年12月1日，珠海市房地产登记中心改为珠海市不动产登记中心，并于当天颁发珠海市第一本不动产权登记证书。全年全市办理各类房地产登记196476宗，登记面积8863.17万平方米，登记金额4421.93亿元；办理信息和档案查询13万多宗；日均接待办事群众3000人次，处理登记业务1200余宗。办理各类产权登记类业务94025宗。其中，商品房现房转移登记18238宗，建筑面积131.24万平方米，成交金额177.71亿元；二手房转移登记29988宗，

2015年12月1日，珠海市房地产登记中心改为珠海市不动产登记中心。图为领取珠海市第一本不动产权登记证书的市民（陈 涛摄）

建筑面积338.47万平方米，成交金额204.95亿元。办理抵押按揭类业务82108宗，涉及面积（含土地、建筑物）5776.37万平方米，抵押金额3598.13亿元。办理商品房预告登记业务20343宗，涉及面积206.71万平方米，交易金额272.13亿元。协助地税部门征收交易契税约20亿元（不含营业税），收取登记费、交易费等3333.67万元。

【窗口服务】 2015年，珠海市不动产登记中心建立“一卡双联三通”服务新机制。推出一卡便民服务，全年发放“便民服务卡”6000余张。实现“一窗办通”；实施导办台延时预约服务，实现“全天贯通”；为有特殊情况群众提供上门服务，实现“到户直通”。全年提供通勤服务480小时、预约及上门服务79宗，在金湾、斗门、高栏港区下辖各镇设立巡回办证点，实现送登记下乡、送服务进村。

【业务建设】 2015年，珠海市不动产登记中心简化申请登记前置手续，取消涉外、涉港澳台申请人及依据有关合同申请房地产登记和赠与登记业务需提交公证文书要求，只需签订免费提供示范性文本即可申请有关登记。在各分中心推广无房证明自助查询打印机，二代身份证、户口本等其他有效身份证件都能实现自助查询和打印无房证明。每月按期发布不动产登记办件质量抽检月报，对业务总量5%以上进行抽样质检，对存在问题及时纠察。从7月起，全市实行商品房预售/现售合同网上签约备案，落实房地产交易信息日报制度。与市地税局、市公安局信息共享平台建设和业务数据与影像数据分离、数据备份恢复应急等工作，实现登记数据实时共享。在等候厅安装提示屏实时更新公告、温馨提示和天气等信息，为办事群众提供指引。

（张凌寒）

公积金管理

【概　况】 2015年，珠海市住房公积金实际缴存人数72.8万人，缴存总额374.34亿元，缴存余额79.58亿元，提取总额294.77亿元，发放个人购房贷款总额122.4亿元、贷款余额74.32亿元，发放个人购房贷款笔数6.17万笔，个贷率93.4%，结余资金4.25亿元，比上年减少80.1%。住房公积金新增缴存单位986家，增长83.6%，新增缴存人数16.08万人，缴存金额54.69亿元，增长14.3%；住房公积金提取金额50.96亿元，增长24.5%；发放住房公积金个人购房贷款金额28.86亿元，增长129%，发放个人购房贷款896笔，回收贷款8.02亿元；追回违规支取资金625.26万元；实现增值收益2.24亿元，增长36.8%，从中提取2206.67万元作为珠海市廉租房建设补充资金。推行“把方便送给群众，把困难留给自己”服务理念，全年延时服务249小时。

【政府性专项资金审核】 2015年5月，市住房公积金管理中心正式加入珠海市财政专项资金申报和管理平台，依法依规缴存公积金作为企业申请政府性专项资金审核要素，与28个职能部门共同对申请政府性专项资金企业进行审核，全年审核通过企业392家。

【公转商贴息贷款业务】 2015年10月，市住房公积金管理委员会制定并印发《珠海市住房公积金贷款转商业贴息贷款实施办法》，

2015年，珠海市住房公积金管理中心推行“把方便送给群众，把困难留给自己”服务理念，采取延时服务措施。图为12月30日因办事群众激增，工作人员延时服务

（刘海婷摄）

正式开展公积金贷款转商业贴息贷款业务。利用公积金增值收益贴息方式，撬动商业银行住房贷款资金用于发放公积金贷款，保证公积金贷款资金充足。全年发放贴息贷款461笔，提供购房资金1.03亿元。

【公积金信用信息公开】 2015年，市住房公积金中心执行《珠海市企业和社会组织信用信息管理办法》，将公积金建缴不良企业公布在珠海市信用网、珠海商事主体登记许可及信用信息公示平台，公示后对企业在政府采购、招标投标、行政审批、政府扶持、融资信贷、市场准入、资质认定等产生负面影响，督促未建缴企业尽快缴存公积金。

（刘海婷）

公用事业

城市供水

【概　况】 珠海供水系统以西江磨刀门为界，分主城区和西区两部分，实行全市供水一体化。2015年，珠海市水务集团拥有原水泵站10座，总取水能力546万立方米/日；使用供水水库24座（其中海岛3座），隶属管理水库10座，总库容1.0亿立方米；直径75毫米以上管道长2800千米；供水覆盖珠海城乡和海岛，拥有拱北、唐家、西城、龙井、乾务、南区等15座水厂，总供水能力102万立方米/日。日供澳门原水量接近24万立方米，约占澳门原水供应总量的99%。出厂水质符合国家《生活饮用水卫生标准》。全年全市总供水量4.78亿立方米，比上年增加3.69%。其中，净化水供水量3.64亿立方米，原水量1.14亿立方米；对澳门供水量9542万立方米。全市净化水售水量3.06亿立方米。全市建卡水表648346个。按国家《生活饮用水卫生标准》GB5749-2006统计，全市供水水质综合合格率99.4%，优于国家标准中合格率不低于95%的要求。

【水质监测体系安全可靠】 2015年，珠海市建立以珠海水务集团负责水质内控监测、市水质监测中心监控、卫生部门最后把关的水质监测体系。珠海水务集团先后投入资金购置各类水质检测仪器设备，建立以国家城市供水水质监测网珠海监测站为中心的三级水质监测及管理架构，除人工检测外，还采用在线仪表、生物法等多种方式，对水厂、管网水质进行24小时实时监控，确保供水水质符合国家生活饮用水卫生标准。珠海监测站配有移动式水质监测车，利用与清华大学、暨南大学合作的863课题研究成果，构建饮用水水质应急监测三级联动系统，与西江流域广东段各城市水质监测站建立西江水质预警平台，及时有效监测和处理各类突发性水质事件，保障珠澳两地供水安全。

【供水基础设施建设】 2015年，珠海水务集团加大供水基础设施建设。启动建设珠海市乾务水厂扩建工程，投资扩建西区水厂，在南区水厂新建净水系统，出资建设平岗—广昌原水供应保障工程，整合区域供水系统和配套供水管道，投资新建南区水厂第二条进出厂管及新广昌泵站的扩容、机场东路供水主干管工程、唐家水厂改造工程。

乾务水厂扩建工程 建设规模16万立方米/天，总投资约1.28亿元，工程内容主要包括扩建一条16万立方米/天的生产线，同时针对乾务水厂原水高藻低浊的特点，采用高速气浮等新工艺，对现12万立方米/天的生产线进行改造。截至12月底，该项目正进行自控施工，计划2016年4月底通水。

西区水厂扩建工程 投资2.3亿元扩建西区水厂，新增16万立方米/天的处理规模，对现生产线进行改造。截至12月底，该项目进入施工招标阶段，计划2017年通水。

南区水厂扩建工程 投资1.4亿元实施在一期预留地新建16万立方米/天净水系统，对现状设备进行升级改造。截至12月底，该项目正进行前期设计，计划2018

珠海、澳门供水取水泵站——竹洲头泵站 （方 胜摄）

年通水。

平岗—广昌原水供应保障工程 该工程由珠海市政府、澳门特别行政区、珠海水务集团公司共同出资建设，项目总投资约8.5亿元。截至12月底，该项目完成前期设计，待进行施工招标，计划2018年完工。

西区水厂、乾务水厂扩建配套管线工程 该工程是为配合西区水厂、乾务水厂扩建，通过合理整合区域供水系统和配套供水管道，改造取水泵站、新增原水管及出厂管、扩大两厂供水服务范围等，缓解西部城区用水压力，提高区域供水服务水平，珠海水务集团投资约3.2亿元。截至12月底，该项目进入施工阶段，计划2017年完工。

南区水厂第二条进出厂管道工程 投资近1亿元，用于新建第二条进出厂管及新广昌泵站扩容，主要配合南区水厂扩建工作。截至12月底，该项目完成项目备案，正办理设计招标手续，计划与南区水厂扩建工程同步完成。

机场东路供水主干管工程 投资约1.1亿元，新建管径1000毫米～1200毫米供水管道8.45千米。该供水管直接将西区水厂来水输送至金湾区西湖片区、三灶青湾新能源产业园区、三灶镇中心区片、三灶镇金海岸中心区、航空产业园核心区等产业园区，满足因城镇人口增加和工业快速发展所需水量。

唐家水厂改造工程 拟投资1.7亿元对唐家水厂净水处理工艺进行改造。截至12月底，正进行施工图修编计划2018年完工。

【粤澳供水会议】 2015年11月30日，粤澳供水会议在珠海召开。会议部署今冬明春相关调蓄工作。会上，广东省水利厅厅长林旭钿和澳门海事及水务局局长黄穗文代表粤澳双方签署第四条对澳供水管道工程及平岗—广昌原水供应保障工程粤澳合作协议；珠海水务集团董事长曾建平与澳门自来水公司执行董事关小冰代表粤澳双方签署建设对澳供水原水水质在线监测系统合作协议。 （方 胜）

城市供电

【概 况】 2015年，珠海供电局有客户72万户，下辖香洲、斗门、金湾3个区局，12个供电所，23个营业厅，7个变电巡维中心。变电站63座，其中，500千伏变电站2座，220千伏变电站14座，110千伏变电站47座，主变总容量1472万千伏安、输电线路总长度1694千米；供电可靠率、电压合格率等多项重要指标均处于全省先进水平。是年，该局获“全国文明单位”“全国企业文化建设先进单位”“珠海市职工创新示范基地”等称号。

【供电保障】 2015年，电力供应满足全市需求，未发生错峰用电情况。该局完成首届“装洽会”、国际马戏节、WTA比赛等70余次三级及以上保供电工作。做好全市大面积停电应急演练，应对台风等自然灾害影响。全年全市社会用电量145.37亿千瓦时，比上年增长8.23%，增幅排名珠三角第一，全省第二。用户平均停电时间0.96小时，减少36%，供电可靠性位居全省前列。

【供电服务】 2015年，珠海供电局落实业扩报装界面延伸至客户红线政策，按新投资界面完成业扩报装1407项，节省客户投资6000万元。推进全市电动汽车推广和配套充电设施建设，对全市8个经营

2015年11月27日，珠海第二座500千伏变电站——加林变电站建成投运 （莫少豪摄）

性充电桩执行大工业电价，免收基本电费，全年节省电费420万元。开展幸福村居建设，在斗门区试点配置供电服务24小时自助终端机。供电服务第三方客户满意度评价位居全省第一（广东省社情民意中心发布），并连续七年位居珠海市政府公共服务（40项）公众满意度第一。

【电网规划建设】 2015年，珠海供电局完成电网建设投资10.8亿元，建成投产500千伏加林变电站等重点项目。配合珠海“交通大会战”，开展175回10千伏及以上电力迁改工作，打造珠江口西岸交通枢纽城市。投资2.6亿元用于加强农网改造升级，解决重过载和低电压台区问题。建设投产220千伏琴莲丙线，提升对澳供电能力。

【电网风险防控】 2015年，珠海供电局实现珠海电网风险降级163次。推进设备全生命周期管理，完成581台（组）设备规范化检修任务。完成支援湛江“彩虹”超强台风抢修复电工作。开展全市电力设施保护联动，外力破坏事件下降48%。 （林 超）

城市供气

【概 况】 截至2015年底，珠海城市管道燃气有限公司有运营管道天然气储配站和门站各1座、气化站2座、管道气营业厅3个。天然气高压管线9.4千米，中压市政燃气管道467.1千米（其中市政燃气干管207.7千米、市政支管259.4千米），初步形成天然气城市输配系统。有管道燃气居民规模用户163266户，气化率46.6%。有商业用户223家、工业用户6家。与华润银行合作推出6个便民银行网点。与交通银行及邮政储蓄银行合作，在前山、吉大、拱北、香洲、南屏、唐家等各大片区开设15个银行代办充值点。全市13个广发银行支行网点、9个广发银行ATM自助点及招商花园、格力广场、华发新城等49个小区设立24小时自助服务网点。

是年，珠海市液化石油气年供应量12万吨，天然气供气总量1.23亿标准立方米；新建市政燃气管道55千米，珠海市管道燃气实行特许经营。有城镇燃气经营企业12家，其中，瓶装气液化石油气经营企业9家，液化石油气库10座，在瓶装气供应站建成前保留使用的瓶装液化石油气销售点265个，瓶装液化石油气用户52万户；管道燃气经营企业3家。全市已建成市政燃气管道596千米，相关配套设施不断建设和完善中。东部城区主要干道初步形成天然气城市输配系统，高压管道22.6千米。全市管道燃气用户18万户，管道燃气气化率为25.7%。有上游高压长输天然气管线122千米，成品油长输管线50.3千米，分布于各区（经济功能区）内。有上游高压长输天然气管道经营企业3家，成品油长输管道经营企业1家。全市有汽车加气站经营企业2家，加气站10座。

【管道燃气建设】 截至2015年12月底，珠海东部城区建成市政燃气管道476千米，其中干管216千米、支管260千米。天然气居民用户规模16万户，商业用户223家，工业用户6家。完成主城区内19个瓶组站小区并网，惠及居民1.5万户；启动老旧小区管道燃气设施加建工程，开通绿怡居、海愉半岛两个老旧小区燃气管道。

【管网供气建设】 2015年，该公司完成12个瓶组站小区（鸣翠谷、漾湖明居、华夏中广城、颐和人家、湖光山色、银石雅园、君兰居、中联国际、夏逸庭院、金珠园、新加坡花园东西苑、南厦丰泽园）并入市政管网供气，涉及居民9189户。截至年底，完成19个瓶组站小区并网，惠及居民14856户。配合珠海市“三旧”改造和香洲区更新局组织的老旧小区环境整治工作，开展5个老旧小区燃气管道加建，完成绿怡居、海愉半岛2个试点小区700余户燃气管道加建工作，实施为农社区、凤凰南路1001小区、莲花山社区燃气管道加建工作，建成通气后将惠及居民5000余户。天然气利用工程之“两站一线”（南屏门站、前山储配站及相连高压管道）工程完成竣工验收，天然气南屏门站、高压天然气管线、前山天然气储备站相继投入使用，彻底解决珠海市东部城区天然气气源和城市燃气调峰问题。西部地区（包括横琴新区、金湾区、斗门区、高栏港经济区）有24个小区2.8万户居民用户、36家工商业用户通上管道燃气；建成120千米中压市政燃气管道，其中干管101千米，支管19千米，通气运行100.7千米；建成城市门站（金湾门站）1座，LNG气化站7座，其中6座已运行使用。城镇高压燃气截至年底建成高压管道22.6千米，调压站4座，计量站9座。

2015年11月25日，珠海城市管道燃气公司在唐家华发人才公馆居民小区进行燃气泄漏应急抢险演练（许铭标摄）

【应急抢险演练】 2015年，该公司组织市政燃气管道泄漏“双盲”（不预先通知时间、不预先通知地点）应急演练、居民小区管道泄漏抢险抢修应急演练、消防实操演练、消防疏散演练4次。11月25日，首次在居民小区（唐家华发人才公馆）实地开展综合性应急演练，有60人、7台车辆参加，实现居民、社区和政府职能部门协调配合。

【下调气价】 2015年12月23日，该公司配合市市政和林业局、市发改局以及物价等部门进行天然气价格听证，明确最新气价，居民用气实行阶梯气价。市民用天然气价格由原来的4.9元/立方米下调到3.9元/立方米，最大降幅达20%。

珠海市民用管道天然气阶梯气价表

档 次	年用气量	价 格
第一档	0～300（含）立方米/年	3.90元/立方米
第二档	300～480（含）立方米/年	4.68元/立方米
第三档	480立方米以上	5.85元/立方米

【瓶装气供应站建设】 2015年，由珠海港控股集团有限公司下属企业负责投资、建设和运营全市瓶装液化石油气供应站，取代全市176个按原政策设置在住宅楼附属商铺内瓶装液化气销售点，建立符合新消防法管理规定瓶装燃气供应体系。8月，配合市市政和林业局完成《珠海市瓶装液化气流动配送模式实施方案》编制，上报市政府获得通过。完成8个场站设计方案，报市市政和林业局、消防局、安监局等部门审核。（古欣翘　杨才开）

城市管理行政执法

【概　况】 2015年，珠海市城市管理行政执法局（简称市执法局）组织市容环境执法整治行动15445次，出动执法人员124531人次，查处占道经营案件71104宗，拆除违法广告招牌20387块；各区坚守“零增长”底线，拆除各类违法建设5627宗，拆除面积144万平方米。

“数字城管大数据平台”建设　提出“i珠海城市管理综合信息（应急指挥）平台”建设思路，向市政府提交建设方案，有效整合“平安珠海视频监控系统”“数字城管”“12345”市民服务热线和市“三防”应急指挥系统等平台数据资源，实现信息化资源融合共享。

打造城市管理新模式　制定《珠海城市综合治理创新方案》，在“共治、善治”理念下，通过建立政府主导，企业（社团）、社区、市民（摊贩）共同参与的城市共同治理模式，引导社会力量参与城市治理工作，同时参与社会治理创新案例评选，推广社会力量参与城市治理的创新理念。如在重点管区引入“珠海市精神文明建设义工协会”开展市容劝导工作，参与“全国创新社会治理典型案例”和“珠海社会治理创新优秀案例”征集评比等活动。

【违法建筑整治】 2015年，市执法局统筹协调、监督指挥各区开展违法建筑专项整治，在确保控制违法建筑增量的前提下逐步开展“减存量”工作，提高土地合法有效利用。

实施“拉网式”巡查“零报告”制度　在整治“两违”（违法用地、违法建筑）第一阶段基础上，市执法局加强对各区的工作指引，完善“零增长”和检查通报制度，完善“网格化”巡查机制、每日“零报告”机制、快速处置机制和事后监控等四大机制，构建横到边、纵到底的监管网络，确保违法建设行为“第一时间发现、第一时间制止、第一时间报告、第一时间拆除”。

2015年1月27日，在斗门区平沙镇政府组织下，区城管执法局平沙中队、镇城管协管队、综治队等部门联合行动，依法拆除违法建筑　　（黄　强摄）

整治违法建筑工作规划　对未来3年珠海市整治违法建筑工作进行规划，制定《珠海市整治违法建设工作方案（2015～2017年）》，摸底全市违法建筑情况，按期完成第二阶段工作台账，按照分类治理原则，推进历史遗留违法建筑整治工作。

重大案件督查督办　为确保整治违法建筑工作按计划推进，市执法局以督查、督办重点案件为抓手，以个案倒逼责任落实。重点督办查处横琴南山嘴路银鑫花园周边违法搭建、金湾丰洋化工公司违法建设和市城管指挥中心转办的207宗新发现违法建筑等一批案件，严格跟踪各单位的查处工作，限期上报处理结果。

建立常态化机制　重点从违法建筑预防、发现、制止等环节着手，总结"两违"整治成功经验，代拟《珠海市防控违法建筑违法用地若干规定》，提交市政府审定；出台《关于加强违法建设案件督查督办工作的指导意见》《各区（功能区）违法建设防控治理考核办法》，强化工作考核监督；印发《珠海市城市管理行政执法系统查处违法建设案件公开办法》将违法建设案件公开。拆除各类违法建设5627宗，拆除面积144万平方米；各区坚守"零增长"底线，拆除新增违法建筑1134宗、35.1万平方米，采取强制措施控停违法建筑行为26宗，面积5824平方米；各区按计划开展历史违法建筑清拆工作，台账内"减存量"523宗，面积12.54万平方米，台账外"减存量"3970宗，面积97.08万平方米。

【市容市貌整治】　2015年，珠海市城管执法部门通过制定《2015年迎接国家卫生城市复审工作方案》《关于2015年重大节日期间市容市貌整治工作方案》《泥土车专项治理工作方案》《迎接WTA超级精英赛和马戏节市容整治工作方案》等年度和专项市容环境整治方案，督促指导各区强化市容环境整治，围绕重点活动开展工作；顺利通过国家卫生城市暗访复审、国家文明城市复检；在服务保障重大活动方面，组织市容环境执法整治行动15445次，出动执法人员124531人次，查处占道经营案件71104宗，流动商贩95559宗，立案1863宗；清理整治各类户外广告设施、横幅灯箱和"牛皮癣"小广告6921宗，拆除违法广告招牌20387块，7.42万平方米。

2015年12月24日，市城市管理行政执法局、香洲区执法局、市义工协会，就发动社会力量参与维护市容秩序等问题进行探讨　（孙仕伟摄）

【数字城管】　2015年，珠海市正式启动"数字城管综合评价系统"，与各区纪委（监察局）实现效能监察联网，向社会公布评价结果。"数字城管"全年生成各类案件30.1万宗，有效派遣29.6万宗，结案案件24.6万宗，结案率为82.9%；基本实现"数字城管"全覆盖。斗门、金湾、高新、高栏港四个区级"数字城管"指挥中心相继上线运行，在各区组建"数字城管"巡查支队；通过整合资源，数字城管地下管网普查全面展开。斗门区地下管网项目率先完工，横琴新区管廊系统与"数字城管"实现对接，香洲区地下管网项目正在推进项目优化升级。数字城管"移动办公系统"、城管微信工作群、城管微信公众平台和执法案件管理系统等网络信息沟通平台相继投入使用，实现实时接受群众反映问题和反馈工作信息。

【网络舆情处置】　2015年，市执法局全方位实时监控网络舆情，及时发现问题，主动应对危机。市、区城管执法部门成功处置"平沙城管打伤卖菜大叔”“高新区淇澳岛违法抢种”“唐家城管伙从社会青年暴力执法”等网络舆情和典型事件。

【城管文化展示】 2015年，市执法局利用门户网站，新浪和腾讯政务微博、微信等新媒体，宣传推广城管队伍价值观念、宣传城管法规、报道执法动态，利用微电影、电视纪录片等多媒体展示城管文化，树立城管队伍的正面形象。邀请中山大学学生体验基层城管工作，自编自导微电影《城管执法的那些事儿》、开展《城管的一天》网络直播，拍摄电视纪录片等。年内，《南方日报》《南方都市报》《珠海特区报》等媒体刊登市城管新闻670篇，在新浪政务微博发布消息9427条，腾讯微博发布7853条，处理网络投诉116宗；《城市治理市民谈》在珠海电视台播出2期。

（曾　丹）

环境保护

【概　况】 2015年，珠海市在生态文明建设、大气污染防治、总量减排和生态文明体制改革等工作成效明显，生态环境质量朝平稳向好发展，珠海空气质量位列全国74个重点城市第九；通过环境保护部考核，主要污染物总量减排考核优秀；生态文明建设事例获“全国生态环境法治保障制度创新最佳事例奖”。在中国社科院城市与竞争力研究中心发布的城市竞争力蓝皮书报告中，珠海宜居程度排名第一。

珠海唐家水厂主要负责唐家、金鼎、淇澳及香洲部分地区的供水任务。图为该厂的机械搅拌加速澄清池　（梁海宏摄）

【环境执法】 2015年，珠海市环保局出动执法人员13516人次，检查企业5938家次，作出行政处罚决定176宗。开展环境保护大检查、“环境法治年”活动、前山河流域综合整治、集中打击违法排污、清查整治无牌无证排污企业等11项专项执法检查行动。与中山市环保局合作开展两次前山河流域跨界污染联合执法检查。综合运用“两法衔接”以及行政拘留、查封扣押等《中华人民共和国环境保护法》（2015年1月施行）赋予的环境监管职权。实施按日连续处罚案件1宗，查封扣押案件5宗，限产停产案件5宗，移送行政拘留案件2宗，涉嫌环境污染犯罪案件3宗。

是年，珠海市出台《珠海市未批先建、未验先投建设项目专项整治工作方案》，按照“属地管理、分级管理”的原则，根据时间节点、规划等不同情况，分批、分类清理建设项目。出台《珠海市污染源日常环境监管随机抽查制度落实方案》，建立健全随机抽取检查对象、随机选派执法检查人员的“双随机”抽查机制，并规范日常环境监管、事中事后监管行为，推进随机抽查制度化、规范化、精细化。

【环境安全管理】 2015年，珠海市实行企业环境应急预案备案分级管理制度，市一级环保部门负责国省控企业的环境应急预案备案，区环保部门负责市控及以下企业的备案。成功举行珠中江三地2015年突发环境事件联合应急演练，完成“神盾－2015”国家核应急联合演习任务。全年珠海未发生环境突发事件。

【自然生态保护区】 2015年，珠海市各级各类自然保护区9个，包括珠江口中华白海豚自然保护区（国家级）和淇澳—担杆岛省级自然保护区等为中华白海豚、猕猴、红树林、原生森林、水松等物种提供栖息保护。自然保护区面积5.8万公顷，其中海洋类保护区2个，面积4.84万公顷，陆地类7个，面积9526公顷，与上年持平。

【生态文明体制改革】 2015年1月，珠海市启动首次生态文明建设考核工作，对全市8个区（功能区）、17个相关职能单位进行考核；2～5月，珠海市创建全国生态文明示范市领导小组办公室与市委组织部完成对上述单位的公众满意率调查、单位自评和技术专家现场核查；6月11日，珠海市举行生态文明建设考核评议会，由全市8个区（功能区）主要负责人围绕2014年度生态文明建设情况进行自我评述，由珠海市环境宜居委员会的专家代表和公众代表进行打分评议，考核结果将应用到干部任免上。

3月30日，珠海市开全国先河，首次向社会公布7个行政区（功能区）的“生态环境指数”。该指数是对珠海市各辖区生态环境质量状况的评价方式，将辖区生态环境状况量化为指数形式，由环境空气指数、水环境指数、公众投诉指数三类6项具体指标构成，分为“绿、蓝、橙、红”4色预警；由珠海市环境宜居委员会每周在《珠海特区报》《珠江晚报》、市环保局公众网站、“珠海环保”官方微信及微博发布，让公众及时了解生态环境现状，扩大公众监督范围。全年发布44期。

4月2日，珠海市成立广东省首个中级法院环境资源合议庭，主要审理涉环境资源的公益诉讼案和一、二审涉及环境资源的民事案件，负责对全市法院环境资源民事案件审判工作进行调研指导，以构建覆盖珠海全市的环境资源保护司法网络。（余乐富）

交通·邮政·口岸

公　路

【概　况】 截至2015年底，珠海市公路通车里程1446.7千米（含高速公路），全市公路密度平均83.9千米每百平方千米。按行政等级划分：国道23.7千米，省道337.2千米，县道367千米，乡道483.7千米，专用公路3.5千米，村道231.6千米。按路面类型划分：水泥混凝土路936.1千米，沥青混凝土路324.3千米，简易铺装路34.9千米，未铺装路面151.5千米。按技术等级划分：高速公路124.7千米，一级公路332.2千米，二级公路133.3千米，三级公路454.2千米，四级公路376.6千米，等外公路25.7千米。全市有公路桥梁466座11.28万延米（包括12座1.06万延米互通式立交），其中特大桥22座5.83万延米，大桥100座4.28万延米，中桥157座8519延米，小桥187座3194延米。全市有公路隧道12道1.2万延米，其中长隧道4道8568延米，中隧道2道1325延米，短隧道6道2119延米。

公路建设　是年，完成国省道干线公路投资1.39亿元，国道G105慢行系统交通整治工程、省道S365线中心涌至井岸二桥段工程完工通车，西沥大桥改建工程右半幅开放交通。

农村公路　各区低标准县道升级改造工作全面推进，全市启动总投资1.2亿元、44.4千米乡村道路建设，包括斗门区23项22.3千米、金湾区4项3.8千米、高栏港区11项7.6千米、香洲区4项5.1千米、万山区4项5.6千米，年底前完成28项31.1千米。

市政道路建设　是年，珠海市政道路建设项目完成投资11.27亿元。宝翠桥、人民西路与坦洲道路的衔接工程、外环路、翠福路等项目完工通车，逸仙路、灯笼沙人行天桥完工并开放通行；迎宾南路交粤华路、侨光路2座人行天桥以及文园路北段、屏西路市政配套工程年底前进入收尾阶段；白石桥、情侣路南段主线改造工程等13个市政道路项目进入施工阶段；金琴快线、南琴路等41个市政道路项目在推进前期工作。

交通设施建设　是年，珠海市完成港湾大道银坑路口、唐乐路口、南方软件园路口等处的信号灯建设工作以及出租车临时上下客点工程；启动九洲大道公交专用道及交叉口优化工程；并根据交通管理需要，完成包括护栏、标志标线、标牌、减速带、临时红绿灯等44项总投资500万元小额交通设施建设任务。

【公路管理】　2015年，珠海市公路局办理路政许可21宗，收取路产赔、补偿费227万元；公路巡查里程17.5万千米，发现违法案件230宗，自行处理204宗，移交交通综合执法局26宗；完成高栏港高速公路、S270、S272、S365、S366线等主要干道的1.5万条公路信息采集；对机场高速公路和高栏港高速公路标志标线进行规范化改造；组织设置省道S366线珠海大道、省道S270线高栏港高速公路辅线两侧控制区界桩、标桩。

公路养护　加强对机场高速、高栏港高速及西部地区普通公路日常养护工作，督促东部各区对移交的国省加强道养护工作。投入资金1.4亿元，完成省道S270线金湾发电厂至珠海港区段路面改造工作以及省道S272线莲洲至井岸段、省道S365线黄杨大道路面改造工程主体改造部分；投入资金1778.45万元，完成省道S268线、S270线2个公路中修项目，投入资金2.5亿元，做好全市公路小修保养工作。年末全市国省道优良路率88.3%，优等路里程158.6千米；农村公路优良路率88.3%，优等路里程184.5千米。

桥隧管养　按交通运输部要求，做好桥梁日常巡查记录及桥梁维修记录，依照“一桥一档”要求完善辖区内桥梁基础数据和管理资料；对斗门大桥、昌盛大桥等13座桥梁和机场高速公路隧道进行定期检查检测；做好桥梁日常维护，对部分桥梁及阳光咀隧道进行桥头调坡、引道、栏杆等维修；推进对全市四、五类桥梁进行维修加固，其中井岸大桥维修加固工程、横琴大桥维修美化工程及南水大桥、槐夹大桥、壳塘冲桥加固工程开始施工，尖峰大桥、斗门大桥等8座桥梁的维修加固工程正在推进前期工作。

【公路安全生产大检查】　2015年，珠海市公路局排查一般安全隐患100多处，投入安全隐患治理资金699.7万元进行治理；对相关公共道路建设、公路及桥梁养护项目等进行严格监管；提升公路应急抢险能力，储备砂石料、冷补料等应急抢险物资，给予人员、机械保障，开展公路山体滑坡、交通安全应急救援及防二次事故联合演练等应急演练。

2015年珠海市公路局市政道路项目完工情况表

项目名称	项目位置	总投资	建设内容	代建单位	开工时间	完工时间
市疾控中心异地新建项目市政配套路	北接珠海大道辅道，南临市疾控中心用地	总投资1725万元	包括道路工程、排水工程、给水工程、照明工程、交通设施、安监工程、电缆沟及预留沟工程、绿化景观工程等。道路全长624米，路宽18米	珠海城建集团	2014.7	2015.2
外环路市政道路工程	西起三台石路、东至明月路	总投资2844万元	包括道路工程、给水工程、雨水工程、污水工程、电缆沟工程、照明工程、绿化工程、交通工程、安监工程及拆迁等工程。全长1263米，宽24米	珠海城建集团	2014.6	2015.3

（续 表）

项目名称	项目位置	总投资	建设内容	代建单位	开工时间	完工时间
逸仙路人行天桥	位于香洲区梅花豪庭与前山小学之间	总投资232万元	包括人行天桥、交通设施、安监设施等市政配套工程。全长26.6米，单跨长23.5米，桥面宽5.6米，采用等截面钢箱梁，预留电梯安装空间，下部结构采用钢圆柱墩，基础采用钻孔灌注桩；梯道全宽3.7米，采用Z字形钢筋混凝土结构。	珠海城建集团	2014.12	2015.4
环山路市政道路工程	起点为廉泉路，终点为北二路	总投资2633万元	包括道路、桥梁、给水、雨水、污水、电缆沟、预留沟、通信共沟、照明、绿化、交通设施、安监等市政配套工程。属次干道，全长570米，红线宽24米，双向4车道＋人行道＋非机动车道	珠海城建集团	2014.9	2015.7
宝翠桥工程	连通珠海与中山坦洲镇之间的一条城市跨界道路，起点位于珠海市前山片区翠微西路终点处，东侧连接翠微西路，西侧连接中山市坦洲镇十四村现状道路	总投资764万元	包括道路工程、桥涵工程、管线工程、照明工程、安监工程及交通设施等	珠海交通集团	2014.9	2015.9
人民西路和坦洲环洲东南路衔接工程	连通珠海与中山坦洲镇之间的一条城市跨界道路，起点位于人民西路与翠屏路交叉口道路西侧，沿西南方向从建设中的金琴高速人民西互通立交跨线桥下穿过，跨越翠屏市政排洪渠，终点位于坦洲珠海分界线处，与坦洲规划横一路对接	总投资1218万元	包括路基、路面、排水、防护、桥梁、交通工程、安监、照明设施及绿化等	珠海交通集团	2014.9	2015.12

（续 表）

项目名称	项目位置	总投资	建设内容	代建单位	开工时间	完工时间
翠福路市政道路南段（霞光路至翠微西路）道路	霞光路至翠微西路，为城市支路，长度 803.88 米，规划宽度为 15 米	总投资 2375 万元	包括道路、给水、雨水、污水、人行道等市政配套工程	珠海城建集团	2013.5	2015.8
唐家人才公寓（一期）周边市政道路工程	位于唐家人才公寓片区	总投资 3822 万元	包括总部南路、总部西路两条城市支路。其中总部南路东起总部西路，西至港湾大道，道路设计长度 297.707 米，道路红线宽 18 米，双向 2 车道 + 非机动车道 + 人行道；总部西路北起总部路，南至白埔路，道路设计长度 494.926 米，道路红线宽 24 米，双向 2 车道 + 非机动车道 + 人行道	珠海城建集团	2014.12	2015.12
香工北路及市政配套工程	南起南琴路，北止山谷用地处	总投资 6253 万元	包括道路工程、岩土工程、给水工程、污水工程、雨水工程、电缆沟工程、预留沟工程等。规划方案批复全长 944.46 米，包括呈南北走向的城市次干道路 A 段及呈东西走向的城市支路 B 段，其中 A 段起于南琴路，止于香工北路 B 段，规划方案批复长度为 831.16 米；B 段起于香工北路 A 段，止于山谷用地处，道路规划长度 113. 米。A 段和 B 段路面宽度均为 6 米。	珠海城建集团	2015.4	2015.12
华发蔚蓝堡周边市政道路工程	华发蔚蓝堡片区	总投资 1.13 亿元	包括唐淇东路、唐家港北路、唐家港西路、远大北路、远大北二路 5 条市政道路，全长 2647 米，双向 2 车道 + 非机动车道 + 人行道	珠海城建集团	2013.10	2015.12

2015 年珠海市公路局干线公路项目完工情况表

项目名称	项目位置	总投资	建设内容	代建单位	开工时间	完工时间
国道 G105 线慢行系统交通整治工程	南起南坦路口，北至西部沿海高速公路出入口连接线交叉口	1908 万元	包括道路工程、交通工程和桥梁工程等市政工程，3 座临时人行天桥建设（南溪、沥溪、界涌）、掉头口改造、人行过街横道改造、人行道整治以及护栏等交通设施增设等。设计总长约 5 千米	珠海交通集团	2015.1	2015.7
省道 S365 线中心涌至井岸二桥段工程	起点位于省道 S365 线白蕉镇中心涌桥处，终点位于顺接黄杨大道（K13+660–K19+930）	6.77 亿元	一级公路，双向 8 车道（大桥双向 6 车道），设计时速为 80 千米 / 小时，全长为 6.27 千米	珠海交通集团	2010.6	2015.8 开放通行

（马沛臻）

港　口

【珠海港】 2015 年，珠海港新建成投入运营泊位 4 个，新增泊位通过能力 173 万吨，其中集装箱通过能力 16 万标箱（128 万吨）；停用九洲港区和香洲港区等货运泊位 12 个，停用泊位通过能力 355 万吨，其中干散、件杂货通过能力 203 万吨，集装箱 19 万 TEU（国际标准箱）（152 万吨）。珠海港现有生产性泊位 147 个，非生产性泊位 5 个，万吨级以上生产性泊位 27 个，设计年通过能力 1.52 亿吨，集装箱吞吐能力 188 万 TEU。其中干散货泊位 25 个，年吞吐能力 8113 万吨；油、气、化工品液体散货泊位 40 个，年吞吐能力 4486 万吨；多用途泊位 23 个，年吞吐能力货物 796 万吨，集装箱 102 万 TEU；集装箱专用泊位 4 个，年吞吐能力 86 万 TEU；件杂货泊位 16 个，年吞吐能力 377 万吨；客运及陆岛交通泊位 39 个，年吞吐能力旅客 946 万人，货物 2 万吨。投入运行储罐数量 280 个，罐容 290.88 万立方米；在建储罐数量 109 个，储容 137.87 万立方米，储罐数量 389 个，容量 428.75 万立方米。

【港口生产】 2015 年，全港完成货物吞吐量 1.12 亿吨，比上年增长 4.7%，其中外贸 2075 万吨，下降 3%，完成港口集装箱 133.8 万 TEU，增长 13.7%。旅客吞吐量 766 万人次，增长 2.4%。全港完成油、煤、矿、箱等重点货类 7713 万吨，占全港吞吐量 68.8%，其中：煤炭 2934 万吨，所占比重为 26.2%；油气化工 1327 万吨，所占比重为 11.8%；矿石 1531 万吨，所占比重为 13.7%；集装箱 1921 万吨（133.8 万 TEU），所占比重为 17.1%。

【港口航运】 2015 年，珠海港新增外贸航线 7 条，沿海干线 5 条、驳船支线 1 条，因香洲、九洲港区货运功能搬迁，停运外贸航线 6 条、内支线 3 条、驳船支线 1 条。珠海港有集装箱班轮航线 58 条，其中国际航线 23 条（内支线 7 条），分别通往泰国、越南、日本、香港、澳门、台湾等国家和地区；沿海干线 15 条，通往海口、日照、厦门、大连、连云港、青岛、烟台、太仓、宁波、泉州、上海、营口、阳江等全国沿海主要港口；西江驳船支线 20 条，通往贵港、梧州、新会、黄埔、南沙、高明、佛山、小榄、中山、虎门、云浮、肇庆、阳江等西江沿线主要港口。

【港口建设】 2015 年，珠海市在建港口项目有 8 宗，投资 72.8 亿元，全年完成投资 14 亿元，年投资计划 10.3 亿元，完成年度计划 136%，连续七年超额完成年度计划。高栏港区15万吨级主航道工程、海油工程珠海深水海洋工程装备制造基地项目一期水工工程（1#码头，1#滑道）、三一重工港口机械项目配套码头等项目建成投产，铁炉湾防波堤项目将建成并交工，高栏集装箱码头二期工程（2～7号泊位）、海油工程珠海深水海洋工程装备制造基地项目一期水工工程（5#码头）等项目建设进展顺利。

【港口信息化】 2015年，珠海港启动综合电子物流平台建设。利用互联网+、云计算、云服务等现代信息技术，构筑港口客户、产业、物流大数据体系和互联互通大平台。前期先行建设物流数据交换平台、集装箱业务协同平台、航运与陆运公共物流平台等内容，连通高栏港、洪湾港集装箱协同业务数据的云平台，整合港口各单位网上业务办理服务，推广平台应用与港口企业签署平台数据合作协议。

【港口物流】 2015年，珠海港对接西南、西北地区重要物流枢纽，与四川遂宁、西安国际陆港、新疆喀什等地合作，构建“川贵广—南亚国际物流大通道”，以珠海港为出海和登陆门户，形成贯穿西南和西北、向北融入“中巴经济走廊”、向南出海辐射东南亚和中东的商贸物流环路，使珠海港成为“一带一路”中的重要枢纽节点。参与粤港澳物流合作园项目建设，通过位于洪湾粤港澳物流合作园建设将“川贵广—南亚国际物流大通道”与港珠澳一体化合作串联起来，增加陆路对接港澳的物流城市配送功能，并推进粤港澳大湾区一体化合作与建设。由巴西圣埃斯皮里图州等7个经济和港口发展较为发达的州政府和圣保罗州等7市工商联盟，共同发起“中国—巴西电子跨境交易与服务贸易一体化”项目整体落户珠海，项目在横琴合作搭建“拉美跨境电子商务平台”，共同推动建立中巴两国跨境B2B进出口服务体系，为中巴两国跨境电子商务活动提供一站式综合服务。开通与维多利亚港直航。

2015年12月10日，大型班轮中远“天盛河”首次靠泊珠海港高栏国码码头，标志着珠海港正式开启集装箱大船时代。该船长294米，宽32.2米，型深21.8米，最大吃水−13.5米，载重6.3万吨，总载箱量5100标箱，是中远集团5万吨级集装箱代表船型（珠海港集团供稿）

【港口安全】 2015年，珠海港完成18家港口危险货物企业经营资质证书年度核验和换发工作；完成港口干散货、普货码头安全生产标准化建设工作；组织开展2次港口综合安全检查、4次专项安全检查、4次节假日领导带队安全检查以及70多次月度和日常危险作业现场安全检查；开展港口危险货物生产安全事故暨港口设施保安综合应急演练；开展新安全生产法以及安全管理教育培训活动；开展全港危险货物储存港区安全管理现状调研和安全风险区域评估；建立港口安全检查信息系统，采取信息化手段强化港口企业隐患排查治理。

【节能减排】 2015年，珠海港按照绿色港口建设工作方案，完成全港干散货码头、煤炭码头防尘整治，落实市政府防治大气污染工作任务；完成全市政府部门码头和船舶岸电使用情况调查摸底工作；推进集装箱码头装卸设备“油改电”和客运码头船舶使用岸电工作以及港口危险货物仓储库区、集装箱堆场使用LED节能照明设备改造工作；在高栏港区投入使用LNG双燃料港作拖轮；推进港口仓储库区使用变频泵机等节能设备。

2015 年珠海港分货类吞吐量统计表

分货类货物		单 位	吞吐量
集装箱吞吐量		万 TEU	134
旅客吞吐量		万人次	766
货物吞吐量总计		万 吨	11209
其中：	1. 煤炭及制品	万 吨	2934
	2. 石油天然气及制品	万 吨	970
	3. 金属矿石	万 吨	986
	4. 其他主要货种（化工原料）	万 吨	358

2015 年珠海港泊位数统计表

泊位长度（米）	泊位个数（个）	泊位年通过能力				
		集装箱吞吐量（万 TEU）	旅客吞吐量（万人）	煤炭及制品（万吨）	石油天然气及制品（万吨）	金属矿石（万 TEU）
17769	152	188	946	6364	4486	1692

（黄　翔）

珠海港集团

【概　况】 2015 年，珠海港集团完成港口货物吞吐量 7076 万吨，比上年增长 6.43%，集装箱吞吐量 121 万 TEU，增长 10.60%，集团总资产 200 多亿元。集团旗下控股或参股企业 30 多家。集团业务覆盖集装箱码头、干散货码头、油气化学品仓储物流、船代、理货、报关、水上运输、专业运输、航道疏浚、供应链管理、软件开发与维护、工程建设与管理、管道燃气供应、电力能源投资、物流地产开发等行业，

2015 年 11 月 7 日，九洲港货运码头成功搬迁至洪湾港。图为洪湾国码开港仪式（谭海兵摄）

形成以集装箱码头经营为主，干散货码头经营为辅的港口运营服务体系。已开通国际航线23条（内支线7条），分别通往越南、日本等国家和香港、台湾等地区；开通沿海干线15条，通往海口、日照、厦门、大连、连云港、青岛、烟台、太仓、宁波、泉州、上海、营口等全国沿海主要港口；开通西江驳船支线20条，通往贵港、梧州、新会、黄埔、南沙、高明、佛山、小榄、中山、虎门、云浮、肇庆等西江沿线主要港口。

港航业务　成功收购秦发港务，高栏国码一、二期及九洲国码股权，实现对珠海港现有大型集装箱和干散货码头的绝对控股，扭转过去仅控股部分中小型码头，对大型集装箱、干散货码头没有实际控制权的不利局面，大型码头的控制力和引导力得到加强。推动落实中远内贸航线扶持政策，兑现扶持承诺，促进中远在高栏加速扩张，升级加密高栏—华东地区航线，投放5100 TEU大船；引进国内航运巨头中海船公司开通高栏—越南胡志明市航线，并升级延伸至泰国、柬埔寨；联合多家船公司稳定港澳集装箱班轮航线；与中谷海运、泉州安通等国内大型航运企业签署战略合作协议，开通高栏—洋浦、高栏—上海、高栏—宁波、高栏—营口等航线，推动集团集装箱单月吞吐量首次超过11万TEU。

港口工程　高栏港区15万吨级主航道工程交工验收，高栏国码支航道维护和升级工程加快推进，大型船舶安全进出保障能力得到提升。10万吨级集装箱码头1号泊位首批大型设备安装完成。2号泊位完成主体结构建设，剩余泊位按计划建设中。九洲港货运码头搬迁至洪湾，其承接港洪湾国码正式开港试运行。梧州大利口码头1#、2#泊位水工结构完成验收。港龙公司完成无偿划转及改制工作。

物流业务　珠海港物流从4A级升为5A级，成为珠海市唯一一家5A级物流企业；与大龙网等签署战略合作协议，谋划建设跨境电商产业基地；首次介入跨区域整车运输及零担运输业务范畴。

风电业务　浙江玉环大麦屿风电场项目实现全部机组并网发电；内蒙古东电茂霖项目运营情况良好，达里风电场和黄岗梁风电场已并网发电；打造新能源发展平台，实施风电资产重组计划，拓宽融资渠道，以珠海富华风能为主体搭建风电资产经营平台，组建珠海港昇新能源股份有限公司，为风电板块登陆新三板打好基础。

燃气业务　珠海市主城区天然气输配系统气源点南屏门站成功试运行，主城区供气能力得到增强；瓶组站供气小区并网进程加快，老旧小区改造工程全面展开，超额完成市政管网建设年度任务；开拓澳门市政管道施工业务；投资成立云浮珠港新能源有限公司，走出珠海开展车船加气业务；珠海西区首座天然气城市门站金湾天然气门站正式通气运行，结束珠海西区没有城市管道气的历史，开创天然气市场上下游合作新模式。

【创新实施“新丝路战略”】2015年，在国家“一带一路”战略和“中巴经济走廊”建设带动下，珠海港集团创新实施“新丝路战略”，投资贵州国际陆港建设，该项目依托贵广—南亚国际物流大通道规划的三大物流节点——即大西南物流分拨节点（贵州昌明国际陆港）、珠港澳物流合作节点（珠海港）、瓜达尔自贸区节点（瓜达尔港），旨在打通我国西南各省区与珠三角地区、巴基斯坦瓜达尔港、中东以及非洲之间的便捷物流通路，成为贵

2015年6月17日，珠海港集团控股企业珠海港信息技术股份有限公司在北京举行新三板挂牌仪式，成为珠海首家国有新三板挂牌企业　（谭海兵摄）

广—南亚国际物流大通道与国家“一带一路”战略重要物流节点。与巴西维多利港签署战略合作框架协议并举行直航集货推介会，两港直航工作加快推进中。

【“智慧港口”建设】 2015年，珠海港集团成立珠海地方电子口岸公司，加快推动跨境电商通关服务平台、国际贸易“单一窗口”等项目建设，打造全市唯一电子口岸大通关平台。启动建设珠海港综合电子物流平台。云浮新港正式启动无水港通关模式，成为广东省内首个“无水港”试点，实现从舱单申报到货物申报全程无纸化和无缝对接，极大提高通关效率。

【资本运作】 2015年，珠海港集团通过深化改革，推动珠海港信息技术股份有限公司成功登陆新三板，成为珠海首家登陆新三板国有企业。完成珠海港昇新能源股份有限公司挂牌新三板前的首轮融资，开辟新的融资渠道。成功维持集团AA级主体信用评级，在传统银行信贷基础上，通过发行中期票据、私募债、超短期融资券，保障集团股权并购和重大项目资金需求。（谭海兵）

城市客运交通

【概　况】 2015年，珠海市拥有公共汽车1916辆，比上年增长5%；出租小汽车3187辆，增长28%。全市公路、水路、铁路客运运力比例为5∶1∶4，其中高等级客车1463辆，占全市客车总数80%。全年公交总客运量3.6亿人次，日均客运量98.8万人次，增长3.61%。公路水路客运量、旅客周转量、货运量、货物周转量分别为0.4亿人、69.18亿人千米、1.16亿吨、167.01亿吨千米，增长7.8%、9.1%、6.9%、7.2%。铁路完成客运量、货运量分别为1277万人、298万吨，增长5.4%、-0.8%。珠海机场运输航班、旅客吞吐量和货邮吞吐量分别累计完成39642架次、470.9万人和25828吨，增长9.7%、15.5%和16.7%。航线通达城市42个，新增航点3个，新开航线30条。

【交通枢纽建设】 2015年，珠海市完成年度投资89.61亿元，推进19个重点交通项目建设。港珠澳大桥及连接线、珠海市区至珠海机场城轨一期进展顺利。横琴二桥建成通车，西部沿海高速月环至南屏支线于12月30日完成交工验收。有轨电车1号线首期全线投入试运行。香海大桥、洪鹤大桥先行段动工建设。洪湾枢纽互通二期、白石桥全面施工。鹤洲至高栏港高速、金海公路大桥、广佛江珠城际轨道等前期工作稳步推进。九洲港、香洲港货运码头完成搬迁。高栏港15万吨级主航道、10万吨级集装箱码头、5万吨级石化码头及洪湾港二期码头建成运营。

横琴二桥　起点位于洪湾，设置红东互通，接南湾大道延伸线，向南设跨越洪湾水道后，高架于横琴的环岛西路上，终点设横琴互通，与横琴中心南路相连，全长6.8千米，采用高速公路标准设计，双向6车道，桥宽33.5米，设计行车速度100千米/小时。其中横跨洪湾水道主桥长度600米，采用钢桁拱桥结构形式，造型类似海鸥展翅。横琴二桥2015年12月30日正式通车，12月31日，珠海市交通运输局面向社会公开征集该座桥梁的正式名称。

香海大桥　项目分为独立特大桥段和大桥连接线段，属于广东省高速公路网规划中香洲至海泉湾高速公路一期工程，起点位于珠海市香洲区造贝互通，向西经中山市坦洲镇、珠海市斗门区和金湾区，先后与G4W（广澳高速公路）、规划古神公路、江珠高速公路等干道相交，全长20.24千米（其中珠海段11.06千米，中山段9.18千米）。独立特大桥段长17.06千米，采用高速公路标准设计，双向6车道，设计行车速度100千米/小时。该项目先行段2015年12月30日动工建设。

洪鹤大桥　起于洪湾枢纽互通，向西跨越洪湾涌、洪湾水道、磨刀门水道，终点与江珠高速延长线相交、设鹤州南互通，全长9.58千米，按双向6车道独立大桥标准建设，设计行车速度100千米/小时。该项目先行段2015年12月30日动工建设。

东西部公交快速化工程　起点为前山枢纽站，终点为湖心路口枢纽站，全程20.9千米，是连接珠海市东西部快速公交走廊。工程项目包括前山立交改造、前山大桥至明达路段拓宽、前山枢纽（临时）站及中间站点建设和湖心路口枢纽站建设，其中控制性工程前山立交改造2015年12月30日动工建设。东西部快速公交线路设置9组（个）站点，除前山、湖心路口枢纽站外，中间设华发新城、南屏街口、南屏中学、广生、均昌和灯笼路口站等7组中途站。

白石桥　起点设在前山河西侧仙桥路交叉口附近，跨越前河西路，过前山河后跨越前河东路，终点设在前山河东侧港昌路交叉口。设计总长度1387.2米，其中桥梁长805米，引道长301米，连接道路长281.2米。主线桥梁按双向4车道设计，两侧设人行道和非机动车道。该项目2015年9月20日正式开工建设。

【主城区交通综合治理】 2015年，珠海市政府成立珠海市中心城区交通治理专责小组，制定并推进治理中心城区交通拥堵三年行动计划。年内，相继打通一批“断头路”，宝翠桥、人民西路与坦洲环洲东南路衔接工程竣工，金唐西路复工，兰埔路改造项目进场施工。完成东部城区慢行系统88.6千米主廊道建设，新增公共自行车租赁系统二期项目服务站点318个，建成5座人行立体过街设施。进一步推进公交优先发展，优化交通组织管理，缓解主城区交通拥堵。其中，前山桥通行能力提高16%，晚高峰拥堵结束时间由原来的20：30提前至19：20。

公交优先　珠海市全面落实年满60岁外埠老人免费乘坐公共汽车和现役军人凭证免费乘坐公共汽车政策，横琴、金湾推行差额换乘优惠措施。东西部快速公交系统（BRT）和九洲大道等公交专用道动工建设。新建、亮化、改建公交候车亭298座，新开、优化、调整、加密公交线路253条次，探索开行公交微循环线路和定制公交，万人公交拥有量14.64标台，公共交通占机动化出行比例38.8%。推进跨市公交和全省公交一卡通工作，至年底开行跨市公交15条。

绿色交通　珠海市推进纯电动、LNG等清洁能源公交车运力投放，新增纯电动公交车358辆、双燃料出租车200辆、纯电动出租车400辆。年末，全市清洁能源公交车1486辆，占比78%；清洁能源出租车1339辆，占比42%。建成使用LNG、CNG（压缩天然气）加气站10座。加大营运“黄标车”淘汰力度，年内淘汰营运“黄标车”4596辆，超额完成省政府下达指标任务。

2015年12月30日，横琴二桥建成通车。同日，洪鹤大桥、香海大桥、东西部公交快速化工程动工　（黄洁成摄）

智慧交通　珠海市交通运输局完善交通信息综合服务平台建设，开通服务网站、“珠海交通APP”、有轨电车候车亭多功能触摸查询屏等，实现全城范围交通信息融合和实时多途径发布。完成枢纽客流物流信息服务平台建设。推进电子道路收费（ERP）二代系统在珠海的应用可行性研究。

法治交通　珠海市交通运输局牵头组织起草《珠海市有轨电车管理办法》，于2015年3月16日珠海市人民政府八届五十二次常务会议审议通过，5月3日起施行，为有轨电车建设运营提供法制保障。推进《珠海市小型船舶管理规定》《珠海市建设项目交通影响评价管理办法》立法工作。研究制定《珠海市交通运输企业主要负责人及安全生产管理人员考核管理规定》，规范主要负责人及安全生产管理人员安全知识和管理能力的考核管理工作。建立规范性文件定期清理和定期评价制度，开展交通行业涉企收费清理工作。推进“珠海市城乡客运与交通信息服务”国家标准化试点建设工作。3月6日，组织有轨电车1号线二期工程听证会。加强交通运输经营环境综合治理，升级改造“珠海交通执法”微信平台，加紧视频、GPS监控建设，推进科技执法，全年出动交通执法人员3万人次，检查车辆4万台次、船舶1000余艘次，立案查处交通运输违法违章行为7588宗，增长18%。

平安交通　珠海市交通运输

系统落实“一岗双责”、责任追究和考核制度，落实企业安全生产主体责任和交通部门行业监管责任，开展安全生产标准化达标建设和“安全生产发展示范城市”创建活动，推进“安全生产年”等专项活动。开展安全生产大检查和隐患大排查、大整治行动，对全市39家危险货物运输企业进行重点综合督查。开展旅游包车、危险品运输整治专项行动，强化大型桥梁隧道、港口码头等安全管理，对重点违法企业和车辆实行每月定期通报处理制度。

【有轨电车1号线二期工程听证会】 根据《广东省重大行政决策听证规定》《珠海市重大行政决策听证办法》等相关规定，珠海市交通运输局委托北京师范大学珠海分校于2015年3月6日在珠海市委党校召开“珠海市有轨电车1号线二期工程听证会”，参加听证17人，其中支持13人、反对3人、中立1人。

【交通信息综合服务平台】 2015年4月1日，珠海市交通规划与信息中心建立的综合性交通信息服务类项目正式上线。该平台实现跨行业交通信息资源整合、共享和交换，包括市内出行、我要买票、路况展示、停车场、自行车租赁等10余个栏目，市民可以通过网页、手机APP应用软件查询市内交通信息，办理公路、水路、航空、铁路票务和驾驶证、行驶证业务等。

2015年珠海市交通运输生产运行统计表

运输方式	指　标	计量单位	2015年	2014年	同比增长
公　路	公路客运量	万　人	3348	3150	7.8%
	公路旅客周转量	万人千米	665929	610636	9.1%
	公路货运量	万　吨	9918	9241	7.3%
	公路货物周转量	万吨千米	558982	504974	10.7%
水　路	水路客运量	万　人	669	621	7.6%
	水路旅客周转量	万人千米	25905	23836	8.7%
	水路货运量	万　吨	1709	1633	4.6%
	水路货物周转量	万吨千米	1111105	1052522	5.6%
民　航	运输飞行起降架次	架　次	39642	36135	9.7%
	旅客吞吐量	人	4708706	4075918	15.5%
	货邮吞吐量	吨	25828	22128	16.7%
	航线通达城市	个	42	44	-4.5%
	平均每周运输航班	班	760	686	10.8%
铁　路	客运量（含发送及到站人数）	万　人	1277	1211	5.4%
	货运量	万　吨	298	300	-0.8%
	货运周转量	万吨千米	55980	56312	-0.6%

轨道交通

【概　况】 2015年，珠海市首条城市轨道交通内网——有轨电车1号线首期工程实现联调联试并全线投入试运行。珠海市区至珠海机场城轨一期工程完成总概算的40%。广佛江珠城际轨道项目建议书获批。珠海至北京、桂林高铁线路开通。珠海市区至珠海机场城轨二期、疏港铁路专用线二期前期工作稳步推进。

现代有轨电车1号线首期工程 起于海天公园站，终点为上冲车辆段西侧上冲站，全长8.87千米，设车站14座，包括市政配套改造工程和有轨电车两部分。全线设车辆基地1处，车辆采用100%低地板钢轮钢轨现代有轨电车，初期配属车辆12列。项目2013年6月开工建设，2015年有轨电车1号线首期正线轨道、车站工程、车辆段等土建、装修及设备安装完成，8月进入全线联调联试阶段，12月28日全线投入试运行。

珠海市区至珠海机场城际轨道交通工程 一期工程（拱北至横琴段工程）起于广珠城际轨道珠海站，终于横琴长隆站，全长16.86千米，设珠海、湾仔北、湾仔、十字门、金融岛、横琴、横琴长隆7座车站，设计时速100千米/小时。项目于2014年1月开工建设，至2015年底完成总概算的40%。二期工程（横琴至珠海机场段工程）起于横琴长隆站，终于珠海机场站，全线长22.38千米，设井湾、鹤州南、三灶、珠海机场等4座车站，设计时速100千米/小时，项目前期工作稳步推进。

广佛江珠城际轨道 是年7月27日，广东省发展和改革委员会批复同意新建广佛江珠城际轨道交通项目。线路自广州市芳村引出，经三眼桥、东平新城、顺德龙江、鹤山东、江门南、新会、斗门，止于珠海机场，全长156千米。项目在三眼桥接轨预留通过既有广茂铁路引入广州站条件。工程投资估算总额约497亿元。

珠海跨线动车组开通 2015年11月28日，珠海直达北京、桂林高铁正式开通，实现与全国高铁路网无缝对接。珠海—北京西D924/3次高铁动卧列车每周开行4天，逢周五、周六、周日、周一开行，中途站点分别为广州南、长沙南、石家庄、高碑店东站。珠海—桂林北D2368/7次动车组列车为每日开行，中途站点分别为广州南、肇庆东、广宁、贺州、钟山西、恭城站。至12月31日，珠海至桂林、北京合计旅客发送量2.5万人次，客座率39.8%。 （陈清模）

2015年11月28日，珠海跨省列车正式开通 （黄洁成摄）

珠海金湾机场

【概　况】 2015年，珠海金湾机场完成运输航班39642架次，比上年增长9.7%；训练及其他飞行10836架次，减少26.8%；旅客吞吐量470.9万人次，增长15.5%；货邮吞吐量2.58万吨，增长16.7%。运输航班架次、旅客吞吐量和货邮吞吐量三项指标均创历史新高。全年航线通达城市42个，新增通达城市3个；航线58条，新开通航线14条；每周进出港航班760班，增加74班，机场事故及事故征候为零，不安全事件万架次率控制在0.78，低于1.35的年度指标。7月1日，机场安检信息管理系统正式启用，通过与离港系统连接，为航空安全事故调查提供相关证据。

【通用航空】 2015年10月1日，启动珠海通用机场建设工作，该项目位于斗门区莲洲镇，项目总投资7.925亿元人民币，首期用地34.9公顷，珠海通用机场为一类通用机场，近期飞行区指标2B、远期飞行区指标3C，近期机场跑道长度为900米，远期机场跑道延长至1800米。珠海通用机场项目被列为广东省重点前期预备项目，填补珠海有通航产业，没有通用机场的空白。与中航通用飞机有限责任公司等5家企业签署战略合作协议，形成以珠海为中心5小时航程圈。托管经营阳江合山机场，9月22日，签署阳江合山机场委托经营管理协议，经营期20年。启动对合山机场改扩建工作，改扩建项目分两期实施，一期投资1.2亿元，二期投资8000万元。改扩建一期项目建成并投入使用。组建珠海通航飞行服务站，完善通航服务网络，形成由珠海通用机场、阳江合山机场、罗定机场、珠海通航飞行服务站、“珠海—阳江—罗定”低空航线等构成西部地区通用航空运营保障服务体系。

【现代化航空城建设】 2015年8月11日，珠海航空城集团与金湾区政府签署《珠海航空产业园区基础设施开发建设框架协议》，计划在3～5年投入70亿元对珠海航空产业园99平方千米范围内土地一级开发、市政基础设施及公共服务设施建设。推进航空产业园滨海商务区（白龙河尾）围填工程，提速航空产业园基础设施开发工作，2015～2019年计划完成投资67.19亿元。

【临空经济发展】 2015年，珠海机场打造“航空城+产业集聚区+临海临空产业发展带”新格局，中航航空大世界、华彬通航总部基地、现代航空物流园区、公务机运营基地、海南航空公司基地航空等项目相继落户珠海。其中中航航空大世界项目由中航国际控股投资300亿元，打造“世界级航空文化旅游目的地”，规划的重点项目有航空博物馆、航空主题公园、“极客”飞行公园、航空文化主题酒店、航空世界度假村、创客基地、水上运动基地、飞行演艺中心等。

（丁来胜）

邮 政

【概 况】 2015年，珠海市邮政企业和规模以上快递企业完成业务总量14.84亿元，比上年增长31.22%；业务收入（不含邮政储蓄银行直营业务收入）11.74亿元，增长19.45%。

是年，珠海市邮政管理局被评为“2014年度全省邮政普遍服务和特殊服务监督管理工作优秀单位”“邮政行业诚信体系考核工作优秀单位”和“2015年度全省邮政管理系统新闻宣传工作先进单位”。该局李馨博被评为“2014年广东省扫黄打非先进个人”，耿文帅获评“全省邮政管理系统新闻宣传工作先进个人”。中国邮政集团公司珠海市邮政分公司函件广告局市场部被评为“2014年度广东邮政巾帼创新岗”。该公司谢坚当选由中共中央宣传部、中华全国总工会评选的“中国梦·劳动美”最美职工，并获“全国劳动模范”称号；陈峪雅被评为“2014年度广东邮政建工立业女能手”；张慧被评为“2014年度广东邮政先进女职工工作者”；张少蓬被评为“2014年度广东邮政女职工之友”。中国邮政速递物流股份有限公司珠海市分公司薛学用获“广东省劳动模范”称号。珠海市骏豪有限公司和珠海市香洲韵达快运有限公司被评为“2014年度广东省邮政行业统计工作先进企业”。

是年3月，中国邮政集团公司实施法人体制调整，由母子制改为总分制。按照集团公司的工作要求，原广东省邮政公司珠海市分公司更名为“中国邮政集团公司珠海市分公司”。原广东省邮政速递物流有限公司珠海市分公司更名为“中国邮政速递物流股份有限公司珠海市分公司”。

【邮政普遍服务设施】 截至2015年12月，珠海市有邮政普遍服务网点89个。其中，按服务类型划分：代理金融网点20个、提供邮政普遍服务的营业场所69个。按开办形式划分：城市自办网点13个、委代办网点10个，农村自办网点17个、委代办网点29个。89个网点中有电子化作业营业场所36个。邮政普遍服务网点平均服务人口达2.27万人。邮政营业场所区域密度为0.04个/平方千米，城市邮政营业场所区域密度为0.01个/平方千米，农村邮政营业场所区域密度为0.03个/平方千米。全市有邮政信报箱（群）19688个，报刊亭116个，信筒40个，智能包裹箱81组。邮政市内连接各营业、投递、大客户的邮路32条，其中汽车邮路29

条。按区域划分：趟班邮路4条，支线邮路21条，农村邮路7条；按属性划分：自办邮路29条，委代办（海岛水路）3条。邮路单程总长度966千米，其中陆路汽车792千米、水路委代办船运输174千米，农村邮路517.9千米。城市投递路线126条，单程投递线路长度3761.38千米；农村投递路线43条，单程投递线路长度2184千米。农村摩托车投递路线60条、自行车投递路线90条。海岛投递（含代办）存在步班5条投递段道，其中2条属委代办投递，日均投递邮件约450件。有投递处理场所31个，其中位于城市13个，位于农村18个。有1个三级邮区中心局，生产作业面积1700平方米。有机动车数量39辆，无干线运输汽车，投递汽车23辆。普遍服务从业人员数量399人，其中，营业人员145人、投递人员254人，在职人员劳动生产率8.6万元/人。

【邮政普遍服务业务】 2015年，中国邮政集团公司珠海市分公司完成函件业务量433.55万件；普通包裹业务量累计45.14万件；国内外快递包裹出口量累计12.19万件；订销报纸723.8万份、杂志41.65万份；邮政汇兑20.86万笔。

【快递行业】 截至2015年12月，珠海市有快递企业268家，其中法人企业93家，备案分支机构175家。从业人员5000人。全市快递企业收派件业务总量累计1.248亿件，增长56.63%。其中收件量累计5430.35万件，增长40.16%；派件量累计7049.81万件，增长72.54%。快递业务累计收入9.72亿元，增长38.98%，在全国城市中排名第44。

2015年度快递经理人年会 4月9～10日，以“新经济、新快递；转型升级、柳汽同行”为主题的2015年度快递经理人年会在珠海举行，国家邮政局新闻宣传中心领导、省邮政管理局领导、全国各大快递企业经理人等参加活动。

2015年6月23日，珠海市邮政管理局召开寄递实名制动员大会，正式启动寄递实名制登记工作，珠海成为全省第一个实名制试点城市 （蔡 祁摄）

市快递行业协会获评3A级社会组织 是年11月，珠海市快递行业协会被评为3A级社会组织，成为全省地级市快递行业协会中第一个3A级社会组织。

职业技能鉴定 是年，珠海市邮政管理局组织举办3场快递业务员职业技能鉴定考试，参加考试人员369人，合格人数288人，合格率78%。

【邮政业消费者申诉受理】 2015年，珠海市邮政管理局邮政业消费者申诉受理中心受理邮政业消费者申诉案件1518件，经确认有效申诉（确定企业责任的）723件，占受理申诉量的47.63%。723件有效申诉全部完成处理，为消费者挽回经济损失14.15万元。消费者对邮政管理部门申诉处理工作满意率为98.7%，增长2.1%；对企业申诉处理结果满意率为97.4%，增长4.3%。

【寄递实名制实施】 2015年6月，珠海市邮政管理局召开寄递实名制动员大会，正式启动寄递实名制登记工作，使珠海成为全省第一个实名制试点城市。

【邮政业行政执法】 2015年，珠海市邮政管理局检查快递企业187次，行政处罚案件立案8起，结案5起，收缴罚款1.5万元，出具责令改正通知书12份。检查重点为企业落实收寄验视制度和寄递实名制情况、企业依法经营情况、寄递渠道治安管理等。

【邮政普遍服务监督】 2015年，珠海市邮政管理局对邮政普遍服务网点服务达标情况、邮政机要通信、“扫黄打非”、邮票发行、邮政专用标志车辆、无法投递邮件和无着邮件处置情况、法定邮政普遍服务业务开办情况等内容开展监督检查，出动223人次，检查邮政营业网点89处。行政审批方面，全年受理并通过中国邮政集团公司珠海市分公司营业场所信息变更申请9项，营业网点暂时停止办理普服业务申请4项。

邮政特邀社会监督员队伍建设　是年，珠海市有邮政特邀社会监督员2人，分别来自香洲区和斗门区。2名监督员反馈社会监督报告34份，走访人数34人，监督网点25个，提出问题2条。

【智能包裹箱】　2015年，珠海市邮政管理局推动智能包裹箱进小区工程。珠海速递易全年安装落地设备336台，总覆盖数达20万户、60万人。每天通过速递易的快递量达2万件。

【交通运输业与邮政业联合发展研究专家研讨会】　2015年4月23日，全国部分省份交通运输业与邮政业联合发展研究专家研讨会在珠海召开。国家邮政局发展研究中心专家、各省市邮政管理局相关负责人参与研讨会，就快递业与综合交通运输体系的融合进行深入探讨。

（沈小婷）

口岸管理与服务

【概　况】　2015年，珠海有国家一类口岸8个（拱北口岸、横琴口岸、九洲港口岸、高栏港口岸、湾仔轮渡客运口岸、万山港口岸、斗门港口岸、珠澳跨境工业区专用口岸）。全市口岸开设旅客出入境通道269条，车辆通道36条，涉外码头泊位55个。

【口岸通关】　2015年，珠海市口岸出入境人员1.33亿人次，比上年增长11.5%；交通运输工具404.42万辆（艘、架）次，增长6.35%。拱北、横琴和珠澳跨境工业区三口岸实施延时通关，珠海口岸旅客流量比上年净增加1300多万人次，其中拱北口岸比往年提前1个月突破1亿大关，客流增加9.4%，日均超过33万人次，单日最高接近40万人次；横琴口岸增加54.3%，珠澳跨境工业区口岸增加78.7%。

【口岸规划建设】　2015年，珠海市口岸局完成《珠海市口岸资源整合工作方案》《珠海市口岸发展规划（2015～2030）》《珠海市构建现代口岸体系与管理模式研究》《珠海市口岸投资建设和运营管理体制改革研究》前期调研、编制初稿、征求意见、修改完善等工作，相关研究成果已上报市政府。推进拱北口岸改扩建二楼开通工作。协助国家口岸办、广东省口岸办、驻粤及驻珠口岸查验单位开展查验模式创新研究工作。整合全市口岸查

2015年6月9日，珠海市高栏港客货运码头通过口岸验收　（市口岸局供稿）

验监管资源，加华、香洲港口岸、九洲港货运码头相继停止运行，洪湾港口岸开通，启动珠港澳物流合作园通关中心（车检场）项目。

【口岸对外开放】 2015年，珠海市推进珠海机场口岸正式对外开放，外籍公务机从广东珠海机场临时进出境获国家口岸管理办批复。开放口岸开放水域范围内新建码头正式对外开放码头泊位12个，开放口岸开放水域范围内未开放码头临时对外开放4个（次）。

【通关便利化】 2015年，珠海市口岸局完成《珠海市落实“三互”（信息互换、监管互认、执法互助）推进大通关建设实施方案（征求意见稿）》征求意见。开展查验配套服务改革试点工作，免除海关查验没有问题外贸企业在吊装、移位、仓储环节费用。推进拱北口岸客车“一站式”电子验放系统升级改造项目，横琴口岸、拱北口岸、跨工区口岸智能卡口建设工作，横琴口岸智能卡口投入使用。开展粤澳新通道“合作查验、一次放行”查验模式创新工作。推进港澳游艇自由行试点，完成《珠海市游艇码头建设工作方案》上报工作、《关于港澳游艇进出横琴自贸区先行先试便利化通关政策创新的请示》获广东省政府审批。推进电子口岸建设，完成《珠海电子口岸暨单一窗口工作方案(2015～2016年)(草案)》。

【口岸管理】 2015年，珠海市口岸局建立健全《市口岸局安全生产工作会议制度》《市口岸局安全生产排查治理工作制度》《市口岸局安全生产工作联席会议制度》《市口岸局消防安全工作联席会议制度》《市口岸局重点建设项目安全工作联席会议制度》《市口岸局安全生产综合督查工作制度》《市口岸局安全生产专项检查制度》《市口岸局安全生产飞行突查工作制度》等制度，签订《市口岸局安全生产责任书》。制定《珠海市口岸局通关事务特约监督员工作制度》。定期开展安全检查，及时查漏补缺。协调查验单位解决企业挖砂出口报批、外籍船舶采砂、外籍船舶维修等通关问题。做好中东呼吸征防控工作。

【反走私综合治理】 2015年，珠海市口岸局制定《珠海市打击拱北口岸地区“水客”走私工作责任书》，在“两节”期间组建由反走私主要职能部门组成的联合执法队伍，专司打击和整治拱北口岸“水客”走私工作；开展打击农产品走私、重点涉税商品走私、毒品和枪支走私、“洋垃圾”走私、象牙等濒危物种走私的“五大战役”行动和打击成品油走私的“春雷”行动；开展春节和“两会”期间打击应节商品走私专项行动、粤港澳三地打击“水客”联合行动、打击牛肉等冻品走私专项行动。做好走私冷冻品集中销毁处理协调监督工作，公开销毁991.48吨走私冻品。规范“无主进口商品”案件协调处理工作，依法确定151宗案件为“无主进口商品”案件。9月8日，在沥溪垃圾填埋场对查处的6宗走私冻品13.72吨和27宗“无主进口商品”案中过期食品、奶粉及日用品等物品进行集中销毁。完成《法治框架下珠海市反走私综合治理战略研究》《珠海市反走私综合治理绩效评估体系研究》研究成果，通过专家评审；完善公共资源交易平台网上竞价处置系统工作和制度建设，填补《广东省反走私综合治理条例》规定不足，在全省进行推广。与市流渔办赴港澳，向港澳渔民团体宣

2015年12月22日，珠海市开展打击成品油走私“春雷”专项行动(曾浪涛摄)

传反走私法律法规；举办全市反走私系统业务培训班一期，22个单位50多人参加培训。全年立案查办各类走私违法案件11292起，案值29.4亿元，涉税5.6亿元，其中千万元大要案20起，较大犯罪团伙29个。

【海防工作】 2015年，珠海市口岸局编制《珠海市海防与打击走私委员会海防工作规则》《珠海市海防建设和发展三年行动计划》。珠海口岸以优异成绩通过国家边海防委员会检查。加强涉海部门协作，定期召开涉海部门工作例会。配合上级对全市边海防“十三五”规划进行论证调研。（陈丽春）

拱北海关

【概　况】 2015年，拱北关区范围包括珠海、中山两个地级市，设有一类口岸9个、二类口岸10个、临时监管点21个，中途监管站2个，关区注册备案进出口企业1.1万多家。拱北海关设11个派出机构：审单处、驻香洲办事处、驻珠海保税区办事处、中山海关、闸口海关、九洲海关、斗门海关、高栏海关、湾仔海关、横琴海关、万山海关，人员3000多人，承担72%环香港水域和100%环澳门水域监管和打私任务，是业务门类齐全的综合性海关。11月3日，国务院正式批准《珠海口岸查验机制创新试点方案》，实行“三互”大通关。“一机一台”关检合作监管模式入选珠海市首批可复制推广项目和广东自贸区17条创新措施案例。在全国自贸区中率先实行ECFA（大陆和台湾经济合作框架协议）项下货物经澳门中转免交澳门海关确认书。对经横琴口岸进出口澳门小商品实行简化归类合并申报。创新实施供澳建材“一次申报、分批出境”模式，企业成本降低75%。扶持长隆海洋国际度假区等一批总投资5300亿元重点项目建设。完成全国首家“一照一码”海关注册企业备案，取消报关企业和双重身份企业注册行政许可，实现“区内注册、全国申报”。推行守法提示清单制度。海关监管进出境旅客、车辆、货运量比上年分别增长147.1%、20.44%、13.2%。拱北关区内注册企业1.48万家、海关注册企业669家，分别增长131.5%和90.6%。在洪湾等新设口岸，查验平台全部设置为关检（海关和检验检疫）共用联合区域。关检部门合并成一个完整的通关区监管邮递和快件。建立“单一窗口”平台建设联席会议和议事机制。实行“五个一”（一个平台、一张表单、一个窗口、一份材料、一个证照）办理模式。

【口岸通关工作】 2015年，珠澳三个口岸进出境旅客1.23亿人次、增长11.7%，进出境车辆378.4万辆次、增长7.1%。其中经珠澳跨境工业区专用口岸、横琴口岸进出境旅客比上年分别增长76.5%和53.2%，进出境车辆分别增长14.5%和22.8%，拱北口岸进出境旅客和车辆增长9.4%和2.5%。与香港、澳门海关探索“三地一检，监管互认”新型通关模式。支持珠澳跨境工业区向“一线放宽、二线管住”转型升级、探索“离岸免税区”。配合港澳游艇“自驾游”先行先试，探索“游艇进出自由自在，海关监管管住管好”。完成珠海洪湾港建设启用及香洲港、九洲港货运功能搬迁整合至洪湾港工作。

是年，拱北关区外贸进出口货值比上年增长3.5%。10月15日起，16个监管查验现场启动“口岸查验配套服务费改革试点”。10～12月，免除相关企业吊装、移位、仓储费用212.9万元。取消相关经营服务性收费，减轻进出口企业负担6300万元。在横琴启动旅游购物商品出口试点，旅游购物企业17家，出口商品5176票、货值2.36亿美元。对加工贸易企业推广保税加工手册管理全程信息化改革，无纸化覆盖率92%。对加工贸易与非加工贸易货物、采取信息数据分开管理“虚拟隔离”方式，支持企业灵活运用国内外两个市场、两种资源，节约企业建设成本25亿元。对海洋装备、通用飞机等战略性新兴企业实施“主料工作法”等新型保税监管模式。拱北海关统计分析被总署《海关要情》采用49篇，增长63.3%，31篇被中办国办采用。向党政主要负责人报送《统计分析地方专报》16期。对第二届中国国际马戏节、第五届中国（澳门）国际游艇博览会等9项重大活动定制海关监管措施，确保各项进出境物资安全便捷通关。打击虚假贸易，及时向地方政府和兄弟海关通报59家存在出口价格虚高嫌疑企业。

【海关税收】 2015年，拱北海关税收入库118.12亿元、入库进度在泛珠区域十一关中名列第四位。对15家企业推进汇总征税改革、涉税 1.16 亿元。完善价格管理新模式，适用“价格分类管理快速放行”措施企业 81 家，纳税额占税收总额 41%。电子支付比例 79.98%。预归类准确率、规范率均 100%。在省内海关率先运行“财关库银联网系统”。

【查验监管】 2015 年，拱北海关落实“随机抽取被检查对象、随机选派检查人员”的“双随机”抽查机制。随机布控查验占比 83.46%，提升 18 个百分点。推行区域通关一体化、通关无纸化改革，拱北海关当日审结率由 89.64% 提升到 99.72%，泛珠四省十一关审单质量 9 项指标考核中，4 项名列第一、2 项名列第二。无纸通关报关单占比 98.1%。启用统一版“一次申报”系统，关检合作“三个一”（一次申报、一次查验、一次放行）成效位居海关前列。规范人工查验作业，整合撤并 4 个口岸监管场所，卡口系统建设实现“全覆盖”。推进信息化建设，“人脸识别系统”纳入总署金关二期建设。清查危化品进出口监管场所，推动广东省加快研究解决近 20 年横琴口岸危化品通关不规范问题。以“主动披露”“多查合一”引入社会中介协助稽查。企业认证和信用管理不断完善，中美联合验证、AEO 互认有效推进，高级认证资信企业占比连续八年居全国海关首位。

【缉私工作】 2015 年，拱北海关以强化监管打私，开展“五大战役”“春雷”“紫光”等专项行动为主线，坚持“露头就打”和查办大要案、打击团伙走私、深化廉政警示专题教育、推进“以打促税”工作相结合，针对“水客”、货运、加工贸易、非设关地重点领域突出走私问题实施精、准、狠打击。全年立案查办各类走私违法案件 10661 起，案值 31.41 亿元，涉税 6.02 亿元。立案侦办毒品案件 17 起、缴获各类毒品 27.27 千克，查扣走私枪支 78 支。查获案值超千万元大要案 24 起。实施“一警双权、一案到底”和“捆绑作业”办案模式，全年总署一级挂牌督办案件 7 起，二级挂牌督办案件 1 起。打掉较大走私犯罪团伙 30 个，增长 87.5%。率先在年案件量过万起最大旅检现场拱北口岸，启动简单案件、简易程序案件办案模式改革试点，平均办案时间缩短 30% 以上，作业单证数量减幅 70%，缉私办案工作量减少 30% 以上。与地方打私办、边防、海警等部门协作执法，开展打私联合行动 6 次。刑事和行政执法质量年度考评等级均为“优秀”，刑事案件有罪判决率 100%、行政案件办结率 98.84%。

【法治海关】 2015 年，拱北海关出台《拱北海关党组全面推进法治海关建设的意见》。行政审批“一个窗口”全面启动。取消、压缩、下放内部核批事项 127 项。制定《拱北海关党组推进进一步规范行政裁量权工作的意见》，对 5 项执法标准开展评估修订。办理行政复议、民事诉讼案件 11 宗，化解行政争议 7 宗。开展全员法治练兵，举办法律知识竞赛，“六五”普法工作做法被国家普法办转发全国。开展“清风行动”，采取知识产权边境保护措施 230 批次，查获涉案侵权货物、物品 13.2 万件。

【海关宣传工作】 2015 年，拱北海关在中国政府网首次举办直属海关在线访谈，中央电视台首次在拱北海关随案跟拍查办走私案件，与澳门海关首次联合召开两地海关新闻发布会。各新闻媒体宣传报道 1481 条（次）。12360 热线即时答复率 97% 以上，利用关企 e 线通向 25.8 万家企业推送海关政策法规。政策研究、机要保密、口岸管理、应急处置、督办检查、信访接待、政务信息化、安全保卫等工作，在总署会议上介绍经验或被总署信息载体转发。HB2012（海关政务办公系统）成功上线运行。历时 13 年完成《拱北海关志（1991 ～ 2010 年）》编纂工作。（甄文创　黄孝永）

出入境检验检疫

【概　况】 2015 年，珠海出入境检验检疫局检验检疫进出境货物 12.1 万批，货值 113.64 亿美元，比上年分别下降 27.53% 和 28.12%；出入境人员检疫查验 1.32 亿人次，增长 12.47%；出入境交通工具检疫查验 401.4 万辆（艘）次，增长 5.24%；出入境集装箱检疫 38.32 万标箱，下降 9.79%。

【口岸查验机制创新】 2015 年，根据国办 2015 年 11 月正式发布试点方案，珠海取消常态下出境体温监测，在珠澳跨境工业区口岸启用全国首个“旅检口岸卫生检疫综合查验监测系统”，在拱北口岸构建“人—机—犬”旅客携带物查验新模式，在横琴口岸旅检现场率先实施关检“一机一台、合作查验、分别处置”作业模式等，违禁携带物截获率和有害生物检出率大幅提升。

【自贸区政策创新】 2015年，珠海市成立自贸区工作领导小组、办公室及研究小组，加强对自贸区工作的组织领导和研究。完成自贸区强制性产品认证、口岸进境免税店销售商品监管制度研究，联合澳门中联办开展澳门工商业界对横琴自贸区政策创新需求调研。制定在“一线”和“二线”实施检验检疫的商品目录清单和监管要求，推进落实“分线管理”。对横琴长隆项目实施进口野生珍稀动物、演艺动物监管便利政策。提出澳门单牌车便捷入境措施、支持进口商品直销体验中心和葡语国家产品展示中心创新措施。推广进口货物预检验制度、动植物及其产品检疫审批负面清单等8项上海自贸区创新制度，组织实施获批分线管理等7项制度并向社会公告，按质检总局统一安排推进其余1项实施工作。横琴口岸首创关检“一机一台”合作查验模式被纳入珠海首批复制推广的自贸区改革创新项目。

【疫情防控】 2015年，珠海出入境检验检疫部门排查埃博拉疫区人员1628人次，发现并移交2例留观病例、13例21天内有疫区旅行史或接触史入境人员；严防中东呼吸综合征疫情传入，排查来自韩国和中东国家入境人员3950人、船舶137艘，发现并移交疑似病例1人、有症状2人。全年检出传染病症状人数1329例、确诊传染病病例330例，分别增长45.56%和15.79%，其中从回国劳务人员中检出1例登革热病例。是年，拱北办和卫生处分别有1人被评为全国埃博拉出血热疫情防控工作先进集体和先进个人，获得人社部等七部委表彰。

【生物安全监管】 2015年，珠海出入境检验检疫局制定实施《珠海局口岸动植物检验检疫规范化建设三年规划（2015～2017）》。强化动植物检疫监管，开展“绿蕾”行动，检出地中海实蝇等一批重要有害生物，多次截获生态球等重要禁止进境物品。全年检出有害生物4906次，增长23.05%；检出检疫性有害生物183次，增长35.56%。检出进口不合格食品（含化妆品）303批，货值584.6万美元，不合格批率为6.78%，增长0.15%。全国检验检疫系统首次检出来自法国高温灭菌乳中的一级致癌物、强毒性污染物。

【危化品整治】 2015年，珠海出入境检验检疫局加强进出口危化品检验监管与安全隐患排查整治，检出进口危化品及其包装不合格267批次，检出率13.8%；与海事部门加强进出口危险货物监管合作，处置违规案例1起。检出1批进口“热室油压全自动压铸机”存在重大安全隐患问题，报质检总局发布警示通报。对118台进口路虎揽胜极光问题车召回维修实施监管。开展进出口重点敏感商品监督抽查专项行动，在流通领域抽检50批，检出不合格率42%。

【通关模式创新升级】 2015年，珠海出入境检验检疫局联合粤闽琼桂四省区直属局推进通关一体化改革，签署泛珠三角检验检疫通关一体化合作备忘录，制定实施一体化工作方案，在珠海地区实施通报、通检、通放，在直属局间实施进口直通和出口直放制度。与海关总署广东分署、拱北海关签订合作备忘录，完善合作机制，共推“三互”大通关建设细化落地，推动由关检合作“三个一”向“三互”和“单一窗口”建设转变。

【依法行政】 2015年，珠海出入境检验检疫局推行权力清单及责任清单制度，全面梳理现行行政职权，明确行政权力47项，通过质检总局合法性审查批复并向社会公告。落实质检总局发现整改问题9个，珠海局业务督查中整改问题25个。推进行政审批改革，取消出口商品质量注册登记工作。规范举报投诉受理、答复、核实、处理、管辖及后续行政复议诉讼纠纷应对等工作。拱北办、高栏局获评全国质检系统首批依法行政示范单位。加大对外稽查力度，查处违法案件119件。落实领导干部学法用法制度和“谁执法谁普法”责任制，建立法治案例征集通报机制，获评“全国质检系统十大法治故事”。

【服务地方发展】 2015年，珠海出入境检验检疫局批准香洲区出口打印耗材产品质量安全示范区成为珠海市首个“省级出口工业产品质量安全示范区”并正式授牌，推荐2家企业经质检总局批准成为“中国出口质量安全示范企业”。制定实施“质量月”活动方案，开展“检验检疫机构开放日”等17项“质量月”活动。制定落实16条措施66项具体任务。出台《珠海局关于促进珠海跨境电子商务发展的意见》，推动珠海启动首个跨境电商试点。指导高栏港、斗门港成功申报进口粮食指定口岸。与质检总局标准法规中心共建“中国技术性贸易措施公共信息综合服务平台珠海子平台”及技术性贸易措施研究评议基地。实施通关单电子化改革，对信用B级及以上的企业实施无纸化报检，报检单据简化50%以上；在香洲办实施原产地证无纸化申报试点，备案企业40多家。签发普惠制和区域优惠原产地证16879份，为企业减免进口国关税3757万美元。检出进口大宗商品短重149批次、短重货值1508.5万美元；开展打击进口法检商品贸易欺诈行为的“口岸天平”行动，挽回经济损失70万美元。

【服务港澳】 2015年，珠海出入境检验检疫局严格执行供港澳食品农产品监管，落实与13个省(区)检验检疫机构签订合作备忘录，指导供港澳水生动物、水果、蔬菜三大配送中心抓好质量自控，加强有毒有害物质监测、出口前检测和离境口岸查验，妥善应对H7N9等突发重大动物疫情，全年未发生质量安全事件。制定港澳游艇自由行便利支持措施，落实《促进珠澳会展检验检疫便利化合作备忘录》，推动澳门特色食品、经澳门中转红酒等商品便捷进入内地，支持横琴澳门共建世界级旅游度假中心和中国与葡语系国家经贸合作平台。取消将体检作为港澳籍司机口岸传染病监测的主要手段，促进澳门机动车便利通关。加强珠澳检验检疫技术交流，与澳门民署合作开展科研及调查项目。支持珠海机场临时开放，开展香港公务机停放业务。

【公共技术服务】 2015年，珠海出入境检验检疫局开发珠海进出口公共技术服务平台，推出“重点企业培育计划”“技术研发补贴计划”，鼓励质量进步和技术创新，补贴研发项目277批。平台全年发布技术性贸易措施、预警通报、技术法规等信息累计1195条；为105家企业提供一对一技术咨询，开展个性化技术支持活动16家次；举办各类技术法规和操作培训34场，参加企业1476家，人员2343人次；组织5场实验室间比对活动；首次承办WTO/TBT通报评议会。

【科技质检建设】 2015年，珠海出入境检验检疫局获得质检总局科技项目立项2项、检验检疫行业标准立项5项、广东省标准战略专项资金支持项目11项，组织验收科技计划项目18项；动检实验室获得生物安全二级实验室认可，提前完成新发传染病重点实验室建设。开展5项重点课题研究，其中《构建科学高效检验检疫监管体系》被列为质检总局政研课题。

(李晓童　闵　剑)

航道管理

【航道建设】 2015年，珠海航道局承担磨刀门水道及出海航道整治、泥湾门—鸡啼门水道航道、联石湾船闸3个工程项目的建设。其中的磨刀门水道、泥湾门—鸡啼门水道航道工程已开工建设，联石湾船闸工程推进中。

【航道养护管理】 2015年，珠海航道局完成航道疏浚2万立方米，对桂山水道进行全程测量、重要航道进行船舶密度观测。全年Ⅲ、Ⅳ级航道维护水深保证率100%，Ⅴ－Ⅶ级航道维护水深保证率98%以上。完成更新十字门水道10米灯塔；使用新型材料更换海岛标4座；更换洪湾水道、十字门水道的航标发光系统，更新改造泥湾门水道及沿海航道航标17座。严格按照各项航标管理规定对航标日常维护进行管理，全年航标维护正常率达100%。

重点水域管理　以环澳门、横琴水域航道养护管理为重点，加强与澳门有关部门的联系协调，建立珠澳航道管理协调机制。如期完成澳门公共航道及港池航标大保养工作，保养及应急恢复航标141座次，保养工作严格执行澳门航标保养标准，切实保证航标正常运行。

沿海航道管理　加大沿海航道巡查密度，加强沿海航标管理，对原航标灯器等备件老旧、灯光不够明亮的航标进行更换，改善沿海航道通航条件。

【船闸基础管理】 2015年，珠海航道局船闸职工严格执行有关操作规程和技术规范，加强机电设备的维护保养，做到安全操作，确保全年无事故。香洲航标与测绘所进行石角咀船闸加固、避风港泊位建设。联石湾船闸船舶通过量为

604.88 万吨；安全过闸船舶 8401 艘，通航时间保证率达到 100%。

【船舶维护管理】 2015 年，珠海航道局有 5 艘船舶用于航道维护管理，有 1 艘 3 吨吊航标工作船在筹备建造。该局严格执行船舶三级保养制度，定期对船舶进行维护保养和技术改造，确保船舶工作状态正常，船舶联检优秀率、完好率均达 100%。

【航道行政管理】 2015 年，珠海航道局按照“服务为先，争创一流”宗旨，加强服务窗口管理和网上服务大厅建设，为办事群众和过往船主提供优质服务。受理审批项目 37 宗，办理完结 37 宗。全年开展航道监督巡查 7504 千米，参加巡查 434 人次。

【航道安全生产】 2015 年，珠海航道局严格落实“一岗双责”管理责任制和安全生产分级负责制，开展“安全生产月”等专项活动。加强对联石湾船闸机电设备的维护保养工作，做好季节性自然灾害防御工作。辖区安全生产全年无事故发生。（熊 伟）

海 事

【概 况】 2015 年，珠海辖区船舶进出港 45.89 万艘次，比上年减少 8.2%；货物吞吐量 1.59 亿吨，减少 1.3%；水路旅客流量 1138.81 万人次，增长 7.2%。全年辖区发生一般等级以上事故 5 宗、死亡失踪 4 人、沉船 1 艘、经济损失 650 万元，与上年相比，水上交通事故四项指标（事故宗数、死亡失踪人数、沉船数、经济损失）两升一平一降。

【水上安全监管】 2015 年，珠海海事局部署重要节日和时段的安全监管和宣传工作，实施电子巡航、现场查处、蹲点值守措施，强化季节性灾害天气防范工作，制定相关作业指导书，摸排辖区隐患。及时发送预警信息和安全提醒信息，提醒相关单位及船舶做好安全防范，“鲸鱼”“莲花”“彩虹”等台风影响期间，辖区安全无事故。开展“中小型海船安全管理专项整治”“非法运输专项整治”“安全生产月”“非法载客专项整治”“船载危险货物专项检查”“船舶 AIS（自动识别系统）和 VHF（甚高频）设备使用专项检查”等专项行动。自 3 月起，承担珠江口白沥岛北区采砂区、珠江口外伶仃岛附近水域采砂区、广州利宁工贸有限公司大西水道附近海域采砂区等 3 个砂场现场监管任务。采取加强船员安全教育、签订安全承诺书、联合渔政部门开展集中整治等手段，规范采砂区施工作业和运输秩序。

【海事服务】 2015 年，珠海海事局加强港珠澳大桥建设及配套工程水域现场监管，为珠海港主航道 15 万吨级工程、珠海深水海洋工程装备制造基地项目等市重特大工程提供海事服务，多次协调解决超大型散货船舶进出高栏港。升级政务大厅“软硬件”服务，建立非正常上班时间预约、“大堂值班主任”等制度，开通政务 QQ 群，推送资讯、答疑解惑，方便行政相对人；设立自助服务区为船员提供网上申报并打印申请表单的服务，启动邮寄业务，在高栏区、斗门区增设船员信息采集点，利用海事信息系统核对船员信息，方便船员办证。

【法治海事建设】 2015 年 7 月，《中华人民共和国海上海事行政处罚规定》《中华人民共和国内河海事行政处罚规定》生效，珠海海事局制定《常见海事违法行为处罚指引（暂行）》，对 31 种常见违法行为的法律适用、处罚对象以及裁量标准等方面做出规范和指导；修订实施《珠海海事局机构设置及职责分工》，起草《珠海海事局海事权力清单》，明确基层海事处行政权力事项，推进海事权力运行公开、透明与规范。全年行政处罚 1334 宗，比上年增加 25.4%。

【应急处置工作】 2015 年，金湾区海上救助协会在高栏开设高栏临时救助点，弥补浅水区、养殖区等大型公务船无法到达水域救助工作空白，增强应急搜救力量。珠海海事局在海上搜救志愿者建设的成功做法作为典型向全省推广。联合澳门海事及水务局举行“2015 珠澳水上旅客疏散、救生联合桌面演练”，本次桌面演练 13 家单位 25 人参加，演练设计出动 18 艘船艇、1 架飞机，重点演练珠澳海上联合搜救行动协调与组织、现场协调指挥与海上交通管制、水上旅客转移、搜寻救助落水人员、直升机转运重伤员、遇难人员善后处置等 6

个科目。是年，该局处置纳入统计范围水上险情49宗，出动救助船艇106艘次、飞机8架次，救起遇险人员235人，死亡失踪8人，搜救成功率96.7%，搜救成功率比上年提高1.4%。

【渡口渡船管理】 2015年，珠海海事局建立责任分工，明确渡口渡船监督管理制度，市安监局把各区（功能区）和有关部门落实渡口渡船安全生产监管责任纳入考核体系，符合《内河渡口渡船安全管理规定》管理要求。结合辖区渡船管理实际情况，出台渡船首末航班报告制度，推动珠海井岸—白蕉渡口建立签单发航制度、鹤州南—鹤州北渡口渡船建成视频监控设备，促进辖区渡口渡船安全管理。

【口岸管理】 2015年，珠海海事局制定《珠海海事局横琴自贸区海事监管模式创新工作方案》，成立横琴自贸区海事监管领导小组，参加关于自贸区政策研究，设立横琴自贸试验区海事政策、口岸管理、单一窗口（含电子口岸）、粤澳游艇自驾游等研究小组，研究解决自贸区海事监管遇到问题。加强与海关、边检、检验检疫等口岸查验单位合作。与珠海出入境检验检疫局签订合作备忘录，在船舶进出口岸管理和危险品管理等方面加强合作，与高栏海关达成合作监管共识，建立海关、海事合作机制，试行集装箱联合开箱检查，提高监管效能。

【智慧海事建设】 2015年，珠海海事局作为广东智慧海事平台试点单位，推广平台新上线“一键巡航”功能，助力电子巡航，保障辖区安全形势稳定；实现财务管理全面信息化，在全国海事系统内处于领先地位；完成自动化办公系统电子印章上线、推广使用和10余个应用模块发布工作，配置单兵执法装备，实现移动终端办公，海事执法和行政业务手段日臻完善。

（谢　芳）

出入境边防检查

【概　况】 2015年，珠海边检总站验放出入境旅客1.3亿人次，比上年增长11.1%；交通运输工具402.4万辆（艘、架次），增长6.3%，全总站旅客流量比上年净增加1200多万，拱北口岸比往年提前1个月突破1亿大关。拱北、横琴和珠澳跨境工业区三个口岸客流分别比上年增加9.4%、54.3%和78.7%。总站通过勤务改革、业务培训、科技应用、优化警力配置、协调解决保障问题，确保延关全年各口岸的安全畅通，有效缓解珠澳口岸“通关难”问题。完成港珠澳大桥口岸限定区域划分管理、跨界通行政策和多方应急救援机制研究，开展澳门机动车进出横琴、澳门游艇自驾游等边检创新政策研究，推进珠海口岸查验机制创新试点调研论证，向地方提出各类意见建议50余项，多数得到采纳。

【重大节庆安保任务】 2015年9月3日纪念抗战胜利70周年，为确保国家重大庆典出入境口岸安全稳定，边检总站不断严密现场管控措施，加强口岸安全隐患排查整改，推动建立口岸反恐立体网络，先后协调完善拱北、珠澳跨境工业区口岸的提前安检机制，强化拱北、九洲、横琴和湾仔4个旅检口岸的边检武装巡逻机制，完善边检与地方公安、武警之间的应急联动机制、对讲通讯互通机制，织密庆典活动外围防护网等安检措施。

【便民利民措施】 2015年，边检总站不断创新服务举措，先后开展自制执法证件表单清理，推出失物招领、微信预约出入境记录查询等便民举措，主动联系珠海市急救中心在拱北口岸设立“危急病人绿色生命通道”，在高栏口岸简化长期登轮证延期办理手续，对部分信用记录良好的企业提供“办证零等待”和“送证上门”服务，利用“边检通关”手机APP和“拱北边检”微信公众号等网络平台，推行“指尖上的边检服务”，向公众提供丰富边检资讯和口岸通关视频掌上查看服务。

【港口边检管理改革】 2015年，边检总站完成洪湾港码头对外开放及九洲港货运码头搬迁等边检业务技术工作。联合码头管理公司在高栏口岸研发应用“码头卡口智能管理系统”，实行“安全帽颜色管理”制度，在湾仔口岸部分码头建设应用“码头高清视频接送船系统”，实行远程人证对照和视频接送船，为经营单位节省船舶候检时间和经营成本。

（程　淳）

信息业

信息化建设

【两化融合】 2015年，格力电器、罗西尼等20家企业成为国家和省“两化”（工业化、信息化）融合贯标试点企业，格力等6家企业列入国家试点，全市广东省级两化融合管理体系贯标试点企业25家。

【智慧城市】 2015年，珠海市位列《2015中国智慧城市发展水平评估报告》全国第七，排名地级市第二，获智慧城市建设进步奖。建成“一卡”（市民卡）、“一网”（网上办事大厅）、“一号”（12345市民服务热线）、“一页”（市民网页和企业网页）和“一库”（信息资源库）5个基础项目。三大通信运营商2013～2015年投入信息基础设施建设资金25.44亿元，光纤接入、3G/4G（第三代、第四代移动通信技术）基站、WLAN热点建设加速推进。

【信息基础设施建设】 2015年，全市互联网普及率81%，固定宽带接入普及率51.1部/百人，固定宽带家庭普及率106.0%，光纤覆盖用户能力16.52万户，光缆线路长度4.23万千米，开通光纤入户城市小区1172个，开通光纤入户行政村98个，光纤接入用户达3.14万户，光纤入户率65.89%，基站站址3128个，4G基站1.08万座，3G/4G移动电话普及率157.8%，WLAN热点2309个、AP热点1.41万个。各通信运营商2013～2015年累计投入信息基础设施建设资金25.44亿元，其中2013年4.23亿元，2014年9.45亿元，2015年11.76亿元。

软件业

【概 况】 2015年，全市全行业主营业务收入总规模达到519.40亿元，比上年增长19.28%，实现软件业务收入336.89亿元，占全市电子信息产业的比重33.74%，软件业务收入位列全省第三。软件产业出口额11.25亿美元，增长3.5%，占全市出口额比重3.8%。软件业从业人员5.8万人，增长8.03%。全年实现利税51.41亿元。全市市认定软件企业201家，登记软件产品2443件。软件新产品著作权登记509件，登记3796件。参与国家标准制定23个。通过CMM（能力成熟度模型）认证企业59家，新增4家。系统集成企业37家，新增3家。通过ISO认证企业129家，高新技术企业100家。全市上市软件企业24家，创业板新增1家，新三板新增5家。金山软件、东信和平列入“2015年中国软件业务收入百强企业”。艾派克微电子、全志科技、建荣集成获得工信部软件与集成电路促进中心主办“2015中国芯”评选活动“最佳市场表现奖”，杰理科技获“最具创新应用奖”。

【科技研发】 2015年，全行业年研发经费支出35.69亿元，比上年增长7.73%，研发投入占全行业主营业务收入比重6.87%。软件研发人员28735人，增长4.28%，研发人员占从业人员比重49.39%。全市软件和信息服务业企业有市级以上工程中心13个，技术中心40个，国家重点实验室珠海机构1个，博士后工作站及分站8个。

【产业园区】 2015年，全市软件和信息服务业中，高新区唐家主园区实现主营业务收入357.39亿元，增长27.26%，增速高于全市平均水平8个百分点。主营业务收入占全市行业比重68.81%，增长4.32个百分点，香洲区（不含南屏科技园）和南屏科技园分别实现主营业务收入79.82亿元和59.45亿元，增速分别为12.33%和–5.24%。横琴新区对软件企业吸引力增强，全年实现主营业务收入3.76亿元，是上年的5倍。

【政策扶持】 2015年，珠海市出台《关于印发进一步促进我市软件和集成电路设计产业发展意见的通知》，对获得公共技术服务平台国家认定实验室资质，国家规划布局内重点软件企业，集成电路设计企业，CMM认证资质认证，系统集成资质三级以上资质的企业进行奖励；对企业首次流片费用、租用集成电路产业化基地EDA（电子设计自动化）工具、购买EDA工具进行补贴；在物联网、云计算、集成电路设计等新兴领域，汇金科技、金山网游、赞同科技、东信和平、全志科技等11家公司获得省财政资金重点支持。（崔玉霞）

电信业

【概　况】 2015年，中国电信珠海分公司秉承“用户至上、用心服务”的理念，以“变革创新、开放合作、提质增效”为工作主线。中国电信珠海分公司宽带、移动、固定电话用户突破163万，是珠海本地最大的全业务综合信息服务提供商。珠海分公司连续第十一年获“全国用户满意企业”称号；被珠海市企业文化协会授予“珠海市文化企业”牌匾。

通信保障与信息安全 为全市各项重大活动提供通信保障，确保“两会”、横琴WTA网球公开赛、新年沙滩跨年音乐会、长隆马戏节、珠海格力地产嘉年华等重大活动期间通信安全。开展汛期应急演练，制订网络安全预案，提高网络安全保障能力。开展网站备案及IP地址报备专项工作，严把关口，加强接入网站的审核、检查。采用多种方式推进用户实名制落实，加强稽核打击黑卡，配合公安机关打击通讯信息诈骗等违法犯罪行为，存量电信用户实名率94.32%，全年新入网用户实名率100%。

提升服务水平 开展“深化服务文化建设促进服务大提升”行风建设暨纠风专题行动，为客户解决问题。全年开展18场营业厅总经理现场接访活动，15场客户聆听行动，根据客户意见，开展服务攻坚专项行动，聚焦装维及网络质量、业务规则和渠道服务等热点问题。宽带装维客户非常满意率80.2%，装移机和维修回访满意率分别提升1.09%和1.17%。为适应互联网时代客户消费习惯的改变，开展服务互联网化转型，构建新型服务体系，推出安装与维修进度查询、自助测速与排障、关键时点服务提醒、网上续约等16项互联网化服务功能，线上业务量占比77.8%，客户服务手段进一步透明化，让客户明白消费，用户综合满意度不断提高。

2015年5月20日，中国电信股份有限公司珠海分公司信息大厦举办“光网城市＋智慧珠海”暨珠海电信宽带提速惠民工程启动会，全面实施宽带全民升光大提速活动（中国电信珠海分公司供稿）

【光网城市建设】 2015年，广东省人民政府出台《关于全面推进我省宽带网络基础设施建设的意见》，珠海分公司加大宽带网络基础设施投入，全年累计投资4.03亿元用于宽带网络建设，新建光端口21万个，光端口总量超过42万个，光缆线路长度超2.4万千米，光纤接入用户37.2万户，光纤覆盖用户能力超过88万户，横琴新区在全市率先建成首个全光纤区分公司。加快小区光纤覆盖，鼓励用户向光纤平移，新增光纤覆盖小区162个，光纤覆盖小区总数1172个，比上年提升16%，新增光纤覆盖行政村50个，光纤覆盖行政村达98个，比上年提升104%。宽带人口普及率接近中等发达国家水平。加快“光进铜退”（以光纤代替铜缆接入）发展策略，对125个老旧小区进行退铜改造，退出铜缆12.4万线对千米。持续提升光骨干传输网络容量，增加珠海出口带宽，建设高速大容量光通信传输系统。是年，珠海出口扩容至160Gbps（吉

比特 / 秒），实现互联网信源高速接入、网络流量高效疏通。

【移动精品网络打造】 2015 年，珠海分公司加速全市无线网络建设，构建多层次、广覆盖、多热点的高速无线网络环境，为市民提供便捷、高速的无线接入和网络体验，为实施“互联网 +”行动计划提供支撑。珠海分公司累计投入 2.5 亿用于 4G 网络建设，推动 4G+ 网络部署，在商场、车站、码头、重要楼宇、工业园区等人口密集区域加强通信基站和室内分布系统建设，全年新建 2779 个 4G 基站，4G 网络城区覆盖率 96.71%，乡镇覆盖率 95%，平均下载速率 48.1Mbps（兆位 / 秒），实现城市区域网络指标和用户感知本地领先。利用室分深度覆盖和室内外协同覆盖技术打造精品网络，在 30 个流量热点区域和重要营业厅开通 4G+ 站点，打造出华发商都、吉大商圈、仁恒星园等五大精品网络区域，完成光大中心、珠海市妇幼保健院等 40 个精品小区网络优化，精品区域峰值下载速率 300Mbps，实现极速网络服务。推进无线城市建设，新增 WiFi 热点 455 个，全市 WiFi 热点总数超过 4800 个，逐步实现公园、文体场馆、重点产业园区等重点公共区域全覆盖。

【宽带提速降费】 2015 年，珠海分公司加快高速宽带建设，推进提速降费。5 月 20 日，珠海分公司举办“光网城市智慧珠海”暨珠海电信宽带提速惠民工程启动会，全面实施全民升光大提速，4M（兆）以下宽带用户具备提速能力的全部免费提速至 4M；网龄越长优惠力度越大，其中 5 年及以上网龄用户最高可免费提速到 100M，提速工程惠及全市 30 万电信宽带用户，全年全市电信宽带接入平均速率从 11M 提升至 20M，20M 以上宽带在宽带用户中占比 25%，100M 光纤用户超 6 万户。宽带费用大幅下调，单位宽带价格降幅近四成，百兆宽带包年费用下调 30% 以上。推动用户升级 4G，大幅提高同等价格 4G 套餐使用量，同等价格套餐通话时长平均提高 52%，流量平均增加 62%；推出流量大赠送、定向流量优惠、闲时流量优惠等多种措施，流量资费平均降幅 30%。通过中国电信集团公司与境外运营商合作谈判，大幅降低国际漫游资费，部分国家和地区漫游资费最高降幅达 90%。向用户推出流量不清零的跨月流量产品，流量不清零、流量可转赠，用户可以自由定制套餐内流量、通话和短信数量，有效降低网络资费。

【智慧城市建设】 2015 年，围绕《珠海市智慧城市建设总体规划（2013 ～ 2020）》《智慧珠海 2015 行动计划》，协助政府部门整合 12345 市民服务热线，社保 12333 热线成功并入 12345 热线，与 12345 实现平台联动和资源共享，丰富解答群众政策咨询类问题手段，提高民生诉求办理效率。在全国首次城市 12345 公共服务热线服务排名中，珠海市 12345 市民热线排名全国第一。珠海市 12345 市民服务热线微信公众号获得 2015 广东十大最具影响力政务微信平台。实现香洲区网上办事大厅平台市级至区级扩容和延伸，保证市、区两级平台的一体化，达到“便民、高效、规范、和谐”要求。完成政务云（包含网办云）公共应用平台搭建，支持政府数据统一共享交换，推进电子政务相关应用向政务云计算中心部署和迁移，降低电子政务 IT 成本，提升跨部门、综合性政务应用运行效率。根据珠海市政府移动办公需求，凭借中国电信“天翼 U 盾证书卡”信息安全技术打造高效电子政务平台，移动政务 OA 应用服务超 40 个政府单位，实现“无纸化办公”，提高政务工作效率。全年完成高栏港综治维稳社会治安视频监控项目、高新区智慧社区高清智能监控项目、横琴环岛道路视频监控项目超过 1000 个视频监控点布放，实现视频监控“高清化、网络化、智能化”，完善平安城市视频监控网布局，提升政府应对应急事件的能力。服务医疗、教育行业信息化，初步建成珠海市医疗“一卡通”数据中心，全年完成全市 270 个公立医疗机构接入，实现市内医疗卫生数据互联互通、高效整合。全年全市教育网覆盖延伸至 32 家民办学校，在珠海市第一职业学校开展数字化校园试点，通过搭建教育基础服务平台，进一步整合教学、实践、管理、生活等方面信息资源，实现智慧数字化教学、智慧数字化管理和智慧化生活，推动教育过程的全面信息化、数字化。珠海分公司通过移动警务、天翼对讲、外勤助手、院线通、翼支付等 20 多个互联网应用，服务政务信息化、社会管理创新，为市民提供生活便利，满足社会各界的信息化应用需求。

（罗亚楠）

珠海移动

【概　况】 2015年，珠海移动公司坚持“139策略”（1个定位、3大重点、9项策略），深化大数据和移动互联网应用，完成运营收入18亿元，还原营业税口径比上年增长2.7%。珠海移动公司直销通100%覆盖服务厅、社会渠道，使用人数6522人。“珠海移动”微信公众号规模扩粉（增加粉丝数量），在5·17（世界电信日）推出“珠海移动”APP和红包营销平台。APP推出后累计登录用户15万，月活跃客户6万。截至12月底，每万客户广义投诉下降10%。珠海移动公司4G网络建成3655个站点。“一张光缆网”传输目标网架构形成，新增光缆2098皮长千米，累计9926皮长千米。移动+铁通城镇小区预覆盖率71.6%。是年，珠海移动公司获得国家级荣誉4项，省级荣誉1项，省公司荣誉73项，市级荣誉6项。其中，珠海移动公司获得“全国企业文化建设先进单位”，一个课题获全国QC小组成果发表赛一等奖，一个服务厅获得“广东省青年文明号”称号，一人获“全国巾帼建功标兵”。

【大数据服务】 2015年，珠海移动公司通过对移动智能终端进行大数据分析，实现本地产业智能化提供信息化支撑。借助大数据分析手段，为马戏节提前做好应急网络维护、基站调整、参数优化等工作提供依据。采用移动基站信令侦测，结合地理位置信息，利用移动大数据系统分析用户时空信息，为政府、企业和公益机构提供运营决策信息。

2015年，珠海移动提出“宏站+微基站”融合建设模式，解决部分网络黑点问题及4G网络深度覆盖需求，推进4G网络建设　（严岳林摄）

【“宏站+微基站”融合模式】 2015年，珠海移动公司建设4G微基站设备，提出“宏站+微基站”融合建设模式，解决部分网络黑点问题及4G网络深度覆盖需求，推进4G网络建设。通过“宏微并举”组网方式可以提升网络覆盖的深度和厚度，有效控制干扰影响。

【移动4G回传技术运用】 2015年11月，在两趟高铁（珠海至桂林北站、珠海直达北京高铁线路）开通期间，珠海移动公司向本地电视台提供基于4G LTE网络回传技术，实现在高铁运行中首次4G实时报道。4G回传技术能把拍摄的高清视频，通过移动4G网络传输到地面服务器进行远程直播。4G回传技术在珠海成功应用于电视台重大新闻直播、高新区日常巡检等方面。是年，4G无人机即摄即传技术应用到高新区网格化管理，实现在大型开发区安全生产监督管理。

（李　庆）

珠海联通

【概　况】 2015年，中国联通珠海市分公司推进4G+超卓网络建设，完善3G网络，优化2G网络质量，提升网络支撑保障网络安全。全年投资20亿元建设基础网

2015年6月16日，珠海联通在珠海市吉大免税广场演示有道路巡查、抢险救灾等作用的“沃视通4G无人机可视化调度指挥” （刘少博摄）

络，完成LTE二、三期工程，实现珠海全境LTE网络覆盖以及主要高速公路和主要景点、主要集客和校园覆盖；3G网络人口覆盖率98%，4G网络实现核心城区、县城、主要乡镇连续覆盖。

【智慧城市建设】 2015年，该公司重点聚焦“信息强政、信息兴业、信息惠民”三大领域，为珠海用户提供信息化应用服务。

信息强政 政务公开有掌上政务、E信通、官方红微博、掌上办事大厅；效能提升有移动办公、数据快报、3G视频会议、机关信通、服务器托管；移动执法有沃定位、移动执法、应急指挥、城管单兵执法、工地视频监控、停车场车辆监控；智慧税务有掌上地税等。

信息兴业 智慧电网有电力巡检、电力抄表、电力掌上营业厅；智慧物流有车辆定位视频、智慧仓库；智慧媒体有移动采编；智慧金融有信用卡移动展业、无线POS、证券通、炒股卡、股票机、3G备份电路、保险移动查勘等。

信息惠民 智慧教育有沃教云、手机一卡通、阳光求职易、智慧校园；智慧医疗有社保一卡通、远程问诊、3G救护车；智慧交通有电子公交站牌、智能公交、智能汽车；智慧农业有农业环境监控、绿盾、掌上农业等。

【移动互联网应用】 2015年，该公司开展“更好4G+就选沃”“客户提质计划”等重点工作，参与移动互联网应用开发和推广。以手机营业厅、网上营业厅（www.10010.com）平台为主，向用户提供足不出户查、交、办业务，实现与用户实时互动，“沃在珠海”微信等多种新型服务渠道，为客户提供电子化便捷服务。与互联网企业合作，“推广联盟”“沃联盟”平台进行移动互联网离线链接。与爱奇艺、乐视等网络合作商合作，优化流量定向产品及会员特权，为用户提供移动视频体验。利用运营商大数据云计算优势，通过上网助手Toolbsr实现基于用户行为精准提醒及业务推荐。打造一起沃（17wo.cn）流量价值平台，成为广东联通的活动主入口，提供360流量管家、生活精选、应用快车、时事咨询、流量红包等特色模块，通过线上统一运营实现全网用户流量活跃及价值提升。

【通信保障与信息安全】 2015年，该公司承担全市各项重大通信保障任务（第二届国际马戏节、沙滩音乐节、国际女子网球协会WTA大师赛、城市乐跑、珠海各高校迎新晚会等）。5月，珠海多发灾害天气，该公司投入救灾资金21万元、救灾人员210人、车次60辆、动力配套及油机发电设备30台、各类专业抢修仪器仪表23台，发送应急调度短信、微信等1900条，保障通信网络运行安全。 （欧燕娜）

对外经济贸易

综　述

【概　况】 2015年，珠海市与223个国家和地区有贸易往来。进出口总额476.61亿美元，比上年下降13.28%。其中，出口288.36亿美元，下降0.62%（按人民币计价，全市完成出口总额1794.84亿元，增长0.71%）；进口188.25亿美元，下降27.44%。全市服务外贸离岸执行金额7610.22万美元，增长62.05%，占全省比重4.49%。全市新增非金融类境外投资项目73个，其中新设49个、增资10个、并购14个，协议中方投资16.14亿美元，增长124%，占全省比重6.2%。全市对外实际投资额4.36亿美元，增长34.1%，占全省比重4%。（张永幸）

对外贸易

【概　况】 2015年，珠海市完成进出口总额476.61亿美元，下降13.28%。进出口总额在全省排第六位。全市完成出口总额288.36亿美元，下降0.62%（按人民币计价，全市完成出口总额1794.84亿元，增长0.71%）；出口总额在全省排第六位。一般贸易出口总额145.88亿美元，增长5.24%；加工贸易出口总额134.15亿美元，下降3.13%；其他贸易出口8.33亿美元，下降36.21%。外商投资企业出口总额150.44亿美元，下降4.6%；国有企业出口总额25.95亿美元，增长5.12%；集体企业出口总额1.69亿美元，下降45.93%；私营企业出口总额110.28亿美元，增长5.39%。出口商品销往203个国家和地区；进口商品来自135个国家和地区。

是年，全市完成进口总额188.25亿美元，下降27.44%，进口总额在全省排第五位。按进口方式分，一般贸易进口总额90.61亿美元，下降41.72%；加工贸易进口总额50.18亿美元，下降0.94%。按企业类型分，内资企业进口总额97.46亿美元，下降42.88%；外商投资企业进口总额90.79亿美元，增长2.21%。

【出口商品结构】 2015年，珠海市初级产品出口额8.44亿美元，下降44.5%，占全市出口总额2.93%；工业制成品出口额279.79亿美元，增长1.62%，占全市出口总额97.07%。

2015年珠海市主要出口商品分析表

商品名称		金额（亿美元）	同比（%）	占比（%）
1	游艺场所、桌上或室内游戏用品	35.60	1.33	12.35
2	有线电话、电报设备，包括有线载波通信设备	25.60	32.3	8.88
3	空气调节器，装有电扇及调温、调湿装置	20.10	3.86	6.97
4	印刷机（包括喷墨印刷机）；印刷用辅助机器	11.59	-20.8	4.02
5	未列名灯具及照明装置；发光标志、名牌等	9.91	111.82	3.44
6	印刷电路	9.27	-5.28	3.22
7	变压器、静止式变流器（例如整流器）及电感	5.34	-6.46	1.85
8	无线电话、电报、广播电视发送设备；摄像机	4.75	-17.27	1.65
9	其他家具及其零件	3.97	-0.7	1.38
10	衣箱、手提包及类似容器	3.67	31.28	1.27

2015 年珠海市主要出口市场情况表

国别（地区）		金额（亿美元）	同比（%）	占比（%）
1	美 国	80.59	47.20	27.95
2	中国香港	51.79	–18.02	17.96
3	日 本	12.49	–24.87	4.33
4	德 国	12.03	32.97	4.17
5	荷 兰	11.72	33.48	4.07
6	东 盟	22.70	–31.87	7.87
7	欧 盟	51.54	26.87	17.87
8	一带一路	52.65	–21.33	18.26

【进口商品结构】 2015 年，珠海市初级产品进口额 68.8 亿美元，下降 50.96%，占全市进口总额 36.55%；工业制成品进口额 119.28 亿美元，增长 0.11%，占全市进口总额 63.45%。

2015 年珠海市主要进口商品分析表

商品名称		金额（亿美元）	同比（%）	占比（%）
1	石油原油及从沥青矿物提取的原油	46.64	–56.67	24.78
2	集成电路及微电子组件	36.63	23.94	19.46
3	石油气及其他烃类气	6.25	–29.56	3.32
4	自动数据处理设备及其部件等	6.00	–7.98	3.19
5	石油及从沥青矿物提取的油类及其未列名制品	5.04	–38.16	2.68
6	有线电话、电报设备，包括有线载波通信设备	4.64	121.79	2.46
7	涡轮喷气发动机，涡轮螺桨发动机等燃气轮机	4.09	9.38	2.17
8	变压器、静止式变流器（例如整流器）及电感	3.95	–2.82	2.10
9	半导体器件等；已装配的压电晶体	3.23	1.58	1.72
10	电路开关、保护等电气装置，线路 V ≤ 1000V	3.14	–2.66	1.67

2015 年珠海市主要进口市场情况表

国别（地区）		金额（亿美元）	同比（%）	占比（%）
1	伊　朗	44.48	–56.32	23.63
2	中国台湾	14.93	6.82	7.93
3	日　本	13.91	–4.05	7.39
4	马来西亚	12.20	7.28	6.48
5	韩　国	11.83	0.01	6.29
6	东　盟	26.13	1.73	13.88
7	欧　盟	11.04	–2.25	5.86
8	一带一路	82.17	–41.52	43.65

【引进外资】 2015 年，全市新设外商投资企业 651 个，增长 97.3%。其中，合同外资 1000 万美元以上项目 59 个；合同外资金额 36.15 亿美元，增长 20.7%；实际吸收外资 21.78 亿美元，增长 12.8%。其中，制造业实际吸收外资 6.32 亿美元，增长 1.1%；服务业实际吸收外资 8.83 亿美元，下降 26.3%。（刘少仰）

对外经济合作

【概　况】 2015 年，全市新增非金融类境外投资项目 73 个，协议中方投资额 16.1 亿美元，比上年增长 124%，其中 1000 万美元以上项目 23 个。投资目的地集中在美国、以色列、新加坡、印度、越南，中国香港、澳门等 20 个国家和地区，涉及生物制药、打印耗材、房地产、融资租赁及商务服务等领域。全市服务外贸离岸执行金额 7610.22 万美元，增长 62.05%，占全省比重 4.49%。新增商务部注册服务外包企业 21 家，总数 128 家。新增服务外包国际资质认证 16 个，全市国际资质认证 103 个。加强对外劳务合作管理，维护涉外务工人员合法权益，协调处理劳务纠纷 19 件。珠海外派实际在澳门劳务人员超过 3 万人，年工资收入超过 20 亿元，增长 16%。（郭沐阳）

【加工贸易转型升级】 2015 年，珠海市加工贸易企业总数为 517 家，加工贸易进出口 206.58 亿美元，减少 2.71%，占全市份额 43.34%。其中出口 134.15 亿美元，下降 3.13%，占全市份额 47.73%；进口 72.43 亿美元，下降 1.93%，占全市份额 38.48%。加工贸易进出口下降主要由于国际市场低迷及原油价格下跌。市加工贸易转型升级公共服务平台运作良好，有 8 家企业完成加工贸易转型升级辅导服务。10 家企业参加中国加工贸易产品博览会，成交贸易意向 25 项，意向成交金额 4535 万元。有 440 家加工贸易企业开展国内销售业务，超过八成企业开拓内销业务，内销总额 112.37 亿元人民币，缴纳增值税 19.82 亿元。6 家企业获得广东省加工贸易转型升级奖励 217.27 万元。全市加工贸易企业中，国家高新技术企业 68 家，加工贸易企业新设立工程中心和企业技术中心 88 家。国家、省名牌名标 70 个。委托设计和自主品牌混合生产方式出口所占比重达 68%。（廖　慧）

商贸流通服务行业

【概　况】 2015年，全市社会消费品零售总额913.2亿元，比上年增长12%。批发业、零售业、住宿业、餐饮业分别实现零售额198.6亿元、610.8亿元、19.4亿元和84.5亿元，分别增长11.5%、11.3%、23.4%和15.2%。汽车消费增长25.5%。限额以上日用品类、食品类、服装类商品零售额预计分别增长43.2%、19.3%和24.9%。建筑及装潢材料零售额增长29.7%。全年实现电子商务交易额925.1亿元，增长27%。魅族手机、格力空调网上销售额分别突破100亿元和40亿元。（全　迪）

【家政服务业】 2015年，珠海市龙头企业和中小型企业培育有新进展，其中龙头企业3个，每个建成直营门店10家、加盟店10家；中小型企业5个，每个建立门店2～3家，合计门店数量70个，占全市家政企业总量2/3以上。市家庭服务业协会建立起自主培训体系，为家政行业培训1200人，其中月嫂700人。（徐英扬）

【农贸市场】 2015年，珠海市83家改造升级类农贸市场全部实施改造升级工作，其中42家达到AA级水平，市政府拨付补贴资金6031万元；香洲区美丽湾市场、莲塘市场、北岭岭南市场和高新区金鼎那洲市场建成开业，香洲区福石市场、华发世纪城农贸市场开展建设前期工作。出台《珠海市家禽经营市场改造补贴资金管理办法》，划定活禽经营限制区，引导限制区内农贸市场开展活禽摊档“集中屠宰、冷链配送、生鲜上市”改造工作，全市有56家农贸市场292个活禽摊档完成改造。（冼超文）

重要商品流通

【现代物流】 2015年，全市交通运输、仓储和邮政业实现增加值39.05亿元，比上年增长6.4%。全年规模以上港口完成货物吞吐量11208.8万吨，增长4.7%，港口集装箱吞吐量133.77万标准箱，增长13.7%。全市货物运输总量11925.6万吨，增长7.1%，其中铁路298万吨，增长-2.5%；公路9917.8万吨，增长7.5%；水路1708.5万吨，增长6.5%；航空1.2万吨，增长3.8%。货物运输周转量172.81亿吨千米，增长8.4%，其中铁路5.6亿吨千米，增长-2.2%；公路55.9亿吨千米，增长11.1%；水路111.11亿吨千米，增长7.6%；航空0.2亿吨千米，增长0.1%。（袁　沅）

商贸流通行业管理

【石油销售】 2015年，全市石油经营企业182家，其中，成品油零售经营企业149家（陆上加油站128家、水上加油站28家）、成品油批发经营企业23家、成品油仓储经营企业7家、原油销售企业1家、原油仓储企业2家。全年油品经营量1566.51万吨（含仓储经营量），其中，汽油229.68万吨、柴油169.31万吨、煤油64.19万吨、原油1103.33万吨；总经营额123.13亿元。（王元芳）

【二手车市场管理】 2015年，珠海市有二手车交易市场7个，交易量2.8万辆，成交金额16亿元。定点报废汽车回收拆解企业1家，回收拆解9835辆（不含摩托车）。

【淘汰黄标车】 2015年，全市报废黄标车9540辆（不含摩托车），比上年增加3672辆，增幅62.57%。车主向各区申报提前报废黄标车补贴7889辆，财政补贴金额9685.8万元。从2013年实施提前报废黄标车补贴起至今，申请报废黄标车补贴12613辆，财政支付补贴款1.68亿元。财政增加补贴报废车辆7504辆，补贴款2049.09万元。（张　平）

拍卖·典当业

【拍卖业】 2015年，珠海市登记注册拍卖企业有34家（香洲区30家，斗门区2家，横琴新区2家），注册资本4.7亿元。拍卖从业人员约500人，其中国家注册拍卖师109人，持从业资格证书234

人。广东省高级人民法院拍卖机构3家，珠海市两级人民法院拍卖机构27家，珠海市政府指定缉私罚没物品拍卖机构4家；评为中国AA级拍卖企业3家，A级14家。全市拍卖企业举行拍卖会376场，拍卖成交总额人民币14.19亿元，其中通过珠海市公共资源拍卖中心统一公共平台拍卖141场，拍卖成交额5.71元。拍卖主要标的物是房地产、土地使用权、债权和股权等，其中：房地产9.72亿元、土地使用权1.75亿元、债权和股权1.69亿元、机动车744.14万元、文化艺术品96.37万元、无形资产1.77万元和其他9500元。委托单位有法院、政府部门、金融资产机构、其他单位及个人。8月28日，珠海市拍卖业协会组织“中华人民共和国将军书画慈善拍卖会”，拍出10幅书画善款7.2万元，全部捐赠给珠海市慈善总会，珠海报业基金用于对口帮扶高州贫困地区建设。（王法陶）

【典当业】 2015年，珠海市有典当企业17家，注册资金2.93亿元。主要经营范围：动产质押典当业务；财产权利质押典当业务；房地产（外省、自治区、直辖市房地产或者未取得商品房预售许可证在建工程除外）抵押典当业务；限额内绝当物品变卖；鉴定评估及咨询服务等。有从业人员107人，持有中国典当行业从业人员资格证书和国家(省)专业评估师资格证书(房地产、二手车、建筑工程)50人(其中典当从业人员业务培训34人)，占从业人员总数的46.73%。

是年，全市典当企业累计业务笔数5334单，比上年减少21.54%，典当总额4.39亿元，增加0.29亿元，增幅7.07%，其中：动产2.07亿元、房地产2.15亿元、财产权利1640万元。税后利润累计总额256.44万元，减少49.01万元，减幅16.05%；上缴税金总额132.67万元。在税后利润总额中，盈利前三名是富绅典当公司（111万元）、太亚典当公司（54.65万元）、银通典当公司（33万元）。亏损典当企业有5家，比上年减少2家；亏损额222.93万元，亏损额最大的三个企业是德晋扬名典当公司（–135.44万元）、德民典当公司（–64万元）、冠和典当公司（–18.52万元）。（张　平）

供销合作社

【概　况】 珠海市供销合作社是集体所有制性质的合作经济组织，担负农业生产资料和城乡日用消费品供应，农副产品收购、加工、储藏和销售，再生资源回收利用。2015年，珠海市有市级社1个，区级社2个，基层社13个，有所属法人企业24家（统计直报网数据）。全市供销合作社系统有经营网点191个，从业人员489人。实现销售总额6亿元，比上年增长13.60%；利润总额1080.66元，增长10.24%。全市农资经营网络有斗门农资配送中心1家、直营店2家、农资综合超市2家、连锁加盟店43家。斗门区供销社依托经营主体、产品、品牌资源优势，参与建设斗门农村电商综合服务网络，率先在莲江村、南门村建立电商综合服务示范站，建立“一站式”便民综合服务平台。珠海市供销合作社系统领办、参办农民专业合作社24家，全年帮助农户实现收入5887万元。成立珠海市农民专业合作社协会。管理全市符合要求的烟花爆竹网点47家，其中新增长期经营网点6个。

2015年11月10日，珠海市供销社社员资金互助中心举行开业揭牌仪式，标志着珠海农村互助金融又添新平台（许　乐摄）

【农村互助金融服务行业】 2015年，经珠海市政府和金融部门批准，珠海市供销社社员资金互助中心首期注册资本4156万元，股东社员由供销社企业、农民专业合作社、涉农涉渔企业35个组成，珠海农商银行首期授信5000万元，互助中心总部和斗门分公司同时开业，以“求实为农、合作互助、创新发展”为经营理念解决涉农企业和农民无有效抵押物、融资难、融资慢问题。

2015年珠海市供销合作社系统经营情况

单位：亿元

项 目	实 绩	比上年增长（%）	项 目	实 绩	比上年增长（%）
全系统经营额	2.84	5.91	全系统销售额	6	13.6
其中：直属企业	1.33	–0.37	其中：直属企业	2.21	23.03
区（县级市）供销社	1.51	12.35	区（县级市）供销社	3.79	8.75
全系统主营业务收入	2.84	5.91	全系统购进	5.69	13.38
全系统利润	0.11	10.1			

【农业生产资料行业】 2015年，珠海市供销合作社系统农资销售1.36亿元，其中，化肥销售总额1.34亿元，增长12.15%，实现利润85.03万元，增长15.69%；全市系统实现农资商品销售总额2.26亿元，增长13.17%。开展农资下乡推广活动7次、农资农业技术培训7场，番石榴、水稻试验田4.67公顷；自查自纠不合格农资商品142批次。

【农副产品行业】 2015年，珠海市供销合作社系统农产品加工与销售1.09亿元，增长1.13%。在建“珠海市供销社农副产品（名优特新）展销中心”，引入龙头企业，本市和外地供销社名优特农产品企业，以“互联网＋实体店＋多功能服务”形式，实行“线上宣传、线下对接”，创新拓展农副产品购销服务平台。

【日用消费品行业】 2015年，珠海市百分百商业有限公司实现商品销售1.14亿元，增长20.99%，实现利润271.52万元，增长58.02%。百分百超市总店1家、配送中心1个，货仓连锁超市分店22家，其中新建分店10家，莲江村、鸡山村等幸福村居示范村开有分店，新建货仓配送中心1个。

【再生资源行业】 2015年，珠海市供销合作社系统再生资源行业协会回收者备案总数82家单位，其中，新增备案单位4家，会员单位2家。废旧金属收购业备案617家（其中新增备案单位20家，会员单位5家）；协会为3A级以上等级社会组织。 （钟洁丹）

烟草专卖

【概 况】 珠海市烟草专卖局于1985年4月成立，广东烟草珠海市有限公司于2001年8月组建，实行两块牌子、一套人马，设11个科室、1个配送中心，下辖斗门区局（分公司），有员工217人，辖区内卷烟零售户8333户。

【经济运行】 2015年，该局销售卷烟8.75万箱，比上年增长0.1%，销售总收入24.46亿元，增长3.99%，实现税利总额7.38亿元，增长17.23%。推行客户分类服务和电子商务建设，全年上线现代零售终端1050家，网上订货比例达到99.54%，电子结算户比例为97.80%。物流配送中心《降低卷烟分拣破损率》课题使分拣破损率由0.015‰下降到0.0056‰，缩短爬坡皮带立烟故障导致的停机时间，全年节省时间135小时，获全省烟草系统优秀QC成果优胜奖。

2015年3月15日，珠海盐业公司在香洲柠溪市场开展大型盐政法规宣传教育活动 （甘 云摄）

【专卖管理】 2015年，该局深化与市公安、工商和海关等部门协作，完善联合执法办案和跨区域协作机制，全年查处各类案件1313宗，比上年增长134%，查获违法卷烟1382万支，增长94%，破获“5·19”“7·29”“8·22”三宗国标网络案、“2·07”一宗省标网络案。完善市场联合监管机制，实行集中整治、错时检查，协调市打假办，联合市公安、工商部门开展元旦、春节等重大节假日卷烟打假专项行动和海岛卷烟市场专项整治行动，消除市场监管盲区。

（林俊清）

食盐专营

【概 况】 珠海盐业于1995年4月和2008年2月经地方人民政府批准，分别增挂珠海食盐专卖局和珠海市盐务局牌子，2012年12月经广东省国资委批准将珠海盐业总公司改制为广东省盐业集团珠海有限公司。

2015年，广东省盐业集团珠海有限公司食盐总销量1.78万吨，基本满足市场需求。碘盐覆盖率、合格碘盐食用率分别为98.6%和96.7%，达到国家碘缺乏病消除标准的要求。珠海市盐务局出动执法人员3068人次，检查各种单位2238个，累计查获各类涉盐违法案件129宗，特大食盐制假案件一宗，查扣各类涉案盐产品64吨，其中假冒珠海盐业有限公司经销的特制绿标食盐29.5吨，各项罚款金额1.01万元。

【盐政监管】 2015年，珠海市盐务局坚持“两增大一增强”措施，即增大市场巡查频率，增大重点区域调查深度，增强与各部门间联系共同管理食盐市场，达到查源头、堵源头、严厉打击食盐违法行为的目的。是年，该局在出动执法人员次数和检查各单位数比上年分别增加23%和42%。该局盐政科、各片区分局执行“假日盐政”指导策略，形成高压严打声势，查处31家违法商户，追查假冒盐产品13吨。通过与珠海市食品安全委员会办公室、打假办等部门开展联合执法，参与和组织各种食盐打假专项行动20余次，协助警方捣毁制假窝点1个，销售窝点1个，刑拘8人，查获制假机器3台，包装物3.36万个。

是年，广东省盐业集团珠海有限公司严格规范生产管理，把关产品质量，保证食盐市场供应。严格执行国家标准要求，对不符合标准的原盐一律不能用于生产，不合格的产品一律不得销售；定期对生产工人进行体检，不合格者一律不能录用上岗。实行对成品碘盐每批次严格抽检措施，投放市场的盐产品全部合格，根据政府监督部门抽查结果显示，珠海盐业生产的产品质量各项指标达到国家标准水平。

【盐政宣传】 2015年，珠海市盐务局在“3·15”国际消费者权益日和碘普及调查等主题活动中与市工商、疾控中心等部门合作，宣传食盐安全，派发宣传资料2000余份。5月，该局邀请珠海电台“先锋951民生热线”节目就食盐安全等问题为市民答疑解惑。在优化食盐产品结构方面借助“3·15”和其他盐政宣传活动给市民讲解用盐知识，推动低钠盐和澳洲湖盐在社区大小超市铺货上架。通过定期走访食盐经销商和终端用户听取意见和建议，完善和优化食盐产品结构。

（甘 云）

会展·广告

会展业

【概 况】 2015年，全市举办各类展览32场，比上年增长167%。展览总面积32万平方米，增长179%；参展企业4223家，观众62.57万人次；举办专业展览14场（详见附表），其中2万平方米以上展览4场。展览业直接经济效应18.09亿元，间接经济效应26.27亿元，展览产生总体经济效应44.36亿元，占珠海市GDP（2038亿元）2.17%。开展各类会展专业人员培训、讲座、人才交流会和会展策划专业资格培训等40场，培训人员1150多人次，其中通过会展策划师资格证考试884人。是年，珠海市被会展业界授予“中国会展名城”和“中国最具办展幸福感城市”等称号。

2015年珠海市重点专业展会一览表

序 号	展会名称	时 间	地 点	规 模（万平方米）	展商数量（家）	观众人数（万人次）
1	首届中国（珠海）国际游艇展	2014年12月31日至2015年1月2日	珠海国际会展中心	0.55	60	3
2	2015首届珠江西岸先进装备制造业投资贸易洽谈会	8月22～23日	珠海国际会展中心	2.5	205	1.5
3	2015第二届珠海先进制造业机械装备展览会	9月9～11日	珠海国际会展中心	0.75	160	0.8
4	第二届珠海国际汽车展览会	9月17～20日	珠海国际会展中心	2.5	29	3
5	2015中国（珠海）国际游艇展览会	9月29日至10月1日	珠海国际会展中心	1	100	3.2
6	首届珠海国际动漫节	10月1～4日	珠海国际会展中心	0.5	40	0.4
7	第九届中国（珠海）国际打印耗材展览会	10月15～17日	珠海国际会展中心	2.5	463	1.39
8	2015年中国（珠海）国际3D打印展览会	10月15～17日	珠海国际会展中心	0.5	153	0.68
9	2015广东（珠海）健康产业及老龄产业博览会展览会	10月30至11月1日	珠海国际会展中心	0.45	80	0.1
10	第十届中国城镇水务发展国际研讨会与新技术设备博览会	11月4～5日	珠海国际会展中心	1	110	0.2
11	珠海智能电网大会暨中国（珠海）国际智能电网展览会	11月12～14日	珠海国际会展中心	1	36	0.5
12	第六届中国妇幼保健发展论坛暨妇幼保健产业展览会	11月26～27日	珠海国际会展中心	1	117	0.2
13	珠海ASI国际汽车运动文化与产业博览会	12月11～13日	珠海国际会展中心	2.5	87	1
14	2015最新警用装备展	12月28～30日	珠海国际会展中心	1	80	0.06

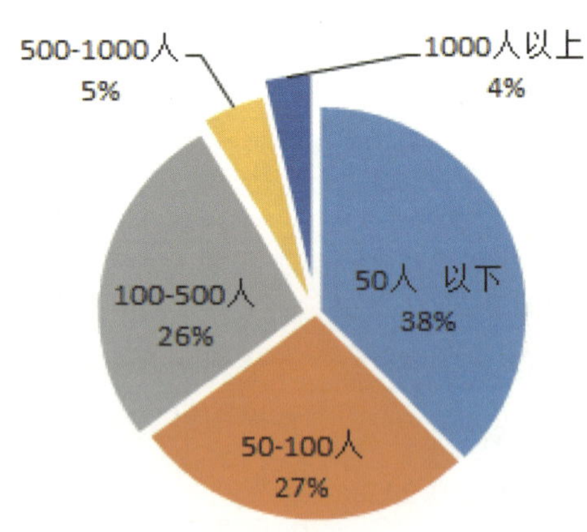

会议规模占比图

【会议业发展】 2015年，珠海会议业引进举办第二届世界广府人恳亲大会等多个大型国际性会议，实现会议规模、人数和经济效益同步增长。全年全市举办会议1428场，参会人数37.94万人次，增长105%。1000人以上大型会议64场，增长156%；5000人以上会议6场，其中中华医学会肾脏病学分会2015年学术年会和中脉经销商会议均万人以上，开创珠海市接待超大型会议先河。

【会展展馆设施建设】 2015年，珠海市拥有珠海国际会展中心和中国国际航空航天博览中心两大专业会展场馆，有10.6万平方米室内展览面积和1.06万平方米会议空间，可提供5800个国际标准展位及47间设施先进会议室。珠海国际会展中心是国内集展览、会议、酒店、剧院、音乐厅、甲级写字楼及配套商业于一体大型会展综合体。展览中心拥有3万平方米室内展览空间，可提供1600个国际标准展位。会议中心有35个设施先进的分会议室，可提供8500平方米会议空间。会展中心可同时供6000人餐饮。中国国际航空航天博览中心是目前国内拥有最大室外展览面积的现代化大型国际会展中心，室外展坪面积41万平方米，设有61078个停车位，提供大小会议室12间，主展馆正在升级改建。

【酒店设施建设】 2015年，珠海市有各档次酒店876家，其中星级酒店76家，新增各类酒店133家。现有及在建五星级标准酒店15家，喜来登、ClubMed、万豪酒店等国际知名连锁酒店正式开业运营。

【以展招商】 2015年，珠海市会展局利用首届装治会、打印耗材展、游艇展、智能电网展、广府人大会等会展平台，与市商务局、市科工信局及各区各部门协作，策划举办珠海投资环境推介会9场、项目签约仪式7场，展会现场签约及意向合作金额1550亿元。首届装治会珠海签约项目28个，投资额354.6亿元；游艇展落实各类合作项目现场签约及意向合作金额4.2亿元，推动法拉帝、海星等游艇企业落户珠海或与本地龙头企业开展合作；打印耗材展、3D打印展、智能电网展期间主办珠海产业推介会和重点项目路演等活动；横琴国际医疗健康产业高峰论坛暨投资大会上横琴新区、金湾区、斗门区、高新区招商部门与52个项目进行对接。

2015年11月4～5日，由中国城市科学研究会、中国城镇供水排水协会、广东省住建厅及珠海市政府联合主办的第十届中国城镇水务发展国际研讨会与新技术设备博览会在珠海市召开。图为开幕式暨综合论坛现场 （市会展局供稿）

【会展宣传推广】 2015年，珠海市组织重点企业赴昆明、香港、北京、泰安、海口等地参加第十一届中国会展经济国际合作论坛、UFI2015亚洲研讨会、2015国际会展业（泰安）大会、第十一届中国国际会展文化节、2015会展产业展洽会等业界重要活动，宣传推广珠海市城市魅力、会展产业优势。在《南方日报》《南方都市报》《羊城晚报》《珠海特区报》、珠海电视台、电台等省市媒体对珠海会展业及重点会展项目进行宣传报道。

【珠港澳会展合作交流】 2015年，珠海国际会展中心和香港亚洲国际博览馆在合作宣传推广及探索市场营销等方面开展合作，以“一会两地”等合作模式推动两地合作办会办展。4月1日，珠海国际会展中心与亚洲博览馆正式签署合作协议，推行“一会两地”合作模式。与澳门贸易投资促进局、澳门展贸协会、澳门会议展览业协会等政府、业界社团和会展人士开展互访活动，形成《关于推动珠澳会展业融合发展的工作意见》。是年10月由澳门动漫文化产业协会主办国际动漫节成功移植珠海举办，珠海国际会展中心与澳门旅游塔会展娱乐中心共同承接“东鹏控股”年会活动，标志着珠澳会展合作成功落地。

（柯 达）

广告业

【概 况】 2015年5月28日，珠海市广告协会完成第五届换届大会，协会有88名会员单位。是年，广告协会带领会员单位参加第二十二届（西安）中国国际广告节、2015年中国广告与品牌大会等10场行业活动。组织拜访香港广告业联会、澳门广告商会、广州市广告行业协会、顺德广告协会、江门市广告协会、阳江市广告协会及部分全国优秀广告企业，建立良好互动。2月，珠海市广告协会组织优秀广告人举行评选活动，评选出“珠海杰出广告人”16人；“珠海市杰出广告创意人”13人。组织广告人员参加广告审查员培训，学习新《广告法》和《珠海户外广告设置和管理条例》，有100人参加。

【广告企业资质认证】 2015年，珠海市广告协会开展全市广告企业资质认证及复审工作，评选出市一级广告资质企业11家，二级广告资质广告企业1家。珠海华发文化传媒有限公司、珠海公交文化传媒有限公司、珠海市瑞格广告有限公司获得广东省一级广告企业资质，珠海城建资产经营有限公司获得广东省二级广告企业资质。

【广告作品评选】 2015年，珠海市广告协会开展全市广告优秀作品评选暨自由创作大赛评选，新增微信营销类、公关活动类和微电影类的奖项。征集作品300余件（套），征集作品数量比上年增加近百件。大赛评选出特别奖4个，金奖16个，银奖35个，铜奖50个，优秀奖28个，组织奖5个，最佳文案奖7个，最佳广告主5个。珠海华发文化传播有限公司连续四年被授予“广东省广告十强单位”称号，参加广东省第二十二届广告优秀作品大赛，获得一个银奖、三个优秀奖。

（刘小红）

旅游业

【概 况】 2015年，珠海市接待旅游总人数3592.6万人次，比上年增长7.21%，其中接待入境游客471.13万人次，国内游客3121.47万人次。全年实现旅游总收入277.32亿元，增长5.93%。其中国际旅游收入9.62亿美元，增长3.66%，国内旅游收入217.9亿元，增长6.54%。全年接待过夜游客1923.77万人次，其中国内游客1615.84万人次，入境游客307.93万人次。

【旅游行业】 2015年，珠海市有星级饭店76家。五星级饭店8家，四星级酒店8家，三星级56家，二星级酒店4家。纳入统计范围的宾馆饭店年平均开房率为63.46%。平均房价428.45元。有旅行社168家。其中组团出境的旅行社36家。全年接待游客237.98

万人次，其中入境游客86.48万人次，国内游客151.5万人次；旅行社组团国内游94.69万人次，出境游40.97万人次。至年底，全市有景区（点）45个，其中国家4A级景区3个，3A级景区1个。纳入统计范围的景点全年接待游客2003.61万人次。全市持证导游有6534人（高级导游证1人，中级导游证83人），其中专职导游856人，兼职导游5678人。

【入境旅游】 2015年，珠海市接待入境游客471.13万人次，比上年增长2.32%；旅游外汇收入9.62亿美元，增长3.66%。入境旅游者按客源地分，外国人60.02万人次，下降1.52%；香港同胞170.31万人次，增长6.54%；澳门同胞167.63万人次，增长5.56%；台湾同胞73.17万人次，增长7.15%。

【出境旅游】 2015年，珠海旅行社组团出境游40.97万人次，比上年增长6.28%。香港游15.16万人次，下降6.20%；澳门游10.77万人次，增长9.34%；台湾游1.57万人次，增长18.05%；其他地区游13.47万人次，增长19.84%。

【国内旅游接待与收入】 2015年，全市接待国内游客3121.47万人次，比上年增长7.99%，国内旅游收入217.9亿元，增长6.54%。旅行社组团国内游94.69万人次，增长2.27%。其中，省内游68.57万人次，增长1.83%；省外游26.12万人次，增长3%。

【假日旅游】 2015年，珠海市春节黄金周、“五一”小长假和“十一”黄金周接待游客总人数401.6万人次，比上年增长12.75%。其中春节黄金周，全市接待游客131.36万人次，增长18.48%，旅游收入7.36亿元，增长15.54%。“五一”小长假3天接待游客96.37万人次，增长17.18%，旅游收入4.87亿元，增长9.47%。“十一”黄金周接待游客173.87万人次，增长2.63%，旅游收入10.12亿元，增长3.58%。

【旅游市场】 2015年，珠海市健全旅游市场监管机制，推进旅游经营单位规范管理，打击旅游市场违规违法的经营行为，确保旅游市场健康有序发展。

健全旅游市场监管机制 市文化体育旅游部门落实旅游经营单位守法经营和安全生产“一岗双责”和企业主体责任。与旅游企业签订《珠海市旅游行业守法经营承诺书》和《珠海市文化体育旅游系统安全生产责任承诺书》，建立旅游行业“一体系三平台”信息网，加强日常管理工作的检查监督。“全国安全生产”期间，市文化体育旅游局联合市安全生产监督管理局、市公安消防局举办“珠海市旅游安全生产知识培训暨消防突发事故应急处置演练活动”。星级酒店、旅行社、旅游景区（点）97个企业分管领导和专职安全管理人员200余人参加。是年11月，联合举办“2015珠海市旅游企业安全生产知识竞赛”，星级酒店、旅行社、旅游景区（点）38家企业152名选手参加比赛。在强化安全意识的同时，组织力量就元旦、春节、“五一”“十一”节假日进行6次安全重点检查，加强安全防范措施。

旅游经营单位规范管理 按照国家《旅游饭店星级的划分与评选标准》，对全市76家星级酒店进行年度复核、评定。为配合创建国家卫生城市，全面加强酒店的安全、卫生和整洁管理工作。主管部门制定考核标准，落实责任制，在酒店行业推行以“安全、秩序、环境、效益”为主题的“平安饭店”创建工作。是年，2000年大酒店和南湾国际商务酒店被评为平安饭店示范单位。为提高酒店行业服务水准，办好“饭店知识大讲堂”。利用酒店移动互联网和举办讲座，培训班形式，请专家做技能培训授课10次。是年6月，市文化体育旅游局、市人力资源和社会保障局和市总工会联合举办“2015珠海市旅游饭店服务技能大赛”，33家酒店222名选手参赛，竞赛获奖的4名选手推荐参加广东省旅游饭店服务技能大赛，获团体二等奖。旅游行业协会组织开展“遵守职业道德，提供诚信服务，树立文明旅游”主题活动，有80多家旅行社签订《珠海市旅行社诚信服务承诺书》和《珠海市导游诚信服务承诺书》，近300名旅游从业人员参加旅游政策法规和业务知识培训。是年，珠海2名游客、5名导游获“2015中国好游客、中国好导游”称号。

规范旅游市场秩序 为遏制旅游市场违规经营多发势头，珠海市政府成立“珠海市旅游市场整顿工作小组”，市旅游、公安、工商、物价、质监等部门联合执法，依法重点打击旅游市场虚假广告、不合理低价、诱骗胁迫旅游者购物和销售假冒伪劣商品的旅行社和商场。

市职能部门联合行动，开展旅游市场专项执法检查22次，出动执法人员1964人次，检查旅行社（团）132个，导游69人次，商场104家次，查办案件21宗。加强旅游者投诉反馈和查处工作，切实维护旅游消费的合法权益。全年接受旅游投诉217宗，涉及游客300人，退赔金额34.15万元。其中投诉旅行社59宗78人，退赔金额4.23万元；购物投诉126宗149人，退赔金额29.86万元，退货12宗；酒店投诉10宗10人，退赔金额450元；网上或来信投诉15宗55人。查处和投诉回复率100%。

旅游资源开发和景区（点）建设

【旅游规划】 2015年，珠海市为构建港珠澳世界级旅游休闲度假区的战略目标，委托国际知名安永（中国）企业咨询有限公司编制《珠海市旅游产业发展专题研究》和《珠海与港澳共建港珠澳国际都会区世界旅游目的地专题研究》。根据编制的高新区《唐家风韵与智慧科技旅游》、金湾区《航空产业旅游》、万山区《高端海洋旅游》和《斗门区旅游产业发展总体规划（2015～2030）》，启动《珠海市旅游产业发展总体规划》修编工作。

【旅游合作】 2015年7月9～10日，由珠海市人民政府、香港特别行政区政府旅游事务署、澳门特别行政区政府社会文化司主办的“港珠澳旅游合作发展会议”在珠海横琴新区长隆横琴湾酒店举行。三地旅游主管部门签署《港珠澳三地旅游合作框架协议》，就建立联合机制、旅游宣传推广、国际性旅游活动、人才合作计划等六个方面达成共识，确定每年召开港珠澳旅游联席会议，共同推动“一程多站”区域目的地旅游项目的深度开发。区域旅游合作得到拓展。以推介会形式搭建旅游合作平台，4月，珠海联合中山、江门在昆明、贵州举办旅游推介会；5月，在中国台湾台北开展旅游宣传推广活动；6月，珠海联合广州、深圳在法国里昂、意大利米兰举办旅游推介会；9月，在沈阳、哈尔滨、长春和长白山等市开展旅游推介活动；6月，珠海联合中山、澳门在成都、重庆举办旅游推介会；7月，在马来西亚吉隆坡和新加坡参与粤澳旅游品牌推介活动。是年，新疆、内蒙古、兰州、昆明、大连、西班牙等国内外15个城市分别来珠海举办旅游推介会。同时，珠海旅游业组团参加2015广州国际旅游展览会、2015台北两岸观光博览会、第二十九届香港国际旅游展和2015中国国际旅游交易会等系列交流活动。12月，珠海市代表团赴德国和波兰开展友好交流活动，并在德国法兰克福和波兰华沙举办旅游推介会，珠海九洲控股集团分别与德国中国旅行社、全德广东同乡经贸联合总会、波兰Prosper和Risder 4家当地旅游业界代表签署合作意向书。是年，珠海市启动全国首批“旅游休闲示范城市”的创建工作，并向国家旅游局申报珠海横琴为“国际休闲旅游岛”。

珠海长隆国际海洋度假区项目 是年1月，珠海横琴长隆国际海洋度假区二期工程破土动工，二期工程总占地面积3平方千米。长隆国际马戏表演新场馆启动建设，当年完工后作为第二届中国国际马戏节扩展的表演场地，吸引来自20多个国家和地区的35个马戏杂技团体参加马戏节的展演。12月，长隆集团海洋世界项目工程正式动工，这是继长隆海洋王国项目后，在珠海横琴建设的第二个世界级主题公园项目。

海泉湾度假区二期项目 港中旅·珠海海泉湾度假区引入香港恒大集团共同开发二期项目，占地总面积277万平方米，开发建设体育公园、白金五星级酒店、商务会议中心、高端温泉SPA项目、湿地公园、高端自驾车营地、试驾营地等综合性项目，同时配套中高档住宅、商业设施。二期项目建成后，与一期项目海泉湾度假区相连接，成为集海滨旅游、温泉度假、休闲运动、会务展演为一体的旅游新城。是年，珠海海泉湾获中国旅游协会首批“五星级温泉”称号、获第二届中国温泉金汤奖“最佳温泉品牌”“最佳温泉综合体”和“最佳星级温泉”3项大奖。

珠海东澳岛玲玎海岸 6月，由珠海格力海岛投资有限公司投资12亿元承建的地中海俱乐部东澳岛度假村（Premiun Resort、Leluxe奢华空间、东澳湾餐饮中心3个工程项目，总占地面积5.7万平方米）建成投入使用，全面对外营业。

珠海御温泉 位于斗门黄杨山西麓，是中国第一家日式露天温泉，集温泉沐汤、健康调养、膳宿会务、休闲娱乐等服务项目为一体，开创中国独特的旅游温泉产业，被

海泉湾全景 （张若婷摄）

国家旅游局授予“中国温泉旅游领头雁”称号，并当选广东温泉旅游协会首届会长单位。是年，珠海市人民政府向御温泉授予“珠海市市长质量奖”，国家标准委授予“广东珠海温泉旅游服务标准化示范点”并作为2015～2016年度全国服务业标准化示范单位。

【幸福村居乡村旅游】 2015年，随着珠海幸福村居建设的不断推进，带动有特色的乡村旅游发展。斗门15个镇建成占地3000平方米的社区公园和健身文化广场。全市336个行政村（居）建立农家书屋，至年底，285个行政村（居）提升为数字农家书屋，全市数字农家书屋覆盖率80%。斗门十里莲江村、南屏村、石龙村、网山村、荔山村、黄杨山、御温泉、斗门古街、金台寺等10个特色村镇、景点和历史文化重点保护单位成为旅游重点。各交通经营单位开通乡村旅游快速专线，为游客参与乡村游活动和接驳各村之间交通提供便利。各区发挥微信、微博、网页和手机APP等乡村旅游宣传应用平台作用，促进智慧旅游建设。在开设乡村旅游区域，率先实现景区景点无线WIFI全覆盖，为旅客参与乡村旅游活动提供便捷上网服务。

是年，斗门区人民政府、珠海市文化体育旅游局和珠海特区报共同举办“斗门区第二届乡村旅游节”，推出白蕉海鲈节暨“幸福村居快乐生活”农事活动趣味运动会、网山味道、古村文化美食节、除草捉虫、华发花海相约、十里莲江乡村啤酒节等8个乡村旅游项目，吸引游客15万人次。珠海南山村、莲江村，3户农家、12家农庄（农业公司）和5人，分获全国“中国乡村旅游模范村”“中国乡村旅游模范户”“中国乡村旅游金牌农家乐”“中国乡村旅游致富带头人”和“广东中医药文化养生旅游示范基地”称号。为发挥幸福村居乡村旅游品牌建设的示范引领作用，促进乡村旅游健康发展，市文化体育旅游局与市质量技术监督局共同编制《珠海市幸福村居乡村旅游建设规范》。住房和城乡建设部、国家旅游局公布《第二批全国特色景观旅游名镇名村示范名单》，珠海万山海洋开发试验区万山镇万山村上榜，这是珠海海岛旅游业首度获国家级称号。 （梁　旭）

教育·科学
EDUCATION & SCIENCE

教育·科学

教 育

综 述

【概 况】 2015年，珠海市有幼儿园282所，在园幼儿66666人，招生14658人，毕业10408人。全市幼儿园教职工9122人，其中专任教师4884人。有小学116所，在校生148795人，招生27963人，毕业19505人。学龄儿童净入学率102.94%；小学毕业生升学率97.4%。全市小学专任教师6199人。有普通中学70所，在校生87559人，招生29141人，毕业30587人。其中初中51所，普通高中19所；初中在校生57950人，招生18997人，毕业20402人；普通高中在校生29609人，招生10144人，毕业10185人。全市普通中学专任教师7957人，其中初中专任教师5009人，普通高中专任教师2948人。初中毕业生升学率94.67%，高中阶段毛入学率109.87%；普通高中与职业高中在校生比例为51∶49。有特殊教育学校2所，在校生400人，招生56人，毕业32人，教职工105人，其中专任教师81人。有中等职业学校9所，在校生28732人，招生11406人，毕业8948人，教职工1640人，专任教师1257人。其中技工学校3所，在校生7406人，招生3850人，毕业1659人，教职工466人，专任教师365人。普通中专2所，在校生4502人，招生1564人，毕业1403人，教职工211人，专任教师113人。职业高中4所，在校生16824人，招生5992人，毕业5886人，教职工1091人，专任教师900人。有10所高校，在校生人数13.3万人，其中全日制本专科在校生13.2万人，研究生1000多人（其中博士生近300人）；教师5500余人，其中拥有副教授以上高级职称2000多人。

是年，珠海市被广东省政府授予“广东省推进教育现代化先进市”称号。

【教育领域综合改革】 理顺教育管理体制 2015年，珠海市实现学前教育全面归口教育部门管理，9月，全面落实“以区为主”的学前教育、义务教育管理体制，市共乐幼儿园等6所市直幼儿园、市紫荆中学等3所市直初中移交香洲区管理。

高中阶段学校招生制度改革 调整普通高中招生录取批次，所有普通高中在同一批次录取。金海岸中学、红旗中学、田家炳中学招生计划30%面向全市招生，70%面向原区域招生；市三中、斗门区和风中学两所省一级普通高中招生计划40%按原招生区域作为指标生分配。调整中考体育考试科目，首次将100米游泳纳入中考体育考试项目。是年，全市有19640人报名参加中考，高中阶段学校招生录取19322人，录取率98.38%。

【教育事业发展】 学前教育公益性普惠性发展 2015年，珠海市新一轮10所镇中心幼儿园全面建成并开园，新增公办学位4500个。印发《珠海市学前教育第二期三年行动计划（2015～2018年）》，出台《珠海市普惠性幼儿园认定办法》，各区结合实际设定普惠性幼儿园具体标准和开展认定工作，截至年底，全市认定160所普惠性民办幼儿园。加大对未取得办学许可证幼儿园的查处取缔力度，无证照托幼机构数量从上半年的41所减少至年底的24所。全市有规范化幼儿园252所，规范化幼儿园比例为87%。

普通中小学教育均衡发展 是年，珠海市加大中小学校新建、改建、扩建力度，缓解“大校额”“大班额”现象。严格执行义务教育免试就近入学、阳光分班政策，促进义务教育高位均衡发展。外来务工人员随迁子女在珠海市平等受教育权利进一步保障，全年全市义务教育中小学校招生41637人，其中随迁子女15188人，占随迁子女报名人数的67.2%；有1642名随迁子女符合报考国家级示范性普通高中指标生资格，376人被录取，占指标生的11.7%。普通高中优质特色发展，普通高考应考考生9738人，上线8998人，上线率92.4%；普通高考录取8535人，录取率87.65%。其中，本科录取5227人，本科录取率53.68%。各项指标与往年相比，均大幅增长。

构建现代职业教育体系 出台《珠海市人民政府关于深入推进职业教育校企合作的意见》《珠海市人民政府关于加快发展现代职业教育的实施意见》。推进中高职衔接的办学模式，2015“三二分段”招生规模扩大到1100多人。创新中职教育办学模式，支持南方IT学院在斗门区设立民办公助性质的珠海一职实验学校。中职学生在国家和省中职学校技能大赛中取得优异成绩，获1个国家级一等奖、10个国家级二等奖、32个省级一等奖、57个省级二等奖。推进职业教育集团化办学，珠海职教集团现有包括知名企业、行业协会和职业院校等在内的169家会员单位，依托龙头企业和骨干专业结对实现校企深度合作。开展珠海市首届职业教育活动周活动，展示珠海市职业教育重知识、重技能、重内涵特色。

高水平大学建设 推动独立学院从教学型向应用型本科转变，提升人才培养层次，扩大研究培养规模，提升高校办学水平。引导高校成为珠海市创新驱动发展的技术支撑和人才培养基地，首轮评出30名特聘学者、20个市优势学科、20个市重点实验室/重点研究基地和8个协同创新中心。市政府与中山大学签订全面新型战略合作协议，把中大珠海校区打造成技术创新的龙头。成立珠海市高等学校发展领导小组、高等学校发展咨询委员会，及时协调解决高校发展中遇到的问题。

民办教育和特殊教育 是年，珠海市政府出台《珠海市关于进一步促进民办教育规范特色发展的实施办法》。加大民办教育财政投入力度，全市财政性民办教育经费1.48亿元，其中市级民办教育专项资金从2014年的4275万元增加到6600万元。创新民办教育发展模式，横琴新区委托珠海华发教育产业投资控股有限公司全面管理横琴新区幼儿园和中小学校。加强民办学校年检工作，规范民办学校办学行为。出台《珠海市特殊教育提升计划（2015～2016年）》《珠海市医教结合特殊教育儿童健康评估实施方案》，成立市自闭症教育支持与指导中心和市特殊教育协会。

2015年11月26～27日，在北京召开的2015中国国际远程教育大会上，珠海广播电视大学被评为“2014～2015年全国高校现代远程教育优秀校外学习中心”。图为颁奖现场
（王传凤摄）

开展融合教育培训。

【素质教育】 2015年，珠海市坚持以人为本、立德树人教育理念，创新德育内容和方法，整体构建符合规律、富有特色的中小学德育体系。把社会主义核心价值体系学习教育融入到中小学教育教学活动中，开展学习和争做美德少年、中华经典诵读、“我们的价值观·德行珠海”青少年演讲比赛等主题教育活动。珠海的德育工作经验在全省、全国得到推广，市教育局和市实验中学的两个项目被教育部评选为“全国中小学社会主义核心价值观优秀教育案例”。加强心理健康教育，市一中等5所学校被评为“广东省中小学心理健康教育特色学校”。开展中小学生阳光体育活动，加强学生体质健康监测。成立珠海市学生体育艺术教育联合会，为学生体育、艺术教育工作搭建发展平台，中小学生在各级各类体育、艺术比赛中取得喜人成绩。开展校园足球活动，三灶镇鱼林小学等6所学校成功创建全国青少年校园足球特色学校。成立器乐、舞蹈、美术、摄影等6个艺术工作室，开展艺术展演活动。开展文化育人建设，用珍珠—项链法（把与某件事相关的做法，按逻辑关系串成体系）构建校园主题文化，成立足球、篮球等10个体育工作室。中小学校特色突出，拱北中学科技教育、海华小学鹤舞等47个项目被纳入2015年珠海市中小学校特色项目培育对象。开展社工进学校和青年志愿服务活动，共建和谐校园、和谐社会。开展教育系统“逐梦100”团建项目，珠海10所高校与首批15所结对中小学签订共建合作协议，搭建高等教育与基础教育融合的团建平台。在中航工业通飞珠海基地挂牌“珠海市中小学生综合实践基地”，市教育局向由中航工业通飞珠海各单位的飞行员、飞机设计师、工艺师、装配技师等组成的市教育系统航空科普公益讲师团颁发聘书，标志着珠海地区首支航空公益讲师团正式成立。

【名师队伍建设】 2015年7月，珠海市政府出台《珠海市中小学校长职级制实施办法》，开展校长职级制首次评审工作。推进名师队伍建设，11名校长、42名教师被评为省级骨干校长培养对象、骨干教师培养对象；11名教师被评为第九批省特级教师；20名教师被评为南粤优秀教师；评选出54名市级名班主任、首批211名市级名师培养对象。评出首批23名珠海市中小学校长工作室主持人、48名珠海市中小学教师工作室主持人、第二批10名珠海市名班主任工作室主持人。在市级2000万元强师工程经费中安排1300万元用于师资培养培训，完成新教师培训、全员培训、青年骨干教师培训、校长全人教育体验拓展培训、教育科研人员培训等各级各类培训任务。按3000元/人的标准对中小学（幼儿园）教师参加学历达标培训给予学费补贴。加大校长教师交流制度，香洲、金湾、斗门三个区选派校长、教师在区内中小学交流，优化区域内师资配置。

【教科研工作】 2015年，珠海市以赛促教，组织开展学科教学竞赛，珠海市中小学教师在“一师一优课、一课一名师”活动、中小学电脑制作活动、小学科学和初中物理实验教师实验操作与创新技能竞赛活动等各级各类竞赛中取得优异成绩。教研工作重点前移，启动珠海市教科训基地学校资助项目，教研员深入基地学校听课、指导，总结提炼课堂教学经验做法，并辐射带动周边学校。创新教研方式，利用网络平台开展同课异构活动、公开课展示活动等，初中物理、英语、数学学科开展“快乐作业”项目，并在国际教育信息化大会上展示。改革教育评价方式，加强教学质量分析和监控，完成2015年国家义务教育质量监测，并获得教育部表彰。加强教育科学研究，将微课题纳入教育科研规划项目，开发珠海市微课题管理平台，力争“人人有课题，人人做研究”，有465个微课题立项。

【教育信息化建设】 2015年，珠海市制定《珠海市教育信息化三年行动计划（2015～2018年）》，规划珠海市未来3年教育信息化教育的蓝图。完善全市教育网络体系建设和全市各级各类学校教育信息化基础设施建设，构建满足教育教学需要的信息环境。推进“粤教云”项目建设，完成“粤教云”资源公共服务平台建设及相关培训，全市有4000名教师和8000名学生加入“粤教云”资源公共服务平台人人通空间。增加20所“粤教云”应用学校开展云协同课堂教学实验工作。建立市、区教育云数据中心及教育视频公共平台，农村学校师生可通过名师课堂等形式共享城区优质教育教学资源。推进“三通两平台”建设，完成“校校通”“班班通”工作。实施“中小学教师信息技术应用能力提升工程”，促进教学观念、模式、内容及方式变革。珠海市教育信息化应用案例代表广东参加由教育部、联合国教科文组织在青岛举办的国际教育信息化展演。

【依法治教】 2015年，珠海市教育局设立政策法规科，组建包括局领导、各科室负责人在内的教育执法队伍，完善依法行政各项规章制度，开展系列法律知识培训。加快推进依法治校，推进中小学校法律顾问制度和学校章程建设，全市154所公办中小学校全部聘请法律顾问，139所公办中小学校核准公布学校章程。开展依法治校示范校创建活动，全市有市三中等10所省级依法治校示范校。整合和利用各种法制教育资源，利用现代媒体和信息技术开展法制宣传教育。

【“平安校园”创建工作】 2015年，珠海市全面整治校园“五无”(无校门、无围墙、无专业保安、无视频监控设施、无证照)问题，落实“人防、物防、技防”措施，为全市学校（幼儿园）安装“一键式报警”系统。市理工学校等257所学校(幼儿园）通过平安校园检查验收，全市平安校园比例达到92.6%。加强交通安全、食品安全、防溺水、防传染病、防拥挤踩踏、防校园伤害、防自然灾害、禁毒等校园安全宣传教育。开发建设珠海市校园周边治安综合治理信息平台，全市近490所大中小学、幼儿园通过信息平台及时报送校园周边治安问题。健全教育系统群体性和突发性事件应急预案，开展应急培训和应急演练，全年全市各级各类学校、幼儿园开展各类演练2000余次，参与师生160万人次，学校参与率、师生参与率均达100%。

【助学帮扶】 2015年，珠海市免费义务教育补助标准提高到小学每生每学年1264元，初中每生每学年2144元，全年有23.5万名学生享受十二年免费教育，财政补贴3.66亿元，其中免费义务教育20.1万人，财政补贴3.08亿元。对239名考上大学的贫困生资助213.2万元，另对178名本市户籍高校在校生资助53.4万元。完成对高州市扶贫“双到”工作，市教育局对口帮扶金村番石榴基地被评为省级现代农业“五位一体”示范基地。完成选派100名教师赴阳江支教及协调接收阳江100名教师、凉山14名校长到珠海市跟岗学习，选派9名教师赴韶关、4名教师赴海外支教。 （刘冬花）

科学技术

综　述

【概　况】 2015年，珠海全社会研发经费超65.4亿元，占GDP比重提升为2.7%；全市每百万人年发明专利申请2738件，每万人发明专利拥有22.72件；全年有149家通过高企认定及复审，全市高企数量净增长51家，总数397家，比上年增长14.74%，占规模以上工业企业总数40%以上；全年开展三批广东省高新技术企业培育库入库申报工作，全市申报入库企业296家，经评审有203家企业成功入库；全市建成各类公共技术平台35家，其中，新型研发机构16家，经省认定新型研发机构8家；组建国家级工程中心等研发机构7家，新增各级企业工程中心、技术中心51个，建成科技企业孵化器7家，孵化器面积88.05万平方米，孵化器内企业832家，建成6个创业苗圃（众创空间），154个创业团队进驻；引进诺贝尔奖得主2人，引进“千人计划”专家33人，省创新创业团队2个、领军人才7名，建成博士后工作站35个；组建规模10亿元市级创业投资引导基金，1083家股权投资企业设立在珠海，上市企业33家，其中高企21家。是年，组织申报民营科技企业新认定37家，有民营科技企业115家。

【科技政策】 2015年4月，珠海市召开创新驱动发展暨工业转型升级工作会议，成立珠海市创新驱动发展领导小组，统筹协调推进全市创新驱动发展工作。制定《珠海市创新驱动发展三年行动计划（2015～2017年）》，提出研发投入、科技企业孵化、新型研发机构建设等8个工作目标。修订《珠海经济特区科技创新促进条例》，重点增加政府远期约定购买、创新科技金融服务、鼓励发展科技企业孵化器、促进科技成果转化实施、提高科研人员成果转化收益比例、实行更具竞争力人才吸引制度等核心条款。出台《珠海市加快推进科技创新若干政策措施》，制定孵化器用地、促进创业等若干配套政策。推进珠三角国家自主创新示范区建设，高新区成功纳入创建范围。

【科技计划项目】 2015年，珠海市财政列支3701万元支持125个项目申报技术改造资金。组织企业申报2015年省级信息产业发展、智能制造应用、“互联网+”和技术改造等省级工业转型资金超过7亿元。争取到省级财政资金1474万元，市级财政专利专项投入653万元，各区投入375万元。

（黄元阔）

【产学研合作】 2015年，“珠海市吉林大学无机合成与制备化学重点实验室”等8家机构被认定为广东省新型研发机构，格力电器“空调设备及系统运行节能实验室”被认定为国家重点实验室。签署《广东省科学院、珠海市人民政府共建海洋工程装备技术研究所、航空航天装备技术研究所和生物医药技术研究所合作协议》，成立广东省海洋工程装备技术研究所、航空航天装备技术研究所和生物医药技术研究所。组织企业赴北京、成都、广州等地与高校、科研院所进行产学研合作交流，拓宽校企合作渠道。

（刘伟坚）

【科技成果与奖励】 2015年，珠海市登记科技成果45项。全市10个项目获国家科技进步奖和广东省科学技术奖。丽珠医药集团股份有限公司“原创新药艾普拉唑的研发与产业化”项目获国家科技进步奖二等奖。9个项目获广东省科学技术奖，珠海格力电器股份有限公司“双级高效永磁同步变频离心式冷水机组”、丽珠医药集团股份有限公司“中药注射剂产品升级中的重大共性、关键技术研究与产业化”及珠海市斗门区长丰水产种苗科技有限公司参与完成“斑节对虾遗传育种研究及新品种推广应用”3个项目获省科学技术奖一等奖。广东省粤电集团有限公司珠海发电厂参与完成“大型电袋复合除尘器安全、高效及经济运行特性的研究与工业应用”、丽珠集团丽珠制药厂“原创一类生物制品神经生长因子研发与产业化”2个项目获省科学技术奖二等奖。珠海出入境检验检疫局“广东省重要外来有害生物检疫鉴定和风险预警关键技术研究”、广东珠海金湾发电有限公司参与完成“大型汽轮发电机组不稳定振动快速抑制技术及工程实践”、珠海保税区天然宝杰数码科技材料有限公司“环保型数码印花彩色热升华墨水”、珠海市建设工程质量监督检测站参与完成“动力测试在营运公路桥梁基桩安全技术状况评估中的应用技术研究”4个项目获省科学技术奖三等奖。

（肖茜虹）

【农业科技】 2015年，全市开展现场技术培训和指导52场次，接受咨询4500人次。举办各种农村实用人才培训班57期，培训5150人次，扶持农村实用人才示范户105户。免费派发《珠海农业信息》等宣传资料4万多份，为珠

2015年3月31日，珠海市在斗门区乾务镇举行春耕备耕暨农机、科技、良种“三下乡”现场会（容　标摄）

海广大农民免费发送有关农业技术知识、农产品供求、市场信息等各类信息150多万条。引进新品种63个、新技术27项；经过培训、示范等措施，农民自觉采用科技成果和新技术28项，增加经济效益6000多万元。珠海市龙胜良种鱼苗培育有限公司与南海水产研究所联合获得2015年省农业厅鲴鱼种苗培育关键技术及产业化示范推广二等奖，并拥有全国首个马友养殖基地，其牵头制定的《无公害食品金钱鱼苗种繁育技术规范》等标准被确定为珠海市农业地方标准。启动信息进村入户试点工作，加快“惠农信息社”建设。举办中国农业4.0（珠海）论坛以及第三届台湾新优蔬菜良种展示会等农业技术推广交流活动，与中国人民大学合作成立“中国农业4.0战略珠海研究院”以及“新农人国际培训学院”。

（黎彩丽）

【专利与知识产权】 2015年，珠海市专利申请11334件，比上年增长25.96%，其中发明专利申请4420件，增长39.34%；实用新型申请5377件，增长29.19%；外观设计申请1537件。专利授权6790件，其中发明专利授权1240件，实用新型授权4021件，外观设计授权1529件，年末有效发明专利3667件。全年全市每百万人均发明专利申请量2738件，排名全省第二位。每万人口所拥有的有效发明专利量22.72件，排名全省第二位。

【专利行政管理】 2015年，珠海市印发《珠海市深入实施知识产权战略推动创新驱动发展三年行动计划（2015～2017年）》《2016年珠海市知识产权战略实施推进计划》《珠海市知识产权局2015年专利执法维权工作方案》《珠海市知识产权局处理侵犯专利权纠纷操作规程》《珠海市知识产权局查处假冒专利行为操作规程》等规范性文件，全年受理专利纠纷和涉嫌假冒专利案件3件，结案3件，结案率100%。2家企业通过国家知识产权优势企业认定，现有国家知识产权优势企业4家；2家企业通过省知识产权示范企业认定，省知识产权示范企业12家；8家企业通过市知识产权优势企业认定，市知识产权优势企业79家。资助发明专利491件，其中国内发明专利470件，国外发明专利21件。组织开展系列专利宣传与培训活动15场，培训2600人次，派发资料3000份。

（权　超）

【无线电管理】 2015年，珠海市科技和工业信息化局实现行政审批网上办理45单，指配55个频点，发放938份电台执照。对珠海机场、横琴新区海洋王国、会展中心、碧美特殊化学品公司、秦发港务、华发购物中心、横琴总部大厦、中海油能源发展珠海精细化工有限公司、壳牌珠海润滑油有限公司等重大项目和重要工程用频需求给予协助和快速审批。保持高压态势，打击在珠海境内伪基站和黑广播以及其他非法电台。推进区域无线电业务频率协调、珠中江三地无线电监测联网等工作，组织召开2015年珠中江无线电管理联席会议，落实当年珠澳两地公众移动通信网络信号越界覆盖情况测试工作。通过购买和发放宣传品、登报、向服务对象、监督检查单位宣传无线电管理条例、规定，组织无线电管理专题宣传。配合市教育、财政、人社、司法等部门，组织出动380多人次，为30场各类型考试做好考场电磁环境监测保障。

（丁晓峰）

气象事业

【气象现代化建设】 2015年，基本建成“珠海市突发事件预警信息发布平台”。完成东澳探测站的场地配套工程、部分设备安装，实现探测数据珠澳两地使用。启动珠

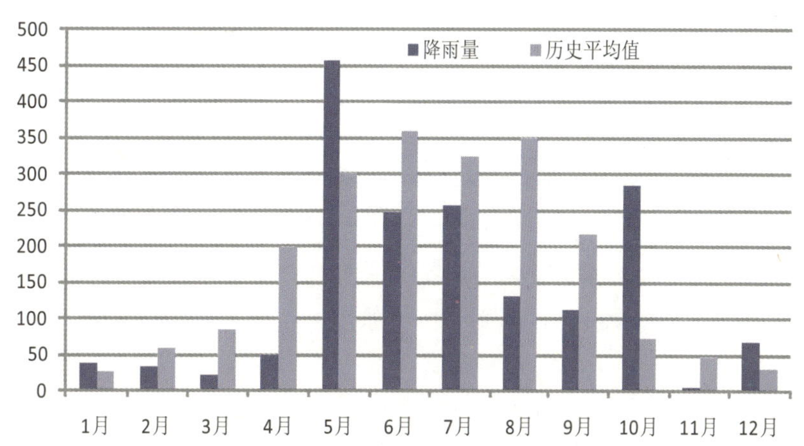

2015年各月降雨量和历史平均值

海港—荷包岛综合探测站建设，完成项目初步设计和概算编制、用地手续等工作。是年，“珠海市气象防灾减灾工程项目”和“珠海市应对气候变化决策支持系统项目”初步设计方案通过市信息化办初审，“珠海市气象探测资源管理平台”通过市信息化办审批。“边界层风廓线雷达在天气预警中的应用”和“珠海市城乡气候特征及要素（灾害）区域分布”两项华南区域气象中心项目完成验收。市气象局立项项目“雷电灾害风险评估业务系统平台”和“防雷装置检测数据自动化处理系统”完成验收。“S波段双偏振雷达定量降雨估测算法本地化研究”和“珠海市 CO_2 浓度概况分析及其轨迹聚类研究”项目获华南区域气象中心立项。“信息系统（机房）防雷检测技术研究”等5项科研项目在市气象局立项。全省气象现代化阶段性考核，珠海市气象局成绩位居全省第三。

【气象监测与预报】 2015年，“珠海实时台风数值预报模式”实现业务化试运行，完善基于双偏振雷达数据“珠海短时临近预报集合系统”，开发“边界层风廓线雷达天气预警业务应用系统”。全年24小时晴雨预报绝对准确率83.2%，24小时最高气温平均绝对误差1.0℃，24小时最低气温平均绝对误差0.8℃。气象观测应发数据8760份，及时率99.8%，设备稳定运行率99.98%，数据可用率100%，达到广东省气象局测报质量要求。

【气象服务】 2015年，在24个镇（街道）建立“气象服务站”，在122个行政村建立“乡村气象站”（气象大喇叭）；推出手机APP“珠海风云”，为用户量身定制个性化气象服务；完成“暴雨强度公式及计算图表修编”，为城市排水设计提供科学数据支撑；与市教育局、市人社局联合印发《关于建立珠海市教育系统应对台风暴雨停课安排工作机制的通知》，与市公安局、市三防办共同落实《珠海市台风暴雨期间实施封桥封路及信息发布的应急工作制度》。全年发布《重大气象信息快报》37份、台风专题报告42份、决策短信158次，发布灾害预警信息3928条（其中预警信号99次），受惠28.4万人次。发布微博、微信1027条，12121气象电话拨打量24万人次，珠海市气象局官方网站浏览量400万人次。

【气象科技合作】 2015年，珠海市气象局与北京师范大学珠海分校签署局校合作战略协议，借助其优秀的师资力量、科研能力及高性能计算机（运算峰值为20万亿次）等资源开展项目合作。与北师大、香港中文大学、中山大学等8家单位联合组建“珠海区域气候—环境—生态预测预警协同创新中心”。

【气象科普宣传】 2015年，在“3·23”世界气象日、安全生产月期间，深入企业、学校、工地等基层一线，通过专题讲座、活动咨询、知识竞赛、摄影比赛等方式宣传《广东省气象灾害防御条例》和《珠海市气象灾害防御规定》。全年举办近百场气象科普宣传活动，派发宣传资料20多万份，直接普及100多万人次。 （肖明坤）

【防震减灾】 2015年，珠海市科技和工业信息化局开展《珠海市防震减灾“十三五”规划》编制工作，推进《珠海市（香洲主城区）震害预测与防御对策系统建设》和《珠海市西江断裂与吉大断裂探测》落实，应对“10·27”斗门M1.7级地震影响，及时核实发布震情信息。协助、配合广东省地震局、中科院南海所开展“珠江三角洲区域陆地台阵观测”和“珠江三角洲区域深地震剖面探测”项目工作。建设工程抗震设防要求审核监督纳入建设工程审批流程，全年审核重大建设项目32项；在市政府、市人大、市政协以及市纪委大院新建4个地震应急避难场所，面积4.29万平方米，“5·12”全国防灾减灾日在市、各区政府大院组织开展市机关大院干部应急知识技能宣教暨地震应急疏散演练活动紧急避震疏散演练；与珠海电视台联合制作防震减灾宣传直播节目；开展校园防震减灾宣传活动；编辑、印刷《防震减灾基本知识手册》3万册、《面对灾害科学避震》宣传海报3000份、三折页10万张，制作移动宣传版报5套分发到全市各区及大中小学和社区；为珠海市第十一中学、珠海市高新区唐家中学、金鼎小学、香洲区第二十一小学举办“地震与地震灾害”“应急避震疏散及自救互救”等4场专场讲座，有3000人参加；举办“珠海市地震应急救援志愿者培训班”，培训500人。 （杨小华）

文化·体育

CULTURE & SPORTS

文化·体育

文　化

【概　况】 2015年，珠海市群众性文化活动日益活跃。全市举办艺术演出79场；组织广场文艺演出和下乡演出1213场；举办各类展览230场；为社区、部队、企业、乡镇组织放映电影1467场。新建100个村居文化中心，推动基本公共文化服务均等化。至年底，全市有各类公共图书馆4个，公共文化馆4个，博物馆8个，陈列馆2个，名人故居3个，纪念馆3个，美术馆8个，镇（街）文化站24个，其中一级文化站21个。每万人公共文化设施面积1350平方米。推进《珠海市建设文化强市三年行动计划（2014～2016）》，部署实施包括城市文化培训、文化民生优化、文化产业提升、文化体制创新、文艺精品创作、文化交流合作、文化人才队伍建设，文化建设保障在内的八大工程，不断提升城市形象和核心竞争力。年底，中国文化发展指数在国内首次发布中国文化城市100强榜单，珠海排名第十位。

【社会文化活动】 2015年，珠海市在促进社会和谐，推进文化强市，创建全国文明城市等方面组织开展一系列群众性文化艺术活动。1月23日晚，由市委宣传部主办的“2015年珠海市春节联欢晚会”在珠海广播电视台演播大厅举行，市党政领导与社会各界人士800多人观看晚会演出。3月23日，由珠海市创文办、珠海市文明办主办，香洲区协办主题为“践行价值观·传播正能量蓝色畅想德行珠海”的学雷锋志愿服务唱响社区市民音乐会在香洲广场举行，千多名社区居民现场观看演出。5月1～2日，由圆明新园、珠海特区报和珠海大学生原创音乐协会联袂打造的珠海大学生原创音乐节盛会在圆明新园的中心剧场举行2场演出，有10所本土高校的16支乐队以及2支港澳高校乐队参演。5月23日，由市总工会主办的“多彩文化节多情蓝色梦”2015年珠海市职工文化节在圆明新园中心剧场开幕并做首场演出。职工文化节从5～7月在全市各区、功能区设8个表演点，以舞蹈、魔术、相声、独唱等表演形式演出30场，为全市职工搭建众多展示艺术才华的平台。5月31日，由珠海市文化体育旅游局、珠海市教育局主办，珠海市文化馆协办的珠海市第二十七届青少儿艺术花会举行表演总决赛，本届艺术花会与往届相比规模有所扩大，参赛人数突破6000人。表演类进入决赛节目302个，分为器乐、小学初中合唱、高中合唱、戏剧、朗诵、舞蹈等6个专场决赛，134个节目角逐金、银、铜奖，金奖46个，其中舞蹈类10个，朗诵、戏剧、曲艺类6个，器乐重奏，小合奏5个，合唱8个，重唱小组9个。涌现一批优秀少儿文艺作品。本届艺术花会美术、书法、摄影类163件获奖作品在市文化馆作为期两周展出。6月16日，由市委宣传部、市文化体育旅游局主办，市文化艺术馆协办的“仲夏之夜”音乐会在珠海大会堂举行。音乐会由市文化馆组建的珠海管弦乐团排演，其团员来自移民珠海从事交响演奏的专业人士及艺术院校毕业生60多人，晚会演奏《北京喜讯传边寨》《瑶族舞曲》《柴可夫斯基弦乐小夜曲》《匈牙利5号》等中外经典音乐作品12首，免费为1000多名市民演出。9月16日，由珠海市文化体育旅游局主办的第四届珠海市戏曲曲艺大赛举行总决赛，大赛历时两个月，决赛节目由各区推荐报送的40余件原创作品中筛选，获奖的6个作品代表珠海参加广东省第八届群众戏剧曲艺花会获一金一铜奖。9月29～30日，第六届北山爵士音乐节在珠海北山举行，来自13个国家及地区的8支爵士乐队30位爵士大师联袂演出。珠海现代音乐学校组建首支金爵士乐队与国际爵士乐大师同台献技。本届音乐节突出演绎拉美国家的音乐文化，4场演出吸引4000多名观众欣赏。10月2日，由珠海市文化体育旅游局主办的第十二届珠海国际沙滩音乐节在珠海海滨泳场举行。本届沙滩音乐节以摇滚、民谣和流行音乐演绎形式，采取现场观众互动观赏和互联网线上互动相结合，吸引现场近2万多观众。乐视对本届音乐节直播吸引在线人数9.4万人次，演出当天微博实时热搜榜获得135.5万次点击，新浪微博“珠海国际沙滩音乐节”话题阅读量53万人次。11月1～12日，由文化部和广东省人民政府主办的第二届中国国际马戏节在珠海横琴长隆国际马戏城举行，本届马戏节坚持“政府主导、企业主体、市场运作、艺术惠民”的办节思路，以表演类目齐全、奖项权威的马戏杂技艺术竞技为平台，吸引来自20个国家35支马戏杂技表演团队200多人参赛，参赛演出节目有滑稽小丑、空中杂技、舞台杂技、魔术等20多项。国际马戏节比赛期间，还分别举办颁奖仪式暨获奖节目汇演，优秀节目公益演出专场、社区、文化广场、学校巡回惠民演出以及马戏杂技发展研讨会等系列活动。11月29日，由市委宣传部、市文化体育旅游局、市文化馆主办的第三十三届滨海之声音乐会暨第二届群众音乐舞蹈花会在圆明新园中心舞台举行，音乐花会旨在繁荣群众文艺创作，推出一批易于传唱、推广和普及的优秀作品。经过各镇区选拔，有28个原创音乐、舞蹈节目参赛。通过角逐，湾仔珠澳文化交流中心艺术团《鲜花盛开的地方》获舞蹈金奖，前山文化站女生小合唱《兄弟民族》获音乐金奖。12月3日，由珠海市人民政府主办的第二届世界广府人恳亲大会主题晚会在圆明新园中心剧场举行。市党政领导与来自世界各地的2500多名广府乡亲观看演出。

【国际音乐赛事】 2015年9月13～26日，首届珠海莫扎特国际青少年音乐比赛在珠海华发中演大剧院举行。经文化部批准，由珠海市人民政府、奥地利萨尔茨堡莫扎特音乐与表演艺术大学主办，珠海华发集团承办。该赛事为国内唯一与世界一流音乐学院合作的国际赛事。本届比赛从全球23个国家及地区500多名参赛者中选出137位青少年演奏家进行决赛，此赛乐器为钢琴和小提琴，根据不同年龄分为ABC三组进行比赛，每组决出前4名获奖选手。经过12天角逐，有24名中外优秀青少年演奏家获奖。赛事期间，组委会还推出莫扎特音乐进课堂、莫扎特真迹展，莫扎特大师班及讲座等系列活动。同月26日，珠海华发中演大剧院举行首届珠海莫扎特国际青少年音乐比赛闭幕式暨获奖者音乐会，市领导和机构相关领导、音乐界嘉宾和珠海各界人士1200人出席。

【文化产业】 2015年，珠海市文化主管部门实施文化强市战略，完善文化产业扶持政策，引进特色优势项目，推进产业聚集发展。至年底，文化产业总值98亿元，占全市GDP比重4.92%。珠海形成现代传媒出版业、数字内容业、影视娱乐业、文化产品制造业、原创艺术生产销售业、创意设计业等六大优势产业。是年，文化产业发展专项资金扶持重点项目37个，并对2个产业园区的25家入园文化企业予以扶助，资金总额2110万元。按照“建设方投资为主，专项资金扶持为辅”的原则，重点扶持数字内容和动漫网游业、产业园区和公共服务平台建设、大型文化会展和活动等项目。珠海文化主管部门与中国建设银行珠海分行合作，建立面向中小企业的“文产贷”融资平台，帮助企业解决融资难问题。深圳第十一届中国国际文化产业博览会期间，组织30家参展单位接近100种文化产品（项目）参展，以“创意发声·珠海有礼”为主题，重点展示27家手信企业的工艺品、食品和科技产品，珠海“粤港澳文化产业园”“金地·动力港文化产业园”“V12文化创意产业园”“金嘉文化创业产业园”“乐士文化区”

五大文化产业园同时推介投资项目和招商。其中金地·动力港文化产业园的3D打印基地、汽车影院、融资城网络平台、西岸影视等项目成为本届文博会展示焦点。珠海市连续第十一次获文博会组委会颁发的优秀组织奖和优秀展示奖。国家级非遗项目“装泥鱼”首次登上文博会珠海展台，展示珠海本土文化特色。珠海选送的工艺美术作品有16个获中国工艺美术文化创意奖。是年，新建、续建项目32个，总投资23亿元。总投资2亿元占地面积1.5万平方米的改造项目金嘉创意谷正式挂牌“珠海文化创意产业园区示范单位”。这是继V12文化创意产业园和珠海金地·动力港文化产业园之后，珠海第三个市级文化创意产业园，实现由工业型向创意型产业转型。在建推进的产业园有集主题娱乐、电子竞技、国际艺术品交易展览、商演、影视剧拍摄和版权贸易为一体新兴文化产业项目横琴·粤港澳文化创意园；以时尚艺术和互联+产业为主要业态的佳能文化创意园；总投资20.8亿元，总建筑面积18.6万平方米，完成面积1万平方米亚洲最大室内摄影棚的珠海平沙文化产业园；以及南方影视产业基地、乐士文化区、北山中西文化创意产业基地等32个项目。至年底，珠海文化产业拥有国家文化出口重点企业6家、国家认证动漫企业5家、广东省版权实业示范基地6家、广东省文化出口重点企业1家，广东省最具价值版权产品1项。

【文化市场】 2015年，全市有歌舞娱乐场所202家、游艺娱乐场所47家、网吧233家、演出经纪机构27家、文艺表演团体12家、演出场所5家、美术品经营单位8家。其中，是年新审批的歌舞娱乐场所11家，游艺娱乐场所1家，网吧15家。珠海市健全文化市场监管机制。建立健全文化市场执法联动协作机制，联合市公安、工商、文化、城管等职能部门齐抓共管，形成文化市场监管合力。利用技术监控和法律监管平台，增强经营场所的防控效能和市场监管力度。加强属地管理和定人、定点、定岗等工作措施，按市场区域和场所地段包干责任，指标细化，责任到人，把文化市场平安创建和监管机制落到实处。发挥歌舞娱乐行业协会、网吧行业协会、电子游艺协会和演出经纪公司等职能作用，加强行业自律和经营场所的自律约束。市文化管理部门与全市文化经营场所签订守法经营承诺书，督促经营场所落实管理制度，遵守行业规定，依章守法经营。在各区建立文化市场义务监督员队伍，逐步形成政府部门配合、上下联动、社会监督的文化市场综合管理体系。

开展“扫黄打非”工作 按省、市统一部署，市职能部门密切配合，联合行动，加强入境进口、网上传播、销售印制、运输寄递等关键环节监管，开展出版市场和互联网有害信息专项治理，突出抓好拱北口岸等重点地区非法出版物销售的整治。全年出动执法人员1964人次，检查各类场所2314家次，查办各类案件21宗，收缴各类非法出版物15064张（册）。

规范文化市场行政执法 注重加强执法人员相关法律和专业知识培训，分别组织《网络视听新媒体发展与管理》《广播影视相关执法规范》等执法业务5次培训，并就现场执法、规范管理、案件办理和依法行政方面进行业务考核，不断提高执法队伍的综合素质和能力。健全执法机制，实行定期轮换执法辖区以及轮换业务岗位制度，完善案件处罚、投诉和行政复议等相关行政执法制度，坚持执法责任追究和重大疑难案件集体讨论把关。

【珠海市图书馆】 2015年，该馆重视文献和信息资源建设。全年完成新书采购98715册，分编加工图书78195册，新书上架9.4万册，随书光盘1752张，至年底，馆藏总书量107万册。年度征订报纸318种，杂志期刊875种，新购各类电子资源基础数据库31个。全年新增电子图书10万册，科技电子期刊论文720万篇，人文期刊500种，视频资源2.1万部，为读者建立电子书刊、报纸、论文、统计数据、音乐动漫、地方文献等内容的现代化图书馆数字资源体系。扩大图书借阅功能和读者服务面。全年接待读者76.5万人次，办理借书证6036个，借阅图书9.9万人次43.6万册次。通过开设联合参考咨询与文献传递网服务，为读者网上续借15.9万册次，电话语音续借1.7万册次，解答各类咨询12116例，免费远程传递文献18521篇。投入新增自助办证机、自助图书杀菌机、电子书借阅机等一批图书设备，为读者提供便捷服务。全年举办文化、艺术、科普、教育等公益性展览118场，34万人次参观。以科普展览为特点，分别与珠中江三地联合巡展互展活动，拓展珠海、中山、江门三地文化交流和增加馆展内容。坚持办好珠海文化大讲堂。全年在馆举办珠海文化大讲堂的讲座 17 场，先后邀请许钦松、刘敏如、唐敏根等国内外知名专家和学者登台开讲，现场听众 7000 人次。举办视频讲座 10 场，观众 560 人次。拓展基层图书室建设。新建横琴法院和斗门区戒毒所图书流动站，至年底，该馆在全市各社区、学校、部队、银行等机构建立图书流动站 50 个，通借通还图书 2.17 万册。推进文化信息资源共享工程。组织开展各类型专业技能知识培训，来自各区文化站、社区图书馆、中小学图书室 680 人参加 8 场培训。开展系列读书活动。利用场馆先后举办“书香岭南”“4·23 世界阅读日”“廉洁读书月”“悦读生活”“摄影大赛”“图书馆杯广东全民英语口说大赛”等系列读书活动，吸引和鼓励市民走进图书馆。吸引众多的志愿者参与图书馆服务工作，全年有 1.5 万人次义工团队参与图书馆的管理实践和志愿服务。是年，该馆数字图书馆推广工程取得进展，通过自动化系统的升级转换，完成推广工程的硬件与网络平台搭建，完成全市 24 个基层文化站网络软硬件升级改造工作，构建珠海数字图书馆网络体系，实现全市文化站与市图书馆网络信息资源共建共享。完成国家数字图书馆推广工程（中国政府公开信息整合服务平台）珠海站项目建设，更新数据 3 万多条。

【珠海市博物馆】 2015 年，该馆做好文物普查、征集、修缮和研究工作。推进珠海第一次全国可移动文物普查工作。完成上报 9000 多件馆藏藏品的数据采集、录入和上传工作，录入并上传国家一普平台 2912 件（套）藏品，其中文物古籍 2879 件（套），标本化石 36 件（套）；录入资料品 2954 件（套）、藏品 409 件（套）；完成文物拍摄资料 101 件（套）。征集文物资料 30 批 571 件。其中汉东博物馆捐赠的唐代至清代文物 28 件，唐家金鼎卢氏宗祠遗留清代至民国文物 81 件，万山海战文物资料 131 件，清代至民国地契 99 张，韦悫及家属文物 210 件。围绕纪念抗战胜利 70 周年，征集当年侵华日军占领中山县城、珠海三灶岛直接相关实物资料一批，为研究华南抗战提供史实资料。文物点的修缮保护工作取得进展。根据国家文物局《关于珠海宝镜湾遗址岩画抢救性保护设计方案的批复》，投入 640 万元，完成珠海宝镜湾遗址岩画的整体修缮工作。分别投入 430 万元和 796 万元完成文物保护单位拱北拉塔石炮台和香洲港澳流动渔民陈列馆的修缮工程，确保投入使用。加强文物保护单位“四有（有保护范围、记录档案、标志说明和保护管理机构）基础性工作和推荐申报项目。是年，经广东省人民政府批准，珠海市赤沙湾沙丘遗址、徐诚斋墓、荔山村黄氏宗祠建筑群、拱北拉塔石炮台公布为第八批广东省文物保护单位。开展学术研究和学术交流，发掘珠海历史文化资源。考古专家和学者先后在《文化杂志》《珠江论坛》《海洋遗存与海洋文化》《岭南考古研究》《江汉考古》《近代史研究》等国内刊物发表学术论文多篇，按照广东省文物局开展珠海海岛文化遗产考古调查的意见，完成淇澳岛文化遗产考古调查工作，并出版《珠海淇澳岛文化遗产考古调查报告》。是年，该馆采取外引内联合作方式，举办“瑶岭长风——瑶族风情展”“流金岁月——新中国电影海报展”“珠海抗战纪实展”“丝路帆远——海上丝绸之路精品文物图片展”等 31 个专题展览，配合“5·18 国际博物馆日”和“2015 年中国遗产日”举办图片摄影展，组织开展文物保护现场咨询宣传等活动。全年接待观众 66.4 万人次，旅游团体 572 个。

【珠海市文化馆】 2015 年，该馆推进辅导培训、舞台演出，非物质文化遗产保护工作。根据年龄层次组织中老年电脑、排舞、声乐、钢琴及少儿美术、书法、小提琴、芭蕾舞等各类培训班 47 个，同时还举办全市文化馆（站）干部培训班及讲座 7 期，辅导培训人数 2.1 万余人次。该馆结合辅导培训工作与基层文化活动，利用馆办艺术资源建立“百姓舞台”惠民演出常态机制，同社区 72 个注册的群众文艺队伍定期开展各项艺术展演活动。“百姓舞台”每周星期二、三、五为群众文艺团队舞蹈、乐器演出；星期六为专业性团队示范演出；周日为戏剧、曲艺、魔术、杂技专场表演。全年演出 262 场，观众 6 万多人。先后举办“第四届珠海市戏剧曲艺大赛”“2015 年广东省打工者歌唱大赛”“第三届珠港澳中国民族乐器大赛”“珠海市第三十三届滨海之声暨第二届群众青年音乐舞蹈花会”，以及珠海市“第二十七届青少年艺术花会”等赛事展演270场。管弦乐《瑞佛戏凤鸡》、山东快书《遗产》作品获广东省举办全省群众文艺作品一等奖，小品《通道》、乐队演唱《秋叶喜雨》等5件作品分获二、三等奖。戏剧作品《遗产》《一丐一棍半个萝卜》分获广东省第八届群众戏剧曲艺花会金奖和铜奖。戏剧《有电话了》在第十届广州大学生戏剧节暨第三届青年非职业戏剧节获最具创造力戏剧奖。利用馆展资源，全年举办书法、绘画、摄影展览17个，观众15万人次。2015年，该馆被评定为国家一级馆。

非物质文化遗产保护传承工作　是年，珠海市加大非遗调研普查力度，市财政非遗拨款由200万元增至400万元。至年底，全市建立市、区两级非物质文化遗产数据库，收集到非遗线索326条，包括非物质文化遗产项目的历史渊源、传承谱系等情况。收集整理申报工作取得进展。大休丝弦古琴斫造技艺、大赤坎明火叉烧排骨、桂山岛天后诞等3项被市政府列入珠海市第八批市级非物质文化遗产代表作名录。三灶民歌、三灶竹草编制技艺、淇澳端午祈祷巡游、斗门赵氏家族祭礼等4项被广东省政府列入第六批省级非物质文化遗产代表名录。至此，全市有国家级和省级非遗保护名录分别4项和14项，市级非遗保护名录22项，区级保护名录44项。国家传承人26人。全国第十个“文化遗产日”期间，珠海市在圆明新园开展非物质文化遗产项目表演、手工技艺传承、端午民俗祭祀、非物资文化遗产项目校园传承、非遗成果图片展等活动。

【珠海市古元美术馆】　2015年，该馆举办各类美术作品展览63个，参观人数26万人次，其中接待旅游团420个，参观人数15053人次；学生团体154个，参观人数10179人次。“全国美术馆馆藏精品展季”活动期间，该馆精选80多幅古元作品，分别到金湾区、斗门区社区以及市公安局警官文化活动中心巡回展出，让优秀美术作品展览延伸馆外基层观众。按广东省文化厅建设公共文化事业单位理事会试点单位要求，6月30日，正式成立珠海市古元美术馆理事会，增强美术工作的监督和社会服务功能，利用古元美术馆的艺术资源办成美术教育实践基地。通过现场导览、办班培训、艺术讲座、基层巡展、网站专栏等方式普及美术教育。全年举办学术讲座3场，研讨会2场，绘画美术培训班10个，参与上述活动的人数480人次。全年收藏捐赠作品155件，以专项经费选购收藏作品56件。至年底，馆藏美术作品1976件，其中捐赠作品1591件（含古元作品241件），购藏作品387件。该馆精选古元12幅作品参加国家美协主办的“铭记历史珍爱和平美术作品展”，7月、12月分别在北京人民大会堂和香港会展中心展出。　（梁　旭）

档案·地方志工作

档案工作

【概　况】　2015年，珠海市有国家综合档案馆4个（分别为市档案馆、香洲区档案馆、金湾区档案馆、斗门区档案馆），专业档案馆1个（市城市建设档案馆），部门档案馆1个（市房地产档案馆）。专职档案工作人员68人，其中副研究馆员1人、馆员2人。各级各类档案馆馆藏档案202万卷、59万件，市文件管理中心保存归档文件73万件，录音磁带、照片档案近6万盘（张）。综合档案馆建筑面积1.8万平方米。全年接收档案20.1万卷、5.1万件，抢救档案2011卷、2.7万件，编研档案资料13种，其中公开出版4种，接待档案、资料利用者3.5万人次，提供档案利用5.1万卷次、5386件次。全年举办档案专题展览4个，接待参观档案展览5890人次。

【档案服务】　重大活动档案服务　2015年，珠海市开展首届珠江西岸先进装备制造业投资贸易洽谈会、第二届中国国际马戏节、珠海 WTA 超级精英赛、第二届世界广府人恳亲大会等重大活动，珠海市档案局馆参与拍摄、归档工作 250 多次，拍摄照片 3 万多张，采集编辑并著录保存高清视频新闻 2000 条，刻录光盘 300 张。香洲区馆收集区重大活动照片 2260 张。

资政史料档案服务　围绕热点问题、时政要事编写《档案资政参考》4 期。结合纪念抗日战争暨世界反法西斯战争胜利 70 周年，牵头中山、江门档案局联合编印出版《珠海·中山·江门馆藏抗战档案史料选编》，首次系统编译日军侵占三灶岛第一手档案史料《三灶岛特报》，支持配合中央电视台拍摄文献纪录片《浴火三灶——华南秘档中的日军暴行》，填补史料空白。为明确澳门习惯水域管理范围提供档案资料查阅服务。服务党内及政府法规和规范性文件清理工作。完成中央领导视察珠海档案资料系统梳理工作。报送《创新档案前端管理新模式——珠海创建全国首家真正意义上的文件管理中心》入选大型文史资料丛书“敢为人先——改革开放广东一千个率先”。斗门区档案局开展重点工作档案专项服务，服务农村土地确权登记、白藤湖股民股权资格登记、斗门区“一河两岸”整治项目推进等。

服务经济社会发展　配合广东省档案局做好对国家和省重大建设项目的巡检、验收和业务督导；深入 10 个重大项目现场指导；对港珠澳大桥等 45 个重点建设项目档案建立跟踪管理台账。制定《珠海市重大建设项目档案管理办法（征求意见稿）》。贯彻落实国家档案局第 10 号令要求，市档案局审批航展公司、汇达丰集团、水务集团、城建集团等 7 家市属企业，香洲区档案局审批 3 家区属企业的文件材料归档范围和保管期限表。对中燃集团、兴地建设项目管理有限公司、中电投珠海横琴热电有限公司开展企业档案规范化测评。上门为重点“三高一特”产业企业和民营企业提供建档指导服务。加强企业电子会计档案的管理，规范破产、关闭企业的档案处置。配合各级农业部门开展档案业务培训；制定推进承包地确权工作方案，编制农村土地承包经营权确权登记颁证档案管理工作流程和要求；斗门区完成 5 个示范村创建复查工作。前往吉大景山等多个社区开展“档案进社区”“档案入万家”活动；以“建立家庭档案、传承社会文明”为主题，在各区推进家庭档案工作。香洲区档案局下拨 5 万元专项经费，按照“政府引导、家庭为主、适当支持”思路，采用现场观摩、代表座谈等方式推进家庭建档，确定家庭建档示范户 500 多户。根据《珠海市 2015 年社会信用体系建设工作计划》要求，整理收集有关单位和企业涉及信用档案相关资料，每月填报。市档案馆首次使用珠海数字档案馆系统中“档案开放鉴定子系统”，对馆藏 1985 年度第十二批近 3 万件档案进行开放鉴定，开放 83 个全宗档案 2216 件。

服务文化强市建设　探索“珠海档案”微信公众服务平台的开发与建设，通过微信公众平台提供开放档案、政府公开文件、专题档案查询，开展查档预约、咨询等服务。与《珠海特区报》合作推出两期“走进档案馆”系列档案宣传专栏；开展珠海城市文化性格专题研究；为第二届世界广府人恳亲大会提供档案资料查询和拍摄存档等服务。市档案局馆联合市文明办、市创文办举办“德行珠海文明盛景”展览。香洲区档案局馆与区文联联合举办 2015 年“活力香洲”摄影作品大赛活动。斗门区档案局馆为斗门建县（区）50 周年系列宣传活动提供反映斗门发展历程的旧照片和文字档案，为《斗门之路——斗门建县（区）50 周年历程回顾》的顺利出版和斗门建县（区）50 周年电视专题节目提供素材和参考依据。

档案育人　市档案局馆创建成为全国中小学档案教育实践基地；通过省委宣传部评审，获广东省爱国主义教育基地称号，并在全省交流爱国主义教育基地建设的经验。开展“实现城市理想——走进珠海话珠海”现场教学活动、“触摸历史脉搏，感受灿烂文化——千名小学生档案文化之旅”活动、“我为珠海代言——优秀导游学习观摩”主题活动、“党在我心中”入党积极分子主题教育活动、“铭记历史，勿忘国耻”主题教育党日活动、小记者采风活动、新党员入党宣誓暨南粤七一纪念奖章颁发仪式、“铭记历史，圆梦南粤——万名外来工走进爱国主义教育基地”学习教育活动、“德行珠海”红色夏令营等主题活动，全年接待参观和开展爱国主义教育活动、中小学档案教育社会实践活动人数近 1 万人次。

【依法治档】 档案执法调研检查 2015年，珠海市档案局馆对各机关单位贯彻落实国家档案局8号令情况进行检查，对各区、企业等18家单位进行执行调研检查，并书面反馈发现问题和整改建议。香洲区档案局馆依法做好机构改革撤销单位档案的处置工作。金湾区首次在全区范围内开展区直单位（镇）档案工作年度评估工作，并将各下属单位的档案工作纳入主管部门管理职责，建立档案业务跟踪联络制度，采用自查与现场检查相结合的方式实现档案管理规范化。

档案业务督导 市档案局馆对市国税局、教育局、国资委、法制局等60多家单位进行现场、电话咨询等方式指导；市、区档案局馆开展对市公安局警训支队、西部城区开发建设局等40多家单位的档案目标管理升级复查工作。高新区指导全区各单位、各社区规范做好档案工作。万山区深入各海岛强化指导，集中组织各镇和区属部门开展归档工作，开展安全保密检查，推进全区档案工作规范化建设。

档案业务培训 是年，珠海市有1500人参加网上岗位培训班课程学习和档案实操专题培训，两期岗位培训271名考生通过考试取得珠海市档案人员上岗证。由珠海牵头，珠中江三市共同使用档案教育培训网进行岗位培训班和实操培训班的学习和考试，开展网络教育培训区域合作，推进三市档案人员上岗证互认工作。国家档案局干部教育中心举办数字档案馆（室）专题培训班在珠海举办。各区结合工作实际组织多批次专题业务培训。

【档案收集】 2015年，珠海市档案局（馆）和金湾区档案局（馆）征集多份抗战时期三灶岛侵华日军原始历史档案，包括抗战期间日本记者拍摄的战地照片、美军航拍三灶岛军用机场照片、日军驻三灶第十四航空队飞行员团队照片、日军在三灶设立的国民学校师生合影、《支那事变画报》、纪录片《三灶·1938》等。其中从日本东京征集的两本《不许可写真》（《不允许刊发照片》），包含1938年日军登陆三灶岛、将莲塘村就业堂设为“联合陆战队本部”、三灶岛上的小孩子等情况，进一步佐证抗战期间日军侵占三灶岛罪行。开展口述历史档案征集工作。为纪念特区成立35周年，参与“珠海人讲特区故事”活动，负责珠海经济特区发展史口述档案征集工作，参加采访14次，采集照片600多张，录音14部。全年全市各级各类档案馆接收各类档案20.14万卷5.57万件。

【档案信息化建设】 2015年，珠海市档案局馆开展原生电子档案的在线接收工作。依托珠海市数字档案馆平台，在线接收市委政研室、市文化体育旅游局、市外事局等30多家市直单位在市电子公文协同处理系统中产生的、保管期限为永久和定期30年的原生电子档案8万多件。首次开展全市性专业电子档案接收工作。通过建立政府信息共享平台数据归档系统，将政府信息共享平台专业电子档案收集移交到市数字档案馆系统，实现全市专业电子档案规范“收集、管理、存储、利用”。重点接收市工商局商事登记档案、市房地产登记档案、市民政局社团登记档案、市质监局组织机构登记档案等4个部门6大数据主题的专业电子档案。按照“存量数字化”要求，实施“数字化带动”战略，把社会急需、群众急需、利用率较高的文书、公证等民生档案优先全文数字化。市档案局馆完成100万页文书等纸质档案数字化，使馆藏现有文书等档案数字化比例保持100%。横琴新区完成42万页、香洲区档案局馆完成28万页、斗门区档案局馆完成27万页、金湾区档案局馆完成11万页纸质档案全文数字化。是年，市国土资源局被推荐申报国家档案局数字档案室试点单位。

档案安全管理 组织全市各级档案部门开展安全专项检查；健全档案安全应急管理机制，强化安全保密教育，落实安全责任制；健全人防、物防、技防三位一体档案安全防范体系，开展档案数据异地异质备份工作，完善馆内视频监控体系，开展档案信息系统安全等级保护及测评工作，加强档案网站安全管理和检查力度，切实保障档案实体和档案信息安全。

档案科研 市档案局馆承担研究的“雾化杀虫灭菌消毒机的研制”和“基于非易失性加密存储器和嵌入式EOS环境的电子文件非线性安全交换系统”等两项科技项目通过国家档案局鉴定委员会的评审鉴定。

数字档案利用 市档案局馆创新系统功能，搭建全市数字档案信息收集、管理、保存、利用一体化平台，通过政务网、局域网和互联网平台为全市200多家机关、企事业单位实现电子档案在线/离线归档移交及利用，提升全市档案信息化水平和行政效能，高效便捷地为社会各界和百姓群众全天候远程利用开放档案资源。9月，该创新成果经国家档案局专家组测试，珠海市档案馆成为全国第一批、广东首个“全国示范数字档案馆”。该系统已在线接收市委办、宣传部、统战部、政研室、市直机关工委、市编办、科工信局、商务局、文化体育旅游局、审计局、外事局、妇联等30多家单位的原生电子档案8万余件。

【档案宣传】 2015年，珠海市各级档案部门以“档案与你相伴”为主题，通过举办专题展览、珍贵档案捐赠以及主题征文、公众开放日、播放视频、档案进社区等多种形式，开展国际档案日宣传活动。市档案局馆对珠海档案信息网进行升级改版，将其打造成为群众了解珠海档案的窗口，联系群众的桥梁，政务公开的平台；利用微博、微信公众号和“档案掌上通”服务平台，打造“百姓口袋里的档案馆”。省档案局《粤档信息》刊登珠海市档案信息16篇，在《中国档案报》《中国档案》杂志发表多篇文章。

档案普法宣传　在“6·9国际档案日”和“12·4法制宣传日”活动期间，珠海市各级档案部门通过张贴宣传海报、派发宣传手册、举办专题讲座、电视公益动漫广告、滚动字幕、电台滚动播放等形式，开展《档案法》《珠海市档案条例》《档案管理违法违纪行为处分规定》等宣传。

【档案馆舍建设】 2015年，珠海市各区均完成立项、选址、落实用地、设计等新馆建设的前期工作，其中香洲区、斗门区新馆设计方案经省档案局发文批准；金湾区新馆完成设计招标，新馆用地正在开工平整。金湾区为确保馆库安全和工作顺利开展，由区财政投入90多万元对近800平方米的档案过渡用房进行全面装修和设备购置，于9月份完成档案馆过渡用房搬迁。高新区投入30万元，建成200平方米的规范综合档案室。高栏港区完成区档案室和陈列室升级改造。（吴　蔚）

地方志工作

【地方志规划】 2015年，珠海市地方志办公室根据《广东省2016～2020年地方志工作重点》要求，起草《珠海市2016～2020年地方志工作要点（讨论稿）》，研究制定全市综合年鉴、方志馆建设、史志宣传报道、地情网站建设4个整体推进工作方案。

【地方志资料年报工作】 2015年，珠海市地方志办公室完善地方志年报资料网上报送及办结服务平台；印发《2001～2011年度地方志年报征集通知》《地方志年报征集工作方案》，利用“珠海市地方志QQ群”进行业务指导。做好征集全市2014年度资料工作，开始征集全市2001～2011年度年报资料。

【地情网信息化建设】 至2015年底，珠海地情网站设运作一级栏目17个、二级栏目26个，发布《珠海市志》等地情书籍8部、近400万字，唐代至2012年大事记近44万字，各主页栏目文章累计1222篇，图片1900余幅（包括主题图片和文章插图），影音视频1部。网站点击率综合排名全省前三位。

【自然村落历史人文普查】 2015年3月，珠海市地方志办公室配合广东省地方志办公厅完成广东省自然村落历史人文普查项目前期专题调研；10月，按省要求启动全市普查工作，印发《珠海市自然村落历史人文普查工作方案》至相关单位；各区先后制定实施方案，市、区、镇三级全面动员和部署。全市普查工作实行“各级党委政府领导、地方志工作机构牵头、有关部门配合、以乡镇（街道）为单位组织实施”的工作机制。是年，珠海市选定斗门区斗门镇南门村（镇普查试点村）、香洲区狮山街道办（城区普查试点）作为普查试点，各项工作已按广东省政府的部署全面推进。

【综合年鉴编纂】 2015年，珠海年鉴编辑中心根据市地方志书审查委员会要求，对《珠海年鉴》（2014卷）（2015卷）进行修改补充。按时完成《广东年鉴·2015》（珠海部分）、《珠江三角洲城市群年鉴·2015》（珠海部分）的供稿任务。香洲、斗门、金湾三个区综合年鉴按时出版。（苏玉怀）

新闻出版·广播电视

新闻出版

【版权法规】 2015年，珠海市新闻出版、版权主管部门重点抓好“4·26”世界知识产权日暨版权保护宣传周系列活动。统一印制4万多份普法资料和宣传单张，分区派发所在企事业单位和文化场所。与市中级人民法院、市普法办、市科工贸信局等部门举办广场咨询活动，通过LED大屏幕播放宣传演示片、图片展板、派发普法资料、现场接受市民咨询等形式，向市民宣传普及知识产权和维权意识。加大媒体宣传力度，《珠海特区报》《珠江晚报》和珠海电视台就2014年珠海法院审判的10个知识产权典型案件作系列报道。推广介绍横琴自贸片区建立知识产权巡回法庭和拱北海关加强知识产权保护的做法。是年，珠海市版权服务中心受理版权保护登记作品78件，其中法人作品62件，个人作品16件。按照省部署要求，针对使用国产正版软件中存在的技术问题，珠海市举办政府机关使用办公软件正版化培训班，来自全市市直机关及直属事业单位80多个部门90人参加培训并现场实际操作。加强政府机关使用正版软件技术指导，建立正版软件网络体系，强化监管。强化版权监管工作，打击侵权盗版行为。市文化执法、版权、公安、电信、信息部门分工协作，齐抓共管，分别组织开展网络信息、电子软件、印刷出版、音像销售市场等多项检查和专项整治。按省统一部署组织开展“2015剑网行动”打击网络侵权盗版专项行动，出动执法人员9635人次，检查网络经营单位73家次、音像出版（经营）单位208家次，印刷企业1633家次，立案查处行政案件24宗，移送刑事案件2宗，收缴各类非法出版物23516册（张）。

【印刷企业】 2015年，珠海市加强信息平台建设，创新服务载体。完善印刷行业组建的“珠海印刷协会网”，通过出版《印刷人》会刊、建立印刷QQ群信息平台和珠海印刷协会新浪微博，加强企业政务公开、技术和管理信息沟通、网上交流和预约服务功能，方便企业办理月报统计、表格申报、年审换证等事项，提高办事效率和服务水平。印刷协会做好2015年印刷企业和出版物发行单位年度核验工作，至年底，全市有印刷企业354家，其中出版物印刷企业133家；包装装潢印刷企业221家。出版物发行（零售）单位124家。是年，印刷协会先后组织会员企业参加“2015澳门国际印刷商品展”、广东省举办的“2015数字包装技术应用及发展论坛”、东莞主办的“2015中国国际彩盒展”和“2015中国（广州）国际印后加工及包装技术设备展”等会展活动。至年底，印刷协会会员单位449家。协会采取企业与院校定点挂钩方式开展“技艺课堂”活动，邀请珠海市艺术职业学院、珠海城市职业学院和广东省科技学院与珠海豪迈实业有限公司、豪迈艺术中心和嘉兆实业公司定期组织参观授课活动，同时开展生产技艺合作。举办“珠海P1杯”印刷创意设计大赛，8个院校351项参赛作品中，26名师生分别获包装、书刊、个性数码、海报等7类设计金、银、铜奖项，珠海城市职业技术学院夺得红酒瓶包装设计视觉大奖桂冠。是年，印刷出版企业进出口业务有所增加。全年审批《国外及港澳台出版物（来）进料加工印件准印证》44批，印刷出版物总重量3.54万吨，加工收入为116.8万港元和6.08万美元，《包装装潢印刷品和其他印刷品（来）进料加工备案》备案7批，印刷出版物总重量88.7万吨，加工收入为32.7万港元和159.6万美元。

【新华书店】 2015年，该书店重点做好政治图书、教材的宣传征订发行工作，根据舆论导向和党员干部学习需求，组织征订《理论热点面对面2014》《政府工作报告》《2015全国两会文件学习辅导读本》《习近平谈治国理政》《习近平用典》《第四批党员干部学习培训教材》等一批重点政治图书。通过媒体宣传、网络推介、团体征订、送书上门方式，为机关、学校、企业征订预订发行书籍，为万山区、高新区等乡镇机关单位配送“三严三实”、党员干部廉洁读物700次共2万册。通过设立专柜重点陈列，微信微博公众平台和巡回书展方式推介新书，促进图书营销。为服务教育事业，书店统筹做好春秋两季全市10多万中小学生书本教材的发行工作，保质保量按时为广大师生提供教学用书。利用自身资源优势，定期举办读书交流活动。与香洲区联合举办第七届读书节活动，开展“十大书香”和“优秀学习家庭”评选活动；联合建设银行珠海分行举办“世界读书日暨爱心捐赠”活动，分别向市十二小、市十五小捐赠图书1000余册。书店承办2015南国书香节活动期间，组织10万册各类新书举行“全国优秀出版物展”“纪念抗日战争胜利70周年图书展”“金庸作品展”等7个专题书展，同时举办名家讲座暨签售会、企业阅读沙龙，文化创意用品展等系列活动，吸引接待读者20万人次，图书和文化用品销售180万元。（梁　旭）

【珠海特区报社】 2015年，该社有《珠海特区报》《珠江晚报》《珠海》《俏丽》、珠海新闻网、百年电子音像出版社等媒体、出版机构，下属珠江传媒有限公司、珠海市报业广告公司、珠海报业发行有限公司、珠海报业文化传播有限公司等经营公司4家。全年两报各出版365期，《珠海》杂志出版18期，《俏丽》杂志出版12期。《珠海特区报》《珠江晚报》分别有5篇和4篇作品获2014年度广东省新闻奖；《珠江晚报》有4篇作品在2014年度赵超构新闻评选中获奖，其中1篇获一等奖。

宣传报道　《珠海特区报》《珠江晚报》、珠海新闻网围绕珠海市委、市政府中心工作，强化新闻策划，创新传播方式。“两报一网”围绕珠海创新驱动战略、横琴自贸试验区建设、“三高一特”产业、先进装备制造基地、文明城市建设、幸福村居建设等进行报道，先后策划组织首届珠江口西岸装洽会、创新驱动战略发展、特区故事系列口述报道、特区35周年特刊、第二届中国国际马戏节、游艇展、寻找珠海创客、WTA超级精英赛、第二届广府人大会、横琴自贸片区系列创新、第三届留学生节、建设珠海西部生态新区等重大新闻报道。是年，《珠海特区报》发行量比上年增长6%。

融合发展　是年7月，该社获国家新闻出版广电总局颁发第二批国家数字出版转型示范单位。10月，成立珠海特区报社新媒体中心、珠海特区报社视觉中心，整合两报一网新媒体等资源，推动媒体融合。11月1日，推出珠海报业手机“新主媒”“珠海特报”APP。“两报一网”大号微博、微信粉丝超过100万。

产业发展　是年，该社实现从广告经营向经营广告转型；拓展多元经营，参与户外公共资源的开发运营，推进报业发行物流、外报代印业务、珠海新闻网电子商务、物业租赁、杂志画报业务、数字出版基地建设。（赵　芳）

广播·电视

【珠海广播电视台】 2015年，该台有2个电视频道：新闻综合频道（ZHTV-1）和公共频道（ZHTV-2），开办“珠海新闻”“新闻121”“民生最前线”“快乐童年”等栏目。拥有3个广播频率：FM951、FM875、FM915，开办“市民热线”“百姓交通台”“天天向上”等节目。拥有1个网站：珠海网（珠海网络电视台），为CUTV城市联合网络电视台成员之一。拥有1份报纸：珠海广播电视报。下辖电广传媒、视广传媒、文广传媒、声音传奇、北纬传媒、珠海香山文化投资发展有限公司、珠海广播影视传媒有限公司等。

宣传报道　围绕珠海市委、市政府中心工作，把握正确导向，提升广播电视媒体权威性和影响力，实施“发展理念、运行机制、管理模式、产业发展”四个转型战略。在服务中心方面，围绕横琴自贸区、生态文明建设、幸福村居，以及装洽会、马戏节、WTA网球赛等主题，通过广播、电视、网络电视主要新闻栏目，策划开展全方位、多视角专题报道。在关注民生方面，准确把握社会热点，通过“行风热线——局长面对面”等主要栏目，策划播出涉及交通、教育、环境等贴近市民生活的节目选题，举办“向乱鸣喇叭说‘不’——文明分贝”“文明礼让心宽路畅”“年度交通人物评选”等主题活动。在对外宣传方面，实现“两个第一”，中央电视台《新闻联播》第一次用5分钟时长，以《划定生态红线留住生态底色》为题报道珠海生态文明建设成果；纪录片《容闳》在获得多项国家、省级奖项同时，在央视9套黄金时间播出，成为第一部登录央视纪录片专业频道播出的原创本土作品，为增强珠海城市影响力发挥积极作用。新闻专题《关口沧桑——写在珠澳口岸新通关安排实施之际》获“第二十八届全国对港澳台广播优秀作品一等奖”；长消息《中国第四代战机鹘鹰和大型运输机运20今天集中亮相十届航展》获“2014年度全国城市广播新闻节目一等奖”；有22件作品获2014年度广东省广播影视奖，其中，电视纪录片《容闳》与广播播音主持作品《大话体坛——世界杯之魂》获一等奖；《市民热线》节目组获2013～2014年度“全国青年文明号”；广播新闻记者黄华在2015年广东省新闻战线“好记者讲好故事”演讲比赛中获“十佳”优秀演讲人称号。

产业发展 拓展经营创收建立节目生产与经营创收相结合的考核机制，强化经营工作成本控制和利润指标考核；拓展经营市场，采取市内电视广告统一管理、多主体多渠道开展经营创收等措施，重点打造房车联展品牌活动，新开辟“展览大厅”平台、“珠海生活圈”微信公众号，创新“TV购”合作模式；探索新媒体经营新平台，加强电子商务平台建设，推出移动端“珠海网”优选商城，与斗门农业园区建立战略合作伙伴关系。完善内部运行管理机制，优化电台、电视台、网络电视台和行政管理中心运行机制；优化频道制、频率制运行管理模式；出台《珠海广播电视台2015年电视节目质量及运营考核办法》《珠海广播电台内部管理决策机制》《珠海广播电台组织管理机构运行机制》《2015年电台经营创收与绩效激励挂钩方案》，完善考核机制。（张新春）

体育

【概况】 2015年，珠海市新建47个社区公园，完成2个镇级全民健身广场建设。全年培训二、三级社会体育指导员500人，至年底，全市各级社会体育指导员总人数4366人，达到每万人拥有26名社会体育指导员。举办珠海2015市民健身运动会，比赛设32个项目，有5万人次参与。举办珠海WTA超级精英赛、2015环中国国际公路自行车赛（珠海站）；组团参加第十四届广东省运动会，珠海市体育代表团派出682名运动员参加28个项目比赛，获金牌7枚，银牌7枚和铜牌13枚，总分1361.65分，在全省22个城市参赛总分中位列第十三名；举办市青少年篮球联赛、市青少年网球锦标赛、市青少年武术套路比赛等活动。全市有50多所中小学，近3000名运动员参加田径、游泳、乒乓球、羽毛球、篮球等7个项目比赛。审批办理田径、网球、游泳、足球等4个项目二级运动员61人；办理篮球、网球、举重、射击等5个项目二级裁判员136人。举办首届“珠海体育产业公众日”活动，珠海市武术、太极拳、瑜伽、健身气功、健美操等六大协会组成千人太极、少儿武术、集体瑜伽、太极气功、健身操等集体表演。至年底，珠海市有体育用品单位272家、游艇公司107家、高尔夫相关单位73家、羽毛球相关单位22家、乒乓球相关单位51家、篮球相关单位8家、武术相关单位25家、跆拳道相关单位21家、网球相关单位25家、体育球馆相关单位181家、民办体育企业56家、体育协会66家。全市体育健儿在国内外重大比赛中，获世界比赛金牌4枚，亚洲比赛金牌2枚，银牌1枚，铜牌1枚；全国比赛金牌9枚，银牌6枚，铜牌7枚；省级金牌7枚、银牌8枚、铜牌12枚。根据珠海市社会经济文化发展趋势和需求，市文化体育主管部门制定珠海市体育发展“十三五”系列规划。

【群众体育】 2015年，珠海市群众体育工作以满足人民群众日益增长的健身需求为宗旨，加快构建全民健身公共服务体系，开展群众性健身和体育活动，促进群众体育事业健康发展。

完善基层体育设施和公共服务建设　是年，珠海市、区加大工作力度和经费投入，完成47个社区体育公园的建设。完成2个镇级全民健身广场，至此，全市15个镇全部按标准建成占地3000平方米以上的全民健身广场，配置篮球场、羽毛球场、健身路径、乒乓球台等健身设施，新建的社区体育公园和镇级全民健身广场实行免费开放。抓好全民健身服务工作。全年培训社会体育指导员500名，其中二级150人，三级350人。至年底，全市社会体育指导员4366名（国家级10名、一级119名、二级1098名、三级3139名），超过省规定的每万人拥有社会体育指导员18人指标。完善市、区两级体质测定与运动健身指导站配套服务措施，免费为市民进行体质测定和指导，全年体质监测1903人。

全民健身活动和体育赛事　为促进全民健身活动，发挥体育协会和社团资源优势和作用，组织举办“珠海2015市民健身运动会”“全民健身日”“南粤幸福活动周”、珠海市第二届“全民健身·舞动全城公益活动”“2015首届体育产业公众日”等大型主题活动，吸引众多健身与体育爱好者参与。全年举办各类大型体育活动60项次，12万人次参与。围绕项目品牌，组织赛事活动。分别组织2015年环中国国际公路自行车赛（珠海站）群众骑行活动、斗门龙舟邀请赛、金湾公路自行车赛、珠海市第七届太极拳精英锦标赛、全市职工全健排舞、全国百城千村健身气功交流展（珠海站）、广东省万村居篮球赛珠海选拔赛等系列活动赛事。重视加强珠中江和珠澳区域群众体育交流活动。定期组织网球、篮球、羽毛球、乒乓球、自行车、武术等项目赛事。组队参加全国、广东省各类体育比赛获佳绩。参加全国老年人门球大赛，获团体优胜奖；参加广东省第八届武术精英赛，获金奖31个、银奖17个、铜奖2个；参加广东省自由式轮滑锦标赛，获金奖3个、银奖2个、铜奖1个；参加澳门国际华人先进篮球邀请赛，获男子50岁以上组冠军，女子35岁以上组亚军。参加广东省健身气功站点联赛，获集体五禽戏、八段锦一等奖，集体易筋经、六字诀二等奖。是年，全市有电脑体育彩票网点280个，销售体育彩票2.9亿元，比上年下降15%。

【竞技体育】　2015年，珠海市竞技体育以提升核心竞争力为目标，重视抓好赛事组织实施和体育人才服务培训。成功举办2015珠海WTA超级精英赛和泛珠三角超级赛车节，这两项赛事分别由中国网球协会和国家体育总局汽车摩托运动管理中心主办和批准项目。仅泛珠三角超级赛车每天观众入场最高达2.2万人，车辆5000台次。组织“同心杯”珠港澳三地青少年足球联赛，2015年珠海小学生田径、游泳、乒乓球、羽毛球项目竞赛。以推广青少年阳光体育为主题，分别举办青少年篮球联赛、青少年网球锦标赛、青少年武术套路等活动，全市有50多所中小学校近3000名运动员参加田径、游泳、乒乓球、羽毛球、网球、篮球、武术等7个项目比赛。组团参加广东省残疾人运动会，参赛的田径、举重、游泳、羽毛球、自行车等9个项目中，获金牌13枚、银牌22枚、铜牌13枚。组团参加广东省第十四届运动会，

经过“一河两岸”景观改造的珠海前山河，环境、水质得到有效改善，前山河畔成为两岸居民晨练的好去处　（滕　毅摄）

珠海市体育代表团682名运动员参加28项运动竞技比赛，获金牌7枚、银牌7枚、铜牌13枚，总分1365.65分。其中竞技体育组获884分，学校组获477.65分，位列全省第十三名。珠海市体育代表团获广东省第十四届运动会体育道德风尚奖、珠海市文化体育旅游局获地市级体育突出贡献奖第六名，斗门区体育局获区县级体育突出贡献奖第二名。

【环中国国际公路自行车(珠海站)赛事】 本届赛事由国家体育总局自行车击剑运动管理中心、中国自行车运动协会主办、珠海市人民政府、中奥体育产业公司承办。2015环中国国际公路自行车赛共12个赛段，10月2日起历时17天，行程5500千米，首站比赛从天津武清出发，途经湖北、四川、重庆、湖南、广东等11个省、直辖市，最后收官珠海。珠海赛段从市体育中心起点至金湾区里维埃拉结束，行程82.7千米。珠海赛段是唯一的城市点对点比赛。来自世界17个国家和地区的22支职业自行车队220人参赛，包括8支欧洲车队，4支亚洲车队、2支美洲车队、2支大西洋车队，中国4支车队以及台湾，香港地区各1支车队。经过1小时53分竞技，意大利日波—维尼梵蒂尼洲际职业队的尼古拉斯·马瑞尼获珠海赛段个人冠军，荷兰国家队获团体总成绩第一，香港队获亚洲团体第一。珠海段赛事当天，中央电视台CCTV5频道进行全程现场直播，欧洲电视媒体对赛事进行转播。珠海首次举办环中国赛事吸引众多市民观摩和参与。比赛起终点处，130名志愿者为赛事服务，4支武术、舞龙舞狮团体在现场表演助兴，3000名自行车骑友尾随参与千人骑行赛道助威，沿途有15万观众观看。

【珠海市体育运动学校】 2015年，该校组建珠海男子足球队和青少年足球训练基地，基地由珠海市体育运动学校、体育俱乐部共同建设，面向全市适龄青少年，训练培养本土足球队员。开设的田径、羽毛球、乒乓球教学项目被国家体育总局命名为“国家级单项后备人才基地”后，学校发挥培养和输送运动员的资源优势，通过与广东省体育高等职业学校3+2办学模式互动对接，拓展青少年体育后备人才培养“省队市办”和“市队区办”的新模式加快人才培养。是年，分别向广东省乒乓球队、羽毛球队输送运动员5人。在2015年全国乒乓球后备人才基地总决赛中，珠海市运动学校组成男子乒乓球代表队与全国32支代表队角逐，获男子团体冠军；运动员吕冠潮、李轶泽、黄凯顿分别获男子单打第二、第三、第五名。团体和个人开创珠海体校乒乓球比赛历届之最。乒乓球运动员朱雨玲在世界乒乓球锦标赛中夺得女子双打冠军，成为该校第二位乒坛世界冠军。运动员吴水娇分别在2015年世界田径挑战赛北京站女子100米栏决赛和2015年第二十一届亚洲田径锦标赛女子100米栏决赛中获得冠军，这是其本人第二次在亚洲顶级田径赛事中获冠军。射击运动员易思玲在德国慕尼黑举办的世界杯射击比赛中获得冠军，保持女子10米气步枪世界纪录。羽毛球运动员孙瑜代表国家队出战世界羽毛球公开赛获第三名。该校培养输送的运动员李强在2015年静水皮划艇世界杯丹麦站比赛中，夺得男子单人艇200米冠军，这是中国选手在国际男子单人艇赛场上的首枚金牌。（梁　旭）

社会生活

SOCIAL LIFE

社会生活

卫生·计划生育

【概　况】 2015年，珠海市以城市公立医院综合改革试点为契机，同步推进基层医疗卫生机构综合改革和加快办医体制改革；以迎接国家卫生城市复审为目标，提升城市环境健康，创建健康城市；以应对登革热等突发公共卫生事件为工作着眼点，提升卫生应急保障能力，做好疾病防控工作；积极应对国家计生政策转变带来的变化，全面推进计划生育工作转型发展。

【卫生机构、床位、人员】 2015年末，全市有卫生机构692家，比上年增加19家，主要包括医院42家、卫生院12家，专科疾病防治机构2家，村卫生室（含农村卫生服务中心）151个，疾病预防控制中心1所，卫生监督所3所等。全市实有床位8558张，增长7.1%。卫生计生机构拥有在岗职工17524人，增长5.3%。其中执业（助理）医师5442人，注册护士6270人，疾病预防控制中心卫生技术人员145人，卫生监督员57名。

【医疗服务】 2015年，珠海市医疗机构诊疗人次1680.44万人次，比上年下降4.23%，其中：基层医疗机构门急诊量占全市医疗机构总门急诊量的比值为66.38%，比上年上升1.68百分点。民营医疗机构诊疗478.30万人次，占全市总诊疗量的28.46%。

【居民健康水平】 2015年，全市公共卫生服务体系进一步健全，居民健康状况保持良好，人均期望寿命为82.50岁，婴儿死亡率为1.86‰，孕产妇死亡率为10.66/10万。全市无甲类传染病报告，乙类传染病报告发病率为372.08/10万。全市人口出生率、人口自然增长率分别控制在10.87‰和8.28‰以内。艾滋病、梅毒和乙肝母婴阻断等重大公共卫生服务项目顺利实

2015年3月24日，珠海市慢性病防治中心在柠溪文化广场举办世界防治结核病日暨珠海志愿者结核病防治知识传播行动启动仪式　　（李文芳摄）

施，阳性产妇所生新生儿干预率为100%。全面开展新生儿疾病筛查工作，送检率为97.4%，疾病检出率为3.3%。

【公共卫生】 2015年，珠海市推动健康城市创建，实施《珠海市人民政府关于创建健康城市的意见》，推进全市十个类别159个单位开展健康单元创建工作。启动健康城市指标体系基线调查，完成80%的调查工作，对数据开展初步整理和分析。加强疾病预防控制工作，全年无甲类传染病报告，未发生登革热本地病例。免疫规划工作有序开展，基础疫苗接种率保持高水平。开展慢性病综合防控、梅毒综合防治示范区创建工作，加强慢性非传染性疾病、严重精神障碍及地方病管理。艾滋病防控工作稳步推进，新增MSM（男男性接触）人群省级监测哨点，通过广东省遏制与防治艾滋病“十二五”行动计划终期评估省级考核。完成结核病“十二五规划”终期评估，圆满完成结核病防治各项目标。消除疟疾工作取得里程碑式进展，通过消除疟疾区级考核评估。通过省地方病防治工作综合考评，达到碘缺乏病消除标准，完成地方病防治“十二五”规划目标。加强职业病防治工作，新增2家职业健康体检机构。推进卫生创建工作，开展爱国卫生运动，巩固国家卫生城市成果，农贸市场已基本完成升级改造，农村环境卫生明显改善，特别是在清除垃圾池和不密闭垃圾屋、整治收回非市政管养的垃圾房和公厕、改造农贸市场熟食档设施、全面落实“四防”设施安装等方面成效明显，高标准通过国家卫生城市复审，并成为广东省唯一获得全国爱卫办通报表彰的城市。全年成功创建广东省卫生村33个。全年监督检查各类场所13563户次，开展专项检查活动70宗，开展重大活动卫生监督保障8宗，行政处罚26宗。

是年，全市12类国家基本公共卫生服务项目和6类重大公共卫生服务项目全部落实，全市人均基本公共卫生服务经费45元。电子健康档案建档率54.10%，规范建档率60.88%，老年人健康档案管理率76.10%；高血压患者管理率39.12%，规范管理率76.17%，血压控制率74.20%；糖尿病患者管理率57.01%，规范管理率78.99%，血糖控制率77.91%；重性精神疾病患者管理率86.85%，规范管理率41.27%，稳定率99.45%；孕产妇早孕建卡率99.10%，孕产妇健康管理率98.27%，孕产妇系统管理率91.72%，产后访视率95.69%；0～6岁儿童健康管理率95.55%，系统管理率92.55%，新生儿访视率95.73%。全市叶酸免费补服达21309人；预防艾滋病乙肝梅毒母婴传播项目和地中海贫血干预项目进展顺利。

【卫生应急】 2015年，珠海市推进卫生应急保障工作，加强疫情监测预警，建立健全珠海市联防联控工作机制。开展人感染H7N9禽流感、埃博拉出血热、中东呼吸综合征等疫情防控和应急工作，做好防汛等极端天气卫生应急工作，协助有关单位做好食物中毒等突发事件处置工作。加快《珠海市救护车管理规定（试行）》修订工作，在全市“一卡通”项目中开发卫生应急模块，推进全市紧急医疗救援信息化更新，提高卫生应急能力。全年市紧急医疗救援中心派出救护车34316次（与上年基本持平），救治27381人（比上年增长0.70%）；处理大型事故264宗（下降13.40%），救治779人（下降9.0%）。院前死亡病例数1109例（增长1.70%）。接报并处置225起公共卫生应急事件（含达到突发公共卫生事件级别的事件18起，占8.0%），比上年减少42.6%（2014年392起），其中传染病事件205起，食源性疾病事件19起以及其他事件1起，无化学中毒或职业中毒事件。平均每周处置公共卫生应急事件4.3起。全年完成各种会议、活动等其他工作医疗保障任务40次，参加医疗保障人员747人次。

【依法行政和综合监督】 2015年，珠海市专题召开全市卫生计生法治建设工作，制定实施《珠海市卫生和计划生育局全面推进卫生计生法治建设实施方案》，组织卫计系统开展法治建设工作，市卫计局在全市依法行政考评中获得优秀等次。加强职业卫生、放射卫生、生活饮用水卫生、学校卫生、公共场所卫生监督等综合监督执法力度，开展放射诊疗专项整治、打击代孕、社会抚养费征收管理检查和卫生计生法律法规落实情况监督检查等专项行动，推进公共场所卫生监督量化分级管理与信息公示制度，推进学校卫生综合评价。全年举办卫生计生依法行政培训班、行政执法培训班、监督技能竞赛等4场次。

【行政审批】 2015年，珠海市卫计局受理行政许可5042宗，发放行政许可证件3439份，行政许可提前办结率为100%，全年无一红牌。市卫计局服务窗口一至四季度均被市行政服务管理局考评为优秀服务窗口。办理医疗机构设置45宗，批准设置22宗；办理医疗机构变更、换证等业务170宗，现场查看验收80家次；办理医疗机构校验327家，现场审查327家。处理投诉举报等900余宗。开展全市性执法、审批类培训5次；改进工作流程，提高审批效率，提供邮寄送证服务，85%以上的事项申请人可以一次拿到许可证件；加大对已有两项行政审批事项转移社会组织的日常指导，组织专门人员对护士注册案卷进行评查，确保转移事项有序规范开展；加大对各区行政审批工作的监督指导，开展专项督查行动，促进各区审批工作规范化；加强网上办事大厅建设，完成省、市网上办事大厅考核要求；配合推进“一卡通”审批系统建设，加强医疗卫生信息化水平。继续推行服务窗口实行审批事项和工作人员“六个统一”（统一工作流程、统一文本格式、统一发布信息、统一协调、统一形象、统一考核）。

【基础建设】 2015年，珠海市加快全市城镇医疗卫生机构基础设施建设，市人民医院北区建设完成并投入使用。市人民医院传染病楼增加完善设备配套投入交付使用。省中医院珠海医院住院楼加快建设。续建珠海市第二中医院（斗门侨立中医院）、金湾区人民医院、斗门镇卫生院建设项目顺利推进。启动市慢性病防治中心建设项目、市妇幼保健院异地新建“项目建议”审批立项，已分别进入设计招标、编制项目可研报告阶段。筹备建设新建设斗门区妇幼保健院，改扩建井岸镇卫生院、高栏港区平沙医院（第五人民医院）项目等三个项目已批复立项，进入前期建设项目阶段。继续推动美国哈佛大学附属麻省总医院中国医院落户横琴。

【医政管理】 2015年，珠海市推进医疗质量持续改进，开展医疗质量专项检查，强化窗口服务工作，加强临床重点专科和特色专科建设。开展创建“平安医院”活动，及时处理医疗纠纷，提高群众满意度。全年受理医疗投诉836件，办结831件，办结率为99.4%。加强门诊预约服务，规范就医秩序。各医院完善预约挂号系统，在常规预约方式外，相继推出网站预约、微信预约、门诊自助挂号缴费系统和下放部分号源到基层医院和社区卫生服务中心等措施，优化就医流程，节省患者就诊时间。实施市政府《关于推进珠海市中医药事业发展的实施意见》，建立全市推进中医药事业发展的联席会议制度，设立市级推进中医药事业发展专项资金，制定实施中医药师承培训项目工作方案。开展“基层中医药服务能力提升工程达标年”活动的同时，推动创建“全国基层中医药服务先进单位”示范区建设工作。

【医改工作】 2015年，珠海市推进三医联动（医保体制改革、卫生体制改革与药品流通体制改革联动），同步推动城市公立医院改革、深化基层医疗卫生机构综合改革和办医体制改革，出台《珠海市深化医药卫生体制改革总体方案》《珠海市深化城市公立医院综合改革实施方案》《珠海市市属公立医院改革政府投入政策的实施意见》《珠海市深化医药卫生体制改革医疗保险实施方案》《珠海市实行药品和医用耗材零差率改革实施方案》《珠海市公立医院实行药品和医用耗材零差率改革实施方案》《关于开展高血压、糖尿病分级诊疗工作的通知》《珠海市关于加快发展社会办医的实施办法》等20多个配套文件。

以破除“以药补医”机制为突破口，推动医药流通体制改革，2015年3月29日起，全市16家公立医院统一实行药品和医用耗材零差率政策，年底启动通用医用耗材统一配送改革。以建立现代医院管理制度为核心，推进医疗管理体制改革，成立市公立医院管理中心，推动公立医院去行政化，完善院长考核激励机制。完成民营社区卫生服务机构首次标准化考核，落实财政补助政策。强化镇村一体化管理，完善绩效激励机制，提升农村医疗卫生服务能力。将万山区海岛卫生院和农村卫生服务中心纳入市人民医院海岛分院一体化管理，提升海岛医疗卫生服务水平。规范全科医生培养模式，建立稳定的基层卫生人才队伍。

【基层医疗卫生】 2015年，珠海推行家庭医生团队签约服务，建立252个家庭医生服务团队，现有团队与53804户家庭、258998名居民签订家庭医生式协议，建立家庭健康档案56729份，提供健康咨询及告知健康信息148674人次，为老年人提供37251人次健康管理服务，为慢性病患者提供58430人次健康管理服务，为0～6岁儿童提供25359人次保健服务，为孕产妇提供10657人次保健指导，上门出诊服务3168人次；开展家庭病床试点工作，全市累计建立家庭病床26张，其中，平沙社区卫生服务中心8张，金鼎社区卫生服务中心18张。

【妇幼健康】 2015年，全市新生儿死亡率、婴儿死亡率和5岁以下儿童死亡率保持低水平。7325对夫妇参加免费孕前优生健康检查，7284人参加免费孕检，6030人参加免费婚检。在全市开展出生缺陷综合防控项目。开展地中海贫血干预项目，全年筛查地中海贫血18327例，初筛率达98.4%。实施艾滋病、梅毒和乙肝母婴阻断等重大公共卫生服务项目，接受HIV抗体检测孕妇数38755人，接受梅毒检测孕妇数38801人，接受乙肝表面抗原检测孕妇数38642人，阳性产妇所生新生儿干预率为100%。开展新生儿疾病筛查工作，筛查率为99.94%，疾病检出率为2.85%。珠海市妇幼保健院、珠海市人民医院、珠海市第二人民医院、中山大学附属第五医院、遵义医学院第五附属（珠海）医院、珠海市香洲区人民医院、珠海市香洲区第二人民医院、珠海市金湾区三灶医院、珠海市红旗社区卫生服务中心、珠海高新技术产业开发区人民医院、珠海市第五人民医院、珠海市人民医院高栏港医院等13家机构获得“爱婴医院”称号。

【科教与宣传】 2015年，珠海市卫计局立项课题55项，市科工信局立项课题59项，省卫计委医学科研基金立项课题12项，省中医药局建设中医药强省科研课题9项。同年，组织各级医院机构申报国家级继续医学教育项目6项，评审通过5项，参加人数1153人；申报省级继续医学教育项目32项，评审通过23项，参加人数4188人；申报市级继续医学教育项目315项，评审通过236项，参加人数43973人。创新卫生计生宣传工作，实施“一个健康大讲堂栏目”“一个健康珠海微博”“一个12320微信”“一个卫生计生网站”“一个健康教育手机短信”“一批家庭人口文化港”“一批卫生计生宣传创新项目”和“一批卫生计生宣传示范基地”的“八个一”宣传工作。“关爱妇女儿童健康公益宣传活动”“健康伴我行百场家庭健康教育公益活动”获评2015年度全省卫生计生宣传创新项目奖，“健康体验馆”被省卫计委评选为“广东省第三批卫生计生宣传示范基地”。

2015年11月26日，第六届中国妇幼保健发展论坛在珠海国际会展中心举行，市卫计局局长李力代表珠海市政府发言 （李季委摄）

【信息化建设】 2015年，珠海市区域医疗“一卡通”项目建设基本完成，管理系统的34个子系统中，基本完成30个子系统的建设，占整体建设任务的95%。数字化医院及社区建设工作覆盖全市公立医疗机构，基本实现全市公立医疗机构内部信息化，实现公立医疗机构互联互通及一卡通用。数据中心软件开发完成阳光用药、居民健康网、预约挂号、疾病监测、卫生监督、应急系统、妇幼系统、合理用药、卫生综合管理平台、医德医风等系统的开发上线。推进网络和数据中心建设，完成政府ICD机房、电信ICD机房和卫生信息中心机房建设并正常运行。完善医疗信息登记、查询等功能，满足全市各医疗服务机构挂号、就医、检查、用药、社保结算等服务功能，实现医疗服务绩效考核及费用监管，解决信息化过程中各自为政形成的信息孤岛问题，实现资源共享、信息互通、工作互动、效率提升的集约节约型发展。

【计生服务管理】 2015年，珠海市坚持计划生育基本国策，严格落实人口计生目标管理责任制、层级动态责任制和计划生育“一票否决权”制度，强化党政领导责任、属地管理责任、单位法人责任、兼职单位责任。人口计划执行情况良好，全市计划生育服务管理常住对象为188.78万人，比上年增长1.94%。全市计划生育服务管理的户籍对象为117.06万人，增加1.89%，符合近几年实有管理人口的增长幅度规律。户籍和常住人口出生分别为13261人和19369人，分别比上年增加1.24%和减少3.79%。全市常住人口自然增长率为8.45‰，增长0.17个千分点，低于广东省10.30‰的计划指标；全市户籍人口自然增长率为8.43‰，增长0.2个千分点，有效控制在珠海市“十二五”自增率10.50‰的规划目标内。推进“单独两孩”政策实施，在工作中把握好注重政策公平、注重审批规范、注重便民利民等三个关键点，切实落实全省统一的“四证一表”便民申请受理服务。是年，全市1884对夫妇申请“单独两孩”再生育审批，办结1830对，审批发证1825对，占已办结数的99.73%。

【流动人口计生服务】 2015年，珠海市加大力度推进流动人口卫生计生基本公共服务均等化试点工作。集中开展3次全市性流动人口计生服务管理专项活动。常态化落实流动人口一孩生育登记工作，全年办理1713例，办理率为94.38%。开展异地务工人员积分入户计生情况审核工作、异地务工人员随迁子女积分入学计生情况审核工作。免费为流动人口落实计生手术6949例，提供孕情检查服务190335人次。为流动育龄夫妇免费提供婚前医学保健服务1449例、孕期医学保健服务4668例、孕前优生健康检查服务3698例。

（张惠青）

人力资源·社会保障

就业培训

【就业创业】 2015年，全市城镇新增就业47585人，城镇失业人员再就业12809人，农村劳动力转移就业2184人，就业困难人员实现就业2576人，促进创业2893人（带动就业7766人），分别完成年度目标任务的105.7%、106.7%、109.2%、128.8%、103.3%，城镇登记失业率为2.26%，比目标任务低0.94个百分点。新增认定3家市级创业孵化基地。出台新的《珠海市就业补贴实施办法》，落实就业扶持政策，全年全市筹集就业资金8548.27万元（含中央、省级就业专项资金），比上年增长40.9%（2014年6068.45万元）；就业资金支出8047.83万元，增长44.7%（2014年5561.11万元）；享受就业补贴71365人次，增长–2.4%。开展“春风行动”“南粤春暖”“就业援助月”“就业直通车”等公共就业和人才服务专项活动，推行就业困难人员实名制就业服务，开展高校毕业生和就业困难人员“双百场”活动，各级公共就业服务机构成功推荐3.47万名城乡劳动者就业。6月，出台《珠海市人民政府关于进一步促进创业工作的意见》，在全省率先打破户籍限制，打造最优创业环境。解决创业融资难题，将创业者可享受贴息的贷款额度由100万元提高到200万元，设立担保费补贴，鼓励各类担保机构为创业者提供担保，全市新增发放符合贴息条件的创业小额贷款357笔6337万元，带动发放银行贷款3.20亿元。加强创业孵化基地建设，截至年底，全市建设有省级创业孵化基地1个，市级基地7个，区级基地7个，在孵企业（项目）994个，创业带动就业8911人。举办“2015·第二届珠海市大学生创业大赛”，163支团队参与，决出18支优秀创业企业（项目），给予最高10万元奖励资助。承办“中国创翼”青年创业创新大赛华南赛区复赛，珠海市“四维时代”和“绿达创未来”晋级全国半决赛，其中

“四维时代”获企业组三等奖。

【外来务工人员服务】 2015年，珠海市人力资源和社会保障局（简称市人社局）加强技术工人招调工作，为501名技术工人和企业技术业务骨干办理招调入户手续。受理2022名异地务工人员积分制入户申请，确定异地务工人员积分制入户指标1800个。

【职业技能提升培训】 2015年，市人社局推进在岗职工技能提升培训工作，培训6159名职工；开展“万名大学生学技能”计划，培训高校毕业生5285人；开展城镇失业人员和农村劳动力技能培训，培训6456人。获国家职业资格证书27369人，比上年增长25.0%，其中获中级职业资格证书12160人，增长4.8%，获高技能等级以上13342人，增长61.8%。开展技能竞赛，全市1万多名职工参加理财规划师、数控车工、汽车维修工等12个项目的比赛。

人事人才

【高层次人才队伍建设】 2015年，市人社局编制发布《珠海市人才开发目录（2015~2016年版）》；制定人才创新驱动发展三年行动计划、创新驱动人才引领三年工作方案。是年，新增59名“蓝色珠海高层次人才”，累计选拔培养280名。兑现高层次人才工作津贴1469.93万元、住房保障281.74万元、补充养老保险226.62万元；为3487人次发放产业发展与创新人才奖励5412万元；对重点培育企业新引进青年人才1235人次发放租房补贴597万元。引进诺贝尔奖得主2名，留学人员232人，国家“千人计划”专家13人，入选省领军人才4人，至此，珠海市累计引进留学人员5832人，国家“千人计划”专家30人，入选省领军人才7人。国家“千人计划”专家和省领军人才总数均位居全省地级市首位。

【博士后工作】 2015年，珠海市新增博士后科研工作站（含分站、创新实践基地）8个，累计35个，新增博士后11人，累计招收培养51人。设立横琴新区博士后科研工作站，成为全国首个开展博士后工作的自贸区。

【公务员管理】 2015年，珠海市完善招录制度和程序，确保公务员考录工作安全高效和公平公正，招录公务员224人；对新录用公务员实行导师制，帮助新录用公务员完成角色转变；下发《关于进一步规范评比达标表彰活动的通知》，从严控制评比表彰活动；完成超职数配备干部整改工作。在市人社局和城管执法局等单位试行个人工作记录通过考核系统公开，以“晒业绩”促工作落实；首次实施《市直机关公务员绩效考核实施方案》，全市有2370名公务员增加或减少绩效奖金，通过绩效考核使机关作风得到改善。

【事业单位人事制度改革】 2015年，珠海市核准事业单位岗位设置（调整）方案122个，核准市直单位及功能区招聘方案34批次。香洲区被选为开展县以下事业单位推行管理岗位职员制度试点地区；香洲区、斗门区参加首次省集中时间组织的事业单位公开招聘工作。

【机关事业单位工资制度改革】 2015年，珠海市落实国家机关事业单位基本工资调整方案。完成机关、事业单位在职人员和2014年10月以前机关事业单位已离退休人员三类人员调整基本工资、增加离退休费、冲减津贴补贴（绩效工资）工作。其中，市直单位行政在职人员10709人，事业在职4343人，离退休人员4815人。通过调整，基本工资占工资收入的比重由11%提高至21%，工资结构得到优化。开展县以下机关公务员职务与职级并行制度实施工作。各区符合实施范围3394人，晋升人员1018人，占比30%，月均增资额317元；市直派驻各区单位符合实施范围4047人，晋升1740人，占比43%，月均增资额461元。集中治理机关事业单位“吃空饷”问题，全年未出现在编不在岗而违纪违规领取工资、津贴补贴问题。配合公务用车制度改革工作，规范车改补贴发放，涉及10419人；制定司勤人员分流安置办法，妥善安置分流司勤人员。

【军转干部安置】 2015年，珠海市安置161名军转干部、162名随军家属。

社会保障

【概　况】 截至2015年底，珠海市535.08万人次参保，比上年增长0.8%。其中：养老保险106.08万人，增长0.2%；医疗保险158.26万人，增长1.8%；失业保险89.59万人，增长 0.4%；工伤保险 90.87 万人，增长 0.5%；生育保险 90.28 万人，增长 0.6%。全市社会保险基金收入 142.15 亿元，增长 29.2%；支出 76.70 亿元，增长 21.3%；历年累计结余 399.12 亿元。社会保障卡累计持卡人数 159.56 万人，完成全年计划 102.3%。

【养老保险】 2015 年 10 月至 2016 年 9 月，珠海市 4.7 万被征地农民可通过补缴参加待遇水平较高的职工基本养老保险。截至 2015 年 12 月 22 日，申请一次性缴费 10736 人，逾万人领到首月养老金，人均 700 多元，待遇实现翻倍。调整 2014 社保年度离退休人员基本养老金，全市近 10 万名离退休人员月人均养老金增加 238 元，待遇水平居全省第三。同年，提高居民养老保险基础养老金到每人每月 350 元，惠及全市 4.7 万城乡居民，待遇水平居全省第一。

【医疗保险、生育保险】 2015 年 7 月 1 日起，珠海市城乡居民基本医疗保险和未成年人医疗保险的财政补贴由每人每年 340 元提高到 400 元，个人缴费标准平均提高 37 元，同时将居民及未成年人住院平均报销比例在原基础上提高 11%，调整后政策内平均报销比例达 85%。出台《珠海市深化医药卫生体制改革医疗保险实施方案》，支持公立医院实施药品和医用耗材零差率改革，减少参保人就医费用负担，医疗保险基金每年增加支出 6000 多万元。落实行政审批制度改革精神，取消定点医药机构非行政许可事项资格审查，建立定点医药机构协议管理制度。扩大职工医保个人账户支付范围，职工医保个人账户可用于购买计生用品、商业健康保险、大病救助保险等，增强个人账户的使用效率，保障参保人用药安全。生育保险费率从 0.7% 降至 0.5%，预计每年为全市用人单位减少生育保险费支出 6000 多万元。

【工伤保险】 2015 年，全市工伤认定（含视同工伤）6777 宗，比上年下降 3.1%，享受工伤保险待遇 6827 人，增长 2.6%。依法推进建筑单位参加工伤保险，缴费费率初定为 0.1%，政策惠及全市建筑行业约 4 万名建筑工人。开展职业健康体检活动，全年为 159 家企业 22482 名参保职工给予体检补助，工伤保险基本补助 344 万元。工伤保险缴费费率下调至 0.2%（一类）、0.5%（二类）、0.8%（三类），平均缴费费率下降 42.5%，降至 0.35%，预计每年为参保单位减轻负担 8160 万元。

【失业保险】 2015 年，市人社局印发《关于做好失业保险支持企业稳定岗位工作的通知》，对少裁员、不裁员的企业给予稳定就业补贴，执行期至 2020 年底，预计可减轻企业负担近 10 亿元。失业保险金发放标准由原 1104 元 / 月提高为 1320 元 / 月。失业保险单位费率由 1.5% 调至 0.8%，个人费率由 0.5% 调至 0.2%；预计每年可减轻企业和参保人负担近 3 亿元。

【社保经办服务】 2015 年，市人社局将原来分窗口办理的 70 项业务，统一由 18 个窗口负责；将信息化服务手段拓宽到网上电脑、手机微信、自助终端和有线电视。

【社保基金监管】 2015 年，珠海市修订《珠海市社会保险反欺诈办法》，完善社保欺诈处理处罚机制，打击社保欺诈行为。对全市定点医药机构开展地毯式专项检查，对 46 家存在违规行为的定点机构进行取消、暂停和扣款扣分等处理，查处社保欺诈案件 20 宗，其中移送公安部门 9 宗。

劳动关系

【劳动力市场工资指导价位】 2015 年 5 月 1 日起，珠海市最低工资标准从 1380 元/月调整为 1650 元/月；同年 7 月，公布 2015 年劳动力市场工资指导价位。

【劳动监察执法和权益保护】 2015 年，全市劳动保障监察机构结案 2088 件，比上年增长 11.2%；其中行政处罚 44 宗，增长 25.7%，移送公安机关 79 宗，增长 146.9%，增幅大主要是与公安部门加强两法衔接沟通，对符合条件的案件快速移送、处理；处置突发事件 183 宗，增长 12.2%。为 2.64 万名劳动者追发工资等待遇 1.69 亿元，人数和金额分别下降 8.5% 和 2.6%。

【劳动人事争议仲裁】 2015 年，全市处理劳动人事争议案件 4019 宗，比上年增长 20.6%，涉及人数 6503 人，增长 39.1%。其中，案内调解争议 1298 宗，案内调解占案件处理总量的 32.3%，下降 5.3 个百分点。劳动人事争议案件法定审限内结案率 100%。（吴嘉雯）

收入·消费

城乡居民收入

【概　况】 国家统计局珠海调查队城乡一体化住户调查数据显示，2015年珠海市全体居民人均可支配收入为36157.9元，比上年增长8.8%，扣除价格因素实际增长7.0%，高0.7个百分点。其中，城镇常住居民人均可支配收入38322.0元，增长8.6%，农村常住居民人均可支配收入20510.2元，增长11.5%，扣除价格因素后，实际增速为6.8%和9.6%，分别比上年高0.9和2.6个百分点。

工资性收入稳步增长　是年，珠海市全体居民人均工资性收入27248.0元，增长8.2%，占可支配收入75.2%，是拉动居民收入增长的主要因素。其中，城镇常住居民人均工资性收入29124.7元，增长7.7%；农村常住居民人均工资性收入13678.8元，增长12.5%。是年，珠海市继续上调最低工资标准，从5月1日起，企业职工最低工资标准从1380元/月调至1650元/月，上调19.6%。工资性收入的增长主要得益于各项就业保障政策、最低工资标准提高及高校毕业生自主创业就业鼓励措施等因素影响。

经营净收入　是年，珠海市全体居民人均经营净收入3621.2元，增长7.9%，其中城镇常住居民人均经营净收入3616.0元，增长6.7%；农村常住居民人均经营净收入3658.7元，增长17.0%。经营净收入的增长一方面得益于国家进一步扩大增值税和营业税的免征范围，全市有1.3万家小微企业享受税收优惠；另一方面，在农村幸福村居建设的带动下，生态农业、休闲农业、服务业成为农村经济新增长点，农民经营净收入增速为各项收入首位。

财产净收入　是年，珠海市全体居民人均财产净收入4128.2元，增长11.9%，其中城镇常住居民人均财产净收入4415.4元，增长13.8%；农村常住居民人均财产性收入2051.0元，下降2.2%。房屋租金的增长是财产性收入增长的主要推动力，全体居民出租房屋财产性收入比上年增长41.5%；其次，随着理财意识不断增强，股票分红、储蓄性保险、互联网理财产品等逐渐成为居民收入增长的新亮点。

转移性收入　是年，珠海市全体居民人均转移性净收入为1160.6元，增长16.4%。其中城镇常住居民人均转移性收入1165.9元，增长18.0%；农村常住居民人均转移性收入1121.6元，增长10.9%。转移性收入的增长主要受政府出台的相关政策推动。珠海企业退休人员基本养老金按国家要求在上年基础上再次提高10%，同时珠海居民基本养老保险基础养老金标准也有所提高，从2014年7月1日起，由每人每月330元提高至350元，居全省第一、全国前列，惠及全市25.5万城乡居民。提高后的基础养老金从2015年4月起发放。

【各区居民可支配收入情况】 2015年，珠海市各区城乡居民人均可支配收入均保持稳步增长的势头。在已开展城乡一体化住户调查的香洲、斗门、金湾、高新、高栏港五个区（功能区）中，香洲区全体居民人均可支配收入41961.5元，比上年增长8.7%，居民收入绝对值水平居各区之首；高新区作为与香洲区紧邻的功能区，居第二位，全体居民人均可支配收入34095.0元，增长9.8%，增速为各区最快，主要得益于一批具有较强创新能力的互联网、智能制造、医药器械企业产值呈爆发式增长；斗门区全体居民人均可支配收入位居第三，为27485.1元，增长8.2%；金湾和高栏港区由于大力发展“三高一特”产业，经济增长速度较快，收入增速加快，人均收入水平已逐步接近排名第三的斗门区，是年，全体居民人均可支配收入分别为26618.9元和26263.7元，增长8.9%和9.3%。

城乡居民消费

【概　况】 2015年，珠海市全体居民人均消费支出27199.0元，比上年增长8.3%，其中城镇常住居民人均消费支出28741.5元，增长7.9%；农村人均常住居民消费支出16045.9元，增长12.2%。

食品消费档次提高　是年，珠海市全体居民人均食品烟酒类消费支出9255.3元，增长3.5%，其中，城镇常住居民人均食品烟酒类消费支出9643.4元，增长3.7%；农村常住居民人均食品烟酒类消费支出6450.5元，增长4.2%。在饮食结构上，肉类、禽类和水产品类支出比上年分别增长19.5%、38.1%和25.1%。

衣着消费稳步增长　是年，珠海市全体居民人均衣着消费支出1306.2元，增长5.9%，其中，城镇常住居民人均衣着消费支出1411.2元，增长5.5%；农村常住居民人均衣着消费支出546.8元，增长11.0%。

居住、生活用品及服务类消费支出　是年，珠海市全体居民人均居住支出5196.8元，增长6.1%；生活用品及服务支出1592.2元，增长21.2%。房地产市场呈现量价齐升的旺盛局面，带动住房装修、家具、家用器具支出的增速分别为61.6%、36.6%和43.9%。

交通通信消费增长加速　是年，珠海市全体居民人均交通通信支出4102.6元，增长14.2%，其中城镇常住居民人均交通通信支出4395.1元，增长13.8%；农村常住居民人均交通通信支出1987.9元，增长57.1%。全体居民每百户拥有家用汽车39.9台，增长18.0%，其中农村居民每百户拥有家用汽车19.6台，增长73.5%。

教育文化娱乐消费旺盛　是年，珠海市全体居民人均教育文化娱乐支出3743.7元，增长11.8%，其中城镇常住居民人均教育文化娱乐支出4038.8元，增长8.3%；农村常住居民人均教育文化娱乐支出1609.4元，增长16.0%。

医疗保健费用增长　是年，珠海市全体居民人均医疗保健支出1323.3元，增长10.2%，其中城镇常住居民人均医疗保健支出1341.4元，增长13.7%；农村常住居民人均医疗保健支出1192.1元，下降11.9%。自3月起，珠海实施公立医院医疗改革，17家二级以上公立医院同步取消药品和医药耗材加成，并上调10项医疗技术服务费用。改革后，珠海居民人均药品支出比上年下降7.2%，医疗服务支出增长21.9%。

其他用品及服务增速较　是年，珠海市全体居民人均其他用品及服务支出678.9元，增长14.5%，其中城镇常住居民人均其他用品及服务支出745.3元，增长15.3%；农村常住居民人均其他用品及服务支出198.6元，下降5.9%。其他用品及服务支出增长的主要原因：一是由于金价下跌，市民购买金银首饰除追求时尚，也作为一种投资方式；二是受消费观念改变影响，居民用于美容美发的消费支出增长较快。

网购消费成为支出的新增长点　是年，珠海每百户居民拥有接入互联网的移动电话和计算机达167.4台和90.4台，分别比上年增长15.4%和7.5%；全体居民人均通过互联网购买商品和服务支出678.0元，增长52.5%。

市场物价

【概　况】 2015年，珠海市居民消费价格（CPI）比上年上涨1.7%，涨幅较上年（上涨3.1%）收窄1.4个百分点。其中食品价格上涨3.4%，非食品价格上涨0.9%；消费品价格上涨1.1%，服务项目价格上涨3.2%；扣除鲜菜鲜果价格上涨1.8%，扣除食品烟酒和能源价格（核心消费价格）上涨1.9%。工业生产者出厂价格（PPI）下降3.1%.

月环比价格涨多跌少　从月环比指数看，全年12个月居民消费价格“9涨3降”，季节性波动明显。其中，2月份受春节、元宵等传统消费旺季影响，价格上涨1.5%；11月份受国庆节后价格回落及鲜菜价格下降影响，价格下降0.7%。其余各月价格变动温和，涨跌幅度没有超过0.5个百分点。

月同比价格震荡上行　与上年同月比，主要受服务项目价格居高不下及医疗改革的政策性调价等新涨价因素影响，珠海市2015年

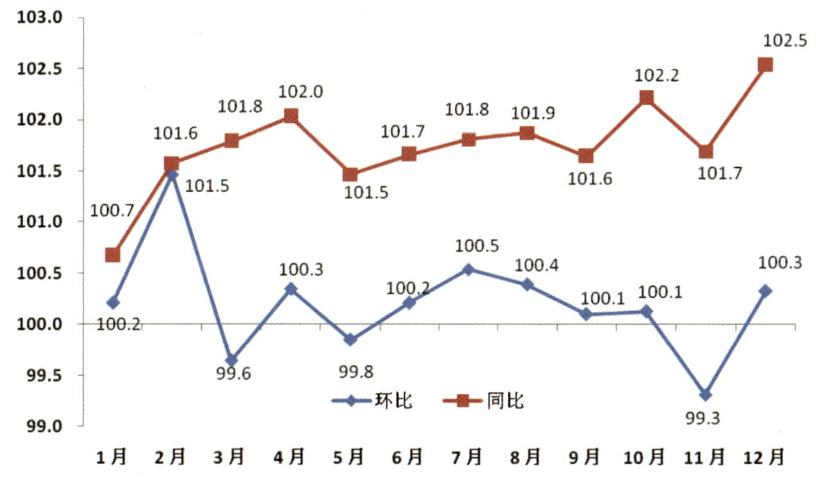

2015 年珠海居民消费价格走势

各月同比指数震荡上行。其中，1月份在翘尾因素不高、新涨价因素不足前提下，同比涨 0.7%，为全年涨幅最低月份；12 月份则受新涨价因素的持续叠加影响，达到全年涨幅最大值，同比价格涨 2.5%。

总体价格变动趋势与全国全省基本一致　是年，珠海市居民消费价格总水平分别较全国（1.4%）及全省（1.5%）高 0.3 和 0.2 个百分点。在全省 21 个地级市中，按 CPI 涨幅由高到低排序，珠海居第五位。与珠三角九市相比，深圳上涨 2.2%，惠州上涨 1.9%，江门上涨 1.8%，广州上涨 1.7%，佛山上涨 1.6%，东莞上涨 1.4%，中山上涨 0.8%，肇庆上涨 0.8%，珠海位居中游。

八大类商品价格以涨为主　分类别看，构成居民消费价格的八大类商品及服务价格同比“6 升 2 降”。其中食品类价格比上年上涨 3.4%，衣着类价格上涨 0.1%，娱乐教育文化用品及服务类价格上涨 2.4%，家庭设备用品及维修服务类价格上涨 2.2%，医疗保健和个人用品类价格上涨 7.7%，烟酒类价格上涨 1.7%；居住类价格下降 1.7%，交通和通信类价格下降 1.3%。从涨跌贡献率看，食品类价格上涨 3.4%，影响总指数上涨 1.15 个百分点，成为拉动 CPI 上涨的主要动力；另外，居住类价格下降 1.7%，影响总指数下降 0.35 个百分点，是抑制 CPI 上涨的主要因素。

食品类价格涨多跌少，涨幅有所扩大　食品类价格比上年上涨 3.4%，涨幅比上年（上涨 4.7%）缩小 1.3 个百分点。列入调查的十六类食品价格“9 升 7 降”，上涨面比上年（“13 升 2 降 1 持平”）明显缩小。肉禽及其制品价格上涨 7.7%，水产品价格上涨 5.1%，在外用膳食品价格上涨 4.0%，菜类价格上涨 3.9%，粮食价格上涨 1.8%，干豆类及豆制品价格上涨 0.9%，茶及饮料价格上涨 0.5%，调味品价格上涨 0.4%，淀粉及制品价格上涨 0.3%；油脂价格下降 6.9%，其他食品下降 4.9%，蛋价格下降 4.0%，糖价格下降 2.7%，液体乳及乳制品价格下降 2.7%，干鲜瓜果价格比上年下降 2.6%，糕点饼干面包价格下降 1.9%。

服务项目价格以涨为主　服务项目价格持续上涨。受劳动力工资上涨以及燃油、水、电、房租等经营成本及居民服务消费需求持续增加等因素影响，服务项目价格比上年上涨 3.2%，涨幅比上年（上涨 4.1%）缩小 0.9 个百分点。纳入调查的 58 个服务项目价格类别中，下降类别 9 个，基本持平 27 个，上涨 22 个。其中，家庭服务类价格涨 13.2%，学前教育类价格涨 8.6%，长途汽车类价格涨 5.8%，宾馆住宿价格涨 4.8%，专业技能培训价格涨 3.1%。

工业消费品价格进入下降通道　是年，珠海市工业消费品价格比上年下降 1.0%。其中，高端白酒需求下降，白酒价格继续回落，下降 7.3%；受原材料及经营成本上涨、需求增加影响，服装价格上涨 0.9%，鞋袜帽价格上涨 4.5%，中成药价格上涨 9.5%，西药价格上涨 6.3%；受国际油气价格下降及国内成品油价格调整影响，汽油价格下降 17.8%、柴油价格下降 11.7%。

多因素共同作用推动物价温和上涨　是年，珠海市在鲜菜、猪肉、水产品等农产品及服务项目领域价格涨势突出，主要影响因素是近年来劳动力成本不断上涨。近五年珠海多次上调最低工资标准。受政策性因素影响。PPI（工业价格指数）连续四年走低，在一定程度上起到平稳消费价格的作用。

（国家统计局珠海调查队）

住房保障

【概　况】 2015年，广东省政府下达珠海市住房保障工作目标任务是：开工建设保障性住房、棚户区改造住房3865套（户）。其中新增公共租赁住房1075套、城市棚户区改造1712户、华侨农场危旧房改造1078户；基本建成保障性住房、棚户区改造住房3478套（户）；新增租赁补贴500户。是年，全市新开工4439套（户），开工完成率115%，其中，公共租赁住房开工1215套，开工完成率113%，城市棚户区改造安置房2112套，开工完成率123.4%，华侨农场危旧房改造开工1112户，开工完成率103%；基本建成保障性住房、棚户区改造住房3986套，基本建成率115%；新增发放租赁住房补贴688户，完成率137.6%。

【住房保障规范】 2015年，市住规建局组织编制《珠海市住房保障专项规划（2014～2020）》，牵头研究拟订《珠海市公共租赁住房管理办法实施细则》。

【公租房配租和廉租房补贴】 2015年，珠海市在香洲区、高新区开展5批公租房配租活动，公租房配租507户。向城镇低收入住房困难家庭按时足额发放廉租住房租赁补贴238.66万元。

【住房保障创新】 2015年，珠海市高新区按照《珠海市高新区产业人才住房管理暂行办法（试行）》规定，探索产业人才共有产权住房保障模式试点工作；市住规建局起草《珠海市引进高校教职工共有产权住房实施原则（试行）》，明确新建教职工住房可采取市引进高校和教职工共有模式。 （陈文辉）

民政工作·社会事务

民政工作

【基层政权和社区建设】 加强社区基层服务设施建设 2015年，珠海市有24个街道（镇）、318个社区（村），设立家庭服务中心43个，社区公共服务站291个，提高社区服务设施覆盖率，为社区居民提供“一站式”“一门式”“一网式”服务。

落实社区减负工作 按照民政部和广东省工作要求，开展社区减负工作，制定《珠海市社区减负工作方案》，推动各区依法依规开展社区减负专项行动。出台《社区行政事务禁入目录（第二批）》，减轻社区行政负担。整理村（社区）公共服务基本目录，清理社区工作机构和牌子，增强社区服务能力。组织开展社区印章使用范围统计工作，广泛征求基层意见，梳理社区印章使用范围。

村务公开民主管理规范化建设 强化考核制度，规范工作流程，明确村务公开领导小组及成员单位职责，定期对社区村务公开民主管理工作进行考核；完善村民议事决策程序，提高农村社区事务决策的科学化、制度化以及规范化；开展村（社区）党务村（居）务公开栏升级改造工作，规范公开形式，丰富公开内容，明确公开时间，各区按照省公开栏指导模板样式完成升级改造工作。

完善村务监督委员会工作机制 贯彻落实《广东省村务监督委员会工作规则》（粤民发〔2015〕92号），组织各级相关人员开展业务培训，规范村务监督委员会建设，出台《珠海市建立村务监督委员会工作规则实施方案》《珠海市村务监督委员会选举办法》《珠海市村务监督委员会考核办法》。

【社会组织建设】 2015年，珠海市推进社会组织登记管理体制改革，开展社会组织直接登记，在册社会组织1916家，其中市级社会组织1066家，区级850家。按珠海市常住人口统计，每万人拥有社会组织11.88家。全年办理社会组织注册登记290宗，变更登记131宗，注销登记24宗，撤销登记17宗。社会组织综合服务平台作用初步发挥，成功举办第二届社会组织“公益伙伴日”活动，建立政府、社会组织、企业、媒体和公众间友好的伙伴关系，营造良好的社会组织发展环境。完善社会组织等级评估机制，社会组织能力建设培训效果明显，228家符合条件的社会组织进入《2015年具备承接政府职能转移和购买服务资质的市级社会组织目录》，组织开展的《推进社会组织承接政府购买服务研究》调研课题获2015年全国民政政策理论研究二等奖。

社会组织规范化管理 推行市级社会组织网上年检，756家完成年检，网上年检率达100%，责令56家社会组织进行整改。委托会计师事务所完成31家社会组织的财务抽查审计，组织对部分社会组织进行现场检查，开展规范化培训，促进社会组织健康发展。推进社会组织执法监察工作规范化，建设并启用网上执法监察系统，将其流程纳入信息化管理，依法查处29家社会组织。推进政府购买服务的透明化，在“珠海市社会组织信息公示平台”开通“政府购买社会组织项目公示”栏目，公示项目296个，项目预算达5784.05万元。建设完成珠海市社会组织管理信息平台并投入使用，提升社会组织信息化管理水平。出台《珠海市社会组织信用信息管理实施细则》(试行)（珠民〔2015〕148号），规范社会组织信用信息的征集、记录、使用；印发《珠海市社会组织重大事项报告工作指引》（珠民〔2015〕171号）和《珠海市社会组织信息公开指引》(珠民〔2015〕172号)，推行重大事项报告，规范社会组织信息公开行为，引导社会组织加强自治自律和社会监督。

【优抚安置】 2015年，珠海市为享受抚恤补助的优抚对象和农村籍60岁以上退役人员3181人核拨定恤定补金和生活补助金2781万元；补助符合条件的优抚对象参加社会保障，支出经费1088万元；组织“关爱功臣巡回医疗队”，为300余名重点优抚对象送医送药；完成民政部新春赴澳门慰问烈属老战士活动接待工作；组织40名享受抚恤和补助优抚对象，以集中或分散的方式赴广东省荣军第二医院疗养。

全年全市接收退役士兵347人，其中转业士官14人、复员士官45人、退役士兵288人；接收安置军队退休干部8人、军队无军籍退休退职职工7人。符合政府安排工作条件转业士官14人、自主就业退役士兵333人，发放一次性经济补助金2007.08万元；培训退役士兵37人，支出培训费27.75万元。

【双拥共建】 2015年，珠海市双拥工作以创建第十轮全国和广东省双拥模范城活动为重点，紧贴基层需求和期盼，创新工作理念，拓

2015年6月26～27日，第二届社会组织公益伙伴日在北山中西文化创意产业园举行
（潘双红摄）

2015年8月25日，珠海市首个军民共建幸福村居活动启动，官兵进村“扶贫帮困” （李海香摄）

宽拥军领域，着力打造特色双拥文化，推动双拥工作上新台阶。

创新宣传教育载体 通过报纸、电视台、网站等媒介，宣传双拥先进事迹和工作开展情况；市政府出资建设一组反映“钢八连”精神的雕塑，弘扬“钢八连”艰苦奋斗、拒腐防变的精神，把“钢八连”精神打造成珠海的“精神名片”；市双拥办制作宣传汇报片《双拥新光耀明珠》和双拥画册《鱼水丰碑》，宣传珠海市军民共建鱼水深情的大好局面。

开展拥军优属活动 市级财政为驻军和优抚对象提供资金2.84亿元支持部队建设、改善部队官兵和优抚对象的工作和生活等。春节、“八一”期间，珠海市各级党委政府组成141个慰问团（组）、拨款1132万元开展拥军优属活动，慰问演出60余场。

落实拥军优抚政策 市民政局与市交通运输局联合发文《关于实施现役军人免费乘坐市内公共交通工具政策的通知》，于10月1日正式实施，试行两年。协调解决28名驻珠军警部队官兵子女入读公办幼儿园。

开展特色双拥活动 开展“四进军营”（文化进军营、学历教育进军营、劳动技能进军营、体育卫生进军营）“五个一批、五个一百”（选定一批爱国主义和国防教育联系点、组织一批驻军医疗队开展义诊活动、建设一批弘扬“钢八连”精神的雕塑、选择一批企业挂钩海岛部队、建设一批技能培训基地；组织驻军与百个村居社区共建“幸福村居”、组织百场文艺节目及书画作品进军营、培训百名官兵成为高技能专业人才、向百个新兵班排赠送战士成长档案册、组织百家企业、社会组织进军营）等活动。举行“双拥在基层”——百家企业进军营活动暨军民共建签约仪式，23家企业与海岛连队结成对子；自6月开始，每月组织一批基层连队优秀战士开展“三看三学”（看珠海特区发展，学习珠海人敢为天下先的实干精神；看优秀企业文化，学习企业团队和创新精神；看幸福村居建设，学习国家科学发展观战略和系列惠民利民政策），活动为期半年；举办电工厨师培训班，200多名官兵参加；举办书画、摄影技术培训班，142名官兵参加；举办首个军民共建幸福村居、第六届双拥杯篮球赛等活动。

驻军拥政爱民 珠海警备区累计投入100余万元，先后对口帮扶斗门区莲洲镇西窖村和东安村；边防五支队为配合重大项目建设搬迁营区。驻珠军警部队配合地方抓好国防教育，为学校、企事业单位组织军训13.4万人次；出动官兵4万余人次，完成两会、“3+2”专项行动，国际马戏节、沙滩音乐节等维稳安保任务，保障驻地人民生命财产安全。

【社会救助】 *最低生活保障* 2015年1月1日起，珠海市低保标准由520元/人/月提高至580元/人/月，比上年增长11.5%。12月，珠海市城乡低保月补差水平分别达到553元和558元，在册低保对象5741户8712人。全年按时、足额发放低保金5666万元，确保动态管理下的应保尽保和分类施保。

五保供养 建立完善农村五保供养最低标准和调整机制，有供养对象967人，其中集中供养230人，年供养标准15111元；分散供养737人，年供养标准13557元，年集中和分散供养标准分别达到上年度农村常住居民人均可支配收入（18394.8元）的82%和74%。开展以提升五保服务水平为宗旨的“暖心行动”，建立党员和村干部联系五保户制度，结对完成率达100%，村干部和党员每月看望五

保户，为其开展上门服务。

医疗救助　出台《珠海市困难群众医疗救助实施办法》（珠府〔2015〕42号），对原医疗救助制度进行重构：一是降低医疗救助门槛，提高救助标准，住院救助比例从最低50%提高至最低80%；二是对特困人员住院医疗个人核准自付部分实行全额救助，不设标准上限，全面保障特困人员的医疗救助权益；三是设立重特大疾病医疗救助制度，填补制度空白，年救助金额可达20万元，全年医疗救助34320人次，比上年增长61.7%，支出救助金1523.2万元，增长14.6%。

临时救助　对包括符合条件非本市户籍在内的，因临时性、突发性等各种原因造成基本生活出现暂时困难的人员提供临时生活救助，全年救助2239户次，支出200.6万元。

【自然灾害和灾害救助】 2015年，珠海市自然灾害灾情轻微。灾害期间，各级民政部门落实救灾工作责任制，坚持24小时值班，及时启动预警响应，开放庇护场所，做好物资储备、人口转移安置及救灾物资发放工作，确保灾民基本生活。台风“彩虹”黄色预警时市减灾委员会启动1次救灾预警响应，“彩虹”过后，市减灾委组织各成员单位和各区，开展灾后隐患排查和抢险复产工作，增强基层和各单位防范自然灾害的能力。为确保受灾害影响的困难群众的基本生活，划拨50万元冬春救助款至斗门区和金湾区。

2015年，珠海市民政局投入救灾物资采购资金7.88万元，采购防寒棉袄300件，羊绒多功能防寒大衣30件，普通多功能防寒大衣150件，凉席300张。全年全市举办16期灾害信息员培训，培训382人次。

【慈善事业】 2015年，珠海市开展“广东扶贫济困日”活动及一系列慈善、赈灾活动。全年累计募集善款850.09万元、物资65203件，支出善款635.44万元（占全年募集总额75%）、发放物资60813件，累计惠及困难群众36855人次。

【社会福利】 儿童福利　从2015年1月起，儿童福利机构集中供养孤儿基本生活标准由1200元/月提高至1300元/月，社会散居孤儿基本生活标准由780元/月提高至870元/月。建立孤儿基本生活供养标准自然增长机制，印发《关于建立我市孤儿基本生活供养标准自然增长机制的通知》。截至年底，福利机构集中供养孤儿209人、社会散居孤儿76人；全市办理收养登记33宗；通过“2015年孤儿保障大行动”为全市孤儿办理重大疾病公益保险。通过“明天计划”手术康复活动为2名重症孤儿实施手术治疗。为7名特殊困境儿童提供临时代养。经市政府同意，印发《珠海市建立和完善适度普惠型儿童福利制度实施方案》。

老年人福利　开展社区居家养老上门服务，逐步建立养老补贴服务制度。全年社区居家养老上门服务对象659人，累计服务超过5万人次，发放服务补贴72.95万元。探索信息化养老服务，试点建立养老服务信息网络，有近5200名老年人通过养老服务信息网络接受养老服务，其中1121人为经济困难、高龄、失能老年人。探索公办养老机构管理体制改革，在斗门区开展公办养老机构公建民营的探索，在高栏港区推动养老机构探索医养结合的养老模式。落实《珠海市民办养老机构资助暂行办法》，鼓励社会力量举办养老机构，开展补贴工作。截至年底，全市有养老机构24家，其中公办14家，民办10家。有养老床位3715张（养老机构2687张，社区居家养老服务设施462张，卫生系统397张，残联系统169张），比上年末增加328张，平均每千名户籍老年人拥有床位26.5张；有380个社区居家养老服务设施，其中城市社区250个，农村社区130个，城市和农村居家养老服务覆盖率均达到100%。

流浪乞讨救助　开展“寒冬送温暖”专项救助和日常救助活动，加强拱北口岸地区流浪乞讨人员的救助管理。全年救助流浪乞讨人员2986人次，其中未成年人救助保护93人次。

【区划勘界管理】 2015年，珠海市配合做好澳门特别行政区陆地行政区域界线划定工作；推进政府驻地镇改设街道办事处工作；配合完成中山市和珠海市行政区域界线联检工作；组织实施区级行政区域界线联检工作。边界地区居民和睦相处，生产生活秩序正常，未发生边界纠纷事件。贯彻落实《行政区域界线管理条例》，依托《珠海市行政区划图》，宣传珠海市行政区域界线情况。

【规范地名管理】 2015年，珠海市审核地名112个，其中建筑物名54个，路街名58个。研究起草

《珠海市地名管理条例》。指导有关部门设置地名标志，完成全省第二类语言城市检查工作。

【福利彩票】 2015年，全市销售福利彩票6.33亿元，比上年增长3.96%，筹集公益金1.86亿元，其中本市留用6570万元。销售总量及增幅排名均列省前十名。

【婚姻登记】 2015年，全市办理结婚登记12861对，离婚4189对（其中涉港澳台居民、华侨、外国人结婚441对，离婚112对），补领婚姻登记证2361对。

【老龄工作】 2015年，珠海市发放高龄津贴1900多万元，惠及1.6万人；实施“银龄安康行动”，为高龄老人和困难老人购买意外伤害保险，截至年底，全市有5.5万老人参加，保费收入近400万元，累计保额过亿元，60周岁以上老人参保覆盖面达到43%。根据《珠海市人民政府关于贯彻落实广东省老年人优待办法的通知》（珠府〔2014〕144号）要求，自2015年1月1日起，年满60周岁的老年人乘坐本市公共汽车享受免费优惠，不受户籍限制。约7万外埠老年人受益。同年，举办第七届珠澳中老年太极柔力球大赛、第二届老年广场舞大赛、全市老年文艺汇演等活动丰富老年人文化生活；组织4场“宣传老年法，造福老年人”送戏下乡巡演活动。

【殡葬工作】 2015年，珠海市火化遗体7325具，火化率100%。仙峰山、合罗山和大洋山公墓均依法经营，服务规范；全市各行政区和经济功能区考核结果均达标且成绩优良。完成清明节期间祭扫服务保障工作，接待祭扫群众40.1万人次，疏导车辆5.1万辆。完成珠海市第十九次骨灰撒海活动，40户家庭参加，43名逝者骨灰撒入大海。推行惠民殡葬政策，出台《关于〈珠海市免除户籍居民殡葬基本服务费用实施办法〉的补充通知》，免除7项费用，年内为407人免除112.94万元。贯彻落实《关于我市党员干部带头推动殡葬改革的意见》，明确实施殡葬公共服务建设“长青计划”，强调殡葬基本公共服务“三免一补”（户籍居民基本殡葬服务由政府免费提供、免费为群众提供骨灰树葬服务、免费骨灰撒海服务、对生态节地葬法给予奖励或补贴）。 （何静宜）

关心下一代工作

【概　况】 珠海市关心下一代工作委员会（简称市关工委）是在党委、政府领导下，以离退休老同志为主体，党政有关部门和群众团体负责人参加，以教育培养下一代为目的的群众性工作组织，是党委、政府在培养教育青少年方面的参谋和助手。截至2015年底，全市建立各级关工组织739个。现有关工“五老”（老干部、老战士、老专家、老教师、老模范）队伍和志愿者成员1.71万人，家长学校285所，教育基地121个。是年，市关工委及各级关工组织开展青少年校外教育实践活动4500余场，百余万人次青少年受教育。426名监督员参加网吧监督活动。同年，市关工委分别获得国家和省“关心下一代工作先进集体”称号。

【未成年人思想道德建设】 2015年，市关工委通过加强青少年思想道德教育，引领青少年学习和践行社会主义核心价值观。一是各级关工委配合相关部门，组织道德论坛、道德讲堂等活动。二是参与中国关

2015年6月3日，“苏兆征班”的少先队员汇聚在珠海警备区干休所聆听老红军张斌讲述长征和抗日战争的故事 （市关工委供稿）

工委主办的第三届“关爱明天，普法先行”——青少年普法教育活动，并配合相关职能部门开展普法教育活动。三是以纪念中国人民抗日战争暨世界反法西斯战争胜利70周年为契机，开展革命传统教育和爱国主义教育活动。市关工委结合本土资源，制作主题教育片《珠海抗战岁月》，联合市委老干部局、团市委举办“勿忘国耻 圆梦中华”主题教育活动。四是结合珠海市创文工作，开展“160工程”“朝阳读书”“远离网吧走进书吧”“快乐四点半”“防溺水安全教育”等校外教育活动。五是市关工委联合市检察院、教育局、团市委、司法局等单位创建850平方米青少年诚信守法廉洁教育基地，特别是建立全省地级市首个关工委门户网站，打造关心下一代工作宣传信息平台。

【关心青少年健康成长】 2015年，市关工委继续推进“三失一欠”（失学、失业、失足、身体欠健康）青少年帮扶工作，通过市民政局争取专项基金用于帮扶“三失一欠”青少年，与市卫计局合办“关爱欠健康少年儿童义诊活动”，在全市各大医院、基层卫生服务中心为百余人次欠健康少年儿童义诊。联合市红十字会、团市委等单位，开展“情暖中秋博爱万家”困境青少年慰问活动，慰问近200名困境青少年。香洲区关工委向区政府争取专项帮扶经费。斗门区关工委发动新际玩具（珠海）有限公司、显利（珠海）造船有限公司、广东坚士锁业有限公司、金台寺等单位捐资42.1万元，资助贫困学生178人。斗门区各镇、村自行发动捐助的助学款和奖学金66.8万元，受益学生596人。全市各级关工组织开展戒毒帮教工作，其中，斗门区帮教戒毒人员49人，三年不复吸的20人。

【组织建设】 2015年，市关工委前往横琴、香洲、金湾、斗门、高新区、万山、高栏港、教育系统各级关工委学习调研22次，联合市文明办、市委社管部、市教育局、市妇联和团市委等六个单位组成专项调研课题组，在全市中小学及相关单位开展青少年“三教结合”（学校教育、家庭教育、社会教育相结合）情况调研，形成《发挥“五老”优势构建大关工教育格局》调研报告。全市新增23个企业关工委，现建立关工组织的企业104个。市关工委发行四期工作季刊《牵手》，市各大媒体刊登关心下一代工作相关报道及文章34篇。各级关工组织发挥“三工”（关工、社工、义工）“四团”（讲师团、帮教团、心灵关爱团、艺术团）的作用，加强关工队伍建设。市关工委讲师团以“培育和践行社会主义核心价值观”为中心课题，深入各学校、社区、企业及强制监管场所举行报告会、座谈会、帮教会，宣讲38场次，青少年受教育7200多人次。市关工委心灵关爱团通过“阳光讲坛”“心灵家园”“悦心坊”三大工作平台，为问题青少年提供心理辅导，在多所学校开展大型讲座，受教育740人次，接待来访并跟踪辅导的家庭个案35例。市关工委关工艺术团前往珠海中小学校及市强戒所慰问演出。以纪念市关工委成立15周年为契机，开展系列活动：召开一次会议、制作一个专题片、刊登一个新闻专版、出版一本画册和一本书，以总结经验、表彰先进、部署工作。（市关工委）

珠海市红十字会

【应急救援】 2015年，珠海市红十字会（简称市红会）组织动员向灾区募捐，先后向尼泊尔和西藏地震灾区，天津火灾爆炸受伤

2015年12月10日，市红十字会在香洲区第六小学开展学校安全教育与体验活动，图为火灾避险体验教育现场 （林少珊摄）

群众，以及湛江强台风“彩虹”受灾地区开展灾害救援，捐赠款物83万余元。承办中国红十字会2014～2015年海峡两岸50名水上救生员的培训任务，以及9月份首届粤闽琼水上应急救援演练活动。

【应急救护培训】 2015年，市红会采取预约集中培训和“送教上门”等方式先后为市数字城管局、横琴新区等机关的570名干部、职工进行急救知识培训。在香山学校、市第二中学等30所学校（幼儿园）中开展82场公益性应急救护培训，2万多名师生参与，1043名师生获得“红十字救护员证”。结合世界急救日和红十字主题开放日，为15个社区的1300名居民和保安人员进行应急救护知识培训。在斗门区的6个镇街125条村居培训救护员525名，并举办首届幸福村居救护员技能竞赛。在格力电器股份有限公司、珠海长隆等100多家企业开展应急救护培训213场次，6581人参与，培训救护员3549人。指导市供电局、市公交集团进行生产安全应急救援演练3场。为珠海WTA超级精英赛、第二届中国国际马戏节等赛会1000名服务志愿者进行救护知识培训。

【生命安全教育项目】 2015年，争取中国红十字会的支持，生命安全教育项目首次落户珠海市。中央福彩资金支持30万元，以“小手拉大手，健康一起走”为课题，以香华小学和银桦新村为基地，先后在10所小学（幼儿园）和6个社区开展以救护知识技能培训、应急演练、学校安全教育与体验等为主要内容的生命安全教育。

【人道救援救助】 2015年，市红会以“先心行动”（先天性儿童心脏手术）、“大病救助”“爱心助学”等公益项目开展困难救助工作，先后对182名大病患者进行人道救助，发放救助款82万余元；帮扶散居孤儿95名，发救助款15.5万元；对33名外来人员进行临时救助；对市内22宗道路交通事故死伤人员进行人道救助，支付抢救费、困难救助和丧葬费等114万余元。向甘孜州稻城、理塘县的困难学生捐赠价值24万元的学习用品，并向两县47名藏族贫困大学生及珠海市金湾区25名贫困大学生发放助学款14.5万元。春节、中秋节开展“红十字博爱送万家”慰问活动，为2719名低保困难群众、大病救助对象、残疾人等发放慰问品（金）41万元。筹措经费7万多元，为斗门白蕉镇八顷村双残疾人家庭新建60多平方米的砖混结构住房一套，并配备生活用品。

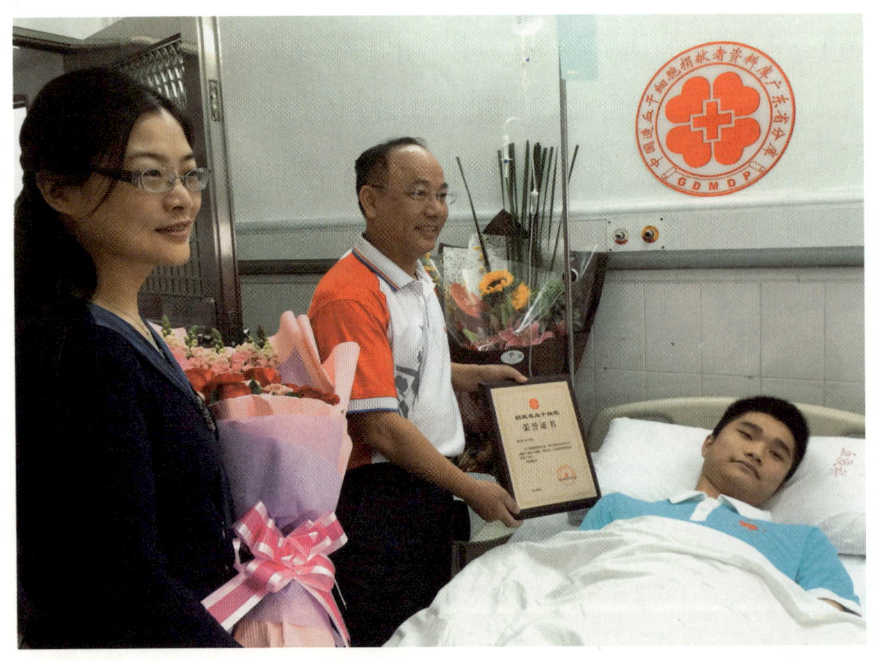

2015年4月22日，省红十字会党委组书记、常务副会长梁健（左二）、省红十字会副会长兼职秘书长甘萍（左一）慰问珠海造血干细胞志愿者马丹华（右一，为市红十字会培训中心工作人员） （刘嘉豪摄）

【“三献”宣传】 2015年，市红会投入“三献”宣传经费4万余元，采取多种形式和方法开展“三献”宣传推动工作。联合市中心血站多次举办献血宣传活动，发放宣传资料3万多份。先后在驻地军营、部分高校等开展无偿献血集中采集活动。全年有2.5万余人次参加无偿献血，献血量6800多万毫升，基本满足珠海市临床用血需要。350人自愿留取血样加入中华骨髓库，4人成功捐献造血干细胞，珠海市累计成功捐献19例，按人口基数计算名列广东省前列。市红会连续七年被省红十字会评为“造血干细胞捐献先进单位”，珠海市连续八年获“无偿献血先进城市”称号。

【捐赠款物情况信息公开】 2015

年，市红会接收社会各界捐赠款物1031.11万元，发放赈灾、助学、孤儿帮扶、扶贫等救助款物1355.31万元。并根据《珠海市红十字会捐赠款物收支使用情况信息公开暂行办法》，对捐赠款物接收和使用信息进行公开公示，新设立LED电子显示屏，每天对红会核心业务、捐赠信息、重要政策等进行滚动播出。

【志愿服务】 2015年，全市登记志愿者2.2万名，新增1627名，注册志愿者1700余名，开展1000余场志愿服务活动，包括全市敬老院服务项目114次，11518人次受益；阳光海滩服务项目47次，8460人次受益；四个陪伴计划志愿服务84次，1614人次受益；外来工子弟启蒙义教班服务项目36次，1980人次受益；医院平安天使服务项目365次，45625人次受益；福利院关爱服务项目365次，60225人次受益；同一天空下项目2次，受益人数350人；德行珠海进社区志愿服务活动2次，443人次受益。全年志愿服务总受益人数超过12万人次，参与志愿者7800多人次。市红十字志愿工作者协会被广东省文明办评为“最佳志愿服务组织”；珠海市红十字专业应急救援、平安天使、阳光海滩、拥抱星光志愿服务项目被评为“广东省最佳志愿服务项目”；志愿者郭北妹等4人被广东省文明办评为“广东省最美志愿者”，志愿者谢映、莫兴友、黎旭明被中国造血干细胞捐献者资料库管理中心评为“五星级志愿者”，张幸仪等26名志愿者被珠海市社会福利中心评选为星级志愿者，黎秋桂等4名志愿者被评为杰出志愿者领袖奖。梁春嫦等24名志愿者被评为优秀志愿者，“爱心妈妈团队”“早教义工队”“康复义工队”“缝纫团队”获最具奉献团队奖。

【红十字博爱家园】 2015年，市红会争取到省红十字会和香洲区政府支持，投资40万元建成全市首个以“人道传播、健康促进、防灾减灾、生计发展”为主要服务内容的“红十字博爱家园”。 （徐 琳）

民族·宗教

民族事务

【全市首次民族工作会议】 2015年1月28日召开，各有关单位主要负责人80多人参加。会议传达中央和全省民族工作会议精神，回顾总结珠海市民族工作情况，部署下一步民族工作。印发《关于贯彻落实全省民族工作会议暨第六次民族团结进步表彰大会精神的通知》，对学习宣传、贯彻落实会议精神作出明确部署。要求建立完善市、区民族工作机制和少数民族服务管理工作体系，切实维护少数民族的合法权益，做好新形势下城市民族工作。

【民族团结进步工作】 2015年，珠海市通过媒体宣传、主题活动及慰问等多种方式开展民族团结进步工作。一是在《珠海特区报》、中共珠海市委网站宣传民族团结进步工作；在清真寺、镇街、社区、企业等场地悬挂宣传横幅、宣传标语200条，在社区以宣传专栏、短信平台、微信平台加强宣传。二是开展主题活动。开展“促民族团结，建和谐珠海”知识竞赛，“民族团结身边小故事”专题征文，广昌社区、市实验中学、北师大珠海附中、市第四中学、赛纳公司等创建单位，举办“民族团结唱和谐”等民族团结主题活动。三是开展慰问活动。慰问市实验中学、北师大珠海附中新疆班，市第四中学西藏班、市高级技师学校凉山班的师生。开展“扶贫帮困送温暖”活动，慰问少数民族代表人士和困难少数民族群众，以及广昌、濂泉等社区20多个少数民族困难家庭。协调解决外来少数民族群众子女新生入学读书问题。

【民族团结进步模范创建】 2015年，珠海市给每个民族团结进步模范创建社区下拨创建工作经费。一是开展扶贫济困活动。各创建单位根据实际，制定工作方案目标，开展扶贫济困、解决实际困难等活动。珠海赛纳公司在云南云龙职业学校设立“赛纳实验室”，并设立“赛纳奖学金”对品学兼优的学生给予奖励，与市高级技师学校合作在凉山州农业学校设立“珠海赛纳班”。广昌社区积极开展走访、慰问少数民族同胞工作。二是开展交流活动。各创建单位采取有效措施，不断促进少数民族同胞与当地群众的交往、交流、交融，使外来少数民族同胞能尽快融入社会。广昌社区举办少数民族群众参与的文艺晚会等活动，促进民族间交往交流交融。珠海赛纳公司对少数民族新员工实行“一对一”以老带新制度，春节等节日期间为留守少数民族员工安排团年饭，组织文娱活动，促进各民族员工的交往交流交融。三是完善服务网络。各创建社区完善少数民族流动人口信息网、少数民族流动人口服务网、民族团结进步宣传网、应急突发事件协调处置网等少数民族服务平台。是年，金湾区三灶社区被省民族宗教委命名为全省民族团结进步模范社区。

【民族团结促进会】 2015年，珠海市发挥市民族团结促进会作用。市民促会组织会员到清远连州市、连南瑶族自治县等民族地区开展捐资助学活动，向当地少数民族学生捐赠学习用品；开展联系少数民族群众、宣传政策、参与公益、关心民生、化解矛盾等工作，发挥民族政策“宣传员”、矛盾纠纷“调解员”，政府与少数民族“联络员”作用。

宗教事务

【平安宗教场所创建】 2015年，珠海市细化平安场所创建标准，向各宗教活动场所下拨创建经费，推进平安宗教活动场所创建工作。一是宗教场所制度建设。完善宗教活动场所消防、财务、管理、安保等各项制度建设，明确责任，确保监督、落实到位。加强财务、消防、安全等人员的培训，强化监督检查，切实做好应急、防范等各方面工作。二是宗教场所安全检查。定期开展宗教活动场所矛盾纠纷、治安、安全等检查，做好春节、圣诞节、古尔邦节等重大节日期间，宗教活动场所的安全防范工作，消除各类安全隐患，确保宗教活动平安顺利。三是宗教场所教风建设。严守教职人员认定备案程序，严格审核把关。加强教风建设，查找存在问题，严肃处理违反戒律戒规的人员，促进教风建设。四是规范寺庙宫观管理。加强佛教寺庙、道教宫观规范管理工作，印发《珠海市整治违法违规设立功德箱等借教敛财问题专项方案》，开展寺庙宫观管理乱象专项治理行动，依法查处假僧假道、抽签卜卦、违规设置功德箱等问题，引导佛教活动场所和教职人员更好地发挥作用，服务社会。五是宗教场所建设。市基督教两会成立“基督教堂建设筹备小组”，开展教堂设计及筹款工作，完成项目用地选址、方案设计、项目立项、土地审核等手续。10月24日，香洲天主堂举行复堂庆典仪式。

【宗教政策法规学习月】 2015年6月，珠海市宗教政策法规学习月活动中，发放宗教政策法规宣传资料3000多份，举办培训班、讲座、讲经讲道宣讲等12次，在宗教活动场所设置宣传栏10处、悬挂横幅10幅，信教群众参加宗教政策法规宣讲活动1000多人，宗教界人士撰写“国法与教规的关系”征文10余篇，部分宗教活动场所开辟微信、QQ群等平台，加强宗教政策法规的宣传。

【宗教思想文化建设和对外交流】 2015年6月26日，“2015汉传佛教讲经交流会获奖法师代表巡讲活动”在珠海市普陀寺举行。5位获2014年全国汉传佛教讲经交流会金莲花一等奖的法师为佛教信众宣讲。来自广州、珠海、佛山、江门等地的法师和佛教信众1000余人参加。11月16～17日，“中国佛教与海上丝绸之路系列活动暨珠海普陀寺开放15周年庆典”活动在珠海市举行，活动包括佛教学术研讨会、书法展、摄影大赛、佛教音乐晚会、中国佛协慈善公益会议及珠海普陀寺开放15周年庆典。世界佛教联合会秘书长攀洛·泰阿利，中国佛教协会会长学诚法师，中国佛教协会副会长兼广东佛教协会会长明生法师，以及来自15个国家和地区的高僧大德、专家学者和各界人士600多人参加启动仪式，近200人参加佛教学术研讨会。

（市委统战部）

经济功能区

ECONOMIC FUNCTIONAL REGIONS

经济功能区

珠海市横琴新区

【概 况】 珠海市横琴新区（简称横琴新区）位于珠海市南部，珠江口西岸，总面积106.46平方千米，是澳门的3倍多。毗邻港澳，与澳门隔河相望，一桥相连，距离香港34海里。拥有保存完好的海洋、森林、湿地三大生态系统，环岛岸线长50千米。主要旅游景点有长隆国际海洋度假区等。

2015年，全区实现地区生产总值91.87亿元，比上年增长36.9%；公共预算收入37.8亿元，增长39.7%；完成固定资产投资289.83亿元，增长17.4%；实际利用外资4.25亿美元，增长65.6%。

是年，横琴综合管廊建设项目获中国人居环境范例奖。“政府智能化监管服务新模式”获全国自贸试验区最佳案例。

【对澳合作】 2015年，横琴新区加强对澳合作。一是创新对澳交流合作机制。与澳门特区政府建立金融、通关、基础设施等沟通机制和横琴自贸片区建设珠澳合作机制，协商解决横琴自贸片区建设中的重大问题。建立与澳门全国人大代表、政协委员及工商界社团定期沟通交流机制。二是推进对澳要素便利流动。在全国率先实施口岸旅检通道“一机一台”关检改革，通关效率总体提升30%。对经横琴口岸进出口澳门货物实行简化归类申报方式，实现快捷申报、减少费用、加速通关。推动澳门单牌车便利进出横琴政策。实施横琴新区特殊人才奖励和精英人才住房保障等人才激励政策。首发“横琴卡”，实现移动通信和上网资费澳门横琴两地“一体化”。三是推进对澳产业项目合作。首批进入横琴粤澳合作产业园的33个项目中，19个已签订合作协议，13个已取得用地，5个项目正在挂牌出让土地，10个项目已完成立项。推动粤澳合作中医药科技产业园发展，32家企业进驻商业孵化中心，与广药集团、奇正实业等开展战略合作。四是健全对澳产业和创业扶持机制。鼓励和帮助澳门年轻人在横琴创业，建成横琴·澳门青年创业谷，112个项目入驻，其中澳门项目90个。设立澳门青年创业扶持基金，对澳门青年“创客”在横琴创业予以全方位扶持。开设北京大学创业训练营粤港澳台创客特训班，吸引超过1200名青年参加。

【开放合作】 2015年，横琴新区着力构建与拉美国家在经贸、旅游、人文等全方位交流合作平台。在墨西哥、西班牙、香港设立经贸代表处。举办第九届中拉企业家高峰会推介会，并组团参加墨西哥第九届中拉企业家峰会，与哥伦比亚中国商业投资工商会、乌拉圭美洲特区商业科技产业园签署合作协议。在横琴进口商品展示展销中心，增设拉美国家商品展示展销区。引进国家食品安全创新工程，瞄准世界食品安全标准，与科技部携手建设珠海全球食品安全研究院，推动全球知名食品行业品牌总部、研究机构汇集横琴。

【金融服务业】 截至2015年底，横琴新区金融类企业2018家，注册资本1960亿元。各类经监管部门批准设立的金融机构陆续开业运营。10家银行获银监部门批准设立二级分行；全国首个知识产权运营特色试点平台——横琴国际知识产权交易中心正式运营；广东首家由民营资本发起设立的、经银监会批准在横琴自贸试验区新设的第一家全国性金融机构——横琴华通金融租赁有限公司开业营运。

2015年4月23日，广东自贸试验区珠海横琴新区片区挂牌 （王 红摄）

【粤港澳金融合作】 2015年，横琴新区正式成为跨境人民币贷款试点地区，至年末获批贷款53.6亿元。广发基金管理有限公司成为首批获准在港销售基金的内地公募基金之一。区内第一家港资银行——东亚银行横琴支行正式开业。横琴莲花大桥穿梭巴士受理金融IC卡项目正式启动，受理闪付超60万笔。港澳居民跨境住房按揭业务获得全面发展，跨境按揭业务累计收汇超过3.7亿美元。

【现代服务业】 2015年，珠海长隆马戏酒店、企鹅酒店、长隆5D影院、长隆马戏新馆开业运营，成功举办第二届国际马戏节；国际网球中心（WTA）主场馆整体建成，成功举办2015珠海ITF国际女子网球巡回赛、2015年珠海WTA超级精英赛。6月29日，横琴·澳门青年创业谷一期开园运行。引进国家级“互联网+”创新创业基地，以云计算、大数据等高端科技为核心，打造高精尖前沿科技产业链。成立国家中医药现代化科技产业创新联盟，设立中医药国际创新中心，设立起步规模为10亿元的中医药健康产业发展母基金，开展国家中医药标准研究制定、中医药研究成果及优秀产品的展览和交易，推动大健康产业快速发展。星光中国芯物联网工程一期项目已验收，正在推进安防监控物联网芯片、系统及其基础核心技术的研发体系建设。

【行政服务创新】 2015年，横琴新区新建综合政务服务中心，集中工商、国地税、海关、国检、公安、房地产登记等部门几百项业务，亦可自助网上注册和交税，实现行政审批服务效率提效增速。深化商事登记改革，推行“三证合一”“一照一码”，全国首发“商事主体电子证照卡”。通过强化事中事后监管，推出“三个零”政府服务——逐步做到企业足不出户“零跑动”，依法取消和停止一批行政性收费，逐步实现对企业服务“零收费”和“零罚款”。创新实施“民生一号通”，将12个区直部门和10个驻行政服务大厅窗口单位咨询电话全部整合到“民生一号通”服务热线。创新“大物业、大综合、大法治”城市治理模式，融入“互联网+”和“公民治理”理念，打造全国首个城市智能管家——“横琴管家”平台。设立功能齐全的综合执法机构，集中行使25大类行政处罚权和7类管理职能，8000多项具体执法权限，大幅提升监管执法效能。

【国际化营商环境】 2015年，横琴新区以世界银行发布的《全球营商环境报告》10项指标为指南，对接国际投资贸易规则，推行一系列改革创新举措，其中6项面向全市复制推广，6个案例入选广东省自贸试验区首批制度创新案例，17项措施成为广东省首批27项可复制推广经验的重要组成部分，“政府智能化监管服务新模式”获全国自贸试验区最佳案例。制定1748项工商行政违法行为提示清单；制定《横琴与香港、澳门差异化市场轻微违法经营行为责任清单》，营造与港澳趋同的营商环境；建立横琴与澳门消费维权合作机制，开展两地消费维权合作，首批实施先行赔付制度的横琴诚信店正式授牌。

【法治环境优化】 2015年，横琴新区推动审判制度创新改革，建立区内企业年度诉讼情况跟踪分析制度和商事案件专业化审理机制，全国率先实行“类似案件类似判决”引入法庭辩论制度及第三方法官评鉴机制，探索引入澳门人士担任案件陪审员制度；设立知识产权巡回法庭，推动最高法院授予横琴法院一般知识产权案件管辖权，创建检察官惩戒（监督）委员会制度和主任检察官引导侦查取证新机制，被最高人民检察院认可并在全国复制推广；设立广东省珠海市横琴公证处，率先成立珠港澳商事调解合作中心，形成对接港澳的多元化调解机制。 （陈晓冬）

珠海高新技术产业开发区

【概　况】 珠海高新技术产业开发区（简称高新区）位于珠海市北部，是出入珠海的主要门户，京珠高速、粤西沿海高速、广珠城际轻轨等主要交通设施贯穿其中，与香港、深圳隔海相望。2015年下辖一个镇（唐家湾镇），土地面积139平方千米。

是年，全区生产总值146.2亿元，比上年增长15.6%。规模以上工业增加值90.3亿元，增长24.6%；固定资产投资77.9亿元，增长25.6%；限额以上社会消费品零售总额28.1亿元，增长26.2%；外贸进出口总额33.2亿美元，增长12.6%；实际吸收外商直接投资1.89亿美元，增长8.1%；一般公共预算收入13.2亿元，增长24.2%。规模以上工业增加值、固定资产投资增速全市排名第一，地区生产总值、一般公共预算收入、限额以上社会消费品零售总额、实际吸收外商直接投资等指标增速全市排名第二。“一区五园”（高新区主园区、南屏科技工业园、三灶科技工业园、新青科技工业园、富山工业园、航空产业园）整体平稳发展，工业增加值和高新技术企业产值分别达496亿元和1430亿元，比上年分别增长9.0%和12.8%，工业总产值首次迈上2000亿元台阶，达2060亿元。新增国家级高新技术企业24家；新增孵化器面积25万平方米，总量达67万平方米；公共技术服务平台13个，其中新型研发机构7个；新增政府天使投资项目8个；新增主板上市企业1家，新增“新三板”挂牌企业9家。是年获评全国火炬统计工作先进单位、珠海市城乡一体化住户调查工作先进单位。

2015年5月8日，省委书记胡春华（右一）到珠海高新区调研（高新区供稿）

【文化资源】 唐家湾镇是中国历史文化名镇，历史名人辈出，民国首任内阁总理唐绍仪、工人运动领袖苏兆征、首任清华学校（清华大学前身）校长唐国安、洋务运动先驱唐廷枢、著名版画家古元、粤剧名家唐涤生等名人均出自唐家湾；历史文化遗产丰富，有唐家古镇、会同古村等古建筑群，唐绍仪私家园林共乐园、中西合璧的栖霞仙馆、承载着中国人民抗英胜利历史的淇澳白石街及众多珍贵的名人故居，被誉为“中国近代名人故里”“岭南百年文化古镇”。土特产有唐家叠石蚝油、官塘茶果、永丰萝卜等；主要旅游景点有淇澳岛（苏兆征故居、白石街抗英纪念广场、红树林湿地公园），唐家古镇（唐家共乐园、唐家三庙），会同古村等。

【高新产业】 2015年，高新区第二产业实现增加值74.79亿元，占全区生产总值的51.1%。高新产业占比稳步提高，高技术制造业和先进制造业占规模以上工业增加值比重分别为63%、66.7%。全区工业前50强企业中，20家创新型企业产值实现两位数增长，特别是魅族科技实现爆发式增长，手机全年总销量突破2000万台，产值突破200亿元，成为全区首家产值超百亿的大型骨干企业。市场活跃度提高，全年新登记市场主体1523家，其中，新登记企业609家，注册资本1000万元以上的企业91家、科技创新型企业150家。引进经市认定的优质项目15个，全球机器人领军企业ABB入驻运营，新一代晶体新材料研发项目英诺赛科投资设厂，新德汇软件、运泰利工业自动化、联合赛尔等一批优质项目落户。金山科技园、汇金、宝智等重点产业项目加快建设。出台鼓励技术改造相关扶持办法，企业技改投资达3.5亿元，比上年增长86.6%。

【创新环境】 2015年，高新区实施《创新驱动发展三年行动计划（2015～2017）》，分解落实创新驱动8个倍增目标，围绕高新技术企业培育、人才引进、科技金融、工程中心组建、专利申报等方面出台政策措施，激发创新活力。加大对企业研发活动的支持力度，区财政科技经费投入达3.6亿元，比上年增长150%。在全市率先设立专项扶持资金鼓励企业申报高新技术企业认定，出台鼓励企业上市和“新三板”挂牌的奖励政策。发展新型研发机构，世纪鼎利、敏夫光学等5家企业组建企业研发机构，由中电六所牵头组建的工控系统国家工程实验室挂牌成立，珠海诺贝尔国际生物医药研究院等3家单位成功申报省级新型研发机构。孵化器倍增计划进展顺利，清华科技园成功

附表1：高新区2015年国民经济发展情况

指　标	单　位	绝对值	比上年增长（%）
地区生产总值	亿元	146.2	15.6
规模以上工业增加值	亿元	90.3	24.6
规模以上工业总产值	亿元	419.4	39.9
固定资产投资	亿元	77.9	25.6
社会消费品零售总额	亿元	41.7	28.7
外贸进口总额	亿美元	33.2	12.6
外贸出口总额	亿美元	17.9	-6.0
实际利用外资	亿美元	1.9	8.1
地方财政一般预算收入	亿元	13.2	24.2
地方财政一般预算支出	亿元	18.1	40.9

附表2：高新区2014～2015年社会事业情况

指　标	单　位	2014年	2015年
普通中学	所	4	4
普通中学在校学生	人	2986	2979
小学	所	6	6
小学在校学生	人	6800	7335
九年义务教育巩固率	%	100	100
医院、卫生院	个	3	3
医院、卫生院床位	张	282	282
群众艺术馆、文化馆	个	0	0
公共图书馆	个	0	0

申报国家级孵化器；珠海信息港全面封顶；火炬南方创新园签约落户。全面实施“凤凰人才计划”，出台新引进本科以上毕业生房租补贴、引进创新创业团队奖励、鼓励设立企业院士工作站等政策措施。全年引进创业创新团队39家，引进“千人计划”目标超额完成，新增省级领军人才3人、海外高端人才6人、市高层次人才30人。搭建创业平台，分别与北理工珠海学院、北师大珠海分校、UIC、同望科技、清华科技园等单位合办7个创客空间，空间总面积近6000平方米。举办首届创业大赛，吸引来自全国各地近600个创业团队参赛。

【园区基础建设】 2015年，全市首个产业人才共有产权房项目动工建设，2300余套唐家人才公寓分配入住。高端酒店项目悦榕庄进展顺利，建筑面积13万平方米的格力商业街建成并开始招商。总建筑面积达14.4万平方米的唐家第二工业区改造首期工程启动。开展市容环境综合整治，投入5800万元加强市政管养工作，实施淇澳环岛路、港湾大道、金凤路、金峰路、唐乐路等主要道路绿化美化。在各社区建成22座密闭式垃圾房，完善密闭垃圾箱、专用运输车等垃圾处理设施，实现垃圾收集密闭化管理全覆盖。持续开展“两违”整治，全年清拆463宗28.3万平方米的违章建筑。“数字高新”首期工程投入运行，网格化综合服务管理模式入选“2015年珠海社会治理创新优秀案例培育行动”最佳案例。推进涉水治污工程，投入5200万元实施河渠综合整治、污水管网完善、水浸黑点治理、村居污水处理四大重点工程，污水收集率、处理率达标。前山河上游流域综合整治工作任务全部完成，那溪河、后朗沟水质明显改善。“四大猪场”完成搬迁，规模化生猪养殖在高新区成为历史。

【社会事业】 2015年，高新区财政民生投入12.7亿元，比上年增长37.9%，占公共财政预算支出比例达70.1%。引进优质教育资源，与中山大学、三鑫教育集团、珠海市共乐幼儿园合作办学。区人民医院与省第二人民医院开展战略合作，推动“互联网＋医疗”服务试点。出台被征地农民养老补贴政策，按月发放被征地农民养老补贴。落实就业帮扶政策，城镇登记失业率控制在1.93%。幸福村居项目加快建设，完成12个社区综合服务中心、14个社区文化中心、14个社区卫生服务站建设，实现社区公园全覆盖，UIC公租房项目一期投入使用，会同餐饮街全面开业，村道硬底化、路灯安装、自来水管网改造等社区民生工程全面落实。在淇澳、永丰等偏远社区以及科技园区开通免费“微公交”（免费园区接驳服务专线）服务。唐家湾镇通过省文明村镇复查。

高新区国地税、不动产登记中心、工商“三合一”服务大厅（高新区供稿）

【政务服务】 2015年，高新区建成全省首个国地税、不动产登记中心、工商“三合一”服务大厅，创新商事主体“一照一码”登记模式，实现工商、税务、质监、社保、公安等部门“多证合一”。承接37项市级下放事权，区政务服务中心新大厅投入使用，网上办事大厅实现与省、市对接联网，并向社区延伸，全区行政审批事项网上全流程办理率为100%，在线受理办结率为96%。加强知识产权保护，完善执法协调机制，知识产权检察室全年办理侵犯知识产权案件10件。食品药品监管、产品质量安全、打击假冒伪劣等工作扎实开展，有效维护市场经济秩序。落实法律顾问进社区，强化司法调解规范化运作，区司法所获评全国法律援助标兵单位。

（陶泓旭）

珠海万山海洋开发试验区

【概　况】 珠海万山海洋开发试验区（简称万山区）位于珠海市东部，是中国第一个地方性海洋综合开发试验区。2015年辖3个镇7个村。土地面积88.87平方千米。年末户籍人口3000人，常住人口4200人。人口自然增长率1.17‰。

2015年，全区生产总值19.41亿元，比上年增长12.0%。其中：第一产业增加值1.70亿元，增长2.0%；第二产业增加值1.19亿元，增长45.1%；第三产业增加值16.52亿元，增长14.4%。人均地区生产总值39.6万元，增长24.6%。渔业总产值3.67亿元，增长11.4%。固定资产投资2.73亿元，下降64.8%。社会消费品零售总额2.26亿元，增长28.5%。外贸出口额6.82亿美元，增长20.6%；实际利用外资962万美元，增长6.2%。地方公共财政预算收入2.81亿元，下降19.5%。渔民人均纯收入2.04万元，增长10.9%。

【资源优势】 万山区林地面积7059公顷，森林覆盖率66.27%，活立木蓄积量9.31万立方米。海域面积3200平方千米，海岛岸线长289千米。渔业资源丰富，万山渔场是全国著名渔场，有经济价值的鱼类200多种、贝类68种、虾蟹61种、海藻18种，区内设有国家级中华白海豚保护区、省级猕猴保护区、市级珊瑚保护区和国际游艇垂钓区。土特产有鲍鱼、狗爪、桂山沙蚬、海参、海胆、花螺、将军帽、苦螺、龙须菜等。主要旅游景点有桂山岛、东澳岛、万山岛、外伶仃岛。

【特色海洋经济】 2015年，万山区引进旅游龙头项目，发展游艇旅游、休闲渔业旅游和垂钓特色旅游等项目，丰富旅游观光内容。加大对景点景区的旅游设施完善改造和海岛旅游的推介宣传，整合各种旅游资源，开展海钓比赛、集体婚庆、妈祖贺诞节等特色旅游活动。是年，海岛旅游人数61万人次，比上年增长19.3%。同时实施科技兴海战略，坚持每年拨200万元专项资金用于发展科技兴海工作，与国内高等院校和科研机构签订加强海洋科技合作协议。同年，担杆岛863可再生独立能源系统项目的风机并网发电，东澳岛建成国内首个“风、光、柴、蓄”海岛智能微电网系统并成功投入运行，大万山岛电厂实现80%的电能来自太阳能发电，各海岛安装800多盏新能源路灯，清洁能源项目利用得到推广。

【幸福村居】 2015年，万山区主要海岛渔村均明确开发建设主体，凸显“一岛一品”，打造更具本土风情的特色村居。以海岛旧村改造为抓手，推进农村污水处理和垃圾处理等重点工作，“民生改善、社会治理、固本强基”三大工程名列全市前列。引导渔民转产转业，全年渔民人均纯收入2.04万元，比上年增长10.9%。

万山区担杆镇外伶仃村全貌　（陈丹峰摄）

外伶仃污水处理厂　　（万山区供稿）

【民生保障】 2015年，全区渔民直接纳入市城乡居民基本医疗保障体系，海岛居民医疗保险参保率达到100%；全区优抚对象、低保户、残疾人等特殊群体社保和医保参保率实现100%全覆盖。是年，政府财政对海岛船票进行补贴，海岛户籍60岁以上的老年人免费、学生半价乘船优惠实现长期化。

【生态文明建设】 2015年，万山区万山镇和担杆镇完成渔排清理整治。在全市率先实现“每镇一厂”建设目标，万山镇东澳岛南沙湾污水处理厂完成竣工环保验收并正式投入运营；担杆镇外伶仃岛污水处理厂完成主体工程建设并投入试运营。建设完成海岛生活垃圾无害化处理系统，实现海岛生活垃圾百分百无害化处理，并在此基础上，完成全省首个离岸海岛垃圾封场项目——万山镇东澳岛垃圾封场生态工程项目。通过开展“洁净海岛”行动，海岛整体环境质量得到显著提升。实现区内各村百分之百创建成为市级生态示范村，区内学校百分之百创建为市级绿色学校，全区各镇百分之百创建成为省级生态乡镇的目标，桂山镇和担杆镇成功创建国家生态镇，万山镇完成国家生态镇创建申报工作。（陈　任）

珠海经济技术开发区（高栏港经济区）

【概　况】 珠海经济技术开发区（又名高栏港经济区，简称高栏港区）位于珠海市西南端，辖南水、平沙两个镇，由高栏、南水两个半岛和三角山、荷包、大杧等18个海岛及黄茅海东部沿岸陆域和海域组成，开发总面积380平方千米。年末户籍人口6万人，常住人口10.16万人，人口自然增长率5.4‰（截至2015年9月30日）。

全年完成地区生产总值220.27亿元，比上年增长15.2%；工业增加值178.28亿元，增长22.7%；社会固定资产投资216.88亿元，增长10%；实际利用外资4.5亿美元，增长2.82%；公共财政预算收入17.1亿元，增长10.2%；全港货物吞吐量1.12亿吨，增长4.73%，其中，高栏港货物吞吐量7062万吨，增长7.75%。社会消费品零售总额2.84亿元，增长10.3%。高中阶段教育毛入学率67.1%（含流动人口）；九年义务教育巩固率100%。参加城镇职工基本养老保险6.65万人，覆盖率100%；参加城镇职工基本医疗保险6.56万人，覆盖率100%；参加城乡居民基本养老保险3.70万人，覆盖率100%。

高栏港区南水镇卫生院获全国“2014～2015年度群众满意的乡镇卫生院”称号。

【资源优势】 高栏港是国家综合交通运输体系的重要枢纽、国家一类对外开放口岸和全国沿海24个主要港口之一，是珠三角建港条件最好的港口，距离南海海域 -30 米等深线仅 11 海里，建港岸线约 70 千米，拥有珠江三角洲最大吨位的液体化工品和散货码头泊位，具备建设 30 万吨石化大码头的良好自然条件。已建成生产性泊位 61 个，其中万吨级以上大型深水泊位 26 个，全港吞吐能力达 1.47 亿吨。

高栏港区属亚热带海洋性季风气候，夏长冬短，日照充足，雨量充沛，海洋温泉资源和海岛旅游资源丰富，主要旅游景点：海泉湾度假村、荷包岛、飞沙滩、游艇产业基地、台湾农民创业园，以及由知青桥、知青博物馆、知青驿站构成的知青主题旅游区等。

高栏港区耕地面积6480公顷，粮食播种面积 220 公顷，粮食产量 1961 吨。林地面积 7903.95 公顷，森林覆盖率 33%，活立木蓄积量 27.5 万立方米。重要海洋资源有银鲳、石斑鱼、马鲛鱼、大黄鱼、青蟹、鱿鱼、沙白、海鳝等；土特产有台湾芭乐、兰花、莲雾、水果木瓜、巨峰葡萄、火龙果、平沙甜瓜、沙虾、罗非鱼等，是全国罗非鱼养殖示范基地。

【人文优势】 高栏岛宝镜湾摩崖石刻画是新石器时代晚期的产物，距今约 4000 年，分布于宝镜湾所在的风猛鹰山山顶、山腰和山麓 2 万平方米范围内。可辨别的石刻岩画 5 处 7 幅，分别为“天才石”“宝镜石”“大坪石”“太阳石”和“藏宝洞”。宝镜湾摩崖石刻画是广东省考古的重要发现，填补岩画研究的空白，也为我国岩画宝库增添新的内容。

【创新驱动发展】 2015 年，高栏港区建成国家船舶及海洋工程装备材料质量监督检验中心、广东省游艇材料检测中心等公共技术平台 3 个，新增华丰纸业等市技术中心 8 家、中海油深海公司等高新技术企业 9 家，万通化工等 13 家企业入选省高新技术企业培育库，珠海港信息技术股份等 3 家优质企业成功上市；创新人才集聚优势日益凸显，1 人成功入选珠江人才第五批领军人物，1 人正在申报国家千人计划创业项目，3 人入选珠海“高层次人才”，三一海洋重工研发团队和高架起重机研发设计团队入选市科研创新团队。

【第三代港口建设】 2015 年，高栏港区主动融入“一带一路”战略，发挥港口的战略核心作用。15 万吨主航道扩建工程、黄茅海 5000 吨级航道维护性疏浚和优化工程完工，10 万吨级集装箱码头 1 号泊位交工验收、2 号泊位完成主体结构建设，中海油海洋工程装备制造基地二期配套码头加快推进，黄茅海 5 万吨级航道扩建工程前期工作启动；高栏港综合保税区规划发展方案上报海关总署；支持配合珠海港与瓜达尔港开展战略合作、建设川贵广—南亚国际物流大通道、推进中国—巴西跨境电子商务与服务贸易一体化项目等国际国内交流合作项目。

【现代临港产业建设】 2015 年，高栏港区 26 个项目纳入省、市重点建设项目，完成投资 69.72 亿元，完成年度计划的 150.3%。中海油深水海洋工程装备珠海基地项目二期、珠海碧辟 PTA 三期等 10 个项目竣工投产，累计完成投资 88 亿元；万华化学特种聚氨酯等 13 个项目进展顺利，总投资超过 250 亿元；筹建重大项目 2 个，总投资 55 亿元。新引进烽火科技华南总部、中海福陆重工等 30 个项目，总投资约 150 亿元；华润聚酯二期等 10 个项目增资扩产，总投资 50 亿元；在谈重点项目 27 个，总投

2015 年 7 月 2 日，珠海碧辟化工有限公司 PTA 三期生产线正式投产
（邝东就摄）

珠海市人民医院高栏港医院 （张 剑摄）

资160亿元。

【产城融合发展】 2015年，高栏港区安排政府投资项目146个，完成投资35.26亿元。临港东路（北段）等22个配套工程完工，围海造地0.5平方千米，建成道路21.2千米、排洪渠1.3千米、公共管廊4千米。平沙新城提速推进，全年完成投资约4.5亿元，起步区10条市政道路开工里程约15千米，路网格局基本形成；烟台万华、三一重工等企业生活配套项目前期工作进展顺利。开展金融创新，获得国家、省转贷资金23.47亿元，激活农行6亿元贷款项目并新增工行管廊并购贷款9亿元授信，汇华公司第二期企业债券15亿元上报国家发改委，平沙医院PPP项目完成实施方案编制和相关论证评价等工作，支持鼓励平沙镇以政府购买服务方式加快推进棚户区改造。是年，“三清”工作清理土地23宗，面积94万平方米；清拆违建461宗，面积26.4万平方米，清理整治新增违法用地25宗，面积3.79万平方米，实现“两违”零增长。

【基本公共服务均等化建设】 2015年，高栏港区涉及民生投入8.56亿元，占一般公共预算支出的31.45%。深入幸福村居创建，发挥示范村居、精品村居带动作用，实施“六大工程”（环境宜居提升工程、固本强基工程、社会治理建设工程、民生改善保障工程、特色产业发展工程、特色文化产业带动工程），“三年大变化”目标基本实现。镇村环境进一步提升，完成祥环花园等8个城市更新项目，南水生活配套区等更新改造项目进展顺利，实现村（社区）生活污水处理设施和生活垃圾分类收集处理全覆盖，平沙镇通过国家卫生镇复审；安居工程取得新进展，平沙镇完成危房改造1078户，南通公司危房改造首期206套职工住房交付使用，荷包新村1、2号楼封顶；发展生态产业，广东（珠海）现代种业发展中心成功落户台创园，热带兰花（国际）种业研发中心建设取得实质性进展；集体经济实力进一步加强，村集体收入均超过200万元，迈进全市先进村行列。基本公共服务更加均等。市一中平沙校区新建工程完工，平沙第二中心幼儿园建成，平沙一中初中部二期加快建设；市人民医院高栏港医院改扩建工程完工并获“2014～2015年度全国群众满意的乡镇卫生院”称号，平沙医院门诊医技综合楼投入使用，平沙医院、平沙社区卫生服务中心改扩建项目进展顺利；南水镇、平沙镇文化中心通过省特级文化站复评，建成20个村居文化中心和11个社区文体公园，国家级文物宝镜湾遗址修缮保护工程竣工；完善就业再就业优惠政策，新增就业岗位2948个，城镇登记失业率控制在2.24%；低保标准由每人每月520元提高到580元，为南水镇550多名原农保老年津贴人员参加城镇职工基本养老保险一次性补贴1.8万元/人，全区农民及被征地农民养老保险、城乡居民社会养老保险、城乡居民社会医疗保险和未成年人医疗保险参保均实现100%。

【生态建设】 2015年，高栏港区省级绿色升级示范园区创建工作进展顺利；建成生态景观林带8千米，森林封育管理2.67平方千米，完成造林面积2平方千米、乡村绿化美化2个，创建森林家园2个、森林公园1个，新增绿化面积43.5万平方米，人均公园绿地面积约37.8平方米；南水水质净化厂提标改造项目通过验收，平沙水质净化厂二期扩建及提标改造工程加快推进；建成区环境监测中心实验室，完成全区重点大气污染源实时在线联网监控体系建设。

【安全生产】 2015年，高栏港区安全生产形势总体稳定，全年生产安全事故39宗，比上年下降26.4%，未发生较大以上事故。加快建设安全发展示范区，强化石化仓储区封闭式管理，实施武警上勤，石化区和精细化工区物理隔离工程完成初步设计；创新公用工程管理模式，委托上海化学工业经济技术开发区管委会管理公共管廊，公共管廊物理隔离、防护工程进展顺利；强化规范化、标准化、专业化安全监管，由高栏港区牵头制定的《珠海市化工园区安全生产管理办法》经市政府常务会议研究通过；委托国家安科院对全区安全风险进行总体评估和应急预案修订，完成对全区69家重点高危企业应急预案再审核和建档工作；智能化应急指挥信息平台完成总工程量的80%。深入推进平安港区建设，加强社会治安综合治理工作，推进社会治安视频监控系统建设，平安指数进一步提高。（于丛丛）

珠海保税区

【概　况】 2015年，珠海保税区地区生产总值46.44亿元，比上年增长13.2%，其中：第二产业增加值30.17亿元，增长4.2%；规模以上工业增加值29.47亿元，增长4.0%；第三产业增加值16.27亿元，增长35.2%。规模以上工业总产值118.53亿元，增长5.0%。工商税收及海关税收20亿元，增长近14.0%；固定资产投资12.64亿元，增长25.4%；外贸出口101.20亿元，增长19.2%；限额以上批零企业商品销售额52.3亿元，增长83.4%。社会消费品零售总额3.07亿元，增长44.5%。实际利用外商直接投资4890万美元，增长7.3%。地方公共财政预算收入3.83亿元，增长12.3%。研发经费支出占GDP比重超过4%，高技术制造业增加值占工业增加值比重84.7%，先进制造业增加值占工业增加值比重近68%；工业技术改造投资1.6亿元，增长79.3%。

【创新驱动】 2015年，珠海保税区实施创新驱动发展战略。区内有10家高新技术企业，9个市级以上技术（工程）中心；新培育1家新三板上市企业，9家工业企业完成技术改造。高新技术企业占规模以上工业企业的32.3%。是年，对区内近20个企业兑现各项创新驱动类的奖励资金近1400万元，对255名技术型、管理型创新人才实施近400万元的奖励扶持。其中，投入266万元的引导资金，撬动区内8家企业合计投入超过8500万元用于技术改造创新，比上年新增税收3370万元。全区研发投入占GDP比重继续保持4%以上，高于全市平均水平近2个百分点。

【"保税+"体系】 2015年，珠

2015年5月18日，珠海保税区与阿里巴巴签约，合作共建1688全球货源珠海站（钟　好摄）

2015年5月12日，珠澳跨境电商出口首票货物顺利出关 （钟 妤摄）

海保税区多元发展，一是建立跨境电商综合服务平台，打造“保税+跨境电商”产业，吸引跨境电商应用企业、金融支付企业和物流企业入驻。与阿里巴巴项目签约，合作共建1688“全球货源”珠海站，开启珠海跨境电商出口和进口业务，试行跨境电商进口直购业务。珠海保税区跨境电商公告服务平台于年底被确定升级为市级平台，并在拱北海关的建议下，推广至中山海关使用。二是推动建设航空标准件交易平台，打造“保税+航空”产业。一期项目投资5亿元的中航国际航空标准件供应基地于年底建成封顶，此项目旨在打破欧美对航空标准件供应链的垄断，填补中国航空制造产业链空白。与之配套的“国家级第三方检测中心”——珠海艾维检测公司在区内注册运营。三是总投资130亿元的新加坡生命科技园项目一期落地建设，打造高端医疗服务及设备交易平台，构建“保税+健康医疗”产业。四是引进投资10亿元的中汽工程“智能制造·机器人”工程中心和投资6.5亿元的先临3D打印创新服务中心两个项目，构建“保税+先进装备制造”产业。

【珠澳跨境区转型升级】 珠澳跨境区是珠海保税区的延伸区域，作为珠澳合作交流的重要平台，通过调整发展方向，由发展工业为主转向发展商贸服务为主，吸引一批澳门中小企业，促进珠澳双方经贸往来和澳门经济适度多元化发展。2015年，跨境区新引入澳资企业33家，区内澳资企业总数达162家，占比由43%提升到55%；固定资产投资完成1.1亿元，是2014年同期的12倍；厂房闲置率由2012年转型升级之初的70%下降到2015年的29%，租金由每平方米20元上涨到70元。通过发挥产品展销功能，打造跨境区进口街，引入4家大型进口商品展销企业，累计接待超过20万人次，销售总额超过2亿元。跨境区利用连接澳门的24小时专用口岸及保税、退税政策功能，为澳门企业提供仓储物流配送服务，为珠海、中山、江门等地企业提供出口退税服务。是年，跨境区外贸进出口总额4.3亿美元，比上年增长50.6%；货运量8.7万吨，增长21.8%。

【园区政务服务】 2015年，珠海保税区网上办事大厅进驻3个部门，发布24个审批事项和19个社会服务事项，实现24小时电子化服务；海关落实“先进区、后报关”“分送集报”等系列监管创新制度，国检出台“预检验”“酒类分类管理”等便利化举措；联检单位实施“三个一”通关模式；全国首个“口岸出入境旅客卫生检疫综合查验监测系统”在珠海保税区的延伸区——珠澳跨境区口岸通过鉴定；建成数字城管一级终端系统，处理数字城管案件超过300宗；干部挂点企业制度、驻区机构联席会议制度实施见成效，全年解决涉及企业生产、园区通关、信息化系统使用等问题超过500项。

【园区建设】 2015年，珠海保税区完成23宗闲置土地的处置，受理转型申请26项，批准26项，完成年度工作任务100%。其中“三不变”（产权人不变、土地使用年限不变、土地用途和土地使用权取得方式不变）改造7项，项目整体转型19项，涉及用地面积91.6万平方米、建筑面积254.08万平方米、投资总额达144.68亿元；签订转型项目投资协议书9个。投资30亿元的保税区二期2.89平方千米用地开发项目已完成填土工程，正在建设市政道路等基础设施。珠港澳物流合作园项目启动建设，首期通关中心正在推进中。

（何 莎）

行政区

ADMINISTRATIVE REGIONS

行政区

香洲区

【概　况】 香洲区成立于1984年，是珠海市政治、经济、文化、交通和金融中心。土地面积550.84平方千米（包括横琴新区、高新区、万山区、保税区）。2015年，香洲区实际管辖拱北、吉大、狮山、翠香、香湾、梅华、前山、湾仔8个街道办事处和南屏镇，126个社区居委会，常住人口80.99万人（不含珠海横琴新区、珠海国家高新技术产业开发区、珠海万山海洋开发试验区、珠海保税区，下同），其中户籍人口55.84万人。

香洲区位于广东省南部、珠江口西岸、珠海市东部，毗邻港澳，东与香港隔海相望，南与澳门陆路相连，距广州140千米。香洲区属亚热带海洋性气候，冬暖夏凉，物产丰富，依山傍海，风景秀丽。区内有珠海渔女、石景山、圆明新园、梅溪牌坊、农科奇观等特色旅游景点；有全国年出入境人次最多的陆路口岸——拱北口岸。

香洲钟灵毓秀，有全国、省、市级文物保护单位20多处，如列为全国重点文物保护单位的陈芳家宅，以及竹仙洞、杨氏大宗祠、石溪摩崖石刻群等。涌现出一大批在中国近代史上扮演重要角色的人物，如中国第一个留美学者、著名教育家容闳，清朝驻夏威夷王国第一任商董、领事陈芳，华南地区第一位马克思主义传播者杨匏安，中国第一个世界冠军容国团，文学家苏曼殊，版画家古元等。

2015年，珠海市成功创建全国文明城市；香洲区获国家生态文明建设示范区、全国科技进步先进区、全国科普示范区、全国平安建设先进区、全国“两基”工作先进地区等荣誉称号，通过全国义务教育发展基本均衡区及广东省社区教育实验区督导评估。

【经济社会发展】 2015年，香洲区地区生产总值1025.1亿元，比上年增长9.0%，其中：第一产业增加值5000万元，下降11.9%；第二产业增加值381.86亿元，增长4.8%；第三产业增加值642.74亿元，增长11.5%；三次产业比为0.0 ∶ 37.3 ∶ 62.7。人均地区生产总值12.56万元，增长7.8%。规模以上工业总产值1350.91亿元，增长4.3%。固定资产投资362.95亿元，增长11.2%。社会消费品零售总额702.99亿元，增长12.2%。外贸出口额108.3亿美元，增长2.0%。实际直接利用外资6.69亿美元，增长5.6%。地方财政总收入65.46亿元，增长33.2%。城镇居民可支配收入4.23万元，增长9.5%。参加城镇职工基本养老保险50.68万人，覆盖率98%；参加城镇职工基本医疗保险43万人，覆盖率98%；参加城镇居民基本医疗保险2.8万人（含新型农村合作医疗），覆盖率100%；参加城乡居民基本养老保险3000人，覆盖率100%。

【产业结构优化】 2015年，香洲区实现服务业增加值642.74亿元，占GDP比重达62.7%，以信息传输、计算机服务、软件和金融业为主体的现代服务业占服务业比重达 63.7%，重点服务业企业营业利润比上年增长 23.5%。香洲金融街正式投入运营，实现入驻企业 28 家，总资产 25.12 亿元，营业收入 1.5 亿元。香洲区注资 5000 万元与珠海金控成立珠海香洲华金新兴产业创业股权投资基金，投资 5000 万元入股新天海方高端生物医药项目。华发喜来登酒店、扬名广场二期等高端酒店和商贸项目全面开业。完成规模以上工业总产值 1350.91 亿元，智能家电、办公自动化、电子信息、智能电网、先进装备制造等六大产业集群占规模以上工业总产值的 76.6%，比上年增长 0.6%。规模以上高新技术工业企业产值 241.81 亿元，增长 10.8%。新增高新技术企业 28 家，截至年底高新技术企业总量达 130 家。新增格力电器空调设备及系统运行节能国家重点实验室，建成许继自动化研究院、格力节能研究中心等 2 家省级新型研发机构，格力中央研究院、省打印耗材循环再制造技术工程实验室等 2 家省级技术创新平台以及丽珠、润星泰公司等 11 家企业工程中心、技术中心。格力电器获国家级工业设计中心认定。格力智能装备制造实现量产，赛纳科技在国内首次实现 3D 打印在工业领域的全彩打印。支持科技型企业参与资本市场融资，雷特科技、九通水务等 9 家企业成功上市。完成全社会固定资产投资 362.95 亿元，康晋电气二期、汇威科技新厂投入使用，赛纳科技二期、丽珠试剂厂房封顶，格力大金模具新厂动工，珠海中心大厦、沃尔玛珠海乐世界项目完成主体工程。

【引资引智】 2015 年，香洲区新引进外资项目 134 个，比上年增长 13.6%；实际吸收外资 6.69 亿美元，增长 5.6%，实际引进 1000 万美元以上的外资项目 6 个、优质内资项目 55 个。利用“海外专家南粤行”等平台，吸引国家千人计划专家 3 人，选拔培养高层次人才 73 人，引进海外高端人才 19 名，其中垵德三维鲍其滨博士实现香洲区本土培养的千人计划专家“零的突破”。节能环保光学膜项目等 4 家创新团队落户香洲区，培育光驭科技、正和国际等一批创新型企业。完善人才服务机制，在南屏科技工业园、洪湾商贸物流中心、前山商贸物流中心以及格力电器、赛纳科技等重点骨干企业建立 13 个人才服务工作站，为企业优秀人才提供直通车服务。加快创新创业平台建设，中国珠海留学人员创业园（香洲园区）挂牌，德国史太白科技转移中心、珠海溢思得瑞科技创新研究院等国际孵化器落户香洲区，青年园创业咖啡、金嘉创意谷、左右文化创意产业园、米立工业设计中心正式运营，新增孵化器建筑面积 6.05 万平方米，孵化国芯云科技、帅狗狗科技等 58 家企业。

【城市更新】 2015 年，香洲区正式启动第二轮第一批 13 个旧村改造工作［初步选取海湾、北山、广生、沥溪、福溪、广昌、关闸（含高沙、联安、关闸三个自然村）、南联、连屏（含碑口）、南溪、海锋及华声片区、银坑、洪湾村］。东桥村、翠微村和上冲村因改造前期工作提前开展也一并纳入第一批城中旧村改造项目，即第二轮第一批城中旧村改造项目数量由原计划 13 个增至 16 个。8 月，沥溪、福溪异地搬迁项目工程开始施工，9 月，广生村回迁区举行动工仪式，在 9 月 7 日召开的珠海市建设国际宜居城市工作会议上，东桥村、上冲村、海锋、海湾及华声片区、联安村分别与绿景集团、沿海集团、

2015 年 1 月 18 日，位于日东商业广场的珠海香洲金融街正式开业，入驻企业之一东海证券与日东集团在开业仪式上签约（蔡振丰摄）

2015年5月1日，“三溪”人居环境改善工程——福溪、沥溪搬迁安置区正式动工建设（蔡振丰摄）

华发集团、华发股份、中信地产签订前期合作开发协议。其余旧村正推进更新单元规划、经济平衡测算、房屋合法性认定等前期相关工作。同年，香洲区2000年旧村改造项目遗留问题处理取得突破，夏村二期回迁房交付回迁，江村完成旧房屋拆除、回迁房动工建设。推进旧工业区改造，完成中心城区旧工业区产业更新规划，15个旧工业厂房更新项目进入建设阶段，16个项目正在申报及完善相关手续。其中，蓝海金融中心、中立信大厦、智汇西九写字楼等改造项目主体工程均已建成封顶。

【工业园区和商贸物流中心】 2015年，香洲区南屏科技工业园有企业612家，引进企业43家，其中新办工业企业18家，迁入及园内变更地址企业25家；迁出“小、散、乱”的不符合园区产业发展的企业61家。引进企业投资总额合计折合2.51亿元。规模以上工业企业118家，实现规模以上工业总产值957.16亿元，比上年增长4.7%（未计算物价指数）。洪湾商贸物流中心完成控规修编工作。园区里有规模以上工业企业21家，规模以上第三产业企业9家。规模以上工业企业实现工业总产值23.46亿元，因深能洪湾电力有限公司部分月份政策性停产导致产值比上年减少1%；规模以上三产企业营业收入为25.88亿元，比上年增长114%。前山商贸物流中心实现规模以上工业产值42.04亿元，增长12.1%；第三产业中规模以上批发零售业销售额64.25亿元，增长11.3%；规模以上服务业营业收入2.48亿元，增长10.7%。

【财政税收】 2015年，香洲区财政预算总收入65.46亿元。其中，一般公共预算收入34.60亿元，比上年增长15.2%。一般公共预算收入中的国税部门组织收入12.25亿元，增长14.7%；地税部门组织收入17.69亿元，增长12.5%；其他部门组织收入4.66亿元，增长28.0%。财政预算总支出61.66亿元，增长39.2%，其中，一般公共预算支出41.86亿元，增长28.0%。全区预算单位均向社会公开本部门预决算及“三公”经费预决算，实现公开范围全覆盖。启动零基预算改革，建立预算单位财政预算项目库，对50万元（含）以上以及对经济、社会发展和民生事业有较大影响的项目实行绩效评审制度，同步编制政府采购预算与部门预算。

【社会民生】 2015年，香洲区一般公共预算支出中用于民生方面的支出31.63亿元，比上年增长21.2%，占公共财政支出比重达75.6%。分别为教育支出14.24亿元、科学技术支出2.53亿元、文化体育与传媒支出8600万元、社会保障和就业3.75亿元、医疗卫生与计划生育支出3.24亿元、节能环保支出1.47亿元、城乡社区支出4.51亿元、农林水支出9700万元、住房保障支出600万元。十件民生实事项目全面落实。继续加强住房保障工作，配租公共租赁住房213套，对1855户家庭人均收入低于城镇低保标准150%的低收入住房困难家庭发放租赁住房补贴163.7万元。加大社会救助力度，发放低保金、救济金、优抚金等总计8858万元，其中向23825人次发放低保金1315.15万元，人均月补助水平达到545元；向148人次发放医疗救助金211.84万元。

【社会保障】 2015年，香洲区新增就业岗位10万个、就业人数2.48万人，城镇登记失业率控制在2.26%以内；培训失业人员、就业困难人员1659人，就业援助失业人员1045人，累计审核发放中央、省、市、区就业专项资金1849.74万元。基本公共卫生服务经费财政补助标准达到年人均45元。城乡居民基本养老保险、城镇居民基本医疗保险（含新型农村合作医疗）覆盖率均达100%。推进香洲区居家养老服务体系建设，十二村、广昌、海霞和将军山4个社区居家养老服务站点投入使用，香洲区居家养老服务示范中心完成建设。有各类社会养老福利机构12家，其中公办机构4家，民办福利机构8家。床位总数1215张，平均每千名老人拥有床位24张；公办养老机构有床位258张，入住率73%；民办养老机构有床位957张，入住率71%。

【社区建设】 2015年，香洲区被民政部确定为第三批全国社区治理和服务创新实验区。香洲区“社区微公益推进民生服务”项目获2015年全国创新社会治理优秀案例奖，“百年北岭，文化寻踪”“剪爱”爱心理发等120多个“微公益”项目服务群众35万人次。“快乐四点半”未成年人服务品牌项目覆盖全区，服务99.7万人次，获“2015年珠海市社会治理创新优秀案例奖”。居家养老“一键通”项目实现75岁以上老人免费服务，“德行香洲”“法律顾问进社区”等项目实现126个社区全覆盖。投入499万元社会建设创新专项资金扶持“工友驿站”“青春护航”“妇女之家”等21个社会治理创新项目。建设平安社区，推进“视频加门禁”等“平安细胞”工程。湾仔街道和华发、北岭、连屏社区被民政部确定为全国和谐社区建设示范单位，沿河、港昌等62个社区被评为“省宜居社区”。

是年，香洲区社区体育公园项目获中国人居环境范例奖，作为生态城市建设的典型被中央电视台《新闻联播》重点介绍。连屏、港昌西、白沙河等18个社区公园正式启用。全年投入3200万元建设37个社区公园，总占地面积近39.5万平方米。其中TOD小镇社区公园、岱山（手办）主题社区公园、长沙体育社区公园单独立项，中珠社区公园、茂丰社区公园等34个社区公园的招标设计等前期准备工作已完成。

【教　育】 2015年，香洲区加强教育基础设施建设，凤凰小学和凤凰幼儿园完工投入使用。完成翠微小学等6所学校拆除重建和南屏中学体育馆等3所学校扩建。深化招生制度改革，就凤凰小学学区划分问题召开学区划分听证会；通过积分入学政策招收外来务工人员随迁子女人数达5417人；2015年秋季辖区内义务教育阶段公办中小学全部实行电脑系统分班。紫荆中学等3所中学及市共乐幼儿园等6所幼儿园移交至香洲区管理。以前山中学等4所学校作为试点，推动学校体育场馆向社会开放。帮扶民办学校，全年向辖区内民办中小学、幼儿园专任教师共发放慰问金283.4万元。

是年，香洲区实验学校等8所学校获“全国优秀家长学校”称号，香洲教师合唱团参加第十三届中国合唱节获一等奖，男声团获国际合唱联盟世界合唱博览会金奖。

【卫生和食品安全】 2015年，香洲区开展爱国卫生运动，得到全国爱卫会的特别表扬，确保珠海市通过国家卫生城市第三次复审。启动公立医院改革，建立基层首诊和分级诊疗制度，统一实行药品和医用耗材零差率销售政策。实施免费孕前优生健康检查服务，孕前优生健康目标人群覆盖率达100%。12月16日，香洲区通过省级专家组消除疟疾工作评估考核，在全市率先消除疟疾。推进食品药品安全整治，在国贸、免税、珠海百货区域建设省级化妆品市场安全治理示范街，建设仁恒星园等3条市级食品安全示范街、12家香洲区食品安全示范单位。6月23日，实施家禽集中屠宰、冷链配送、生鲜上市，完成活禽经营限制区内38家活禽经营市场的改造，限制区内无活禽经营。

【文化体育】 2015年，香洲区实施文化惠民工程，推进区、镇街、村居文化中心建设项目，狮山市民艺术中心正式启用，完成第三批35个村居文化中心的申报和验收工作。举办“区长杯”系列体育赛事、“童心向党”香洲区第二十一届青少儿艺术花会、香洲区第六届社区文化艺术节、“香洲艺术大课堂”“乐韵香洲”“香洲好声音”“舞动香洲”等文艺活动1000多场次，受惠群众50万人。各类文艺作品获国家、省、市级奖励63项，香洲区艺帆合唱团获首届“中国和之声”声乐比赛金奖。

【城市管理】 2015年，香洲区开展“两违”整治，依法拆除香山湖周边等违法建筑17.52万平方米，清理违法用地30.84万平方米，清

2015年4月25日，香洲区举行"低碳城市　绿色出行"定向徒步志愿服务活动，逾千人参与　（蔡振丰摄）

拆违法设置广告招牌3.43万平方米。全面实施市容环境分区分类管理，规范管理888美食街、湾仔海鲜街、正方商业小街等街区。加大市政道路维护力度，完成香洲总站、南坑等9条地下人行通道的改造，对全区91处人行道无障碍设施进行改造。提升道路绿化美化水平，完成明珠路、九洲大道等重点路段外立面改造以及金凤路两侧边坡景观带、情侣南路、南湾大道等29个重要节点绿化提升工程，建成105国道等总长15千米林荫道路。加强环卫保洁工作，建成35座垃圾压缩中转站、300座环保垃圾屋。

【生态建设】 2015年，香洲区全面实施《香洲区生态文明建设规划》，为辖区生态文明建设提供规范标准和技术支撑。持续推进前山河流域环境综合提升工程，建成前山北部1号雨水湖人工湿地公园。实施涉水治污工程，完成红东、洪湾、广昌等旧村场截污工程，金凤排洪渠、G105排洪渠污水管网系统改造等5个项目以及岱山等11座泵站修复工作。近岸海水质量均达到功能区要求，辖区集中饮用水源地水质达标率保持100%。打造情侣路浪漫风情海岸带，完成海滨泳场二期北区建设以及凤凰湾、香炉湾、城市客厅等情侣路沿线沙滩修复工作。推动大气污染治理，全区已淘汰工业燃煤锅炉及燃重油锅炉，提前报废黄标车4360台；实施餐饮油烟无序排放整治行动，开展餐饮企业油烟在线监测试点工作。

是年，香洲区成功创建省林业生态示范区，完成板樟山等66.7公顷生态景观林带培育工程。香洲区行政中心被评为全国节约型公共机构。

【对口帮扶】 2015年，香洲区推进对口帮扶阳春市各项工作，筹措帮扶资金2027.14万元，完成供港澳蔬菜基地、春城一小文塔校区、阳春市妇幼保健院新儿科大楼等合作共建项目，完善交通、医疗、文化等基础设施，完成"扶贫双到"工作任务，对口帮扶5个村的集体经济收入和贫困户人均纯收入超过省考核要求，获评"全省扶贫先进集体"。

【工青妇】 工会　2015年，香洲区新组建工会68家，新发展会员8988人。实行"律师入企"计划，向辖区内104家规模以上企业工会派驻法援律师并设立法律服务工作室。全年受理职工维权咨询190人次，参与协调劳资矛盾案件20宗，涉及职工5642人。开展困难职工帮扶救助工作，全区帮扶救助人数达1788人，帮扶救助金额223.29万元。加强人才培训，开展入职就业培训10023人次；开展16场次女职工专题知识讲座，8200多名女职工受惠。是年，工友驿站获省总工会颁发2014年度省工会工作创新先进奖；珠海威丝曼服饰股份有限公司和东信和平科技股份有限公司模块封装工艺小组被评为省先进集体；香洲区环境卫生管理所垃圾房清洁员王丽枚被评为省劳动模范；光大国际贸易中心工会联合会获省基层工会工作红旗单位称号和省五一劳动奖状。

共青团　是年，香洲区推进"区域化团建"工作，在南屏科技工业园建立全市首个园区团委，为企业青年提供服务。维护青少年权益，在南美、青竹、红旗、富兴等4个社区和明珠中英文、新世纪等5所学校打造"青春护航站"，委托专业社会组织为青少年特别是重点青少年提供帮扶服务。香洲区义工联系统注册义工人数突破8万人。开展12场全区性大型志愿服务活动，参加人员超过3万人次。

全年到公园、广场、社区等开展各类常态化志愿服务活动2180余场。其中开展“义家益”专列志愿服务进社区等活动，将电器检修、美容美发、法律咨询、义诊等便民利民志愿服务送到群众身边，服务社区居民近4000人次。通过“社工+义工”实现“香洲区亲青汇青年社会组织培育发展中心”良性运转，2015年新增入驻社会组织8家，截至年底累计32家入驻社会组织。

妇联　是年，香洲区成立全省首个园区妇联——南屏科技工业园区妇联和全市首个社区妇联——前山街道福石社区妇联。9个镇（街道）全面完成社区妇代会改建社区妇联试点工作，率先在全省实现省、市、区、镇（街道）和社区五级联动服务模式。全年资助单亲特困母亲34万元，困境儿童结对帮扶10万元，为困境学生提供218个阳光少年助力成长“爱心学位”。建立吉大景山、湾仔连屏工作站，为困境儿童、老人、单亲母亲提供结对帮扶服务。推进社区家长学校建设，创建首个以社区精英担任校长的社区家长学校——福石社区海润家长学校。维护妇女儿童合法权益，香洲区法院“妇女之家”于6月挂牌成立，为妇女维权开辟新的绿色诉讼通道。

是年4月，全国妇联“幸福万家·母婴1000天健康行动”宣传辅导手册首发仪式在香洲区举行，全国妇联副主席赵东花出席首发仪式。

【残疾人工作】　2015年，香洲区发放残疾人生活津贴、居家重度护理费686万元，5022名持证残疾人、伤残军人受惠。开展春节、中秋节、助残日走访慰问活动，为全区持证残疾人送上总计135万元的节日慰问金。推进残疾人康园中心建设，新添翠香馨园、康宁和南屏十二村3个社区残疾人康园中心，狮山街道康园中心率先在全市创建残疾人文化艺术团。推动残疾人就业保障，2015年新安置就业的残疾人115人，自主创业14人。丰富残疾人文体活动，香洲区获得珠海市第六届特奥会总分第一；举办香洲区2015年全民助残健身运动会，组织120名残疾人参加。

是年1月1日启动香洲区残疾人基本服务状况和需求专项调查工作，于3月18日完成3862份调查表的入户调查。同年，在香洲区安居园建设“广东省全民助残健身工程示范点”，2015年十件民生实事通过广东省政府检查验收。

（曹雅锐）

金湾区

【概　况】　金湾区位于珠海市西南部。区政府加挂“珠海市航空产业园管理委员会”牌子，2015年直接管辖三灶、红旗2个镇。土地面积268.85平方千米（红旗、三灶镇，含内陆、湖泊、水域、海岛）。年末户籍人口7.93万人，常住人口15.28万人。户籍人口自然增长率7.7‰，常住人口自然增长率7.95‰，流动人口自然增长率11.02‰。

金湾区拥有丰富的土地、海洋、水产、旅游、电力、港口等资源，地处珠江出海口磨刀门与崖门之间的南海之滨（直接管辖区域位于珠海市地理几何中心），东临香港、澳门，南临著名的大西国际水道，西与江门隔江相望。金湾区交通发达，珠海高栏深水港、珠海机场坐落区内，机场高速、高栏港高速贯通南北，江珠高速公路、西部沿海高速以及广珠铁路等均在区内交集，海陆空立体交通优势明显。2015年金湾区耕地面积2000公顷，粮食播种面积900公顷。林地面积4200公顷，森林覆盖率25.88%，活立木蓄积量35万立方米。重要矿产资源有矿泉水、石料和金属矿；土特产有小林草鲩、黄鳍鲷、番石榴；主要旅游景点有金海滩和银沙滩。

2015年被评为首批全国社会治理创新优秀地区，获全国法治区创建活动先进单位。

【经济社会发展】　2015年，金湾区生产总值208.11亿元，比上年增长11.2%。人均地区生产总值1.37万元，增长10.3%。规模以上工业总产值 533.21 亿元，增长 8.6%。农林牧渔业总产值 7.65 亿元，增长 21%。固定资产投资 124.08 亿元，增长 14.2%。社会消费品零售总额 30.87 亿元，增长 7.7%。外贸出口额 39.45 亿美元，下降 0.9%；实际利用外资 1.63 亿美元，增长 8%。地方财政一般预算收入 19.21 亿元，增长 21.6%。城镇常住居民人均可支配收入 2.67 万元，增长 8.8%；农村常住居民人均纯收入 1.59 万元，增长 11%。九年义务教育巩固率 99.4%。参加城镇职工基本养老保险 11.11 万人；参加城镇职工基本医疗保险 11.21 万人；参加城乡居民基本医疗保险 9305 人；参加城乡居民基本养老保险 2647 人。

【创新驱动发展】 2015 年，金湾区制定创新驱动发展和工业转型升级两个三年行动计划，确立“八个倍增”目标。全年新增高新技术企业 8 家，培育入库企业 25 家，全区高新技术企业达 62 家，产值超过 200 亿元。采取“一企一策”扶持办法促进区内企业加大研发和技改投入，全社会科研投入约 8 亿元，38 家企业参与技术改造，丽珠集团“原创新药艾普拉唑的研发与产业化”项目获国家科技进步二等奖。小微企业融资担保基金为 6 家企业发放贷款 1230 万元，“新三板”挂牌企业新增 7 家、完成并购 1 家。康德莱国际医疗产业园进驻一大批医药孵化项目，其中 8 个实现产业化。天章电商产业园、德昌顺智慧物流园等孵化器相继启动建设和运营。重点支持南方医科大学生物医药服务平台和吉林大学珠海学院、遵义医学院、广东科学技术职业学院实验室和技术平台的建设。引进广东省科学院建设生物医药研究所和航空航天研究所，省内首个食药监局审评认证分中心挂牌成立。制定《关于进一步加强金湾区创新驱动发展产业人才队伍建设的若干意见》及 6 个配套办法，为 20 家企业的 175 名创新人才提供专项资金扶持。引进国家“千人计划”专家廖化新落户发展，“千人计划”专家达 5 人。聘任 973 项目首席科学家叶祖光等 12 名国内专家为生物医药产业发展专家顾问。

黄昏中的金湾水乡 （郭仲荣摄）

【航空新城开发和园区规划建设】 2015 年，金湾航空新城控规修编获珠海市政府批复实施，完成土地转建工作。航空新城核心区 9 条市政道路建成通车。国际商务中心、中海海秀花园等首批生产性服务业和生活性服务业项目开工建设。推进金湾中心医院和金湾一中、产业服务中心、市民文化中心建设。三灶伟民广场与地下公共人防工程交付使用。完成金海岸文化艺术中心主体工程。编制《珠海机场核心区开发利用规划》及配套的空域论证报告。《珠海市三灶镇琴石南片区控制性详细规划》获珠海市人民政府批准实施。投入 6.25 亿元推进机场核心区、白龙河尾滨海商务区和定家湾加工配套区基础设施建设。升级改造三灶科技工业园和联港工业区，改造完成机场西路、南涌路、琴石路等园区道路，推进污水收集和处理系统加快建设，提升产业配套能力。

【社会民生】 2015 年，金湾区落实“以区为主”管理体制，维护教育公平，全年 1732 名异地务工人员随迁子女入读义务教育阶段公办学校，占非户籍生总数的 90.6%。建成三灶、红旗两镇第二中心幼儿园，投资 1200 万元升级改造三灶社区卫生服务中心综合大楼。出台疾病应急救助制度和困难群众医疗救助办法。全面完成人口计生管理目标任务。政府出资为796名60周岁以上老人购买意外伤害综合保险。建设居家养老服务站5个、社区体育公园4个和村居文化中心10个，启动老旧小区升级改造工程6个。残疾人康园工疗站服务残疾人8100多人次。获批广东省“智慧食药监”试点县区。完成161栋出租楼、27栋老旧小区居民楼智能门禁视频试点建设。举办各类文体活动和送戏、送电影下乡进企业700多场。与中央电视台合作摄制的抗战纪录片《浴火三灶》在中央电视台等主流媒体播放。举办“日军三灶岛暴行史料展”。全区开展大型志愿活动184场，“阳光护航”重点青少年帮扶计划获得团省委表彰和专项资金扶持。

【政务服务改革】 2015年6月16日，金湾区出台《企业登记一站联办综合服务平台拓展银行业务实施方案》，8月26日，“企业一站联办”综合服务平台开通企业银行基本户开设、绑定企业扣税账户、绑定企业扣社保费账户业务，标志全省首个将基本存款账户开立资料受理及初审环节纳入“一站联办”综合服务平台的创新举措在珠海金湾落地。截至年底，平台成功为148家企业推送银行开户业务。11月11日，出台《金湾区全面深化政务服务改革实施方案》，方案围绕“减少办事环节、提高行政效率”的总目标，从标准化、集约化、数据化等多个环节入手，建立公开、规范、便捷、务实的政务服务平台，实行分类整合、接办分离、全程留痕、错峰服务新模式。11月30日，金湾区投资建设并联审批综合服务平台试运营。平台以优化办理流程、缩短办理时限、方便群众办事为目标，通过“优化流程、综合受理、统一接件、信息共享、部门联动、全程督办”方式开展金湾区投资建设项目综合服务工作。投资建设并联审批综合服务平台涉及审批部门21个，事项90余项，大部分进驻区网上办事大厅。截至年底，发改、国土、规划、人防、气象、安监、住建、财审中心等部门60余项业务移交至平台综合窗口，不再单设单位办事窗口，实现“一口接办、一窗进出”，解决原单位窗口忙闲不均、人力不足情况。

【医疗卫生改革】 2015年6月30日，金湾区政府与广东省人民医院签订合作共建金湾中心医院协议，开启珠海市医疗卫生改革新模式。医院增挂“广东省人民医院珠海医院”为第一名称，“珠海市金湾中心医院”为第二名称（珠海市金湾中心医院作为事业单位法人登记）。11月13日，广东省人民医院珠海医院（珠海市金湾中心医院）第一届理事会、监事会成立，产生医院第一届领导班子，通过《广东省人民医院珠海医院章程》，医院实行所有权与经营权分离，建立由理事会、监事会和医院管理层三部分组成的现代法人治理结构。截至年底，完成金湾中心医院主体工程，进入全面装修阶段。

【社会治理“三平台”共治】 2015年12月，金湾区社会治理“三平台”（以镇社会服务中心和村居社会服务站为载体的社会服务实体平台、以金湾和谐讲坛为载体的经验交流言论平台、以金湾公益大家乐为载体的多元参与活动平台）共治被评为“2015年珠海市社会治理创新优秀案例培育行动”最佳案例。金湾区于2013年启动社会治理“三平台”工作，成立红旗社会服务中心，提供八大品牌31项专业社会服务。截至2015年底，红旗社会服务中心开展活动350场次，直接服务居民4万余人次，辐射人群15万人次。全区12个村居建成村居社会服务站，推动社会服务送至家门口。开展“和谐讲坛”38期。其中，专家学者开讲10期，社区一线工作者讲座28期，参加人数3500余人次，推动社区百姓言论交流。举办“公益大家乐”9期，参与群众29640余人次，参与社会组织284家次，参与企业310余家次，企业与社会组织对接项目7个，企业义卖、捐资捐物总计折合62.3万余元。“三平台”共治实现“服务普惠群众、言论引导群众、活动融入群众”的目标。

【全国法治区创建活动】 2015年3月，全国普法办授予金湾区“全国法治县（市、区）创建活动先进单位”称号。金湾区于2009年启动法治区创建活动，并逐年推进法治区创建工作。成立金湾区创建法治区活动领导小组，制定《金湾区创建法治区工作方案》，印发《珠海市金湾区创建法治区工作评估体系》及《珠海市金湾区创建法治区工作考评办法》，考察各部门、各镇及各村居的法治创建工作，建立“党委领导、人大主导、政府实施、政协监督、部门联动、社会参与”

的创建工作体制。建成全省首家区级公共法律服务中心，推动“一村居一法律顾问”工作，实现公共法律服务体系网络全覆盖。通过“三大平台”（传媒与网络、宣传栏与公开栏、讲堂与舞台）推进普法工作开展。2015年3月，成功创建“全国法治县（市、区）创建活动先进单位”。

【广东省“智慧食药监”试点】 2015年7月，金湾区成为全省“智慧食药监”8个试点地区之一。“智慧食药监”是广东省食品药品监督管理局推动“互联网+”新技术、新模式、新理念与监管工作深度融合，广泛应用移动互联网、物联网、云计算、大数据、智能终端等新一代互联网技术，建成省级食品药品监管数据中心以及覆盖省、市、县（市、区）、乡镇（街道）四级食品药品监管部门的统一信息网络，形成互联互通、信息共享、业务协同、统一高效的信息化系统。截至年底，金湾区食品药品监督管理局基本完成前期基础监管数据摸底调查和移动执法终端试运行工作。“智慧食药监试点”工作有利于实现金湾区食品药品监管信息化，全面落实最严谨的标准、最严格的监管、最严厉的处罚、最严肃的问责“四严”要求，保障人民群众饮食用药安全。

【广东省首个食品药品审评认证分中心落户金湾】 2015年12月27日，广东省首个食品药品监督管理局审评认证分中心——珠海市食品药品（医疗器械）审评认证中心在金湾区挂牌成立，为省、市食品药品监督管理的技术支撑机构，承担新药研发、产品技术转让、药品生产许可等技术审评和认证职能。审评认证分中心位于金湾区东咀康德莱工业园，办公面积235平方米，工作人员8名，聘请以首席研究员、政府特殊津贴专家、973项目首席科学家叶祖光，国家药典委员会制剂专业委员会副主任委员、国家食品药品监督管理局药品审评专家张宝献为代表的13名“食品药品审评认证专家”，建立GMP（药品生产质量管理规范）、GSP（药品经营质量管理规范）、医疗器械检查员库和食品生产经营审查员库，有GMP检查员10名，GSP检查员65名，食品生产经营审查员42名，医疗器械检查员30名。

2015年10月12日，珠海市首个区级政务公开电视平台“金湾信息点点看”开通 （陈慧雪摄）

【全市首家区级信息化综治指挥中心】 2015年9月5日，全市首家区级信息化综治指挥中心——金湾区综治指挥中心成立。中心通过整合全区公共视频资源，依托区综治视联网系统，利用视频通讯、在线巡查、视频监控、即时指挥等方式，成为对全区社会治安综合治理工作、突发性事件应急处置等实施统一指挥调度的工作平台。主要功能体现在公共视频监控共享平台、多方信息沟通平台、应急处置可视化指挥平台、预留长远网格化功能集成平台四个平台。截至年底，金湾区综治指挥中心整合各镇、村（居）视频监控摄像头527个，金湾区公安视联网一、二期监控摄像头383个，全区教育网视频监控摄像头39个，共计949个。全年珠海市公安局金湾分局合成作战中心通过区综治视联网视频监控及各类视频监控，协助破案152宗，抓获嫌疑人118人，打掉团伙31个。全区各部门、单位应用视频会议软件进行会议7次。12月，金湾区综治指挥中心联合公安部门协同利用平台及单兵录像设备在湖心路口开展“双禁”整治行动，处理涉案非法运营摩托车人员7名、非法运营摩托车6辆、非法运营三轮摩托车1辆。综治指挥中心的成立推进全区社会治安综合治理工作动态视频监控网络管理数字化、网络化和智能化的全覆盖。

【全市首个区级政务公开电视平台】 2015年，金湾区借助广播电视平台广、用户多的优势，以“电视＋政府”打造珠海市首个区级政务公开电视平台——“政务公开一点通”，于10月12日举办平台开通仪式。该平台分“走进金湾”“政务服务”“信息公开”“电视教育”四大模块，下设25个二级栏目，涵盖金湾区政府最新工作动态、金湾新闻、民生工程、产业发展、文化旅游等政务信息。平台主动公开与民生密切相关的招聘、农村“三资”、教育、重点领域及全区各部门联系电话等民生信息；公开区内26个部门、2个镇、21个村居、14个重点领域、410个服务事项的办理条件及流程；定期主动公开金湾区民生工程、民生实事等工程建设情况及进度，公开农村“三资”招投标等信息；向村居民免费提供农业种养殖、基层党建等培训教育视频。全区近10万居民足不出户，可在家中或全区21个村居服务站通过电视实施查询各类政务信息。实现政务公开“进家门”，打通政务公开“最后一公里”。

（洪　峰）

斗门区

【地理位置】 斗门区位于珠江三角洲西南部，珠海市西部（东经113° 05′ 至113° 25′、北纬21° 59′ 至22° 25′），磨刀门至崖门之间。从赤鼻岛至白蕉七围交界线，东西之间最宽33.4千米，总面积674.8平方千米。斗门区东连中山市，北倚江门市，与澳门水域相连。距香港56海里，至广州、深圳两小时车程，水陆交通便利。

【建置沿革】 宋以前，斗门一带称黄字围，属新会潮居都。宋绍兴二十二年（1152），黄杨山附近岛屿划归香山县管辖，称潮居乡。明洪武十四年（1381）香山县潮居乡改称黄梁都。大沙、马墩、上横属新会潮居都。清光绪六年（1880），黄梁都改称黄梁镇，潮居都改称潮居镇。清宣统二年（1910）改镇为区，按数字编列，称香山县黄梁镇为第八区、新会县潮居镇为第八区。民国十九年（1930），改称中山县第八区为黄梁区，改称新会县第八区为睦洲区。民国二十年（1931），区名按数字编列，称中山县第八区。上横、大沙、马墩称新会县第八区。1951年3月，仍称中山县第八区。上横、大沙、马墩称新会县第九区。1958年11月，中山县第八区称中山县斗门大公社，为中山县7个大公社之一。横粉乡、大沙乡属新会县睦洲人民公社。1965年7月19日，经国务院批准，成立斗门县，隶属广东省佛山地区。1983年3月，斗门县归属珠海市。2001年4月，撤销斗门县设立珠海市斗门区。2010年8月26日，国务院批准珠海经济特区范围扩大至全市，斗门正式列入珠海经济特区，从2010年10月开始实施。

【行政区域】 2015年，斗门区下辖井岸镇、白蕉镇、斗门镇、乾务镇、莲洲镇5个镇和白藤街道办事处，101个村民委员会，24个居民委员会，677个村民小组。其中：井岸镇辖15个村委会，9个社区居委会；白蕉镇辖33个村委会，3个社区居委会；斗门镇辖10个村委会，1个社区居委会；乾务镇辖16个村委会，2个社区居委会；莲洲镇辖27个村委会，3个社区居委会；白藤街道办事处辖6个社区居委会。

【地形地貌】 斗门区地形特点是低山突屹，平原宽广，孤丘众多，水道交错，河涌密布，滩涂淤积，浮露迅速。地形特征可概括为“二山三水五分田”。境内东北部低于西南部，山丘边缘的冲积地带高于江河两侧的沉积平原。土壤主要由花岗岩、沙页岩风化而成的赤红壤为主，土壤有机质含量少，砂粒较多，土层中厚，腐殖质层较薄。

【自然资源】 植被资源 斗门区地带性植被为南亚热带季风常绿阔叶林，仅存少量的次生阔叶林，基本上是人工森林植被。2015年，区内植被主要组成种类556种，分别隶属于145科385属。其中以热带性属种较多，常见的有大戟科、桑科、棕榈科、桃金娘科、茜草科、梧桐科、豆科、五加科、杜英科、野牡丹科、山茶科、芸香科等。主要森林类型有常绿阔叶林、常绿针叶林、常绿针阔叶混交林和经济林，森林群落类型比较简单。区内主要常见植物属乔木类的树种有：红椎、罗浮栲、南岭栲、藜蒴、樟树、木荷、山乌桕、鸭脚木、山龙眼、猴耳环、马尾松、杉树、桉树、南洋楹、马占相思、大叶相思、小叶榕、大叶榕、湿地松、荔枝、龙眼等种类，灌木和草本类植物的种类较为丰富。

野生动物资源 主要野生经济动物169种，分隶于4纲28目61科。在低山丘陵区有猕猴、野猪、穿山甲等，以及各种鼠类。

林地资源 林业用地面积1.31万公顷，其中林地面积9333.33公顷，国家特别规定灌木林地面积2513.33公顷，森林覆盖率21.31%，活立木总蓄积量89.46万立方米。林业用地面积比上年减少56公顷，森林覆盖率与上年持平，活立木总蓄积量增加4.46万立方米，增长5.46%。区内生态公益林面积8006.67公顷，商品林地面积5200公顷，分别占林业用地面积60.9%和39.6%。

生态旅游资源 区内有尖峰山省级森林公园、黄杨河畔华发水郡省级湿地公园和霞山公园3个公园。有黄杨山自然保护区、锅盖栋自然保护区、竹篙岭自然保护区和竹洲头岛水松林自然保护区4个区级自然保护区。

矿产资源 区内有地穴矿泉矿、地下矿泉水等重要矿产资源。

海洋资源 重要海洋资源有大弹涂鱼（即花鱼、泥鱼）、棘头梅童鱼（即黄皮鱼）、蝤形副平牙鰕虎鱼（即白鸽鱼）等。

【水资源】 地表水 西江流经斗门的水道有磨刀门、鸡啼门、虎跳门3条出海水道，境内螺洲溪、荷麻溪、赤粉、坭湾门、横坑口、涝涝溪和黄杨河7条分流水道相互沟通。10条主干河道总长135.83千米，面积1.65万公顷。磨刀门、鸡啼门、虎跳门过境总流量769亿立方米。全区主要河涌109条，全长322.8千米。这些河涌一般宽50～100米，深2～3米，能通行10～50吨级船舶，是排洪灌溉、水上运输的重要水道。主要河涌：白蕉镇有黄猄沥（后称黄镜门）、壳塘涌、东围涌、天生河、界河、新环中心涌、头围涌、泗喜围涌、三围涌、五围涌、三门涌、鳘鱼沙涌、八顷涌、黄猄门沥、沙仔涌。莲洲镇有耕管涌、横山涌、东滘涌、西滘涌、粉洲涌、中心涌、大沙涌。斗门镇有南门涌、赤坎涌。乾务镇有大涌、石狗涌、沙龙涌。井岸镇有鸡嘴涌、草蓢涌、五福涌。全区较大的河溪有斗门河溪，纳集黄杨山、鹤兜山的水源，经南门涌流入虎跳门，全长13千米；其次有大赤坎河溪，纳集黄杨山西、北麓多条涧水，流入黄杨河。五山河溪、井岸河溪、银潭河溪、马墩河溪、水口河溪、网山河溪、乾务河溪都是山谷的排洪河溪。全区唯一的湖泊是白藤湖，原是坭湾门水道，1958年9月12日动工堵海，1961年基本完成全部工程，分隔了坭湾门和鸡啼门，形成了人工湖，占地面积20平方千米，其中水域近10平方千米。

地下水 区内地下水资源蕴藏量5000万立方米（其中浅层为500万立方米），现开发利用244.1万立方米，占蕴藏量5%，占全区年用水量0.5%左右，绝大部分水质良好。

【气　候】 2015年，斗门区气候呈现“入汛迟、降水少、气温高”特点。5月16日开汛，较历年值（1981～2010年气候资料统计平均值，下同）偏迟38天，是建站以来开汛第二迟的年份（1977年6月23日开汛），10月7日终汛，偏晚9天。年降雨量1764.9毫米，偏少23.3%，汛期（4～9月）降雨总量1286.9毫米，偏少34.6%，其中前汛期（4～6月）降雨量678.6毫米，偏少29.7%，后汛期（7～9月）降雨量608.3毫米，偏少39.3%；年内降雨主峰值出现在5月，次峰出现在7月和10月；≥0.1毫米的降雨日数131天，偏少17.1天，≥50.0毫米的暴雨以上降雨日数12天，偏少0.6天。年平均气温23.9℃，偏高1.4℃，是建站以来年平均气温第一高的年份，年极端最高气温37.0℃（8月9日），年极端最低气温8.9℃（2月6日），≥35.0℃的高温日数13天，是建站以来高温日数最多的年份；各月平均气温均偏高，偏高幅度0.5℃～2.6℃，其中6月、11月平均气温分别偏高2.1℃和2.6℃，是建站以来当月的最高值。日照1754.0小时，偏多63.6小时。年最多风向为西北偏北风。台风影响个数偏少（1个），影响程度为严重。无霜期日数365天。

2015年2月14日，首届斗门耕管·悠水乡油菜花文化旅游节在莲洲镇耕管村举行（斗门电视台供稿）

【人口语言】 2015年，全区户籍人口35.34万人，常住人口50.56万人，户籍人口自然增长率5.63‰，常住人口自然增长率5.83‰。旅居港澳同胞和海外侨胞16.6万人，分布在美国、加拿大、英国等20多个国家和地区。

区内流行语言主要有四邑话、客家话、水上话三大类。改革开放后，外地来斗门定居或工作的人越来越多，“南腔北调”随处可闻，但仍以四邑话交际为主。随着普通话深入推广，人们用普通话交流也越来越普遍。

【旅游美食】 斗门区内山、田、河、海相拥的大沙田水乡风光旖旎，有御温泉度假村、黄杨山、耀朗假日休闲俱乐部、金台寺、菉猗堂、十里莲江、斗门旧街、尖峰山森林公园、灯笼沙水乡、排山古村等十大主要旅游景点。有白蕉海鲈、黄金凤鳝、上横黄沙蚬、五山重壳蟹、白藤湖莲藕等著名土特产。有长寿白蕉海鲈面、沙律金丝焗基围虾、咖喱焗乾务青蟹、斗门农家四宝、石椿蛋焗螃蟹膏、果木烟熏黄金鳝、山贼烧猪小排、名湖藕乡情、裕满油焗重壳蟹、酱皇斗门重壳蟹等十大名菜。

【荣誉称号】 2015年，斗门生态农业体验游入选全国十大精品线路。南门村和莲江村获评“中国乡村旅游模范村”，南门村、夏村获评“全国文明村”。莲洲、白蕉、斗门镇获评“省休闲农业与乡村旅游示范镇”。斗门镇、莲洲镇莲江村、乾务镇网山村获评省名镇名村。“十里莲江”休闲农业观光园获评“全国休闲农业与乡村旅游星级示范创建企业”“2015全国十佳休闲农庄”及“省休闲农业与乡村旅游示范点”。通过国家卫生城市复审，33个村获“省卫生村”称号。全区办学条件完善，获广东省基础教育课程体系改革试验区称号。体育事业取得突破，竞技体育后备人才输送及大赛成绩在全省排名第二，获2010～2014奥运周期“广东省体育突出贡献奖”。井岸镇新伟社区获“全国和谐社区建设示范区”称号。区人民武装部获珠海市“征兵工作全优单位”称号。

【经济社会发展】 2015年，斗门区实现地区生产总值275.86亿元，比上年增长9.1%。其中：第一产业增加值35.94亿元，增长3%；第二产业增加值146.03亿元，增长5.6%；工业增加值175.27亿元，增长4%。第三产业增加值93.89亿元，增长15.4%；人均地区生产总值64764元，增长8%。规模以上工业总产值838.08亿元，增长4.5%。农林牧渔总产值67.94亿元，增长3%。固定资产投资211.41亿元，增长20.1%。社会消费品零售总额106.1亿元，增长12.7%。外贸出口额74.4亿美元，增长1.1%，实际利用外资2.24亿美元，增长0.04%。地方公共财政预算收入23.92亿元，增长11.2%。城镇常住居民人均可支配收入32031元，增长8%；农村常住居民人均可支配收入 2.05 万元，增长 11.8%。

【财税金融】 2015 年，全区实现公共财政预算收入 23.92 亿元，比上年增长 11.2%。加上税收返还收入 3.25 亿元，上级财力性转移支付收入 8.88 亿元，2014 年结余收入 9858 万元，公共财政预算总收入 45.69 亿元。

全年全区累计公共财政预算支出 34.85 亿元，增长 27.18%。加上出口退税专项上解支出 1.45 亿元，其他专项上解支出 2.05 亿元，公共财政预算总支出 44.24 亿元，收支相抵，公共财政预算结余 1.45 亿元，其中结转 2015 年使用 1.45 亿元，公共财政预算净结余为零。年内，财政投入 25.23 亿元保障教育、科技等九项民生方面的支出，占全区一般公共预算支出 72.39%。

全年全区金融机构各项存款余额 299.16 亿元，增长 0.7%，各项货款余额 214.54 万元，增长 21.2%。

【产业发展】 2015 年，斗门区落实区领导挂点服务重点企业和重大项目制度，加快十大重点产业项目建设。立讯双赢建成投产，中国中车珠海基地生产的国内首款 100% 低地板现代有轨电车上线调试，玉柴船动生产的全球首台商业运行双燃料低速船用发动机于上半年交付。制定《斗门区小微工业企业“幼狮计划”培育目录》，30 家企业纳入培育目录，解决园区企业融资问题 10 余起，实现融资 4000 余万元。加快发展高端产业，先进制造业和高技术制造业增加值分别比上年增长 15.2% 和 16%，占规模以上工业比重 72% 和 53%。成功引进益天信息、运泰利智能装备、方正高端智能设备、博科数控等项目，推进“互联网 + 制造业”加快融合发展。创新驱动发展步伐加快，11 家企业新认定为国家高新技术企业，38 家企业申报省、市两级技术改造资金，工业技术改造投资 12.4 亿元，增长 61.9%。与北京理工大学珠海学院、电子科技大学等高校加强产学研合作，组建技术研发平台和产业技术创新战略联盟，促进产业实现高端转型。出台《珠海市斗门区支持金融业发展和企业上市奖励实施办法》，全区上市企业 4 家，形成“挂牌一批、股改一批、签约一批、储备一批”的后备上市企业扶持梯队。年内，实现规模以上工业总产值 838.08 亿元，占全市的 21%；规模以上工业增加值 175.27 亿元，增长 4%。

【园区建设】 2015 年，斗门区开发建设富山产业新城起步区 2.5 平方千米，富山展示厅建成使用，富山大道、马山南路、新城大道等主要干道和 6 个园区服务中心加快建设。新青科技工业园依托惠普智慧产业园平台，盘活闲置土地、厂房，培育发展南方 IT 学院等项目，促进发展现代服务业发展，产业加快转型升级。珠海国家农业科技园区新港片区、大沙—永利先行综合服务区和竹洲水乡水利风景区的控制性详细规划及城市设计加快编制，水产品深加工物流园等项目基础设施配套工程有序推进。

【国内商贸】 2015 年，斗门区社会消费零售总额 106.1 亿元，比上年增长 12.7%，其中批发零售额 93.08 亿元，增长 12.8%。住宿和餐饮业零售额 13.02 亿元，增长 12.2%。旅游业收入 9.37 亿元，增长 11.8%。年内举办以“享受生态，回味斗门”为主题的美食节，设展位 158 个，吸引 564 万人次。全区有市场主体 4.65 万户，其中企业 7277 户，个体工商户 3.91 万户，农民专业合作社 170 户，市场主体总量增长 12.5%。

【对外贸易】 2015 年，斗门区出台并落实《斗门区 2014 年促进外贸稳增长调结构扶持配套政策》，对外贸易趋于平稳。全年外贸进出口总额 119.37 亿美元，比上年增长 1.03%，其中出口总额 74.4 亿美元，下降 0.22%（按人民币计价增长 1.11%）。

【招商引资】 2015 年，斗门区创新招商引资行动计划，实行精准招商、代理招商、小分队招商、行业商会招商，全区新设外资项目 14 个，合同利用外资 1.05 亿美元，比上年下降 72.9%。实际利用外资 2.24 亿美元，增长 0.04%。

【农　业】 2015 年，斗门区实现农业总产值 66.66 亿元，比上年增加 2.92 亿元，增长 4.6%。粮食种植面积 6409.87 公顷，粮食总产量 5.32 万吨，其中水稻播种面积 4382.19 公顷，产量 2.87 万吨（优质水稻占应插面积的 98%）。蔬菜（含菜用瓜、根茎类）等作物种植面积 4188.76 公顷，总产量 9.73 万吨；全区水果种植面积 1.34 万公顷，总产3.82万吨。水产养殖面积1.34万公顷，渔业总产量22.28万吨，产值43.95亿元。生猪饲养量71.8万头，出栏量40.2万头，存栏量31.6万头，猪肉产量2.95吨。家禽饲养量451.9万只，出栏量255.8万只，存栏量196.12万只，禽蛋产量6708吨。

全年落实农机具购置补贴、种粮补贴、水稻保险补贴、惠渔补贴、禽畜补贴等“三农”扶持补助款项3247.04万元。培育各级农业龙头企业18个，名牌农产品9个，有机食品认证10个、绿色产品4个，无公害产品及产地52个。

【城镇建设】 2015年，斗门区推进政府投资工程建设，承担建设管理和跟踪配合项目96项（完工项目14项），总投资额35亿元，完成投资约2.1亿元。持续推进黄杨河“一河两岸”工程，完成云峰公园景观、乔园、凤山公园、西堤路美化提升。推进西部生态新城斗门片区开发建设，完成省道S365线改建、S272线莲洲至井岸段路面改造、25条乡村道路改造。推进中兴路改造提升二期工程、禾益围及尖峰南片区市政配套工程及区污水管网建设工程。启动尖峰山公园改造提升和黄杨河湿地公园一期项目建设。推进白藤街区旧城整治提升、白藤湖水产批发市场等“三旧”改造，及城乡水利防灾减灾工程。全年受理工程建设管理业务171项，办理施工许可证61个，建筑总面积234万平方米，投资总额约44亿元。工程竣工验收91项，建筑面积143万平方米；备案工程63项，建筑面积100万平方米。办理预售许可证49个，预售面积106万平方米，全区房地产行业实现较快发展。

【交通运输】 2015年，斗门区加大公路建设力度，完成投资1.2亿元，实现井岸二桥项目全线贯通，西沥大桥半幅竣工通车。省道S272线莲洲至井岸段路面改造27.5千米，维修改造黄杨大道项目主体工程15.1千米，有序推进珠峰大道改造。投资5100万元，完成23条乡村公路建设，总长22.37千米。投入17万元，承接斗门辖区内382.4千米乡道村道及83座中小桥梁的管养和维修。投入35万元，维修白蕉昭信村桥。投入48.63万元，组织乡村公路保养工作。完成119座农村公交候车亭拆除重建工作，新开通316、417、419线路；延长403、404、408、413等线路。

全年行政许可受理办结业务1件，年审营运车辆1521辆，新增车辆379辆，受理机动车驾驶培训教练员资格报名206宗。安全生产标准化考评3家普通货运、4家水运企业，7家企业通过整改后达标。开展安全生产检查专项行动，出动3900多人次，出动车辆500多车次，检查水运企业4家、道路运输企业41家，渡口17个，渡船11艘，机动车维修企业176家。安全生产事故隐患排查治理553处，发出整改通知书11份，其中普通货运企业6家、危运企业3家、客运企业2家、水运企业1家。监督检查渡口17个，渡船11艘，发出整改通知书4份完成整改。争取补助资金156万元，改造全区的渡口渡船。清理行驶证、道路运输证注销淘汰工作，淘汰注销“黄标车”912辆。

【依法行政】 2015年，斗门区落实重大行政决策听证办法，举行7场重大行政决策听证会，建立重大行政执法决定的法制审核和备案制度，开展政府法律顾问工作，提高行政决策科学化、民主化、法治化水平。全面梳理区属部门投资禁限事项、审批服务事项、职责监管事项，制定并公布斗门区“三单”事项管理目录，推进“三单”管理模式改革。完善执行力电子监察系统，推进系统向镇村一级延伸，促进上级决策部署落到实处。

【党风廉政建设】 2015年，中共斗门区委落实中央“八项规定”和市、区纪委全会精神，执行《党政机关厉行节约反对浪费条例》，规范公务接待、公务用车、公费出国境活动，精简会议和文件，减少外出参观交流活动，“三公”经费开支比上年下降90%。开展纪律教育学习月活动，组织党员干部网上学习和参加各类培训人均132学时。开展“三严三实”专题教育，强化领导表率作用，要求全体党员作出廉洁从政承诺，自觉遵守政治制度、组织纪律、工作纪律和生活纪律。

【人大监督】 2015年1月27～28日，斗门区人大常委会召开三届人大七次会议，184名区人大代表出席会议、163人列席会议、150多名政协委员和500多名干部职工、离退休老干部及各界人士旁听政府工作报告。会上收到代表10人以上联名提出的议案9件，代表提出的建议、批评和意见24项。年内，审查通过2015年上半年预算和计划执行情况报告、2015年斗门区财政收支预算调整方案等多项议案，听取和审议《斗门区白藤湖整治提升综合开发项目合作协议》《珠海市斗门生态农业园合作开发协议书》等议案并作出决议。切实履行人大监督职责，调研村级污水处理系统建设、“一河两岸”推进情况，监督部分医院改扩建、中小学校建设、镇（街）文化站和村居文化服务中心建设，以及“四小联围”建设等。采取专题调研、跟踪检查、督办现场会等形式集中督办一批建议案，快速办理《关于白蕉镇桅夹村路口安装红绿灯的建议》，督促“S272莲洲路段改造工程”进展，监督完善《斗门区法治政府建设指标体系》和《斗门区依法行政考评办法》，加快转变政府职能。率先在全市实现投资禁限、审批服务、职责监管“三项”清单管理，加强和改进规范性文件制定和备案审查，坚持重大决策集体讨论制度，完善行政决策程序，健全社会稳定风险评估和应急处置预案。组织人大代表参加旁听法院庭审和见证执行、参与重大案件协调、向代表公布监督网站和参加阳光检务、法律援助等司法活动。

【参政议政】 2015年，斗门区政协切实履行政治协商、民主监督和参政议政职能，在提案办理、视察调研、服务企业、惠民公益等方面做大量工作。收到委员提案69件，其中立案65件，至年底全部办结。组织考察调研活动15次，其中区内活动7次，市内活动3次，省内活动3次，省外活动2次。建立10个服务重点企业联系点，安排联系170多位政协委员，到海关、法院、富山工业园及各镇（街）开展调研活动，帮助重点企业和委员企业协调解决土地、工商、财税等80多个问题。建立幸福村居挂点联系村8个，协调挂点联系村7个，到挂点村和协调挂点村开展考察调研活动和督导工作50次。多次到香港、澳门拜访，参加省政协活动，并与江门、恩平、太原、广西富川、陕西榆林等地政协部门开展联谊交流。组织开展慰问、捐资助学、扶贫帮困等公益活动20余次，捐资捐物总金额近200万元。

【环境保护】 2015年，斗门区重点推进农村生活污水处理设施建设，采用竞争性磋商采购方式，完成2.58亿元项目投资。由区环保局制订污染减排实施方案，持续开展工程减排、结构减排和监管减排工作。年内，对5家规模化养殖场开展污染治理，淘汰黄标车3008辆，核发机动车环保检验合格标志15042宗，建立118家污染源管理档案，核发正式排污许可证16个，旧证换发新证48个，注销10个，办理危险废物转移审批316家次。严格环保准入，全年审批新建、扩建、技术改造项目124个，否决20个选址不符、环境污染严重及污染物不能达标排放的项目，完成49宗竣工环保验收。开展水源保护区监督巡查和环境治理，完成现有饮用水源一级保护区内违章建筑物及排污口清理工作，推进各镇对污染较重河涌开展综合治理。促进企业规范化管理，完成排污申报登记企业315家，开征单位157户，排污费解缴入库320.26万元。制订并实施污染源监督监测工作计划，全年完成重点源监督性监测325家（次）。

【林业生态建设】 2015年，斗门区投入资金4481.78万元实施造林绿化工作，其中碳汇造林工程投入3684万元，完成碳汇造林797.73公顷；生态景观林带投入571.46万元，完成珠海大道2千米，白蕉镇竹洲泵站至竹银水库段3千米的苗木种植。在白蕉镇竹洲村和泗益村完成山地造林74.37公顷。建设湿地公园3个，投入资金5.8万元。完成十里莲江和东湾村湿地公园建设。建成华发又一城小区、万科小区、里维埃拉二期小区森林家园3个。结合幸福村居建设，投入资金119万元，完成19个村的绿化美化工作。投入101.52万元，送苗下乡226380株，其中落羽杉苗221480株、水松苗4900株。完成中幼林抚育任务1800.9公顷，其中森林碳汇抚育1667.5公顷，生态景观林带抚育133.4公顷。完成尖峰山森林公园改造工程立项和设计施工招投标工作，年底举行开工仪式。

【幸福村居创建】 2015年，斗门区加快推进城乡基础设施一体化、城乡基本公共服务均等化，率先采用竞争性磋商采购方式，完成农村湿地生态园及其配套管网工程PPP项目采购，全面展开莲江、石龙、南门等村垃圾分类试点工作。推进“一村一品”产业发展，现有农业龙头企业19个、"三品"认证农产品60个，初步形成7个特色农业产业。南门村、夏村获评"全国文明村"，南门村、莲江村获评中国乡村旅游模范村，莲洲、白蕉、斗门镇获评"省休闲农业与乡村旅游示范镇"，南澳村生态观光园等获评"省休闲农业与乡村旅游示范点"。珠三角地区社会主义新农村建设现场会和全国休闲农业与美丽乡村建设系列活动成功举办，幸福村居实现三年大变化。

【科学技术】 2015年，斗门区受理农业科技项目15个，申请农业科技经费80万元。11家企业新认定为国家高新技术企业，17家企业被纳入省高新技术企业培育库，10家企业成功申报市级重点企业技术中心。推荐凌达压缩机、越亚封装、格力新元电子、凯邦电机、钧兴机电等38家企业申报省、市两级技术改造资金补贴，技改设备总投资约15亿元，全年完成工业技改投资额12.4亿元。北理工珠海学院与广东坚士制锁有限公司建立产学研合作关系；电子科技大学与珠海方正高密公司共建研究生联合培养实践基地。建设珠海华南理工大学现代产业创新研究院，完成新型研发机构年度目标。协助天香苑与乐健科技组建广东省工程技术研究开发中心。年内专利申请量839件，比上年增长74.4%；发明专利申请量229件，增长60.1%；有效发明专利授权量156件，增长35.7%，发明专利申请和有效发明专利均超额完成全年指标。组织开展我国第七个"5·12防震减灾日"宣传活动。

【教　育】 2015年，斗门区教育总投入12.56亿元，国家财政性预算教育经费10.63亿元，教育经费占地区生产总值的3.85%，公共财政预算支出中教育拨款比例29.97%。生均教育经费：小学1.24万元，初中2.09万元，高中2.19万元。生均公用经费：小学1659.09元，初中1972.37元，高中4369.58元。

全区公办在职在编教职工3339人，小学专任教师1501人，学历达标率99.8%，其中大专以上学历1405人，占93.6%。初中专任教师1190人，学历达标率99.1%，本科以上学历1040人，占87.4%。高中专任教师603人，学历达标率97.7%。

全区有各级各类学校63所，其中公办学校57所，民办学校6所。公办学校中，有小学40所（含九年一贯制2所），初中11所，高中3所（国家级示范性普通高中1所、省一级学校1所、市一级学校1所），区电视大学、教师进修学校、特殊教育学校、少年业余体校各1所。义务教育标准化学校覆盖率、优质普通高中比例及普通高中教学水平评估"优秀"等次比例100%。有幼儿园76所，其中省一级2所，市一级33所、区一级12所。在校中小学生56828人，其中高（职）中生9031人，初中生13290人，小学生34507人。在园幼儿18489人。全区公办中小学在职在编教职工3339人。学前教育教职工2368人。小学适龄儿童入学率100%、小学毕业升学率100%，初中毕业升学率98.1%，高中毕业生升学率93.3%。

是年，斗门区教育局深化教师绩效工资和专业技术岗位聘用管理改革，健全学校内部治理，不断完善办学条件，获"广东省基础教育课程体系改革试验区"称号。

【文　化】 2015年，斗门区推动文化体制改革，加快区、镇、村三级公共文化服务体系建设。7月，区文化产业行业协会成立，有会员单位35家。重点扶持有利于推动斗门区文化产业发展的项目，及优秀文艺精品的创作项目，全年收到申请项目31个，经专项资金监管小组核定批准16个，批准金额99.26万元。审批2013～2015年获得专项资金扶持并申报完结的项目15个，批准金额25.11万元。新建35个村（居）文化中心并完成验收，整改区图书馆功能，完成近2万册图书的采购招标。开展公益培训、辅导、讲座等，全年举办各类展览5次，文化视频讲座30期，"世界经典电影"鉴赏40期。年内，"流动图书馆服务点"增至7个，读者服务活动51次，举办文物、科技、文化艺术等展览、讲座147场次，送文艺下乡90场，"十元看电影"、电影进企业、社区、农村放映1738场。区博物馆举办展览等活动15次，累计接待观众2.7万人次。完成网山村等5个新增迎检村数字电视机顶盒升级转化1107户，转化率97.62%。启动斗门区第二届市民文化节，推出2300场文化惠民活动。宣传推广传统文化，"斗门赵氏家族祭礼"成功申报为省级非遗名录，"大赤坎明火叉烧烧排骨"申报为市级非遗名录。加强文化市场管理，全年

2015 年 12 月 1 日，斗门区白蕉镇白蕉村淘宝服务站开业（斗门电视台供稿）

出动执法人员 1100 多人次，执法车辆 22 车次，办理 10 宗行政处罚案件。受理各类行政审批申请 26 宗，办结率 100%。

【体　育】 2015 年，斗门区体育局实施《奥运争光计划纲要》和《全民健身计划纲要》，制定“金牌”战略和两个品牌（龙舟赛和体育节）战略，促进区内体育事业发展和转型升级。在省体育局公布的 100 个县、区级输送人才及大赛成绩积分排名中居全省第二，区体校连续第三个奥运周期被国家体育总局评为“国家高水平体育后备人才基地”。斗门籍运动员获世界冠军 1 项，亚洲冠军 3 项，全国冠军 7 项，李强取得 2016 年巴西奥运会参赛资格。龙舟节、体育节系列活动吸引 10 万余人参与。承办“环中国国际公路自行车赛”珠海站斗门终点段的组织竞赛工作。投入 350 多万元完成井岸、白蕉、斗门、乾务、莲洲 4 个镇级健身广场建设；投入 30 万元助力幸福村居建设 8 条健身路径；投入 800 万元建设 10 个社区小游园；投入 45 万元建成斗门国民体质监测站并投入使用。全区 25 个体育协会，自发举办或承办赛事 200 余次。

【卫生计生】 2015 年，斗门区有医疗卫生机构 190 家，卫生技术人员 1961 人，开放病床总数 1676 张。全年全区诊疗服务 251.99 万人次，每门诊人次费用 102.2 元（其中基层医疗卫生机构 49.1 元），每出院人次费用 6227.8 元（其中基层医疗卫生机构 2009.5 元），出院 45511 人次，比上年上升 29.94%，病床使用率 65.28%。医疗业务收入 6.38 亿元，上升 29.94%，其中药品收入 1.42 亿元，上升 12.47%，占业务总收入的 22.26%。是年，斗门区推动医改工作，成立医管中心，出台《斗门区区级公立医疗卫生机构医院业务发展专项资金使用管理办法（试行）》等 4 个专项资金管理办法，切实规范医疗卫生专项资金管理。组建“全科医生 + 公共卫生医生 + 护士 + 乡医”的家庭医生式团队 57 个，签约 36677 户 123280 人，签约率 52%。年内投入 60 多万元在井岸镇卫生院建设“健康小屋”，提供自助式体检服务。全年未出现 H7N9 禽流感、登革热、中东呼吸综合征、埃博拉出血热等病例疫情报告，未出现手足口病死亡病例报告。

加强计生宣传和流动人口管理，全区设置计生宣传栏 126 个，大型广告牌 19 个，保障“全面两孩”等计生政策的衔接和实施。为 6823 名流动人口提供优生优育、免费技术服务、“三查一治”均等化服务。投入 700 万元落实八项计生奖励扶助政策，受惠群众超过 3.2 万人，覆盖率 100%。开展 3 次流动人口管理服务专项活动，清理清查出租屋 17014 间、商铺 2304 间、工地、住宅 14110 处，清查流入流动人口 30630 人，查验流动人口计划生育证明 13074 人。全年全区人口出生率 9.44‰，自然增长率 5.83‰，政策计划生育率 94.65%。

【社会保障】 2015 年，斗门区拓宽就业渠道，举办公益性专题、专场及日常招聘会 82 场，组织参会企业 2460 家（次），提供就业岗位 53715 个。全区参加城镇职工基本养老保险人数 20.1 万人，完成年度任务的 100.1%；城乡居民基本养老保险参保覆盖率 100%；城乡居民基本养老保险基础养老金标准每人每月 350 元，城乡居民基本医疗保险及未成年人医疗保险财政补贴每人每年 400 元；五保人员供养标准和供养孤儿生活费标准适度提高。（江从芳）

人物表

CHARACTERS CHARTS

人物表

2015 年珠海市全国劳动模范、广东省五一劳动奖章获得者名表

姓　名	姓　别	工作单位	职　务	授予单位	荣誉称号
谢　坚	男	珠海邮政公司	职　工	中华全国总工会	全国劳动模范
董明珠	女	珠海格力电器股份有限公司	董事长兼总裁	中华全国总工会	全国劳动模范
戚政武	男	广东省特种设备检测研究院珠海检测院	院　长	中华全国总工会	全国劳动模范
陈云锋	男	珠海港拖轮有限公司	水手长	广东省总工会	广东省五一劳动奖章
薛学用	男	广东省邮政速递物流有限公司珠海市分公司	主　管	广东省总工会	广东省五一劳动奖章
张建平	男	珠海摩天宇航空发动机维修有限公司	维修工程师	广东省总工会	广东省五一劳动奖章
郑恒谷	男	珠海醋酸纤维有限公司	项目工程师	广东省总工会	广东省五一劳动奖章
袁永毅	男	广东电网公司珠海供电局	电力工程技术工程师	广东省总工会	广东省五一劳动奖章
郭凌勇	男	珠海十字门中央商务区建设控股有限公司	董事长	广东省总工会	广东省五一劳动奖章
陈峻岭	男	珠海万力达电气自动化有限公司	总工程师	广东省总工会	广东省五一劳动奖章
王丽枚	女	香洲区环境卫生管理所	清洁员	广东省总工会	广东省五一劳动奖章
彭武军	男	珠海市第一中学	教　师	广东省总工会	广东省五一劳动奖章
刘军卫	男	珠海市人民医院	党委副书记、副院长	广东省总工会	广东省五一劳动奖章
张若芬	女	市纪委	法规制度室主任	广东省总工会	广东省先进工作者

2015 年珠海市全国三八红旗手、广东省三八红旗手获得者名表

姓　名	性　别	工作单位	职　务	授予单位	荣誉称号
陈　勇	女	珠海许继电气有限公司	副总经理	全国妇女联合会	全国三八红旗手
梁美容	女	珠海市斗门区白蕉镇昭信村	支委、村委、妇女主任	广东省妇联	广东省三八红旗手
伍素萍	女	珠海元朗食品有限公司	执行董事、总经理	广东省妇联	广东省三八红旗手
张晓珍	女	珠海市香洲区前山街道福石社区	综合党委书记、社区居委会主任、社区妇联主席	广东省妇联	广东省三八红旗手
陈伟光	女	珠海市妇女儿童福利会	会　长	广东省妇联	广东省三八红旗手

社会经济统计资料

STATISTICS

社会经济统计资料

珠海市国民经济及社会发展情况（一）

指标名称	计量单位	2014 年	2015 年	2015 年比 2014 年增减（%）
一、人口				
（一）年末家庭总户数	户	306578	309611	1.0
（二）年末户籍人口	人	1102229	1124540	2.0
其中：男性	人	562174	573036	1.9
女性	人	540055	551504	2.1
其中：农业人口	人	0	0	--
非农业人口	人	1102229	1124540	2.0
（三）出生人口	人	13098	13261	1.2
其中：男性	人	6640	6791	2.3
女性	人	6458	6470	0.2
（四）出生率	‰	11.97	11.91	-0.1
（五）死亡人口	人	2576	2799	8.7
（六）死亡率	‰	2.35	2.51	0.2
（七）自然增长率	‰	9.62	9.40	-0.2
（八）人口迁入	人	19405	17364	-10.5
人口迁出	人	10644	10706	0.6
（九）流动渔民人口	人	8787	8715	-0.8

珠海市国民经济及社会发展情况（二）

指标名称	计量单位	2014 年	2015 年	2015 年比 2014 年增减（%）
二、地区生产总值	万元	18672129	20254111	10.0
总计中：第一产业	万元	439358	451080	0.0
第二产业	万元	9387106	10072992	10.3
第三产业	万元	8845666	9730039	10.2
总计中：农林牧渔业	万元	471078	484564	0.3
工业	万元	8431841	8940741	9.3
建筑业	万元	1021382	1199514	19.1
批发和零售业	万元	2211735	2068623	-0.7
交通运输、仓储和邮政业	万元	363440	465077	16.3
住宿和餐饮业	万元	412186	423803	-0.4
信息传输、软件和信息技术服务业	万元	579822	687729	13.2
金融业	万元	1173189	1467964	23.3
房地产业	万元	1424059	1603202	8.4
人均地区生产总值	元	116537	124706	8.6
三、财政收支				
（一）财政一般公共预算收入	万元	2243064	2699634	17.2
1. 税收收入	万元	1820895	2106500	15.7
增值税	万元	492041	563032	14.4
营业税	万元	272306	317539	16.6
企业所得税	万元	271547	314802	15.9
个人所得税	万元	69970	102787	46.9
房产税	万元	78360	88959	13.5
印花税	万元	38866	42020	8.1
契税	万元	252791	210081	-16.9
2. 非税收入	万元	422169	593134	22.9
（三）财政一般公共预算支出	万元	2758953	3887661	39.2
一般公共服务	万元	321999	352083	9.3
公共安全	万元	243829	305716	25.4
教育	万元	490867	528762	3.9
科学技术	万元	125185	286324	128.7
文化体育与传媒	万元	52273	73128	36.5
社会保障和就业	万元	221707	291969	24.5
医疗卫生	万元	155407	181104	16.5
环境保护	万元	73439	56226	-23.4
城乡社区事务	万元	505269	694715	37.2
农林水事务	万元	127441	116333	-9.7
交通运输	万元	136304	153724	12.8

珠海市国民经济及社会发展情况（三）

指标名称	计量单位	2014 年	2015 年	2015 年比 2014 年增减（%）
四、工业				
（一）工业企业单位数	个	5884	6281	6.7
1. 规模以上工业企业数	个	1008	1023	1.5
（1）轻重工业				
轻工业	个	378	380	0.5
重工业	个	630	643	2.1
（2）经济类型				
集体企业	个	4	4	0.0
港澳台投资企业	个	333	311	-6.6
外商投资企业	个	200	202	1.0
（3）企业规模				
大型企业	个	60	54	-10.0
中型企业	个	257	267	3.9
小型企业	个	691	702	1.6
2. 规模以下工业企业数	个	4876	5258	7.8
（二）工业总产值（现价）	万元	38578760	41250718	10.7
1. 规模以上工业总产值	万元	37022580	39660233	10.9
（1）轻重工业				
轻工业	万元	14561907	14852819	-1.7
重工业	万元	22460672	24807414	19.0
（2）经济类型				
集体企业	万元	43865	13388	-13.6
港澳台投资企业	万元	8189921	7349803	-10.6
外商投资企业	万元	12691499	12117250	-4.7
（3）企业规模				
大型企业	万元	20500244	21565368	11.4
中型企业	万元	8001123	10205586	13.9
小微企业	万元	8521213	7889279	7.0
2. 规模以下工业总产值	万元	1556180	1590485	4.3

注：规模以上工业统计范围为年主营业务收入 2000 万元及以上的企业；工业总产值指标同比增长按同比口径可比价计算。

珠海市国民经济及社会发展情况（四）

指标名称	计量单位	2014 年	2015 年	2015 年比 2014 年增减（%）
五、农业				
（一）农林牧渔业总产值（现价）	万元	835555	856234	-0.2
农业	万元	124894	123618	-2.7
林业	万元	1978	3375	62.8
畜牧业	万元	128746	120794	-11.6
渔业	万元	503040	527274	2.6
农林牧渔服务业	万元	76897	81173	4.0
（二）农林牧渔业增加值（现价）	万元	471078	483911	0.2
农业	万元	85240	84370	-3.0
林业	万元	1517	2588	62.8
畜牧业	万元	55657	52219	-11.6
渔业	万元	296944	311250	2.6
农林牧渔服务业	万元	31720	33484	4.0
（三）农作物播种面积	亩	255558	279761	9.5
粮食	亩	104909	105589	0.6
稻谷	亩	69502	66335	-4.6
旱粮	亩	19369	20475	5.7
薯类	亩	14768	15810	7.1
番薯	亩	13460	14297	6.2
大豆	亩	1270	1322	4.1
经济作物	亩	26054	28871	10.8
花生	亩	4742	4591	-3.2
木薯	亩	350	415	18.6
甘蔗	亩	1397	1166	-16.5
糖蔗	亩	757	526	-30.5
其他农作物	亩	124595	145301	16.6
蔬菜	亩	112493	112087	-0.4
果用瓜	亩	5709	9526	66.9
青饲料	亩	5722	7151	25.0
（四）农作物总产量				
粮食	吨	42071	41261	-1.9
稻谷	吨	29796	28901	-3.0
旱粮	吨	6875	7294	6.1
薯类	吨	4964	4588	-7.6
番薯	吨	4307	4164	-3.3
大豆	吨	436	478	9.6
经济作物	吨	8333	7684	-7.8
花生	吨	900	1206	34.0
木薯	吨	12	806	6616.7
甘蔗	吨	7421	5672	-23.6
糖蔗	吨	3549	1802	-49.2
其他农作物	吨	184113	192223	4.4
蔬菜	吨	163548	157953	-3.4
果用瓜	吨	6365	11679	83.5
青饲料	吨	14200	22591	59.1

注：农业总产值和增加值指标同比增长按可比价计算。

珠海市国民经济及社会发展情况（五）

指标名称	计量单位	2014年	2015年	2015年比2014年增减（%）
（五）水果实有面积	亩	93825	96066	2.4
柑、橘、橙	亩	2833	3865	36.4
香（大）蕉	亩	23515	19485	-17.1
荔枝	亩	44196	44234	0.1
龙眼	亩	6165	6082	-1.3
其他水果	亩	17116	22365	30.7
（六）水果总产量	吨	73040	78421	7.4
柑、橘、橙	吨	3519	7904	124.6
香（大）蕉	吨	39062	34057	-12.8
荔枝	吨	4114	5015	21.9
龙眼	吨	1705	2137	25.3
其他水果	吨	24640	29306	18.9
（七）畜牧业生产情况				
年末生猪存栏量	万头	41.39	37.45	-9.5
全年生猪出栏量	万头	62.36	51.44	-17.5
三鸟饲养量	万只	711.41	746.48	4.9
猪肉总产量	吨	45398	39678	-12.6
牛肉总产量	吨	32	16	-50.0
禽肉总产量	吨	7222	7256	0.5
禽蛋总产量	吨	9930	9074	-8.6
（八）水产品生产情况				
水产养殖面积	亩	399390	408870	2.4
海水养殖	亩	168120	201531	19.9
淡水养殖	亩	231270	207339	-10.3
水产品总产量	吨	281494	291544	3.6
海洋捕捞	吨	10917	10950	0.3
海水养殖	吨	32045	60720	89.5
淡水捕捞	吨	1790	1810	1.1
淡水养殖	吨	236742	218071	-7.9
六、社会消费品零售总额	万元	8157145	9132008	12.0
（一）批发业	万元	1780297	1985602	11.5
限额以上企业	万元	282907	308468	9.0
（二）零售业	万元	5486871	6108216	11.3
限额以上企业	万元	3114789	3444544	10.6
（三）住宿业	万元	156905	193646	23.4
限额以上企业	万元	122021	154318	26.5
（四）餐饮业	万元	733072	844544	15.2
限额以上企业	万元	267152	292176	9.4

珠海市国民经济及社会发展情况（六）

指标名称	计量单位	2014 年	2015 年	2015 年比 2014 年增减（%）
七、运输业				
（一）货运量	万吨	11175	11926	6.7
1. 公路	万吨	9241	9918	7.3
2. 水路	万吨	1633	1709	4.6
（二）货物周转量	万吨千米	1615898	1728115	6.9
1. 公路	万吨千米	504974	558982	10.7
2. 水路	万吨千米	1052522	1111105	5.6
（三）客运量	万人	5094	5461	7.2
1. 公路	万人	3104	3348	7.8
2. 水路	万人	621	669	7.6
（四）旅客周转量	万人千米	933848	1010262	8.2
1. 公路	万人千米	610636	665929	9.1
2. 水路	万人千米	23836	25905	8.7
（五）港口吞吐量				
1. 货物进出港量	万吨	10703	11209	4.7
2. 旅客进出港量	万人	748	766	2.4
（六）机动车拥有量				
1. 民用汽车	辆	345636	408138	18.1
客车	辆	302803	368046	21.5
其中：大型	辆	6102	6720	10.1
小型	辆	293880	359152	22.2
货车	辆	41013	38320	-6.6
其中：重型	辆	6204	6531	5.3
中型	辆	2179	1500	-31.2
轻型	辆	32624	30283	-7.2
微型	辆	6	6	0.0
2. 其他机动车	辆	45554	47485	4.2
摩托车	辆	43346	45052	3.9
（七）船拥有量				
1. 机动船	艘	662	793	19.8
	吨位	283184	354667	25.2
	客位	11619	20239	74.2
2. 驳船	艘	26	36	38.5
	吨位	20434	26779	31.1

珠海市国民经济及社会发展情况（七）

指标名称	计量单位	2014 年	2015 年	2015 年比 2014 年增减（%）
八、邮电业务总量	万元	721420	912213	26.4
（一）邮政业务总量	万元	113083	148385	31.2
函件	万件	5790.60	5727.07	-1.1
包件	万件	26.00	29.61	13.9
特快专递	万件	3874.36	5430.35	40.2
订销报纸累计份数	万份	2196.00	2226.85	1.4
订销杂志累计份数	万份	262.00	257.93	-1.6
（二）电信业务总量	万元	608337	763828	25.6
电话用户	万户	78.45	74.09	-5.6
城市	万户	60.42	57.64	-4.6
农村	万户	18.03	16.45	-8.8
九、固定资产投资				
（一）固定资产投资总额	万元	11350492	13051412	15.0
1. 按构成分				
（1）建筑工程	万元	7501879	8786519	17.1
（2）安装工程	万元	557262	603265	8.3
（3）设备工器具购置	万元	750307	916812	22.2
（4）其他费用	万元	2541044	2744816	8.0
2. 按用途分				
（1）第一产业	万元	16771	16465	-1.8
（2）第二产业	万元	2759512	2586864	-6.3
（3）第三产业	万元	8574209	10448083	21.9
3. 按行业分				
农林牧渔业	万元	16771	17165	2.3
采矿业	万元	1106093	108378	-90.2
制造业	万元	1253504	2196052	75.2
电力、燃气及水的生产和供应业	万元	400782	282434	-29.5
建筑业	万元	0	0	--
批发和零售业	万元	65330	136007	108.2
交通运输、仓储和邮政业	万元	1658275	2056694	24.0
住宿餐饮业	万元	325229	186925	-42.5
信息传输、软件和信息技术服务业	万元	29363	69535	136.8
金融业	万元	1649	885	-46.3
房地产业	万元	4040426	5630484	39.4
租赁和商务服务业	万元	515171	102295	-80.1
科学研究和技术服务业	万元	9622	61039	534.4
水利、环境和公共设施管理业	万元	1584566	1682025	6.2
居民服务、修理和其他服务业	万元	1525	1500	-1.6
教育	万元	155686	96057	-38.3
卫生和社会工作	万元	44380	79188	78.4
文化、体育和娱乐业	万元	126062	269044	113.4
公共管理、社会保障和社会组织	万元	16058	75705	371.4

珠海市国民经济及社会发展情况（八）

指标名称	计量单位	2014 年	2015 年	2015 年比 2014 年增减（%）
（二）新增固定资产	万元	6044911	5335004	-11.7
（三）房地产开发投资来源与投向				
1. 房地产开发完成投资额	万元	3882999	5241185	35.0
按构成分：				
（1）建筑工程	万元	2135386	2954102	38.3
（2）安装工程	万元	210152	248371	18.2
（3）设备工器具购置	万元	56674	49006	-13.5
（4）其他费用	万元	1480787	1989706	34.4
按工程用途分：				
（1）住宅	万元	2683439	3853749	43.6
（2）办公楼	万元	440339	412021	-6.4
（3）商业营业用房	万元	398848	478792	20.0
（4）其他	万元	360373	496623	37.8
2. 新增固定资产	万元	826522	1281225	55.0
3. 本年购置土地面积	平方米	768727	419322	-45.5
4. 本年资金来源合计	万元	11809418	15767486	33.5
上年末结余资金	万元	2669403	3052843	14.4
本年资金来源小计	万元	9140015	12714643	39.1
（1）国内贷款	万元	3576768	4306493	20.4
（2）利用外资	万元	84223	29130	-65.4
（3）自筹资金	万元	2242759	1897730	-15.4
（4）其他资金	万元	3236265	6481290	100.3
定金及预收款	万元	1937040	2759506	42.5
5. 各项应付款	万元	1847552	5376774	191.0
（四）房地产开发施工、竣工面积及销售情况				
1. 施工面积合计	平方米	20559810	22454176	9.2
住宅	平方米	14018064	14692140	4.8
办公楼	平方米	1398751	1801217	28.8
商业营业用房	平方米	1788890	1943618	8.6
2. 新开工面积合计	平方米	5639346	4257478	-24.5
住宅	平方米	3723245	2648855	-28.9
办公楼	平方米	664565	471247	-29.1
商业营业用房	平方米	438131	312863	-28.6

珠海市国民经济及社会发展情况（九）

指标名称	计量单位	2014 年	2015 年	2015 年比 2014 年增减（%）
3. 待售面积合计	平方米	1766094	1738493	-1.6
按用途分				
住宅	平方米	1149069	984432	-14.3
办公楼	平方米	17625	16910	-4.1
商业营业用房	平方米	227405	279231	22.8
按时间分				
一年以下	平方米	860327	839914	-2.4
一至三年	平方米	761627	601902	-21.0
三年以上	平方米	144140	296677	105.8
4. 商品房竣工面积	平方米	1662126	1963921	18.2
住宅	平方米	1284995	1567934	22.0
办公楼	平方米	53881	64782	20.2
商业营业用房	平方米	97123	61824	-36.3
5. 商品房竣工价值	万元	520170	753819	44.9
住宅	万元	382147	590597	54.5
办公楼	万元	29838	18554	-37.8
商业营业用房	万元	40196	26030	-35.2
6. 商品房销售面积	平方米	3360914	4176922	24.3
住宅	平方米	2929798	3858005	31.7
办公楼	平方米	94256	110644	17.4
商业营业用房	平方米	82433	63153	-23.4
7. 销售面积按房源分				
现房	平方米	647028	1040790	60.9
期房	平方米	2713886	3136132	15.6
8. 房地产开发企业主要财务指标				
（1）流动资产	万元	25560651	27011165	5.7
（2）固定资产原价	万元	346014	433134	25.2
其中：累计折旧	万元	104929	102083	-2.7
（3）资产总计	万元	29402206	33626172	14.4
（4）负债合计	万元	23063608	26935564	16.8
（5）所有者权益	万元	6338598	6690608	5.6
（6）实收资本	万元	3130174	3758466	20.1
（7）主营业务收入	万元	3178088	3178370	0.0
（8）主营业务成本	万元	2089964	2013885	-3.6
（9）主营业员税金及附加	万元	344462	359832	4.5
（10）营业利润	万元	526074	627420	19.3
（11）利润总额	万元	503201	615233	22.3
（12） 本年应付职工薪酬	万元	120516	155529	29.1
（13）应交所得税	万元	155595	145633	-6.4

珠海市国民经济及社会发展情况（十）

指标名称	计量单位	2014年	2015年	2015年比2014年增减（%）
十、对外经济贸易				
（一）批准利用外资项目数	宗、个	330	651	97.3
1. 外商直接投资	宗、个	330	651	97.3
2. 外商其他投资	宗、个	0	0	--
（二）合同吸收外商投资额	万美元	299597	361472	20.7
1. 外商直接投资	万美元	299597	361472	20.7
2. 外商其他投资	万美元	0	0	--
（三）实际吸收外资额	万美元	193099	217789	12.8
1. 外商直接投资	万美元	193099	217789	12.8
2. 外商其他投资	万美元	0	0	--
（四）外贸出口总值	万美元	2905391	2883616	-0.6
机电产品	万美元	2000286	2060523	68.9
高新技术产品	万美元	657333	660289	22.7
按贸易性质统计				
1. 一般贸易	万美元	1386180	1458829	5.2
2. 加工贸易	万美元	1384827	1341534	-3.1
来料加工	万美元	93984	93174	-0.9
3. 其他贸易	万美元	134384	83253	-38.0
按企业性质统计				
1. 内资企业	万美元	1328413	1379233	3.8
国有企业	万美元	250742	259513	3.5
集体企业	万美元	31224	16882	-45.9
私营企业	万美元	1046447	1102839	5.4
2. 外商投资企业	万美元	1576978	1504382	-4.6
中外合作企业	万美元	9288	6392	-31.2
中外合资企业	万美元	166147	170660	2.7
外资企业	万美元	1401543	1327330	-5.3

珠海市国民经济及社会发展情况（十一）

指标名称	计量单位	2014 年	2015 年	2015 年比 2014 年增减（%）
（五）外贸进口总值	万美元	2594391	1882490	-27.4
机电产品	万美元	890531	938886	34.3
高新技术产品	万美元	606126	683124	23.4
按贸易性质统计				
1. 一般贸易	万美元	1554569	906067	-41.7
2. 加工贸易	万美元	506518	501755	-0.9
来料加工	万美元	63220	69178	9.4
3. 其他贸易	万美元	533305	474668	-11.0
按企业性质统计				
1. 内资企业	万美元	1706175	974603	-42.9
国有企业	万美元	1168375	574403	-50.9
集体企业	万美元	105803	53212	-49.7
私营企业	万美元	431997	346987	-19.7
2. 外商投资企业	万美元	888216	907887	2.2
中外合作企业	万美元	7825	5158	-33.7
中外合资企业	万美元	213388	178370	-16.4
外资企业	万美元	667003	724333	8.6
（六）接待游客总人数	万人	1809	1924	6.4
1. 接待国际游客	万人	292	308	5.3
外国游客	万人	52	53	2.1
香港游客	万人	113	119	5.6
澳门游客	万人	72	76	4.7
台湾游客	万人	55	60	8.6
2. 接待国内游客	万人	1516	1616	6.6

珠海市国民经济及社会发展情况（十二）

指标名称	计量单位	2014 年	2015 年	2015 年比 2014 年增减（%）
3. 涉外宾馆酒店				
（1）酒店数	家	76	76	0.0
五星酒店	家	8	8	0.0
四星酒店	家	8	8	0.0
三星酒店	家	56	56	0.0
二星酒店	家	4	4	0.0
一星酒店	家	0	0	--
（2）客房数	间	12139	12945	6.6
（3）床位数	张	19367	20547	6.1
（4）客房出租率	%	61.5	63.5	2.0
4. 旅行社组团游客人数	人次	1311476	1356805	3.5
国内游	人次	925944	946976	2.3
省内游	人次	672303	685739	2.0
省外游	人次	253641	261237	3.0
出境游	人次	385532	409829	6.3
香港	人次	161321	151624	-6.0
澳门	人次	98506	107743	9.4
台湾	人次	13302	15724	18.2
其他	人次	112403	134738	19.9
5. 口岸出入境人数	万人次	11893	13329	12.1
十一、劳动工资				
（一）年末从业人员数	人	1087935	1089215	0.1
1. 国有经济	人	110694	110871	0.2
2. 集体经济	人	33522	30395	-9.3
3. 其他经济	人	943719	947949	0.4

珠海市国民经济及社会发展情况（十三）

指标名称	计量单位	2014 年	2015 年	2015 年比 2014 年增减（%）
（二）全年在岗职工工资总额	万元	4344904	4699146	8.2
1. 国有单位	万元	816981	877089	7.4
2. 集体单位	万元	82898	65913	–20.5
3. 其他单位	万元	3445026	3756144	9.0
（三）在岗职工年平均工资	元 / 人	62729	67958	8.3
1. 国有单位	元 / 人	85922	93776	9.1
2. 集体单位	元 / 人	52911	69283	30.9
3. 其他单位	元 / 人	59247	63788	7.7
十二、科技				
（一）专利申请受理量	项	8998	11334	26.0
（二）专利申请授权量	项	6258	6790	8.5
其中：发明专利申请授权量	项	608	1240	104.0
十三、教育				
（一）学校数	所	463	491	6.0
1. 普通高等学校	所	10	10	0.0
2. 成人高等学校	所	1	1	0.0
3. 中等职业学校	所	6	7	16.7
4. 技工学校	所	3	3	0.0
5. 普通中学	所	67	71	6.0
其中：完全中学	所	12	9	–25.0
普通高中	所	8	10	25.0
初中	所	47	52	10.6
6. 小学	所	115	116	0.9
7. 幼儿园	所	259	281	8.5
8. 特殊学校（教育）	所	2	2	0.0

珠海市国民经济及社会发展情况（十四）

指标名称	计量单位	2014 年	2015 年	2015 年比 2014 年增减（%）
（二）在校学生数	人	459602	473757	3.1
1. 普通高等学校（不含研究生）	人	132000	132000	0.0
2. 成人高等学校	人	8576	9605	12.0
3. 中等职业学校	人	21756	21326	-2.0
4. 技工学校	人	7405	7406	0.0
5. 普通中学	人	90546	87559	-3.3
普通高中（含完全中学）	人	30008	29609	-1.3
初中	人	60538	57950	-4.3
6. 小学	人	140593	148795	5.8
7. 幼儿园	人	58346	66666	14.3
8. 特殊学校（教育）	人	380	400	5.3
（三）毕业生数	人	102286	105716	3.4
1. 普通高等学校（不含研究生）	人	30073	33000	9.7
2. 成人高等学校	人	3629	3236	-10.8
3. 中等职业学校	人	6995	7289	4.2
4. 技工学校	人	1774	1659	-6.5
5. 普通中学	人	31211	30587	-2.0
普通高中（含完全中学）	人	10718	10185	-5.0
初中	人	20493	20402	-0.4
6. 小学	人	19848	19505	-1.7
7. 幼儿园	人	8750	10408	18.9
8. 特殊学校（教育）	人	6	32	433.3
十四、文化				
艺术表演团体	个	8	8	0.0
艺术表演场所	间	4	4	0.0
艺术表演场次	场	3579	3600	0.6
公共图书馆	间	3	3	0.0
图书馆藏书量	万册（万件）	342	383	12.1
文化站	间	24	24	0.0
群众艺术馆、文化馆	间	4	4	0.0
博物馆	个	2	2	0.0

珠海市国民经济及社会发展情况（十五）

指标名称	计量单位	2014 年	2015 年	2015 年比 2014 年增减（%）
十五、广播电视事业				
广播电视台	座	2	2	0.0
广播电视发射台	座	2	2	0.0
广播覆盖率	%	100	100	0.0
电视覆盖率	%	100	100	0.0
有线电视入户数	万户	73.60	65.99	-10.3
十六、新闻出版				
全年出版报纸	种	3	3	0.0
全年出版杂志	种	3	3	0.0
十七、卫生				
（一）卫生机构	个	673	692	2.8
其中：医院、卫生院	个	50	54	8.0
社区卫生服务中心（站）	个	125	121	-3.2
门诊部（所）	个	89	89	0.0
村卫生室	个	151	151	0.0
专科疾病防治院（所、站）	个	2	2	0.0
疾病预防控制中心（防疫站）	个	1	1	0.0
卫生监督所（中心）	个	3	3	0.0
妇幼保健院（所、站）	个	2	2	0.0
（二）卫生机构人员数	人	16637	17524	5.3
卫生技术人员	人	14012	14831	5.8
（三）卫生机构床位数	张	7993	8558	7.1
（四）入院人数	人	225290	241152	7.0
（五）出院人数	人	224945	240407	6.9
（六）病床周转率	次 / 年	29.3	29.4	0.1

法规文件列表
LISTS OF LAWS & REGULATIONS

法规文件列表

2015 年中共珠海市委规范性文件选目

文件号	文件名称
珠字〔2015〕1 号	中共珠海市委印发《关于贯彻落实党的十八届四中全会精神建设一流法治环境的工作方案》的通知
珠字〔2015〕3 号	中共珠海市委关于加强和改进人大工作的意见
珠字〔2015〕4 号	中共珠海市委关于贯彻《中国共产党党和国家机关基层组织工作条例》的实施意见
珠字〔2015〕5 号	中共珠海市委关于进一步加强少年儿童和少先队工作的实施意见
珠字〔2015〕10 号	中共珠海市委关于加强和改进政协工作的意见
珠字〔2015〕12 号	中共珠海市委关于制定国民经济和社会发展第十三个五年规划的建议
珠办发〔2015〕1 号	中共珠海市委办公室印发《关于深化“四风”整治、巩固和拓展党的群众路线教育实践活动成果的实施意见》的通知
珠办发〔2015〕2 号	中共珠海市委办公室、珠海市人民政府办公室关于印发《珠海市 2015 年重点建设项目计划》的通知
珠办发〔2015〕4 号	中共珠海市委办公室印发《关于在全市处级以上领导干部中开展“三严三实”专题教育实施方案》的通知
珠办发〔2015〕5 号	中共珠海市委办公室、珠海市人民政府办公室印发《关于严格规范市属企业负责人履职待遇和业务支出的实施意见》的通知
珠办发〔2015〕8 号	中共珠海市委办公室印发《关于严格履行党建工作责任制全面加强基层党组织建设的意见》的通知
珠办发〔2015〕9 号	中共珠海市委办公室关于深入学习宣传贯彻党的十八届五中全会精神的通知
珠办发〔2015〕11 号	中共珠海市委办公室、珠海市人民政府办公室印发《关于严格规范领导干部配偶、子女及其配偶经商办企业行为的意见》的通知
珠办发〔2015〕12 号	中共珠海市委办公室、珠海市人民政府办公室关于印发《珠海市全面推进公务用车制度改革总体方案》和《珠海市市直机关公务用车制度改革实施方案》的通知
珠办发〔2015〕13 号	中共珠海市委办公室、珠海市人民政府办公室印发《关于加快建设横琴廉洁岛的意见》的通知

2015 年珠海市人大常委会制定、修订的地方性法规

法规名称	性　质	通过时间	生效时间
珠海经济特区养犬管理条例	制　定	2015 年 1 月 27 日珠海市第八届人民代表大会常务委员会第二十四次会议	2015 年 6 月 1 日
珠海经济特区户外广告设施和招牌设置管理条例	制　定	2015 年 1 月 27 日珠海市第八届人民代表大会常务委员会第二十四次会议	2015 年 6 月 1 日
珠海经济特区电力设施保护规定	制　定	2015 年 9 月 25 日珠海市第八届人民代表大会常务委员会第二十九次会议	2015 年 11 月 1 日
珠海市人民代表大会常务委员会关于珠海城市概念性空间发展规划的决定	制　定	2015 年 9 月 25 日珠海市第八届人民代表大会常务委员会第二十九次会议	2015 年 10 月 8 日
珠海经济特区土地管理条例	制　定	2015 年 11 月 27 日珠海市第八届人民代表大会常委委员会第三十次会议	2016 年 3 月 1 日
珠海经济特区地下综合管廊管理条例	制　定	2015 年 12 月 25 日珠海市第八届人民代表大会常务委员会第三十一次会议	2016 年 2 月 1 日
珠海经济特区民营经济促进条例	制　定	2015 年 12 月 25 日珠海市第八届人民代表大会常务委员会第三十一次会议	2016 年 3 月 1 日
珠海经济特区授予荣誉市民称号规定	修　正	2015 年 12 月 25 日珠海市第八届人民代表大会常务委员会第三十一次会议	2015 年 12 月 31 日

2015 年珠海市人民政府颁发的政府令

文件号	文件名称
政府令第 102 号	珠海市城乡规划监督检查办法
政府令第 103 号	珠海市行政执法争议协调办法
政府令第 104 号	珠海市有轨电车管理办法
政府令第 105 号	珠海市农贸市场管理办法
政府令第 106 号	珠海经济特区促进中国（广东）自由贸易试验区珠海横琴新区片区建设办法

2015年政府规范性文件统一编号登记表

起草单位	文件名称	统一编号
市国土局	珠海市人民政府关于印发珠海市城市更新项目地价计收和收购补偿管理办法(试行)的通知	珠府〔2015〕19号
市教育局	珠海市人民政府关于深入推进职业教育校企合作的意见	珠府〔2015〕18号
市民政局	珠海市人民政府关于印发珠海市困难群众医疗救助实施办法的通知	珠府〔2015〕42号
市国土局	珠海市人民政府关于印发珠海市征收(征用)土地青苗及地上附着物补偿办法的通知	珠府〔2015〕43号
市食药局	珠海市人民政府办公室印发珠海市实施广东省家禽经营管理办法若干措施的通知	珠府办〔2015〕7号
市质监局	珠海市人民政府关于印发实施标准化战略专项资金管理办法的通知	珠府〔2015〕57号
市民政局	珠海市人民政府关于调整我市城乡居民最低生活保障标准的通知	珠府〔2015〕59号
市国土局	珠海市人民政府印发关于解决我市代耕农问题的指导意见的通知	珠府〔2015〕68号
市住规建局	珠海市人民政府关于印发珠海市业主大会和业主委员会指导规则的通知	珠府〔2015〕72号
市人社局	珠海市人民政府关于进一步促进创业工作的意见	珠府〔2015〕71号
市工商局	珠海市人民政府办公室关于印发珠海市商事主体“一照一码”登记实施办法的通知	珠府办〔2015〕17号
市住规建局	珠海市人民政府关于印发珠海市城中旧村更新实施细则的通知	珠府〔2015〕123号
市海洋渔业和水务局	珠海市人民政府办公室关于印发珠海市基本农田保护经济补偿办法的通知	珠府办〔2015〕24号
市市政和林业局	珠海市人民政府关于印发珠海市城市绿化补偿费和恢复绿化补偿费管理办法(2015年修订)的通知	珠府〔2015〕137号

附 录

APPENDICES

附 录

2015 年度珠海市地名命名更名变更情况表

序 号	行政归属	标准地名	汉语拼音	类 别	位 置	原 名	备 注
1	香洲区	奥园商业广场	Aoyuan Shangye Guangchang	建筑物名	前山街道旅游路东侧、梅界路南侧		命 名
2	香洲区	澳琴巷	Aoqin Xiang	街 名	南屏镇洪湾物流园区中邦山海湾花园内		命 名
3	香洲区	白埔路	Baipu Lu	街 名	唐家湾镇唐家片区，属于白埔路延长段		沿 用
4	香洲区	百花商业街	Baihuashangye Jie	街 名	唐家湾镇格力海岸小区用地范围内		命 名
5	香洲区	比邻巷	Bilin Xiang	街 名	南起粤华路，北至迎宾南路		命 名
6	香洲区	碧海山景花园	Bihaishanjing Huayuan	建筑物名	香湾街道神前社区、情侣北路西侧		命 名
7	香洲区	碧阑路	Bilan Lu	街 名	东起 105 国道（明珠北路），西至中山坦洲		命 名
8	香洲区	翠湖香山国际花园	Cuihuxiangshanguoji Huayuan	建筑物名	唐家湾镇金凤路东侧、金唐路南侧		沿 用
9	香洲区	鼎兴路	Dingxing Lu	街 名	西起京珠高速，东至规划道路		命 名
10	香洲区	度阡巷	Duqian Xiang	街 名	东起鱼丽巷，西至桂花南路		命 名

（续　表）

序　号	行政归属	标准地名	汉语拼音	类　别	位　置	原　名	备　注
11	香洲区	拱前街	Gongqian Jie	街　名	拱北街道昌盛社区，南起规划路、世纪华庭，北至粤华路		命　名
12	香洲区	濠江丽景苑	Haojiang Lijing Yuan	建筑物名	湾仔街道南湾南路东侧、湾仔国防公路南侧		命　名
13	香洲区	和丰御庭	Hefeng Yuting	建筑物名	南屏镇珠海大道南侧、南屏中学西侧	和丰家园	更　名
14	香洲区	恒隆华萃园	Henglonghuacui Yuan	建筑物名	唐家湾镇金凤路西侧、官塘社区东侧		命　名
15	香洲区	洪湾路	Hongwan Lu	街　名	南屏镇洪湾商贸物流中心内		沿　用
16	香洲区	华发城建国际海岸花园	Huafachengjian Guoji Hai'an Huayuan	建筑物名	银湾路北侧、南琴路东侧，十字门商务区湾仔片区内		命　名
17	香洲区	华发十字门国际花园	Huafashizimenguoji Huayuan	建筑物名	十字门商务区湾仔片区，东至会展三路、西至会展四路、南至银湾路、北至景秀一路		命　名
18	香洲区	华发左岸公寓	Huafa Zuo' an Gongyu	建筑物名	前山街道前河东路北侧、南屏大桥东侧		命　名
19	香洲区	会展二路	Huizhan 2 Lu	街　名	南起沿海路、北至景秀一路（新的起止点）		沿　用
20	香洲区	会展三路	Huizhan 3 Lu	街　名	南起银湾路、北至景秀三路		命　名
21	香洲区	会展四路	Huizhan 4 Lu	街　名	南起沿海路、北至景秀一路	会展三路	更　名
22	香洲区	会展五路	Huizhan 5 Lu	街　名	南起银湾路、北至景秀一路	会展四路	更　名
23	香洲区	会展一路	Huizhan 1 Lu	街　名	南起沿海路、北至景秀一路（新的起止点）		沿　用
24	香洲区	惠景文园	Huijingwen Yuan	建筑物名	唐家湾镇白埔路北侧、明园路西侧	城启文园	更　名

（续 表）

序 号	行政归属	标准地名	汉语拼音	类 别	位 置	原 名	备 注
25	香洲区	金月路	Jinyue Lu	街 名	西起规划路，东至规划路		命 名
26	香洲区	金云路	Jinyun Lu	街 名	北起情侣北路，南至规划路		命 名
27	香洲区	精文商贸大楼	Jingwenshangmao Dalou	建筑物名	梅华西路北侧、蓝盾路西侧		命 名
28	香洲区	景秀一路	Jingxiu 1 Lu	街 名	东起会展一路、西至通航三路（新的起止点）		沿 用
29	香洲区	九龙湾名园	Jiulongwan Mingyuan	建筑物名	拱北侨光路南侧、昌盛路北侧		命 名
30	香洲区	扣扉路	Koufei Lu	街 名	南起云峰路，北至105国道（明珠北路）		命 名
31	香洲区	朗峰公馆	Langfeng Gongguan	建筑物名	翠前南路东侧、翠微西路南侧		命 名
32	香洲区	簕围巷	Lewei Xiang	街 名	湾仔街道南琴路北侧、珠海保税区西尾食品有限公司宿舍东侧		命 名
33	香洲区	利是达星际广场	Lishida Xingji Guangchang	建筑物名	保税区宝盛路北侧、宝汇路东侧		命 名
34	香洲区	联港路	Liangang Lu	街 名	西起蔚蓝路，东至云港路		命 名
35	香洲区	隆福大厦	Longfu Dasha	建筑物名	香洲区侨光路北侧、华平路东侧		命 名
36	香洲区	梅溪商业广场	Meixi Shangye Guangchang	建筑物名	前山街道旅游路东侧、梅界路南侧		命 名
37	香洲区	美林公寓	Meilin Gongyu	建筑物名	新香洲梅华北居住区香榭路南侧、香湖路西侧		命 名
38	香洲区	明海雅苑	Minghai Yayuan	建筑物名	南屏镇濂泉路南侧		沿 用
39	香洲区	南航珠海区域总部大厦	Nanhang Zhuhai Quyuzongbu Dasha	建筑物名	吉大街道海滨南路东侧、园林路北侧		命 名

（续 表）

序 号	行政归属	标准地名	汉语拼音	类 别	位 置	原 名	备 注
40	香洲区	沁园路	Qinyuan Lu	街 名	南屏镇南湾北路西侧		命 名
41	香洲区	瑞丰办公楼	Ruifeng Bangonglou	建筑物名	前山街道翠仙街南侧		命 名
42	香洲区	诗僧路	Shiseng Lu	街 名	南起翠屏路，北至中山坦洲南坦路		命 名
43	香洲区	泰盈蔚蓝湾畔花园	Taiyingweilanwanpan Huayuan	建筑物名	唐家湾镇情侣北路南段填海区云海路北侧、前岛环路东侧		命 名
44	香洲区	通航二路	Tonghang 2 Lu	街 名	南起银湾路、北至景秀二路（新的起止点）		沿 用
45	香洲区	通航三路	Tonghang 3 Lu	街 名	南起景秀四路、北至景秀一路（新的起止点）		沿 用
46	香洲区	铜鼓街	Tonggu Jie	街 名	唐家湾镇情侣北路东侧，东起规划路，西至情路北路		命 名
47	香洲区	万科城市中心	Wankechengshi Zhongxin	建筑物名	上冲片区云峰路北侧、诗僧路西侧		命 名
48	香洲区	蔚海路	Weihai Lu	街 名	西起唐淇路，东至规划路		命 名
49	香洲区	蔚蓝路	Weilan Lu	街 名	北起联港路，南至蔚海路		命 名
50	香洲区	夏湾二巷	Xiawan 2 Xiang	街 名	南起夏湾路，北至园林管理所边		命 名
51	香洲区	夏湾三巷	Xiawan 3 Xiang	街 名	南起夏湾路，北至卧龙酒店		命 名
52	香洲区	夏湾四巷	Xiawan 4 Xiang	街 名	南起夏湾路，北至港三路		命 名
53	香洲区	夏湾一巷	Xiawan 1 Xiang	街 名	南起夏湾路，北至炮台山公园边		命 名
54	香洲区	新湾八路	Xinwan 8 Lu	街 名	南起兴南路，北至兴北路		命 名

（续 表）

序号	行政归属	标准地名	汉语拼音	类别	位置	原名	备注
55.	香洲区	新湾二路东	Xinwan 2 Lu Dong	街名	南起新湾二路南段，北至新湾三路东		命名
56.	香洲区	新湾二路南段	Xinwan 2 Lu Nanduan	街名	南起兴南路，北至新湾二路东		命名
57	香洲区	新湾二路西	Xinwan 2 Lu Xi	街名	南起新湾二路南段，北至新湾三路东		命名
58	香洲区	新湾六路	Xinwan 6 Lu	街名	南起兴南路，北至兴北路		命名
59	香洲区	新湾七路	Xinwan 7 Lu	街名	南起兴南路，北至兴北路		命名
60	香洲区	新湾三路北段	Xinwan 3 Lu Beiduan	街名	南起新湾三路东，北至兴北路		命名
61	香洲区	新湾三路东	Xinwan 3 Lu Dong	街名	南起新湾三路南段，北至新湾三路北段		命名
62	香洲区	新湾三路南段	Xinwan 3 Lu Nanduan	街名	南起兴南路，北至新湾三路东		命名
63	香洲区	新湾三路西	Xinwan 3 Lu Xi	街名	南起新湾三路南段，北至新湾三路北段		命名
64	香洲区	新湾四路东	Xinwan 4 Lu Dong	街名	南起新湾四路南段，北至新湾三路东		命名
65	香洲区	新湾四路南段	Xinwan 4 Lu Nanduan	街名	南起兴南路，北至新湾四路东		命名
66	香洲区	新湾四路西	Xinwan 4 Lu Xi	街名	南起新湾四路南段，北至新湾三路西		命名
67	香洲区	新湾五路	Xinwan 5 Lu	街名	南起兴南路，北至兴北路		命名
68	香洲区	新湾一路	Xinwan 1 Lu	街名	南起兴南路，北至规划道路		命名
69	香洲区	兴北路	Xingbei Lu	街名	西起新湾八路，东至规划道路		命名
70	香洲区	兴南路	Xingnan Lu	街名	西起京珠高速，东至新湾一路		命名

（续 表）

序 号	行政归属	标准地名	汉语拼音	类 别	位 置	原 名	备 注
71	香洲区	兴中路	Xingzhong Lu	街 名	西起兴南路，东至新湾一路		命 名
72	香洲区	银泉山庄金凤尚品苑	Yinquanshanzhuang Jinfengshangpin Yuan	建筑物名	唐家湾镇银坑泉星路北侧		命 名
73	香洲区	优特广场	Youte Guangchang	建筑物名	兴业路东侧、银桦路北侧		命 名
74	香洲区	鱼丽巷	Yuli Xiang	街 名	南起侨光路，北至粤华路		命 名
75	香洲区	云峰路	Yunfeng Lu	街 名	东起 105 国道（明珠北路），西至中山坦洲		命 名
76	香洲区	云港路	Yungang Lu	街 名	北起联港路，南至情侣北路		命 名
77	香洲区	珠光上品花园	Zhuguangshangpin Huayuan	建筑物名	新香洲梅华北居住区金逸路北侧、熙凤路西侧		命 名
78	香洲区	珠海海印又一城商业广场	Zhuhai Haiyinyouyicheng Shangye Guangchang	建筑物名	南屏镇南湾北路西南侧		命 名
79	香洲区	珠海信息港中心	Zhuhai Xinxigang Zhongxin	建筑物名	金凤路东侧、国际赛车场西侧		命 名
80	香洲区	珠海中心大厦	Zhuhai Zhongxin Dasha	建筑物名	湾仔街道银湾路 1663 号	珠海国际会展商务中心大厦	更 名
81	香洲区	卓凡中心	Zhuofan Zhongxin	建筑物名	拱北侨光路北侧、前河东路东侧		命 名
82	香洲区	紫陌街	Zimo Jie	街 名	吉大街道吉大工业区白沙河排洪渠北侧		命 名
83	香洲区	左右创意园	Zuoyou Chuangyi Yuan	建筑物名	金山二巷 7 号 1 栋 2 栋		命 名
84	金湾区	安悦巷	Anyue Xiang	街 名	三灶镇琴石路南侧、华业路东侧		命 名
85	金湾区	草堂轩	Caotang Xuan	建筑物名	三灶镇草堂村侧、安基路北侧		命 名
86	金湾区	福泉花园	Fuquan Huayuan	建筑物名	平沙镇大虎社区		命 名

（续 表）

序 号	行政归属	标准地名	汉语拼音	类 别	位 置	原 名	备 注
87	金湾区	海秀花园	Haixiu Huayuan	建筑物名	航空城金泓路西侧、山湖海路南侧、金帆路北侧、金辉路东侧		命 名
88	金湾区	恒凯雅苑	Hengkai Yayuan	建筑物名	红旗镇虹晖一路东侧、东珠路北侧		命 名
89	金湾区	恒隆御雅园	Henglong Yuya Yuan	建筑物名	珠海大道南侧、金湾路西侧		命 名
90	金湾区	锦绣佳缘居	Jinxiu Jiayuan Ju	建筑物名	平沙镇美平七号区紫园东路北侧		命 名
91	金湾区	康美御景轩	Kangmei Yujing Xuan	建筑物名	三灶镇金海岸大道南侧		命 名
92	金湾区	明悦轩	Mingyue Xuan	建筑物名	三灶镇琴石路南侧		命 名
93	金湾区	榕树湾街	Rongshuwan Jie	街 名	南水镇高栏港大道西侧		命 名
94	金湾区	榕湾路	Rongwan Lu	街 名	南水镇高栏港大道西侧		命 名
95	金湾区	晟大翠海明珠苑	Shengdacuihai Mingzhu Yuan	建筑物名	平沙镇平沙二路北侧、孖髻山南侧		命 名
96	金湾区	泰然汇公馆	Tairanhui Gongguan	建筑物名	红旗镇金荷路南侧		命 名
97	金湾区	万胜街	Wansheng Jie	街 名	三灶镇三灶社区，南起映月路，北至北河二路		命 名
98	金湾区	西湖湿地国际花园	Xihushidiguoji Huayuan	建筑物名	金湾路西侧，原金湾高尔夫球场用地		命 名
99	金湾区	西湖怡景花园	Xihuyijing Huayuan	建筑物名	三灶镇金湖路北侧		命 名
100	金湾区	怡 轩	Yi Xuan	建筑物名	平沙镇美平一街西侧		命 名
101	金湾区	怡景华府	Yijing Huafu	建筑物名	平沙镇美平西路南侧、美平三街东侧		命 名
102	金湾区	中海左岸岚庭之花园	Zhonghaizuo’an Lantingzhi Huayuan	建筑物名	航空新城金城路西侧、山湖海路南侧		命 名
103	金湾区	中珠领域花苑	Zhongzhulingyu Huayuan	建筑物名	红旗镇虹晖二路北侧		命 名
104	金湾区	中珠山海间花园	Zhongzhushanhai jian Huayuan	建筑物名	红旗镇广安路南北侧		命 名

（续 表）

序 号	行政归属	标准地名	汉语拼音	类 别	位 置	原 名	备 注
105	金湾区	子矜街	Zijin Jie	街 名	三灶镇，南起金海岸大道东，北至华阳路，途经信汇上品苑		命 名
106	斗门区	诚讳丽苑	Chenghui Liyuan	建筑物名	湖心路西侧、白藤二路北侧		命 名
107	斗门区	黄杨花园	Huangyang Huayuan	建筑物名	白蕉镇白蕉路西侧		命 名
108	斗门区	家和湾花园	Jiahewan Huayuan	建筑物名	湖心路东侧		沿 用
109	斗门区	井岸大观花园	Jing’an Daguan Huayuan	建筑物名	井岸镇中兴南路东侧		命 名
110	斗门区	骏逸华都花园	Junyi Huadu Huayuan	建筑物名	桥东开发区连桥路南侧、白蕉路西侧		命 名
111	斗门区	蓝湾半岛花园	Lanwanbandao Huayuan	建筑物名	井岸镇珠峰大道南侧、黄杨河西侧		沿 用
112	斗门区	天成美景花园	Tianchengmeijing Huayuan	建筑物名	白藤湖幸福河南侧、湖心路东侧		命 名

索引

说　明

一、本索引款目按汉语拼音字母（同音字按声调）顺序排列。

二、文中的类目题、分目题、次分目题用黑体字标明，其余用宋体字排印。

三、索引款目后的数字表示内容所在的页码，数字后的英文字母（a、b、c）表示栏别（即版面的1、2、3栏）。

四、同一主题内容在文中多处出现的，在其款目后用不同的页码标明。

五、本索引对《特载》《大事记》《人物表》《社会经济统计资料》《法规文件列表》《附录》等类目不作索引。

K

L

R

S

Y

版权声明

图书在版编目（CIP）数据

珠海年鉴．2016 / 珠海市地方志编纂委员会编

广州：广东教育出版社，2016．11

ISBN 978-7-5548-1397-3

Ⅰ．①珠… Ⅱ．①珠… Ⅲ．①珠海—2016—年鉴

Ⅳ．①Z526．53

中国版本图书馆 CIP 数据核字（2016）第 273208 号

特邀编辑：李一安

责任编辑：王茂协

责任技编：黄　康

装帧设计：冯建华

封面摄影：吴长赋

广东教育出版社出版

（广州市环市东路 472 号 12–15 楼）

邮政编码：510075

网址：http：//www.gjs.cn

广东新华发行集团股份有限公司经销

广州市新怡印务有限公司印刷

地址：广州市增城新塘镇塘美村富岭工业园康美路 3 号

开本：850mm × 1168mm　1/16　印张：27.125　彩页：24　字数：800 千字

2016 年 11 月第 1 版　2016 年 11 月第 1 次印刷

印数 1–1000 册

ISBN 978-7-5548-1397-3

定价：280.00 元

质量监督电话：020-87613102　邮箱：gjs-quality@gdpg.com.cn

购书咨询电话：020-87615809